Martin Behrmann

Chorleitung

Band I

Probentechnik

Hänssler-Verlag
Neuhausen-Stuttgart

ISBN 3-7751-0876-9

HE 24.009

2. Auflage

Notengrafik: Hänssler-Verlag, Neuhausen-Stuttgart
Umschlaggestaltung: Daniel Dolmetsch, Neuhausen
Schreibsatzherstellung: Hänssler-Verlag, Neuhausen-Stuttgart
Druck: Omnitypie-Gesellschaft, Stuttgart
Bindearbeiten: IDUPA, Owen/Teck

INHALTSVERZEICHNIS

Kapitel 5: Schwierigkeiten (§ 75–167)

Vorbemerkungen zum Gebrauch des Buches

Das Lehrbuch fordert weder eine vollständige noch eine in allen Teilen gleich gründliche Erarbeitung.
Weiter ist das Lehrbuch nicht daraufhin angelegt, von Anfang bis zum Schluß *fortlaufend* studiert zu werden; es stellt nicht ein Lernprogramm dar, sondern eine systematisierte Stoffsammlung. Der Leser wird eingeladen, den Studiengang selbst zu entwickeln. Reihenfolge, Auswahl und Ausführlichkeit der Lektüre mögen sich nach den jeweiligen persönlichen Erwartungen und Voraussetzungen richten (siehe auch § 20, Studiengang „Probentechnik").

Zur Erleichterung einige Hinweise:

1. Zu Beginn der Arbeit ist es nicht erforderlich, mit voller Gründlichkeit vorzugehen.
2. Das Lehrbuch sollte *nicht nur* von *einem* Punkt aus erarbeitet werden (etwa vom Anfang oder auch vom Beginn des zweiten Teils her), sondern von mehreren Punkten aus in paralleler Beschäftigung.
3. Wichtiger als Verständnis für jedes einzelne Detail ist die stets gegenwärtige *Übersicht* über den Gesamtstoff.
4. Das Lehrbuch muß *ergänzt* werden.

Unerläßlich ist z.B. für den angehenden Chorleiter eine Beschäftigung mit den jungen Disziplinen Lernpsychologie und Gruppenpsychologie, auch mit den vielerlei Spezialthemen, die in der Pädagogik seit einigen Jahren angeboten werden.
Für die Besonderheiten der Kinder- und Jugendsingarbeit sei auf die einschlägige Fachliteratur verwiesen.
Allerdings erfaßt die allgemeine Probentechnik, wie sie im vorliegenden Lehrbuch behandelt wird, bereits einen Teil der dort anfallenden Probleme. Sie wäre zu ergänzen durch eine genauere Kenntnis der spezifischen Aufnahmefähigkeit und der besonderen Interessenlage innerhalb der einzelnen Alters- und Bildungsgruppen, wie sie etwa in der Ausbildung der Musiklehrer vermittelt wird.
Außer auf die Literatur für Spezialfragen sei hier ausdrücklich auf die vorhandenen Gesamtdarstellungen der Chorleitung verwiesen. Sie sollen durch die vorliegende Arbeit in keiner Weise ersetzt, sondern lediglich ergänzt werden.

ERSTER TEIL: EINFÜHRUNG IN DIE PROBLEME DER CHORPROBE

Kapitel 1: Theoretische Einführung (§ 1–13)

I. Überlegungen zum Studium der Chorleitung (§ 1–2)

§ 1 Chorleitungsstudium in der Gegenwart.

Nichts kennzeichnet den Rang und die Leistungsfähigkeit der klassischen Lehrwerke von Kurt Thomas („Lehrbuch der Chorleitung") und Wilhelm Ehmann („Die Chorführung") besser als die Tatsache, daß sie noch Jahrzehnte nach ihrem ersten Erscheinen in Gebrauch sind, ohne daß sich, soweit es den deutschsprachigen Raum betrifft, die Notwendigkeit gezeigt hätte, sie durch etwas vollkommen Neues, Andersartiges zu ersetzen.

Das leidenschaftliche Engagement beider Autoren, eine profunde Kenntnis der Materie und die eingebrachte persönliche Erfahrung als Chorleiter wie als Lehrer der Chorleitung sicherte dem Lehrstoff einen hohen Grad von Zuverlässigkeit und verlieh beiden Werken maßstabsetzende Bedeutung.

Auch die vorliegende Wiederaufnahme der Arbeit an Fragen des Chorleiterstudiums sieht sich, ohne daß eine persönliche Schülerbeziehung vorläge, den Grundanschauungen und dem Ansatz beider Autoren verpflichtet. Eine solche Wiederaufnahme schien allerdings geboten, als sich zeigte, daß auf eine von manchem Freund der Chormusik mit Sorgen beobachtete Stagnation im Chorwesen wider Erwarten ein neuer Aufschwung folgte.

Auf der einen Seite wurden zunehmend häufiger von führenden Komponisten, und zwar gerade von solchen, deren Namen im instrumentalen Bereich Gewicht haben, im Chor Möglichkeiten gesucht und gefunden ohne die fast schon traditionellen Einschränkungen des technischen und künstlerischen Anspruchs, wie sie, erwachsen aus Gründen einfacher Zweckmäßigkeit oder auch aus weitergehenden kulturpolitischen und weltanschaulichen Erwägungen, die den Gesamtbereich „Chor" immer wieder in eine doch wenig förderliche Außenseiterposition gebracht haben.
Der steigende Anspruch erfaßte auf der anderen Seite auch die weiten Reihen der Ausführenden in allen Rängen, von den professionellen Hochleistungsensembles bis zu den verschiedenen Gruppierungen des Musizierens mit singenden Laien oder Halblaien in der Schule, in der Kirche oder auch im Freiraum des Konzertwesens.

Gerade unter den Berufschören ist seit einiger Zeit ein neuer Ensemblegeist wirksam, der sich in Klangkultur und musikalischem Engagement wohltuend von der bisherigen, noch nicht überall ganz aufgegebenen, stimmbewußten Alltagsroutine abhebt, bemerkenswerterweise unter Chorleitern, die nicht wie früher als Sonderfälle aus der Kapellmeisterlaufbahn mit ursprünglich anderem Berufsziel, sondern viel eher von der Schul- und Kirchenmusik herkommen und damit einen besonderen Sinn für chorische Schulung in die Arbeit hineintragen.

Aber auch in der Laien- und Halblaienchorarbeit, die ja nach wie vor den breitesten Anteil an öffentlichen Aufführungen trägt, wachsen mit zunehmender Erfahrung bei Sängern und Hörern die Erwartungen an die gesungene Literatur wie an die Qualität der Darbietung. Für den Sänger trägt das gemeinsame Singen seinen Wert und seine Erfüllung nicht mehr ohne weiteres in sich selbst. Vielmehr zielt es auf ein gehörtes und auch hörenswertes Ergebnis. Der Hörer wiederum möchte in der Aufführung nicht so sehr von der Anteilnahme am Eifer der (vielleicht persönlich bekannten) Chorsänger gerührt als vielmehr vom Werk selbst, möglichst ohne ablenkende Einschränkung, gepackt werden.

Mit dem *Anspruch an die Chormusik* wächst der *Anspruch an die Chorleiter*. Mit den neuen Erwartungen wachsen die *Ansprüche des Chorleiters an seine Ausbildung*. An dieser Stelle hat die Gegenwart über die grundsätzlichen Ansätze der Vergangenheit hinaus zweifellos noch Aufgaben zu sehen und Probleme zu lösen. Der starke Andrang zu Fortbildungskursen zeigt, daß nicht nur der amtierende Chorleiter sein Fachkönnen oft genug als unzureichend erleben muß, sondern daß sogar der Student noch während der Ausbildung zuweilen mit Sorgen das Ungleichgewicht zwischen beruflicher Erwartung und dem Ausbildungsangebot wahrnimmt. Lücken finden sich sowohl in der Unterrichtsorganisation, also praktisch der Unterrichtsmenge, wie im Stoffangebot.

Der Unterricht im Fach Chorleitung verläuft, in völligem Gegensatz zur Arbeitsweise in allen anderen musikalischen Ausbildungszweigen, in zahlenstarken Gruppen, in denen überwiegend vom Zusehen mit gelegentlichen eigenen Kurzaktionen gelernt werden soll. An die Stelle des Übens und Studierens tritt das Ausprobieren. Nur an wenigen Instituten wird diese überholte Methode durch differenzierte Sachkurse ersetzt, in denen der Student nicht nur beschäftigt, sondern kontinuierlich gefordert und im Detail unterwiesen wird.

Nicht zuletzt werden die zum Teil hervorragenden und engagierten Chorleiter, die gegenwärtig die Lehrpositionen innehaben, durch das unzumutbar enge Stundenangebot an der Entwicklung und Darbietung eines systematischen und detaillierten Lehrstoffs gehindert.
Das Beste, was sich unter diesen Umständen noch leisten läßt, sind gekonnte Reaktionen auf die im Verlauf der Unterrichtsarbeit auftretenden Probleme, seien sie nun repräsentativ oder mehr zufällig, individuell oder allgemein. Zu einem Begriff von chorleiterischer „Technik“ oder gar zu ihrer Beherrschung kann es aber kaum kommen.

An dieser Stelle möchte die vorliegende Arbeit Hilfen anbieten, zunächst auf dem wenig ausgearbeiteten Gebiet der Probentechnik, später in den stärker diskutierten Bereichen des Dirigierens und der Interpretation.

Die Entwicklung einer systematischen Probentechnik, die sich bereits im Ausbildungsstadium und nicht erst „vor Ort“ im Berufsleben unter schmerzhaften

Enttäuschungen erlernen läßt, liegt durchaus in der Linie aller ernstzunehmenden Autoren dieses Fachs, die einhellig eine planende Hand in der Probe fordern. Einig ist man sich darin, daß der Plan schrittweise aufbauend organisiert sein muß, daß Schwierigkeiten unter Umständen durch hinführende Umwege erleichtert werden müssen,daß die Arbeit in ihrem Gesamtverlauf gleichzeitig effektiv und attraktiv sein soll. Das „Wie“ im Detail mußte offen bleiben. Vieles, vielleicht allzuvieles, erhoffte man sich einerseits von den Erfahrungen der Praxis (dann müßte aber jeder Chorleiter automatisch nach einigen Jahren „gut“ und immer besser werden, was offenkundig nicht zutrifft), vor allem aber von einer ebenso glanzvollen wie vagen Vorstellung einer „Chorleiterbegabung“.
Die Bezugnahme auf eine solche Spezialbegabung im Unterricht kann dem Lehrenden manchmal eine bequeme Form von Autorität ohne den Zwang zu verbindlicher und nachprüfbarer Sachaussage verschaffen. Dem Lernenden bereitet sie eher unproduktive und überflüssige Besorgnisse.

Hier wird nun entschieden ein kontroverser Standpunkt vertreten. Einerseits wird der Stoff „Chorleitung“ für sehr viel komplizierter und der Lernprozeß für weit aufwendiger als früher angesehen. Andererseits wird Chorleitung als ein ganz normales musikalisches Lernfach betrachtet, das jedem interessierten jungen Musiker genauso offensteht wie das Fach Oboe oder Kontrabaß.

§ 2 Ängste vor der Chorleitung

Es ist einfach nicht zutreffend, daß man zum Chorleiter geboren sein muß. Was soll ein Lernender damit anfangen, wenn ihm zu Beginn des Studiums oder auf den ersten Seiten eines Lehrbuches Sätze begegnen wie: „Der Chorleiter muß eine Persönlichkeit *sein* mit viel Suggestionsgabe, innerer Festigkeit und der Fähigkeit, sein Wollen, Fühlen und Erleben durch Gestik einer Gemeinschaft zwingend mitzuteilen . . .“ oder: „Es wird erwartet, daß der Chorleiter Pädagoge *ist*, daß er mit Menschen umgehen *kann* . . . “.

„. . . . psychologisches Fingerspitzengefühl (muß) *vorhanden* sein . . .“;
„. . . . *Gabe*, vor einer Menge frei sprechen zu können . . .“;
„. . . . muß mit Unbefangenheit vor einen Kreis von Menschen treten können . . .“;
„. . . . Ruhe und überlegene Sicherheit (muß der Dirigent) ausstrahlen . . ., das Gefühl der Geborgenheit geben . . .“ usw.

Die Zitate sind den einleitenden Kapiteln der Werke von Kurt Thomas,Wilhelm Ehmann und Waldemar Klink entnommen, ohne daß sie hier im einzelnen gekennzeichnet wurden. Es geht nicht darum, die Autoren zu kritisieren. Ihre Verdienste um die Chorleitung wie um den Chorleitungsunterricht sind bleibend und unbestritten, jedoch machen sie sich — vielleicht unreflektiert — zu Sprechern für gängige Vorurteile. Diese Vorurteile, nicht die Autoren, sind hier der Gegenstand kritischer Betrachtung. Wer nur einen flüchtigen Blick in den Ausbildungsbereich tut, merkt bald, wie verbreitet die Vorurteile immer noch sind, und welchen Schaden sie bis heute anrichten können.

Hier wird offenbar verlangt, der Anfänger müsse, jedenfalls in den entscheidenden Punkten, das schon *sein*, was er eigentlich gerade erst *werden* will. Weiter: „. . . . (es wird erwartet, daß er) Geschick für Organisation *besitzt*, er muß eine Chorstunde anlegen, einen Probenplan für ein Werk geschickt durchführen *k ö n n e n*" — auch das soll also als „Gabe" mitgebracht und nicht etwa als Lehrstoff gelernt werden.

Der für den Anfänger wenig ermutigende Verdacht, die von ihm angestrebte Materie sei in Wirklichkeit gar nicht erlernbar, wird nachdrücklich unterstützt:

„ . . . der Dirigent soll die Fähigkeit *h a b e n*, unmittelbar auf Menschen einzuwirken. Seine ganze Oberfläche sollte gleichsam Leben und Musik ausströmen. Das kann man nicht machen und auch nicht lernen. Das ist ein Charisma . . ."
und:
„ . . . In der Schule sagt man: ein Lehrer muß Autorität sein, Disziplin haben. Wer darin Schwierigkeiten hat, bereite sich . . . doppelt gründlich vor, ein großer Dirigent wird er allerdings kaum werden . . .!"

Wieviele angehende Chorleiter mögen schon, von derartigen Sätzen eingeschüchtert, ihr Studium für im Grunde aussichtslos gehalten und sich damit, trotz vielen Fleißes, um den letzten Erfolg gebracht haben.

Bei nüchterner Betrachtung wird allerdings zweierlei ganz deutlich: Zum einen hat der Autor den Anfänger oder den Lernenden offenbar gar nicht im Blickfeld. Er spricht von sich selbst.

In Sätzen wie: „Der Chorleiter braucht Kraft, geistig-seelische Energie. Er muß nicht nur die innere Mächtigkeit eines Werkes entfachen und seine Spannungen aushalten können, sondern diese Spannungen auch auf seine gleichfalls entfachten Chorsänger zu übertragen verstehen und die Gewalten zu geistigen Ordnungen formen . . ." wird der Beruf ins Heroische hochstilisiert. Die Frage nach der Ausbildung verschwindet hinter einer erhabenen Vision, in die die kleine Person des Anfängers einfach nicht mehr hineinpaßt.

Zum anderen werden hier einzelne Seiten der beruflichen Arbeit in vollkommen überflüssiger Weise dadurch problematisiert, daß man Fachkönnen mit Veranlagung verwechselt. Die Arbeit des Dirigenten hat doch, im Unterschied zu der des Instrumentalisten, in erster Linie mit dem musizierenden Menschen zu tun, die des Chorleiters dazu noch mit dem meist unzureichend vorgebildeten Menschen. Hier liegt auch ganz wesentlich die „Technik" der Chorleitung.

Selbstverständlich beherrscht niemand diese Technik von vornherein, ebensowenig wie jemand von selbst Klavier spielen kann.
Selbstverständlich ist diese Technik grundsätzlich erlernbar. Im Umgang mit der Gruppe „Chor" geht es gar nicht so sehr um persönliche Leitungsprobleme, um das Dominieren, die Initiative-in-der-Hand-behalten oder ähnliches. Die Menschen in der Gruppe erwarten zunächst nichts anderes als eine hilfreiche Information. Sache des Chorleiters ist es, den Fluß solcher Informationen sinnvoll zu steuern, indem er Erwartungen versteht, weckt und erfüllt.
Der junge Chorleiter braucht dafür keineswegs ein angeborenes „Fingerspitzengefühl", sondern eine gründliche Kenntnis von Zusammenhängen und Methoden, die er mit gutem Recht vom Ausbilder fordern kann. Die Spannungsmomente, die jeder Beteiligte einschließlich des Chorleiters in die Chorarbeit mit einbringt, spielen keineswegs die Rolle, die ihnen der Anfänger in seiner Sorge einräumt. Sie können störend oder auch hilfreich sein, zum Problem werden sie erst in dem Augenblick, da der Informationsstrom (die „Probentechnik") versagt.

Die Angst, die der junge Musiker (und nicht nur er) angesichts einer vor ihm sitzenden erwartungsvollen Gruppe erlebt, ist keineswegs eine persönliche Schwäche, die es mit psychologischen Mitteln zu besiegen gilt. Sie ist, ganz im Gegenteil, die gesunde, vollkommen berechtigte Reaktion auf die Erkenntnis: „Ich beherrsche ja mein Metier noch gar nicht, dabei erzeuge ich durch mein bloßes Dastehen schon Erwartungen, die bei meinem gegenwärtigen Könnens- und Wissensstand kaum zu befriedigen sind".
Wer als Anfänger weniger Angst hat als andere, ist nicht schon deswegen die größere „Chorleiterbegabung", sondern möglicherweise nur besonders anspruchslos.
Deutet der Anfänger nun seine Angst aus einem sachlichen Signal (etwa: „Achtung, Hilfsmittel sind nicht ausreichend, neue Informationen beschaffen!") in ein persönliches Konflikterlebnis um („ich gegen Gruppe, Gruppe gegen mich"), so begeht er einen verhängnisvollen Irrtum. Er versäumt es, das Signal richtig auszuwerten, nämlich die Lücken in seinem Können zu orten und zu beseitigen, während er statt dessen angestrengt sein irrtümliches Gefühl der Beschämung mit zwecklosen Ermutigungen bekämpft.
Die absurde Ausbilder-Forderung, der angehende Chorleiter müsse Pädagoge nicht werden, sondern *sein*, leistet das Ihrige, um an die Stelle eines erlernbaren Handelns das Falschbild einer hochwertigen angeborenen Eigenschaft (einer „Begabung") zu setzen. (Dem Ausbilder selbst verschafft diese Deutung die Möglichkeit, angesichts einer von ihm nicht zu beantwortenden Frage mit der Wendung „das muß man eben können" seine Dominanz zu wahren.)

Da nun die Forderung nach mitgebrachten menschlichen und pädagogischen Grundvoraussetzungen ein ganzes Studium lähmen und ein Berufsleben um seinen möglichen Erfolg bringen kann, muß sie trotz ihrer offenkundigen Abwegigkeit ernst genommen werden. So weit verbreitet sie ist, so wenig wird sie reflektiert und diskutiert.
Aus ihr spricht, um es noch einmal wieder aufzunehmen,

> ein *Über*schätzen des „so bin ich" vor dem „das habe ich gelernt";
> ein *Unter*schätzen der M ö *glichkeit*, Chorleitung überhaupt zu erlernen;
> ein *Unter*schätzen aber auch der *Mühe* und des erforderlichen *Zeitaufwandes* für das Studium.

Fast alles an der Chorleitung ist erlernbar, nichts aber ganz leicht und nichts sehr schnell. Technik wird nicht durch Zuschauen und gelegentliches Ausprobieren im Gruppenunterricht erworben.
Wie in allen Sektoren der Musik ist auch in unserem Fach das Studium der Grundlagen viel ausführlicher und die Methodik viel komplexer geworden. Man versucht, die operativen Probleme möglichst umfassend vorherzusehen und durchzuarbeiten. Die spätere „Praxis" soll von der Notwendigkeit, technische Fertigkeiten erst noch finden zu müssen, so weit wie möglich entlastet werden, um den Weg frei zu machen für die bewußte Entwicklung einer eigengeprägten Arbeitsweise.

Die Frage der Eignung ist damit nicht vom Tisch. Soweit sie aber der Ausbildung nicht geradezu im Wege steht, ist sie nicht Gegenstand eines technischen Lehrbuches.
Der anfangende Musiker mag anstatt nach konkreten, schon vorhandenen *Fähigkeiten* bei sich zu forschen, besser seine *Wünsche* befragen, dies aber in größter Aufrichtigkeit.

Interessiert mich die Musik selbst oder mehr ihre Verwendung? Geht es mir um das Dabeisein, Dazugehören, Endlich-auch-einmal-selbst-machen-dürfen im vertrauten Bezirk Musik, oder gerade um das Unerwartete, noch nicht Erkannte, Verwirrende im scheinbar vertrauten Werk, im Musik-machen, in mir selbst?
Reizt mich am Chor die Vorstellung, als Dirigent am Pult zu stehen und ein gut klingendes Ensemble durch ein herrliches Werk zu steuern, oder fasziniert mich das Schaffen des Noch-nicht-vorhandenen, das aufbauende Schulen und persönliche Formen der Gruppe, das ganz bestimmte Profil des Werkes, der ganz besondere Zugang zum Hörer?
Ist Lernen, Üben, Proben für mich lästige Vorarbeit oder der eigentlich gesuchte Lebensinhalt?
Chorleitung wird praktisch fast nur in Verbindung mit anderen Berufen ausgeübt. Der Student muß sich unbedingt Rechenschaft darüber geben, ob er eigentlich Chorleiter werden *will* oder *muß*. Als lästiges Anhängsel zur eigentlichen Tätigkeit (Kapellmeister, Lehrer, Organist) wird Chorleitung trotz aller Lehr- und Lernanstrengung scheitern.

Freude an der Musik und Freude am Hervorbringen von Musik ist durchaus zweierlei. Ganz sicher schafft ein suchendes, produktives Verhältnis zur Musik ungleich höhere Lernchancen als ein nur besitzergreifendes oder gar ein rein verbrauchendes, funktionelles.

Die viel mißbrauchten Begriffe wie „Begabung", „Intuition", „künstlerischer Instinkt", auch das große Wort „Charisma" umschreiben nur ganz allgemeine Möglichkeiten im Menschen, eine Disposition zu weitreichenden und schnell ablaufenden Denk- und Betrachtungsweisen, dagegen keine praktischen, von außen eingegebenen Fähigkeiten. Als Möglichkeiten müssen sie erst mit Inhalten gefüttert werden wie ein Computer mit Programmen. Sehr klare und bestimmte Berufswünsche können Hinweise auf das Vorhandensein und die Richtung solcher „Dispositionen" geben. Darüber hinaus ist die Eignungsfrage für den jungen Musiker nicht interessant. Sein Thema heißt „Technik".

II. „Probentechnik" (§ 3–4)

Hier stellt sich aber sogleich die Frage:
Kann es denn überhaupt eine Technik der Chorprobe geben? Auf den ersten Blick scheint es, als müsse die Frage verneint werden.
Soll eine Technik mehr sein als eine zufällige Sammlung von geschickten Handgriffen, soll sie nämlich eine umfassende, sachgemäße und nachprüfbare Methode sein, so muß sie von einem fest umrissenen Gegenstand ausgehen, etwa einem Instrument, dessen mechanische Struktur und dessen Handhabung grundsätzlich festliegen. Diesen zwei Konstanten treten dann zwei Variable gegenüber: das Werk und die Person des Spielers.
Jedermann kennt nun die endlosen Kontroversen, die aus den stilistischen und den individuellen Unterschieden im Umgang mit dem Instrument erwachsen, ganz zu schweigen von dem Problem der Aneignung, also des Lehrens, des Lernens, des Übens. Angesichts solcher Schwierigkeiten beim Instrument, das doch seine festen Bezugspunkte hat, fragt man sich, wie die Chorarbeit zu einer „Technik" finden soll.

Da ein stets gleich strukturiertes Instrument „Chor" nicht existiert, gibt es auch keine zwingenden Gesetze einer Behandlung. Chöre unterscheiden sich voneinander nicht nur qualitativ, wie etwa verschiedene Orchester, sondern grundsätzlich. Kinderchöre, Männer-, Frauen-, Betriebs-, Kirchen-, Studenten-, Volks-, Hochschul-, Berufschöre, Oratorienvereine, Singkreise, Liedertafeln, Kammerensembles sind in Mentalität und Zielsetzung nicht mehr auf einen Nenner zu bringen. Jede Chorart verlangt eine eigene Arbeitsweise, und selbst vergleichbare Gruppen, wie etwa zwei Kirchen- oder zwei Oratorienchöre, sind individuell so sehr geprägt, daß der Übertritt eines Sängers zu Schwierigkeiten, der Wechsel eines Leiters sogar zu Katastrophen führen kann.

Da niemand eine derartige Fülle von möglichen Situationen vorhersehen oder gar sich im einzelnen auf sie vorbereiten kann, bleibt dem angehenden Chorleiter offenbar nur übrig, in der „Praxis" „Erfahrungen" zu sammeln und diese mit Tips und Tricks von älteren Kollegen anzureichern und zu ergänzen, während er seine eigentliche musikalisch-technische Ausbildung in anderen Bereichen, dem Instrumentalspiel und der Komposition, sucht.

Tatsächlich wird an unseren Ausbildungsinstituten weithin eben dieser Weg beschritten. Dem Studenten wird, im günstigsten Fall, ein Chor aus Kommilitonen zur Verfügung gestellt, in dem er, singend und gelegentlich selbst dirigierend oder sogar probend, in einer simulierten „Praxis" Beobachtungen machen kann, die durch Vorbereitung und Nachbesprechung vertieft werden. Diese ganz untechnische, von jeder anderen künstlerischen Ausbildungsarbeit so völlig abweichende Methode (man stelle sich einen Klavierunterricht vor, in dem der Spieler in stark besetzten Gruppenstunden zwei bis drei Mal im Semester den Kollegen ein Stück vorspielt oder vorübt, das er wenige Tage vorher zum ersten Mal gesehen hat, ohne daß tägliches Training und Studium gefordert und überwacht würden) hat weithin den Eindruck aufkommen lassen, als gebe es im Bereich „Chor" außer einigen Handzeichen gar keine technische Materie, die zu erlernen und zu üben sei. Mancher angestrengt arbeitende Organist, Pianist, Lehrer, Sänger erholt sich als Chorleiter von seinem eigentlichen Beruf und genießt die halbdilettantische Arbeit, die diesem Bereich eigen zu sein scheint.

Der Weg „Erfahrung statt Technik" ist aber ein Irrweg. Der Versuch, Technik durch Erfahrung zu ersetzen, muß scheitern.

§ 3 Technik und Erfahrung

Zunächst: Erfahrungen macht man nur am Detail. Ob ein Weg grundsätzlich günstig oder verfehlt ist, läßt sich durch bloße Erfahrung in der laufenden Arbeit gar nicht oder erst viel zu spät ermitteln. Erfahrungen kann man nur sammeln innerhalb der zufälligen Grenzen seiner eigenen Tätigkeit. Ein unterlassener Versuch, ein vergessener Gesichtspunkt wird durch Erfahrung nicht erfaßt.

„Trial and error", die Methode der Natur (alles ausprobieren und je nach Ergebnis wiederholen oder verwerfen) ist im künstlerischen Bereich nicht anwendbar. Eine solche Methode rechnet einerseits mit unbeschränkten Zeiträumen, wie sie für die künstlerische Entwicklung ja nun einmal nicht zur Verfügung stehen, andererseits mit einer sicheren Auswertung der Erfahrungen, die gerade für den Chorleiter oft schwierig ist.

Die „gute Erfahrung" ist wenig eindeutig. Ein Erfolg kann wegen oder trotz einer Arbeitsweise eintreten, offen bleibt immer, ob es anders nicht doch noch besser ginge.

Ein Dirigent schreibt: „Die Erfahrung lehrt, daß der Chor auf solche Zeichen, die für das Orchester typisch sind, reagiert, nicht aber umgekehrt". Dies ist *seine* persönliche Erfahrung mit *seiner* persönlichen Zeichengebung. Sie besagt, daß *ihm* Chor und Orchester gleich gut gefolgt sind.
Eine andere „Erfahrung" besagt, daß ein routiniertes Ensemble, instrumental oder vokal, jedem Dirigenten folgt, dem es folgen will, gelegentlich auch trotz bestimmter Mängel in der Zeichensprache. Seinem ständigen Dirigenten folgt auch das nichtroutinierte Ensemble bei jeder Art von Zeichengebung.

Gegen die „schlechte Erfahrung" wehrt sich das Selbstwertgefühl. Für offenkundiges Mißlingen gilt dasselbe wie für den Erfolg: Die Gründe können in der Arbeitsweise liegen, aber ebensogut auch anderswo.

Vor allem aber: Erfahrung wird nicht gewonnen durch das bloße „Machen". Die Praxis bringt einzig Routine, d.h. die Kunst, sich mit den vorhandenen Mitteln unter allen Umständen zu behelfen, sich aus der Affäre zu ziehen, eine Sache trotz aller Mängel und Schwierigkeiten durchzuziehen.

Sie lehrt nicht, die Mittel zu verbessern, die Schwierigkeiten zu beheben. Sie lehrt nicht höheres Können, sondern nur, schon vorhandenes besser auszunutzen. Die *nur* aus der Praxis gewonnene Erfahrung kann sogar entwicklungshemmend wirken.

Beurteilen lassen sich eigene Handlungen nur dann, wenn sie geplant waren und durchschaut sind. Für den Musiker heißt das: nur mit einer eindeutigen musikalischen *Zielvorstellung*, mit Kenntnis und Beherrschung der denkbaren technischen *Wege* zu diesem Ziel und schließlich mit einer bewußten *Auswahl* solcher Wege lassen sich Erfahrungen sammeln, die auswertbar, die produktiv sind.
Das Verhältnis von Technik und Erfahrung stellt sich also gerade andersherum dar, als es vielfach, jedenfalls für die Chorarbeit, vorausgesetzt wird: Technik erwächst nicht aus Erfahrung, sondern Erfahrung kann überhaupt erst dann gewonnen werden, wenn Technik schon vorhanden ist. Erfahrung *bildet* nicht Methoden, sondern korrigiert und adaptiert sie. Erfahrung lehrt nicht Maßstäbe, sondern sie setzt Maßstäbe voraus. Erfahrung erweitert nicht den technischen Horizont, sondern dieser muß erweitert werden, damit neue Erfahrungen gemacht werden können.

Keineswegs wird damit die Bedeutung von Erfahrung für die künstlerische Tätigkeit geschmälert. Sie erst zieht aus dem Erlernten persönliche Produktivität, sie erst entwickelt aus dem sachbezogenen Stoff „Technik" die individuelle Arbeitsweise.
Schließlich: Erfahrung bleibt *persönlich*. Fremde Erfahrung läßt sich nur selten unmittelbar auf die eigene Arbeit übertragen, zur großen Enttäuschung vieler gelehriger Schüler und vieler lehrender Meister. Übertragbar ist nur die geordnete Summe der Erfahrungen vieler einzelner, eben die „Technik".

§ 4 Technik und Persönlichkeit

Für den Anfänger bedeutet diese Erkenntnis zugleich Erschwerung und Erleichterung. Erschwert ist das Erlernen des Handwerks, erleichtert die Arbeit selbst. An die Stelle des blinden Drauflosprobierens treten auf der einen Seite eingehende Studien und Übungen, die Zeit, Kraft und einigen intellektuellen Aufwand erfordern. Auf der anderen Seite erlöst ein klares methodisches Konzept von den typischen Berufsängsten, zumal im Anfängerstadium.

Der nervenaufreibende Zwang, von Minute zu Minute das Richtige improvisieren zu müssen, den Probenablauf vor dem ständig drohenden Zusammenbruch retten zu müssen, entfällt, wenn die günstigsten Arbeitswege und die denkbaren Reaktionen schon vor Beginn der Probe erwogen worden sind.

Die Technik der Chorprobe wird entwickelt aus der Beobachtung dessen, was der einzelne Chorsänger, was die Sängergruppe in der Probe erlebt. Gefragt wird in erster Linie nach dem, was allen Chor- und Sängertypen gemeinsam ist, zunächst im Blick auf die Chorarbeit im Ganzen, dann genauer auf die Probe selbst bezogen.

III. Chorprobe (§ 5–11)

§ 5 Die Aufgabe der Chorarbeit

Es gilt, den Anspruch von Leistungen und den legitimen Wunsch des Chorsängers nach persönlicher Befriedigung miteinander zu vereinen. Seine Befriedigung findet der Chorsänger:

im Singen selbst,
im Eindringen in das Werk,
im Eindringen in die Welt der Musik,
in der Gruppenaktion,
im Erfüllen einer Aufgabe (sei es einer übernommenen, sei es einer selbst gestellten).

Ohne Schaden für die Chorarbeit kann keiner dieser Aspekte ausgelassen oder auch nur einseitig überbetont werden.

Eine ausschließliche Befriedigung durch den Erfolg der Leistung ist auf die Dauer ebensowenig möglich wie ein Singen nur um seiner selbst willen ohne ausdrückliches Ziel.
Selbst für den leistungsorientierten Berufsmusiker, also auch für den Berufschorsänger, gilt, daß er in der vorbereitenden Arbeit ausreichend Reiz und Attraktion finden muß, um die Anstrengungen der Proben überhaupt durchstehen zu können.

Ein gezielter Wechsel von „Arbeit" und „Freude" („Pauken" – „fröhliches Singen") ist aber für beide Seiten schädlich. Die isolierte „Freude" bleibt ziellos, endet im Leerlauf, die „Arbeit" trocknet aus, wird im Bewußtsein des Sängers zum zwar notwendigen, aber lieber umgangenen Übel.

Stattdessen muß die Befriedigung, ja das Vergnügen, in der Arbeit selbst gesucht werden.
Dazu bedarf es einer Arbeitsweise, in der das einstudierte Werk und der singende Mensch in jedem Augenblick gleich wichtig genommen werden. Eine solche

Arbeitsweise wird möglich, wenn die gesamte Chorarbeit angelegt wird als ein Prozeß der fördernden Entwicklung und Erziehung.

Aus der einfachen Freude am bloßen Singen wird dann die Freude am *besseren* Singen; aus der Freude am Werk wird die an der schöneren *Darstellung* des Werkes. Aus dem Vergnügen am Chorleben das gemeinsame Interesse an einem, menschlich wie musikalisch, besseren *Zusammenwirken* des Chores. Die Freude am Verbrauchen verwandelt sich in die Freude am Schaffen und Entwickeln.

Allerdings wird es für jeden Chorsänger einiger Zeit bedürfen, bis er in eine solche Einstellung hineingewachsen ist und damit die Ziele des Chores zu seinen eigenen gemacht hat. Er wird es tun, wenn ihm bewußt wird, daß er selbst ein Anliegen des Chores und seines Leiters ist, daß die Arbeit nicht nur die gestellte Aufgabe erfüllen, sondern ihn selbst fördern will.

Voraussetzung dazu ist, daß der Chorleiter selbst seine Aufgabe und seine Befriedigung nicht im Gebrauch seines Chores als eines Mittels zu einem Zweck, sondern in dessen Entwicklung und Entfaltung finden lernt. Seine Arbeit teilt sich dann nicht mehr in die lästige Vorarbeit „Probe" und das erwünschte künstlerische Ziel „Aufführung". Vielmehr beginnt die künstlerische Übertragung schon am ersten Probentag, und noch in der Aufführung selbst bleibt der Leiter dem vor ihm stehenden Sänger persönlich helfend zugewandt. Der Chor wird für ihn nie „Instrument". Er „hat" nicht einen Chor, wie er etwa eine Orgel oder ein Klavier hat, sondern er baut und bildet seinen Chor, und zwar in jedem Augenblick.

Entwicklung und Erziehung sind die Leitbegriffe aller Chorarbeit. Nur in ihnen kann das Laienchorwesen seine Rechtfertigung finden, vielleicht sogar überhaupt jede Ensemblearbeit unter einem Leiter. Bekanntlich tritt im künstlerischen Bereich sogleich Rückschritt ein, wo eine Fortentwicklung fehlt oder auch stockt. Solche Fortentwicklung wird dem Chor aber nicht geschenkt. Wer auf „natürliches Wachstum" hofft, wird sich bald enttäuscht sehen.

Persönliche Befriedigung und Leistungsanspruch lassen sich also durchaus vereinen, wenn der Chorleiter seine Arbeit personbezogen, pädagogisch sieht. Die Wege solcher Arbeit beschreibt die „Probentechnik", ausgehend einerseits von der Struktur des Stoffes, andererseits von allgemeinen Erfahrungen aus dem Bereich des Aufnehmens und Lernens.

Eine *Pädagogik* im engeren Sinn bietet sie *nicht*. Eine solche müßte von den jeweils besonderen Bedingungen einer Gruppe (Kinder, Jugendliche, Erwachsene, Laien, Halblaien usw.) ausgehen. Bei der Fülle der denkbaren Konstellationen würde eine entsprechende Darstellung jede vertretbare Ausdehnung überschreiten, wäre auch nur von einer ganzen Gruppe von Experten zu bewältigen.

Zwar erfordert jede personelle Gruppierung eine besondere Modifikation des Stoffes, der Redeweise, des Arbeitstempos, des Umgangstones usw., die am besten aus der speziellen Pädagogik gewonnen werden kann. Sie erfordert aber nicht eine grundsätzliche Änderung der allgemeinen Arbeitsweise. Diese allein ist Gegenstand der chorleiterischen Grundausbildung und damit Inhalt dieses Lehrbuches.

§ 6 Die Aufgabe der Chorprobe

besteht

1. in der Erarbeitung eines Werkes

2. in der Ausbildung des Chores
   a) in *g e s a n g s t e c h n i s c h e r* Hinsicht
   b) in *m u s i k a l i s c h e r* Hinsicht

Die *G e s a n g s t e c h n i k* arbeitet

von der *S p r a c h e* her
(Farbe, Dauer usw. von Lauten und Silben)

vom *T o n e r g e b n i s* her

starr	locker, fließend, bewegt
eng	frei
dumpf	glanzvoll
schmal	füllig usw.

von der *T o n e r z e u g u n g* her
(„Sitz"vorstellungen, Atemführung)

Die ersten beiden Arbeitsweisen sind unmittelbar aus dem Werk zu entwickeln und durchziehen die gesamte Arbeit.
Die dritte wird eingesetzt
beim Einsingen
als Unterbrechung der Arbeit
als Vorbereitung oder Reaktion auf akute Schwierigkeiten

§ 7 „Schwierigkeiten"

Das methodische Hauptproblem der Chorprobe ist die Verbindung von *W e r k s t u d i u m* und *m u s i k a l i s c h e r A u s b i l d u n g d e s C h o r e s*.
Eine Ausbildung des Chores ist nur *i n n e r h a l b* des Werkstudiums möglich. Für bloße Schulung bringt der durchschnittliche Chorsänger weder Zeit noch Interesse auf (siehe aber: § 62a).

Beide Aufgaben treffen sich in der Arbeit an den *S c h w i e r i g k e i t e n*.
Zum Begriff „Schwierigkeiten" einige kurze Überlegungen:
Während im Instrumentalspiel ein Ton durch Vorstellung *u n d* Griff hervorgebracht wird (oft in erster Linie durch den Griff), stützt sich der gesungene Ton ausschließlich auf die Tonvorstellung ohne jede weitere äußerliche Vermittlung.

Bekanntlich wird der Ton nicht als isolierter Punkt von bestimmter Höhe erfaßt, sondern er wird eingepaßt in einen Rahmen von vorangehenden, gleichzeitig erklingenden und erst erwarteten Tönen. Dieser „Rahmen" wird erst wirksam, wenn er nicht nur mit dem Ohr wahrgenommen, sondern innerlich vorausgehört, also vorgestellt wird.
Innerhalb dieses Vorstellungsrahmens singt der Sänger grundsätzlich „richtig". Es gibt beim Singen kein Vorbeigreifen in dem Sinne, daß Absicht und Ergebnis auseinanderfallen, wie es beim Instrument möglich ist. „Falsch" (und deshalb zu korrigieren) ist, vom Sänger her gesehen, nie der Ton, sondern immer nur der Vorstellungsrahmen.
Dieser ist unter Umständen entweder

zu blaß = zu schwach ausgebildet oder zu undeutlich wahrgenommen

oder

irrig, d.h. vom Stück abweichend (wenn die Komposition die wahrscheinlichste Folge vermeidet).

Gearbeitet wird deshalb nicht am „falschen Ton", sondern

1. an der *Vorstellungsfähigkeit* des Sängers,

2. an dem jeweiligen *Vorstellungsrahmen* der Stelle (des Werkes).

Singen verlangt also vom Sänger, zum gesungenen Ton (besser Tonschritt) weitere Tonfolgen und Klänge hinzuzudenken. Sind diese zusätzlichen Vorgänge kompliziert, überraschend, zahlreich usw., werden also an die Vorstellungskraft hohe Anforderungen gestellt, so liegt eine „Schwierigkeit" vor.

Eine Schwierigkeit ist daher

1. etwas Objektives: sie besteht für den erfahrenen Sänger in gleicher Weise wie für den unerfahrenen, der erfahrene überwindet sie lediglich schneller, (die probentechnischen Arbeitsweisen unterscheiden sich nicht in ihrem Stoff, sondern nur in ihrer Ausführlichkeit);
2. etwas Positives: sie offenbart nicht einen Mangel beim Sänger, sondern den Reichtum der Komposition.

Daher sollen Schwierigkeiten nicht einfach auf dem kürzesten Wege überwunden oder umgangen werden. Weder ist es zweckmäßig, sich nur um solche Schwierigkeiten zu kümmern, die bereits zu Pannen geführt haben, noch auch, kommentarlos solche zu übergehen, die rein zufällig bewältigt wurden.
Schwierigkeiten sollen vielmehr produktiv genutzt werden.

Die Arbeit an ihnen soll

1. zu einem besseren Verständnis und zu einer besseren Darstellung eines Werkes und seiner musikalischen Sprache führen,
2. das allgemeine Vorstellungsvermögen des Sängers fördern und mit konkreten musikalischen Grundvorstellungen erfüllen (etwa solche harmonischer, rhythmischer, klanglicher, aber auch ausdrucksmäßiger Art).

Es kommt vor allem darauf an, den Sänger erst einmal auf seine Fähigkeit, innerlich voraus- und mitzuhören, aufmerksam zu machen und sein musikalisches Selbstvertrauen zu stärken. Hier kann eine zu direkte Kritik verwüstend wirken. Statt einzusehen, daß seine Vorstellung in diesem Einzelfall irrig war und sie gelassen zu korrigieren, wird der Sänger möglicherweise ein grundsätzliches Versagen vermuten und an der Zuverlässigkeit seiner Vorstellungskraft („Musikalität") überhaupt zweifeln. Damit ist er unter Umständen für weitere Entwicklungsarbeit verloren. Gutes Zureden wird wenig helfen, da sich der ganze Vorgang außerhalb des begrifflichen Denkens abspielt. Unreflektiertes Vertrauen zum eigenen Ohr ist die Voraussetzung jeder musikalischen Arbeit.

§ 8 Die Begriffe „technisch und musikalisch"

Schwierigkeiten werden also verstanden als ein Teil des musikalischen Lebens in einem Werk und nicht als Hindernis innerhalb der „technischen" Vorbereitung.
Die Formung und Gestaltung ihrerseits, traditionell als das „Musikalische" dem „Technischen" gegenübergestellt, wird nicht als Ausschmückung eines klingenden Rohbaus, sondern als Arbeit am Verstehen und Darstellen, als eine andere Art von Schwierigkeit behandelt. Arbeit und Reiz verteilen sich nicht auf das „Richtige" einerseits und das „Schöne" andererseits. Vielmehr wird in einem schwierigen Intervallsprung ebensoviel Reiz gefunden wie in einem Crescendo, und im Crescendo soviel Arbeit wie in einem Intervallsprung. (Hierzu siehe auch § 62).

Methoden:

Um Schwierigkeiten hörerzieherisch nutzbar zu machen, werden sie nicht „*nachher*" behandelt, als Beseitigung von Fehlern, sondern „*vorher*" durch die Bereitstellung eines Rahmens und Hintergrundes für Vorstellung und Erleben. Die allgemeinen Mittel dazu sind:

a) jede Erscheinung wird *zurückgeführt* auf einen *Grundvorgang* der Vorstellung (des Erlebens, der Wiedergabe) (siehe § 83),

b) für jede Maßnahme wird der günstigste *Zeitpunkt* im Ablauf der Probe ausgewählt.

§ 9 Die Probe als Lernvorgang

Einige Überlegungen zu den Fragen „Zeitpunkt" und „Ablauf der Probe": Die Chorprobe ist kein *Testvorgang*, wie es das Wort „Probe" irrigerweise nahelegt. Ebensowenig ist sie ein *Trainingsvorgang*, der durch repetierendes Üben zur Leistungssteigerung führt (entsprechend der Grundbedeutung des französischen Wortes „repétition" und des englischen „rehearsal"). Ein Versuch, ob „es schon geht" und dessen Wiederholung haben nichts mit sachgemäßem Proben zu tun. Das Werk soll nicht ausprobiert, sondern aufgebaut werden. Der Chorleiter ist nicht Prüfer, sondern Vermittler. Der Chorsänger wird nicht herausgefordert, sondern informiert.

Die Chorprobe ist ein *Lernvorgang.*

Sie unterliegt damit den allgemeinen Bedingungen des Lernens. Beim Lernen nun spielt, neben der Wahl des richtigen Lernpensums, auch die Wahl der günstigsten Reihenfolge und damit der richtigen Zeitpunkte eine wesentliche Rolle.

Die Wahl des geeigneten Zeitpunktes wird erschwert durch ein *Hauptproblem allen Lernens:*

Man versteht und behält ein Detail nur, wenn man seinen Zusammenhang kennt.

Man versteht und behält einen Zusammenhang nur, wenn man das Detail kennt.

Jeder Lernende kann diese Sätze, zumal den ersten, mit einer Fülle von Erfahrungen aus der Schul- und Studienzeit belegen. Man denke an die mühsame Paukarbeit der ersten Lektionen einer neuen Fremdsprache, die so schnell zu Ermüdung und Unlust führt, wenn erst der Reiz des Neuen verflogen ist. Die unverbundenen Einzelheiten müssen eingeprägt werden, ohne daß ein wenigstens zu ahnender Zusammenhang schon dazu einlädt.

In einem viel umfassenderen Sinn beschreibt die Lernpsychologie, wie sich Eindrücke in ein früh vorgeprägtes Raster einhängen und einander zuordnen, wie eine Unvollkommenheit dieses Rasters das assoziative Angliedern und damit das Aufnehmen neuer Eindrücke erschwert und wie dadurch die Entwicklung eines Menschen eingeschränkt und unterbunden werden kann. Die zahlreichen populären Lehrbücher des Lernens empfehlen immer wieder das bewußte assoziative Verbinden eines neuen Stoffes mit schon Bekanntem, auch aus ganz fernliegenden Bereichen, wie das Zurückführen von Zahlen auf Wortgruppen, von Namen auf ähnlich klingende Bildbegriffe usw. Lernen heißt Zuordnen.

Der zweite Satz („Zusammenhang ist erst bei Kenntnis des Details verständlich") scheint eher selbstverständlich zu sein. Doch kennt man auch die verbreitete Neigung zu Diskussionen über „große Zusammenhänge" und ihr Ausarten in Verschwommenheit und agressives Vorurteil.

Aus der Musikerziehung kennen wir die öde, lusttötende Paukarbeit ebenso wie eine nebelhafte „Ganzheitlichkeit". Die selbstverständlich auftretenden Widerstände und Zweifel werden moralisch bekämpft: Die Widerstände werden als „Faulheit" durch „Fleiß" überwunden, die Zweifel als „intellektuell" einer niederen Ebene im Menschen zugewiesen und durch die Erhebung der Fragestellung auf die höhere Ebene des „Gefühls" gegenstandslos gemacht. Der Musikerstand ist einer der letzten, in dem Lernprobleme nicht im Bereich der Einsicht, sondern dem des Charakters angesiedelt werden.

Eine Arbeitsweise, die der Natur des Lernens entgegenkommen will, muß die beiden Wege,

1. den vom Detail zum Ganzen,
2. den vom Ganzen zum Detail führenden,

systematisch verbinden und ineinander verschränken.

Dabei können in Kauf genommen werden:

bei 1.: ein undeutliches oder sogar teilweise mißverstandenes Gesamtbild (seine Korrektur ist ein fruchtbarer und reizvoller Teil des Lernvorgangs)

bei 2.: gelegentlich unvollständiges und unscharfes Detail (die allmähliche Profilierung ist ebenfalls fruchtbar und reizvoll).

§ 10 Arbeitsphasen

Eine derartige Arbeitsmethode braucht nicht neu entwickelt zu werden. Sie ist in den Grundzügen allgemein bekannt, wenn auch kaum systematisch ausgewertet. Ansätze findet man beispielsweise dort, wo sich jemand selbständig, ohne Lehreraufsicht, in ein neues Stoffgebiet einarbeitet. Das Studium eines neuen Sachbuches etwa mit dem Ziel eines verarbeitenden Referates, läuft in folgenden Phasen ab:

1. Durchblättern, Blick auf Bilder, auf den „Waschzettel", das Inhaltsverzeichnis, auf markante Stellen; Bildung eines allgemeinen Eindrucks von Stoff und Darstellungsweise, Bildung eines „Vorverständnisses".
2. Schnelles Durchlesen mit Überfliegen des nicht oder halb Verstandenen, in zufälliger, beliebiger Reihenfolge.
3. Vertiefung ins einzelne, Nachholen von Unverstandenem, Verbindung zu schon Bekanntem; erste Ansätze zum Verständnis.
4. Entwicklung eines Gesamtverständnisses. Verarbeitung, Darstellung, Auseinandersetzung.

Die Hauptkennzeichen dieser Arbeitsweise sind:

a) nicht: Bausteinartiges Zusammensetzen von Einzelheiten, Einzelabschnitten, Stellen usw.,
sondern: *wiederholtes* Durchnehmen des *Gesamtstoffs* unter wechselndem Aspekt

b) nicht: Fortschreiten vom Detail zum Ganzen,
sondern: mehrfacher *Wechsel* Gesamtstoff – Detail

c) nicht: unverzügliche Erfolgsforderung (Verstehen, Behalten, Beherrschen),
sondern: Einhalten einer kalkulierten *Erfolgsgrenze*

d) nicht: Fortschreiten vom Stoff zum Verständnis,
sondern: gleichzeitiger Fortschritt von *Stoffbewältigung* und *Verständnis* (über Mißverständnisse, Pauschal- und Teilverständnisse hinweg; „Stoff" immer nur auf dem Hintergrund von „Verständnis")

e) nicht: kontinuierliches Bemühen um dasselbe Ziel mit immer denselben Mitteln,
sondern: *Wechsel* von Arbeits*ziel* und *Methode* in mehreren getrennten Arbeitsphasen.

Durch den methodischen Wechsel von „ungefähr“ und „genau“ einerseits und den Wechsel zwischen Detail und Ganzem andererseits ergibt sich im vereinfachten Schema eine Folge von vier Hauptphasen:

Phase I	Phase II	Phase III	Phase IV
Detail (= einzelnes D.)	Ganzes (= Gesamtstoff)	Detail (alles D.)	Ganzes (Ganzheit)
ungefähr		genau	
erahnen	erlernen	verstehen	anwenden (Musik: darstellen)
oder anders: verstehen: Art	erlernen: Stoff	verstehen: Detail	verstehen: Zusammenhang
Dauer: sehr kurz	lang	lang	kurz

§ 11 Zusammenfassung: Grundsätze der Probentechnik

Die gesamte Chorprobentechnik wird nun aus diesen sehr einfachen Grundüberlegungen heraus entwickelt:

a) Der Chor ist nicht einfach nur ein Instrument, das man benutzen oder auch ausnutzen kann, sondern eine Gruppe von Menschen, die gefördert und ausgebildet werden sollen.

b) Die Chorprobe ist ein Lernvorgang.

c) Schwierigkeiten sind musikalische Ereignisse. Überwunden werden sie nicht durch Fehlerkorrektur, sondern durch ein vorausgehendes Bereitstellen eines Vorstellungsrahmens.

d) Die Arbeit verläuft nicht kontinuierlich, sondern in Phasen mit wechselnder Methodik und wechselndem Ziel.

Die einzelnen Arbeitsphasen und -maßnahmen werden ausführlich in den beiden Hauptteilen des Lehrbuchs, den Kapiteln „Arbeitsphasen“ und „Schwierigkeiten“, beschrieben.

Um nun den Zugang zu dem sehr umfangreichen Stoff zu erleichtern, wird dem Hauptteil eine praktische Einführung vorangestellt.
Anhand einer Stoffübersicht in Tabellenform (§ 16—19) kann sich der Anfänger in noch unverbindlichen, mehr spielerisch angelegten Vorübungen in probentechnische Betrachtungsweisen einleben. Am Schluß des Bandes findet sich die detaillierte Beschreibung einer Einstudierung (§ 168—175). Sie kann auch schon im Frühstadium der Arbeit als Anschauungsmaterial herangezogen werden.
In dieser Einstudierung spielen selbstverständlich interpretatorische Gesichtspunkte eine wesentliche Rolle. Es ist einfach unmöglich, einen Gesamteindruck von Probentechnik zu vermitteln ohne jeden Hinweis auf gestalterische Arbeit.

Aus diesem Grunde werden hier im Vorgriff auf Band 2 des Lehrbuches zwei Übersichtstabellen (IV a und IV b) beigefügt und einige Hinweise gegeben zur Methode der *Vorbereitung* einer Interpretation.

IV. Anmerkungen zur Interpretation (§ 12—13)

§ 12 Die Rolle der Darstellungsmittel

Die vorbereitende Arbeit an der musikalischen Darstellung geht bewußt *nicht* von den *Darstellungsmitteln* aus. Diese treten erst am Ende des vorbereitenden Studiums ins Blickfeld. Es soll dadurch vermieden werden, daß der angehende Interpret mit Fragestellungen wie: „Wo paßt ein Piano, ein Crescendo, eine Bindung, ein Akzent?" ein Werk lediglich abtastet auf Gelegenheiten, gewohnte Gestaltungsmittel zur Anwendung zu bringen.

§ 13 Die Hörkategorien

Das Werk wird vielmehr, nach einer vorausgehenden kompositionstechnischen Analyse, systematisch abgehorcht auf die Notwendigkeiten, die Möglichkeiten und die Probleme des Erklingens. Die verwirrende Fülle von Eindrücken, der der Studierende sich gegenübersieht, wird geordnet und damit überschaubar gemacht durch die Anwendung gezielter Fragestellungen, der „Hörkategorien". Die Antworten, d.h. die Ausdrucksmittel, die sich jeweils verwenden lassen, können nicht, wie die Fragen, Gegenstand verbindlicher Lehre sein. Sie sind nur als Beispiel, Anregung, Einweisung zu vermitteln und können nur im praktischen Musizieren unter der Leitung Erfahrener erlebt werden.
Nur können die praktischen Erfahrungen und Anregungen, ganz ähnlich wie in der Probentechnik, vom Lernenden gar nicht ausgewertet, ja größtenteils nicht einmal bewußt wahrgenommen werden, wenn er nicht über einen intellektuell durchgearbeiteten Raster von Fragestellungen verfügt. Wäre es anders, so wäre jeder langjährige Konzerthörer oder jedenfalls jeder Sänger aus anspruchsvollen Chören ein Interpret.

Als *Haupt-Hörkategorien* werden vorgeschlagen (Näheres im Band II):

Klang	**Kontrast**
Bewegung	**Energieverlauf**

Die *Wort-Ton-Beziehungen* eines Werkes werden zunächst von diesen Kategorien her miterfaßt.
Bei aller textierten Musik läuft der Interpret Gefahr, sein eigenes Textverständnis der vorliegenden Komposition zu unterschieben. Er entwickelt dann unter Umständen Charaktere, Gegensätze, Spannungsbewegungen, die im Werk gar nicht oder jedenfalls nicht in dieser Art enthalten sind, oder aber er übersieht Vorhandenes, das seinem Eigenverständnis widerspricht.
Schon die Vorfrage, wie nahe Text und Musik überhaupt stehen, wo ihre Berührungspunkte zu finden sind und wo nicht, wird oft zu leicht genommen. Mehr als fünfzehn Generationen von Vokalkomponisten haben ein derart breites Spektrum von Wort-Ton-Beziehungen aufgebaut, daß das naive „ich gehe vom Text aus" sich einfach verbietet. Bei einem Verfahren allerdings, das den Ausdrucksverhältnissen einer Komposition grundsätzlich zuerst ohne jede vorwegnehmende Textdeutung nachgeht, kann die Frage nach den Wort-Ton-Beziehungen ohne Nachteile wie eine fünfte Hörkategorie, wenn auch eine abhängige, angewandt und fruchtbar gemacht werden.

Die Beobachtungen, zu denen die einzelnen Hörkategorien auffordern, führen nun nicht etwa zu isolierten Einzelergebnissen, die dann in der Darstellung mehr oder weniger mechanisch zusammenzufassen wären. Vielmehr fordert jede Kategorie — zur Verwirrung für den Anfänger — zwangsläufig zur Betrachtung auch der anderen. Ein Kontrast kann z.B. in der Gegensätzlichkeit von Klängen oder auch von Bewegungen liegen, er könnte aber auch durch die betreffenden Klänge oder die Bewegungen gerade überbrückt werden.
Außer in seiner Eigenwirkung muß ein Kontrast auch etwa als Teil eines Spannungsverlaufs verstanden werden.

Ein ganz für sich stehender, isolierter Ausdruck, mag er für den Interpreten selbst auch noch so bewegend sein, bleibt interpretatorisch stumm und wirkt auf den Hörer eher befremdlich. Ein Akzent etwa, der nicht eine ganz klare Zielfunktion in einem Phrasenverlauf erfüllt, erscheint abrupt, unmotiviert, u.U. sogar lächerlich.

Endgültig fruchtbar werden die Hörkategorien also — nach einem für das Ohr instruktiven Stadium der Trennung — erst in einem nachträglichen Wiederzusammenwirken.
Praktisch anwendbar sind sie nur in der Differenzierung (s. Tabelle).
So bleibt z.B. die Frage nach dem Kontrast irreführend ohne die gleichzeitige Gegenfrage nach dem, was die kontrastierenden Elemente gemeinsam haben, was sie verbindet. Das Denken in polaren (oder „dialektischen") Gegensätzen ist das eigentliche Ziel interpretatorischer Ausbildung.

Hier liegen die wirklichen Schwierigkeiten, nicht im Erfassen stilistischer Unterschiede, die von den Hörkategorien her sehr gut zu erkennen sind (z.B. die Rolle von Kontrast und Kontinuität bei Schütz, Bach, Haydn, Schönberg, Distler, Ligeti).

Dem Anfänger wird die Forderung, im Vorbereitungsfeld der Interpretation intellektuelle Mittel einzusetzen, zunächst vielleicht anstößig erscheinen. Im Verlauf der praktischen Arbeit wird er erfahren, daß intellektuelle Vorbemühungen das elementare künstlerische Empfinden keineswegs ersticken, sondern, im Gegenteil, durch das Drängen nach Differenzierung und Genauigkeit erst herausfordern und zu Leben und Wirkung bringen.
Weiter wird es den Studierenden möglicherweise überraschen, daß die Interpretationslehre nicht beim Musizieren, sondern beim Hören einsetzt. Das Lehrbuch setzt selbstverständlich eine praktische, mit dem Studium des Buches verbundene Tätigkeit als Sänger und Dirigent voraus. Nur diese kann die Eindrücke bieten, die hier von der methodischen Technik verwertbar gemacht werden.

Die Interpretationslehre darf nicht mißverstanden werden als eine Sammlung von Anweisungen, wie „man es macht". Sie zeigt in Beispielen, wie man es machen *k a n n.* Vor allem aber will sie zeigen, wie man dazu kommt, selbst Lösungen zu suchen und zu finden.

Kapitel 2: Praktische Einführung (§ 14—19)

I. Vorübung zur Probentechnik (für Anfänger) (§14—15)

Vorgehen:

1. Nehmen Sie die Vorübungen zunächst als ein *Spiel.*
   Diese wollen Sie noch nicht belehren, sondern Sie nur in bewußteren Kontakt mit der Materie „Chorprobe" bringen. Wenn Sie im Laufe des Studiums diese Materie technisch beherrschen gelernt haben, werden Sie zu einer ganz ähnlichen Arbeitsweise zurückkehren.

2. Einzige Spielregel: Legen Sie sich ganz eindeutig (schriftlich) fest. Je genauer und detaillierter Ihre Notizen sind, desto schneller und sicherer kommen Sie bereits am „grünen Tisch" zu verwertbaren probentechnischen Erfahrungen.

3. Es kommt weniger auf die „Richtigkeit" der Ergebnisse als auf den *Umgang* mit dem Stoff an. Wagen Sie Vermutungen, riskieren Sie Irrtümer.

4. Auswahl der Werke: kurze, *abwechslungsreiche* Stücke aus verschiedenen Stilen vom Typus Motette, Madrigal, Tanzlied usw.

§ 14 Vorübungen zu „Interpretation" und „Schwierigkeiten"

A. Zur „Interpretation"	B. Zu „Schwierigkeiten"

1. Suchen Sie aus einem von Ihnen ausgewählten Chorwerk heraus, was Ihnen an ihm

(A)	(B)
reizvoll, interessant, darstellenswert erscheint.	schwierig ausführbar erscheint.

2. Bringen Sie irgendeine sachgemäße Ordnung in das Gefundene.

3. Überlegen Sie, mit welchen Methoden

(A)	(B)
der Chor und der einzelne Chorsänger Ihre Darstellung ausführen könnte.	Sie dem Chor (den einzelnen Sängern) helfen könnten.

4. Wenn Sie an diesen Versuchen Freude gefunden haben, wiederholen Sie diese mit anderen Werken.

5. Wenn Unsicherheiten oder Probleme auftreten, so werfen Sie einen Blick auf

(A)
die Tabellen IV a oder IV b

(B)
die Tabellen II a bis c

und benutzen sie als Muster für Ihre Fragen an das Werk.

6. Wenden Sie Ihre an 1. bis 4. gemachten Beobachtungen auf

(A)
Ihnen vertraute Instrumentalwerke, Sonaten, Symphonien, Kammermusikwerke, Sololieder usw. an.

(B)
das von Ihnen gerade studierte Instrumentalwerk an.

7. Über den Sinn und die Absichten der Tabellen finden Sie mehr

(A)
am Ende der „Einleitung theoretisch", vor allem in Bd. II des Lehrbuchs.

(B)
In der „Einleitung theoretisch", vor allem im 2. Teil dieses Bandes.

8. Ein Beispiel für die denkbaren Ergebnisse Ihrer „Vorübungen" bietet die „Vorbereitung einer Probe" im „Modell einer Einstudierung" (§ 168–175).

§ 15 Vorübungen zu „Arbeitsphasen"

1. Bearbeiten Sie ein Werk nach A *und* nach B.

2. Überlegen Sie, welche der Maßnahmen Sie selbst als attraktiv oder weniger attraktiv empfinden würden.

3. Überlegen Sie, welche der Maßnahmen ein Ihnen bekannter Chor(sänger) als attraktiv oder weniger attraktiv empfinden würde (auch: Wirkung auf einen ganz unerfahrenen, „schlechten" Chor!).

4. Bringen Sie unter dem Gesichtspunkt 3 eine zweckmäßige, abwechslungsreiche Ordnung in den Ablauf.

5. Ziehen Sie zur Kontrolle und zur weiteren Anregung eine der Tabellen „Phasen" heran (Tab. IIIa oder IIIb).

6. Wenden Sie Ihre Erfahrungen auf weitere Werke (auch Werkabschnitte) an.

Wenn Sie die im „Sandkastenspiel" gemachten Erfahrungen vor dem Chor praktisch erproben möchten, so schalten Sie zwischen Theorie und Praxis das vorbereitende „Simulieren" ein (s. § 20), das Ihnen die ganz äußerlichen Probleme der ersten Schritte vor dem Chor meistern hilft.

Eingehendere Vorübungen zur „Interpretation" siehe Bd. II.

II. Stoffübersicht in Tabellen (§ 16–19)

§ 16 Tabelle I

CHORLEITUNG

Probentechnik		Interpretation		Dirigieren	
Schwierigkeiten	Arbeitsphasen	Hörkategorien	Darstellungsmittel	Schlagtechnik	Führung
→ Tabelle IIa	→ Tabelle III a, III b	→ Tabelle IV a, IV b; → Band 2	→ Band 2	→ Band 3	

§ 17 Schwierigkeiten (Tabelle II a-c)

Tabelle II a

EINTEILUNG DER SCHWIERIGKEITEN

Ort der Schwierigkeiten		Bereich der Schwierigkeiten			Art der Schwierigkeiten		
Linie	Zusammenklang	Intonation	Rhythmus	Chorklang	I. Ordnung eigentliche Schwierigkeiten	II. Ordnung Hindernisse	III. Ordnung Trübungen
→ Tabelle II b		→ Tabelle II b			→ Tabelle II c		

Anmerkung zu „Chorklang“ im Zusammenhang mit den „Schwierigkeiten“:
Die klangliche Arbeit im Chor hat immer zwei Seiten:

1. die Arbeit am Klang des Ensembles,
2. die Arbeit am besonderen Klang des jeweiligen Werkes.

Der Ensembleklang hat seine individuellen Stärken und Probleme. Ein Werk kann der Klangbildung des Ensembles entgegenkommen oder ihm im Wege stehen (z.B. durch seine Sprachbehandlung, durch weite oder enge Lage, durch viel oder wenig Parallelführung, durch den Anteil an legato- oder non-legato-Ausführung usw.). Die besondere Klangausformung des Werkes beginnt erst *nach* dem Ausräumen der allgemeinen Schwächen.

Tabelle IIb

BEREICH UND ORT DER SCHWIERIGKEITEN

	Linie	Zusammenklang
Intonation	Schritte / Sprünge } { diatonisch / nicht diatonisch Rahmen Gerüst Felder	Intervalle Akkorde Akkordverbindungen Harmonieverlauf funktional Harmonieverlauf schwach funktional Harmonieverlauf nicht funktional
	Linie → Hintergrund	
Rhythmus	Durchpulsung und Verklammerung Metrum → Rhythmus	
	gerade Unterteilung ungerade Unterteilung Wechsel der Notenwertebenen Wechsel des Taktes Wechsel des Metrums	Kombinationsrhythmus Komplementärrhythmus Kombinationsrhythmus ungerade Kombinationsrhythmus frei
Chorklang	von selbst klingend — nicht klingend — falsch klingend	
	Laute Silben Töne lang — kurz Töne hoch — tief	Bindung horizontal = „Klangfluß“ Bindung vertikal = „Geschlossenheit“

↓

Text: Intonation siehe § 98-134
Rhythmus siehe § 135-167
Chorklang siehe Bd. II

Tabelle II c

ART DER SCHWIERIGKEITEN

I. Ordnung eigentliche Schwierigkeiten (nur mit Umweg zu zu bewältigen) a) zerlegen b) günstigsten Angriffspunkt suchen c) auf Grundvorgang zurückführen	II. Ordnung Hindernisse (nur beim ersten Singen auftretend) a) vorbereiten b) verlangsamen c) anhalten	III. Ordnung Trübungen (bleibende Unsicherheiten in leichten oder schon geprobten Partien) a) aktivieren b) stabilisieren
Vorbereitung jeder Übungseinheit: a) Anfangs- und Zielharmonie b) Metrum und Taktzeit		

Schwierigkeiten I. Ordnung § 81–83
Schwierigkeiten II. Ordnung § 84–89
Schwierigkeiten III. Ordnung § 90–97

Liste der häufigsten Schwierigkeiten: § 35

§ 18 Arbeitsphasen (Tabelle III a, b)

Tabelle III a (für Anfänger)

Phase I	Phase II	Phase III	Phase IV
Einhören in den Werkcharakter durch zwangloses Singen von typischen Stellen	Schnelles Erarbeiten des Gesamtstoffs durch Umgehen oder Zurückstellen von Schwierigkeiten Einsicht vermitteln in Formabschnitte Phrasen Charaktere	Nacharbeiten des Details an Schwierigkeiten und Ausdrucksformen. Auf Erfolg bestehen.	Zusammenfassen zu größeren Einheiten und zum Gesamtbogen. „Trübungen" wiederholend korrigieren.

Tabelle III b (für Fortgeschrittene)

ARBEITSPHASEN

Phasen:	Phase I	Phase II	Phase III	Phase IV
Arbeitsziel:	*Einhören in den Charakter*	*Gesamtwerk im Groben* Übersicht über: Gliederung Phrasen Dynamik	*Perfektion* im Detail des Notentextes des Ausdrucks *Integration* Erziehung zum Zusammensingen	*Werkganzes* Sicherung labiler Stellen Sicherung des Gesamttextes im Gedächtnis
Erfolgsgrenze:	nur: Verständnis nicht: Gelingen	keine Perfektion in der Ausführung, keine Wiederholungssicherheit u. U. keine Vollständigkeit Mißverständnisse korrigieren Undeutliches belassen	Schwierigkeiten: keine Erfolgsgrenze Gestaltung: die letzte Abstufung bleibt noch offen	Verzicht auf: volle Energie volle Emotion
Verhältnis von „technischer" und „gestalterischer" Arbeit:	Schwerpunkt: Erfassen des Charakters, Schwierigkeiten nur, wenn in Phase II nicht umgehbar.	An Ausdrucksformen das, was ohne eingehende Anweisungen ausführbar ist. Bewegungscharakter, dynamischer Grundcharakter, allgemeiner sprachlicher Tonfall.	*Wechsel* der Maßnahmen *Verschränkung* der Maßnahmen: a) Ausdruckselemente technisch fassen b) Perfektionsforderung vom Ausdruck her motivieren gestalterische Arbeit als Ziel, Ausgangspunkt und Stütze der technischen Arbeit technische Arbeit als Mittel der Hörerziehung	technische Arbeit nur noch a) als Wiederholungstraining b) zur schärferen Profilierung von Charakteren

Anteil an gestalterischer Arbeit:	80–100%	10%	50%	90%
Methoden:	a) typische Stelle oder b) Material Motive Themen cantus firmus oder / und c) *Schwierigkeiten I. Ordnung:* vorbereitende Übung (bei sehr schwerem Werk) Bei Methode a) und b): singen, nicht üben	sehr flüssiges Arbeiten; Mißlingen vermeiden durch a) Aufmerksamkeit auf *Schwierigkeiten II. Ordnung* b) Eingrenzen der Übungseinheiten auf sicher Ausführbares c) Angliedern von Neuem an Bekanntes („Mosaiktechnik“ § 54, 55): Stimmen: Sopran × × × Alt × × × × Tenor × × × usw. Baß × × × Abschnitte (z.B. homoph.-polyph.)  jeweils mit Anschluß	*Schwierigkeiten I. und III. Ordnung:* (s. Tabelle IIa)) Ausdrucksformen a) profilieren im Kontrast b) technisieren c) auf Grundformen des Ausdruckes zurückführen - - - - - - - - - - - - Attraktives und weniger Attraktives in gezieltem Wechsel - - - - - - - - - - - - gezielter Wechsel von a) punktueller detailorientierter Arbeit (frühes Stadium) b) wieder auf Zusammenhänge gerichtete Arbeit (spätes Stadium)	Profilieren von längeren Verläufen bis zum Gesamtbogen Endgültiges Profilieren der Detail-Nuancen - - - - - - - - - - - - Wiederholung u. Kontrolle v. *Schwierigkeiten III. Ordnung* - - - - - - - - - - - - ggf. Wiederholungstraining
		gemäß der Satzstruktur: polyphon: geringstimmig homophon: vollstimmig	auch gegen die Satzstruktur: polyphon: vollstimmig (Integration) homophon: wenigstimmig (Profil der Einzelstimme!)	
		wenig Wiederholung Korrektur Erläuterung keine Unterbrechung	häufige Wiederholung Korrektur Erläuterung Unterbrechung	
		neutraler Klang		

§ 19 Interpretation (Tabelle IV a, b)

Tabelle IV a (für Anfänger)

Klang	Kontrast	Bewegung	Energieverlauf	Wort- Ton-Verhältnis
Färbung	Gegensatz	Schwerpunkte	Impuls	Klangliche Beziehungen
Abstufung	Gemeinsamkeit	Durchpulsung- Verklammerung	Phrasen Entwicklung Höhepunkt Ziel Teilphrasenspannung Phrasenspannung Gesamtspannung	Inhaltliche Beziehungen

Tabelle IV b (für Fortgeschrittene)

INTERPRETATION

a) Was liegt vor? b) Was ist zu tun?				
		im Bereich		
Klang	**Kontrast**	**Bewegung**	**Energieverlauf**	**Wort-Ton-Beziehungen**
Mittel Tonsatz Besetzung Spielweise	*Kontrast und Homogenität* innerhalb des Zeitstils innerhalb des Werkstils innerhalb einer Stelle	*Stetigkeit - Nichtstetigkeit* Zeitstil Werkstil Stelle	*Stauen — Verströmen* Stauen: a) Verdichtung b) Unterbrechung Verströmen: a) Ausdünnung b) Weiträumigkeit	*Klangliche Beziehungen* Sprachrhythmus — musikalischer Rhythmus Sprachmelodie — musikalische Melodie
Färbung Glanz — Fülle Klarheit — Trübung Stetigkeit — Störung	*Gegensätzlichkeit* Bereich Grad	*Schwerpunkte* Durchpulsung Verklammerung	*durch:* *Kräfte* Triebkräfte a) Zielerwartung b) Impulse Gegenkräfte: a) von Ton zu Ton b) im Ton	*Inhaltliche Beziehungen* Entsprechung Text — Musik (auch: historische Wort-Ton-Lehre) Widerspruch Text—Musik

Fortsetzung Tabelle IV b

Klang	Kontrast	Bewegung	Energieverlauf	Wort-Ton-Beziehungen
Abstufung	*Gemeinsamkeit*	*Gewicht der Notenwerte*	geformt zu:	*Persönliche Einstellung*
in der Folge im Zusammenklang			Phrasen (Anschluß) Entwicklung Höhepunkt Ziel Teilphrasenspannung Phrasenspannung Gesamtspannung	Komponist Interpret Zuhörer
führt zu:	führt zu:	führt zu:	führt zu:	führt zu:
Klangstil des Werkes der Aufführung	Detail Gliederung Form	Grundtempo Tempoverhältnisse	Spannung Form	Ausdruck

Kapitel 3: Ratschläge für Anfänger (§ 20–39)

I.: Zum Studium

§ 20 Studiengang „Probentechnik"

Der Anfänger läßt zunächst mehrere Arbeitsgänge ohne unmittelbare Verbindung nebeneinander herlaufen. Die so gewonnenen Einzelerkenntnisse und Erfahrungen wachsen mit zunehmender Vertrautheit zu einer geschlossenen, überschauten und beherrschten Technik zusammen.

Ein solcher Arbeitsweg entlastet zum einen die Aufmerksamkeit des Lernenden durch Konzentration auf nur einen Aspekt. Zum anderen aber, und hier liegt das Wesentliche, erlaubt er eine gezielte Auswertung der gewonnenen Erkenntnisse und verhindert, daß sich Beobachtungen aus verschiedenen Bereichen gegenseitig verwirren und einander im Wege stehen.

Es ist zum Beispiel etwas anderes, eine Komposition zu studieren, als die klingende Gestalt eines Werkes für eine Aufführung festzulegen oder eine Partitur auf die Widerstände zu befragen, die sie dem Einstudieren bietet. Zu frühe probentechnische Untersuchungen können den Blick auf das Werk verstellen, indem sie es in bloße Problemfälle auflösen.
Manche technischen Probleme wiederum eröffnen sich erst bei tieferem Verständnis der Musik.
In der Probentechnik selbst ist die Frage „was" von der Frage „wann" zu unterscheiden. Zum Beispiel können sachlich richtige Maßnahmen wirkungslos bleiben, wenn sie dem Chor zu früh angeboten werden.

Im Studium sind daher zunächst zu trennen:
Das *Werkstudium* (Strukturanalyse) mit dem Ziel, das Werk kennenzulernen, zu verstehen und gedächtnismäßig zu beherrschen, und die *Arbeit an probentechnischen Fragen*;
innerhalb der Probentechnik die *theoretische Ausarbeitung* von Probenplänen und *praktische Probenarbeit*;
bei den Ausarbeitungen die Beschreibung *ganzer Arbeitsphasen* und die Behandlung von *Einzelschwierigkeiten*;
innerhalb der praktischen Probenarbeit *Teilproben* mit einer beliebig zusammengesetzten Gruppe, in denen der Probende übend einzelne Probenschritte oder Probenphasen ausführt und sie auf ihre Wirksamkeit hin kontrolliert, und *vollständige Einstudierungen* kleinerer Werke mit einem aufführungsfähigen Chor.
Anmerkung: Die praktischen Chorübungen sollten grundsätzlich nur mit Übchören aus Mitstudierenden durchgeführt werden. Vor einen echten Chor zu treten hat ein Chorleiter erst das Recht, wenn er die technischen Grundhandgriffe des Probens wie des Dirigierens beherrscht. Anhand einer klaren Methodik lassen sich diese durchaus auch in einer nur simulierten Situation erlernen. Es ist verantwortungslos und zugleich berufsschädigend, einen Laienchor, insbesondere einen Anfängerchor, zu Übungszwecken zu mißbrauchen. Gerade solche Chöre haben Anspruch auf einen befähigten Chorerzieher. Niemand würde doch auf den Gedanken kommen, eine Schulanfängerklasse einem Studenten im zweiten Semester anzuvertrauen!
Ein noch unausgebildeter Chorleiter ist zudem noch gar nicht in der Lage, die ihm begegnenden Reaktionen des Chores richtig einzuschätzen und für sich selbst als verwertbare Erfahrungen nutzbar zu machen. Die Erlebens- und Verhaltensweisen von Chorsängern lernt der angehende Chorleiter nicht als dilettierender Dirigent, sondern als sorgfältig beobachtender Chorsänger kennen.

Studiengang:

<table>
<tr><td colspan="4">parallel:
Werkstudium und Arbeit an der Probentechnik</td></tr>
<tr><td colspan="4">parallel:</td></tr>
<tr><td colspan="2">theoretische Ausarbeitungen</td><td colspan="2">praktische Probenarbeit</td></tr>
<tr><td colspan="2">parallel:</td><td colspan="2">parallel:</td></tr>
<tr><td>Arbeitsphasen

Vorübungen

Anwenden der einfachen Tabelle auf ein einfaches Werk (Tabelle IIIa, Seite 41)</td><td>Schwierigkeiten

Vorübungen

Anwenden der einfachen Tabelle auf ein einfaches Werk (Tabelle IIa, Seite 38)</td><td>mit einem Übungschor (beliebige Besetzung)

Einzelaktionen (Einsatz, Abschlag, Tonangabe, Zeilenanschlüsse, Wechsel von Tempo, Dynamik, Charakter usw.)</td><td rowspan="2">mit einer singfähigen Gruppe</td></tr>
<tr><td>Anwenden der ausführlicheren Tabelle auf ein einfaches Werk (Tabelle IIIb, Seite 42, 43)</td><td>Anwenden der ausführlicheren Tabelle auf ein einfaches Werk (Tabelle IIb, c, Seite 39, 40)</td><td>Kleinere kontrastreiche Werke anproben</td></tr>
<tr><td rowspan="2">Anwenden der ausführlicheren Tabelle auf schwierigere Werke oder Werkabschnitte (Tabelle IIIb, Seite 42, 43)</td><td rowspan="2">Anwenden der ausführlicheren Tabelle auf schwierigere Werke oder Werkabschnitte (Tabelle Ia, b, IIb, c, Seite 39, 40)</td><td>Etwas schwierigere Werke anproben;
Klangkontrolle:
Einzelstimme,
Einzelaktion</td><td>Kleinere Werke fertig proben, aufführen;
Klangkontrolle:
Stimmengruppe,
Ensembleklang</td></tr>
<tr><td>Zunehmend schwierigere Werke (Werkabschnitte)</td><td>Zunehmend schwierigere Werke</td></tr>
<tr><td colspan="4">Schwierigkeitsgrad</td></tr>
<tr><td>leichte bis schwierige Werke</td><td>leichte bis schwierige Werke</td><td>leichte bis mittelschwere Werke</td><td>nur leichtere Werke</td></tr>
</table>

Praktische Übungen immer in *geringerem* Schwierigkeitsgrad als theoretische; Aufführungen in geringerem Schwierigkeitsgrad nur als „angeprobte" Werke. Die zusätzliche Belastung durch das praktische Detail bzw. durch den Erfolgsdruck muß durch die Werkauswahl aufgefangen werden.

Zwischen theoretischer Ausarbeitung und praktischer Probenarbeit steht als wichtige Vor- und Einübung die Simulation.

Simulation

1. Ausführliches *Dirigieren* des Werkes, auch über den eigentlichen Lernvorgang hinaus, mit allen Bewegungen (Einsätze, Ausdrucksforderungen, Hin- und Herwenden).
   Stimmgruppen (Instrumente, Soli) durch Gegenstände in der Originalaufstellung simulieren, dirigentisch mit Schlag und Blick ansprechen.

2. *Einzelaktionen simulieren*
   Folge: Ansage — Einsatz — Kommentar — Ansage — Einsatz.
   Zwei oder drei Abschnitte aus bekanntem Werk auswählen. Redetext improvisieren, laut sprechen, hin- und hergehen. Wiederholen, wechselnde Reaktionen des Chores annehmen und entsprechend handeln.

3. Vor allem den *Beginn der Probe* simulieren:
   Erste Aktionen mit allen Reden und Bewegungen (z.B. Gang zum Klavier), Noten aufschlagen, Choraufstellung verändern usw.

Derartige Simulationsübungen werden vom Anfänger vielleicht als lächerlich oder peinlich erlebt. Sie sind aber ein unersätzliches Hilfsmittel zur Überwindung der Ängste am Beginn des Chorleiterdaseins. Solche Ängste werden ausgelöst durch Unsicherheiten in der manuellen Chorführung („Schlagkontakt"; die Reaktionen des Chores auf die eigene Handbewegung sind noch nicht vorhersehbar und steuerbar) durch Unsicherheiten in der musikalischen Vorstellung, unzureichende Kenntnis von klanglichen Erfordernissen und Möglichkeiten und schließlich durch die Ungewißheit, wie man einer Gruppe gegenübertritt, sie leitet und zweckmäßig auf sie reagiert.
Manuelle Unsicherheit und mangelnde Vorstellung sind aber dem Anfänger als Auslöser von Angst gar nicht bewußt. Er konzentriert seine Besorgnisse einseitig auf das Gruppenproblem, das dadurch über seine wahre Bedeutung hinaus überbewertet wird.
Schwächen im Kontakt zum Chor sind immer zuerst Schwächen des eigenen Engagements für Musik und Sänger, in zweiter Linie mangelnde Klarheit. Vorstellungskraft und methodisches Können sind aber nur im Lauf langer Studien zu schulen. Um nun, bei der unvermeidlichen Gleichzeitigkeit von Theorie und Praxis in der Chorleiterausbildung, auch schon den ersten Schritten eine gewisse Freiheit und Entlastung zu garantieren und sich dadurch vor Entmutigung zu bewahren, hilft man sich mit der Simulation der problematischsten Probenabschnitte.
Das Simulieren ist ein Spiel, keine Arbeit. Die Komik der Situation (besonders für dritte!) soll nicht unterdrückt, sondern voll genossen werden. Ein leichter Unernst des Auftretens wird sich entspannend bis in die aktuelle Chorprobe hinein erhalten.
Wer sich zu dergleichen gar nicht überwinden kann, muß seine Zuflucht zum reinen Gedankenexperiment nehmen. Es gilt als höchst wirksam, verlangt aber hohe Konzentration, da auch Körperbewegungen und Sprechweise exakt vorgestellt werden müssen, soll die Übung wirklich nützen.

II. Zur Chorprobe (§ 21–34)

§ 21 Einsatz

Immer *v o r* einem Einsatz (nicht erst *w ä h r e n d* des Einsatzes!)

dem Sänger in die *A u g e n* sehen;
den Blick *w e c h s e l n* lassen.

B e i *(W i e d e r-) B e g i n n*

a) bevor man die „Null-Stellung" einnimmt	Gesamtgruppe ansehen mit einmaligem Blickschwenken
b) während der „Null-Stellung"	*e i n e* Gruppe (Seite) ohne Bewegung ansehen
c) während des Auftaktes	Blick zu den übrigen schwenken

Der *C h o r l e i t e r* darf
während der „Null-Stellung"
während des Auftaktes
während des Einsatzes
unmittelbar nach dem Einsatz
n i c h t i n d i e P a r t i t u r s e h e n.

Der *C h o r s ä n g e r* darf
unmittelbar *n a c h* dem Einsatz
n i c h t i n d i e P a r t i t u r s e h e n.

(Kenntnis der ersten Töne durch die Tonangabe!)

„*N u l l - S t e l l u n g*" (vorbereitende Haltung vor dem Einsatz):

Oberarme leicht geöffnet
Hände leicht aufwärts
Intensiver Blickkontakt

Andeuten des erwarteten Charakters
nicht durch „Fordern"
nicht durch „Abwehren",
sondern durch Einnehmen der entsprechenden *s ä n g e r i s c h e n* Haltung.

Haltung *n i c h t* korrigieren.
Auch wenn die eingenommene Haltung ungünstig erscheint (zu tief, zu hoch, zu weit usw.), die Hände unter allen Umständen dort lassen, wo sie zum Stillstand gekommen sind. Eine Korrektur mindert oder zerstört die momentan erforderliche Autorität.

Während der „Null-Stellung":

sich nicht bewegen
nicht überlegen
nicht innerlich singen, das Tempo simulieren oder ähnliches

Das Tempo muß so weit geübt sein, daß es „aus dem Nichts heraus" ergriffen werden kann. Gedanklich simulierte Tempi in diesem Augenblick höchster Beanspruchung sind nicht verläßlich; jede gedankliche Tätigkeit verlängert die „Null-Stellung“ und unterbricht in einer für den Chorsänger deutlich erkennbaren Weise den Kontakt, der in diesem Moment seine stärkste Intensität gewinnen soll.

Einsatzgeste:
wie aus einer bereits fließenden Bewegung heraus Einverständnis suchend
nicht: belehrend, Aufgaben stellend, Leistung entgegennehmend, beherrschend, Zwang ausübend
Aufwand: immer unterhalb des vom Chor Geforderten bleiben
Hauptimpuls: gemeinsames Atmen von Leiter und Chor
Der Chor muß lernen, auch ganz ohne dirigentisches Zeichen gemeinsam einzusetzen.

„*Vorbereitungsschlag*“ (Bezeichnung nach Kurt Thomas):
bewußt und deutlich sichtbar unterscheiden:

1. die Art des Beginns

a) *mit* Anschlag

o = Auftaktzeit; die Bewegung schlägt zunächst von *oben* auf die Auftaktzeit

b) *ohne* Anschlag

die Bewegung startet plötzlich in der Auftaktzeit

2. Charakter: legato / marcato / leggiero } im { f / mf / p

Schlag „beatmen“

a) Hand (Hände) aufwärts führen mit der Vorstellung eines Widerstandes auf der Handoberfläche (Gewicht, Luftzug),

eventuell zusätzlich

b) simuliertes Einatmen durch
leichtes Spreizen der Unterarme
leichtes Dehnen der Rippen
leichtes Öffnen des Mundes

eventuell zusätzlich

c) simulierte Artikulation des ersten Wortes

Dieses wichtige Hilfsmittel darf nicht zur Routine werden; in der Probe nur gelegentlich anwenden, dann bleibt es in der Aufführung wirkungsvoll.

Niederschlag:
„bestätigend“, nicht „führend“
Bei nicht beatmeter Auftaktbewegung: Chor kommt zu spät; bei Führung nur durch den Niederschlag: Chor (Anfänger) kommt beträchtlich zu spät; mindestens bleibt der Einsatz roh, Gefahr der Verengung.

Beginn des Singens:
Reaktion des Chores aufnehmen–
im ersten Augenblick möglichst nicht korrigieren, auch nicht bei Abweichungen vom Erwarteten; kein Mißfallen ausdrücken, aus dem Gehörten etwas machen;
weniger: „anfeuern", „anheizen" als: „Lust machen" –
nicht: schieben, ziehen, sondern: mitnehmen, weniger durch den Zwang der Hand als durch die erzeugte musikalische Bewegung (Fluß) führen.

Einsatz im laufenden Fluß:
Frühzeitiger (vorzeitiger) Blickkontakt–
Einsatzgeste nur mit einer Hand.
Wichtige Einsätze:
sich durch Körperwendung frontal zur einsetzenden Stimme stellen,
die Einsatzhand vor dem Einsatz möglichst ohne Bewegung lassen
die einsetzende Stimme nicht auf eine Taktzeit „setzen", sondern in eine Bewegung hinein nehmen.

Abschlag:
Vor dem Abschlag: die nächste Maßnahme (Ansage) planen,
bevorstehenden Abschlag vorher ankündigen (z.B. linke Hand stillstellen),
innerhalb einer Phrase nur bei Detailarbeit abbrechen.

Stimmung abfangen:

a) bei matter, lahmer Stimmung: sofort sprechen
nicht mit erhöhter Stimme, nicht anheizend; ein von der Chorstimmung abweichender Tonfall wirkt penetrant, gemacht.

b) normale Stimmung: ruhiger Anschluß

c) erhitzte Stimmung: warten, vom Stoff ablenken, zurückführen.

(siehe auch „Verhalten des Chorleiters" § 34)

Übergang zur folgenden Übungseinheit
a) Kommentar: nur bei sehr schwieriger Stelle; bei detaillierter Anforderung (besonders Phase III) Zustimmung und Kritik aktualisieren

Erfolg: nicht als gelungene Erfüllung einer gestellten Aufgabe, sondern als eigene Leistung des Sängers, als gelungene Musik kennzeichnen.

Mißerfolg: (möglichst durch begrenzte Aufgabenstellung vermeiden, siehe Phase II) nie im allgemeinen belassen, sondern aktualisieren; kritischen Punkt kennzeichnen. Das Ergebnis darf nicht sein: „wir sind schlecht", sondern: „das haben wir falsch gemacht".

b) Erläuterung und Charakterisierung (Vormachen) dei Folgenden (nur bei Detailarbeit siehe § 34, 59, 67)

c) Ansage (siehe § 34, 59, 67)

§ 22 Übungseinheit

Auswahl: die Übungseinheit muß
für den Chor noch zu bewältigen
noch zu übersehen sein.
immer mit Stichnoten
immer mit Anschluß geprobt werden

Anschlußnoten: Folgenoten einschließlich des nächsten harmonischen oder rhythmischen Wechsels.
Stichnoten: nicht Schluß *ton*, sondern Schluß *wendung*
der eigenen Stimme
der vorangehenden Stimme
der instrumentalen Stimme
auch unter Umständen der Schluß des vorangehenden Werkes (Programm), Satzes, Verses usw.

Stichnoten häufig singen lassen (auswendig), nicht erklären,
keine Halbphrasen außer in der Detailarbeit.
Wenn Halbphrase erforderlich, volle Phrase vorwegnehmen.

Einsatzort: Beim ersten Mal: Phrasenbeginn
sonst: optisch eindeutige Stelle (Seiten-, Akkoladen-, Taktbeginn; auffallende Textstelle, auffallendes Zeichen wie f, p)

Siehe auch § 54. 1

§ 23 Ansage zum Einsatz

Trennen:
Charakterisierende Erläuterung — Kennzeichnung der Einsatzstelle

Reihenfolge:
Stimme(n) — Stelle {Seite / Takt / Ort} — warten — Singart {Lautstärke / Text/Silbe / (Charakter)} —

Ton angeben {Tonraum / Erster Schritt / Erster Ton / unter Umständen Rhythmus, Tempo}

Modell:

a) „Sopran S. 23 Takt 12 auf „1", mf, Tonsilbe „don", leicht, ohne crescendo"

oder

b) „linke Seite, mittlere Akkolade, auf Text, p in der beschriebenen Weise."

(Zahlreiche Beispiele siehe „Modell einer Einstudierung" § 168—175)

Zu „Singart“:
Auf die Angabe von Lautstärke und Charakter nie verzichten; auch den „neutralen“ Klang für reines Notentextstudium genau definieren.

§ 24 Tonangabe

Die Tonangabe hat einen doppelten Zweck.

Sie dient

1. der *E i n s t i m m u n g* in Tonart, Harmonie, Metrum, Charakter
2. dem *F i n d e n* des Einsatztones
(1. wird als Möglichkeit oft unterschätzt oder übersehen)

Beispiele:

a) Dreiklang (singen; spielen) — Einsatzton

Notenbeispiel Nr. 1

b) Dreiklang — Beginn der Linie (leise geträllert) — Einsatzton

Notenbeispiel Nr. 2

Johann Hermann Schein

c) Dreiklang — Haupttöne der Linie — Einsatzton (siehe N.B. 74)

d) „Stichnoten“ geträllert (in der Probe)

Notenbeispiel Nr. 3

Johann Hermann Schein

(Alt: überraschender Einsatzton)

e) bei Beginn auf der Terz oder Nebenstufe

Notenbeispiel Nr. 4

Deutsches Volkslied

f) bei Beginn mit Sprung: beide Töne

Notenbeispiel Nr. 5

Max Reger

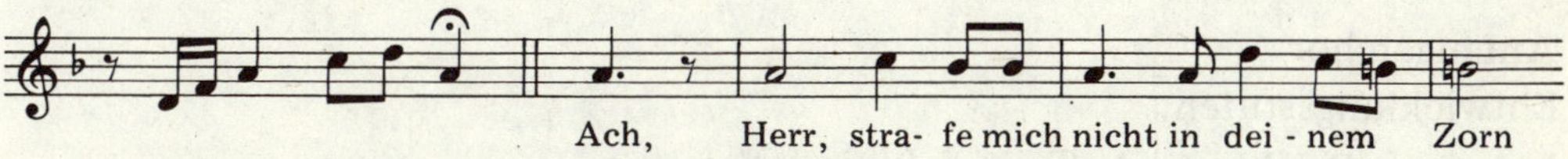

g) bei Beginn mit überraschendem Wechsel:

Notenbeispiel Nr. 6

Carlo Gesualdo

Notenbeispiel Nr. 7

Carlo Gesualdo

Bei erfahrenem Chor: Einsatzton nach gegebener Harmonie selbst finden lassen.

§ 25 Ansummen

(zum Problem des Summens siehe § 29)

Summlaut:	„m“, noch besser „n“, „ng” mit ähnlicher Aufgabe auch: „lü“, „lu“
Anfängerchor:	nach der Tonangabe auf Einsatz (mit der linken Hand) Einsatzton summen bis zum Abschlag, dabei Kontrolle: Tonhöhe richtig? Ton verstanden (tonaler Raum, Harmonie)?
Erfahrener Chor:	Schon während der Tonangabe mitsummen; später nur noch bei Unklarheiten, im Normalfall *n i c h t* summen

Anfängerchor:
Entwicklungsstufen:

I	Leiter:	Dreikl.	—	erste Töne d. Linie	—	Startton	—			
	Chor:	—	—	—	—	—	—	summen	— Pause —	Einsatz

Nach einiger Übung:

II	Leiter:	Dreiklang	—	erste Töne der Linie	—	Startton bestätigen
	Chor:	—	gleichzeitig aus dem Dreiklang den Startton suchen und summen		—	Einsatz

Erfahrener Chor:

III	Leiter:	Dreiklang	
	Chor:	summen	— Einsatz

§ 26 Singen — Hören — Reden

1. *S i n g e n — H ö r e n*

Faustregel: *D e r C h o r s ä n g e r h ö r t n u r, w a s e r s e l b s t g e s u n g e n h a t.*

Der Chorsänger singt gern mit, was den eigenen Part

a) besonders *u n t e r s t ü t z t:* Stichnoten, Baß, c.f., Oberstimme; weitere Akkordtöne, ergänzendes Metrum;

b) besonders *s t ö r t:* Gegenrhythmus, Dissonanzen.

„Beschäftigungstherapie“ wird durchschaut und abgelehnt

2. *S i n g e n — V o r s i n g e n — M i t s i n g e n*
Vorsingen: nur Detail (keine ganzen Phrasen, keine Entwicklungen)
sofort nachsingen lassen
(ebenso auch: vorspielen)

Im Anfängerchor: Leiter: vorsingen — mitsingen
Chor: mitsingen — allein nachsingen

3. *Vorsingen — Erläutern*
Vermittelt werden soll:

a) das klingende Ergebnis,

b) das sängerische (sprachliche, technische) Mittel;

ausschließlich *vorsingen*, wenn der technische Weg aus dem Gehörten überzeugend hervorgeht
ausschließlich *erläutern*, wenn das musikalische Ergebnis daraus überzeugend hervorgeht.

Vorsingen *und* Erläutern (im Wechsel mit wiederholtem Singen),
wenn b) durch a) leichter verständlich ist;
wenn a) durch b) leichter verständlich ist;
wenn technische Mittel sogleich zum Ergebnis führen
(dabei Fragesituation schaffen: Vorsingen: „Wie macht man das?"
Erläutern: „Welche Wirkung hat das?")

Hilfreich für die Charakterisierung:

a) *Kontrast*
kontrastierende Stellen nebeneinander proben,
kontrastierende Einzelelemente herausarbeiten;

b) *Entsprechung*
Gleiches, Verwandtes nebeneinander proben.

4. *Reden* (außerhalb der unmittelbaren Ansage oder Erläuterung)
Zweck: in erster Linie: persönliche Kontaktnahme,
in zweiter Linie: auflockernde Unterbrechung des Probenflusses bei Überforderung der Konzentration, der Stimme, der Stimmung;
erst in dritter Linie: Information.
Reihenfolge: Singen — Reden
(also nicht: erklären — singen — kommentieren, sondern: singen — erklären — kommentieren — singen)
Anteil des Redens in der Probe: durchschnittlich 25—30%.
(Wechsel nach Phasen: Phase I und II 10—20%, fast nur Ansage; Phase III gelegentlich bis 50 oder 60%; Phase IV 20—40%)

Inhalt des Redens:
Faustregel: *den Chorsänger interessiert alles, was für das Singen unmittelbar hilfreich ist; wofür sich der Chorleiter persönlich engagiert.*

Es gibt keine grundsätzliche Einstellung „des" Chorsängers zu verbalen Erklärungen. Derartige Meinungen werden erst durch den Chorleiter und die jeweilige Gruppe geprägt (Problem bei der Übernahme eines Chores).

Langweilig ist,
was durchschnittliche 25% der Probenzeit übersteigt,
was den Chorleiter selbst langweilt,

selbst wenn es sachnotwendig ist! Tonfall: „ermüdend, immer wieder dasselbe sagen zu müssen“.

Der Chorsänger registriert Wiederholungen im allgemeinen erst dann als lästig, wenn der Chorleiter selbst an ihnen leidet.

was der Chorleiter für unter seinem eigenen Niveau liegend hält.

Tonfall: „ermüdend, mit Leuten von so niedrigem Kenntnisstand arbeiten zu müssen“.

Langweilig ist auch *der* Chorleiter, der wenig redet, weil er wenig zu sagen hat (kein durchdachtes Interesse hat).

Überlegenes Wissen wirkt *dann* stimulierend und nicht langweilend oder unterdrückend, wenn der Chorleiter ohne jede Herablassung dem Chorsänger grundsätzlich das gleiche Interesse und die gleiche Aufnahmefähigkeit wie sich selbst zutraut (der Chorsänger ist nicht dümmer, sondern nur weniger informiert; ein kumpelhafter Ton verdeckt Herablassung nicht).
Deutliches sichtbares *Zurückhalten* von Information wirkt verletzend. Tonfall: „Die verstehen das doch nicht.“ „Die brauchen das gar nicht zu verstehen.“

Abschweifungen:
Nicht unmittelbar zur Sache Gehörendes wird vom Chorsänger in erster Linie als Einblick in die Person des Chorleiters betrachtet, erst in zweiter Linie als Information. Häufiges Abschweifen wirkt daher nicht nur langweilend, sondern sogar aufdringlich. Doch sollte nicht ganz auf dergleichen verzichtet werden. Ein ausschließlich sachbezogenes Reden schafft kuhle Distanz.

§ 27 Wiederholen

Unumgänglich, vom Chorsänger aber leicht als lästig oder überflüssig empfunden. Deshalb:

immer:	*mit Erfolgskommentar*
möglichst:	*mit verändertem Gesichtspunkt* und/oder *in größerem Zusammenhang.*

Eine notwendig werdende *unveränderte* Wiederholung nach Möglichkeit verschleiern: 1 Takt früher (später) einsetzen; das erste Mal nachträglich zum bloßen (Orientierungs-) Versuch erklären; unmittelbar bevorstehenden Erfolg ankündigen („jetzt haben wir es gepackt“).

Wechsel zwischen unmittelbarer Wiederholung und späterer Wiederaufnahme:

	Vorteil	*Problem*
unmittelbare Wiederholung:	Verbesserung für den Sänger deutlicher	Ermüdung (Auffangen: Fortschritte und Lücken kennzeichnen)
spätere Wiederaufnahme:	nach Zwischenzeit geht manches leichter (oder „von selbst“)	Enttäuschung (Auffangen: spätere Wiederholung vorher ankündigen)

§ 28 Text — Tonsilbe

Das Singen auf *T e x t* ist leichter

a) bei syllabischer Musik mit sprachverwandter Rhythmik

Notenbeispiel Nr. 8

Johann Hermann Schein

b) bei Tonwiederholungen

Notenbeispiel Nr. 9

Heinrich Schütz

Notenbeispiel Nr. 10

Ernst Pepping

Das Singen auf *T o n s i l b e* ist leichter

a) bei melismatischer Musik (und bei Wechsel syllabisch-melismatisch)

Notenbeispiel Nr. 11

Johann Sebastian Bach

Notenbeispiel Nr. 12

a)

Josquin des Prez

b)

Josquin des Prez

b) bei schwierigen Rhythmen.

Zweck der Tonsilbe: einheitlicher Klang der Tonfolge
des Zusammenklangs
Herausheben und Unterstreichen *einer* Seite der Musik: Tonbeginn, Tondauer, Volumen, Tonverbindung.

Wahl der Tonsilbe:

a) *Rhythmus: geschlossene Silbe*
Typus: „dim" p, pp (quasi pizz.)
(„dm")
„don" p — mf
(„bom")
„dan" mf — p
(= Verschlußlaut — Vokal — Klinger; Zahn- und Lippenlaut bevorzugt, Gaumenlaute wie g oder k nachteilig)

b) *Klang: offene Silbe*

1. *Harmonie* („sauber") mit deutlichem Tonansatz:

Typus: „da", „sa", „na"	mf
„do", „so", „no"	p — mf
„du"	p
„dü"	pp — p

2. *Klangqualität* („klingend")
tenuto (Volumen; Klangfluß im Ton) mit fließendem Tonsatz

Typus: „la", „sa", „na"	mf — f
„lo"	p — mf
„lu"	p
„lü"	pp — p

legato (Volumen; Klangfluß in der Linie) mit weichem Tonsatz

Typus: „ja" (=„ia", „ea")	mf
„jo"	p — mf
„ju"	p

c) *Gelegentlich auch umgekehrt:*
Rhythmus mit offener Silbe (z.B. bei schnellem Tempo)
Typus: „no", „do"
„nu", „du" p
„nü", „dü"

Klang mit geschlossener Silbe (von tenuto, Volumen)
Typus: „sahn", „sahm", „dahn"
„sohn", „sohm", „dohm" mf — f

Nachteile der Tonsilbe:
zu eintönig für das Ohr (Langeweile),
zu einseitig für die Stimme (Verklemmung).

Deshalb während der Übungen umschichtig *w e c h s e l n:*

den Anlaut (d — b; S — I) den Anlaut (d—b; s—l)
den Vokal,
den Typus,
die Lautstärke,
die Verteilung von Text und Tonsilbe.

§ 29 Summen

Z w e c k d e s S u m m e n s:

1. Erlebnis des *p i a n o* als *M ö g l i c h k e i t* (erst die Lautstärke des Summtones entspricht einem wirklichen piano!) und als *R e i z*;
2. zwangsläufiges Aushalten und Binden der Töne *t e n u t o* und *l e g a t o*);
3. erleichterte *D u r c h h ö r b a r k e i t.*

Die Harmoniedeutlichkeit des gesummten Klangs ist allerdings für den Chorleiter größer als für den Sänger selbst. Sie beruht weniger auf dem Summen als auf dem absolut gleichmäßig ausgehaltenen, gleichfarbigen Klang.

P r o b l e m e d e s S u m m e n s:

1. Ausführung nur schwer kontrollierbar (Klemmen, Drücken); falsche Ausführung für die Stimme belastend;
2. nur in mittleren Lagen anwendbar (in tiefen gefährlich, in hohen unmöglich, besonders bei Frauenstimmen);
3. Auswirkung nicht garantiert (großer Gegensatz zwischen Singen und Summen).

Deshalb:

1. Summlaut immer vorbereiten;
2. abwechseln mit leiser Tonsilbe „lü" u.ä.
3. zwischen Summton und Text leise Silbe einschalten.

Bildung der Summlaute:

n über „a":	(„d) ah — n"	Mundstellung belassen	nur Zunge verändern
ng über „a":	(„d) ah — ng"		nur Zunge verändern
m über „o":	(„d) oh — m"		nur Lippen verändern

n auch über „o"; „ae", „e"
ng auch über „o", „u"

Kontrolle:

n, ng: Daumen zwischen den Zähnen
m: Unterkiefer hängt im Gelenk tief (= Zunge liegt tief!)

Anwendung:
vor allem bei akkordischer Musik in ruhiger Bewegung (Intonation, Harmoniebewußtsein),
nicht bei rhythmisch differenzierter Musik (auch nicht legato),
bei Musik mit Tonwiederholungen,
bei Musik mit vielen Pausen,

§ 30 Klopfen — Händeklatschen — auf Rhythmus sprechen

Zweck: Reduktion auf den Rhythmus–

nicht günstig als reines *Rhythmus*-Klopfen,
unangenehmes, die Probenatmosphäre unterbrechendes Geräusch; von Älteren leicht als Zumutung empfunden; Ausführung eines Rhythmus mit der Hand nicht leicht; daher meist ungenau (Einzelwerte zu kurz); Übertragung eines geklopften Rhythmus auf die sehr andersartige Aktion des Singens nicht sicher;

möglich als leises oder unhörbares *Metrum*-Klopfen gegen einen *gesungenen* Rhythmus (z.B. bei Synkopenketten).

Auf Rhythmus sprechen: im Anfängerchor ungünstig, nach entsprechender Stimmschulung möglich, sogar nützlich.
Der Wechsel von langen und kurzen Noten ist im Sprechen nicht ohne lächerliche Verzerrung wiederzugeben, der ungesteuerte, brummende Chorklang unangenehm.
Eine bessere Art der Reduktion auf den Rhythmus ist das *Singen auf einem Ton.*

§ 31 Klavier

Früher einziges Hilfsmittel der Probentechnik; eine Zeitlang grundsätzlich verdammt, heute mit gezielter Aufgabenstellung wieder allgemein in der Chorpraxis üblich (zum Thema „rein - temperiert“ siehe § 97)

Sinnvoller Einsatz nicht:	Vorspielen zum Zweck des Kennenlernens, Mitspielen zum Zweck des Verbesserns,
sondern:	a) Verdeutlichen von harmonischen und b) rhythmischen Zusammenhängen; c) Rahmung und Ergänzung.
Faustregel:	*Immer drei verschiedene Töne,* *immer mehr oder weniger als die Partitur* (Auffüllen, Herausheben).
Modelle:	siehe Beispiel Gesamteinstudierung, siehe „Schwierigkeiten“ (Kapitel 5).

§ 32 Einzelstimmenprobe

Die Einzelstimmenprobe spart in Notfällen Zeit auf Kosten

a) der Integration des Chores,
b) der Chorerziehung.

Ausnahmen:

a) Stellen, die nur in *e i n e r* Stimme erscheinen
Stellen, die nur in einer Stimme *s c h w i e r i g* sind
(sinnloses Wartenlassen des Chores vermeiden)

b) zu speziellem Zweck:
Stimme oder Teilchor für sich allein proben mit einer besonderen Aufmerksamkeit auf

perfektes Zusammensingen im	Einsatz
perfektes Zusammensingen in den	Übergängen
gute Verschmelzung der Stimmen in	Lautstärke Klangfarbe Sprache

Die Einzelstimmenprobe ist im erfahrenen Chor gelegentlich möglich, im Aufbaustadium dagegen unergiebig oder sogar schädlich (siehe auch § 54. 1).

§ 33 Auswendig einstudieren

Gelegenheit:	offenes Singen (Lied, Kanon usw.) in der Probe: c.f.; Themen und Motive; wichtige, komplizierte Linien und ähnliches.
Zweck:	Sicheres Zusammenfassen einer Gruppe (für den anfangenden Chorleiter eine ausgezeichnete, weil leichte Übung im Umgang mit einer singenden Gruppe),
Problem:	autoritäre Arbeitsweise, von Älteren leicht als Zumutung empfunden.

praktisch:

1. Übungseinheiten:

d i e Ü b u n g s e i n h e i t m u ß n a c h e i n m a l i g e m V o r s i n g e n s i c h e r n a c h z u s i n g e n s e i n.

Begrenzung (Faustregel)

melodisch: ein Richtungswechsel

rhythmisch: zwei benachbarte Notenwerte

𝅗𝅥 – ♩; ♩ – ♪ *usw.*

harmonisch: keine Modulation

Hintergrund:

1. *Tonikadreiklang (bzw. Anfangsharmonie) angeben,* besonders bei Beginn auf Terz oder Nebenstufe.
2. *Metrum kennzeichnen* (besonders bei auftaktigem oder mißdeutbarem Beginn)
3. *Ort im Gesamtablauf kennzeichnen* („3. Zeile")

Methoden:

Linien	a) aufteilen b) auf eine Kernlinie zurückführen (siehe § 87, N.B. 72 a, b)
Rhythmus	a) vereinfachen b) Punktierungen, Synkopen, Anbindungen: grundsätzlich unterteilen
Harmoniewechsel	a) unterbrechen, neue Harmonie vorgeben b) zweite Stelle vor der ersten üben

2. *Zusammensetzen*

1. Formschema und Umfang (Zeilenzahl, Teile usw.) mitteilen.
   Erst nach der ersten oder zweiten gesungenen Übungseinheit: „Dies war die erste Zeile eines vierzeiligen Kanons".
2. Einzelabschnitte vergleichend heranziehen
   „erster Teil aufwärts, zweiter hoch, dritter Teil tief; erster Teil lange Noten, zweiter Teil kurze" usw.
   Optische Vergleiche heranziehen, mit Handzeichen verdeutlichen.
3. Scharnierstellen besonders einprägen.
4. Reihenfolge der Abschnitte wechseln lassen
   nicht 1 – 2, 2 – 3, 3 – 4, sondern etwa 1 – 2, 3 – 4, 2 – 3 . . .

3. Beispiel

Ein Kanon

Notenbeispiel Nr. 13 — Clemens non papa

wird auswendig einstudiert: *(„L" = Leiter „A" = Alle)*

Notenbeispiel Nr. 14 *(zunächst erhöhtes Tempo)*

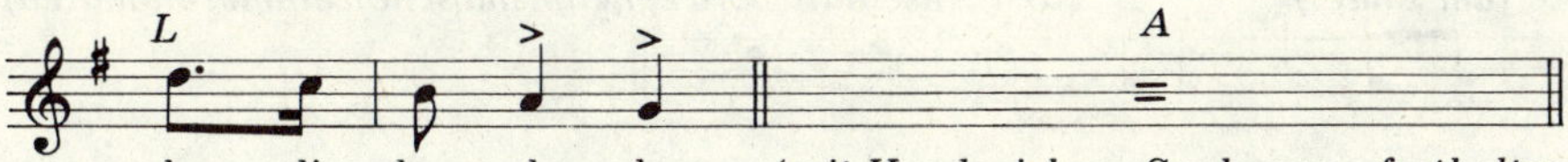

(mit Handzeichen: Synkopen „festhalten,")

oder:

L „So beginnt die letzte Zeile des Kanons , ihre Fortsetzung ist:" 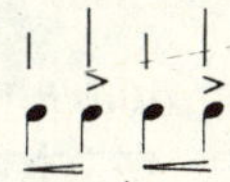

L „Die erste Zeile, mit der wir vorhin begonnen haben, geht nun nicht wieder aufwärts, sondern führt zunächst einmal in die Tiefe:"

L „Jetzt noch einmal die letzte Zeile:“

na na . . . na na Do - - *(mit der vollst. 1. Zeile)*

(Der Wiederholungs-Anschluß ist damit gesichert!)

L „Das waren die 1. und die 4. Zeile des Kanons. Die 2. Zeile hat einen *g r o ß e n A u f*wärtsbogen in die *T i e f e* (Handzeichen),– die 3. einen *k l e i n e r e n* Abwärtsbogen in der *H ö h e* (Handzeichen). – Zunächst jetzt die zweite Zeile:“

(durch Wink schon zum Mitsingen auffordern)

„da da“ na . . .

L „Noch einmal“

(am Ende:) *(den Anschluß vorwegnehmend schon einmal andeuten)*

(wenn der Zuwachs das Fassungsvermögen überstieg, beide Übungseinheiten wiederholen)

L „die kleine Figur heißt: . . . na no - bis, do - - na no - bis

(durch Wink zum Mitsingen auffordern)

pa - - - cem. Do - - na no- bis pa - cem, do - na no -

L „Die 3. Zeile ist noch nicht vollständig, sie beginnt mit einer (Handzeichen) Figur:“

do - na do - na no - bis, do - - na

do - na . . .

L „der Text heißt also: Dona nobis pacem (dazu: Übersetzung, Erläuterungen über den Urtext, den Komponisten und seinen merkwürdigen Namen usw.). Erinnern Sie sich noch an den Aufbau des Kanons?

1. Zeile: (Handzeichen: )

2. Zeile: (Handzeichen: ) = tiefer großer Bogen

3. Zeile: (Handzeichen: ) = hoher kleiner Bogen

4. Zeile: (Handzeichen: 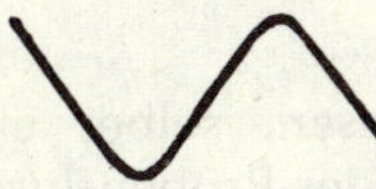)

Wir fangen jetzt bei der zweiten Zeile an."

L + A 2—3 Zeilen auf Silbe oder Text, je nach Lage.

L „Es gibt also nur *eine* Pause in diesem Kanon, nämlich die zwischen der 1. und der 2. Zeile. Erinnern Sie sich noch, wieviele Schläge dazwischen zu zählen sind?" (es sind 2; späterer Hinweis: den Ton auch lange genug aushalten!)

L + A 1. und 2. Zeile; 4. Zeile; 1. + 2. + 3. Zeile bis Anfang 4. Zeile. Dann von vorn. Wenn der Augenblick des 2. Einsatzes gekommen ist, auf eine Teilgruppe zugehen, ohne vorherige Ankündigung mit ihr den 2. Einsatz singen; dann den ganzen Kanon ein- bis zweimal zweistimmig durchsingen.

L Einzelne Textkorrekturen werden jetzt erforderlich sein:

z.B. „do . . .": 1. und 4. Zeile jeweils 3 Töne
2. und 3. Zeile jeweils 2 Töne
3. Zeile kein „pacem" usw.

L + A Kanon dreistimmig; vierstimmig; jeweils zunächst Silbe, dann Text; eventuell Anweisung: „beim ersten Mal summen, beim zweiten Mal Silbe, beim dritten Mal Text" (auf diese Weise werden die in diesem Fall notwendigen Wiederholungen motiviert; Summen und Silbe lenken die Aufmerksamkeit besonders auf den Klang bzw. auf den Rhythmus).
Klang, Aussprache, Dynamik, Singweise usw. können weitere Wiederholungen rechtfertigen. In erster Linie soll die Klangformung aber schon während des Einstudierens durch das eigene Vormachen und gelegentliche beiläufige Hinweise erfolgen.

§ 34 Verhalten des Chorleiters

Das *Tempo* der Probe hängt nicht von der Geschwindigkeit des Redens oder Handelns ab, sondern von der Art des *Anschlusses* von Aktion zu Aktion:

A B C

Ansage — Einsatz — Singen — Abschlag — (Kommentar) — Ansage — . . .

B'

An allen drei Stellen kann der Chorleiter

1. unverzüglich anschließen = schnelles Tempo (B')
2. bewußt warten (A), Zwischenbemerkung einschalten (B, C) = langsames Tempo
3. passiv Zeit verstreichen lassen, selber überlegen = schleppendes Tempo, unter Umständen Versiegen des Probenflusses.

Ein *schnelles* Tempo (1.) fordert vom Chorsänger viel Konzentration (unter Umständen Ermüdung durch Überforderung).

Ein *langsames* Tempo (2.) fordert vom Chorsänger Geduld (unter Umständen Ermüdung durch Unterforderung, Nervosität auf Grund der Ablenkungen)

Ein *schleppendes* Tempo (3.) zerstört die Sachautorität des Chorleiters (Unruhe; Auseinanderfallen der Gruppe)

Ein schleppendes Probentempo ist unbedingt zu vermeiden.

Faustregel: *vor dem Abschlag sich den nächsten Schritt bewußt machen;*
nicht abschlagen, bevor der nächste Schritt bewußt gemacht ist.

Ein *gleichmäßiges* mittleres Probentempo ist gut, erfordert aber lange Routine. Für den Anfänger ist es daher eine sinnlose Anforderung, darüber hinaus ohnehin nicht jedermanns Sache.

Am günstigsten und zugleich am einfachsten ist ein *bewußter Wechsel* zwischen 1. und 2.:

a) der Wechsel wirkt jeweils stimulierend oder entspannend (siehe auch „Reden");
b) die unvermeidlichen Konzentrations- und Aktivierungsschwankungen im *Chor* können nachgiebig aufgefangen werden;
c) die ebenso unvermeidlichen Konzentrations- und Aktivitätsschwankungen des *Chorleiters* wirken weniger auffällig; er braucht sie daher nicht zu fürchten, kann ihnen im ganzen gefahrlos nachgeben und sich dadurch vor Verkrampfung bewahren.

Allgemeines Verhalten:

Keine bewußte Verhaltensplanung („freundlich", „bestimmt", „humorvoll", „geduldig")!
Ein bewußt geplantes Verhalten schlägt leicht in sein Gegenteil um, macht unsicher, ist zudem für den Chorsänger leicht durchschaubar und erweckt Heiterkeit oder Verstimmung.
Der Chorsänger akzeptiert auf die Dauer jeden Chorleiter, der ihn akzeptiert.

Für den jungen Chorleiter ist daher weniger sein Verhalten zu überprüfen als seine

Einstellung:

1. *zu Personen sprechen*
   nicht zu einem Apparat, einer Gruppe; sich der anwesenden Einzelpersonen als eigener Freunde oder Bekannte bewußt bleiben;

2. den einzelnen *Chorsänger ernst nehmen;*
   er ist weder dümmer noch auch in jedem Fall weniger musikalisch, ihm fehlen lediglich bestimmte Informationen;

3. dem einzelnen Chorsänger *vertrauen*
   er ist ebenso interessiert wie der Chorleiter selbst, braucht nur einen größeren Anlauf, bringt oft größere Opfer.

Manche Chorleiter brillieren darin, Gruppenreaktionen zu provozieren. Sie spielen auf dem Chor wie auf einem Instrument. So überholt und, als zwischenmenschliches Verhalten verstanden, eigentlich auch unwürdig dergleichen ist, so wenig ist es für den Erfolg der Chorarbeit erforderlich. Der Anfänger verwechsle nicht Sachautorität, d.h. Kenntnis der Materie und Liebe zum Chor und zur Chormusik mit dem Spaß daran, sich persönlich aufzuspielen. Wer derartige Neigungen und Fähigkeiten in sich vermißt, braucht deshalb durchaus nicht an seiner Eignung zum Chorleiter zu zweifeln.
Das oft erstaunliche Gruppenverhalten im Chor ist für den Chorleiter am leichtesten dadurch zu verkraften, daß er es bewußt dem Einzelsänger nicht zur Last legt. Das Gruppenverhalten, auch das positive, bleibt immer unter dem Niveau des Einzelnen.
Bei der Begegnung mit einer neuen Gruppe (z.B. bei Übernahme eines schon bestehenden Chores) ist daher der Kontakt zu den Einzelpersonen der wichtigste Weg zum Vertrauen (Kenntnis der Personen und ihrer Namen; ansprechen, während der Probe möglichst viele einzelne Sänger anblicken).

Der Chorleiter muß wissen, wieviel jeder einzelne Sänger begreifen kann, vor allem aber, was den Einzelnen und was die Gesamtgruppe am Chorsingen anzieht. Kann er diese Einstellung teilen, so wird es keine prinzipiellen Kontaktschwierigkeiten geben.

III. Zur Vorbereitung des Chorleiters (§ 35–37)

§ 35 Stoff der Probe

(Gesichtspunkte für die Vorbereitung der ersten Proben während der Ausbildung)

Chorklang (siehe auch § 76 ff.)

1. Weitung (Atem- und Stimmapparat)
2. strömender Klang (kein passives Unterbrechen)
3. Resonanz (keine stumpfen Töne)

Besonders kontrollieren:

1. *kurze* Silben (Nebensilben! auch: Akzente, Auftakte)
   kurze Laute
   kurze Noten
   in der Phrase: *den ersten, höchsten, tiefsten und letzten Ton.*
2. *Einsatz* des Chores bzw. einer Stimmgruppe (nicht unbestimmt, nicht knallend)
3. *Silbenbindung*

Am Anfang der Chorarbeit unter Verzicht auf besondere, werkbezogene farbliche Nuancen und Raffinessen vor allem die vorhandenen Klangmöglichkeiten eines Ensembles aufdecken und entwickeln. Je kleiner die Besetzung, desto mehr allen Klang aus dem piano entwickeln.

Häufigste Schwierigkeiten:

	Schwierigkeiten I. Ordnung	Schwierigkeiten II. Ordnung	Schwierigkeiten III. Ordnung
	(üben)	(kurz vorbereiten)	(kontrollieren)
		Leseschwierigkeiten 1. Wechsel: Seite Reihe Taktart Notenwertebene Deklamationsebene Vorzeichen 2. Sehr große Takte sehr große Notenwerte 3. Sehr kleine Notenwerte (Fähnchen) 4. Viele Vorzeichen unvollständige Vorzeichen	

	Schwierigkeiten I. Ordnung	Schwierigkeiten II. Ordnung	Schwierigkeiten III. Ordnung
	(üben)	(kurz vorbereiten)	(kontrollieren)
Intonation linear	1. Tritonus 2. nicht-diatonische Sprünge 3. Chromatik 4. Modulationen	1. Abwärtssprünge 2. große Sprünge in den Mittelstimmen 3. Subdominanten 4. Modulationen	1. Tonwiederholungen 2. Wechselnoten 3. Schritte 1-2, 6-7, 7-8 4. Spitzentöne auf schlechtem Taktteil
Intonation Zusammenklang	Sekundklänge	Sekundklänge	1. Sekundklänge 2. reine Quint 3. große Terz 4. Einklang und Oktave
Intonation Harmoniefolge	1. Querstände 2. Modulationen (außer dominantischen)	1. Querstände 2. Modulation in die Dominante 3. Folge von Nebenstufen	1. Querstände 2. Folge von Nebenstufen 3. häufige Sextakkorde 4. Kadenz V – I: alle Stimmen
Rhythmus linear	1. Synkopen, Synkopenketten 2. Punktierung auf schlechtem Taktteil 3. Triolen Quintolen langsam usw.	(Leseschwierigkeiten s. o.)	1. Punktierung 2. schlechte Taktteile 3. Auftakte
Rhythmus-integration	Komplementärrhythmen	Polyphone Stimmeneinsätze	Akkord – Beginn Einsätze → laufende Stimmen

Gestaltung:

Phrasen:	Entwicklung – Höhepunkt – Zielpunkt – Abschwung – **Übergang**
Kontraste:	legato – marcato (Deklamation) steigen – fallend – eben (Dynamik) f, mf, p
Text:	wichtiges Wort hervorheben anschärfen Grundcharakter

§ 36 Ablauf der Einzelprobe

Es sind zu unterscheiden:

1. der Ablauf der Gesamt-Einstudierung eines Werkes („Phasen") nach der Faustregel

Phase I	Einführung	noch spielerisch
Phase II	Rohbau	arbeiten
Phase III	Detail ausfeilen sichern	
Phase IV	zusammenfügen	musizieren

(genauer: Übersichtstabelle § 18; „Phasen": § 40–74)

2. der Ablauf eines einzelnen Probentermins.

Beide Abläufe unterliegen demselben Rhythmus, derselben Kurve der günstigsten Aufnahmefähigkeit.

Normalerweise erstreckt sich eine Arbeitsphase über mehrere Probentermine, während *ein* Probentermin mehrere Werke in jeweils andern Arbeitsphasen erfaßt.

Bei fortgeschrittenen Chören gelegentlich bewußt (nicht zufällig!) *abweichen*, um den Eindruck des Stereotypen zu vermeiden, die gefühlsmäßige Erwartung des Chores zu durchbrechen und ihn beweglich zu halten. Dabei beachten: Solche Proben *gegen* die Kurve der Aufnahmefähigkeit und der Erwartung sind für den Chorsänger immer belastend und führen unter Umständen zu Widerständen.

Probenabschnitte	A	B	C	D
Situation des Chorsängers	Umstellung auf Singen	Umstellung auf Gruppe	größte Konzentrationsfähigkeit	größte Musikalität; nachlassende Konzentrationsfähigkeit
Aufgabe	Stimme anregen	zur Gruppe zusammenführen	Hauptarbeitsstoff: alles, was schwierig ist, grundsätzlich neu ist, das Stück grundsätzlich weiterbringen soll, den Chor grundsätzlich weiterbringen soll.	musizieren musizierend proben
Zeitdauer	10' (5' – 15')	20' (10' – 30')	30' (20' – 50')	Pause 10' 20' (20' – 50')
Arbeitsweise	spielerisch	großzügig, zusammenhängend, wenig reden, wenig unterbrechen	unterbrechen, erläutern, auf Verbesserung bestehen	Vorhandenes stärken, ausbauen

Phasen	Einsingen (5') oder Stimmbildung (15') ggf. + Phase I	in 1. Linie: a) Bekanntes im Rückgriff b) Phase II in 2. Linie: Phase IV ohne vollen Anspruch	in 1. Linie: Phase III in 2. Linie: Phase I, II (wenn schwierig)	in 1. Linie: Phase IV in 2. Linie: Phase II (als Fortsetzung von früheren Proben) Phase I, wenn leicht
Verteilung der bearbeiteten Stücke bzw. Stellen bei z.B. 3 Stücken: („a", „b", „c")	(a)	a	b a b	c b a
bei 7 Stücken: („a" bis „g")	(a)	a b Phase II c	a b Phase III c	d e f g
andere Verteilung bei 7 St.	(a)	a Phase II b Phase III	c Phase II d Phase III e Phase I, II	d e f g
Kurze Probe (auch Prüfungs- oder Probedirigieren)	Einsingen 3' — 5' (mit stimmbildnerischem Hinweis; schnellen Effekt und Unterhaltung sichern; Zusammenhang mit dem folgenden Werk suchen).	10'	15'	10' (5') (= 45'; eine noch geringere Probenzeit ist auch für Prüfungs- und Probedirigieren unsachgemäß)

§ 37 Werkstudium

Ablauf:

§ 37. 1 Erstes, noch spielerisches *K e n n e n l e r n e n*

z.B. lesen
Singen einzelner Motive, Linien, Akkorde (linear);
am Klavier spielen:
a) im Tempo, generalbaßmäßig vereinfacht
b) langsam, alle Töne genau

§ 37. 2 Exakte *B e s t a n d s a u f n a h m e*

(Wort-) *T e x t* unabhängig von der Komposition

2.1 (musikalisches) *M a t e r i a l* sichten und ordnen
Motive, Themen, cantus firmi
Motivbeziehungen

2.2 *F o r m*
Entsprechungen und Kontraste, harmonischer Verlauf

Gliederung
Hauptabschnitte (Hauptzäsuren)
Untergliederungen und Material

Phrasen
übergeordnete Phrasen (Spannungsbögen)
untergeordnete Phrasen (Spannungsbögen)

2.3 *C h a r a k t e r e*
Ausdrucksformen, Ausdruckselemente
Tempo; Tempi
Wort — Ton — Beziehungen:
klanglich — rhythmische
inhaltliche (auch historische „Figuren", „Affekte" usw.)

Vor der weiteren Beschreibung des Werkstudiums folgen hier drei Beispiele zu einzelnen Punkten des Arbeitsprogramms.

Hugo Distler „Wie der Hirsch schreiet“ (siehe auch Notenbeispiel Nr. 380):

Material sichten und ordnen (Motive, Themen)

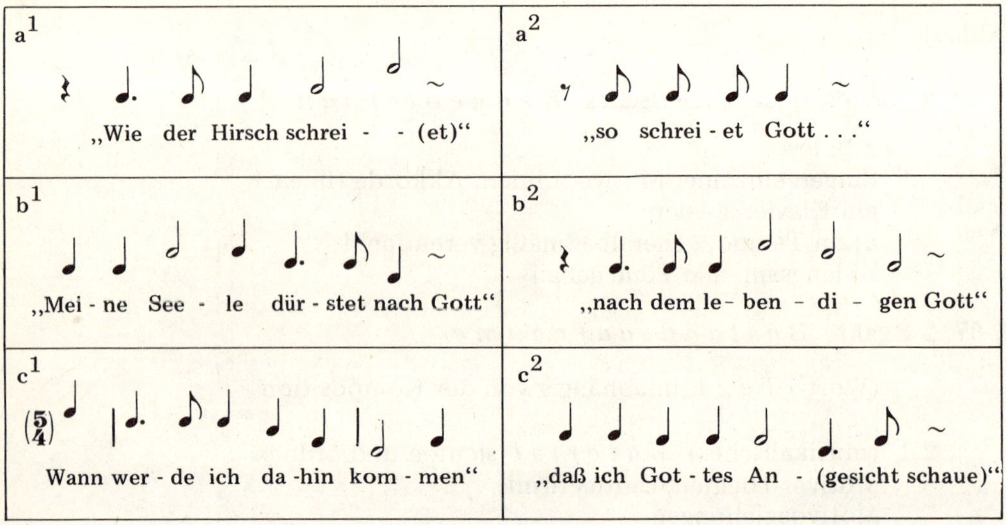

Motivische Verwandtschaft

Form
Entsprechungen, Kontraste:

1. Abschnitt = letzter Abschnitt (Wiederholung)

Jeder Abschnitt enthält zwei verschiedene Wendungen.

Im 1. Abschnitt wird das zweite Motiv aus dem ersten entwickelt;
Charakter: steigend
im 2. Abschnitt ist das zweite Motiv die Fortspinnung des ersten;
Charakter: steigend und beruhigend
im 3. Abschnitt bildet das zweite Motiv einen Kontrast;
Charakter: beruhigend

Gliederung
Hauptabschnitte (Hauptzäsuren),
Untergliederungen und Material:

„Wie der Hirsch“		„Meine Seele“				~
A		B				A
a^1	a^2	b		c		~
		b^1	b^2	c^1	c^2	
Wie der Hirsch	so schreiet	Meine Seele dürstet	nach dem lebendigen Gott	Wann werde ich	daß ich Gottes Angesicht schaue	~

Heinrich Schütz, Motette „Herr, auf dich traue ich“ (aus „Geistliche Chormusik“):

Material sichten und ordnen (Motive, Themen)

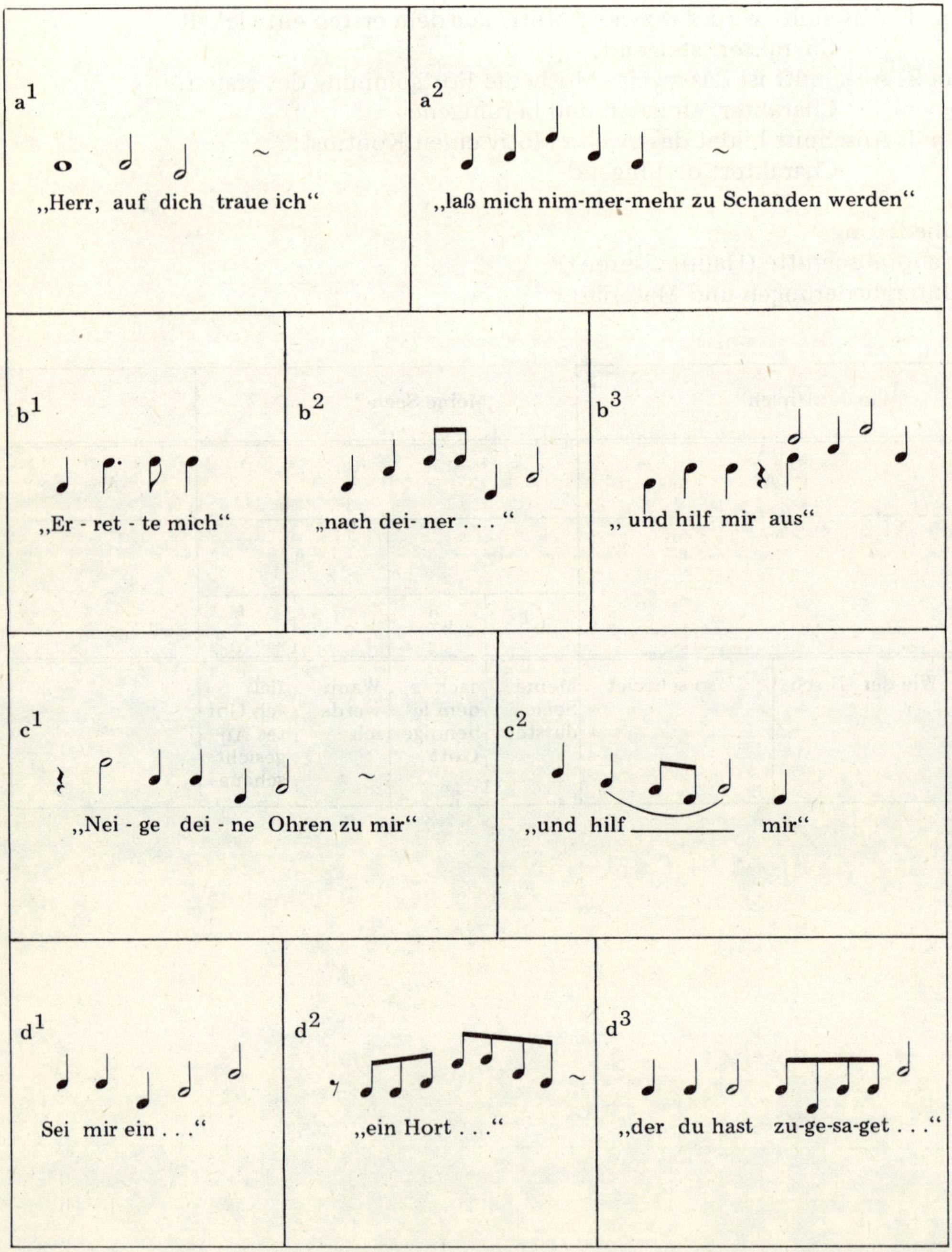

Motivische Verwandtschaft (einige Beispiele)

Form (Entsprechungen, Kontraste):

Jeder Abschnitt bringt zwei bzw. drei Motive in wiederholtem Wechsel. Kein Abschnitt wird wiederholt, kein Motiv in einem späteren Abschnitt wieder aufgenommen.

Es kontrastieren:

1. die Motive
2. die Abschnitte

Die Abschnitte kontrastieren

a) im Rhythmus (und im Grad ihrer rhythmischen Gegensätzlichkeit)
b) in ihren Charakteren (und im Grad der Gegensätzlichkeit der Charaktere)

Kontraste der Abschnitte:

a) Rhythmus

1. Abschnitt: 𝅝 , 𝅗𝅥 → ♩

volltaktig → Auftakt (𝅗𝅥)

2. und 3. Abschnitt: neu 𝅗𝅥. ; 𝄽 𝅗𝅥

unterschiedliche Auftakte

4. Abschnitt: 𝅗𝅥 ♩ ♪ in prägnantem Wechsel

neu ♫♫

b) Charaktere

Im 1. Abschnitt vor allem Wechsel der Notenwerte bei verwandten Charakteren;

im 2. und 3. Abschnitt Wechsel von „aktiv" und „beruhigend" in mehreren Abstufungen:

b^1 aktiv	b^2 beruhigend
c^1 beruhigend	c^2 aktiv

im 4. Abschnitt Wechsel dreier Charaktere, etwa

„Freude" (d^1)
„Leidenschaft" (d^2)
„Frieden" (d^3)

Zusätzlich zum Kontrast der Motive untereinander variiert der Charakter jedes einzelnen Motivs bei seiner jeweiligen Wiederholung in prägnanter Weise:

im Verlauf eines Abschnitts nimmt jeweils ein Motiv an Gewicht zu, während das andere abnimmt

a^1 > (Wiederholung tiefer, weniger aktiv)
a^2 < (Wiederholung mehr Stimmen, länger)

b^1 > (Wiederholung Wechsel Sopran I – Sopran II)
b^2 < (Wiederholung mehr Stimmen, länger)
b^3 > (Wiederholung weniger Stimmen, Soprane tiefer)

c^1 > (Wiederholung kürzer)
c^2 < (Wiederholung höher)

d^1 < (Wiederholung höher; Höhepunkt des Werkes)
d^2 < > (1. Wiederholung länger, 2. Wiederholung kürzer)
d^3 > < (1. Wiederholung kürzer, 2. Wiederholung länger, mehr Stimmen).

(a^2 und d^3 entwickeln sich aus zurückhaltenden Seitenmotiven zu dominierenden, schlußfähigen Hauptmotiven)

Diese Varianten schaffen übergeordnete weiträumige Steigerungen und Entspannungen, die den bunten Wechsel des motivischen Kontrastspiels zu einer geschlossenen Spannungskurve zusammenbinden.

Gliederung
Hauptabschnitte (Hauptzäsuren),
Untergliederungen + Material:

„Herr . . .“	„errette . . .“	„Neige . . .“	„Sei mir . . .“
A	B	C	D

Die Kontrastverhältnisse (u.a.) legen es nahe, B und C als *e i n e n* Abschnitt einer dreiteiligen Form zu verstehen (der dreiteilige Motettentypus war sehr verbreitet; eine Ambivalenz von Drei- und Vierteiligkeit ist bei Schütz nicht selten);

Anmerkung: Nach der Theorie der „Redeteile“ in der klassischen Rhetorik gliedert sich der Sachteil, also der Bereich zwischen „Exordium“ und „Narratio“ einerseits und „Conclusio“ andererseits, in die beiden Abschnitte „Proposito“ und „Confutatio“. Von daher war auch in der Motette eine Aufgliederung des Mittelteils häufig und eine Ambivalenz von 3-4-5-Teiligkeit nicht selten.

daher besser:

„Herr . . .“	„errette . . .“ „Neige . . .“	„Sei mir . . .“
A	B C	D

A

a^1	a^2	
a^1	a^2	a^2

B

b^1	b^2	
b^1	b^2	b^3

C

c^1	c^2
c^1	c^2

D

d^1	d^2	d^3	d^3
d^1	d^2	d^2	d^3
		d^2	d^3

C = Chor
Bl = Bläser
S = Streicher
Bc = Basso continuo

Johann Sebastian Bach, Eingangschor der Johannespassion:

Material sichten und ordnen (Motive, Themen)

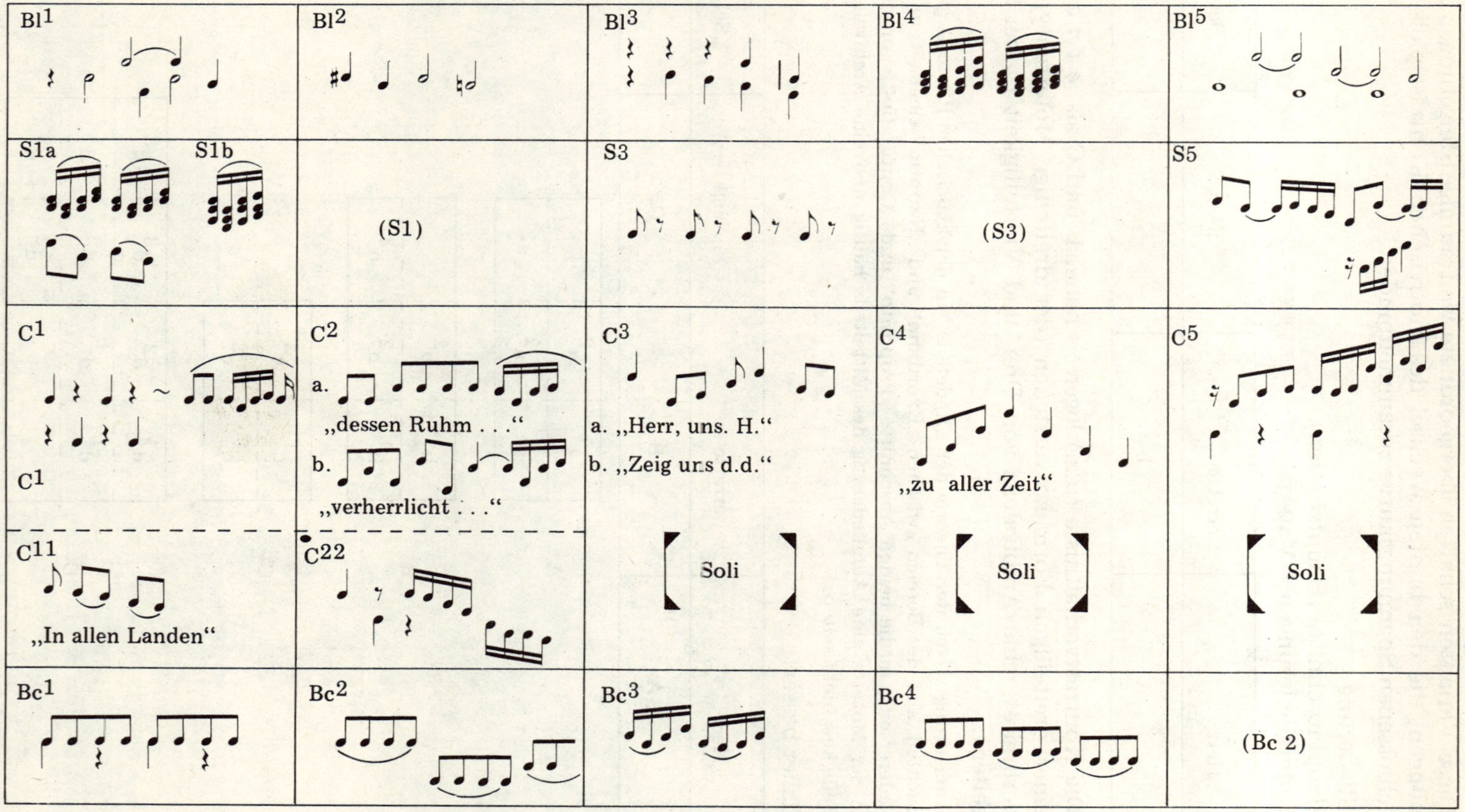

Motivische Verwandtschaft

Die vielfältigen und komplizierten Motivbeziehungen bei Bach müssen auch im Zusammenhang der „Figuren"-Praxis gesehen werden: Anspielungen auf Motive können auch Anspielungen auf Bedeutungen sein.

Auffallend ist die Rolle der Oktave („Ganzheit"; „umfassend"; „Herrscher") in vielen Sätzen der Johannespassion. Im Eingangschor weiter: der Gegensatz hoch—tief, melodisch *u n d* harmonisch („Erhöhung" und „Erniedrigung"; „Erhöhung" wohl auch in der Bedeutung „Erhöhung am Kreuz"); Anabasis und Katabasis; Circulatio („umfassen"), „Krone" (in Verbindung mit Chromatik vielleicht auch „Dornenkrone"); Über- und Unterschreiten des Umfangs; „Stimmkreuzung" und vieles mehr.

Form (Entsprechungen, Kontraste):

Schlußabschnitt = Anfangsabschnitt (Wiederholung).
Chor- und Instrumentalmotive treten in gleichbleibenden Kombinationen auf. Sie sind aus nur wenigen rhythmisch — melodischen Modellen gebildet.
Derselbe Text tritt mit verschiedenen Motiven auf:
„Herr, unser Herrscher" C^1, C^3, C^5, C^{22};
„dessen Ruhm" C^{11}, C^2;
„verherrlicht" C^1, C^2b;
dasselbe Motiv tritt mit verschiedenen Texten auf:
C^3: „Herr, unser Herrscher", „zeig uns durch . . ."

Die Musik der Instrumentaleinleitung wird (in erweiterter Form) wiederholt als Begleitung des ersten Chorabschnitts und der Takte 40 ff... Im zweiten Abschnitt dagegen erscheint sie nicht.
Der Schluß der Instrumentaleinleitung tritt erneut auf
am Ende des 1. Abschnitts,
am Ende des zweiten Abschnitts (transponiert).

Das Motiv C^3 (mit der Synkope) tritt

im 1. Abschnitt als kontrastierender Seitensatz auf (Text „Herr, unser Herrscher"),

im 2. Abschnitt dagegen zweimal als führender Hauptsatz (Text „Zeig uns durch deine Passion").

Die episodischen Motive C^{11} und C^{22} finden sich nur im 1. Abschnitt, das (wiederholte) Motiv C^4 nur im 2. Abschnitt.

In den Abschnitten mit C^2, S^2 usw. treten in den Instrumenten colla-parte-Führungen mit dem Chor auf (Tuttipartie?), die Motive Bl^3 und S^3 erhalten dagegen nur eine ausgedünnte harmonische Begleitung ohne colla-parte-Instrumentierung (Solistenpartie?).

Die Verteilung und Funktion der Motive wird aus der Gliederung ersichtlich.

Gliederung
Hauptabschnitte (Hauptzäsuren),
Untergliederung + Material:

Vorspiel;	„Herr"	„Zeig uns"	Wiederholung	
(V)	A	B	(V)	A

	Vorspiel		A								
						II					
	a	b	I			a		b			c
Takt	1	10	19	24	28	32	37	40	44	47	49
	Bl^1	Bl^2	Bl^1	←	← ←	Bl^3	Bl^5	Bl^1	←	←	Bl^2
	S^1	←	←	←	← ←	S^3	S^5	S^1	←	←	←
			C^1	C^1	C^{11}	C^3a	C^5	C^1	C^{11}	C^{22}	C^2a
	Bc^1	Bc^2	Bc^1	←	← ←	Bc^3	Bc^2	Bc^1	←	←	Bc^2

(Fortsetzung)

	B						
	I			II			
	a		b	a		b	
T.	58	66	70	78	83	86	-95
	Bl^3	Bl^4	Bl^1	Bl^3	Bl^4	Bl^2	
	S^3	←	S^1 ←	S^3	←	S^1 ←	
	C^3b	C^4	C^1b	C^3b	C^4	C^2b	
	Bc^3	Bc^1	(←)	Bc^3	Bc^4	Bc^2	

§ 37. 2.4 *Umgebung*

Typus

Distler: Verbindung von motettischem Liedsatz und Spruchmotette (siehe auch andere Sätze aus dem „Jahrkreis").
Prägnante Zeilengliederung; Kürze; weitgehende Oberstimmenbetonung trotz polyphoner Strukturen.

Verbindung von verschiedenen historischen Satztypen; tonale Imitationen, Kadenzen gegenüber eigener expressionistischer Gestik („Ausbruch" und „Verlöschen");
Verwandlung der historisch meist „darstellenden" und „affirmativen" Textbehandlung in eine neue, erlebnisbezogene, persönliche, problematisierende.

Schütz: Motettenform — Konzertform;
monodische Melodik — motettische Motivik usw.

Bach: Konzertform — Arienform,
Imitation — Oberstimmenführung,
Concerto-grosso-Rhythmik — alla breve usw.

Daneben ist für die Interpretation von Bedeutung:

historische Funktion
historische Besetzung
historische Singweise
historische Spielweise

§ 37.3 *A u s w e n d i g l e r n e n*

§ 37.3.1 *G r u n d s t o f f*

Motive, Themen usw. mit Abwandlungen
Großgliederung mit zugehörigem Material (Motive, Text)
Untergliederung mit zugehörigem Material (Motive, Text)
Je weiter der Lernende ins Detail hinabsteigt, desto mehr verschwindet die Großgliederung aus dem Bewußtsein. Daher muß sie, auch wenn sie längst verstanden ist, immer wieder rekapituliert werden, bis sie als Hintergrundsschicht im Unterbewußtsein verankert ist.
Erst auf diesem Hintergrund:
„Dirigierstimme" (Bezeichnung: Kurt Thomas), enthaltend: alle Einsätze, hervortretendes Detail, den Gesamtrhythmus.

Notenbeispiel Nr. 15

Hugo Distler

Die Arbeit mit der „Dirigierstimme“ birgt eine Gefahr: der in der Kunst der Partiturübersicht noch wenig Geübte läßt sich unter Umständen verleiten, *nur* die „Dirigierstimme“, also den technischen „roten Faden“, und nicht das Gesamtwerk zu dirigieren. Die Folgen der ungenügenden Werkbeherrschung sind Einbrüche in der Probenarbeit (z.B. durch Nichtbeachten der Gegenstimmen während eines Einsatzes!) und eine profilarme Aufführung. Die folgenden Methoden („Ausbau“) sollen dem Lernenden helfen, diesen Abweg zu vermeiden.

§ 37.3.2 *Ausbau*

(je nach Zweckmäßigkeit)

Partitur im Klaviersatz auswendig spielen (ggf. teilweise).

Harmoniefolge,

Führungsstimme(n) (+ Baß),

meist nur teilweise mit der „Dirigierstimme“ identisch.

Nebenstimmen in unübersichtlichen Abschnitten,
für den Chorsänger schwierigen Abschnitten.

Stimmen auswendig zusammensetzen vor allem in
komplizierten imitatorischen Abschnitten
komplizierten polyphonen Abschnitten
(Methoden siehe unten).

§ 37.4 *Anmerkungen zur Lernmethode*

4.1 *Nur bereits Bekanntes lernen*

Unterscheiden: Kennenlernen — im Gedächtnis wiederholungssicher verankern.

Eine bewußte Trennung von erster Beschäftigung, Kennenlernen und Einprägen bedeutet nicht einen zusätzlichen, vermeidbaren Arbeitsaufwand, sondern spart im Gegenteil Zeit und Kraft.

Vor allem kann nur so ein verfrühtes Einsetzen von „Lernhemmungen“ verhindert werden. Solche Lernhemmungen, oft irrtümlich als „Konzentrationsschwäche“ bezeichnet und dem Lernenden als moralischer Mangel zur Last gelegt, sind natürliche Regelvorgänge. Sie sollen leistungsmindernde Überanstrengungen verhindern. Der Versuch, sie zu überwinden, zieht nur psychische Widerstände nach sich und fordert dann viel längere Rekreationspausen. Arbeitstempo und Arbeitsmenge werden dadurch also nur verringert.

4.2 *Nicht „am Stück entlang“ lernen*

Bei *Unsicherheit* in der Wiedergabe: jeweiligen Lernstoff *einschränken*, vereinfachen.

Bei *Ermüdung* (Abschweifen, Lustlosigkeit, Ärger): sofort für kürzere Zeit unterbrechen, auch den begonnenen Arbeitsgang nicht zu Ende führen. Ein Lernen „am Stück entlang“ beispielsweise durch ständiges Wiederholen und Korrigieren größerer, fortlaufender Abschnitte, oder durch ein allmähliches Immer-weiter-Vorstoßen ins noch Unbekannte hinein, ist

a) für das Gedächtnis nicht attraktiv und führt daher zur Abwehr, d.h. zu vorzeitiger, an sich vermeidbarer Ermüdung und Unlust;

b) nicht sicher genug: das bloße Assoziieren des jeweils Folgenden gelingt bekanntlich in der Aufführung nicht verläßlich, Gedächtnislücken führen unter Umständen zu Entgleisungen, die Angst vor der Gedächtnislücke beeinträchtigt die Freiheit des Musizierens;

c) künstlerisch unergiebig.
Entscheidend für die künstlerische Gestaltung ist die ständig präsente Gesamtschau eines Stückes. Bevor der Musiker ein Werk als Abfolge, als „Nacheinander" erleben und formen kann, muß er dessen Plan, dessen Bau wie aus der Vogelschau im ganzen überblickt und erfaßt haben.

4.3 *Erlernen von Linien*

(Methode Walter Kraft)

Zusammensetzen aus Lerneinheiten (eine LE: ein nach *einmaligem* Sehen, Hören, Singen, Spielen usw. auswendig wiederholbar, also äußerst begrenzter Abschnitt) in Schichten:

a) LE 1; LE 2; LE 3; LE 4 usw. (einzeln, unverbunden, keine nachträgliche Kontrolle),

b) LE 1 + LE 2; LE 2 + LE 3; LE 4 usw.

c) LE 1 + 2 + 3 + 4; LE 4 + 5 + 6 usw.

Der Arbeitsgang sollte schnell und ohne Anstrengung durchgeführt, aber unbedingt an verschiedenen Tagen wiederholt werden. Bei der ersten Konzentrationsschwäche sofort unterbrechen, Erholung je nach Neigung in Tätigkeitswechsel oder Pause suchen. Der geringste auf das Gehirn ausgeübte Zwang rächt sich beim Lernen durch steilen Leistungsabfall.
Erleichtert und beschleunigt wird die Arbeit, wenn man die zu erlernenden Linien einige Tage vor dem eigentlichen Arbeitsbeginn ohne Lernabsicht einige Male durchsingt.

4.4 *Erlernen der „Dirigierstimme"*

Das Gedächtnis nimmt ungern

a) Verschiedenes gleichzeitig,

b) schlecht zusammenhängende Folgen auf.

Punkt a) ist der Anlaß für die Herstellung der „Dirigierstimme": Begleitendes wird zunächst ausgelassen.
Zur Dirigierstimme gehören aber auch das Taktschlagen sowie die Einsatz-

und Ausdrucksanweisungen, also zusätzliche Aktionen. Als Linie ist die Dirigierstimme meist sprunghaft und bizarr. Die aus diesen Gründen oft höchst mühsame Lernarbeit läßt sich durch folgenden Arbeitsablauf wesentlich erleichtern:

Zunächst: *n a c h N o t e n*, in beliebigen Abschnitten,
singen
singen + taktschlagen (Schlagrichtungen übertrieben deutlich)
singen + Einsatzzeichen (*o h n e* Taktfigur; Stimmengruppen durch Gegenstände simulieren)
singen mit Einsatzzeichen in der Taktfigur
singen mit Einsatzzeichen in der Taktfigur mit zusätzlichen Ausdruckszeichen

Dann: Dirigierstimme nach der Methode 4.3. *l e r n e n*
Dann: Wiederholen des Arbeitsganges (wie „Zunächst") *o h n e N o t e n*

Dieser scheinbar umständliche Weg kostet sehr viel weniger Zeit und Anstrengung als das übliche frontale Vorgehen.

Einsätze: Das Lernen von schnell aufeinander folgenden Einsätzen kann erleichtert und gesichert werden durch weitere zusätzliche Hilfsmittel.

a) musikalische Hilfen.
Man versuche, die *k o m p o s i t i o n s t e c h n i s c h e n G r ü n d e* für die jeweilige Einsatzfolge herauszufinden. Je nach dem, ob ein Komponist, z.B. regelmäßige (Bach) oder unregelmäßige (Schütz) Einsatzfolgen bevorzugt, stehen ihm in jedem Augenblick nur wenige Möglichkeiten zur Verfügung.

Ein Beispiel:
Aus dem schon behandelten Eingangschor der Bachschen „Johannespassion" wird das Motiv 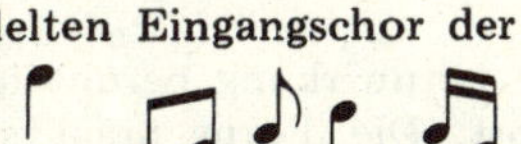 usw. herausgegriffen (Text: „Herr, unser Herrscher " bzw. „Zeig uns durch deine Passion").

Im A-Teil des Satzes (Takt 33 ff.) bildet dieses Motiv
2 Gruppen zu je 3 Einsätzen,
am Anfang des B-Teils (Takt 38 ff.)
4 Gruppen zu je 3 Einsätzen,
in der zweiten Hälfte des B-Teils (Takt 78 ff.)
2 Gruppen zu je 3 Einsätzen.
Immer ist der Abstand der Einsätze eine 𝅗𝅥,
der Abstand der Gruppen zwei 𝅗𝅥.

Im Alt klingt das Motiv am wenigsten auffällig (der Alt kann einerseits nicht in hoher Lage einsetzen, andererseits ist er in der Tiefe zu matt), daher wäre ein Alteinsatz am Beginn einer Gruppe ungünstig. Eher eignet er sich, aus Gründen des Kontrastes, für den Schluß von Gruppen, so in der Tat in allen Gruppen im A-Teil und in der ersten Folge des B-Teiles. In der zweiten Folge des B-Teils wird dieses Prinzip, wie fast jedes vorhersehbare Prinzip bei Bach, durchbrochen (Tenor und Sopran am Schluß der Gruppen). Die eindrucksvollste Einsatzfolge Baß — Tenor — Alt — Sopran wird an formal wichtigen Stellen gebracht (erstes Auftreten im A-Teil, Beginn und Ende der langen Folge im B-Teil), die übrigen Einsätze ergeben sich weitgehend zwangsläufig aus der Lage des jeweiligen Einsatztones und dem zeitlichen Abstand zum vorhergehenden Einsatz einer Stimme.
Zusammen mit dem ersten Einsatz der jeweils folgenden Gruppe bildet jede Gruppe eine vollständige Stimmabfolge S — A — T — B:

im A-Teil (Takt 33 ff.)

im ersten B-Teil

(Takt 58 ff.)

im zweiten B-Teil

(Takt 78 ff.)

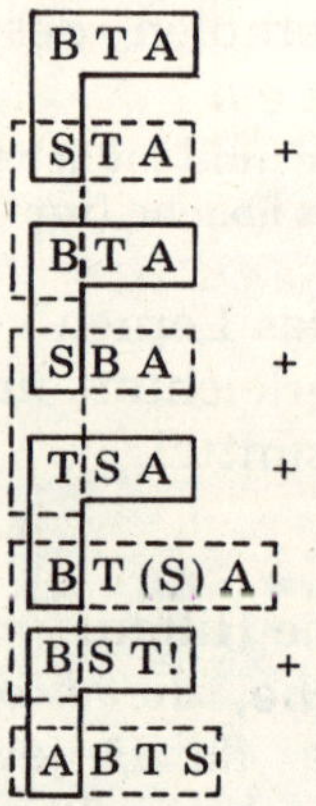

Einzuprägen ist vor allem der jeweils 2. Einsatz an den „+"-Stellen (an den übrigen Stellen geht die Stimmenfolge immer aufwärts!).

Die Lernwirkung beruht in erster Linie auf dem Vorgang der Analyse selbst. Die Form prägt sich ihrem Entdecker als Gesamtübersicht, wie „aus der Vogelschau" gesehen, ein. Der Dirigent verwechselt nichts und verliert auch dann nicht den Zusammenhang, wenn er einen einzelnen Einsatz einmal übersehen haben sollte. Die Formanalyse spart Zeit und ist dabei viel anregender und unterhaltsamer als das ermüdende Pauken von strukturlosen Einsatzfolgen.

b) optische Hilfen

Sehr wirksam sind, bei allen Lernprozessen, sachfremde, möglichst anspruchslose Hilfsvorstellungen („Eselsbrücken"), bei Musik also optische (Bilder, Zahlen), bezogen nicht auf die Töne, sondern auf die *Aufstellung* z.B. der Chorstimmen. Die übliche Aufstellung in zwei Reihen zu je zwei Gruppen T B / S A bietet u. a. folgende Möglichkeiten:

a) 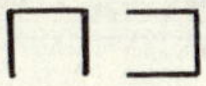 = „Uhr“ (-zeigersinn)
STBA = „Sopran-Uhr“
ABTS = „Alt-Gegenuhr“

b)  = n;  = „s“;  = z etc.

c)  = „Schere“:
SBAT = „Sopran - Frauenschere“
SBTA = „Sopran - Links - Schere“ ()
oder ähnliches.

Einprägen soll sich nicht das umständliche Wort, sondern das Bild. Die Einsätze werden nicht mehr als Folge von 4 Aktionen, sondern als *eine* Gesamtaktion erfaßt.

§ 37.4.5 *Stimmen auswendig zusammensetzen*

Äußerst wichtige und ergiebige Vorstellung- und Gehörschulung für den angehenden Dirigenten. Schwierigkeiten am Anfang sind nicht Zeichen von mangelnder Begabung, sondern von mangelnder Übung!

Vorübung: einfacher, homophoner Kanon, Typ „Viva la Musica“

a) auswendig singen
b) auswendig einstimmig am Klavier spielen
c) eine Stimme spielen, eine andere singen
d) in umgekehrter Reihenfolge
e) zwei Stimmen spielen
f) eine Stimme singen, zwei Stimmen spielen;
wechselnde Folge.

Notenbeispiel Nr. 16

c) Michael Praetorius

d) e)

f)

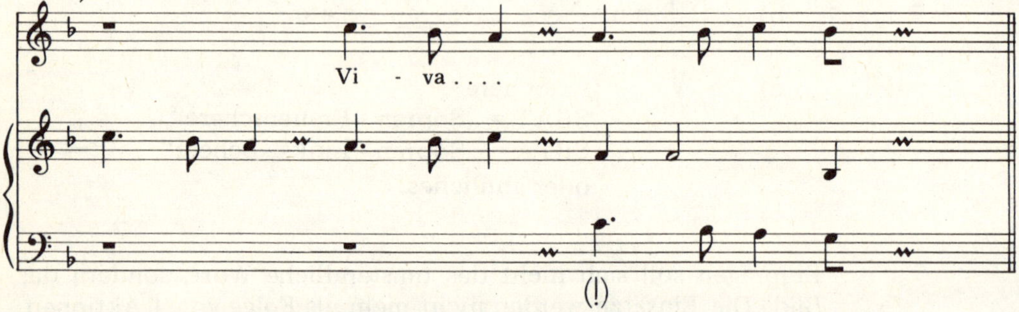

Fortschreiten: zunächst zu polyphonen Kanons mit zäsurüberlappenden Einsätzen (Typ: Telemann „Ich will den Herrn loben“, siehe § 137),

dann zu Ausschnitten aus Motetten usw., ggf. zu ganzen Werken.

Besonders beachten: Gegenbewegungen
Abwärtssprünge
Komplementärrhythmen

Da auch echt polyphone Musik sich bestimmter, oft wiederholter Stimmkopplungstypen bedient, wächst ein mehrstimmiger Satz im Bewußtsein allmählich zu einem harmonisch-akkordischen Ganzen zusammen. Solange die Einzellinie nicht spurlos im Gedächtnis verschwindet, sondern noch verfolgbar bleibt, ist dieser Prozeß unproblematisch, ja erwünscht.

Schlußbemerkung: Hinter der Trennung von „Material“ und „Charakteren“ steht keine Form-Inhalts-Ästhetik, sondern nur der Rat, sich beim Werkstudium nicht zu früh in der Auffassung der Charaktere festzulegen. Den Ausdrucksformen selbst soll der Anfänger bewußt unsystematisch nachspüren, sich den zufälligen Eindrücken und dem gegenwärtigen persönlichen Geschmack ohne viel Nachdenken hingeben. Diese Arbeit ist selbstverständlich noch keine Interpretation. Der frühe, unreflektierte Umgang mit Musik ist nicht zu verwechseln mit der durch viel Kritik und Reflexion hindurchgegangenen „intuitiven“ Arbeitsweise des erfahrenen Musikers. Ein solcher Umgang dient zunächst nur dazu, die eigene künstlerische Erlebnis- und Gestaltungskraft zu entdecken und zu entwickeln.

Zur Frage „historischer“ Ausdrucksdeutung:
Diese Fragestellung trifft beim Anfänger oft auf Abwehr. Sie scheint das unmittelbare Erleben zu beeinträchtigen, das Werk von der eigenen Person zu stark zu distanzieren. Der junge Musiker mag diese Untersuchungen einfach dazu nutzen, seine Kenntnisse über geschichtliche Fakten und musikalische Idiome zu erweitern. Er muß selbst entscheiden, von welchem Zeitpunkt an er es sich zumuten darf, die historische wie die persönliche Distanz zum Werk ernst zu nehmen und ein neues „Vertraut-Werden“ zu erreichen, wann er also den ersten Schritt zur „Interpretation“ wagen will.

IV. Zur Chorarbeit (§ 38–39)

§ 38 Notenlernen – Blattsingen

Mit Sängern ohne jede Notenkenntnis ist keine dauerhafte, entwicklungsfähige Chorarbeit möglich, sondern höchstens eine Singarbeit, die sich nicht an Zuhörer wendet, die vielmehr ihren Sinn in sich selbst findet.

Die Schwierigkeiten des Notenlernens werden vom Laien überschätzt. Schon mit rudimentären Anfangskenntnissen läßt sich probentechnisch etwas anfangen.

Ausführlichere Beschreibungen von Methoden des Notenlernens können der Schulmusikliteratur entnommen werden.

Hier seien einige zusammenfassende Hinweise gegeben, die in gleicher Weise das Notenlernen wie das Blattsingen fördern wollen.

Lernstoff	**Tonhöhen**	**Rhythmus**
Im Bereich der Einzelnote	Notennamen „c, d, e…“ Lage im Liniensystem (Schlüssel!) 	Notenwerte Pausenwerte 
Im Bereich von 2–3 Noten	Intervalle: Sekund, Terz… Dreiklänge: Grundstellung, Sextakkord…	Unterteilungen Verhältnis Balken Triolen 
Beziehungen zwischen Noten und Notenwerten	1. Einklangs- und Oktavbeziehungen a) innerhalb der Linie 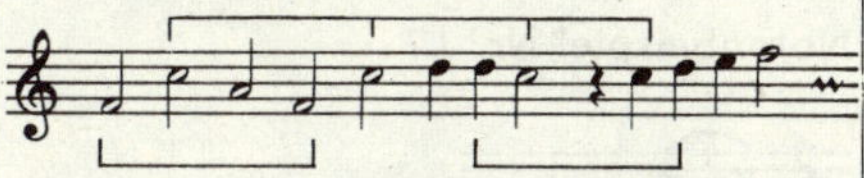 b) im polyphonen Satz (**§ 121**)  2. Sekundbeziehungen a) innerhalb der Linie (s. N.B. 33) b) im polyphonen Satz § 103 3. **Dreiklangfelder (s. N.B. 33)**	1. Punktierung, Anbindung, Synkope  2. Zusammengesetzte Rhythmen (linear)  3. Komplementäre Rhythmen 
Weiterer Zusammenhang	Tonarten (Hauptdreiklänge, Leitern)	Taktarten

Das Notensingen = Blattsingen zielt letztlich auf das Treffen *jeder* Tonfolge.
Es ist aber pädagogisch nicht sinnvoll, von einem imaginären „freien" Tonraum auszugehen. Musik existiert nur unter den Bedingungen des jeweiligen Stils und seiner Grenzen. Einen „elementaren" Hintergrund, der frei von jeglicher konkreten Stilbindung wäre, als Wurzel zu einem ganz unvoreingenommenen Musikhören gibt es nicht.
Es ist zweckmäßig, mit den Übungen bei den vorhandenen diatonischen und funktionalen Vorstellungsrudimenten der Sänger einzusetzen. Man nutzt sie und baut sie aus, um dann in einem zweiten Schritt bewußt den tonalen Wechsel, tonale Überlagerungen und Störungen erleben zu lassen.
Deshalb steht am Anfang der Übungen nicht das Intervall, sondern der Durdreiklang der ersten Stufe, ohne daß ihm damit ein grundsätzlicher stilistischer Vorrang eingeräumt werden soll.

Methoden

§ 38.1 *Dreiklänge*

lesen a und b getrennt nebeneinander üben,
(im Notentext erkennen, benennen, auch aus selbst entworfener Notenfolge: optische Hilfen heranziehen wie z.B.: alle Dreiklangstöne liegen auf der Linie bzw. in Zwischenräumen usw.)

singen
aufwärts (vom gegebenen Grundton aus)
abwärts (vom gegebenen Ton aus)

Folge: a) 8 — 5 — 3 — 1

Notenbeispiel Nr. 17

b) 5 — 3 — 1

Notenbeispiel Nr. 18

c) Folge a) — b) (Plagalkadenz)

Probleme:
1. abwärts schwieriger als aufwärts
2. Terz und Quint als Ausgangston schwieriger als Grundton

Grunddreiklänge:

Notenbeispiel Nr. 19

Von einem Ton (als Grundton) ausgehend einen Durdreiklang finden:

Chorleiter singt vor:  *Chor singt nach:* 

Auch von andern Tönen ausgehend, z.B.

Chorleiter: *Chor:* *dann andere Stufen* .

Notenbeispiel Nr. 20

Quinten: Zunächst von einem Grundton ausgehend die Quinte aufwärts finden:

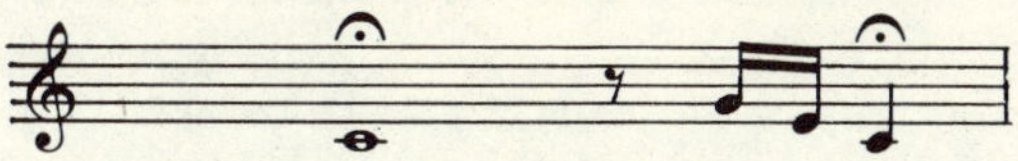

Chorleiter: *Chor:* *usw.*

dann den vorgesungenen Ton als Quinte hören, Dreiklang abwärts finden:

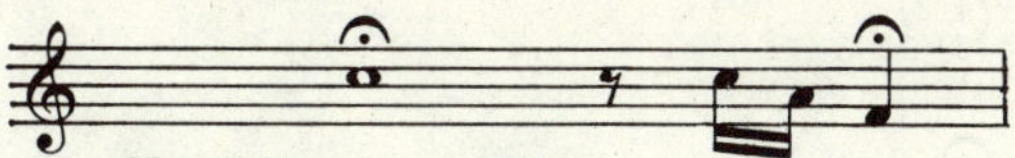

Chorleiter: *Chor:* *usw.*

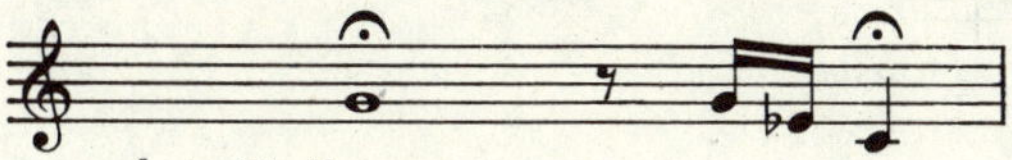

auch in Moll: *usw.*

Notenbeispiel Nr. 21

Terzen: Von einem Grundton ausgehend die Terz aufwärts finden, von dort Dreiklang:

Chorleiter: *Chor:* *usw.*

ebenso in Moll

Chorleiter: *Chor:* *usw.*

dann den vorgesungenen Ton als Terz hören, Grundton und Dreiklang finden:

Besonders schwierig: Dur und Moll nacheinander von demselben Ton ausgehend:

Sextakkorde / Quartsextakkorde:

Notenbeispiel Nr. 22

Zur Vorbereitung von Sext- und Quartsextakkorden, auch von Vierklängen (etwa dem Dominantseptakkord und seinen Umkehrungen) wird der Quintraum zum Oktavraum und darüber hinaus erweitert, zunächst aufwärts:

Dann wie in N.B. 21:

Weiter:

Dann:

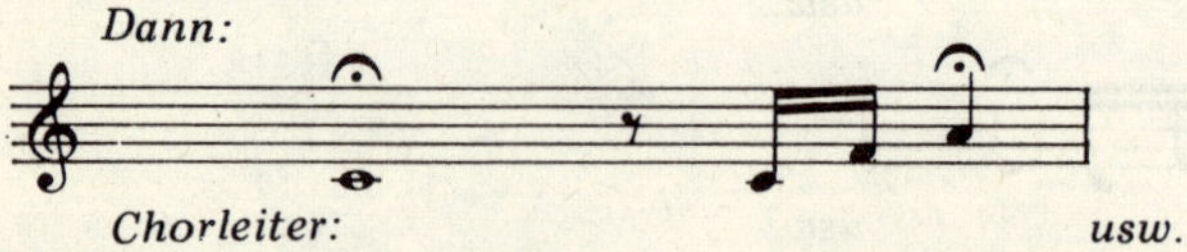

Notenbeispiel Nr. 23

Oktavraum abwärts:

Chorleiter: Chor: usw.

Chorleiter: Chor: usw.

Dann:

Chorleiter: Chor: usw.

Weiter:

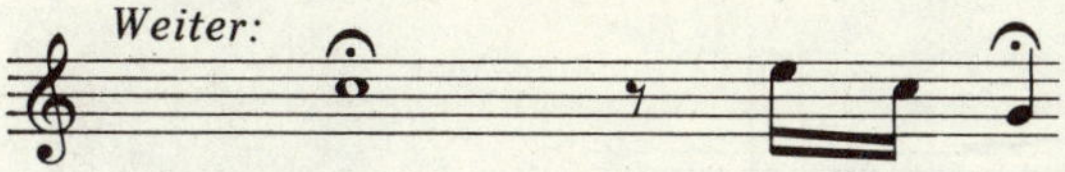

Chorleiter: Chor: usw.

Schließlich:

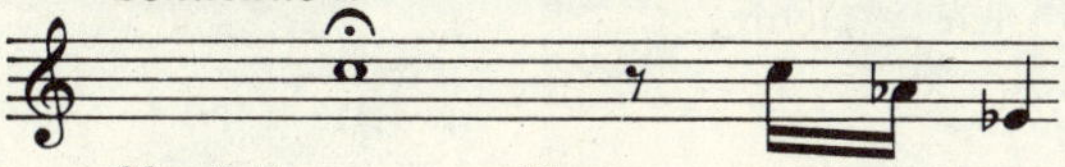

Chorleiter: Chor: usw.

Notenbeispiel Nr. 24

Auf Zuruf Wechsel von Dur und Moll in Dreiklängen, Sext- und Quartsextakkorden:

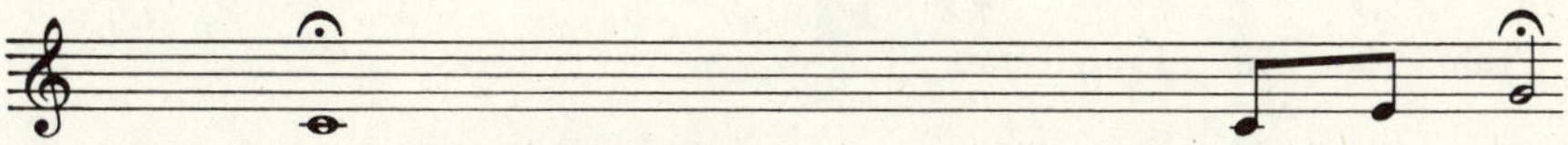

Chorleiter: „Dur aufwärts" Chor:

Chorl.: „Quartsextakkord Dur abwärts" „Sextakkord Moll aufwärts" usw.

oder (schwieriger!):
von demselben Ton ausgehend nacheinander Sextakkorde in Dur und Moll aufwärts, Quartsextakkorde in Dur und Moll abwärts:

Chorleiter: Chor:

Chorleiter: Chor:

Notenbeispiel Nr. 25

In ähnlicher Weise auch Vierklänge (z.B. Dominantseptakkord mit seinen Umkehrungen), gegebenenfalls mit Vorbereitung nach dem Modell N.B. 21—23. Akkordfolgen z.B.:

Quartsextakkorde aufwärts: über den Quartruf (Liedanfänge)

Notenbeispiel Nr. 26

abwärts

Notenbeispiel Nr. 27

dann

Notenbeispiel Nr. 28

von wechselnden Tönen aus;
fortlaufend von allen Tönen des Dreiklangs aus:
fortlaufend von allen Tönen der Tonleiter aus (tonaler Wechsel!);
ebenso mit den Formen des *6 - und* $\frac{6}{4}$ *- Akkords* im Wechsel,
ebenso mit allen Formen des *Molldreiklangs*,

von *einem* Ton aus alle Formen des Dur- und des Molldreiklangs mit Umkehrungen (tonaler Wechsel),

Notenbeispiel Nr. 29

eine beliebige Gruppe von drei Akkorden,
fortlaufend von allen Tönen eines Dreiklangs,
fortlaufend von allen Tönen einer Leiter aus (tonaler Wechsel!).

Notenbeispiel Nr. 30

Entsprechend lassen sich eventuell später (nicht bei Anfängern!) auch Septakkorde üben.

§ 38.2 *Tonleitern*

Durtonleitern aus Durdreiklängen und Nebentönen *entwickeln* (siehe unten); Ort der Halbtonschritte in der C-Leiter fixieren.

An dieser Stelle Hinweise für die Sänger: die Notenschrift ist in einem Punkt *unvollkommen:* Sie zeigt den Wechsel von Ganz- und Halbtonschritten nicht eindeutig an. Er muß aus der Kenntnis des tonalen Zusammenhangs erschlossen werden (für den Anfänger: wahrscheinlichere Folge). Leitern *von andern Tönen aus* beginnen; Abweichungen von der C- Leiter durch den Sänger selbst finden lassen, daraus die Funktion von ♯ und ♭ entwickeln.

Ebenso Molltonleitern einführen;
willkürlich *alterierte* Leitern (auch modulierende Leitern; Abweichungen jeweils kennzeichnen lassen).

§ 38.3 *Intervalle*

3.1 *lesen* (3.1. und 3.2. getrennt nebeneinander)
erkennen, benennen, optische Hilfen:

Terz: beide Töne auf der Linie
beide Töne im Zwischenraum

Quinte: beide Töne auf der Linie mit Zwischenlinie
beide Töne im Zwischenraum mit leerem Zwischenraum

Quarte: Linie — Zwischenraum; ein leerer Zwischenraum

Sexte: Linie — Zwischenraum; zwei leere Zwischenräume
etc.

im *C* — Raum (Achtung f - h!),
vom Grundton aus,
von wechselnden Stufen aus
in *anderen* Räumen (wenn Tonleiterübungen vorausgegangen sind. Achtung: Tritonus!).

3.2 *singen*
alle Intervalle zuerst aufwärts, erst später abwärts und im Wechsel,
unterscheiden: alle Intervalle *von einem Ton* aus; Liedanfänge, Dreiklangsbeziehungen (Nebentöne des Dreiklangs); Kanon: „Die Prim, die Sekund . . .".
(unter Umständen) einzeln üben,
von *jeder* diatonischen *Stufe* aus (springend, in Reihung)
von allen chromatischen Stufen aus,
ebenso in *Intervallgruppen*
z.B.: erste Gruppe: reine Quint, Quart + große Terz, kleine Sext
zweite Gruppe: reine Quint, Quart + kleine Terz, große Sext
dritte Gruppe: reine Quint, Quart + große Sekund, kleine Sept
vierte Gruppe: große Terz, kleine Sext + große Sekund, kleine Sept usw.
in bunter Folge auf *Zuruf*,
im diatonischen Bereich z.B.,

Notenbeispiel Nr. 31

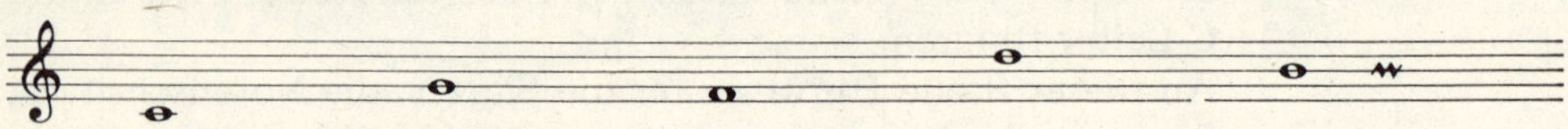

„5 ↗ — gr 2 ↘ — gr 6 ↗ — kl 3 ↘ — . . ."

mit jedem Schritt aus der jeweiligen Tonart herausspringen, z.B.

Notenbeispiel Nr. 32

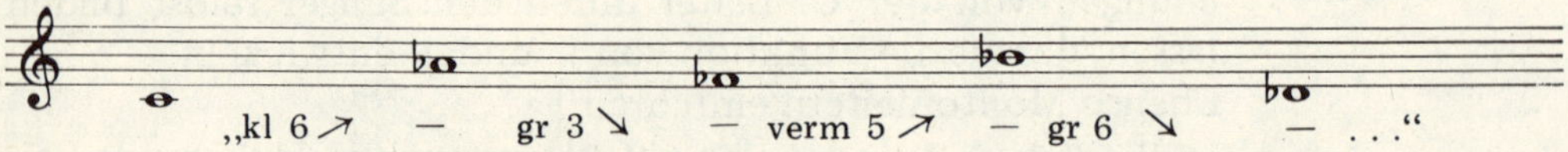

„kl 6 ↗ — gr 3 ↘ — verm 5 ↗ — gr 6 ↘ — . . ."

Notennamen nennen lassen.

§ 38.4 *Beispiel für den Beginn der Arbeit* (nach Adolf Detel):

a) an die Wandtafel (ohne Notenlinien) zwei Punkte in größerem Abstand malen;

b) vermuteten Abstand singen lassen (vermutlich Quint oder Oktav).
Wenn Quinte: Zwischenpunkt einfügen, Klang vermuten lassen (Terz).
Wenn Oktav: ebenso zunächst die Quinte, dann die Terz einführen;

c) auf Handzeichen hin und her springen lassen.

d) zwischen die Punkte zeigen, Nebentöne finden lassen dadurch Erweiterung zur Leiter auf der Basis des Tonikadreiklangs.

e) Nebentöne als kleinere Punkte hineinschreiben; zwischen den Nebentönen hin- und herspringen.
(Wenn das Intervall- und Dreiklangsingen schon nebenher läuft, können die jeweils gesungenen Intervalle nachträglich benannt werden.)

f) Test: unvorbereitet Notenfolgen aus Liedanfängen anzeigen, sobald sie erkannt worden sind, abweichende Töne anzeigen.

g) Einfügen der Notenlinien (Schlüssel)

h) Schrittweises Hinzufügen der Notennamen
Die Tonika-Do-Methode mit ihren Handzeichen ist bei jüngeren Sängern sehr nützlich für das Verständnis der tonalen Beziehungen innerhalb der Dur-Tonleiter, für Erwachsene dagegen eignet sie sich weniger.
Das Erlernen der Notennamen „do", „re", usw. ist ein Umweg, ähnlich wie der „do"-Schlüssel, der zwar theoretisch sehr zum Verstehen der Tonalität beiträgt, dem Chorsänger aber, der ja lediglich eine *Schrift* möglichst schnell lernen möchte, überflüssige Umstände und Verwirrungen bereitet.
Der Blattsing-Kurs soll zwar möglichst viel an musikalischer Information enthalten, darf aber nicht zur breiten angelegten musikalischen Grundausbildung ausarten.

i) Bewußtmachen der Halbtonstellen (siehe Tonleiter); Tonleiterbeginn auf weiteren Stufen, „falsche" Töne finden lassen, ♯ und ♭ einführen.

k) Freie Folgen (auch alterierte, auch willkürlich alterierte).
Von hier aus den Zusammenhang mit Dreiklangs- und Intervallübungen suchen.

§ 38.5 *Schon* nach den allerersten *Anfängen* der Notenlern- und Blattsing-Übungen leichtere Stücke „*nach Noten*“ singen lassen, möglichst wenig Hilfen geben. Anregen, nach Sicht *und* Vermutung zu singen (zunächst nach Möglichkeit ohne rhythmische Differenzierung, Stücke entspechend aussuchen). Dabei

a) Einklangs- und Oktavbeziehungen sehen und für das Treffen der Töne nützen lernen,

b) Sekundbeziehungen sehen und nützen lernen, Rolle für die Entwicklung einer Methode verstehen.

Notenbeispiel Nr. 33

Blattsingen zunächst einstimmig, eventuell generalbaßmäßig weiträumig stützen, um die „Vermutungen“ zu stärken;
dann zweistimmig, z.B. Melodie und Baß eines unbekannten Liedes.
Immer in Gruppen singen, so daß Irrtümer zum Teil schon von den Mitsängern selbst aufgefangen werden können.

§ 38.6 *Rhythmus*

Verhältnis 1 : 2 (1 : 3 erst später!)
an die Tafel *schreiben* und nachsingen lassen 𝅗𝅥 ♩ ♩ ;

♩ ♩ ♫♫ usw. (auf einem Ton, auch Terz oder Dreiklang).
Selbst Rhythmen singen und durch die Sänger *kennzeichnen lassen.*
Eventuell in fortlaufendem gleichmäßigem Tempo auf *Handzeichen* Notenwerte wechseln lassen (z.B. Hand hoch = ♪,
Hand mittel = ♩ , Hand tief = 𝅗𝅥)

Auch: selbst Rhythmen vorsingen, Chor durch Handzeichen die erkannten Notenwerte anzeigen lassen.

Grundsätzlich im $\frac{4}{4}$ - Takt; Wechsel der Werte zunächst immer auf „1“ oder „3“.

Punktierung,
Pausen.

§ 38.7 *Verhältnis 1 : 3* (Triolen usw.)

§ 38.8 *Anbindungen, Synkopen* vom Sehen her (Erklären)
Synkopen vom Hören her (dann im Notentext nachlesen)
(siehe auch „Rhythmische Schwierigkeiten“ § 163, 164)

§ 38.9 *Blattsingen* von einstimmigen Linien auf *einem Ton* (schon sehr früh)
später: *polyphone Rhythmen*, jede Stimme auf *einem Ton.*
Beim Literatursingen immer wieder auf die Grundelemente hinweisen. Aus der Notenlernarbeit entwickelt sich später die Arbeit an der rhythmischen Stabilisierung (siehe unten).
Notations- und Hörverständnis sollen *gleichzeitig* gefordert werden.

Nicht nur künstlerische Aufgaben stellen sich dem Chorleiter, sondern ebenso organisatorisch - technische. Auch diese müssen vom Lernenden durchdacht und bis zu einem gewissen Grade geübt werden. Als Beispiel des Umgangs mit einer organisatorischen Aufgabe folgt hier:

§ 39 Organisation einer Aufführung

Vorprüfen: frei? vorhanden?	Vorprüfen: Kosten	frühzeitig vorbereiten	unmittelbar vor der Aufführung
Termin		Terminplan Probenplan	
Raum Stühle, Beleuchtung, Heizung, Nebenräume, Waschraum, Personal	Miete Beleuchtung, Heizung Bezahlung	belegen, vorbestellen	Podien, Stühle, Pulte aufstellen (bzw. kontrollieren) Beleuchtung, Heizung kontrollieren
Notenmaterial Ausgabe?	(siehe Anmerkungen)	2—3 Wochen vor der 1. Probe	bereitlegen, durchzählen(!)
Solisten	(siehe Anmerkungen)	Unterbringung	Aufenthaltsraum (Waschraum)
Instrumentalisten	(siehe Anmerkungen)	(Unterbringung)	Aufenthaltsraum (Waschraum)

Continuo-Instrument(e) Stimmer	Miete, Transport, Stimmung	Stimmer bestellen; Zeitpunkt der Stimmung (Proben!) Tonhöhe (Bläser!)	Instrument kontrollieren
Chorsänger	Fahrtkosten Erfrischung (Generalprobe, Aufführung)		
	Werbung Einnahmen Eintritt, Kollekte Feste Mittel Spenden Amtliche Zuschüsse	Plakate, Anzeigen, Postkarten, Gesamtvorschau. Programme Anschlagsplätze reservieren Presse benachrichtigen einladen	

Anmerkungen zu Spalte 1:

Termin frei

keine Überschneidungen im eigenen Bereich (Schule, Institut, Gemeinde) auch nicht für die letzten Proben-Termine?
Keine Konzerte, Aufführungen anderer Gruppen gleichzeitig in unmittelbarer Nähe?
Ausreichend Probezeit vorhanden (weitere Aufgaben mit berechnen!)?

Raum frei

Auch für die Proben?
Nebenräume für Chor, Instrumente, Solisten
Ausreichend Platz für die Aufstellung von Chor, Instrumenten und Solisten?
Ist der für den Chor vorgesehene Platz akustisch günstig?
Ist der für Solisten und Instrumente vorgesehene Platz akustisch günstig?
Optischer Kontakt zum Dirigenten?
Akustisches Verhältnis der Gruppen in Lautstärke und Präsenz?

Notenmaterial – Instrumente

feststellen, ob identisch mit Partitur und Chormaterial; Druckfehler (auch gedruckte Instrumentalstimmen sind oft unzuverlässig); Transpositionen der Bläser überprüfen, ggf. mit Spielern absprechen.

Notenmaterial – Solisten

Die gängigen Werke besitzt der Solist selbst. Im übrigen erwarten die Solisten, daß ihnen das Material (Klavierauszug) gestellt wird. Für Ensemble-Stücke Material unbedingt selbst stellen, auf Benutzung bestehen (Einzeichnungen!). Übereinstimmung mit Partitur prüfen.

Notenmaterial – Chor

Eigene Vervielfältigungen sind normalerweise verboten, aus wissenschaftlichen Gesamtausgaben u.U. möglich; im Einzelfall ist Absprache mit dem Verlag (eventuell Gebühr, Übernahme durch den Verlag) zu empfehlen. GEMA-Pflicht feststellen, auch für Ausgaben, Bearbeitungen usw.

Chorsänger frei

Keine Schulferien, Semesterferien, Urlaubsreisen, auch nicht unmittelbar vor der Veranstaltung?

Anmerkungen zu Spalte 2:

Kosten Notenmaterial

Unbedingt Chorpartituren anschaffen.

Einzelstimmen kosten an Probenzeit, was sie an Geld einsparen.

Leihmaterial nur, wenn unumgänglich; Kosten unverhältnismäßig hoch, Einzeichnungen kaum möglich (keine Repertoiremöglichkeit).

Von gängigen Werken kaufen viele Chorsänger auf Anregung hin selbst Klavierauszüge.

Honorare

Die Honorarhöhe hat neben der wirtschaftlichen Seite für den freiberuflichen Musiker (der Orchestermusiker sieht sich im außerdienstlichen Engagement als freiberuflich) auch ideelle, prestigemäßige Aspekte, die vom Veranstalter ernst genommen werden müssen. Gesangssolisten legen Wert auf gleichrangige Kollegen. Unbedingt gleich bezahlen (verschwiegene Einzelabsprachen sind die Quelle für viele Verärgerungen).

Die Höhe der jeweils üblichen Durchschnittshonorare kann man meist von Kollegen erfahren. Aufgrund solcher Auskunft Angebot an Sänger und Instrumentalisten. Ein Herunterhandeln einer Sänger- oder Instrumentalistenforderung ist meist möglich, aber nachteilig. Der Ausführende sieht darin eine Minderbewertung nicht nur der eignen Person, sondern der Gesamtveranstaltung („Mucke").

Gesangssolisten werden für die Zeitdauer ihrer Anwesenheit in Probe und Aufführungen, nicht für die Menge des Gesungenen bezahlt (zwei Arien kosten u.U. dasselbe wie fünf). Sie ziehen umfangreichere oder mehr solistische Aufgaben gegenüber kürzeren oder stärker ensemblegebundenen vor.

Solisten pauschal bezahlen, da Spesen schwer abzurechnen sind.

Ausnahmen: Spezialaufgaben wie Evangelist; Countertenor usw.

Instrumentalisten: am besten nicht einzeln engagieren, sondern entweder ein stehendes Orchester oder feste Gruppen aus Orchestern über einen Vermittler (zusätzliches Honorar), der die Abstimmung der Honorare selbst durchführt (zusätzliche eigene Vergewisserung zweckmäßig).

Sonderkosten: Konzertmeister, Violoncello continuo, Spezialinstrumente, solistische Partien in Arien; Transport von Pauken, Harfe.

Kosten Werbung

Plakate: Druck, Aushang (Plakatsäulen, Verkehrsmittel, beide auch teilweise. Kostenloser werbewirksamer Aushang meist möglich in Schulen, Universitäten, Ämtern usw.; Musikalienhandlungen, Geschäften bei persönlicher Bekanntschaft; in der Kirche: Nachbargemeinden).

Einladungen: Postkarten (bei Vorhandensein einer ausreichend umfangreichen Adressenkartei); Jahresprospekte (kosten- und zeitsparend).

Neben der direkten hat die Werbung auch eine indirekte Wirkung. Diese hängt allerdings von einer nicht zu geringen Mindesthäufigkeit der Veranstaltungen ab.

Eintrittskarten sind bei nicht gestaffeltem Eintrittspreis überflüssig (Programm als Eintrittskarte).
Plakate und Programme können durch einen festen Rahmen oder ein Zeichen (Klischee) ein gleichbleibendes Bild gewinnen. Die einmalige höhere Ausgabe lohnt sich bei hoher Auflage.

Anmerkungen zu Spalte 3:

Bezeichnen des Notenmaterials:
Chor: sehr zahlreiche, sehr komplizierte, sehr genaue Einzeichnungen selbst vornehmen, einfachere in der Probe ansagen (überprüfen!): Taktzahlen, Grunddynamik, Grundartikulation (legato, marcato usw.), Zäsurenbehandlung sind umumgänglich.
Instrumente: Taktzahlen, Angabe des Schlages (𝅗𝅥, ♩, ♪) am Beginn jeden Satzes, bei Übergängen mit Schlagwechsel oder Unterteilung, vor allem bei Taktwechsel.
Wichtigste Dynamik (unter die Noten).
Wichtigste Artikulation und Akzentzeichen (über die Noten).
Bei Streichern: Strichbezeichnungen bei wichtigen oder komplizierten Stellen; mit dem Konzertmeister absprechen.
Bläser: Bindungen, Artikulation.

Beispiel eines Terminablaufs:

Aufführung:	1. Oktober
Generalprobe:	30. September (unter ungünstigen Bedingungen 1. Oktober nachmittags)
Orchesterprobe:	29. September, 30. nachmittags (mit Solisten)
Solistenprobe:	29. September vormittags
letzte Chorprobe:	29. September abends
Plakataushang:	20. September (eventuell 22.9.)
Postkartenversand:	20. September (2 Wochen vorher Adressenkartei kontrollieren)
Druck fertig (einschließlich Korrektur)	18. September (20. September)
Druckbeginn:	14 Tage vor Aushang bzw. Versand
Text an Drucker:	1 Woche vor Druckbeginn (Korrekturabzug erbitten)
Verhandlungen mit Drucker abgeschlossen:	1. September
Einladung an Presse:	1. September
Stimmen fertig bezeichnet:	15. September
Probe mit dem Konzertmeister:	20. August

Engagement von Orchester und Gesangssolisten sehr frühzeitig. Gute Kräfte 9–12 Monate vor der Aufführung; für die Hauptsaison früher, Spezialkräfte (Passionstenöre) eineinhalb Jahre vor der Aufführung.

Erstellen eines Probenplans für Chor, Orchester und Solisten.

Die Effektivität von Oratorienproben mit meist sehr begrenzter Probenzeit hängt von einem genau durchdachten Zeitplan ab. Bei komplizierten, sehr stark wechselnden Besetzungen empfiehlt sich ein Vorgehen in zwei Schritten:

1. Partiturplan

										Solisten					
Nr.	Vl I	Vl II	Vla	Vcl	Kb	Trp	Pk	Ob	Fg	S	A	T	B	Chor	Zeit
1	+	+	+	+	+	+	+	+	+					+	20’
2				solo	solo							+			5’
3				solo	solo			d'am I,II	+		+				5’
4	+			solo	solo			d'am I	+		+				15’
5	+	+	+	+	+			+	+					+	5’
etc.															

2. Zeitplan

(ausführlich bei Kurt Thomas, „Lehrbuch der Chorleitung“)
Gesichtspunkte: möglichst niemanden untätig warten lassen; starker Wechsel in der Besetzung erst nach der Pause; kleine Besetzungen zu Beginn und Ende der Probe, volle Besetzung in der Mitte. (Dadurch kann die Probenzeit kostensparend verlängert werden: u.U. brauchen nur einzelne stark (z.B. Continuo) oder speziell beschäftigte Spieler überhonoriert zu werden.
Dauer der Probenzeit pro Satz:

Durchspielen (ggf. nach vorheriger Verständigung)
bei kurzen Sätzen — 2fache Spieldauer
bei längeren Sätzen — 1 1/2fache Dauer

Durchspielen mit Möglichkeit zu Anweisungen und Korrekturen
3-4fache Spieldauer

Proben mit Möglichkeit zu ensembleverbessernder Arbeit:
5-6fache Spieldauer

Entsprechend der Situation (Qualität der Sänger oder Instrumentalisten; wechselseitige künstlerische Vertrautheit; Kosten; allgemeine Zeit- und Raumbedingungen) allgemeine Probenzeit festlegen. Gesamtspieldauer und verfügbare Probenzeit vergleichen, dividieren; Einzelsätze nach Schwierigkeit und Gewicht klassifizieren, entsprechend Probenzeitzuteilung ändern.
Dann den Partiturplan in Streifen (Einzelnummern) zerschneiden und in geeigneten Ablauf ordnen:

Uhrzeit	Nr.	Vl I	Vl II	Vla	Vcl	Kb	Trp	Pk	Ob

Der Plan muß eine „Pufferzone", eine nicht besetzte Zeit enthalten, die unvorhergesehene Störungen auffangen kann (es gibt keine Gesamtproben ohne Unvorhergesehenes!). Andernfalls bleiben Teile ungeprobt bzw. es entsteht Hast und leistungsmindernder Unmut. Unplanmäßiges Überschreiten der vereinbarten Probenzeit wird von den professionellen Instrumentalisten als Zumutung empfunden, auch als Zeichen dilettantischen Unvermögens angesehen.
Uneinsichtige Forderungen des Dirigenten dämpfen das künstlerische Engagement der Spieler. Bei sicherem Dirigieren erzielen knappe, übersichtliche Probenabläufe manchmal bessere Resultate als insistierende Wiederholungen.
Voraussetzung ist, daß Präzisions- und Ausdrucksforderungen immer äußerst konkret formuliert werden (nicht: „besser zusammen", sondern: „der Auftakt im Cello ist noch zu schnell", „Bratschen Takt 18 noch kein diminuendo").

ZWEITER TEIL: PROBENTECHNIK

Kapitel 4: Arbeitsphasen (§ 40—74) (siehe auch Tabellen Seite 41—43)

I. Phasen allgemein (§ 40—42)

Die Chorarbeit verläuft in vier Arbeitsphasen (siehe § 9). Jede Phase hat

a) ihr Arbeitsziel (Teilziel),

b) ihre Erfolgsgrenze,

c) ihre typischen Arbeitsmethoden;

d) Jede Phase arbeitet an Problemen sowohl des Notentextes wie des Ausdrucks.

§ 40 zu a) und b) Arbeitsziel und Erfolgsgrenze:

Eines der wichtigsten Mittel chorleiterischer Technik besteht darin, in jedem Augenblick der Arbeit bewußt nur Teilziele mit genau begrenztem Erfolgsanspruch zu verfolgen. Unklarheiten und Irrtümer in der Frage, was in jedem Augenblick der Arbeit erreicht werden *kann* und erreicht werden *soll*, sind die Ursachen für manches Mißlingen und manches Unbehagen.
Der Chorleiter, der mit einer fertigen Vorstellung in die Probe kommt, erlebt die ersten Klänge aus dem Chor als ein ernüchterndes Chaos. Er macht sich daran, den Sängern schrittweise die falschen Töne auszutreiben. Fortschritte wechseln ab mit Stadien der Erschöpfung und Entmutigung bei Chor und Leiter. Schließlich bleibt das Ergebnis weit hinter dem Erhofften zurück. Wo lag der Fehler?

1. Der Chorleiter wird immer dann aktiv, wenn etwas mißlingt, im Mittelpunkt der Arbeit steht also der *Fehler*.

2. Die Probe ist eine Folge von Versuchen, von Tests, ob „es schon geht". Der Chorsänger wird dann in die Rolle eines ständig versagenden *Prüflings* gedrängt.

3. Kritik und Anweisung des Chorleiters orientieren sich von Anfang an am angestrebten *Endergebnis*. Solange dieses nicht erreicht ist (also während der gesamten Probenzeit!), ist alles „schlecht".
Relative Zwischenerfolge werden entweder gar nicht wahrgenommen oder lassen unbefriedigt. Lobsprüche wirken „pädagogisch" und damit abwertend.

4. Die ständige Gegenwart der Vorstellung „falsch" erweckt die unfruchtbare, ja unkünstlerische Gegenvorstellung, das Arbeitsziel sei „das Richtige", mag man es nun verstehen als ein ganz genau wiederholtes Erfüllen von Komponisten- und Chorleiteranweisungen oder sogar als *die* eine, allein angemessene

Art der Darstellung dieses Werkes. In beiden Fällen verlangt man Unmögliches. Musik läßt sich nicht ganz genau wiederholen, selbst eine gelungene Wiederholung büßt an Leben ein; zu jeder Darstellungsart lassen sich gleich gute, ja bessere Lösungen finden.
Solche Vorstellungen erzeugen, auch wenn sie nie ausgesprochen werden, leicht ein unterschwelliges Gefühl von ständigem Mißlingen und machen durch ihr Leistungs- und Erfüllungsdenken den Chor und seinen Leiter zu Dauerverlierern.
Je nach Veranlagung wird der Chorleiter die Schuld bei sich selbst („keine Begabung", „keine Kontaktfähigkeit") oder bei seinem Chor suchen („zu schlechte Leute"). Der Chorsänger empfindet eine solche Einstellung sehr wohl und leidet unter ihr. An dieser Stelle will die Probentechnik den Chorleiter ermutigen. Er soll nicht Klage führen über ein grundsätzliches *Versagen*, sondern *Irrtümer* in seiner Einstellung und seinen Maßnahmen suchen.

Einstellungen:

Die Chorprobe ist nicht: Abbau von Fehlern,
sondern: Aufbau des Werkes;

der Chorleiter ist nicht: Tester auf Fehler hin,
sondern: Vermittler des Werkes;

der Arbeitsbeginn ist nicht: ein Gestrüpp von Irrtümern,
sondern: ein noch leerer Vorstellungsraum,

das Ziel der Arbeit ist nicht: Beherrschung,
sondern: Aneignung des Werkes.

Maßnahmen:

Das Werk wird in Lernschichten und Lernportionen aufgeteilt. Es wird jeweils ein *begrenztes* Ziel angesteuert.
Die einzelnen Arbeitsschritte sind *Informationen.* Sie werden so ausgewählt, daß der Chor sie sofort auffassen kann. Mit Anweisungen und Kritik hält sich der Chorleiter genau innerhalb des Rahmens des jeweils schon Möglichen.
Ergebnis:
Das klare Bewußtsein von der Beschränkung auf das jeweils Mögliche beseitigt die Atmosphäre ständiger Unzufriedenheit. Der Chor erlebt die Bewältigung vorläufiger Ziele als Erfolg, den verbleibenden Rest nicht als bedrückende Unvollkommenheit, sondern als eine die Erwartung steigernde Unvollständigkeit.

§ 41 zu c) Typische Arbeitsmethoden:

Bestimmte Arbeitsmethoden sind für bestimmte Phasen typisch. Die Sekundübung etwa (s. N.B. 177 ff.) ist typisch für Phase III: punktuelles Arbeiten mit Wiederholungen und Korrektur.

Doch können Arbeitsmethoden gelegentlich innerhalb der Phasen verschoben werden, wenn sie den entsprechenden Zielen dienen. Z.B. hat die Sekundübung als Vorübung für ein modernes, dissonanzreiches Werk ihren Platz in Phase I.

Oder: Das genaue Abstimmen von Duolen gegen Triolen durch eine vorbereitende Übungsreihe ist typisch für Phase III. Als Vorbereitungsübung in Phase I dagegen kann sie den Zweck haben, nur ein erstes Gefühl für die 2:3-Beziehung zu entwickeln.

§ 42 zu d) „Technisch" – „musikalisch":

Fast noch folgenreicher als die vorige Überlegung ist die Frage nach dem Verhältnis technischen und musikalischen Arbeitens in der Chorprobe. Verbreitet ist die Ansicht: erst „das Technische", dann „die Musik". Der Begriff des „Technischen" meint den Notentext samt Sauberkeit und Exaktheit, der des „Musikalischen" Dynamik, Agogik, Sprachnuancen, Färbungen usw. Hinter dieser Anschauung steht die gute Absicht, ein ungekonntes Herumpfuschen zu vermeiden.
Daß diese Alternative so nicht stimmt, erweist sich deutlich in der Praxis. Einerseits ist die technische Vorarbeit oft mühsam, ja lähmend, andererseits wird das Ziel, hier also Textsicherheit als Vorbereitung musikalischer Ausarbeitung, doch nicht in befriedigendem Maße erreicht. Die „musikalische Arbeit" selbst schließlich wirkt auf den Chorsänger als Zutat, vielleicht verschönernd, aber austauschbar und im Grunde entbehrlich. Der Ausdruck verbindet sich nicht wirklich mit dem Notentext, die Musik bleibt trocken, die Probenarbeit stockt.
Wenn der Chorleiter dies Ergebnis nicht einfach übersieht und überhört, wird er es resignierend seiner eigenen mangelnden Ausstrahlung oder dem verständnislosen Chorsänger zur Last legen. Dabei liegt auch hier nichts weiter vor als ein probentechnischer Irrtum, der leicht zu beheben ist.
In Wirklichkeit ist der „richtige Ton" nichts „Technisches", selbst wenn man ihn gewissermaßen nur grammatisch, ohne die ganz individuelle Prägung der jeweiligen Stelle versteht.
Alles, was durch Vorstellung, Verständnis und Erlebnis eines Zusammenhanges erfaßt wird, ist „musikalisch".

a) Ein Tonschritt, ein Akkord, ein Akkordschritt, ein Rhythmus werden durch das Vorangegangene ebenso wie durch ihre Zielerwartung bestimmt.

b) Solche Zielerwartungen sind das Material, aus dem sich die Phrase, der Gesamtbogen aufbaut.

c) Der charakteristische Ausdruck, die individuelle Einfärbung einer Wendung stehen immer im Zusammenhang der Phrase, sei es, daß deren Zielerwartung durch sie erfüllt oder durchbrochen wird. „Technisch" ist die gekonnte und verläßliche Ausführung des Verstandenen, der Musik. Technisch erarbeiten läßt sich nur das, was musikalisch schon erfaßt *ist*. Solange der Gegenstand undeutlich bleibt, kann auch die Ausführung nicht perfekt sein.

Technische Arbeit ist nicht eine *Grundlage*, auf der sich Musik aufbauen läßt, sondern ist ein *Reduktionsvorgang:* aus der verstandenen Musik werden die Einzelelemente des Herstellens wieder herausgeschnitten und unter der Lupe bearbeitet.
Technische Arbeit ist in der Abfolge des Übens nicht ein Erstes, sondern ein Zweites. Notentext, Verstehen und Perfektion werden in wechselseitiger Unterstützung parallel entwickelt.
Dabei wird im Prinzip folgende Methode angewandt:

1. Wir stellen einen Vorstellungsrahmen her (s.u.).

2. Der Chor bewegt sich tastend im neuen Raum, bis er ihn verstanden hat.

3. Dem gewonnenen Verständnis kommen wir mit genaueren Ausführungsanweisungen zu Hilfe.
   Dadurch verbessert sich wiederum die Vorstellung.

4. In einem neuen Arbeitsgang wird die verbesserte Vorstellung ihrerseits in der Ausführung profiliert usw.

Das bedeutet nun aber keineswegs, daß das Werk gewissermaßen „ermusiziert" werden soll, wie es zuweilen versucht wird, daß also die strenge, korrigierende, punktuelle Arbeit aus der Chorprobe verschwinden soll. Im Gegenteil! Von solcher Arbeit hängen Präzision und Weiterentwicklung des Chores ab.
Es bedeutet *nur*, daß

a) die Präzisionsarbeit aus der Verständnis- und Ausdrucksarbeit heraus entwickelt und motiviert wird (und nicht umgekehrt die Ausdrucksarbeit auf die Präzisionsarbeit aufmontiert),

b) daß in der Präzisionsarbeit selbst die emotionslose, statische Genauigkeitsübung aus dem schon Erlebten, bewegten Vorgang herausdestilliert und wieder in ihn zurückgeführt wird,

c) schließlich, daß die Genauigkeit selbst, auch in ihrer „kalten" Form, als reizvoll, interessant, schön dargeboten und erlebt wird: ist die faszinierende Wirkung eines ganz einheitlich begonnenen Klangs, eines ganz gleichmäßig ablaufenden Komplementärrhythmus einmal erfahren, so kann der Chorleiter um so unerbittlicher auf seiner perfekten Ausführung bestehen.
   Für solche Arbeit braucht der Chorleiter weder Tricks noch besondere pädagogische Talente. Er muß nur selbst Freude an diesen Vorgängen empfinden und entsprechend interessiert auf den Chorgesang hören.

Die „musikalische Arbeit" umgibt also die technische als stets gegenwärtige Grundvorstellung und als vorausgeahntes Arbeitsziel.
Sie selbst hat etwa folgenden Ablauf:

1. Es wird versucht, das Charakteristische des Werks in einer kurzen Kontaktnahme darzustellen und zu erleben (Phase I).

2. Die einfachen Zusammenhänge und Beziehungen (Phrasen, Bögen, Kontraste) werden erforscht, aber nicht dargestellt (Phase II).

3. Einzelvorgänge werden statisch unter die Lupe genommen, ihre technische Ausführung ausprobiert. Sie werden in zwei Schritten wieder in fließende Musik zurückverwandelt:
   a) sie erhalten Bewegung und allgemeinen Ausdruck (Phase III),
   b) mit dem Einbau in die schon vertrauten Zusammenhänge erhalten sie ihre charakteristische Bewegung, ihre charakteristische Farbe, ihren charakteristischen Ausdruck, der von 1. her erahnt wurde (Phase IV).

Der endgültige Ausdruck wird also in dem Augenblick, in dem die Probenarbeit sich genauer ins Detail versenkt, noch nicht erreicht. Hier liegt die Erfolgsgrenze der Phase III.

II. Phase I (§ 43–48) (siehe auch Tabellen Seite 41–43)

§ 43 Arbeitsziel

Hat ein Chor z.B. viel Bach gesungen, so ist der erste Einstieg in eine neue Kantate problemlos. Der Chorsänger freut sich, im gewohnten Idiom neue Formulierungen kennenzulernen; bei Schwierigkeiten hilft die Erinnerung an ähnliche Wendungen. Man kennt die typischen Akkorde, weiß, wohin eine Harmonie üblicherweise steuert, hat den rhythmischen Pulsschlag des neuen Werkes schon im Gefühl, noch ehe man seine Noten kennt.
Ganz anders, wenn nach einer Serie von Bachkantaten eine Palestrina-Motette vorgelegt wird. Der Chor bewegt sich unsicher, Fehler häufen sich, es entstehen weder Fluß noch Zusammenklang; und das alles, obwohl die Palestrina-Motette in Linie und Klanglichkeit beträchtlich leichter ist als das Bachsche Werk. Aber die innere Logik, auch der besondere Reiz des anderen Stils sind noch verborgen; und so blieben selbst die bloßen Noten schwierig. Erst wenn der Chor gelernt hat, sich in der neuen Umgebung zurechtzufinden, geht die Arbeit wieder flüssiger voran.
Es ist Aufgabe der ersten Probenphase, ein solch blindes Umhertappen zu verhindern. Es gilt, einen Kontakt herzustellen, mit wenigen probentechnischen Handgriffen eine allgemeine Grundvorstellung, einen Erlebnisrahmen zu schaffen, vergleichbar der pauschalen Erinnerung an schon gesungene Werke.

Aber ist nicht gerade das unvorbereitete Vomblattsingen höchst anregend für Können und Lernwillen des Chorsängers?
Dazu wäre zu fragen: Was tut denn ein „guter" Chorsänger beim Vomblattsingen? Er versucht, sich seinem Part entlang mit „richtigen" Intervallsprüngen und ausgezählen Notenlängen durch das Klangchaos um ihn herum bis zum Ende des Stücks vorzukämpfen. Jeder Ton wird ein wenig früher als der des Nachbarn gesungen, um einer Störung oder einer ungebetenen Hilfeleistung zuvorzukommen. Und dies ist nun gerade das Gegenteil dessen, was die Probentechnik erreichen will.
Der Chorsänger soll ja lernen, nicht *Noten* zu singen, sondern *Töne*, die von ihrem Zusammenhang her verstanden sind, nicht eine Quinte herzustellen, sondern eine neue Melodiestufe zu erreichen, in eine neue Harmonie hineinzuspringen. Er soll lernen, die gegenwärtige musikalische Umgebung wahrzunehmen und die zukünftige vorherzuahnen. Er soll lernen, die musikalische Umgebung als *Sicherung* zu verstehen und nicht als zusätzliche *Behin-*

derung. Er soll schließlich den Mitsänger nicht besiegen, sondern im Gegenteil stimmlich in ihm möglichst aufgehen und gerade darin sein sängerisches Vergnügen finden.
„Der sichere Blattsänger" muß lernen, daß sein bravouröser Alleingang nicht eine Leistung, sondern etwas Unchorisches, ja Unmusikalisches ist.

§ 44–46 Methoden

a) Typische Stelle(n)

b) Thematisches Material

c) Vorbereitende Übungen

§ 44 Typische Stelle(n)

Eine ausgewählte Phrase wird mit dem ganzen Chor einstimmig gesungen (gegebenenfalls mehrere Phrasen).
Die Phrase soll
— *musikalisch* für das Werk *kennzeichnend* sein (also unter Umständen zwei bis drei kontrastierende Phrasen);
— eine *vollständige Phrase* sein, nicht nur ein Halbsatz (also mindestens über die erste Pause hinwegführen);
— *ohne Üben* zu bewältigen sein (gegebenenfalls mit Hilfen wie Vorsingen, Mitsingen, Mitspielen, Hineinspielen einzelner Akkorde usw.)
— *interessant* genug sein, um auch in der Einstimmigkeit fesseln zu können.
Tempo, Bewegungsart, allgemeinen Charakter beim Tonangeben andeuten, (s. auch § 34); durch Dirigieren, evtl. durch Mitsingen führen.

Wiederholen; beim zweiten Durchgang angeben, was gemeint ist (nicht vorher); dann noch einmal wiederholen.
Der erste Einstieg wird bei wenig erfahrenen Chören auf allgemeine stilistische Dinge ausgerichtet. Bei schon geübteren kann er gleich auf die individuelle Eigenart des Werkes zielen.
Es ist sinnlos, irgendeine Stelle auszuwählen, nur weil sie *leicht* ist, in der Absicht, „erst einmal in Gang zu kommen". Der Probenfluß muß dann beim Übergang zur nächsten, schwereren Stelle stocken, zudem hat der Probenbeginn in dieser Form sich nachträglich als überflüssiger Vorspann erwiesen.
Dasselbe gilt für den Versuch, den Chor unter allen Umständen erst einmal „zum Klingen zu bringen". Dies kann ein Gesichtspunkt für den Beginn des Probenabends sein (siehe § 36), nicht für den Beginn eines Werkstudiums. Die Phase I ist kein Selbstzweck, sie soll lediglich die weitere Arbeit fruchtbar einleiten.

Diese einfachste und flüssigste Form der Phase I erfaßt Tempo, Bewegungsart, Rhythmik, Melodiecharakter, Ausdrucksart. Sie erfaßt *nicht* die *Klanglichkeit* (Akkordik, Harmoniefolge, besonderer Chorklangcharakter).
Es gibt nun mehrere Möglichkeiten, auch diese Seite zu erfassen:
z.B. eine Folge von zwei oder drei Akkorden auswählen. Sind sie von der Bewegung der Einzelstimmen her leicht ausführbar, sogleich vollstimmig singen, ohne Rhythmus auf Zeichen weitergehen. Dann Akkorde spielen, wieder mit oder ohne Klavierbegleitung singen.

Deutlichere, aber umständlichere Methode (bei schwieriger Akkordfolge oder bei schwieriger Stimmführung):
— Baß von allen gesungen,
— Baß von allen gesungen + Klavier (Generalbaß)
— Baß + Sopran,
— auffüllen mit Alt und Tenor,
— Oberstimmen ohne Baß, ohne Klavier

Nachteil: diese Übung hat keinen rhythmischen Fluß, also auch keinen Probenfluß. Sie darf nur kurze Zeit dauern (drei bis vier Minuten) und muß
— entweder einer linear gesungenen Stelle zugehören,
— oder die ausgewählte Akkordfolge muß im Werk wiederholt auftreten, so daß sich dadurch ein Fluß in der Probenarbeit ergibt.

Lineare und klangliche Einführung können manchmal *verbunden* werden z.B.:

a) generalbaßmäßige, eventuell vereinfachende akkordische Klavierbegleitung zu der gesungenen Phrase;
b) zusätzlich den (vorher von allen gesungenen) Baß mitsingen lassen, dazu Generalbaßakkorde;
c) einfache Imitationen, Kanons usw. sofort ausführen lassen, fehlende Harmonik spielend oder (selbst) singend ergänzen.

„Klanglichkeit" kann erlebt werden von der Akkordik her oder auch aus dem *Zusammenklang zweier* oder *dreier* Stimmen. Je nach polyphoner oder akkordischer Satzstruktur kann sich die eine oder andere Arbeitsweise nahelegen. Bei Josquin etwa führt eine Zweistimmigkeit gut in seine Klangwelt und Harmonik ein; bei Reger ist dagegen die volle Akkordik zum Verständnis erforderlich.

Bei Komponisten wie J.H. Schein oder J.S. Bach: trotz polyphoner Struktur sind Klanglichkeit und Harmonik nur in der vollstimmigen Akkordfolge erlebbar. Daher Generalbaßspiel, häufiges gemeinsames Singen des Basses.

Harmonieerlebnis und Klangerlebnis haben etwas miteinander zu tun, sind aber nicht in jedem Fall identisch.

Harmonie:	die Auswahl bestimmter Zusammenklänge und Klangfolgen;
Klang:	u.a. auch die Verteilung der Stimmen in Klangraum, die Führung der Einzelstimmen gegeneinander, die Art der Textunterlegung usw.

Es muß bei jedem Stück untersucht werden, welche Seite im Vordergrund steht.

Beispiele:	Bach: Harmonik; Brahms: Chorklangcharakter (bei relativ konventioneller Harmonik); Pepping: Harmonik; David: Führung zweier oder dreier Stimmen (Klanglichkeit mit geringem „Akkord"-Eindruck).

Brahms erfordert also in Phase I einen möglichst kurzen Weg in ein vollständiges, klangbetontes Singen, eventuell auf offener Tonsilbe („ja"), ähnlich Eccard oder Palestrina.

Eine generalbaßmäßige Stützung und Füllung des Chorklangs ist bei Brahms hilfreich, bei Eccard und Palestrina dagegen störend; der auf jedem Ton „fallende“ (decrescendierende) Klavierklang widerspricht dem erwarteten dichten, blühenden Klangfluß.
Man beachte: Chorklangerlebnisse werden *nicht automatisch* durch vollstimmiges Singen erreicht. Es ist vielmehr zunächst ein dichter Klangfluß *innerhalb* der Linie selbst herzustellen. Auch bei den zuletzt genannten Beispielen geschieht der allererste Einstieg also einstimmig.

Eine einstimmige Linie kann man außer nach Noten gelegentlich auch *auswendig* einstudieren.

Vorteile:
- die Aufmerksamkeit aller Sänger wird zwangsläufig auf den Dirigenten konzentriert.
- das Ohr wird vor dem Auge angesprochen
- der erste Eindruck ist ganzheitlich (nicht Noten sondern Melodiewendungen)

Methoden: siehe § 33

Nachteile: der Vorgang des Auswendigeinstudierens hat, wo Noten vorhanden sind, etwas Verspieltes. Der Chorsänger fühlt sich unter Umständen genarrt. Mißlingt die Übermittlung des Notentextes, so ist der Chorleiter blamiert. Anwendbar ist die Methode im wesentlichen bei Anfängerchören. Will man vor einem erfahreneren Chor die erwähnten Möglichkeiten nutzen, so läßt man die Stelle aufschlagen und erläutert vor dem Vorsingen seine Absicht (z.B.: „hinter dieser Melodie steckt folgende einfache Linie“, oder „dieser Akkord klingt, als Linie gesungen, so“, oder „der Rhythmus in Takt 19 würde vereinfacht so klingen“).

§ 45 Thematisches Material

Eine zweite Möglichkeit der Phase I ist die Erarbeitung des *motivischen* und des *thematischen* Materials, ebenfalls in ein- bis zweistimmigen, vom ganzen Chor gesungenen Abschnitten.
Anwendbar ist diese Arbeitsweise:
- bei Werken mit abschnittweise stark *wechselnder* Thematik (z.B. Motetten der Schütz-Zeit). Bei dieser Werkgattung lassen sich wirklich „typische“ Stellen ohnehin schwer finden;
- bei Werken mit nur einem oder zwei Themen, z.B. Chorfugen;
- bei c.f.-Bearbeitungen.

§ 45.1 Motettentypus

Bei manchen Motetten ergeben die *aneinandergereihten Motive* eine Art Solokonzert im kleinen, auf engem Raum auch bei weltlichen Chorliedern. Man kann Abschnitt für Abschnitt die einzelnen Themen in der jeweils leichtesten Formulierung singen lassen, möglichst gleich mit irgend einer Ergänzung wie Harmonien, einer Gegenstimme usw.; bei erfahrenen Chören oder bei sehr leichten Werken geht man auf Zuruf von Abschnitt zu Abschnitt.

Um den Probenfluß zu wahren, hält man bei den gesprochenen Anweisungen die genauen Längen von einem oder mehreren Takten ein. Bei sehr *ausgedehnten* Motetten mit sehr reichem Material (Schütz „Geistliche Chormusik") greift man unter Umständen zunächst die schwierigste Stelle heraus und läßt dann erst den Gesamtablauf der Motive folgen. Kurze Hinweise auf den Ort im Aufbau des Werkes („hier beginnt der mittlere der drei Teile", „hier beginnt der Schlußteil") fördern das Bewußtsein, eine Komposition zu erarbeiten und nicht eine Partie.

§ 45.2 Chorfugen

Eine Quelle von Pannen bilden in Chorfugen die Abwandlungen des Themas und der Kontrapunkte. Zuweilen lohnt es sich, in Phase I *alle vorkommenden Abweichungen* von der ersten Gestalt zu singen.

Der Sänger wird nicht nur auf mögliche Fehler hingewiesen, sondern erlebt einen kompositorischen Prozeß.
Beispiel: J.S. Bach „Johannes-Passion", Chor „Lasset uns den nicht zerteilen", dessen satzbeherrschendes Thema bei jedem Einsatz an den verschiedensten Stellen variiert wird.

§ 45.3 c.f.-Bearbeitungen

Der c.f. ist vom *ganzen Chor zu singen*, wenn er
— wenig oder gar nicht bekannt ist oder
— von der bekannten Form abweicht.
(Ein c.f.-Werk setzt voraus, daß Hörern und Sängern der c.f. fest vertraut ist. Es zieht seine Formspannung aus der Erwartung der neuen Zeilen.)
Die Gegenstimmen können

a) aus dem c.f. abgeleitet sein (Beispiel: Sweelinck: Psalmen; Pepping: „Böhmische-Brüder-Motetten". Hier ist der c.f. das „Material".)

b) vom c.f. unabhängig sein (Beispiel: Heinrich Finck: „In Gottes Namen fahren wir"). Auch dann muß der c.f. als Orientierungsstimme allgemein bekannt sein. Zusätzlich werden typische Stellen aus den Gegenstimmen gesungen.

Ein abgewandelter c.f. kann anregend sein zur Einführung in die Eigenart einer Komposition (z.B. Hugo Distler: „Wie schön leuchtet der Morgenstern" aus dem „Jahrkreis").
In anfangenden Kinder- und Schulchören stellt ein unbekannter Kirchenlied- oder Volkslied-c.f. ohnehin eine Wissenslücke dar, die man bei dieser Gelegenheit schleunigst schließen soll.

§ 46 Vorbereitende Übungen

Werke, die den Chorsänger vor *ungewohnte erhebliche Schwierigkeiten* stellen, erfordern vorbereitende Übungen. Beispiele für diese Arbeit finden sich im Kapitel „Schwierigkeiten". (Etwa Sekundklang-Festlegung; neue rhythmische Orientierung; Festigung ungewohnter Intervallsprünge und -folgen usw.).

Für den Ablauf der Probenphase selbst sind zwei Aspekte wichtig:

1. „technische" Übungen sind dann langweilig, wenn sie statt auf ein Singerlebnis auf ein Hörerlebnis zielen. Eine Sekundreibung kann ein hoher Reiz, ein schwieriger Komplementärrhythmus ein Ereignis sein, wenn der Chorleiter selbst sich von dergleichen faszinieren zu lassen vermag.
   Diese Übungen erfordern aber, auch im günstigsten Fall, ein so hohes Maß an Aufmerksamkeit, daß sie nur begrenzt eingesetzt werden können. Deshalb wird man nicht mehr als höchstens ein bis zwei grundlegende Probleme des Werks herausgreifen und an ihnen nur bis zum Verständnis, nicht unbedingt bis zur Bewältigung arbeiten.
2. Es ist aber nicht möglich, z.B. ein modernes Werk nur von den Schwierigkeiten her anzugehen. Der Chorsänger tritt einem ihm unbekannten modernen Werk zunächst skeptisch gegenüber. Eine Schwierigkeit allein besitzt für ihn nicht die Attraktivität wie vielleicht für einen Instrumentalvirtuosen. Selbst wenn es gelingt, dem Chor sportlichen Ehrgeiz zu suggerieren, wird dieser schnell vergehen.
   Die ersten Schritte in ein solch schwieriges Werk hinein sind für den Chorsänger Schritte in ein Chaos. Eine noch so fehlerhaft gesungene Bachpartitur kann er sich zurecht hören, nicht aber das neue Werk, wo sich ihm zunächst noch nicht einmal sichere Anhaltspunkte für „richtig" und „falsch", geschweige denn Ahnungen vom musikalischen Reiz des Kommenden bieten. Deshalb muß vor oder neben den einleitenden Übungen das Ersingen von Teilstücken stehen, die für den Sänger unmittelbar reizvoll sind. Bei Komponisten wie Distler, David u.ä. ist oft die isolierte Einzellinie mit Text auch für den Neuling sofort überzeugend (gelegentlich kann man im ersten Anlauf ganze Sätze einstimmig durchsingen, unter Umständen auch mit Wechsel der Stimmen).
   Ist ein Kontakt hergestellt, so wird sofort eine erste Einbettung der Linie vorgenommen. Je nach dem Stil kann man entweder in Akkorde hineinsingen, die dann auf dem Klavier gespielt werden könnten (z.B. Debussy), oder eine Gegenstimme einführen, immer aber langsam, mit großer Aufmerksamkeit und ohne dem Schwung der Linie Raum zu geben. Nichts wäre falscher, als alle Stimmen, da sie ja nun einmal so plastisch sind, so lange einzeln zu proben, bis sie „sitzen", und dann gemeinsam bzw. gleichzeitig singen zu lassen. Der Chorsänger muß, sobald er es nur bewältigen kann, die besondere Farbe und den individuellen Reiz in Kontrapunktik und Klanglichkeit des neuen Werkes erleben lernen. Manche Werke von David oder auch von Hindemith lassen sich in zweistimmigen Kombinationen mit Gewinn singen, andere akkordbetontere Werke vielleicht ein- bis zweistimmig mit Generalbaß, vielleicht auch im Wechsel beider Methoden. Unter allen Umständen muß, bevor das eigentliche Studium in Phase II beginnt, die volle Klanglichkeit neben das rein Lineare getreten sein.
   Bei sehr routinierten Chören sieht der erste Einstieg meist anders aus. Solche Chöre haben eine Musiziergewohnheit angenommen, eine allgemeine Art, „musikalisch zu singen", auch wenn das Werk noch ganz neu ist. Diese Musiziergewohnheit ist höchst nützlich. Der Chorleiter hat sie dadurch erreicht, daß er nie völlig ungeformt singen ließ, also auch beim Arbeiten an schwierigen Stellen den „Übungs"-Klang genau festlegte. Die Musiziergewohnheit erleichtert besonders die Phasen I und II, nicht immer auch die übrigen, vor allem nicht die spätere Profilierungsarbeit.
   Die Aufgabe der Phase I für routinierte Chöre, die der umständlichen Hinführung zum neuen Werk vielleicht weniger bedürfen als der Anfängerchor, liegt in einer sehr genauen Profilierung des besonderen Charakters, vielleicht im bewußten Kontrast zum vorher Gesungenen. Sie hält die musikalische Aktivität des Chors wach und verhindert selbstgefälliges Absinken in feststehende Ausdrucksgewohnheiten.

§ 47 Übergang zu Phase II

Die Phase II sollte immer mit einem Abschnitt beginnen, der in Phase I gesungen wurde.

§ 48 Dauer der Phase I

Im Normalfall nicht mehr als 5 Minuten, im Fall erheblicher neuartiger Schwierigkeiten bis zu einer halben Stunde. Am selben Probenabend dann nicht mehr sehr lange in Phase II fortsetzen. Sowie es „läuft", das Werk wechseln.
Beispiel für Phase I: siehe „Modell einer Einstudierung" (Kapitel 6, II, § 172).

III. Phase II (§ 49–62) (siehe auch Tabellen Seite 41–43)

War Phase I nur das Spiel mit einigen Takten, so geht es in Phase II nun um eine erste Erarbeitung des Gesamtwerkes

im größtmöglichen Tempo (Probenfluß) und im geringstmöglichen Perfektionsgrad.

§ 49 Arbeitsziel

Das Arbeitsziel ist noch nicht die Bewältigung des Werkes, sondern zunächst die *Grundlegung* für die spätere Perfektionierung (Phase III) und Profilierung (Phase III und IV).

§ 50 Erfolgsgrenze

Allgemein: Verzicht auf Perfektion

— im rhythmischen und harmonischen Zusammensingen
— in der Wiederholungssicherheit
— im Treffen der Charaktere
— in der Abstufung der dynamischen Verhältnisse

Im einzelnen:

Mißverständnisse werden ausgeräumt
Undeutlichkeiten werden belassen, aber durch Anmerkung gekennzeichnet.

Ein „Mißverständnis" ist z.B. eine klare Quinte statt einer Quarte, Dur statt Moll o.ä., also eine unter Umständen sogar denkbare Variante.
Zu den „Unklarheiten" kann man auch die Irrtümer einzelner Chorsänger gegenüber der richtig singenden Gruppe rechnen (Blick oder Wink!).

Manche Chorleiter fürchten, daß unverbessert gebliebene Schwächen sich einschleifen und im Augenblick der Aufführung wieder auftreten. Diese Erfahrung stammt vor allem aus dem instrumentalen Üben. Auf vielen Instrumenten gibt es keine „Unklarheiten", sondern nur „richtige" oder „falsche" Griffe. Die falschen fallen stärker auf und prägen sich daher ungewollt ein.
Eben aus diesem Grund ist ein eindeutig falscher Schritt sofort zu beseitigen.

Undeutliches, Ungenaues dagegen würde sich nur bei langdauerndem Üben ohne Korrektur festsetzen können (also nicht in Phase II; viele Wiederholungen, und zwar mit Korrekturen erst in Phase III!). Nun versuchen wieder andere Chorleiter, gerade mit der Methode des Laufenlassens Erfolge zu erzielen. Sie hoffen, daß ,,die Sache allmählich von selbst besser wird". das geschieht in der Tat: die Irrtümer einzelner Chorsänger verschwinden allmählich. Weiter führt der Weg dann allerdings nicht mehr. Das trainingsartige Wiederholen des Anfänglichen führt nicht automatisch zur Perfektion, sondern zur Festlegung des Halben.
Wird an die Stelle des Wiederholungstrainings eine aufbauende Arbeit gesetzt, bei der fast jede Wiederholung mit einem neuen, veränderten Verständnisimpuls verbunden ist, so ist die anfängliche Undeutlichkeit nicht mehr ein Problem, sondern ein notwendiges und sogar fruchtbares Stadium.

§ 51 Anteil an musikalischer Gestaltung

a) In Phase II kann alles eingebracht werden, was ohne ausführliche Hinweise und Übungen ausführbar ist:

Bewegungsart (Dirigieren, Andeuten beim Tonangeben)
dynamische Verhältnisse im Groben (f, p)
dynamische Vorgänge im Groben (crescendo, decrescendo),

wodurch Verständnis für den Phrasenverlauf geweckt werden soll.

b) Durch überlegte Folge der geübten Stellen wird der *Aufbau verdeutlicht* (Abschnitte, Beziehungen, Kontraste, Varianten, Wiederholungen usw.)
entweder: durch Nebeneinanderüben verschiedener Stellen
oder: durch Hinweis beim Eintritt in einen wiederholten, variierenden oder kontrastierenden Abschnitt.

c) An technischen und gestalterischen *Einzelheiten* kann alles verwendet werden, was dem Chor aus anderen Werken *vertraut* ist.

§ 52—58 Methoden

Typisch für die zweite Probenphase ist eine *sehr flüssige Arbeit* durch:
geschickte Wahl der Übungseinheiten
Vorbereitung und Führung der Übungseinheiten
geschicktes Zusammenfügen der Übungseinheiten
überlegtes Verhalten des Chorleiters.
Die Arbeit in der Phase II *folgt der Satzstruktur:*
polyphone Struktur: — stimmenweise zusammensetzen
akkordische Struktur: — vollklanglich, gegebenenfalls durch Klavier auffüllen

(Die Arbeit in der Phase III kann auch *gegen* die Satzstruktur erfolgen.)

§ 52 Probenfluß

Nach der Phase I mit ihren „kleinen“ und vor der Phase III mit ihren punktuellen Vorgängen ist eine Phase weiträumigen Arbeitens schon psychologisch als Kontrast erforderlich.
Nur sehr flüssige Arbeit erfüllt den Nebenzweck, dem Chorsänger ein Bild von Aufbau und Verlauf des Werkes im großen einzuprägen. Um des Probenflusses willen darf möglichst keine Stockung durch Mißlingen eintreten.
Das bedeutet für die Vorbereitung der Probe: es muß jede, auch die kleinste *Fehlerquelle* vom Chorleiter *vorher* aufgespürt werden, ganz gleich, ob er mit einem Anfängerchor oder mit einem Ensemble arbeitet.

Wo der Anfänger stolpert, erlebt der Erfahrene leichte Unsicherheiten, Überraschungen o.ä., die, wenn auch mit geringem Aufwand, genauso aufgefangen sein wollen wie das Versagen des Anfängers. Insbesondere sind die, für den Nichtchorleiter aus dem Notentext gar nicht ersichtlichen Fehlerquellen der Schwierigkeiten II. Ordnung (s. 84–88) sorgfältig auszuschalten. Sie sind es, die, scheinbar grundlos, den Ablauf der Phase II empfindlich aufhalten können.

§ 53 Die Übungseinheit

Regel: Jede Übungseinheit muß für den Chor *sofort ausführbar sein.* Dazu muß sie vorbereitet und unterstützt werden.
Vor einer Schwierigkeit I. Ordnung endet sie (d.h. vor einer Schwierigkeit, die nicht mit einfacher Hilfestellung, sondern nur mit besonderen Übungen zu bewältigen ist).

„*Vorbereiten*“

a) jede Übungseinheit muß in einem klaren *tonalen* und *metrischen* Raum stehen.
   Praktisch: immer volle Harmonieangabe statt Tonangabe (singen oder spielen); Tempo und Zählzeit durch Zeichengebung oder Vorzählen andeuten (siehe auch § 24),

b) Schwierigkeiten II. Ordnung vorher ausräumen, z.B. metrische Leseschwierigkeiten durch vorausnehmendes Vormachen des Rhythmus erleichtern;
   vor dem Umblättern Blick auf die neue Seite;
   vor Subdominanten Hinweis geben; eventuell anhalten, eventuell vorher vorsingen usw.

c) Jede Übungseinheit wird in den Zusammenhang des Stücks gestellt durch *Stichnoten:* die dem Einsatz vorangehenden Töne immer singen lassen, eventuell selbst singen (spielen)
   und Anschluß: am Ende jeder Übungseinheit die ersten Töne der folgenden Phrase mitsingen lassen.

d) Kleinere Einzelschwierigkeiten, die im Verlauf der Übungseinheit erscheinen, durch unaufdringliches Vormachen erleichtern.

„*Unterstützen*“:
Handzeichen; laut dazwischenzählen bei plötzlicher Rhythmusschwierigkeit; einzelne Töne mitsingen; an Stellen einfacher Modulation neue Harmonie hin-

einspielen; kurzes Anhalten vor Stellen, die besondere Aufmerksamkeit erfordern.

Dirigierzeichen werden beim ersten Singen nicht immer wahrgenommen. Möglich ist z.B.: bei plötzlich auftretenden langen Noten für die Länge des Tons mit der Hand stehenbleiben,

oder: bei plötzlich auftretenden kleinen Werten unterteilen in kurzen, sehr senkrecht geführten Schlägen (sie sind auch mit halbem Auge „wahrnehmbar") (siehe „Rhythmus linear", „Synkopen", § 163).

Weiteres zur Übungseinheit:

Länge:

Ein musikalisch sinnvoller Zusammenhang, möglichst *nicht* ein Motiv, ein Thema, eine Halbphrase; nicht zwei Phrasen.

Besteht die Übungseinheit nur aus dem Teil einer Phrase (z.B. wegen einer Schwierigkeit I. Ordnung in ihrer Mitte), so wird der Rest oder der Beginn vom Chorleiter selbst angedeutet.

Mittleres Schrittempo:

Stellen mit großen Werten beschleunigen,
Stellen mit kleineren Werten verlangsamen.
(Das „richtige" Tempo vorher, eventuell in Phase I, andeuten.)

Auswahl:

Zu Beginn möglichst nicht

- Klangflächen mit wenig Rhythmus,
- sehr kleingliedrige Folgen,
- Stellen mit vielen Pausen,
- stimmtechnisch exponierte Lagen.

Am besten:
länger fließende Abschnitte mit klarer, nicht zu kurzer Motivik oder Thematik.

Text oder Tonsilbe

Siehe § 28 .

§ 54 Zusammensetzen der Übungseinheiten

„Mosaik-Technik":
Angliedern von Neuem an schon Bekanntes

§ 54.1 Polyphone Struktur

Stimmen zusammensetzen
Grundprinzip:

1. Alle singen die Sopranstimme Takt 1—6
2. S + A (dabei Hilfestellung für den Alt)
3. A + T (dabei Hilfestellung für den Tenor)
4. T + B (dabei Hilfestellung für den Baß)
5. S + B (+ T)

usw.

Die wirkliche Reihenfolge richtet sich selbstverständlich nach den individuellen Gegebenheiten des Werkes.
Keine Stimme soll länger als zwei oder drei Durchgänge untätig bleiben.
Unter Umständen eine Stimme von einer anderen Chorstimme mitsingen lassen, jedoch nie ohne erkennbaren Zweck, wie z.B.
„Stichnoten", Hauptmelodie, Harmonie-Fundament (meist Unterstimme); aber auch: Komplementärrhythmen, stark dissonierende oder tonal fremde Parallelstimmen.
Regel: *der Chorsänger hört nur, was er einmal gesungen hat.*

Also *nicht*: zuerst Sopran allein, dann Alt, dann Tenor, dann Baß, schließlich alle zusammen.
Diese verbreitete Methode ist nichts anderes als ein Ausdruck probentechnischer Hilflosigkeit.
In der Chorarbeit geht es immer darum, das Nahziel „Erarbeiten eines Werkes" mit demFernziel „Aufbau und Erziehung des Chores" zu verbinden. Jeder Schritt auf das Werk zu sollte gleichzeitig ein Gewinn für den Sänger und seine Fähigkeiten sein.
In diesem Sinne ist die Methode „S, A, T, B, alle" nicht nur nutzlos, sondern geradezu schädlich. Sie bleibt für die Chorerziehung nicht nur unergiebig, sondern sie behindert sie, wirkt ihr entgegen, baut sie ab.
Alle Chorerziehung zielt auf ein immer bewußteres Zusammensingen ab. Während es beim Orchesterspiel nur noch um ein musikalisches Einswerden geht, beginnt für den Chor die Gemeinschaftsaktion schon beim Finden der Töne.
Der Chorsänger soll lernen, im Klang der anderen Stimmen nicht Störung, sondern Stütze zu finden.
Er singt ja weithin nach Vermutung (auch der „Blattsänger" singt so, und zwar gerade der routinierte!), er sucht die jeweils wahrscheinlichste Folge. Am wahrscheinlichsten ist diejenige, die zur anderen Stimme, das heißt zur laufenden Harmoniebewegung *paßt*. Falsch soll für ihn nicht ein Terzsprung statt einer Quinte sein, sondern ein Schritt, der mit dem umgebenden Klang kollidiert.
Erst auf diesem Wege wird es später möglich, auch „Dissonanzen" und dissonante Kontrapunktik verstehend wiederzugeben und dabei die Sekundklänge nicht mehr als „Nicht-klingen", sondern als ganzheitlich erfaßten, reizvollen Klang genußvoll zu erleben (siehe § 109,6, auch § 94).
Auch (und gerade) der Rhythmus soll allmählich als ein mehrschichtiges, also eigentlich mehrstimmiges Ereignis, als ein Ineinandergreifen von verschiedenen Notenwerten verstanden werden (siehe § 137), nicht mehr als einstimmige Folge wechselnder Längen.

Daher ist es so wichtig, gerade im Frühstadium der Einstudierung, in Phase II, ebenso wie im Frühstadium der Chorerziehungsarbeit den Chorsänger vorwiegend im Verband, sei es auch nur im geringstimmigen, singen zu lassen. Zwar findet die eigentliche Gehörschulung vor allem in der Phase III statt (siehe unten), doch werden in der Phase II die Weichen gestellt, die das Spätere möglich machen oder auch verhindern können.

Gerade während der ersten tastenden Schritte formt sich unbewußt der Denkakt „Wie finde ich meinen Tonschritt?" Statt blind ins Leere zu gehen, soll jeder Schritt ein Bewußtsein von (spannender) Ausgangs- und Zielharmonie enthalten, ebenso wie ein Gefühl für das schwingende Ineinander von Ganzen, Halben, Vierteln, Achteln.
(Einstimmig gesungene Mittelstimmen ergeben nicht immer ein eindeutiges Harmoniebild. Ob etwa „g — a" ein Schritt von der 1. zur 2. Stufe oder z.B. einer von der 2. zur 3. ist, wird vom Sänger zuweilen nicht sofort erkannt. Entsprechend unterschiedlich wird seine Folgeerwartung sein, mit ihr auch seine Fähigkeit, den Folgeton richtig zu orten.)

Es ist ein verhängnisvoller Irrtum zu glauben, der Chorsänger „höre" um so eher auf die anderen Stimmen, je besser er die eigene beherrsche. Das Gegenteil ist der Fall. Hat er erst einmal damit begonnen, sich wie ein Einzelkämpfer im Dschungel des Chorklangs unbeirrt durchzusetzen, so wird er dabei bleiben und es wird schwerfallen, ihn für ein echtes, kammermusikalisches Ensemblemusizieren zu gewinnen. Weder wird er sich auf ein gemeinsames Handeln mit Ein- und Unterordnung einstellen können, noch wird er die Gegenstimmen überhaupt ernst beachten, da es doch ohne sie so gut ging.
Derart erzogene Chöre klingen auch nach längerer Probenarbeit immer noch unsauber, unbalanciert, ruppig und trocken im Zusammenklang, die Musik kommt nicht zu freiem Fluß und organischer Spannung.

Weiter:
In Chorproben mit sehr viel Einzelstimmen sitzt der überwiegende Teil der Sänger oft lange Zeit (bei Wiederholungen 6—10 Durchgänge!) tatenlos herum. Das belastet die Gesamtatmosphäre der Probe (Langeweile; der ermüdete Sänger braucht Beschäftigung), ist Anlaß zu Abschweifungen und Störungen („Schwatzen") und erzeugt insgesamt eine lässige Haltung, die nur für den gelegentlichen Einzelauftritt aufgegeben wird.
Es leiden vor allem die Frühphasen von Einstudierungen. Die Freude an Neuem und die Bereitschaft zu Neuartigem werden empfindlich gedämpft.
Der Verzicht des Chorleiters auf Initiative und eindeutige Führung gegenüber der *Gesamtgruppe* wirkt sich besonders vor einem fremden Chor nachteilig aus, etwa bei einem Probedirigieren mit starker zeitlicher Beschränkung.

Vielleicht fragt sich an dieser Stelle der Leiter eines noch sehr wenig ausgebildeten Chores: Wie sollen *meine* Sänger bei dieser Methode denn jemals ihre Töne finden?
Darauf ist zweierlei zu antworten:

1. *Eingeschobenes* einstimmiges Singen im Zusammenhang der kombinierten Übungen ist unproblematisch. Zumal im Anfängerchor geben solche Unterbrechungen dem Sänger mehr Sicherheit, auch mehr Möglichkeit zur Selbstkontrolle. Wichtig ist nur, daß harmonischer wie rhythmisch - polyphoner Hintergrund andeutungsweise im Bewußtsein bleiben, sei es durch begleitende Klavierakkorde, sei es auch nur in der Erinnerung.

2. Vor allem kommt es aber auf die Auswahl günstiger *Übungseinheiten* an. „Ein zu schwieriges Stück", „eine zu schwere Stelle", „ein zu schlechter Chor" heißt in Wirklichkeit oft nur: zu schwere (zu komplizierte), schlecht vorbereitete, schlecht geführte Übungseinheiten.

Irritiert wird der Anfänger im Chor durch Unklarheiten und durch Wechsel.
Mangels Hörerziehung vermag er die erforderlichen (ergänzenden) Vorstellungsschritte nicht selbständig zu vollziehen, ja, er ahnt nicht einmal, daß es gar nicht „von selbst gehen" *kann,* sondern daß hier musikalische Gedankengänge erforderlich sind. Unsicherheiten sind keineswegs immer ein Zeichen von Unmusikalität. Was man nicht versteht, kann man nicht singen, und der Sänger, der hier stutzt oder stolpert, statt blind Intervallschritte zu probieren, ist eigentlich schon auf dem richtigen Wege.
Unklar ist entweder die *metrische* Zuordnung (Auftakt? Volltakt? Verhältnis der Halben — Viertel — Achtel? etc.), oder aber, vor allem, die *tonale* (in welchem Dreiklangsfeld bewege ich mich? Bin ich auf dem Grundton , der Terz, der zweiten, sechsten Stufe?).
Entsprechend sorgfältig ist jede Übungseinheit vorzubereiten (siehe § 22—24). Niemals sollte man, vor allem nicht bei Anfängern, aus dem Nichts ins Nichts hinein singen lassen.

Besonders problematisch ist für den Anfänger jede Art von melodisch-harmonischem oder rhythmischem Wechsel:

Deklamation in Achteln nach Vierteln oder Halben, Schritte, Sprünge, vor allem ein Wechsel der Harmonie, oft schon einer des „Feldes" (siehe § 106.3).
Schon bei der Auswahl der Übungseinheit muß der Chorleiter diese Stellen erkennen, sie entweder vorbereiten (vormachen mit Harmonie, zählen mit Händeklatschen usw. ggf. vereinfachte Fassung) oder mindestens vor der betreffenden Stelle anhalten, langsam weiter („Lupe") oder Ähnliches.
(Die Gesichtspunkte der Übungseinheiten für das „Auswendig einstudieren" können im Anfängerchor auch in der normalen Probe mit Noten angewandt werden: *ein* Richtungswechsel, *kein* Harmoniewechsel, nur zwei benachbarte Notenwerte.)

Solche Maßnahmen, die im Probengang ganz leicht und unauffällig wirken, erfordern allerdings eine intensive Vorbereitung des Chorleiters, und hieran dürfte vieles scheitern. Leider stehen vor einem „Anfängerchor" oft auch Anfänger in der Probentechnik. Vielen fehlt das notwendige Wissen und Können. Den wenigsten unter ihnen ist klar, daß nicht etwa der avancierte, sondern gerade der Anfängerchor eine virtuose Technik in Vorbereitung und Durchführung der Probe fordert, ja völlig von ihr abhängig ist.

Wirklich fruchtbar für die Ensemblebildung kann die „Mosaiktechnik" allerdings nur dann werden, wenn der Chor zum mindesten über ein Minimum an einheitlicher Tongebung und sauberer Intonation verfügt. Zu wünschen wäre: ein druckfreier Ansatz (kein von unten heraufheulender Tonbeginn), ein druckfreier Tonverlauf (keine Schwankungen in Tonhöhe und Lautstärke), freies Aussingen der Töne (kein Loslassen des Klanges am Tonende bzw. am Tonübergang), präziser, aber leichter, „öffnender" Anlaut, sei es Konsonant (nicht stauend schließen), sei es Vokal (gleich in der richtigen Vokalfarbe einsetzen, ohne Druck oder Hauch). Die Stimmführung braucht dazu wenigstens ein Vorgefühl von „Vordersitz" (Silben „wa", „wo", „se", „si"), „Maske" usw. (siehe dazu die Paragraphen 77.8, 77.9, 77.10, 77.14).

Gleichmäßigkeit innerhalb der Chorstimme wird über möglichst hohe Gleich*zeitig*keit angestrebt (leichter als die Vorstellung „genau zusammen singen" ist die andere „im Singen gut zusammen sprechen"), in zweiter Linie durch Ausgleich der Lautstärken (nicht lauter als der Nachbar), in dritter auch durch Übereinstimmung der Sprachklangfarbe (Vokalfärbung, Konsonantenschärfe).
Für die Intonation wird in erster Linie wichtig: „nicht wackeln" (keine unkontrollierten Lautstärke- und Tonhöhenschwankungen; nur eindeutige Töne lassen sich bearbeiten!), in zweiter Linie „größere" bzw. „kleinere Schritte".
Anweisungen wie „höher" oder „tiefer" sind erst in der Arbeit mit einem schon geschulten Chor angebracht.
Solange nun ein Chor noch keine geschlossenen, fließenden Klanglinien produziert, so lange entstehen auch im mehrstimmigen Singen noch keine Zusammenklänge, die der Sänger erleben und von denen sein Ohr sich leiten lassen könnte.

Beim Singen im „Verband" kann nun durch unterschiedliche Gruppierung der Stimmen Unterschiedliches erreicht werden: in Gruppen wie Sopran/Alt oder Tenor/Baß etwa Intervallreinheit, dynamische Balance mit Oberstimmenführung, Klarheit bei Stimmenkreuzung und ähnliches; in gemischten wieder anderes (z.B. Sopran/Baß Gesamtstabilität der Intonation, Sopran/Tenor Übereinstimmung der Spitzentöne, Alt/Tenor Balance der gleichen Töne in den verschiedenen Stimmlagen und Resonanzbereichen usw.).

Als *zweiter* Schritt (also dann, wenn der Sänger den Klang der Gegenstimmen, das heißt den laufenden Harmonieklang in jedem Fall in Gedanken automatisch ergänzt) behält das Arbeiten mit der Einzelstimme seine unersetzbare Bedeutung: klangliche und rhythmische Einheitlichkeit in der Stimmgruppe, Ausgleich der unterschiedlichen Stimmkraft (oder auch

nur Aktivität) der Sänger, Erfassen und Beseitigen von Unsicherheiten nicht der ganzen Gruppe, sondern nur einzelner Sänger (sie entziehen sich im Verband leicht der Kontrolle durch unbemerkte Zurückhaltung), dazu stimmbildnerische Arbeit an langspezifischen Problemen (Höhe, Tiefe, Sprünge usw.).
Übungen mit einzelnen Stimmgruppen gehören also überwiegend in die Phase III (nicht: frühes Stadium = geringstimmig, spätes = vollstimmig!). Je weiter die Hörerziehung in einem Chor fortgeschritten ist, um so gefahrloser und fruchtbarer kann mit der Einzelstimme gearbeitet werden bis hin zur Einzelstimmenprobe (siehe § 32).

§ 54.2 Akkordische Struktur

Erster Schritt: Alle: Melodiestimme + Generalbaß am Klavier, oder
alle: Baßstimme + Generalbaß am Klavier, oder
Frauenstimmen Melodiestimme / Männerstimmen Baß } zusammen, dazu Generalbaß am Klavier

Vom zweiten oder dritten Schritt an (wie vorher) den Generalbaß aufgeben. In jedem Fall irgendwann einmal die Baßstimme von allen singen lassen; irgendwann einmal alle Stimmen ohne Baß (s. auch § 127).

Für *Anfänger* wird auch der einfachste *Akkordsatz* wie ein ***polyphones*** Stück behandelt. Der routinierte Chor dagegen kann in akkordische Stellen oft sogleich mehrstimmig hineinsingen, unter Umständen mit gelegentlicher Stützung, um einen verwischten Eindruck zu verhindern.
Sonderfälle — polyphone Struktur mit starker harmonischer Bewegung (Bach, David) — :
Wie bei „polyphoner Struktur", aber: Einzelstimmen mehrfach allein, dann mit Generalbaß. In besonders komplizierten Fällen:
— zunächst vereinfachende Harmonisierung, die nur der Linie entnommen wird („Felder" s. § 106.3).
— dann erst den wirklichen Generalbaß (s. auch § 133).

Homophone Stellen mit schwieriger Innenstimmenführung:

J.S. Bach, Motette „Singet dem Herrn" T. 59 ff, Israel freue sich"; oder
S. Strohbach, „Jesus heilt einen Gelähmten" (und ähnliche Stücke) z.B.
1. Alle singen die Unterstimme + Generalbaß
(1 a. Alle singen die Oberstimme + Generalbaß)
2. „Rahmen": Sopran und Alt singen die Sopranstimme (ggf. oktaviert)
Tenor und Baß singen die Baßstimme (ggf. oktaviert)
und / oder
Sopran und Tenor singen die Sopranstimme
Alt und Baß singen die Baßstimme
3. Mittelstimmen einzeln oder zusammen (mit eigenem Generalbaß)
4. Sopran und Alt, Tenor und Baß kombinieren, Sopran und Tenor, Alt und Baß
5. dreistimmige Kombination; dann vierstimmig.

Immer in „verklammernder" Arbeitsweise, auf keinen Fall:
1. Außenstimmen
2. Innenstimmen
3. zusammen.

Diese scheinbar so naheliegende Methode verhindert die endgültige Integration einer solchen Stelle.

§ 55 Zusammensetzen der Abschnitte

Sind in einem Übungsabschnitt die Übungseinheiten bis fast zur Vollstimmigkeit aufgebaut, so wäre es ungeschickt, ihn fertigzustellen und dann den nächsten Abschnitt gleichsam wieder „bei Null“ anzufangen. Der Probenfluß erleidet dadurch eine überflüssige Unterbrechung. Überlegte Anschlüsse und Übergänge von einem Abschnitt zum folgenden können das Gefühl für den Werkaufbau stärken, ohne daß ein Wort darüber verloren würde. Folgendes Prinzip wird vorgeschlagen *(zweiter Fall der „Mosaik-Technik“):*
z.B.

1. a (polyphon) b (homophon)

a bis zu dreistimmigen Kombinationen aufbauen; beim letzten Durchgang ohne Unterbrechung (Zuruf oder vorherige Ansage) alle Stimmen Baß weitersingen lassen, dazu Generalbaß spielen; Sopran, Alt und Tenor nachziehen, dann von a bis Ende b vierstimmig.
(Andere Möglichkeit: anstelle des Basses den Sopran fortsetzen lassen und die Stimmen Baß, Alt und Tenor nachziehen)
Wenn b sehr leicht ist, a bis zur Vierstimmigkeit aufbauen und dann ohne Ansage oder Zwischenruf in b hineinrollen, eventuell mit Unterstützung durch Singen oder Spielen.

2. a b

b bis zur Dreistimmigkeit, a wie oben, dann a bis b vierstimmig.

3. a b c d

(a ist gleich c, b ähnlich wie d, d schwieriger als b)
b bis zu zwei- und dreistimmigen Kombinationen (einschließlich Anschlußakkord) zusammensetzen,
c alle den Baß + Generalbaß;
d Baß; weiter aufbauen; Einsätze der Einzelstimmen + Schlußakkord von c; bis zu zwei dreistimmigen Kombinationen;
a von der Mitte bis zum letzten Stimmeneinsatz in b;
a bis d vierstimmig.

Grundsatz bei der Verbindung von Übungseinheiten oder Abschnitten: möglichst Schwieriges in Leichteres hineinführen — Unbekanntes in Bekanntes,

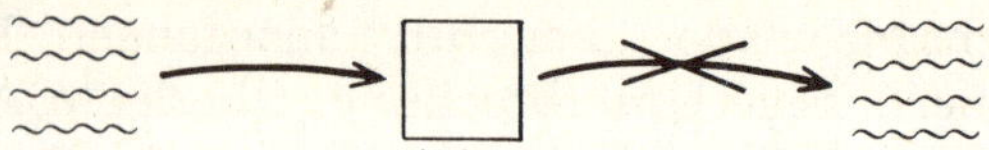

nie umgekehrt.

Das erfordert gelegentlich ein *Arbeiten von rückwärts*.
Beispiel: J.H. Schein, „Dennoch bleibe ich“, Teil 3.
Die Abschnitte selbst sind leicht, die Übergänge schwieriger.
Hat man die kommende Tonart schon im Ohr, so werden die Übergänge leichter.
Probenverlauf: 3. Teil; 2. Teil bis 3. Teil, Takt 1-2; 1. Teil bis 2. Teil, Takt 1—2; das Ganze.

(Ähnlich im Kleinen bei schwierigen Akkordfolgen: zunächst Zielakkord, dann zurück zum vorigen, wieder vorwärts, neue Akkorde davor angliedern).

Bei einer Folge: leichter Abschnitt — schwerer Abschnitt oder: bekannter Abschnitt — unbekannter Abschnitt: bis zum ersten Ton des neuen Akkords, bzw. Abschnitts, eventuell (bei Takt- oder Tempowechsel) bis zur ersten vollständigen Rhythmusgruppe.

§ 56 Reihenfolge der Abschnitte

nach Gesichtspunkten von *musikalischen* Entsprechungen oder Kontrasten (thematischer, motivischer, textlicher und anderer Beziehungen).
Durch knappe Hinweise beim Angeben der Stelle Interesse für musikalischen Aufbau und Verlauf wecken, dadurch die Musizierspannung erhöhen.
Ansage z.B.: „Sopran Takt 37. Dieser Abschnitt ist übrigens ähnlich wie der, den wir eben gesungen haben.“ Später: „Tenor Takt 23. Jetzt kommt ein Zwischenabschnitt, viel ruhiger als die beiden umrahmenden Abschnitte, die wir schon gesungen haben.“
Durch solche Bemerkungen entsteht kein Zeitverlust, der Chorsänger muß die Stelle ohnehin erst suchen. Er wird nicht jedes Wort behalten, sondern manches nur dunkel wahrnehmen: „ähnlich“, „Zwischenteil“ usw., und dies ist auch ausreichend.
Nach der Zwischenbemerkung muß die Ansage meist wiederholt werden.

§ 57—58 Spezialprobleme

§ 57 Das sehr schwierige Werk

In der Phase II auf *Vollstimmigkeit verzichten*, in geringstimmigen Kombinationen möglichst den gesamten Text studieren.
In der Phase III dann gleichzeitig mit dem weiteren Zusammensetzen genaues Arbeiten mit Vorübungen und Spezialhilfen.

§ 58 Das sehr lange Werk

(vor allem: das sehr lange Werk mit nur wenig Kontrast, wie z.B. alte Messen, aber auch sehr lange Oratorien, deren Stoffülle trotz vieler Gegensätze nicht mehr überschaubar bleibt):

Ein Problem sind solche Werke vor allem für das Gedächtnis. Nimmt man zuviel Stoff auf einmal in Angriff, so singt der Chor oft wochenlang „vom Blatt" ohne ein Zeichen des Wiedererkennens. In solchen Fällen probt man besser *nicht das Gesamtwerk auf einmal*, sondern als ersten Abschnitt etwa Kyrie und Gloria, bis in Phase III hinein, dann die verbleibenden Teile in einem oder auch in mehreren getrennten Arbeitsgängen. Die früheren Arbeitsabschnitte ruhen dann oft wochenlang. Ihre Wiederaufnahme ist ein belebendes Ereignis.

§ 59 Das Verhalten des Chorleiters (siehe auch § 20, § 34)

Das Probentempo (Probenfluß) wird nicht erreicht durch schnelle Handlungen (schnelles Reden, eilige Einsätze usw.). Der Probenfluß hängt auch nicht ab von der Geschwindigkeit des Probenablaufs, er hängt lediglich von der *Art der Anschlüsse* ab. Neben der Kenntnis aller Schwierigkeiten und einem Probenplan kommt es in der Einzeldurchführung auf folgendes an:

— Ansage: immer zum Folgenden. Kommentar zum Gesungenen nur, wenn eine besondere Hürde genommen wurde, sonst grundsätzlich nicht. Keinesfalls „danke", „ja" oder ähnliches.
— Inhalt der Ansage: Stimme, Einsatz, Dynamik, Text, Taktzahl wiederholen, Einsatzton oder -harmonie. Siehe auch § 21—25.
— Schluß der Übungseinheit: wenn nicht bei einer Pause, den Schluß vorher ansagen, die Übungseinheit nicht „ausfransen" lassen.

Sehr selbstbewußte Chorsänger pflegen gelegentlich nach Ende der Ü.E. noch weiter zu singen. Dies ist unbedingt zu unterbinden, u.U. durch einfache Ansage des Neuen in den Privatgesang hinein.

Singt eine Mehrzahl der Chorsänger ungebeten weiter, so ist wahrscheinlich die Übungseinheit zu kurz, ihr Schluß zu unmotiviert, dann nicht auf Abbruch bestehen.

Hauptregel für den Chorleiter: nicht abbrechen, bevor man weiß, was als Nächstes geschehen soll.

Dazu ist erforderlich, sich noch während der gesungenen Phrase zu vergewissern, welches der nächste Schritt ist.

Keineswegs erfordert dies große Routine, vielmehr lediglich eine sehr genaue Kenntnis des Werks und eine detaillierte Vorplanung. Ist nach einer Ü.E. der Chorleiter im Ungewissen über den Fortgang, nicht lange überlegen, auch nicht reden, sondern einfach wiederholen, vielleicht im piano oder auf Tonsilbe.

Reden: gelegentlich entwickelt eine Phase II auch bei ruhiger Sprechweise und wenig Aufwand ein so schnelles inneres Tempo, daß eine Unterbrechung notwendig ist, um Überspannung und Unruhe zu vermeiden. Dies ist der Augenblick für einige erläuternde Sätze zum Werk, zur Probe, zum Text, zum Komponisten, vielleicht auch zum Chorleben. Wirklich aufnehmen wird der Chorsänger in diesem Augenblick nicht viel. Es gilt, ihn abzulenken, zu entspannen, sobald der Chor aber die ersten Anzeichen von Langeweile zeigt, mit der Probe fortfahren.

§ 60 Mißlingen

Trotz guter Vorbereitung mißlingen gelegentlich Maßnahmen.

Fall a — *Der Chor bricht doch ein:*
sofort unterbrechen, *entknoten*, *nicht wiederholen.*

„Entknoten“: z.B. langsamer; stehenbleiben vor der Einbruchstelle,
weniger Stimmen; vereinfachen; harmonisieren;
selber vormachen usw.
Für den Chor ist ein solcher Einbruch gelegentlich sogar nützlich. Manche Chorleiter lassen ihre Chöre absichtlich von Zeit zu Zeit „auf Sand laufen“, um die Aktivität wachzuhalten.
Die Abweichung von der Planung interessiert den Chorsänger gar nicht, also: keine Kommentare oder Entschuldigungen.

Fall b — Eine Maßnahme *mißlingt völlig*, der Chor bewältigt auch die Vorübungen nicht.
Wenn kein Ersatz parat ist, die Schuld ohne Verlegenheit *auf sich nehmen.* Darin liegt keine Blamage für den Chorleiter. Er erspart dafür dem Chor das Gefühl, an eine unübersteigbare Leistungsgrenze gestoßen zu sein. Mit „ich überlege mir noch mal, wie wir hier zurecht kommen“ sind die Verhältnisse geklärt. Dann anderswo fortfahren.

Fall c — Es geht *schneller* als erwartet.
Manche Chorleiter lassen sich dadurch irritieren, vor allem Anfänger glauben ihre Planung blamiert zu sehen. Doch kennen ja nur sie allein ihren Plan: eine Panne liegt gar nicht vor. *Freude* bekunden, nichts wiederholen, den ganzen Abschnitt des Plans *fallenlassen* und zur nächsten Stelle fortschreiten, selbst wenn ausgeklügelte Übergänge dabei ausfallen müssen.

Vollkommen vermeidbar ist eine vom Plan abweichende Reaktion des Chores nicht. Schon bei der Aufstellung des Probenplans wird der Leiter abwägen,
a) wieviel er vormachen will,
b) wieviel er selbst finden läßt, was immer ein gewisses Risiko bedeutet.

§ 61 Dauer der Phase II

Die Phase II kann unter Umständen sehr lange dauern, sogar wochenlang. Bei langen Stücken sind Wiederholungen mit etwas veränderten Abläufen notwendig. Während eines Probenabends kann grundsätzlich über die ganze Länge der Zeit im Stil der Phase II geprobt werden. Besser ist allerdings das Hineinnehmen von Arbeitsgängen der Phase III, vielleicht aus einem anderen Werk (siehe auch § 36).

§ 62 Übergang zu Phase III

Möglichst nicht unmittelbar, also nicht innerhalb eines Probenabends, am selben Werk Phase II und III. Mindestens verschiedene Abschnitte wählen.

Hier besteht also ein Gegensatz zum Übergang Phase I–II: dort besonders eng verbinden, hier am besten ganz trennen, neuen Anfang setzen, neuen Impuls geben.

Ende der Phase II
Nicht wenn die ersten Anzeichen von *Sicherheit*, sondern von *Wiedererkennen* auftreten, also etwa ein vom Chor selbst ausgehender Schwung beim Eintritt von schon Gesungenem usw. Merkt man, daß die Töne sich schneller einprägen als der Text (z.B. zuweilen bei Bach, im Gegensatz etwa zu Schütz), so verzichtet man auf diesen und verschiebt sein Studium auf Phase III, dort dann sofort mit Maßnahmen genauer, spezifischer Formung und technisch bewußter Ausführung.
Beispiel für Phase II siehe „Modell einer Einstudierung" (Kapitel 6, II, § 173).

IV. Phase III (§ 63–69) (siehe auch Tabellen Seite 41–43)

Die Technik der Phasen I und II ist eine Frage der Zweckmäßigkeit und Annehmlichkeit, nicht mehr. Dagegen ist die Arbeit der Phasen III und IV für die Qualität der Chorarbeit entscheidend. Hier scheitern viele Chöre und Chorleiter. Sie verzichten entweder ganz auf diese Techniken oder improvisieren zusammenhanglos einige technische oder musikalische Detailmaßnahmen, die zwar eine Aufführung verbessern, nicht aber das Gesamtniveau heben. Man hört von Chorleitern oft: wir kommen mit *unseren* Chorsängern nicht weiter als bis zur Phase II, d.h. bis zum mehrmaligen, einigermaßen fehlerfreien Durchsingen des Stücks.
Ist das richtig gesehen? In jeder Chorarbeit, auch mit den schwächstbegabten Sängern wird der Punkt erreicht, wo fast jeder Ton gesungen worden ist, wenn auch vielleicht noch nicht in der vollen Mehrstimmigkeit. *In diesem Augenblick beginnt die Phase III*, also lange bevor der Chor in der Lage ist, das Werk ganz durchzusingen.
Ohne die Arbeit aber, wie sie hier als „Phase III" beschrieben wird, gibt es keinen Fortschritt, kein Zusammenwachsen, überspitzt gesagt, keinen Chor. Nur diese Arbeit ist geeignet, über die bloße Bewältigung eines einzelnen Werkes hinaus den Leistungsstand des Chores grundsätzlich anzuheben.
Die Arbeit der Phase III bietet jedoch einige *Probleme*. Sind sie erst einmal bewußt gemacht, so läßt sich ihnen leichter begegnen.

a) für den Chorsänger: die Arbeit der Phase III wird zwar noch stärker als Phase II auf den *Sänger* ausgerichtet. Sein Vorstellungsvermögen und seine gesanglichen Fertigkeiten sind der Arbeitsgegenstand. Aber: in dem Augenblick, wo Perfektion und vor allem Wiederholbarkeit der Ausführung gefordert wird, vollzieht sich eine tiefgehende Umstellung: es geht nicht mehr allein um Erleben, sondern um Leistung: der Sänger ist nicht mehr der Fordernde, sondern der Geforderte; er ist nicht mehr auf sich selbst ausgerichtet, sondern auf den *Hörer*.

Diese Distanz zu sich selbst, bei vollem Ergriffensein vom Werk, ist es, was der Berufsmusiker lernen muß. Der Laiensänger im öffentlich singenden Chor steht unter denselben Bedingungen. Instinktiv, oft ohne es zu wissen, wehrt er sich gegen diese Grenzüberschreitung. Viele Chorleiter verwenden große Mühe darauf, diese Situation zu verschleiern. Das Eigenleben und Erleben des Chors wird häufig erwähnt, das „Publikum" mehr oder weniger abgewertet, Singen ist grundsätzlich wichtiger als Gehörtwerden. Vielleicht hat es gelegentlich derartige Einstellungen in der Singbewegung gegeben, der wir sonst so viel Gutes verdanken. Auf jeden Fall ist der Gedanke „Singkreis" (nach innen geschlossen) heute nicht mehr fruchtbar, nicht mehr aufrechtzuerhalten. Man sollte auch darauf verzichten, Reste davon (die Probe als „Erlebnis") als psychologisch-taktisches Hilfsmittel anzuwenden. Der Chorsänger hat ein Recht darauf, zu erfahren, was man mit ihm vornimmt. Darin liegt echte Partnerschaft.
Der Widerstand des Chorsängers gegen perfektionierende Arbeit ist also nicht Trägheit oder Dummheit oder Müdigkeit, obgleich es für ihn selbst und für den Chorleiter zuweilen so aussieht. Der Widerstand ist ganz natürlich, er soll nicht gebrochen, sondern langsam abgebaut werden.
Geschehen kann das vor allem durch die *Erfahrung*, daß einerseits die Detailarbeit selbst faszinierend sein kann, daß andererseits die aufgewendete Mühe durch das Ergebnis unerwartet reich belohnt wird.

b) Das Problem der Phase III für den *Ablauf der Probe*, für den „Probenfluß", liegt in folgendem:
Der Probenfluß beruht ja auf glatten organischen Anschlüssen und fließender Ausführung der Übungseinheiten selbst.
Phase III braucht aber den *kurzen* Abschnitt, häufige *Unterbrechungen*, Erklärungen, Kritik, Wiederholungen. Rhythmische Integration fordert Übungen ohne Melodieschwung, Intonationsübungen entbehren überhaupt jedes musikalischen Ausdrucks. Die Folge der Übungseinheiten und die Übungseinheiten selbst haben also nur ein Minimum an Fluß. Die ständigen neuen Arbeitsimpulse verbrauchen bei Chorleiter und Sänger ein hohes Maß an Konzentration und Energie. Das einzige treibende Element in Phase III ist der Erfolg, der sich von Schritt zu Schritt einstellt. Deswegen:
— Phase III darf nicht sehr lange dauern.
— In Phase III muß jede Anweisung sofort effektiv werden.

c) Das Problem für den *Chorleiter:*
Es liegt gegenüber Phase I und Phase II darin, daß sich der *Ablauf* der Phase III nicht ebenso genau festlegen läßt. Schnelligkeit des Erfolgs, Verbrauch der Kraft und daraus resultierende Notwendigkeit zum Wechsel lassen sich nicht vorhersehen.

Vorzubereiten sind: — das Repertoire an Zielvorstellungen und Maßnahmen,
— die Prinzipien ihrer Abfolge und ihres Wechsels.

§ 63 Arbeitsziel

P e r f e k t i o n   u n d   I n t e g r a t i o n

gelegentlich: (sehr schweres Werk) Vervollständigung des Notentextes.

„Perfektion“: Absichern,
Profilieren,
Technisieren

„Integration“: der Sänger:
Abstimmen der Sänger aufeinander,
Aufgehen in der Chorstimme
Aufgehen der Stimme im Verband,
Einsätze und Fortschreiten gemeinsam

des Tones:
jeder Ton wird eingepaßt in seine Funktion im musikalischen Verlauf.

§ 64 Erfolgsgrenze

Arbeit auf Perfektion hin dürfte eigentlich keine Erfolgsgrenze mehr anerkennen, aber auch abgesehen von den gegebenen Grenzen des Chores selbst (Ausbildungsstand, Besetzung, Willigkeit) sind der Arbeit probentechnisch Grenzen gesetzt und zwar

— in der Perfektion der Ausführung: „*e s   l ä u f t*“ *n o c h   n i c h t*, es wird noch „*g e m a c h t*“.
— in der Gestaltung: es fehlt noch die *g e n a u e   A b s t i m m u n g*, das Verhältnis der Gestaltungsmittel; der „Tonfall“ wird noch nicht sicher getroffen.

Praktisch heißt das:
Am Beginn der Phase III wird in einigen Bereichen zunächst mehr darauf gehört, ob das Angestrebte *v e r s t a n d e n* ist, als darauf, wie die Ausführung wirklich ausfällt. Das gilt z.B. für Intonationsprobleme, Färbungen, Akzente, Entwicklungs- und Spannungsbögen, Übergänge u.ä.
Sofortige Exaktheit ohne Einschränkung muß gefordert werden im Bereich der *r h y t h m i s c h e n   I n t e g r a t i o n*.
Dazu gehören auch einige sprachliche Maßnahmen, z.B. Schluß-t, Schluß-s usw. Ort des Klingers in einer Silbe u.ä.

§ 65—66 Methoden

Die Arbeit der III. Probenphase ist der komplizierteste Teil der Probentechnik. Sie wird behandelt

1. Als Beschreibung von einzelnen Maßnahmen,
2. Als Beschreibung der Auswahl und der Abfolge dieser Maßnahmen.

§ 65 Auswahl der Maßnahmen

Ein jedes Werk hat einige *typische Schwierigkeiten*, die sich einerseits aus seinem Stil, andererseits aus seiner besonderen Motivik oder Thematik ergeben. Entsprechend repräsentative Stellen werden herausgegriffen und sorgfältig bearbeitet. Die übrigen Stellen laufen daraufhin zwar nicht von selbst; doch genügt meist langsames, kommentarloses Durchsingen, eventuell mit vorherigem Hinweis(„Sauerteig-Technik" — Walter Kraft). Der *Schwerpunkt* der *Integrationsarbeit* wird, je nach dem allgemeinen Stand der Entwicklung im Chor, *wechseln*.

Ist im vorigen Werk sehr sorgfältig Akkordik und harmonische Fortschreitung geprobt worden, so wird bei dem folgenden vielleicht der Komplementärrythmus im Vordergrund stehen usw. Für die *Darstellungsmittel* gilt dasselbe. Um der besseren Behaltbarkeit willen führt der Chorleiter die angewandten Mittel auf drei bis vier Grundtypen zurück, etwa: zwei Legato-Formen im Kontrast, Akzent durch Auftakt oder durch Anlaut usw. Es stehen ihm also *nicht alle* denkbaren Darstellungsmittel in *jedem Augenblick* zur Verfügung. Die begrenzte Aufnahmefähigkeit seiner Sänger zwingt ihn zu heilsamer Beschränkung, zum Stil.

§ 66 Abfolge der Maßnahmen

Nach dem Grad der jeweiligen Belastbarkeit im Verlauf der Probe *wechselt* der Chorleiter zwischen *fließenderen* oder mehr *statischen* Maßnahmen. Statische Maßnahmen (ohne Tempofluß) ohne Ausdruck, mit viel Wiederholung usw. sind interessant, wenn sie

— auf fließende Maßnahmen folgen
— auf Fluß zielen (z.B. Akkorde in Harmoniebewegung oder in Rhythmus zurückführen)
— nicht lange dauern.

Methoden des Wechsels:

a) längere — kürzere Übungseinheiten
b) höhere — geringere Attraktivität
c) Ausdrucksmittel — Integrationsübungen
d) komplementär arbeiten, ablenken
e) geschickte Reihenfolge der Stellen
f) musikalischer Ausdruck im Wechsel zwischen „bewußt technisiert" — „unmittelbar erfaßt"
g) Stellen — Übergänge (Phrasen, Entwicklungen, Zusammenhänge usw.)
h) nicht: Maßnahmen der Phase II – Maßnahmen der Phase III!

zu a) etwa: Synkopenketten — schwieriger Akkord

zu b) *Die fallende Kurve der Attraktivität:*

höhere musikalische Darstellungsmittel (Sprache,
Dynamik, Farbe)
Rhythmus (linear,
komplementär, Integration)
geringere Attraktivität Intonation (linear,
Akkorde)

Sprachliche Maßnahmen haben den Vorzug, daß sie eine angenehme Art von Aktivität mit sich bringen, sie sind leicht ausführbar und meist sofort wirksam.

zu c) Der *Wechsel* von Arbeit an der *Integration* und Arbeit an der *musikalischen Darstellung* ist nicht eine Entwicklung vom Niederen zum Höheren. Vielmehr wirkt durch ein wiederholtes Hin- und Herschalten die Integrationsarbeit als nachträgliches Absichern, als zusätzliches Konturschärfen.
Also nie: Intonation — Rhythmus — Darstellung.
Sondern vielleicht: Dynamik — Rhythmus linear — Sprache — Akkord — rhythmische Integration — Dynamik — Sprache usw.

Der *Wechsel* von Darstellungsmitteln zu Integrationsübungen (von „technisch“ zu „musikalisch“) wird leichter und anregender, wenn er *betont* statt verschleiert wird:

— Tempo deutlich wechseln
— neutralen Klang (Tonsilbe, mf usw.) genau vorschreiben,
— bewegten Ausdruck völlig beseitigen usw.

Besonders bei Intonationsübungen den Klang sehr genau formen,
Einsätze und Fortschreiten äußerst exakt führen.
Das Zurücknehmen von Ausdruck und Bewegung muß andrerseits eine Steigerung fühlbar machen, z.B.:

— Tempo nur mechanisch → lineare Intonation wird deutlicher hörbar;
— Dynamik und Klang stehend, neutral → Rhythmus wird deutlicher hörbar
— Charakter (Ausdruck) neutral → harmonische Intonation wird deutlicher hörbar.

Hilfreich ist ein konzentriertes und sichtbares Hinhorchen des Chorleiters, ebenso eine besonders bestimmte dirigentische Führung an den entscheidenden Stellen.

zu d) *Komplementär arbeiten und ablenken:*
Bei Erfolglosigkeit oder Festsingen

1. im einfacheren Fall:
z.B. Intonationsübungen durch Übungen zur rhythmischen Integration (mit ähnlicher Wirkung!) ersetzen.
oder:
Rhythmusübungen durch sprachliche ersetzen.

2. in schwierigeren Fällen ablenken:
a) bei drohendem Scheitern insbesondere von schwierigen Intonationsübungen zurück in den Ausdruck, wieder im musikalischen und textlichen Ausdruckszusammenhang musizieren. Nicht als „Erlösung", sondern als Hilfe: von der in der Komposition beabsichtigten Wirkung her wird der Klang vielleicht einleuchtender.
b) umgekehrt: beim Ausarbeiten der musikalischen Darstellung kommt die Probe gelegentlich ins „Schwimmen", sinkt ins Ungefähre ab. Dann Einsatz von Integrationsübungen, insbesondere von rhythmischen.

zu e) *Reihenfolge der Stellen*
In der *Integrationsarbeit* ist die Reihenfolge weniger wichtig.

Gut ist: zunächst die in Phase II übrig gebliebenen Stellen bearbeiten, dann im Wechsel echte Schwierigkeiten und labile Stellen. Die Arbeit an labilen Stellen ist am Beginn von Phase II für den Sänger nicht immer gleich einleuchtend. Man „kann es doch schon!" Ist aber das Ohr durch die Arbeit an echten Schwierigkeiten erst wieder geschärft, so wird ein feineres Nacharbeiten eher möglich sein. Ggf. hier die „absichtliche Panne": singen lassen, auf dem betreffenden Klang stehenbleiben, Unsauberkeit markieren.

In der *musikalischen Darstellung* möglichst zuerst zwei bis drei Stellen im *Kontrast* (so leichter behaltbar),
dann mehrere Stellen im Zusammenhang einer Entwicklung oder Folge (so sind sie einleuchtender),
erst an dritter Stelle ganz isolierte, einmalige Ausdrucksformen.
Die musikalische Darstellung kann gelegentlich auch *schrittweise* ausgearbeitet werden, etwa bei Motetten mit kontrastierenden Abschnitten: zuerst den Kontrast der Abschnitte entwickeln (z.B. „erstes Thema forte, energisch, zweites Thema piano, legato schwellend"), dann die Einzelmotive (Einzelthemen) für sich profilieren (z.B. „Akzent auf der dritten Note", „Diminuendo auf dem letzten Takt").

zu f) Musikalischer *Ausdruck* im Wechsel *bewußt technisiert unmittelbar erfaßt:*
„Technisiert": mit genauer Beschreibung und Kontrolle der Ausführung („aspiriertes t, verlängertes n, dunkles a"), „unmittelbar": vormachen oder einfach dirigierend mitreißen.

zu g) *Wechsel von Stellen und Übergängen*
Die *Nahtstellen* werden oft probentechnisch unterschätzt. Sie sind *immer* als „*Schwierigkeiten*" zu behandeln, auch wenn äußerlich kein Problem vorzuliegen scheint. Werden sie nicht sorgfältig isoliert und

profiliert, so bleibt das Werk an diesen Stellen labil sowohl für den Ausdruck wie für die Genauigkeit.
Mit diesen Übungen wird allmählich der Übergang zu Phase IV vollzogen

zu h) Der scheinbar so naheliegende *Wechsel von Methoden* der Phase II und III, also das Einschieben von gezielten Detailübungen in die zusammensetztende Mosaikarbeit, ist grundsätzlich *nicht anzuraten*. Wenn die Intensitätskurve sinkt (bei dem Rückschritt in die oberflächlichere Arbeitsweise der Phase II), so sinkt auch die Chormoral.

§ 67 Verhalten des Chorleiters

Forderung und Hilfe richtig einzuschätzen ist in Phase III nicht immer ganz leicht. Die Forderung muß selbst *hilfreich* sein: nicht ein *Ergebnis* fordern („genau, sauber, richtig" usw.), sondern einen *technischen Schritt:* im „Tenor das t auf 1, im Alt den Schritt c-d größer, im Baß den Schlußton aussingen". Die Forderung muß sofort *ausführbar* sein (die Anweisung „Crescendo von Takt 3—27" ist so nicht ausführbar, Mittel müssen angezeigt werden).
Die Forderung muß sofort *wirksam* sein. Dazu ist gelegentlich eine vorläufige Übertreibung notwendig. Es darf nichts gefordert werden, von dem man nicht weiß, wie es technisch ausgeführt wird.
Die Forderung soll nicht wertend sein („jetzt mal ein bißchen schöner"). Die Forderung muß eine Forderung des *Werkes*, nicht des Chorleiters sein. Deshalb nicht „ich möchte hier . . .", auch nicht das pseudo-höfliche „bitte" und „danke" (der Sänger singt nicht *für* den Leiter, sondern *mit* dem Leiter). Andererseits: sich ganz hinter die Forderung stellen; also nicht: „beachten Sie bitte die dynamischen Zeichen", sondern: „in Takt 7 forte".
Endlich: in Phase III ohne Nachdruck, aber unbedingt auf vollständiger *Erfüllung* bestehen. Wiederholte Unvollkommenheit ist nicht Ungehorsam, sondern musikalischer Mangel. Also nicht: „wann klappt das hier endlich", sondern: „in Takt 14 kommt der Tenor noch etwas zu früh".

§ 68 Einbau der Phase III in den Probenabend

Nicht länger als etwa eine halbe bis eine dreiviertel Stunde. Dann ist mindestens ein Wechsel des Werkes notwendig, mit ihm ein deutlicher Wechsel der Gesichtspunkte. Am Beginn der Phase III muß nach Möglichkeit etwas Neues oder lange nicht Dagewesenes stehen.
Phase III steht nie am Anfang oder Ende eines Probenabends (s. auch § 36).

§ 69 Ende der Phase III und Übergang zu Phase IV

Anders als zwischen Phase II und III ist zwischen den Phasen III und IV der Übergang fließend. Sobald man an Übergängen, Entwicklungen, auch etwa an Intonationsabsicherungen von längeren Strecken zu arbeiten beginnt, nähert man sich dem letzten Arbeitsziel, der Zusammenfügung zum Ganzen. Das Ende der Phase III besteht vor allem im Zurücktreten der Detailarbeit mit ihren Übungen und vielen Korrekturen. Der Zeitpunkt ist eingetreten, wenn die Integrationsübungen zum Erfolg gekommen und die musikalischen Details grundsätzlich richtig erfaßt und ausgeführt sind.

Beispiel für die Phase III siehe „Modell einer Einstudierung" (Kapitel 6, II § 174).

V. Phase IV (§ 70—74) (siehe auch §§ 7, 75 Tabellen Seite 40)

§ 70 Arbeitsziel

Das Arbeitsziel der Phase IV liegt darin, das Werk als ein Ganzes zu erfassen. Der Arbeitsakzent verlagert sich jetzt vom Detail fort auf größere Zusammenhänge. Entwicklungen, Abschnittsgegensätze werden nicht nur empfunden und angedeutet, sondern *bewußt gestaltet*.
Dabei erhält das *Detail* seine endgültige *Abstimmung*. Seine Funktion im Zusammenhang, sein Platz in einer Entwicklung, sein Gewicht im Werkganzen erfordert eine bestimmte Nuancierung des schon geformten Ausdrucks, die erst jetzt verstanden und getroffen werden kann.
Labile Stellen erhalten jetzt eine letzte *Absicherung*, z.B. Linienführung, exponierte Noten, Einklangswendungen, detonierende Abschnitte usw.
Der Chor wird allmählich an die Dauer des Werkes gewöhnt und übt sich in der notwendigen Spannungs- und Kräfteeinteilung.

§ 71 Erfolgsgrenze

Auch im Stadium der endgültigen Erarbeitung eines Werkes wird eine Erfolgsgrenze bewußt eingehalten, die die letzten Proben deutlich von der Aufführung selbst unterscheidet. Sie liegt in der *Disposition der Energien*. Ging es früher um die Wirksamkeit der Probe, so geht es jetzt um das Gelingen der Aufführung selbst. Eine Aufführung ist nur dann lebendig, wenn sie, über alles Erarbeitete hinaus, etwas Neues bringt. Dieses „Neue" besteht aber nicht etwa in einer Abweichung vom Geplanten. So wenig eine „schöpferische Interpretation" in einem Abweichen vom Notentext besteht, so wenig liegt die Lebendigkeit einer Aufführung in überraschenden Änderungen der vorbereiteten Interpretation.
Die Lebendigkeit einer Aufführung wird auch nicht garantiert durch die naturgegebene Aufregung der Sänger. Der Hörer hat von dieser Art Erregtheit weniger, als Sänger und Dirigenten oft meinen. Es genügt daher nicht, die letzten Proben bewußt zu dämpfen, um zu erreichen, daß sich die gestaute Kraft dann plötzlich in der Aufführung frei macht. Sie tut dies keineswegs automatisch. In der Aufführung kann nichts erwartet werden, was nicht in der Probenarbeit vollständig angelegt ist.
Andererseits aber kann ein musikalischer Ausdruck nicht wie ein Griff auf dem Instrument eintrainiert werden. Ein so „eingeübter" Ausdruck klingt leicht wie

ein eingelerntes Weihnachtsgedicht und lenkt die Rührung des Hörers auf den Chor statt auf das Werk (eine häufige Erscheinung bei Laienchoraufführungen). Man muß dieses spezifische Problem sehr genau ins Auge fassen, um zu verstehen, warum begabte und ernsthafte junge Chorleiter immer wieder im Vorfeld musikalischer Erfüllung steckenbleiben:

a) was nicht bis ins Detail profiliert, bewußt gemacht und technisiert ist, „kommt" nicht;

b) ist eine Gestaltung voll erreicht, so entgleitet sie der Verfügbarkeit. In der exakten Wiederholung wird jeder voll erfüllte musikalische Ausdruck blaß und kraftlos.

zu a): Man lasse sich hierin nicht täuschen. Gelingt einem Dirigenten, einem Chor im Feuer einer Aufführung eine „spontane" musikalische Wirkung, so wird es immer ein Ausdruck sein, der früher an andrer Stelle schon einmal vorkam, ein Stück Ausdruckrepertoire, nichts tatsächlich ganz Neues. Die hinreißende Wirkung eines solchen Erlebnisses für die Ausführenden, gelegentlich auch für die Zuhörer darf den probentechnischen Hintergrund nicht verschleiern.
zu b): Nicht nur der „große", sehr gefühlsgeladene oder extreme Ausdruck läßt sich nicht sofort wiederholen, sondern überhaupt keine ganz gelungene erfüllte Gestaltung. Musikalische Darstellung läßt sich in Proben verändern, steigern, reduzieren, aber *nicht* trainieren.

Die probentechnische Konsequenz ist sehr einfach: jeder Ausdruck ist in Phase III vorgeformt und geprobt. Jetzt wird er, aus dem Zusammenhang einer Phrase, einer Entwicklung, eines Übergangs noch einmal entwickelt. Läßt er sich durch konkrete Hinweise („schärferes t", „schnelleres Diminuendo", „kein Akzent auf der zweiten Silbe") verbessern, so wird er wiederholt. Ist er gelungen oder läßt er sich höchstens noch glätten oder steigern, wird er sofort fallen gelassen. Muß die Stelle im selben Zeitraum noch in einem andern Zusammenhang gesungen werden, so wird sie deutlich gedämpft, die Spannung herausgenommen. Die notwendige Wiederholung erfolgt in den nächsten Proben.

Die Phase IV muß sich unbedingt über mehrere Probenabende erstrecken, während sich II, manchmal auch III u.U. an einem einzigen Abend erledigen lassen.

Bei diesen Wiederholungen strebt der Dirigent nicht eine Wiederauflage des Gehabten an. Vielmehr disponiert er die Energie neu. Er wartet ab, in welcher Energielage der Chor sich vor der betreffenden Stelle befindet und entwickelt aus ihr die Ausdrucksbewegung.

In dieser *ständigen Neudisposition der Kräfte*, diesem ständigen Aufnehmen dessen, was der Chor im Augenblick tatsächlich leistet (nicht, was er an dieser Stelle planmäßig leisten sollte), im Reagieren auf die wirkliche Spannungslage liegen Spontaneität und Lebendigkeit einer Aufführung.

Reihenaufführungen auf Konzertreisen, auch Aufnahmen für Funk und Schallplatte werden so erst möglich. Hier wird die Musikalität von Chor und Leiter voll gefordert.

In Phase IV wird nun diese Art von Abwechslung im völlig Festgelegten, in der Umdisposition der Energien bereits eingesetzt. Sie ersetzt das leider wirkungslose Wiederholungstraining.

§ 72 Methoden

Ablauf und Methoden der Phase IV ergeben sich aus Zweck und Grenzen von selbst. Die Folge der Übungsabschnitte richtet sich einfach nach dem musikalischen Aufbau und Ablauf des Werkes. Hier nur noch einige helfende Empfehlungen:

a) Die leicht eintretende Überspannung oder Überreizung in Phase IV kann aufgefangen werden durch das *Einschalten von Sicherungsübungen* für labile Stellen. Gleichzeitig unterbricht diese punktuelle, neutrale Arbeitsweise die vorherrschende weiträumige, angespannte; sie entlastet Stimme und Nerven.

b) Durch einen Wechsel von *Arbeit an Entwicklungen* und punktuellen *Einzelhinweisen zur Gestaltung* kann man die Probe davor bewahren, ins „Schwimmen" zu geraten.

c) Das *Zusammensetzen* von Phrasen zur *Großentwicklungen* geschieht am besten vom Ende her: mindestens die letzte Phrase (bzw. den letzten Teil einer Entwicklung, vielleicht nur den Eintritt eines Höhe- oder Zielpunkts) vorwegsingen und formen (Beispiel: Lechner, „Johannespassion" Satz I, Takt 1–50: 36–50; 24–36; 9–24; 1–9).
Lange ununterbrochene Entwicklungen zunächst in der Mitte ansetzen, dann erst die Eröffnung vorschalten.

d) *Kontrastierende Abschnitte* zunächst getrennt: ein Teil aus B., ein Teil aus A.; rückwärts verlängern, dann Folge A — Übergang — B. Dabei immer wieder unterbrechen und dic cinzelnen Charaktere endgültig nuancieren und einfärben.

e) Ausdruck, Entwicklungen, Steigerungen möglichst zunächst *dirigierend führen*, dann nochmals erläutern und üben. Chor allmählich daran gewöhnen, auf das *Dirigieren* zu reagieren.

Also anders als in Phase III häufig ohne eigentliche Vorbereitung in Entwicklungen, Übergänge, Kontraste *hineinsingen.* Zugleich wird damit die musikalische Gestaltung aus dem Bereich des Technischen, auch des intellektuell Bewußten langsam wieder herausgenommen.

Zusammenfassen: die probentechnische Aufgabe der Phase IV ist es, auch in den letzten Proben noch produktiv aufzubauen, nicht nur auszuprobieren und zu trainieren.

§ 73 Übergang zur Aufführung

Generalprobe:
Es gibt die echte und die unechte Generalprobe.
Die *echte* ist weder eine Arbeitsprobe noch ein Test. Sie baut die geprobten Werkabläufe in den Konzertablauf ein. Sie hat also nur Sinn, wenn ein solcher Ablauf auch hergestellt wird, also eine volle Aufführung mit der *Möglich-*

k e i t zur Unterbrechung. In einer echten Generalprobe unterbricht man nicht nach jedem Stück und diskutiert das Gewesene.
Gerade die Abfolge und den Anschluß gilt es zu proben.
Alle andern Arten von Generalproben sind *u n e c h t e*, sie sind Arbeitsproben mit Merkmalen der Phasen III und IV, denen der organische Anschluß an die Aufführung fehlt.

Wie sehr eine echte Generalprobe gefehlt hat, merkt man bei Aufführungswiederholungen. Daß die zweite Aufführung gelegentlich besser ist als die erste, ist kein Grund zur Freude, sondern zeigt nur, daß die erste unfertig war.

§ 74 Die Vorprobe (Anspielprobe)

Die Vorprobe soll
1. Stimme, Aktivität und musikalisches Gemeinschaftsgefühl der Sänger wecken;
2. den Anschluß an die Generalprobe herstellen;
3. unter Umständen schwierige Übergänge ins Gedächtnis rufen.

Sie soll *n i c h t* im letzten Augenblick noch etwas verbessern, üben, trainieren. Der Chor darf in der Vorprobe weder überfordert (angestrengt, aufgeregt) noch auch unterfordert werden (zu große Lässigkeit beim Ansingen kann Intonationstrübungen und Schlampigkeit in der Aufführung nach sich ziehen).
Über die Dauer und die Wege des Ansingens sind sich die Praktiker sehr wenig einig. Strittig ist, ob neben das gezielte stimmbildnerische Einsingen überhaupt noch Literatur treten soll oder darf. Der Anfänger braucht hier keine allzu starken Skrupel zu haben. Er mag sich ganz frei den Neigungen und Stimmungen des Augenblicks hingeben. So wird er am leichtesten mit seinem Chor eins werden.
Beispiel für Phase IV: siehe „Modell einer Einstudierung“ Kapitel 6, II § 175.

Kapitel 5: Schwierigkeiten (§ 75–167)

(siehe auch § 7)

§ 75 Übersicht

Um den Schwierigkeiten eines Werkes wirksam und zugleich produktiv begegnen zu können, muß der Chorleiter sie bereits beim Partiturstudium erfassen (siehe auch § 6).
Zunächst muß erkannt werden, wo ein Problem für die *Stimme* und wo eines für die *musikalische Vorstellung* (eine „strukturelle" Schwierigkeit) vorliegt. Die „strukturelle" Schwierigkeit muß ihrerseits lokalisiert werden: liegt sie im Bereich der Intonation oder des Rhythmus? Liegt sie im Verlauf der Einzelstimme oder mehr in der Stimmenkombination? Schwierigkeiten treten oft als Bündel oder Knoten auf: ein schwieriger Sprung etwa kann ein Problem sowohl für die Stimme wie auch für die Vorstellung sein; eine harmonisch schwierige Stelle kann auch rhythmische Probleme einschließen usw. Wie in jeder musikalischen Übungsarbeit müssen auch in der Chorprobe schwierige Stellen in Einzelprobleme *zerlegt* und für diese muß dann der *günstigste Angriffspunkt* gesucht werden.
Um Schwierigkeiten durchschaubar und dadurch für die Hörerziehung nutzbar zu machen, führt man sie jeweils auf den einfachsten *Grundvorgang* zurück.
Beim Aufspüren struktureller Schwierigkeiten suchen wir nicht nur nach solchen Fällen, die eine Hilfestellung, Vorübung oder viele Wiederholungen erfordern (normale Schwierigkeiten im engeren Sinne, „Schwierigkeiten I. Ordnung"), sondern auch nach Stellen, die nur im ersten Augenblick des Singens Verwirrung stiften können, ohne daß sie eigentlich schwer wären („Schwierigkeiten II. Ordnung", „Hindernisse"), und schließlich nach solchen, die noch in späten Stadien der Probenarbeit zu Ungenauigkeit neigen, obwohl sie längst bewältigt sind („Schwierigkeiten III. Ordnung", „Trübungen").
Die Frage nach der *Leistungsfähigkeit* des Chores spielt beim *Aufsuchen* der Schwierigkeiten *keine Rolle*. Sie wird erst wichtig, wenn die *Gegenmaßnahmen* zu entwerfen sind, und zwar weniger für deren Art als für ihre Ausführlichkeit.
Während der Probe ist auf zusätzliche außermusikalische Belastungs- und Ermüdungsfaktoren zu achten, ohne daß diese zum Alibi der Probentechnik werden dürfen.

Der Abschnitt „Schwierigkeiten im einzelnen" beschreibt anhand von vielen Beispielen probentechnische Möglichkeiten im Umgang mit Schwierigkeiten. Er gliedert sich nach musikalisch-strukturellen Gesichtspunkten (siehe auch Tabelle IIb § 17.2). Der vorangehende Abschnitt „Schwierigkeiten allgemein" skizziert einige grundsätzliche Arbeitsmethoden und geht dabei etwas näher auf die besonderen Gesichtspunkte der Schwierigkeiten II. und III. Ordnung ein.

I. A. Die Stimmbildung in der Chorprobe (§ 76–80)

§ 76 Vorfragen

Will der Chorleiter an Schwierigkeiten der Intonation und des Rhythmus arbeiten, an Problemen also, die es mit dem Hören und der musikalischen Vorstellungskraft zu tun haben, so muß er zuvor sicher sein, daß es nicht einfach stimmtechnische Schwächen sind, die den Sänger an der gewünschten Ausführung hindern.
Eine Chorerziehung mag noch so durchdacht und phantasiereich sein, ohne liebevolle und konsequente Beschäftigung mit der Stimme bringt sie sich um ihre Früchte.
Umgekehrt braucht die Stimme das Ohr, den musikalischen Gedanken. Erst eine vollkommen klare Vorstellung vom Ton (Höhe, Dauer) und vom Sinn einer Tonfolge geben dem Organ die befreiende Sicherheit, in der es sich entfalten und seine Funktion erfüllen kann.
Wie eng nun aber auch Hörerziehung und Stimmerziehung voneinander abhängen mögen, der Chorleiter muß zunächst einmal lernen, beide Vorgänge zu unterscheiden und sie methodisch getrennt zu beherrschen. Es wird hier bewußt keine „chorische Stimmbildung" im üblichen Sinn angeboten. Eine solche ist von der allgemeinen Stimmbildung kaum zu trennen, also von der Beschreibung des individuellen Gesangsunterrichtes. Derartiges liegt aber in verschiedenen Darstellungen aus erster, höchst kompetenter Hand vor. Eine auf das Problem „Singen im Chor" reduzierte Stimmbildung ist nicht unproblematisch, entspricht aber dennoch einem Bedarf. Auch hierfür gibt es zuverlässige Darstellungen.

Im Zusammenhang mit der „Probentechnik" soll die Frage „Wie bilde ich den Chor stimmlich aus (mit welchen Methoden, Übungen, was mache ich wenn . . . etc.)?" ersetzt werden durch die Frage: „Wie wende ich mein vorhandenes stimmbildnerisches Können in der Chorprobe an?"

Zunächst zwei Vorfragen:

1. Geht es nicht auch o h n e Stimmbildung?
2. Geht es nicht besser mit fremder (kompetenterer) Hilfe?

Die Antwort auf die Hauptfrage:
Wie vermeide ich Fehler (Wirkungslosigkeit, Schädigungen)?
ist der eigentliche Inhalt des Kapitels: die Beschreibung einer „balancierten", d.h. im Wechsel von technischen Gegensätzen arbeitenden Methode.

§ 76.1 Chorarbeit ohne Stimmbildung?

Zur ersten Frage: läßt sich stimmbildnerische Arbeit umgehen (Zeitersparnis, geringerer Effekt, geringes Interesse bei den Chorgesängen)? Keinesfalls. Einerseits hat auch eine unterlassene Stimmbildung für den Sänger Folgen, anderer-

seits ist alle Arbeit im Chor — auch die an der musikalischen Darstellung — Arbeit am Klang, damit am klingenden Organ, der Stimme.
Der Verzicht auf stimmbildnerische Arbeit hat seine eigene stimmtechnische Auswirkung. Es gibt kein „neutrales" Arbeiten, das für die Stimme ganz ohne Folgen bliebe. Auch wenn es ohne Absicht geschieht, übt der Chorleiter einen stimmbildnerischen Einfluß aus. Die nicht beabsichtige Wirkung besteht vielfach darin, daß sich stimmliches Fehlverhalten und damit stimmliche und klangliche Mängel einschleichen und verfestigen. Das bedeutet eine Schädigung des Chorklangs wie auch des einzelnen Sängers, der doch das Wohl seiner Stimme dem Chorleiter anvertraut. Es ist möglich, den Hörer zeitweilig von diesem Vorgang abzulenken durch interessante, gern gehörte Werke, mangelnde Konkurrenz, glänzende Präsentation, geschickte Urteilsmanipulation bei Sängern und Hörern. Aber auch bei persönlich leidenschaftlicher, schwungvoller Darstellung verbleibt als Rest ein empfindlicher Mangel an Profil und schließlich die objektive Schädigung des Sängers. Zwar ist das Stimmorgan viel zu widerstandsfähig, meist auch die Probenzeit viel zu kurz, als daß sich auf Dauer nachhaltige Schäden einstellen könnten. Es leidet zunächst nur die Probenarbeit.
Fest eingefahrene falsche Singgewohnheiten versperren jedoch auf die Dauer dem Sänger den Zugang zu einer organischen und damit wirklich erfüllenden Singerfahrung. Zugang zur Stimme und Zugang zur Musik haben aber etwas miteinander zu tun. Schädigungen des einen ist immer auch Beeinträchtigung des anderen.

Umgekehrt kann es auch geschehen, daß sich die Chorarbeit in reiner Stimmkultivierung erschöpft. Der Chorklang wirkt dann auf den Hörer zwar als imponierende Leistung, aber nicht unbedingt auch als musikalisches Ereignis. Ein Chorklang, der nur vorgeführt und nicht zu musikalischen Zwecken eingesetzt, verwendet wird, degeneriert leicht zum zwecklosen Dauerreiz und verläuft sich ins Uninteressante. Er wird bald einfach überhört, der Hörer wartet auf das „Eigentliche".
Über die Frage einer stimmlichen Schädigung des Sängers mag man verschiedener Meinung sein. Entscheidend ist der andere Gesichtspunkt: „Musikalische Arbeit", also Arbeit an den Ausdruckswerten eines Werkes, ist ohne Kenntnis der Möglichkeiten des jeweiligen Instruments, hier also der Stimme, Illusion. Noch so sorgfältig durchdachte dynamische Rhythmen, Sprachnuancen, Spannungsverläufe u.a. bleiben im nur Gewollten stecken, wenn das „Wie" nicht beherrscht ist.
Die Vorstellungskraft, ja die Phantasie des Musikers wird erst stimuliert, beflügelt, in die richtige Bahn gebracht durch eine persönliche Vertrautheit mit der Fülle an Ausdrucksmöglichkeiten, die in der wechselnden Behandlung von Stimme und Sprache liegen, vor allem aber mit der Ausdruckskraft, die, noch jenseits aller Nuancen, im reinen Klangereignis „Stimme" und „Stimmgruppe" verfügbar werden kann.
Ein Chorleiter, dessen musikalische Vorstellungen ausschließlich aus dem instrumentalen Bereich stammen, wird als Interpret von Chormusik in seinem Ausdruck immer blaß, unverbindlich bleiben, mag er „musikalisch" auch noch so erfahren und anspruchsvoll sein. An stimmtechnischer Arbeit führt im Chor kein Weg vorbei.

§ 76. 2 Fremder Stimmbildner?

Um dem Anfänger aber Enttäuschungen zu ersparen, muß man ihm eindringlich vor Augen halten:
Nur das *eigene* Können kann der Chorleiter für den Chor verfügbar machen.
Das gilt einmal für das unverstandene und mechanische Anwenden von Übungen, die man zufällig im Unterricht, von Kollegen oder auch aus Büchern kennengelernt hat. Sie bleiben in der Probe meist wirkungslos und mindern dadurch das Vertrauen des Chorsängers in den Sinn stimmbildnerischer Arbeit, damit auch seine Lust und Bereitwilligkeit. Das gilt aber ebenso für den Einsatz von fremden Stimmbildnern in der eigenen Chorprobe.
Chorische Stimmbildung ist etwas anderes als Klavierstimmen. Die Probenarbeit muß *im Ganzen* von gesangstechnischem Verständnis getragen sein, auch dort, wo es um anderes geht. Das „Abrufen" einprogrammierter Techniken kann sich nur auf ganz elementare Griffe beschränken, deren Kenntnis dem Chorleiter doch eigentlich zuzumuten ist. Nicht zuletzt mindert die Mitarbeit Dritter u.U. die innere Autorität des Chorleiters („der kann das ja selbst nicht") und damit seine Möglichkeiten zum Übertragen künstlerischer Vorstellungen. Keine Stimmbildung führt am Chorleiter vorbei. Nur das, was er aus *eigener* technischer Ausbildung und praktischer übender Arbeit erfahren hat, beherrscht und versteht, vermag er ausbildend weiterzugeben, auf den Chor zu übertragen.

Muß der Chorleiter deshalb ein fertig ausgebildeter Sänger sein? Sicher wäre das so wünschenswert wie eine Pianistenausbildung für den Organisten, das Beherrschen aller Orchesterinstrumente für den Dirigenten. Solange Chorleitung aber nur ein Teilberuf ist, bleiben hier Grenzen gesetzt. Erforderlich ist eine auch im „Nebenfach" ernst genommene gesangstechnische Ausbildung während der Studienzeit und, vor allem, weitere Fortbildung und ständiges Üben neben der Berufsarbeit. Nur die dabei gewonnenen Kenntnisse und Erkenntnisse lassen sich wirksam in der eigenen Chorarbeit anwenden.
Man verschanze sich nicht hinter dem Argument „keine Zeit". Anders als im Instrumentalspiel haben Gesangsübungen auch bei geringem Aufwand durchaus schon eine Wirkung, solange sie nur regelmäßig betrieben werden. Mit diesem Hinweis läßt sich auch mancher Laiensänger aus den Chören anregen, in eigener Initiative Gesangsunterricht zu nehmen, sich selbst zur Freude, dem Chor zum Vorteil.

Eine Gefahr könnte darin liegen, daß der Chorleiter seine eigenen gesanglichen Probleme auf die Chorsänger überträgt, Schwierigkeiten aufbaut, wo gar keine vorhanden sind, eine Gefahr also, wie sie auch gelegentlich im Gesangsunterricht noch wenig erfahrenen Lehrern begegnet und nicht von der Hand zu weisen ist.
Da es aber meist weniger falsche als eher einseitige Maßnahmen sind, die hier Nachteile bringen, lassen sich durch „balancierendes", möglichst viele gegensätzliche Gesichtspunkte berücksichtigendes Arbeiten Irrwege verhüten.

In jedem Fall ist das, was der Chorleiter (oder Gesangslehrer) aus eigener Erfahrung in die Arbeit einbringt, für den aufnehmenden Chorsänger oder Gesangsschüler viel griffiger und durchsichtiger, auch, gerade wegen der offenkundigen persönlichen Färbung viel leichter auf das eigene Singen zu übertragen als gut gemeinte allgemeine Anweisungen, denen sich der Anweisende selbst gar nicht unterwirft, deren Sinn und Ziel ihm daher letztlich doch dunkel bleiben.

Der Chorleiter muß das, was er von anderen fordert, selbst können: Singen. Mehr noch als der Leiter von Berufschören ist der in der Laienchorarbeit stehende Chorleiter gefordert, denn in seinem Bereich hängt Wohl und Wehe im Singen nur von ihm allein ab.

Eine individuelle Einzelstimmbildung der Chorsänger ist letztlich durch keine chorische Arbeit voll zu ersetzen. Wenn sie fehlt, ist mindestens sehr häufiges Proben erforderlich, das den Sänger in einem bestimmten Singstil hält. Das alltägliche Sprechen, auch das Singen in anderen, vielleicht weniger achtsam geführten Chören, wird dann das Erreichte nicht immer wieder abbauen können.

Bei weiterem Probenabstand müßte der Chorleiter seinen Sängern mindestens einige Anregungen zu täglichem Singen, vor allem Mut und Lust dazu mit auf den Weg geben.

Anmerkung: Ein Gesangsunterricht, der auch bei geringem zeitlichem Aufwand Erfolg haben soll, fordert nicht nur sehr fähige Stimmbildner, sondern vor allem solche, die in der Lage sind, ihren Lehrstoff auch der bewußten verstandesmäßigen Einsicht zu öffnen. Die gelegentlich auch heute noch angebotenen Trainingsmethoden, bei denen Lehrer gleichsam gärtnerisch auf die automatische Wirksamkeit langfristiger Wachstumsprozesse vertrauen, sind in einer berufsbegleitenden Ausbildung wie im Nebenfachunterricht einer Hochschule reine Zeitverschwendung. Ihre Wirkung, die ohne rationale Hilfen durch ein Sich-einleben und -einfühlen erfolgen soll, ist von ständigem Kontakt mit dem Lehrer abhängig. Im anderen Fall erzeugen sie nur das Gefühl von Hilflosigkeit und Unzulänglichkeit.

§ 76. 3 Das Problem „Technik“

Jedoch stößt die gute Absicht, den Chor sängerisch, wenn schon nicht auszubilden, so doch wenigstens zu erziehen, auf eigene *Probleme*.

Unterschiedliche Stimmlagen, unterschiedliche Vorbildung, unterschiedliche Erfordernisse bei jedem einzelnen Sänger stellen den Erfolg von vornherein in Frage. Wo gibt es hier einen gemeinsamen Nenner, von dem man ausgehen kann? Wo ist der technische Griff, der jeden erreicht?

Zu diesem mehr äußeren, persönlichen Problem, das jedermann vor Augen liegt, kommt ein ganz anderes, viel schwerer wiegendes, das weitgehend übersehen wird: Nicht nur die falsche, auch die „richtige“ zweckmäßige, effektive Maßnahme birgt *Nachteile*.

Neben die erste Erkenntnis — Chorarbeit verlangt unter allen Umständen stimmtechnische Übung — muß eine zweite treten: *Jede* technische Übung bringt neben ihrem Nutzen auch Schaden. Wir stehen damit vor einem Problem, das sich bei aller musikalisch-technischen Arbeit zeigt.
Technik ist einerseits die Fähigkeit, einzelne gezielte Aktionen mit absoluter Sicherheit ausführen zu können, andererseits besteht sie in einem organischen Präsenzgefühl des ganzen Körpers, das die Einzelaktion überhaupt erst möglich macht.
Ohne dieses Gesamtgefühl, das beim Instrumentalspiel wie beim Singen den ganzen Organismus in gleichsam hierarchischer Abstufung in den Dienst von Finger, Hand oder Stimme stellt, bleibt die Einzelaktion behindert, ihre Steuerung mißverstanden und in ihrer Isolierung fehlgeleitet. Erlernt werden soll ja gerade nicht eine rein lokale, aus jedem Haltungs- und Bewegungszusammenhang herausgeschnittete Aktion. Sie würde sehr schnell zu störenden Verfestigungen der unbeschäftigten Organe führen. Erlernt werden soll vielmehr das hilfreich stützende Anpassen und Einpassen aller Bewegungen in die *eine* zentral wichtige, die den Klang, die musikalische Phrase dann auslösen soll.

Wie aber gewinnt man das „Gesamtgefühl"?
Hier rundet sich der Problemkreis: Als Übungsfeld für technische Aktionen und als Erfahrungsquelle für körperliche Reaktionen steht eben doch nur die ganz isolierte Einzelaktion zur Verfügung.

Ganz verfehlt, weil wirkungslos, unverantwortlich zeitraubend und dabei noch den Schüler verunsichernd ist der Versuch, den Schüler *vor* der konkreten Einzelerfahrung nach einem solchen Gefühl in sich suchen zu lassen, Einstellungen, freies Schwingen, Atmen, Öffnen und dergleichen zu fordern, an eine „Ganzheit" zu appellieren, als gelte es, etwas in der Seele geheimnisvoll Verborgenes an das Licht zu fördern. Dabei kann doch dieses umfassende Organgefühl, das auf einen erst neu zu erlernenden Zweck zielt, noch gar nicht vorliegen, sondern muß Schritt für Schritt erst aufgebaut werden.

§ 76. 4 Der Begriff „Balance"

Wenn nun der Appell an ein noch fehlendes Gesamtgefühl wirkungslos bleibt, die Einzelübung aber in ihrer irreführenden Mißverständlichkeit ebensoviel Schaden wie Nutzen bringen kann, muß ein dritter Weg beschritten werden. Obwohl dieser Weg von vielen kompetenten Technikern mehr oder weniger bewußt angewandt wird, ist er doch nicht selbstverständliches Allgemeingut, schon gar nicht in der Chorarbeit, obgleich diese doch wegen ihrer schwer kontrollierbaren Breitenwirkung so besonders empfindlich ist.

Es geht dabei um ein „balancierendes" Arbeiten in korrespondierenden Gegensätzen. Zu jedem technischen Handgriff suche ich den sachlich entgegengesetzten, sein technisches Gegenteil, und übe beide in bewußtem, korrespondierendem Wechsel. Der Wechsel muß in unmittelbarem Anschluß erfolgen und vom Übenden auch entsprechend verstanden werden, damit das Steuerungs-

zentrum deutlich einen doppelten Input aufnimmt und die Verarbeitung zu einer „organischen“ Aktion selbst vornehmen kann.
Gewicht- und Fingeraktion beim Klavierspiel, „Hochgriff“ und „Tiefgriff“ beim Singen sind solche Polaritäten. Neben diesen so weit gespannten Polaritäten stehen dann nähere wie z.B. das Gegenüber von „Maske“ und „rückwärtiger Weitung“ beim Singen innerhalb des „Hochgriffs“.

Die umfassendsten korrespondierenden Pole sind a) das Arbeiten vom technischen Handgriff her gegenüber dem Arbeiten aus der leitenden Vorstellung vom musikalischen Ergebnis und b) der ebenso wichtige Gegensatz zwischen „machen“ und „kommen lassen“.

(Wieviel unnütze Diskussionen würden gespart, wenn sich jedermann vor Augen hielte, daß es sich bei diesen Begriffspaaren keineswegs um einander ausschließende, durch tiefe weltanschauliche Gräben voneinander getrennte künstlerisch-technische Grundsatzpositionen handelt, sondern lediglich um zusammengehörige Stützen von Technik, so unersetzlich wie zwei Füße zum Gehen!)

§ 77 Die Balance in der Stimmbildungsarbeit

Vorbemerkung:
Die folgenden Hinweise sind nicht gemeint als umfassende Darstellung einer Technik, wie es die Beschreibungen der „Arbeitsphasen“ und der „Schwierigkeiten“ beabsichtigen.
Der lernende Chorleiter soll sich unter allen Umständen an den Rahmen der Begriffe und Vorstellungen aus seiner eigenen Gesangsausbildung halten und das hier Angebotene nur als Muster und Anregung zum eigenen Suchen nutzen.
Wichtig ist, daß man persönliche Erfahrungen mit der Balance macht, und zwar nicht nur in der Chorprobe mit dem eigenen Chor, sondern vor allem in der Arbeit an der eigenen Stimme. Solche individuellen Erfahrungen erst versetzen den Chorleiter in die Lage, das im Chor Erlebte zweckmäßig auszuwerten.

§ 77. 1 Technik - musikalische Vorstellung (Balance zwischen einer Arbeit, die von der Technik und einer, die von der musikalischen Vorstellung ausgeht)

Zwar bleibt der Gedanke, musikalisches Ausdrucksbemühen oder musikalischer Schwung könnten eine fehlende Stimmtechnik ersetzen oder sogar erzeugen, laienhaft und illusorisch. Es bleibt nicht nur die Darstellung im Ungefähren hängen, sondern der Chorleiter versäumt auch seine erste Pflicht im Laienchor: die verantwortliche Ausbildung seiner Sänger (s. oben).
Andererseits aber ist zu sehen: keine Technik läßt sich *nur* aus dem bewußten Gefühl für die Körperbewegung, aus der bewußten Organsteuerung allein entwickeln. Es gibt keine vollständige „Bereitstellung“ technischen Könnens *vor* dem künstlerischen gezielten Einsatz. Der Organismus braucht ein deutlich

vorhergewußtes, entschieden gewolltes (Klang-) Ziel, um die Organsteuerung selbsttätig vervollständigen, sichern, verfeinern zu können. Das heißt: im Chor ist technische Arbeit besonders effektiv im Zusammenhang mit profilierender musikalischer Arbeit.

§ 77. 2 Machen — Kommen lassen; der Begriff „Lockerheit“

Auf diese Begriffe kommt alle technische Arbeit immer wieder zurück. In ihnen steckt aber auch zugleich eine Fülle von Mißverständnissen und schädigenden Halbwahrheiten.
„Ganz locker!“ „Seien Sie doch locker“; „Nun mal ganz locker!“:
Warum reizen derartige Aufforderungen so leicht zu Widerstand, zu Abwehr, zu Witzeleien, hinter denen sich Aggressivität verbirgt? Weil hier eine Binsenwahrheit zur Forderung erhoben wird, ohne daß eine Erläuterung oder eine Hilfestellung angeboten würde.
Nicht im „daß“ liegt das Problem. Jedermann weiß oder ahnt, daß er „locker“ sein sollte. Es geht vielmehr um das „wie“: Was kann ich tun, um locker zu *werden?* Vor allem aber: was genau heißt denn „Lockerheit“?

Lockerheit ist nicht einfach nur das Gegenteil von Verspannung, sei sie nun körperlicher oder psychischer Natur!
Deshalb sind auch die mancherorts immer noch beliebten gymnastischen Übungen wie Schütteln, Arm- und Rumpfkreisen, Rumpfbeugen oder sogar Hüpfen (in voller Bekleidung!) für das Singen gar nicht unmittelbar hilfreich. Der Chorsänger kämpft mit den Peinlichkeiten von verrutschender Kleidung und Haarfrisur, auch mit dem nachfolgenden Schweißausbruch und der Körperunruhe, die sich anstelle der erwarteten Entspannung einstellt.
Gymnastik ist für den Körper so wichtig wie Nahrungsaufnahme, und doch hat beides seinen Platz nicht in der Chorprobe. Die turnlehrerhafte Kommandoautorität, die mancher Chorleiter dabei genießt, ist eher etwas lächerlich, weil deplaciert, und das Gefühl, seine Gruppe „im Griff“ zu haben, eine Selbsttäuschung.
Eine mit nicht voller Überzeugung befolgte Anweisung mindert die innere Autorität des Chorleiters! Man tut ihm den Gefallen, statt sich von ihm gefördert und getragen zu wissen.

Echte Entspannungsübungen, wie sie auch für das Singen nutzbar gemacht werden können, kommen im allgemeinen ohne aufwendige Körperbewegungen aus. Sie arbeiten mit der Konzentration des Bewußtseins auf bestimmte Organbereiche. Sie löst dort eine verstärkte Blutzufuhr aus und stellt aktive Bewegungsbereitschaft her, die als wohltuend und befreiend empfunden wird, zugleich auch die weniger leicht steuerbaren Bereiche des Körpers, wie sie beim Singen in Anspruch genommen werden, vorteilhaft beeinflußt.
Schütteln und Ähnliches kann zwar eine akute muskuläre Verspannung lösen, nicht aber eine Körpereinstellung aufbauen, in der Verspannungen von vornherein vermieden oder wenigstens eingeschränkt werden.

Lockerheit im *psychologischen* Sinn wird vielfach durch eine heitere, eben „gelockerte" Atmosphäre angestrebt, sicher nicht zu Unrecht.
Doch ist auch hier vor Überschätzungen zu warnen. Der stets gut gelaunte, immer zu Scherzen aufgelegte Chorleiter zieht zwar mit Sicherheit die momentane Aufmerksamkeit der Sänger auf seine Person, doch hat er damit noch wenig Hilfreiches geleistet. Es ist ähnlich wie mit dem Schütteln: ein gelegentlicher Lacher befreit, Vergnügtsein allein aber ist noch keine Grundlage für das Singen, noch nicht einmal für die als Voraussetzung erstrebte „Lockerheit".
Ganz von Übel ist das Herunterspielen von Schwierigkeiten oder Ängsten durch „Leichtnehmen". Damit, daß man die Aufgabe verkleinert, verringert man nicht nur die (möglicherweise ganz berechtigten) Ängste, sondern zugleich den Wert der gesamten Arbeit.

Lockerheit ist auch nicht einfach das Gegenteil von Überaktivität. Zu den am weitesten verbreiteten Fehlern gehört es, Lockerung durch Passivität, Nichtstun und dergleichen erreichen zu wollen. Jeder Übende weiß: ein stillgelegter Muskel oder auch Muskelbereich verschwindet sehr schnell aus dem steuernden Bewußtsein und neigt in diesem Zustand stark zu blockierendem Feststellen, ja zu Krampf (Erfahrungen am Klavier mit nicht beschäftigten Fingern; Wadenkrampf bis zum Muskelriß bei langem Stillsitzen, etwa am Schreibtisch).
Gewünscht wird doch nur eine bewegliche Ausgangshaltung, die ohne Aufwand in Bewegung übergeführt werden kann.

Vorsicht ist deshalb auch geboten im Umgang mit überaktiven Sängern! Die ungesteuerte Aktivität darf man nicht einfach bremsen oder dämpfen, Anweisungen wie „nicht so laut" sind keine Ermunterung zu besserem Singen, sondern lösen Enttäuschung oder auch Ängstlichkeit und Unfreiheit aus, die ihrerseits wieder mit großer Mühe abgebaut werden müssen. Man muß vielmehr dem Sänger etwas zu tun geben, seine Aktivität in bewußtere Bahnen lenken, lautes Singen nicht durch leiseres, sondern durch besser klingendes, ein zu schnelles durch ein besser ausgesungenes ersetzen, zu frühes Einsetzen oder das ebenso lästige Herauspoltern der Stimme aus dem Stimmenverband nicht als unmusikalisch kritisieren, sondern als gute Leistungsabsicht würdigen und dadurch, daß man die Aufmerksamkeit auf den Reiz des guten Zusammensingens, das ganz elementare Gruppenerlebnis lenkt.
Gelingen kann dies Umpolen von unwillkommenen Aktivitäten in schönere und nützlichere nur auf der Basis von sorgfältiger und dauernder Stimmarbeit. Achtloses Übergehen der Schwächen ist genauso schädigend wie das Abbremsen.

Das Singen setzt Energien frei, die sich, fehlgesteuert, auch *gegen* das Wohl der Stimme entladen können. Unterdrückt man sie, so kann man zugleich auch die Freude am Singen ersticken, läßt man sie ohne Kontrolle frei, so kommt es zu keiner künstlerischen Chorleistung und, unter Umständen, auch zu stimmlichem Schaden.
Lockerheit ist also nicht der Zustand, der sich automatisch einstellt, nachdem Fehler wie Verspannungen usw. beseitigt worden sind. Man *ist* nicht locker, sondern man geht, singt, spielt locker. Nur eine beherrschte Aktion, in der Aktionswille und Körpergefühl ganz übereinstimmen, kann locker sein.

Lockerheit ist die vollkommene Balance zwischen „machen“ und „kommen lassen“!
Sie kann deshalb gar nicht im Menschen als Urzustand vorhanden sein, den man nur freizulegen brauchte, schon gar nicht, wenn er sich einer neuen, erst teilweise verstandenen und beherrschten Tätigkeit zuwendet. Sie muß in jedem neuen Zusammenhang neu erlernt werden, ist andererseits auch durchaus erlernbar.

Lockerheit ist im Grunde nicht ein *Zustand*, sondern eine Art zu *handeln*.
Der Appell an eine „Lockerheit“ als Ausgangshaltung oder Einstellung für das, was kommen soll, ist sinnlos, unwirksam und für den Sänger ärgerlich. Lockerheit muß als eine Technik *erlernt* werden.

„Machen“ bedeutet im Zusammenhang von „machen“ — „kommen lassen“ soviel wie „gezielte und bewußt kontrollierte technische Ausführung von Übungen oder Literaturpassagen“.

Demgegenüber ist mit „kommen lassen“ zweierlei gemeint: Einmal eine weniger absichtliche Art technischer *Ausführung*, zum andern eine weniger festgelegte technische oder musikalische *Zielsetzung*.
Man kann, anders ausgedrückt, einfach ausprobieren, wie sich ein schon erahnter Stimmsitz und ein schon vorgestellter Klang wohl ereichen ließen. Man kann aber auch versuchen, sich ins noch Unbekannte vorzutasten und zu erkunden, was ein Stimmsitz und was ein Klang überhaupt sein *könnten*.
„Kommen lassen“ kann sich also auf den technischen Weg beziehen („Arbeiten vom Ergebnis her“) oder auch auf das Ziel, das Ergebnis selbst. Kontrollinstanz ist in beiden Fällen nicht mehr die Frage „Mache ich es richtig?“, sondern „Fühle ich mich wohl?“ für die technische, hier vor allem die stimmliche Seite, und „Ist es gut, ist es schön?“ für die klangliche, die musikalische Seite.

Wohlbefinden und Wohlgefallen sind Instanzen, die wegen ihrer Subjektivität und geringen Kontrollierbarkeit oft verdächtigt oder verdammt werden. Man fürchtet, sie könnten in schädlicher Weise die schwächste Seite im Menschen herausfordern, seine natürliche Trägheit. Entwicklung und Fortschreiten müsse man sich selbst und der Umwelt abringen.

Hier liegt ein verhängnisvoller Irrtum, verhängnisvoll ebensosehr für den Umgang mit der eigenen Person wie für den mit anderen, nicht zuletzt auch für den Umgang mit dem Chor. Die „Natur“ der Natur ist nicht Stillstand, Beharren, sondern Entfaltung und Wechsel. Die „Natur“ des Menschen ist Produktivität, er fühlt sich am wohlsten im Machen, Gewinnen, Erfahren, Lernen — nur nicht immer in der von außen diktierten Weise. Ein Widerstand richtet sich nicht gegen Neues, auch nicht gegen Führung oder Leitung, sondern gegen unverstanden und ungewünscht Aufgezwungenes, und darin darf man durchaus einen produktiven, intelligenten Akt sehen. Gefährdung kommt von einer anderen Seite: der Gewohnheit. Gewohnheit,ebenso ein ursprünglich „gesunder“ Naturmechanismus, schafft meist trügerische Sicherheit. Wohlbefinden und Wohl-

gefallen müssen gereinigt und befreit werden von der lähmenden Bestimmung durch Gewohnheit, dann lassen sie sich als wirksame, produktive Kontrollinstanzen hilfreich einsetzen.
Dieser Prozeß ist allerdings nicht immer ganz leicht, leidvolle Erfahrungen mit neu übernommenen Chören, Chorsängern, auch mit Zuhörergruppen bleiben niemandem erspart. Geduldige Überzeugungsarbeit ist erforderlich. Sie wird aber nur demjenigen gelingen, der gelernt hat, auch seine eigenen spontanen Gefühlsreaktionen kritisch auf Angewohnheiten hin zu prüfen und sie nicht, entsprechend unseren schwer beweglichen Partnern im Chor, sämtlich für tief gegründete Einsichten oder gar für künstlerische, der Kritik entzogene „Intuition" zu halten.

Praktisch sieht das „kommen lassen" also etwa so aus:
Während der technischen Arbeit (Übungen, technisch orientiertes Singen von Literaturpartien): unterbrechen, Wirkung erspüren lassen. Frage: Wie reagiert der Körper? Wie reagiert der Klang? Ist die Übung hilfreich? Ist die Art, wie ich die Übung singe, hilfreich?
Vor allem bei den vorbereitenden Übungen („Einsingen") nicht zu schnell fortschreiten. Zu schnelle Anschlüsse fördern die Konzentration nicht, selbst wenn sie den Chorsänger am Abschweifen hindern.
Im Wechsel der Übungen: Einmal mit genauen technischen Anweisungen (Konzentrationspunkte für den Ansatz, Mund- und Zungenstellungen, Körperpositionen, Atemgriff etc.), ein andermal: „mehr Resonanz"; oder auch nur: „klingen lassen!"; „schöner!"; „sucht den besten Klang"; „singen, einfach singen, mit Genuß!" Wichtig: immer wiederholen, Singerfahrung nutzen lassen.
Schließlich: immer wieder von der Gesangstechnik ganz ablenken, vorsingen und nachsingen lassen, den Chorklang in einer Linie, einem Akkord beschreiben, sich entwickeln lassen, also ganz „vom Ergebnis her".

Ein doppelter Zweck wird damit verfolgt: Es müssen Erfahrungen mit der *Wirksamkeit* von gesangstechnischen Übungen gemacht werden, und es soll das Singen als etwas immer wieder *Neues*, nie ganz Festzulegendes erlebt werden.

Übungen bleiben ohne Wirkung, wenn der Sänger das Beabsichtigte nicht auch gelegentlich von sich aus, ohne Hilfe, nur von der Wunschvorstellung her geleitet, ansteuern darf und muß. Erst dann wird er sich angeregt fühlen, der stimmlichen Wirksamkeit von Übungen bewußt nachzuspüren.

Übungen können sich andererseits auch *totlaufen*, zum wirkungslosen Selbstzweck degenerieren, wenn sie zu häufig und zu regelmäßig, gleichsam automatisch in die Chorarbeit einfließen. Ebenso kann es mit Anweisungen und den im Gesang üblichen bildhaften Hilfen ergehen.
Was nicht unmittelbar situationsbezogen und damit in seiner Auswirkung erlebbar und kontrollierbar ist, bleibt ohne Folgen im Chorgesang. Der Chorleiter, der seine stimmtechnische Arbeit als Antwort auf die jeweilige aktuelle Lage anlegt, wird daher, notgedrungen, in seiner Ausdrucksweise wie in seinem Übungsrepertoire ständig nach *Neuem* suchen.

Eine gewisse spontane Selbstverständlichkeit bei Übungen wird er eher als Abnutzungserscheinung denn als technisches Können werten.

Das gilt auch für Einsingübungen! Das Starten mit immer derselben Übung, gleichsam als „Markenzeichen" des Chores (oder Chorleiters) hat einen unleugbaren emotionalen Wert für das Gemeinschaftsbewußtsein eines Chores. Zur Verbesserung des Singens tragen solche „Nationalhymnen" meist nicht viel bei. Es fehlt nicht nur das Erleben einer im Augenblick hilfreichen Wirkung, sondern, und das ist besonders nachteilig, es schwindet allmählich das Bewußtsein davon, daß mit Übungen überhaupt Neues, Besseres, Schöneres angestrebt und erreicht werden soll und kann und daß keineswegs nur das schon Vorhandene mit lässiger Hand wieder aufgewärmt wird.

Die Gefahr einer für den Chorsänger unverständlichen Vielfalt ist gering, wenn der Chorleiter in bewußt balancierender Weise, also mit aufbauendem Bezug zum Vorigen, arbeitet und nicht zusammenhangslos immer Neues anbietet.

Aber die Technik des gelegentlich bewußten „kommen-lassen" soll nicht nur die Wege zum Singen für das lernende Bewußtsein offenhalten. Sie soll auch das Ziel, das Singen selbst, von einer allzu engen und *einseitig* definierten Vorstellung *bewahren*. Das Singen läßt sich ja viel weniger eindeutig beschreiben als etwa die Pedaltechnik der Orgel, bei der es doch auch manches zu erfahren und zu erfüllen gibt. Singen bleibt immer abhängig von der individuellen Erfahrung des Einzelnen mit sich selbst und der eigenen Stimme, und für diese Erfahrung muß Gelegenheit und Anregung auch im Chorgesang gegeben werden.

Ohne unangebrachte Mystifikation und Geheimnistuerei soll der Chorleiter das Vertrauen des Sängers in seine Stimme und seine Singfähigkeit dadurch stärken, daß er immer wieder einmal das „Wie" ihm selbst überläßt, ja ihm nahelegt, sich ohne festlegende Leitvorstellungen durch das Gefühl von Wohlbefinden tragen zu lassen.

Aber: die ganze fruchtbare Wirksamkeit des „Kommen-lassens" fällt dahin, wenn sie nicht in ständigem balancierendem Zusammenhang mit „machen", mit exakter, genau definierter *technischer Detailarbeit* steht.
Der Traum vom „ganzheitlichen" Arbeiten bleibt Illusion ohne die vorausgehende und begleitende technische Arbeit in Erläuterungen und Übungen.

Ebenso bleibt der Appell an das „Gesamtgefühl", das Körperbewußtsein, das das Singen selbstwirksam tragen soll, ohne Erfahrungen mit der gezielten Einzelübung für den Sänger unverständlich und damit für die Ausbildungsarbeit wirkungslos (siehe auch oben).

§ 77. 3 Technischer Einzelgriff — sängerisches Gesamtgefühl

Es ist zu Beginn der Arbeit noch gar nicht so wichtig, ob das „Gesamtgefühl" schon in der vollkommenen, endgültigen richtigen Weise vorhanden ist. Der Sänger soll vor allem erfahren, daß es überhaupt etwas Derartiges gibt, und soll danach suchen. Sein Ziel soll nicht in erster Linie sein, „richtig" zu singen, eine vorgeschriebene Leistung zu vollbringen, sondern das Gefühl zu finden, in dem es sich singen läßt.

Ohne den ständigen Appell an ein Gesamtgefühl führen auch die besten, „richtigsten“ Einzelübungen und Einzelanweisungen in die Irre.

In der Arbeit erfolgt die *Steuerung des Einzelgriffs* abwechselnd

a) direkt, durch genaue Anweisungen für Haltung, Konzentrationspunkte, Bewegungen;

b) indirekt aus dem Gesamtgefühl heraus ohne konkrete, das Leistungsdenken anregende Einzelanweisung, aber mit der Anregung „im Körper“, „mit dem Körper“, nicht ungefaßt darauflos zu singen.

Im *ersten* Stadium der Arbeit wird das Körpergefühl durch einander *gegenübergestellte* Handgriffe angeregt (z.B. Atem- und Klangflußübungen), in einem *späteren* können aus dem gewonnenen Körpergefühl einzelne Griffe „beleuchtend“ wieder ausgegliedert werden (z.B. Zwerchfellstaccato“ am Faden, mit beibehaltenem Resonanzfluß).

Eine in sich bereits „balancierte“ Aktion, also eine, die schon zwei Vorstellungen in sich vereinigt, ist erst im zweiten Stadium der Entwicklung anwendbar (Beispiel: ein im Scheitelpunkt des Schädels gedachter Ansatz setzt ein Gefühl sowohl für „ Maske“ („vorn“) als auch für die „rückwärtige Weitung“ (Öffnung) voraus, wirkt überdies nur bei einer gewissen Erfahrung mit der Balance von „Hoch“ - und „Tiefgriff“, d.h. mit der Verbindung von vorstellungsgesteuertem Kopfansatz und überwiegend atemgesteuertem Körperansatz (siehe unten).

Nun konkreter zur Stimmbildung selbst:

Der erste Ort der Balance im Singen ist der Unterschied zwischen bewußter *Atemführung* und *Stimme* (Stimmklang).
In der Atemführung selbst unterscheiden wir Position und Bewegung, die in balancierendem Wechsel angesprochen und geübt werden können.

§ 77. 4—7 Atem — Stimme

§ 77. 4 Vorbehalte gegen Atemübungen

Gegen Atemübungen im Chor gibt es, vor allem bei Chorleitern im Anfängerstadium, mancherlei Vorbehalte.
Man fürchtet Widerstand bei den Sängern, Unwirksamkeit wegen mangelnder Kontrollmöglichkeiten, auch Schädigungen für die Stimme bei ungeschickter oder übertriebener Atembehandlung.

Keiner dieser Einwände ist ganz von der Hand zu weisen. Mit dem *Widerstand* der vielleicht zunächst etwas peinlich berührten Chorsänger wird ein Chorleiter, der seine Technik selbst praktisch und auch begrifflich beherrscht, leicht fertig. Wer selbst überzeugt ist, wirkt überzeugend.

Schwieriger ist es mit der *Kontrolle.* In der Tat muß sich der Chorleiter, um keinen Schaden durch Mißverständnisse anzurichten, auf ganz wenige, leicht verständliche, leicht ausführbare „Griffe" beschränken und den Chorsänger über diesen Tatbestand auch informieren.

Das Risiko kann er verringern, indem er einerseits die Gefährdungen beim Namen nennt, andererseits keine Atemübungen ohne unmittelbare Beziehung zur Tonerzeugung ausführen läßt, vor allem nicht im Frühstadium.

(Positionsübungen, also Übungen, die auf das bewußte Einstellen von Körperhaltungen abzielen, können dazu führen, daß sich der Brustkorb verkrampft oder feststellt; aktive Bewegungsübungen im Atembereich gehen oft unvermerkt in den sehr schädlichen Atemstau mit Triebresonanz über, der einem nur schwer wieder abzugewöhnen ist.)

Sobald der Sänger einmal bewußt erlebt hat, wie sich der Atem hilfreich oder auch hinderlich auf das Singen auswirkt, kann man eingehendere Übungen, z.B. während des Einsingens, wagen (siehe auch unten).

Wirkungslosigkeit ist immer ein Zeichen dafür, daß eine Übung nicht verstanden worden ist, sei es vom Sänger, sei es auch vom Chorleiter selbst, aber noch kein Beweis für die grundsätzliche Erfolglosigkeit von Atemarbeit im Chor. Im Gegenteil: *ohne* aktive, steuernde wie erlebende Bezugnahme auf den Atem läßt sich keine Stimme entwickeln.

Das „Gesamtgefühl" geht ganz wesentlich von dem Gefühl für den Atemapparat aus, seiner weitenden Bereitstellung, seinen aktiv ausgeführten oder passiv wahrgenommenen Bewegungen. Für viele Menschen besteht sängerisches Körpergefühl zunächst aus gar nichts anderem als dem erlebten und geführten Atem.

Ein nicht gesteuerter Atem bleibt keineswegs neutral an seinem „natürlichen" Platz, sondern macht sich auch als Hauch, als Druck störend bemerkbar. Umgekehrt ist schon der primitivste Hinweis auf eine Weitstellung im unteren Atembereich für den Sänger hilfreich und mildert den Druck, mit dem gerade der engagierte Laiensänger so oft seine Stimme strapaziert.

Zum Thema Aktivität: Wenn dem Anfänger technische Schwächen zum Bewußtsein kommen, sei es im Instrumentalspiel oder auch beim Singen, wird er sie zunächst oft als körperliche *Schwäche,* also als muskuläres Defizit, deuten und entsprechend zu vermeintlich notwendigen Kraftanstrengungen neigen. Der Lehrer wird in den „Schwächen" viel eher *Behinderungen* sehen und statt Kraftaufwand, der hier wegen mangelnder Steuerung noch gar nicht am Platz ist, mehr auf Freilassen, Öffnen, Laufen-lassen und dergleichen sehen. Auch hier gilt es, besonders für den Chorleiter, die vorhandenen Energien, das Engagement nicht durch Übervorsicht zu dämpfen und einzuengen (die Anweisung: „Vorsicht" kann beim Singen wie beim Atmen durchaus auch zu abträglichen Folgen führen), sondern in die richtigen Kanäle lenken.

Vorbemerkung zum Folgenden: Hier darf nicht das Mißverständnis entstehen, als sollten Atemübungen, besonders die Positionsübungen, zur Vorbereitung des Singens, gleichsam als einleitende Vorschulung, dienen. Eine Singarbeit beginnt man am besten mit Singen und läßt alles, was es an körperlicher Hilfestellung gibt, lediglich unterstützend immer wieder einfließen.
Technische Spezialübungen müssen auf ihr Ziel, den klingenden Ton, bezogen bleiben, sich auf ihn hin orientieren und sich immer neu von ihm herleiten lassen.
Isolierte Atemübungen können, als sportliche Leistungen mißverstanden, den Sänger doppelt fehlleiten. Zum einen kann eine atemtechnische Überaktivität die Stimme einengen und unter Druck setzen. Zum anderen aber kann dem Sänger das Bewußtsein davon abhanden kommen, daß Atmen ein überwiegend *unwillkürlicher* Vorgang ist. Man darf nie vergessen, daß der Atem einen willentlichen Eingriff zwar zuläßt, daß ein solcher Eingriff aber, selbst bei bester Absicht, eine Art von Störung des natürlichen, sich selbst regelnden Ablaufs bedeutet. Dieser natürliche, weil unwillkürliche, Ablauf muß immer wieder als das eigentliche, tragende Fundament des Singens gesucht und erspürt werden.

Besonders wichtig ist es daher, das *Einatmen* als eine nicht-willkürliche, sich selbst auslösende und steuernde *Befreiung*, nicht aber als Kraftakt zu erleben. Deshalb *beginnen* alle Atemübungen mit einem aktiven *Ausatmen*.

Bei den hier sogenannten „Positionsübungen" geht es in erster Linie um die sängerische Bereitstellung, erst in zweiter um die (eigentlich vorrangige) Körperhaltung. Für die so wichtigen Haltungsprobleme sind vor allem die Schriften um die bekannte „Alexander-Technik", auch Autoren wie Moshe Feldenkrais heranzuziehen.

Der hier als Beispiel angeführte Typ von Positionsübungen, den jeder Lernende nach seinen eigenen Gesichtspunkten abwandeln mag, soll zunächst einmal brachliegende Körperbereiche aktivieren und deutlicher ins Bewußtsein heben helfen. Unwillkürliche Bewegungsfunktionen lassen sich kaum anders verbessern als durch ein, auch nur vorübergehendes, aktives Eingreifen. Die Übungen können zu Beginn ruhig mit kräftiger Energie ausgeführt werden, unbeschadet des etwas unfreien Resultates. Bei wachsender Selbstverständlichkeit und zunehmendem Körpergefühl führt man die Dehnungen nur noch leicht und unaufwendig aus, mehr als Tendenz denn als muskuläre Anspannung. Später kann man dann die erforderliche Weitung einfach aus der ausbalancierten, an der richtigen Position von Schultern, Wirbelsäule und Becken orientierten Körperhaltung gewinnen. Als Vorbereitung dazu ist es nicht verfehlt, von Anfang an darauf zu achten, daß Schulter und Becken gut übereinander liegen. Es entsteht dabei bereits von selbst der Eindruck von Getragenwerden und Hängenlassen, gleichsam als Vorgefühl für die eigentliche, erst noch zu erlernende freie und organische Körperhaltung.

§ 77. 5—6 Die Praxis der balancierenden Atemsteuerung: Position und Bewegung

Üben lassen sich:

a) die stützende Körperposition
b) die aktive Bewegung.

Obwohl beide nur *m i t e i n a n d e r* wirken können, muß man sie um der Verständlichkeit willen *g e t r e n n t* üben. Durch balancierenden Wechsel und entsprechende Hinweise muß dabei dem Chor die zusammenwirkende Gesamtfunktion vor Augen gehalten werden.

§ 77. 5 Positionsübungen

Hier ein Beispiel dafür, wie sich eine sängerische Körperposition (Körperhaltung) in einzelne, für den Chorsänger leicht verständliche und ausführbare Übungen auflösen läßt:
(Jeder Chorleiter sollte seine persönlichen Vorstellungen in eigene Übungen und Teilhaltungen umsetzen!)

Zunächst einige Aktivübungen:

„Scharnier 1": Über eine vorgestellte waagerechte Achse in Hüfthöhe wird die Körperfront geöffnet. Ziel: senkrechte Position des Oberkörpers über dem Unterkörper; kein „Überstrecken", Schultern über Hüften.

„Scharnier 2": Über eine vorgestellte senkrechte Achse hinter dem Brustbein wird die Schlüsselbeinpartie geöffnet. Kein Überstrecken, nicht anspannendes „Schultern zurück", sondern befreiende Offenheit der mittleren Partie („fröhliches Schlüsselbein").

Diese Übungen sind besonders wichtig bei jugendlichen Sängern. Jugendliche im Wachstumsstadium neigen dazu, die Körperfront gleichsam schützend zu bergen oder zu verbergen, indem sie den Oberkörper über den zurückgenommenen Hüften leicht vornüberhängen und dabei die Schultern nach innen fallen lassen.
Man muß diese Haltung, die irrtümlich für lässig oder für locker-entspannt gehalten wird, in ihrer Motivation, nämlich als Schutzhaltung, verstehen, um sie ändern zu können und ihre nicht nur für das Singen nachteiligen Auswirkungen zu vermeiden. Vor allem der eingeklemmte Bauch und die überforderte Rückenmuskulatur, die ganz allein, ohne Unterstützung der dafür doch auch vorgesehenen vorderen und seitlichen Muskeln, die Last des Aufrechtgehens tragen muß, können jedermann sehr schnell davon überzeugen, daß hier nicht *e n t -*

l a s t e t, sondern in unangenehmer Weise *b e l a s t e t* wird. (Übung: man lasse sich aus einer aufrechten Haltung plötzlich in diese Beugehaltung fallen. Der Druck auf Bauch und Magen, aber auch der ruckartige Zug an der Rückenmuskulatur sprechen eine deutliche Sprache!)

Man braucht sich nicht zu scheuen, dem Lernenden auch den psychologischen Mechanismus deutlich zu machen. So ans Licht gehoben, wird der Vorgang versachlicht, technisiert, Peinlichkeitsempfindungen erledigen sich von selbst.

Diagonalspannung: Weiter Abstand zwischen Brustbein und Kreuz.
(Übung: Rechte Hand gespreizt mit dem Handrücken auf der Wirbelsäule, die linke Hand gefaßt mit Daumen und Mittelfinger auf die Schlüsselbeine, der äußere Handballen liegt auf dem Brustbein; beide Hände mit dem Körper ein wenig auseinander zu drücken suchen.
Dieselbe Übung dann *o h n e* Hilfe der Hände.)

Diese Haltungsübung soll das einseitige Herauswölben des Brustkorbes verhindern, vor allem aber das bei allen Positionsübungen so leicht auftretende *H o h l k r e u z* vermeiden und ein Öffnungsgefühl auch für die Rückenpartie entwickeln helfen.

Zusammen erzeugen diese Übungen das Gefühl einer sich von innen nach außen bewegenden Weitung. An dieses Weitungsgefühl („Weitung“ besser als „Dehnung“: Dehnung strengt an, Weitung öffnet, löst) kann man später auch direkt appellieren. Andererseits kann man die Einzelpositionen für gelegentliche Einzelkorrektur durch Zuruf verwenden (wirksamer als „gerade sitzen“ oder „nicht so zusammenfallen!“) Diese Weitungen müssen nun ganz bewußt mit der *M u s k u l a t u r* und nicht etwa mit dem Druck der eingesogenen *L u f t* hergestellt werden. Ein Atemdruck würde sich automatisch auch nach oben richten und den Kehlkopf nach oben drücken (siehe auch unten).
(Man kann diesen Vorgang instruktiv nutzen: Anweisung „Atmen Sie so tief ein wie möglich und halten Sie dann plötzlich die Luft an!“ Der Chorsänger spürt den Druck, der die Kehle wie bei einem Fahrradventil verschließend nach oben drückt, er kann diese so schädliche Hochstellung sogar am eigenen Hals fühlen und beim Nachbarn sehen.)
Will man überhaupt den „Atem“, als Luftmenge verstanden, ansprechen, so helfen Anweisungen wie „Es muß immer noch etwas Luft nachströmen können!“

Bewußt werden muß dem Chorsänger, daß sich die angestrebte Weitung *n i c h t* nach *o b e n* hin fortsetzt, daß vielmehr Kopf, Unterkiefer und Hals gleichsam in den geöffneten Brustkorb hinein *h ä n g e n.*
(Hier werden in der Gesangspädagogik die unterschiedlichsten Bilder verwendet; man halte sich an das Vertraute.)

Für den Chorsänger liegt nun ein gewisser Widerspruch in der gleichzeitigen Forderung nach aktiver Weitung des einen Körperbereichs und dem fast passiven Hängenlassen des andern. Der Chorleiter muß bei sich selbst erproben, wie schwierig die Gleichzeitigkeit von „machen“ und „kommen lassen“ an dieser Stelle ist. Dann kann er gerade hieran dem Sänger deutlich machen, was Balance ist.

Druck nach oben ist eine Gefahr der Positionsübungen. Die andere ist ihre Verführung zur Starrheit. Sie müssen deshalb möglichst immer mit Bewegungsübungen verbunden werden.

Der *Flankengriff* ist eine Übung für das Forte, besonders für Einsätze mit Vokalansatz.
Zugleich ist der Flankengriff die einfachste und bei Anfängern wirksamste aller Körper- und Atemübungen überhaupt und kann deshalb gut als erste Übung, vor allen Positions-, Zwerchfell- und anderen Übungen, verwendet werden. Hier erlebt der völlig unvorgebildete Anfänger, daß ein Singen mit dem Körper einfacher und viel weniger ermüdend ist als das bisher Gewohnte.
Übung: Arme hängen lassen, Handflächen nach außen drehen mit dem Daumen nach rückwärts, dann die Handrücken an die unteren Rippen legen und diese gegen Widerstand kräftig zusammendrücken. Dann folgt der eigentliche Flankengriff: die beiden Hände werden, gegen kräftigen Druck, von der Flankenmuskulatur wieder auseinandergeschoben; dieselbe Übung dann ohne Zuhilfenahme der Hände, schließlich als eigentliches Ziel mit Einsatz der Singstimme.

§ 77. 6 Bewegungsübungen

Die eigentlichen *Bewegungsübungen* liegen im Bereich des Bauches. Sie werden sehr unterschiedlich oder sogar kontrovers beschrieben und geübt. Wiederum sehe man das Folgende als Beispiel einer vereinfachenden Verwendung bestimmter Aspekte im Chor und übertrage die eigenen Vorstellungen selbständig.

Zwei dieser Bewegungsübungen führen vorwiegend von innen nach außen, eine dritte vorwiegend von außen nach innen. Das muß dem Chorsänger jeweils deutlich werden, wenn er nicht an den widersprüchlichen Angaben irre werden soll.

Von *innen nach außen* bewegt sich der gesamte Muskelring unterhalb der Rippen, vergleichbar einem aufblasbaren Schwimmgürtel.
In balancierender Verbindung mit den weitenden Positionsübungen kann die Übung unter Umständen zu statischen *Positions*vorstellungen in eine leichte *Bewegung* überführen und dadurch von Starrheit befreien. Andererseits ist sie *ohne* die Hilfe der Weitungen im Brustkorbbereich kaum ausführbar, also auf das balancierende Zusammenspiel mit ihnen angewiesen.
Zum andern wird der *Boden* des Atemapparates in die Bauchhöhle weitend hineingezogen, eine Vorstellung, mit deren Beschreibung mancher sich vor dem Chor etwas schwer tut.

Während einige ganz unbefangen von „Klogefühl" sprechen, bleiben andere — treffender — bei Bildern wie dem von einer sich nach unten dehnenden (Gummi-)Wanne, in die man hineinatmet, auch hineinseufzt oder stöhnt.

Hier liegt die atemtechnische Seite des „Tiefgriffs" und zugleich der wirklich balancierende *Gegengriff* gegen das *Heben des Kehlkopfes*. Der aktive Atemtiefgriff holt den passiv hängenden Kehlkopf in die günstige Hängelage - vorausgesetzt, die Aktiv-Passiv-Balance im oberen Bereich ist gewahrt, der Unterkiefer hängt frei auch bei aktiver Bewegung, die Zunge bleibt ohne Druck.
Daß neben diese von *innen nach außen* geführten Bewegungen, die sich den oberen Weitungen doch organisch anschließen, nun die vielleicht wichtigsten, die *Bauch-Zwerchfell*bewegungen mit Elementen einer *Außen-Innenbewegung* treten, macht es dem Lernenden schwer.

Soll er die Bewegungen als gegenläufig oder als einander ergänzend verstehen? Arbeiten sie automatisch zusammen oder müssen sie über das Bewußtsein balancierend aufgebaut werden? Auch das Zusammenwirken von Bauch- und (ja nicht direkt steuerbaren) Zwerchfellmuskulatur bleibt für den Laiensänger schwer einsehbar. Manche Gesangslehrer und Chorleiter ziehen die indirekte Anregung der direkten, aktiven Einflußnahme vor, um beeinträchtigende Fehlsteuerung durch Mißverständnisse zu vermeiden.

Allgemein üblich sind Bauch- Zwerchfellübungen mit Verschlußlauten (p, t, k usw.), auch mit Geräuschlauten (f, s, ß, ch, sch), rhythmisiert, in Crescendo- und Diminuendokurven. Wie beim „Hecheln" und „Schnüffeln" wird die Muskulatur mehr durch die Geräuschvorstellung angeregt als daß sie bewußt bewegt würde, mehr beobachtet als „gemacht".

Dieser an sich fruchtbare Vorgang wirkt sich nicht immer automatisch verbessernd auf das Singen aus. In Wirklichkeit kann der Sänger die spontane Muskelaktion erst dann beobachten und erfolgreich für das Singen einsetzen, wenn er sie auch einmal und sei es ungeschickt, aktiv steuernd, isoliert, ausgeführt hat.

Übung z.B.: in den fließenden „f" - oder „ss"-Strom wiederholt „hineinstoßen", dann dieselbe Aktion ohne jede vorwegnehmende Geräuschvorstellung.

Koloraturübung: Vokale anstelle des Geräuschlautstroms; fördert „Stütze" und Resonanz, kann aber bei Anfängern zu Atemschub und Triebresonanz führen.

Die schwierige und problematische Bauch- Zwerchfellaktion bedarf ganz besonders einer sorgfältig *balancierenden Vermittlung* zwischen „machen" und „kommen lassen" durch einen Wechsel von absichtlicher Bewegung und Beobachten der unwillkürlichen Reaktion.
Weiter erfordert sie eine Balance zwischen Bewegungs- und Positionsübungen (nur auf dem Untergrund der Position „weiter Atemapparat" und „hängender Kehlkopf" sind die reinen Bewegungsübungen nutzbringend, teilweise erst ausführbar!) und schließlich zwischen Atem- und Tonübungen.

Ohne unmittelbare Verbindung mit Singübungen leisten die Atemübungen zwar etwas für das körperliche Wohlbefinden, zumal in der Einsingphase, aber wenig für das Singen selbst.
Das Erlebnis „geführter Atem“ kann, zumal vom Anfänger, nicht ohne weiteres auf die Stimme übertragen werden. Von einer unbewußt wirksamen Automatik erhoffe sich der Chorleiter nicht zu viel, zumindest nicht kurzfristig. Mehr als auf Ausführlichkeit und methodische Qualität der Atemschulung kommt es auf das *Erlebnis* an: der Zugriff zum Atemapparat erleichtert, verbessert, verschönert das Singen.
Praktisch: *Positionsübungen* verbinden sich am besten mit *lang fließenden Tönen*, *Bewegungsübungen* mit Folgen *schneller* Notenwerte.
Beide sind jedoch in sich *gefährdet* und können, besonders in der so empfindlichen Einsingphase, unwillkommene Wirkungen haben.

Ausgehaltene Töne *ohne* bewußte Position führen leicht zu unkontrolliertem Atemschub und Triebresonanz, *mit* Position zu Versteifung im Atemapparat, Festhalten der Stimme und Starrheit des Tones.
Schnelle Tonfolgen, besonders mit offenen Silben ohne Vokalverbindung (fa-fa-fa, ßa-ßa-ßa) verschließen durch das wiederholte Abreißen des Klanges die Kehle.
Klinger (anstelle von Nichtklingern, also na-nan, la-la usw.) helfen nicht automatisch, sondern bedürfen derselben kritischen Aufmerksamkeit.

Doch können die Nachteile durch eine geschickte Balance aufgefangen werden.

1. Übungen mit schnellen Tonfolgen und Übungen mit „ausgehaltenen“ Tönen sollten in ausgeglichener *Mischung* angeboten werden. (Bei isolierten Übungen: schnelle Tonfolgen in lange Schlußtöne münden und diese bewußt „schön“ singen lassen; ausgehaltene Töne immer wieder mit kurzen Laufübungen unterbrechen, z.B. „Bro-o-ot, momomomomom, Bro-o-ot“).
   In der chorischen Stimmbildung werden üblicherweise Laufübungen gegenüber solchen mit ausgehaltenen Tönen bevorzugt. Verklemmung soll damit vermieden, Lockerheit garantiert werden.
   Damit wird aber auf eine wichtige und fruchtbare Polarität verzichtet. Erst das Erlebnis des fließenden Klanges macht dem Sänger deutlich, daß auch die *schnelle* Tonfolge eine Kontinuität, einen *Resonanzfluß* fordert, und zwar stimmtechnisch wie musikalisch. Umgekehrt läßt sich ein Gefühl für *Beweglichkeit* und Fortfließen aus den schnellen Tonfolgen in die *langen* Töne herüberholen.
   Das Unmusikalische von unbewegt starren langen Tönen und die unfreiwillige Komik von ganz unverbundenen, trocken-plappernden tritt gerade im Gegenüber von lang und schnell zu Tage.
   Durch die Stimmbildungsarbeit mit überwiegend oder ausschließlich bewegten Tonfolgen wird zudem für das Bewußtsein des Sängers der lange Ton und mit ihm der elementare Reiz des stimmlichen Klangflusses unnötig *problematisiert* („ich bin dem langen Ton noch nicht gewachsen“) oder,

ebenso nachteilig, einfach vernachlässigt. Ungeübt wird er dann im Werk tatsächlich zur Schwierigkeit und beeinträchtigt Freude wie Niveau des gesamten Singens.

2. Der *lange* Ton muß *beweglich* gehalten werden, sowohl im Körpergefühl des Atemapparates wie in der musikalischen Vorstellung.
Vorstellung für die Position nicht nur „weit", sondern besser „weitend", nicht nur „offen", sondern „öffnend"; es muß Raum zur zunehmenden Weitung bleiben (keine maximale Dehnung suchen), es muß immer noch Atemluft nachfließen können.
Die Positionsübung nähert sich dabei den Bewegungsübungen mit ihren Öffnungstendenzen an, kann von ihnen her beeinflußt werden.
Musikalisch ist der lange Ton nicht als *stehende*, gehaltene Tonhöhe zu erleben, sondern als *Fortschreiten*, als Weiterfließen des musikalischen Gedankens, nicht als Unterbrechen des Melos, sondern als dessen Fortsetzen („Ton wie eine Melodie singen", „der Ton *ist* eine Melodie"), nicht als Zustand, sondern als Geschehen.

3. Bei *bewegten* Tonfolgen darf der Klang niemals ganz losgelassen werden, ein durchgehender fließender *Resonanzfaden* muß beibehalten werden. Die Profilierung des Einzeltons in der Linie erfolgt nicht durch Abtrennen, sondern durch ein zusätzliches Hineingreifen in den freien Klangfluß mit den beweglichen Teilen des Apparates (Bauch-Zwerchfellbewegung).

Zusammenwirken läßt man Stimme und Atem auf zweierlei Weise: einmal läßt man mit einem bewußten, gezielten Griff den *Atem Einfluß auf den Ton* nehmen (z.B. mit dem Flankengriff, aber auch in der Koloratur oder im langen Ton), zum andern läßt man durch ein Anschlagen des Stimmklangs in den oberen Resonanzräumen oder Ansatzpunkten den *Atem von der Stimme selbst leiten* (eine Art von „kommen lassen").

Die „Anschlagsübung", die nur wirksam ist bei gleichzeitiger Beobachtung der Reaktion im Atemapparat kann *vorbereitet* werden durch die oben erwähnten Atemübungen, die in balancierendem Wechsel den aktiven Bauch-Zwerchfell-Griff mit dem durch „ff-ff-ff" und ähnliches verbinden.
Atem und Stimme werden dann in *wechselseitiger Hilfsfunktion* erlebt, nicht einseitig der Atem als stimmtragend. In diesem zweiseitigen Verhältnis liegt der Sinn des mißverständlichen Wortes „Stütze", das im Chor vielleicht besser vermieden wird.
Entscheidend wichtig für den Einsatz des Körpers beim Singen ist, daß der Chorsänger begreift: *Alle* Bewegungen in diesem Zusammenhang sind *abwärts* und seitlich nach außen gerichtet, *keine* nach *oben*.
Ist der Widerspruch zwischen aktiver Weitung des Atemapparates und dem passiven Hängenlassen von Schulterpartie, Hals-, Kieferbereich schon schwierig genug zu realisieren, so sollte man mindestens bei Anfängern das Mißverständnis von „Stützen" = (aufwärts gerichtetem) Tragen vermeiden. Balance ist immer zweiseitige Aktion und enthält dazu immer ein Element von „lassen".

Beides wird durch das Wort „Stütze" eher verschleiert. (Die tatsächlich aufwärtsführende Bewegung des Zwerchfells tritt ja für das Bewußtsein nicht zutage.
Die Bewegung der Bauchmuskulatur, soweit sie aktiv und bewußt ist, wird eher als nach *hinten* denn als nach *oben* gerichtet vorgestellt.)

§ 77. 8—11 Tonansatz — Tonverlauf — Tonübergang

Ein weiterer Grund legt es nahe, dem langen, ausgehaltenen Ton in der Stimmbildung einen breiteren Anteil einzuräumen.

An ihm nämlich läßt sich eine Fehlsteuerung beobachten und korrigieren, mit der der Anfänger (oder auch der nicht ausreichend oder falsch geschulte Laiensänger) seine Stimme belastet und die Wirkung gut gemeinter Übungen und Hilfen zunichte macht. Es geht um eine zweckmäßige Orientierung der stimmbildnerischen Aktivität *innerhalb des Tones.* (Im vorigen Kapitel: Orientierung der Stimmbildung innerhalb des Organismus, im folgenden: innerhalb der Ansatzbereiche).

An *drei Orten* greift die Stimmbildung in den Ton ein:
am Beginn, in seiner Mitte und an seinem Ende oder, stimmbildnerisch gesprochen seinem *Einsatz*, seinem *Verlauf* und seinem *Abschluß*, beziehungsweise dem *Übergang* zum folgenden Ton. Überwiegend *aktiv* gesteuert werden *Ansatz* und *Übergang* („machen"), überwiegend *passiv* begleitet (beobachtend, kontrollierend, genießend) wird der *Tonverlauf* („kommen lassen").

„Überwiegend" bedeutet: selbstverständlich müssen Ansatz und Übergang auch aus dem körperlichen Gesamtgefühl, wenn vorhanden, mitgesteuert werden, und selbstverständlich führt der voll ausgebildete Sänger den Tonverlauf sorgfältig und gezielt. Anfänger und Laien aber müssen zunächst einmal ganz entschieden und einseitig lernen: am *laufenden Ton nichts machen!*
Denn sie handeln gerade umgekehrt: Ansatz und Übergang werden vernachlässigt (was „Ansatz" ist, wird erst langsam verstanden, der „Übergang", auch der Tonabschluß, tritt als Aufgabenfeld gar nicht ins Bewußtsein), alle Aufmerksamkeit und Aktivität richtet sich auf den Tonverlauf. Man versucht, den schlecht begonnenen Ton nachträglich zu verdichten, ihm Glanz, Resonanz, Kraft, Farbe aufzuzwingen. Das Ergebnis ist Verklemmung und Krampf. Wenn der Chorleiter, der diesen Zusammenhang nicht durchschaut, den Versuch macht, den fest gewordenen Stimmklang durch eine allgemeine „Lockerung", durch Zurücknehmen der Aktivität wieder zu lösen, so senkt er damit das gesamte sängerische Aktivitätsniveau. Der Chorklang wird kopfig-dürftig, blaß und in der Dynamik kaum beweglich; Tragfähigkeit des Tons und der Zugriff zum Hörer lassen nach.
Dabei war der Sänger ursprünglich gar nicht überaktiv, auch nicht verklemmt. Er war lediglich an der *falschen Stelle* aktiv.
Dieser Zusammenhang läßt sich auch dem Laiensänger leicht und hilfreich deutlich machen. Vor allem aber muß der Chorleiter dem Chor an der richtigen Stelle etwas zu tun geben und damit den so kostbaren Aktivitätswunsch befriedigen und nutzen.

§ 77. 8 Tonansatz

„ Ansatz": hier vereinfachend gebraucht für Art des Tonbeginns *und* resonanzmäßige Steuerung.

Die Arbeit am *Ansatz* ist eines der drei Kernstücke stimmbildnerischer Arbeit neben der Atemführung und der Hoch-Tief-Balance (siehe folgendes Kapitel). Hier entwickelt jeder Berufssänger und jeder erfahrene Gesangspädagoge eigene Bilder und Begriffe, und entsprechend kann und muß der Leser auf die eigene Praxis und die Fachliteratur verwiesen werden.
Für die Anwendung der Techniken in der Chorprobe sei an folgendes erinnert:

Der Ansatz erfolgt schnell, unverzüglich — aber ohne Druck oder Stoß.
Der Ansatz erfolgt in der vollen Klangqualität, aber nicht im vollen Volumen.
Vom Anfänger als Widersprüche erlebt, müssen diese Elemente bewußt als Polaritäten verstanden und balancierend fruchtbar gemacht werden.
„Schnell, unverzüglich" bedeutet: ohne ungesteuerten Anlauf, vor allem ohne Nebenluft („Hauch", umgekehrt: eine verhauchte Stimme z.B. bei Jugendlichen nicht am laufenden Ton, an der Klangqualität korrigieren wollen, sondern zunächst nur am Ansatz; im anderen Fall wird die Stimme nicht konzentrierter, sondern enger).

Der klare, entschiedene Tonbeginn darf aber nicht dadurch erzwungen werden, daß man mit der Stimme einen gestauten Druck durchschlägt.

Als elementarer Singfehler weithin erkannt und bekämpft wird der „Glottisschlag", der Atemstoß gegen die geschlossenen Stimmbänder, besonders bei fehlender Positionsspannung und gleichzeitigem Atemschub stimmschädigend. Weniger beachtet: der genauso nachteilige *Stau* in einem *Verschlußlaut* (p, t, k, zuweilen auch schon bei b, d, g). Es geht darum, ob der Atemstrom wirklich mit den Lippen, der Zunge, dem Gaumen, also nur ganz kurz und leicht, oder aber kräftiger und länger mit der *Kehle* gestaut wird. Im zweiten Fall bleibt der hochgestellte Kehlkopf auch im Vokal, der Klang ist verklemmt.
Mit der unkommentierten Aufforderung „deutlich sprechen" richtet der Chorleiter gerade bei wohlmeinenden Anfängern *Schaden* an, dessen Ursachen ihm dann verborgen bleiben!
Deutlichkeit sucht der Anfänger immer auf dem Wege der verschärften Anlautkonsonanten, besonders der Geräusch- und Verschlußlaute. Der Chorleiter sollte sich nicht zu sehr auf die automatisch gesunde und hilfreiche Wirkung des Konsonanten verlassen!
Hilfestellungen: Der *Folgevokal* muß in der Einstellung des Anlautkonsonanten schon *mitgebildet* werden, schon in ihm enthalten sein; und: der Anlaut steht nicht als Klang für sich, sondern „öffnet" den Vokal, „reißt den Vokal auf".
Anmerkung: der Vokalansatz mit einem anschlagenden Anlaut, wie man ihn im Italienischen, besonders dem gesprochenen, hören kann, wird von einigen Gesangslehrern erfolgreich angewendet, ähnlich wie beim sprachorientierten Tiefgriff (siehe unten) werden Elemente auch aus dem ungeschulten Sprechen als natürliche Wegbereitung genutzt. Demgegenüber werden in

dem vorsichtigeren Ansatz „auf dem fließenden Atem" („auf dem Anlautvokal einatmen") auch unnatürliche, die Stimme unnötig hemmende Vorgänge gesehen. Der Hauch gilt gegenüber dem Glottisschlag als das größte Übel.

Doch kann im Chor dieser Griff nur bei vollkommener eigener Beherrschung und auf dem Untergrund sehr sorgfältiger und bewußter Atemschulung empfohlen werden, da in einer Gruppe der Unterschied von Glottisschlag im Hals und sprachlichem, hochsitzendem Anschlag nicht immer ganz leicht zu kontrollieren ist.

Neben dem Glottisschlag und dem Konsonantenstau gibt es noch eine dritte, häufig unerkannte Ansatzstörung, und zwar durch ungeschicktes *Einatmen.*

Wird zwischen Atemholen und Tonbeginn der Atemstrom unterbrochen, angehalten, so kann ein Druck auf die Kehle entstehen, der Kehlkopf stellt sich hoch, die Stimme ist verklemmt.

Eine solche stauende Unterbrechung tritt besonders leicht ein bei zu *tiefem oder zu langsamem* Einatmen. Das falsche Überfüllen mit Luft (z.B. vor sehr langen oder lauten Tönen) kann man durch gezielte, die nachteilige Wirkung demonstrierende Atemübungen (siehe den vorangegangenen Abschnitt) abbauen.

Eine zu frühe und zu langsame Atemvorbereitung ist aber oft nur die Folge eines in langsamem Tempo angebrachten langen Auftaktes des Dirigenten. Hier helfen nur die immer wiederholten Anweisungen: „Auf dem fließenden Atem einsetzen"; in Einatmungsstellung einsetzen"; „den Ansatz einsaugen" und dergleichen. Der Dirigent muß sich aber vor Augen halten, daß Auftaktbewegungen in sehr langsamem Tempo oder gar mit Unterbrechungen *vor* dem Niedergehen den Chorsänger in Verlegenheit bringt, die nur der professionelle Sänger durch bewußtes „Gegensteuern" aufzufangen in der Lage ist.

Manche nicht gut ausgebildete Chorleiter halten die im Wendepunkt unterbrochene Auftaktbewegung, eigentlich nur für Forte-Staccato und scharfe Punktierungen, also eher instrumentale Situationen, gedacht, für besonders „deutlich" und wenden sie auch beim normalen Chorgesang an, ohne die von ihnen ausgeübte Stimmquälerei auch nur zu bemerken.

Viel weniger schwierig, eher hilfreich und entlastend ist für den Chorsänger die zweite Doppelforderung: Gleich im *richtigen Klang* einsetzen (vor allem: in der richtigen Vokalfarbe!), aber nicht im vollen Volumen (in der vollen Breite des Tones).

Es muß sogleich Resonanz da sein, man setzt von der Resonanz her ein, schiebt nicht den Klang nachträglich *in* die Resonanz. Selbst der kraftvolle Forte-Ton besitzt eine ganz kurze „schmale" oder „kleine" Eröffnung, die, ohne daß sie dem Hörer zum Bewußtsein käme, dem Klang Rundung verleiht.

Demgegenüber ist der voll präsente Forte-Einsatz der seltenere Fall. Er erfordert eine gleichzeitige kräftige und gekonnte Bewegung in der Flanke, wenn er nicht einfach roh und grob, damit auch dumpf werden soll.

Die Tragfähigkeit eines Tones hängt bekanntlich *nicht* von seiner Lautstärke, sondern von seiner Resonanz ab, und über diese entscheidet der Tonbeginn, der Ansatz. Was der Klang dort nicht gefaßt hat, läßt sich ihm nachträglich nicht mehr aufdrängen.

§ 77.9 Tonende (Übergang)

Neben dem Ansatz sind *T o n e n d e* und *T o n ü b e r g a n g* das zweite, oft vernachlässigte Arbeitsfeld.

Zunächst muß der Chorsänger lernen, dem Tonende eine eigene Aufmerksamkeit zuzuwenden, in ihm nicht ein Aufhören, sondern eine *s e l b s t ä n d i g e* Aktion zu sehen.

Er wird dann bald feststellen, daß ein bloßes Beenden des Tones nach dem Modell „das Licht ausknipsen" (schlagtechnisches Leitbild für manche Chordirigenten) oder auch „den Wasserhahn abdrehen" dieselbe Wirkung hat wie plötzliches Atemanhalten: die Kehle schließt sich, der Kehlkopf stellt sich hoch, der nächste Stimmeinsatz ist verklemmt.

Stattdessen muß der Ton *a k t i v   i n   d i e   P a u s e* oder in den *f o l g e n d e n   T o n* geführt werden.

Von vielen denkbaren Möglichkeiten lassen sich im Chor zwei einfache Techniken erlernen und anwenden:

1) das Beenden des Tons durch *E i n a t m e n* und 2) das *H o c h n e h m e n* des Tons in die oberen Resonanzräume, sei es ganz schnell, für den Hörer nicht eigentlich bemerkbar, sei es in wirklichem, kürzerem oder längerem Diminuendo.

Beide Griffe stellen sicher, daß Atem und Singaktivität nicht angehalten, unterbrochen werden, sondern eine *n e u e   A u s g a n g s p o s i t i o n* gewinnen. Das *W e g n e h m e n* mit dem Einatmen geschieht durch eine schnelle Weitung im unteren Atemapparat, in die man gewissermaßen hineinsingt. Dieser Griff eignet sich besonders für Forte-Abschlüsse auf einem Vokal („Hallelujaaah"), wirkt dagegen im Mezzoforte oder gar im Piano etwas trocken.

N a c h t e i l i g kann sich dieser an sich sehr gesunde, elementare Griff dann auswirken, wenn der Sänger entweder zu weit, bis an die Grenze des Möglichen, öffnet (Ventileffekt wie beim Luftanhalten nach tiefem Einatmen) oder wenn er in der geöffneten Haltung erstarrt, nicht weiteratmet, nicht weiter nachströmen läßt (ähnliche Wirkung). Das konzentrierte Engagement, das gerade Forte-Schlüsse fordern und erzeugen, verführt den Sänger leicht zu kehlkopfverschließendem Überdruck. Jeder Chorsänger muß dieser Gefahr in persönlicher Initiative gegensteuernd begegnen, was nur gelingen kann, wenn der Chorleiter ihn durch drastisch-demonstrative Atem- und Singübungen informiert und gewarnt hat (siehe auch den vorigen Abschnitt).

Weniger empfindlich und für die Chorpraxis noch wichtiger ist das „Hochnehmen" des Tonendes. Der Ton wird nicht in seiner vollen Klangbreite zu Ende gebracht, sondern in seinen oberen Resonanzbereich zurückgeführt.

Vorübung: französischer Nasal in zuerst langsamem, dann schnellem Diminuendo („bon", „rien", „Lamm", „voll"), nicht mehr in die Nase, sondern mehr gegen den Nasenrücken, die Nasenwurzel, die „Maske" im weiteren Sinne geführt. Am Ende steht eine Art Summton bei geöffnetem Mund (Vorübung: ungläubig — erstaunt fragender Ton; auch: wie auf einem Kamm blasend).

Dieser Tonschluß wird entweder in einem kurzen Schwung ausgeführt, den der Hörer nicht als eigene Aktion bemerkt, oder er läuft in einem wahrnehmbaren Verklingen aus. Die *e r s t e* Art ist die Vorbereitung für schnellere Tonverbindungen, besonders *Koloraturen*, aus der *zweiten* läßt sich organisch das echte *Diminuendo* entwickeln.

Schnelle Tonverbindungen hängen sich an einem durchlaufenden Resonanzfaden auf, in den jeder Ton bewußt und aktiv zurückgeführt werden muß. Im Diminuendo, auch über längere Strecken, kommt es darauf an, daß der Ton nicht als ganzer immer mehr reduziert wird (der Klang wird dann fortschreitend blasser und dumpfer), sondern daß der *Obertonanteil*, die Resonanz, möglichst lange *erhalten* bleibt und nur der Unterbau, das Volumen, zurückgeht.
Diminuendo ist nicht Verringerung der Aktivität, sondern zunehmende Konzentration, nicht nur ein „Weniger" an Klangmasse, sondern auch ein „Mehr" an Intensität.
Gerade am Tonende und am Tonübergang läßt sich wiederum Balance, und damit Lockerheit, erfahren und üben.

Anmerkung: Das Tonende durch Hochnehmen des Klangs ist akustisch *weniger scharf* geschnitten als das durch einatmende Weitung oder das ganz harte durch bloßes Anhalten. Künstlerisch liegt darin *kein Nachteil*. Im Gegenteil — das bei virtuos gedrillten Chören so beliebte „Abknipsen" des Klangs wirkt zwar als sportliche Leistung, ist musikalisch aber eher trocken und irritierend unsängerisch. Im professionellen Instrumentalbereich findet es kein Gegenstück. Bläser und Streicher enden grundsätzlich mit einem kurzen Verklingen, gegebenenfalls mit kurzem vorherigen Nachdruck. Ein Forte-Schluß in einem Symphoniesatz wird nie abgerissen, sondern durch Geräusch, etwa den letzten Schlag eines Paukenwirbels, „verhallt".

§ 77. 10 Tonverlauf

Gegenüber der konzentrierten Aktivität des Sängers im Ansatz und am Tonende beziehungsweise im Übergang wird nun der *laufende Ton* von einflußnehmender Steuerung *befreit*. Statt „machen" herrscht hier „kommen lassen", wahrnehmen, beobachten, aber auch (nicht primär leistungsorientiert) sich wohlfühlen, sich freuen, genießen. Das ist kein selbstgenügsamer Rückzug in ein unkünstlerisches Konsumieren, sondern der tragende Untergrund.

Die Forderung nach reinem „kommen lassen" gilt in dieser Ausschließlichkeit selbstverständlich nur für die *aufbauende* Chorerziehung. Der *professionelle* Solist hat es durchaus mit der aktiven Gestaltung des langen Tons zu tun muß hier die Balance zwischen Steuern und Laufenlassen in langwieriger Arbeit suchen.

§ 77. 11 Crescendo — Diminuendo — Schwellton

Im Chorgesang gibt es das Crescendo und das Diminuendo auf einem Ton, das jetzt ohne Verlust der Balance Ansatz — Verlauf — Übergang eingebaut werden muß.

Crescendo auf einem Ton soll der Chorsänger nicht durch die Vorstellung erzeugen: „mehr *Lautstärke*, mehr Stimme, mehr Klang", vor allem nicht „mehr Kraft", sondern durch die andere „der Stimme mehr *Raum* anbieten": zunehmende Weitung des Atemapparates, aktiver Tiefgriff („Wanne"), zunehmender Einsatz auch des Flankenbereichs, in der Ansatzvorstellung immer intensivere Verbindung zwischen dem oberen („Maske") und dem unteren (stimmlicher Tiefgriff, Sprechton) Ansatzpunkt. Die Zunahme der Lautstärke wird eher zur Kenntnis genommen als direkt erzeugt.

Wichtig ist es, ein Crescendo nicht sogleich am Tonbeginn starten zu lassen. Musikalisch wie singtechnisch ist es besser, die Steigerung mit einem gleichmäßig fließenden Klang einzuleiten. Einmal hält man dadurch die Stimme leichter von verklemmendem Schub, der Hauptgefahr im Crescendo frei, andererseits bewahrt man die Klangentwicklung davor, zu schnell anzusteigen, das Ziel zu früh zu erreichen und damit an Spannung einzubüßen.

Ansteigen muß im Crescendo nicht nur die Klangstärke, sondern die *Zuwachsrate*. Ein geradlinig geführtes Crescendo ist weniger wirksam als ein sich erst entwickelndes Bild: nicht in der Kurve einer Parabel (häufiger Fehler: zuerst schneller, dann langsamer) ansteigen, sondern der entgegengesetzen, der Hyperbel. Einfacher und praktischer ausgedrückt: mit dem Crescendo so spät und so langsam wie möglich beginnen!

Für das Diminuendo gilt das oben Gesagte.

Es läßt ebenfalls den Ton selbst frei laufen, aber nicht fallend, sondern gleichsam hängend, mit Halt am Resonanzfaden.

Der *Schwellton*, die Verbindung von beiden, war früher ein sehr wichtig genommener Teil der Chorausbildung (siehe alte Chorschulen).

Im Anschluß an die Praxis der führenden Orchester wird heute der Reiz und die Spannkraft des *gleichmäßigen, fließenden Klangs* höher gewertet, man läßt sich vom Klingen selbst und nicht nur von dessen Veränderung fesseln.

Damit ist nicht dem körperlosen, asketisch-sterilen Ton, der eine Zeitlang bei Chören in Mode war und bis heute fortlebt, das Wort geredet. Ein unsinnlicher Klang ist Raub an der Musik wie an der Stimme.

Die technische Schwierigkeit des Schwelltons liegt im Augenblick des *Wechsels*, des Umschlagens in das Diminuendo. Hier lohnt es zu üben, denn dasselbe Problem tritt, auch ohne eigentlichen Schwellton, bei jedem Übergang in ein Diminuendo auf.

Fehler: Während des Crescendos (beziehungsweise der sich entwickelnden Phrase) nimmt die Spannung im Körper wie in der Vorstellung zu, im Augenblick des Umschlagens sackt sie übergangslos weg, der Klang wird plötzlich nicht nur leiser, sondern blasser, dumpfer, kraftloser. Der Sänger soll aber im Augenblick des Übergangs nicht den Wechsel von *größerer zu geringerer* Spannung erleben, sondern den des Wechselns von *einer* Art der Spannung zu einer *anderen*, von einer immer *weiter* werdenden zu einer sich *konzentrierenden*.

Auf dem Höhepunkt und unmittelbar nach ihm muß die allgemeine Körperspannung noch leicht *zunehmen*, während der Ton schon eine Spur entlastet wird, um dann den Übergang in das Schmalerwerden ohne den leise-

sten Resonanzverlust leisten zu können. Die Kurve der Körperspannung und die der Lautstärke dürfen *nicht parallel* laufen, die Körperkurve bleibt immer ein wenig *über* der Lautstärkenkurve.
Der frei fließende lange Ton bleibt also ein ganz wichtiges Übungs- und Erfahrungsfeld für das Singen überhaupt, vor allem für Balance im „machen" und „kommen lassen."

§ 77. 12—15 Hoch — Tief

§ 77. 12 Die Steuerung der Stimme durch Vorstellungen

Da die Stimme, anders als Finger, Hand, Fuß, der willkürlichen Steuerung entzogen ist, sind wir darauf angewiesen, sie *indirekt* zu beeinflussen, und zwar einmal durch körperliche Bereitstellungen in der Umgebung der Stimme (Atemapparat, „Ansatzrohr") andererseits aber rein *gedankliche Vorstellungen* sowohl körperlicher (Ansatzorte) wie musikalischer (Tonhöhe, Klangfarbe), schließlich auch allgemeinerer Natur wie die Vorstellungen „nach innen", „nach außen".
Das ist zwar eine Binsenwahrheit, muß aber dennoch dem Chorsänger immer wieder ins Bewußtsein gerufen werden.

Einerseits muß er die angebotenen bildhaften Vorstellungen trotz ihrer unleugbaren Irrealität und gelegentlichen Widersprüchlichkeit („einsaugen" — „in die Ferne singen") ernst nehmen und als Hilfe erfahren lernen, andererseits soll er seine Aktivität, ja sogar seine Aufmerksamkeit von Hals und Kehle soweit wie möglich ablenken, denn jeder Zugriff an dieser Stelle ist dem Singen abträglich.
In der rein gedanklichen Vorstellung lassen sich sängerische Ansatzpunkte oder Ansatzbereiche auch über die Grenzen des Körpers hinaus nach außen verlagern. So: „zweite größere Kuppel über dem Schädeldach", oder „wie unter einem Brückenbogen (oder: einem Gewölbe") singen; auch: „Nasenrücken und Hinterkopf rücken immer weiter voneinander"; andererseits auch Vorstellungen wie „kurzer, dicker Hals" oder „artikulieren mit einem zweiten Paar Lippen *hinter* dem ersten".
Gerade solche, für den Laiensänger manchmal etwas überraschende Bilder sollte man nur verwenden, wenn man sie in der persönlichen Erfahrung als zweckmäßig und hilfreich erlebt hat.
In der Beschreibung und Begründung dieser Vorstellungen gehen die Meinungen auch der führenden Fachleute so weit auseinander, daß das Angebot eines eigenen Begriffsrahmens für das Chorsingen durchaus nicht tunlich wäre.
Es muß wiederholt werden: Der Chorleiter ist an dieser Stelle, und darüber darf ihn auch eine probentechnische Unterweisung nicht hinwegtäuschen, vollständig auf die Vorstellungen und Bilder angewiesen, die er aus seinem persönlichen Unterricht und in der Arbeit an sich selbst als zweckmäßig und hilfreich erfahren hat.
Wiederum sollen hier nur in starker Vereinfachung Hinweise gegeben werden, wie der vorhandene Stoff didaktisch zweckmäßig in die Chorarbeit eingebracht werden kann, das heißt hier, wie sich die verschiedenen Aspekte und Elemente einander ergänzend balancierend, ins Spiel gebracht werden können.

§ 77. 13 „Hoch-tief" — „vorn-hinten"

Es geht im wesentlichen um die Balance von „hoch" und „tief". „Hoch" meint den Bereich *über* den Stimmbändern, „tief" den *darunter*. Der Bereich „tief" wird überwiegend mit bewußten *Körpergriffen*, das heißt mit Haltungen und Bewegungen erreicht, der Bereich „hoch" überwiegend durch *Vorstellungen*.
Doch gibt es auch im Bereich „hoch" Bewegung und Haltung, also Körpergriff (Lippen-Zunge-Unterkiefer), ebenso im Bereich „tief" die indirekte Wirkung der bloßen Vorstellung, etwa von Ansatzbereichen für Vokale.
Es spielt aber im Bereich „tief" noch eine andere Erscheinung eine Rolle: die als leichte *Vibration* spürbare Reaktion der Körperwand auf die Schwingung der Stimme (z.B. „e" im Nacken). Im Bereich „hoch" wiederum haben solche ausgeprägten Vibrationen nichts zu suchen. Sie wären ein Zeichen von Überdruck und nicht von echter Resonanz, mit der sie, besonders von jungen Männern irreführend verwechselt werden können. Die Vibrationen können zwar das Gefühl für das „Singen mit dem ganzen Körper" anregen, sie gehören jedoch nicht zum eigentlichen Steuerungsrepertoire der Stimme.
Es kommt nun darauf an, „hoch" und „tief" in ihrer gegenseitigen Abhängigkeit, auch in ihrem Zusammenspiel ihrer Mischung, zu verstehen, zu erleben und bewußt zu nutzen. Dazu muß der lernende Sänger die Einzelfunktionen zunächst einmal, und sei es noch so unvollkommen, auch isoliert, für sich allein, erlebt und erfahren haben, um zu begreifen, warum es überhaupt geht, und hierin liegt eben die didaktische Schwierigkeit.

§ 77. 14 „Maske"

Der „*Maskengriff*", das Singen in einem „sm" — oder „sing"-Bereich mit einem leicht geräuschhaften Summtongefühl im Innern des Kopfes, gelingt nur bei gleichzeitigem, und sei es auch nur ganz leichtem Tiefgreifen des Atems und der Ansatzvorstellung („Sprechton": Ansatz am unteren Ende der Wirbelsäule). Ohne diesen balancierenden Gegenzug kann der Versuch, die Umgebung der Nasenwurzel leitend einzusetzen, zu nasal verklemmender Triebresonanz führen. Erst durch den gleichzeitigen Bezug nach unten wird sichergestellt, daß der Sänger nicht in die Nase hinein, sondern von der Nase her nach innen singt (Vorstellung: die Nase ist nach innen offen).
Die so kontrovers diskutierte „Kopfstimme", wenn es sie überhaupt gibt, ist eher ein Überwiegen der „rückwärtigen Weitung", also des u-o-a - Raumes mit den Einstellungen „Gähnen — Schnarchen", „kaltes Zäpfchen", „weit geöffnete Weisheitszähne") gegenüber der Steuerung im „sm"- Raum, der Lippen- und Zunge-Zahn-Aktivität.
Ein in diesem Sinne „kopfiges" Singen ganz ohne Vordersitz und ohne lange Atemsäule, wie es bei Laienchören im Chor oft und quälend zu hören ist, erleichtert das Singen nicht, sondern belastet die Stimme und engt sie ein.
Gerade bei langem, anstregendem Singen kann man die Erfahrung machen, daß ein Herunterholen auf den Sprechton die Stimme wieder auf den Boden bringt und dann auch der inzwischen stumpf und resonanzarm gewordene Maskengriff wieder faßt.

§ 77. 15 „Rückwärtige Weitung“

Die „*rückwärtige Weitung*“, das Aktivieren und Öffnen des hinteren Nasen-Rachenraumes (mit Ansatz am Übergang harter — weicher Gaumen) führt *ohne* den konzentrierenden Bezug „vorn“ doch zum Gegenteil, zum Verklemmen von Gaumen- und Zungenwurzel.
Eine „obere Weitung“, die „vorn“ und „hinten“ günstig verbindet, wird oft durch Übungen wie „Duft-einziehen“, „an-einer-Blume-riechen“ usw. angestrebt, hervorragende Übungen, die allerdings erst dann fruchtbar werden können, wenn der Kopf in seiner Doppel- oder auch Dreifachfunktion (also mit der Teilung „vorn“ in „Maske“ und „Lippen-Zunge-Unterkiefer“) verstanden ist und der Nasenraumgriff wirklich als Brücke genutzt wird.

Das Zusammenspiel von Resonanzgefühl und Weitungsgefühl findet der Anfänger am leichtesten auf dem beschriebenen Wege der Balance zwischen „Maske“ und „rückwärtiger Weitung“. Diesem Griff fehlt allerdings ein für das Singen wichtiger Bestandteil: das Gefühl einer Weitung nach *oben*. Dies Gefühl, das später beim „Kuppelgriff“ aktiviert wird, gehört in den Bereich der reinen Vorstellung (die Schädeldecke läßt sich ja nun einmal nicht bewegen) und ist daher dem Anfänger schwer zugänglich. Mit dem Kuppelansatz warten wir, bis sich bei dem anfangenden Sänger ein gewisses körperliches Gesamtgefühl eingestellt hat.

Hilfreich kann aber — sowohl im frühen wie im späteren Stadium — ein *dritter Griff* sein (neben Maske und rückwärtiger Weitung): Wir verlagern das Gefühl der rückwärtigen Weitung — eine dem Gähnen verwandte Öffnung der weichen Teile des Gaumens — nach vorn. Wir entwickeln die Vorstellung, als könnten wir auch den harten Gaumen weiten oder öffnen, vielleicht in der Vorstellung eines Adlerschnabels. Gerade für die hellen Vokale (e, i), aber auch für den empfindlichen ä-Klang kann dieser Griff hilfreich sein.

Die Gefahr dieses dritten Griffs liegt, obwohl er sich scheinbar sicher im Maskenbereich abspielt, in der Zunge: es kann ohne weiteres zu einem Knödel-Effekt kommen. An dieser Stelle muß also besonders darauf geachtet werden, den Unterkiefer im Gelenkscharnier leicht hängen zu lassen.

§ 78 Beispiel für die Balance hoch-tief

Hier soll nun ein Beispiel angeboten werden für eine Möglichkeit, die Hoch-Tief- Balance im Chor einzuführen und in ihr einen Ausgangspunkt für das Singen aus dem Gesamtgefühl heraus zu gewinnen.

§ 78. 1 Drei Aktionsbereiche

Zunächst in der Übersicht:
Wir schlagen dem Sänger vor (in Erläuterungen und durch entsprechenden Wechsel der Übungen), sich selbst in *drei Zonen* aufgegliedert zu denken.

Diese Zonen sollen nicht als anatomische Beschreibung des Körpers verstanden werden („Ansatzrohr"), sondern als *Aktionsbereiche*.
Es sind: der Kopf, der mittlere Atembereich („Position") und der untere Atembereich („beweglicher Teil").
Schon im allerersten Augenblick machen wir dem Chorsänger deutlich, daß das Ziel der Arbeit nicht in einem Spielen mit den *Einzelfunktionen* liegt, sondern in dem bewußten wie unbewußten *Zusammenwirken* aller drei Bereiche. (Zur Untergliederung der *Atembereiche* siehe oben.)

Den *Kopfbereich*, in dem die differenzierte Tonbildung ja in erster Linie zu Hause ist, gliedern wir in die Bereiche „vorn" (Gesicht, Resonanzgriff) und „rückwärtige Weitung" (Hinterkopf, Nacken, Rachen).
Den Bereich „vorn", von dem alle sängerische Aktivität ihren Anfang nimmt, gliedern wir wiederum in drei Aktionszonen: die Nasenwurzel, den Bereich Nasenrücken — Augenbrauen („Maske") und den Artikulationsbereich (Mund).
Der *Artikulationsbereich* läßt sich am leichtesten beherrschen, wenn wir ihn seinerseits einteilen in die „Hauptwerkzeuge":

Lippen
Zungenspitze und Zähne
Zunge und Gaumen
und das „Hilfswerkzeug" Unterkiefer.

An dieser Stelle läßt sich, auch dem Chorsänger gegenüber, besonders gut deutlich machen, was Balance sein kann, welche Hilfen sie bietet und welche Nachteile oder Schäden aus unbalanciertem Arbeiten entstehen.

§ 78. 2 Die Artikulation und ihre Probleme in der Gesangsausbildung

Artikulation, sowohl Ort lustvoller sängerischer Aktivität wie Quelle zahlloser offenkundiger Fehler, wird von manchen Ausbildern gefürchtet, von anderen, vor allem Chorleitern, einseitig überbewertet. Beides geschieht sehr zu Unrecht.

Artikulation braucht den gesangstechnischen Gesamtzusammenhang, dieser aber ist auch von der Artikulation mit abhängig. Zwar sind isolierte Artikulationsbemühungen der Stimme wenig förderlich, eine Ausbildungsarbeit aber *ohne* bewußt gesteuerte und kontrollierte Artikulation verlängert mit ihrem (vergeblichen) Warten auf selbsttätige Entwicklung die Ausbildungsdauer in unverantwortlicher Weise.
Gefürchtet werden vom Ausbilder weniger die sprachlichen Schwächen wie Dialektfehler, ungeschicktes oder unfreies Sprechen. Schüler und Chorsänger nehmen Kritik und Hilfen sprachlicher Art gern und wirksam auf.
Eher schon sieht man die Gesundheit der Gesangsstimme bedroht durch die kehlverklemmende Wirkung von überschärftem Konsonantenbiß und verhärtetem oder klapperndem Unterkiefer. Vor allem sieht man die schädliche Konkurrenz von Singgefühl und Sprechgefühl.

§ 78. 3 Der Konflikt „Sprechen – Singen"

Wir stoßen hier auf einen interessanten Sachverhalt. Offen zu Tage liegend, wird er doch in der praktischen Chorarbeit unterschätzt, verkannt, wohl auch gelegentlich einfach übersehen.

Dabei hängt in der Laienchorarbeit, und hier vor allem in der aufbauenden Anfängerphase, so viel von einer bewußten Klarstellung in dieser Sache ab. Unmut, Enttäuschung und Resignation beim Chorleiter über den unverbesserbar trockenen, laienhaften Chorklang, langsam zerbröckelndes Vertrauen in die eigene Stimme und ihre Möglichkeiten beim Chorsänger – dies alles muß nicht sein. Die für viele Hörer selbstverständliche Voraussetzung: „So klingt ein Laienchor nun einmal" (vielleicht gar noch als erfrischende Alternative zum vibratogesättigten Klang des professionellen Chores akzeptiert!) ist unrichtig, hinderlich, ja, schädlich.

Durch eine Klarstellung und deren konsequente Beachtung läßt sich eine Stagnation in der Entwicklung des Chorklangs überwinden, eine Blockade im Lernprozeß aufbrechen.

Es geht um die schlichte Erkenntnis, daß Sprechen und Singen für den Hörer zwar als verwandt, als Varianten derselben Sache erscheinen, für den *Ausführenden* aber, als Aktion genommen, fundamental *entgegengesetzt* sind.

Der Akt des Sprechens zielt auf Mitteilung von Inhalt, auf das Übertragen eines Sinnzusammenhangs.

Der Sänger hingegen übermittelt einen Klang. „Bewegung" und „Fortschreiten" bedeuten in der Musik Klangbewegung und Fortschreiten von Klang.

Zusammenhang und damit „Sinn" wird in der Musik gestiftet durch deren Organisation in „Phrasen", in zielende, Erwartung und Erinnerung auslösende Gruppierung von Tönen, von Klängen.

Auch in der Vokalmusik wird musikalischer Zusammenhang nicht hergestellt durch die Folgerichtigkeit des Textes, sondern durch die der Klänge. Ihr besonderer Reiz liegt nicht darin, daß sie den gehörten Zusammenhang der Klänge durch den verstandenen des Textes ersetzt, sondern darin, daß sie beide gleichgerichtet parallel führt. Der zum Weiterdenken zwingende Text und die in den Klängen gegebene Erwartung vereinen sich dann in einem Energiestrom. Text wie Musik erfahren eine wechselseitige Verstärkung, die vom Hörer als vertiefendes Verstehen des einen *und* des andern erlebt wird, in dem die Frage nach dem Vorgang unerheblich wird.

„Klänge" sind aber in der gesungenen Musik nicht nur die Töne, sondern ebenso die sprachlichen Laute. Sie sind nicht nur Sinnträger, die gewissermaßen auf den Tönen liegen, sondern in etwa den Instrumenten eines Orchesters vergleichbar. Textierung ist auch Instrumentierung. Das Instrument der Vokalmusik ist nicht so sehr die Stimme an sich als vielmehr die sprechende, lautbildende Stimme.

In der Stimmbildung von Anfängern merkt man bald, daß textierte Passagen viel leichter und unbefangener im Rahmen des schon Beherrschten auch „richtiger" gesungen werden als die oft so mühsamen Vokalisen und Silbenübungen. Die Stimme braucht den sprachlichen Laut und den Lautwechsel.

Sollen die Sprachlaute die Töne nicht nur begleiten, sondern sie tragen, ihre eigentliche Klangsubstanz werden, so brauchen sie zweierlei:
Bewußtheit und vor allem *Dauer*.
Hier liegt jetzt der Widerspruch zum Sprechen.
Verständlichkeit des Sprechens verlangt, daß das Detail von Satzteilen, Worten, Silben, Lauten möglichst rasch und gerafft dargebracht und in das Satzganze eingegliedert wird. „Schnell fertig werden" heißt das Aktionsprogramm beim Sprechen, in langen Jahren mühsam erlernt und außerordentlich tief im Gehirn verankert.
Ist ein „r", ein „t" nur gerade hörbar und verstehbar geworden, muß es unverzüglich verlassen werden. Ein auch noch so geringfügiges unmotiviertes Verharren auf einem Laut wirkt sofort lächerlich, fordert als Übertreibung oder Dialektfärbung zur Karrikatur heraus.
Schüchterne Menschen sprechen besonders kurz angebunden, abgerissen in der Satzfolge, flüchtig bis zum Unverständlichen in der Artikulation, ängstliche, um Verständnis besorgte oft hastig. Schnelle Artikulation hat auch etwas mit Abwehr, mit einem Schutzbedürfnis zu tun. Umgekehrt führt das überlegene ruhige Sprechen nicht zu breiterer Lautbildung im einzelnen. An ihr bleibt die Vorstellung des „Unnatürlichen" und damit des Lächerlichen hängen.
Singen aber sucht nicht das zweckbewußte Schnell-fertig-werden, sondern das auskostende, sich ausbreitende Verharren, und zwar nicht so sehr im einzelnen Ton, als vielmehr im Klang der Stimme, also der Sprache, und das heißt auch: im einzelnen Laut.
Klang hat immer eine Neigung, sich auf der Stelle auszubreiten. Musikalische Spannung lebt ganz stark von dem Gegensatz zwischen dem Klang, der bleiben will und dem Rhythmus, der Phrase, die fortschreiten möchten.
Im sängerischen Klingen aber will und muß sich auch der einzelne Laut Raum und Klangdauer verschaffen, ohne Rücksicht auf die übergeordnete Einheit von Silbe, Wort und Satzinhalt.
Der Sänger nun, das gilt es sich deutlich vor Augen zu führen, erlebt hier einen Konflikt und zwar den zwischen zwei Aktionsprogrammen: Eingeübt und jenseits aller Bewußtheit das Programm „raffen", neu dagegen der Wunsch, vielleicht der Wille „fortklingen lassen, so lange wie möglich".
Hier wird nicht behauptet, der Mensch lerne zuerst sprechen, dann erst zu singen. Im Licht frühkindlicher Tonäußerungen kann man dies sicher ganz anders sehen. Es geht nicht um die grundsätzliche Priorität, sondern um die Situation unserer Laienchorsänger angesichts eines zu singenden Sprachtextes. Wir kennen solche Konflikte aus den Lernprozessen in der Instrumentaltechnik. Eine „unnatürliche", d.h. bisher nicht geübte Bewegung oder Bewegungskombination erzeugt Unsicherheit, undeutliche Widerstands- und Abwehrgefühle, auch Unmut oder Peinlichkeitsempfindungen. Dem Betroffenen wird der Auslöser dieser Gefühle fast nie bewußt, er führt sie auf ganz andere Gründe zurück.

Ein anfangender Chorleiter z.B. erlebt die Widerstände, die er beim Dirigieren erfährt (Gegensatz zwischen der eingeübten Hand — Armbewegung „beschleunigt und radial vom Körper fort mit Greifziel" und der neuen Absicht „gleichförmig parallel zum Körper ohne Greifziel") als Angst vor der Gruppe, obwohl er verstandesmäßig weiß, daß die Gruppe „Chor" alles erträgt außer der Langeweile und auch diese eher mit Schläfrigkeit honoriert als mit Aggressivität.

Das Gefühl, das den Laienchorsänger angesichts des „unnatürlichen“ Singens von Texten erfaßt, ist das der Peinlichkeit. Es bleibt auch dann wirksam, wenn er die erste Barriere überwunden hat und überhaupt zum Chor gekommen ist (Frauen leisten diesen Sprung — oft über den eigenen Schatten der Furcht vor Lächerlichkeit — leichter als die image- und würdeempfindlichen Männer, Erwachsene leichter als Jugendliche, die der Lächerlichkeitsfurcht besonders ausgeliefert sind. Am wenigsten Abwehr leisten Kinder, für die ohnehin alles neu und mangelndes Gelingen kein Problem ist).

Dieses Gefühl äußert sich in vielfachen Abwehrreaktionen (Wichtigtuerei oder starkes Sich-zurückziehen, Neigung zu Albernheiten und erstaunlich unintelligentes, dem sonst Gewohnten entgegengesetztes Verhalten). Vor allem aber tritt es als Bremse beim Singen in Erscheinung. Die Stimme, die weitergehen möchte, wird mit der Gewalt des Willens auf einem Ton festgehalten, wird dabei fest, verklemmt und tatsächlich angestrengt. Das Gegeneinander von zwei verschiedenen Steuerungsimpulsen führt entweder zu halbem Singen oder zum Forcieren. Unfreiheiten werden niedergekämpft, sei es durch Gewalt und Anstrengung, sei es durch eine etwas übertriebene Art von Heiterkeit, die dieselbe Wurzel hat.

Der Wunsch nach einer „heiteren“ Probenatmosphäre, nach einem „humorvollen“, witzelnden Chorleiter hat hier eine ihrer Wurzeln.

Der Chorleiter, der, gut ausgebildet und in bester Absicht, seine Sänger zu mehr „Aussingen“ und dergleichen ermahnt, verstärkt ahnungslos die Abwehrreaktionen. Der Sänger, wenn er nicht einfach über Jahrzehnte hinweg unbelehrbar bleibt, wird vielleicht ahnen, daß der Chorleiter etwas im Grunde Richtiges vorhat. Resigniert wird er bei sich ein Unvermögen konstatieren, da ihm der innere Widerstand selbst unbewußt bleibt. Damit wird er ebenfalls unbelehrbar, ist nicht mehr zu fördern. Für sich selbst wie für das Ganze des Chores erleidet er den Verlust dessen, von dem er etwas ahnt (sonst wäre er nicht da), was ihm aber im letzten verschlossen bleibt: der wirklichen Freude am Singen.

Obwohl ein scheinbar komplizierter Sachverhalt, individuell sicher sehr unterschiedlich und nur schwer erkennbar, ist das Problem doch unschwer zu lösen, wenn man bereit ist, es in dieser oder einer verwandten Weise zu sehen.

Man braucht nichts weiter zu tun als diesen Vorgang dem Chorsänger bewußt und deutlich zu machen, je nach Mentalität der Gruppe erläuternd oder mehr spielerisch. Kern der Erklärung: Der sprechende Mensch „mag“ zuerst keine langen Töne und keine ausführlich klingenden Laute singen.

Es gilt neu zu erleben, wie schön, wie reizvoll gerade im *Gegensatz* zum gewohnten Sprechen so etwas sein kann. Wir erleben bewußt einen ganz neuen, bisher fremden Reiz, sowohl im körperlichen Singgefühl wie im musikalischen Hören.

Der Schritt ist nicht mit einem Mal endgültig zu vollziehen. Wiederholen, immer wieder neues Anpacken unter demselben Gesichtspunkt müßte aber zu einem Ziel führen können.

Wie so viele Anfängerprobleme, z.B. auch beim Klavierunterricht, bleiben auch diese dem „Profi“ leicht verborgen. Er hat Bereiche emotionaler Störungen lange hinter sich, diese Störungen meist leicht, unbewußt überwunden oder durch sehr starke Urmotivation zu seiner Sache kaum erlebt („Begabung“). Kein Sänger oder Chorleiter kommt von sich aus auf den Gedanken, daß Singen

etwas sein kann, gegen das man sich wehren müßte. Und doch ist dies der Fall, selbst bei Menschen, die zu uns zum Singen kommen.
Der Versuch, vor dem Singen zunächst einmal die Artikulation zu erarbeiten, führt zu ähnlichen Mißerfolgen, auch Abwehrerscheinungen, wie der Versuch, vom Sänger Lockerheit als eine Einstellung noch vor dem Singen zu verlangen.

§ 78. 4—5 Zum Ablauf der Übungen

§ 78. 4 Vorbereitende Phase — Übungsphase

Vorschläge für den Ablauf von Übungen.

Wir unterscheiden eine *vorbereitende* Phase, die mehr der Anregung des Singgefühls dient, und eine eigentliche Übungsphase, die auf Ergebnisse zielt.
Das gilt sowohl für den Ablauf der *einzelnen* Probe, besonders für den Ablauf der „Einsingübungen" wie für die Entwicklung der chorischen Erziehungsarbeit über *weitere Zeiträume.*
Erst wenn das Erlebnis „Singen" in einen gefühlsmäßigen Zusammenhang gebracht worden ist mit den Empfindungen „Resonanz", „Raum", „Körper" können Erwartungen, ja Bedürfnisse entstehen, die sich dann erfolgreich durch Übungen und Anweisungen erfüllen lassen.
Man braucht sich also nicht zu scheuen, in frühen Entwicklungsstadien der Chorarbeit (neuer Chor, neuer Ansatz der Erziehungsarbeit, aber auch: erste Proben nach längerer Pause), einige Zeit nur damit zu verbringen, lediglich Empfindungen zu wecken, ohne gleich Ergebnisse und Fortschritte zu erwarten.

Anmerkung: „Gefühl", „Empfindung" und ähnliche Begriffe sollen hier nicht die Vorstellung von etwas Ungefährem, Halbbewußtem erwecken, sondern die von sinnlicher Wahrnehmung, die durchaus Bewußtheit und Genauigkeit erreichen kann.

„Resonanz", d.h. Obertonreichtum der Stimme durch ein Singen mit dem Körper erfährt man zunächst durch den Nasenbereich („hoch" — „vorn" — mittlerer Bereich), „Raum" ist aus der „rückwärtigen Weitung", in zweiter Linie durch „Position" (mittlerer Atembereich), „Körper" durch „Bewegung" (unterer Atembereich), weiter durch „Position", dann Anteil der „rückwärtigen Weitung" innerhalb der vollen Resonanz zu erleben.
Das Körpergefühl aktivieren wir durch den Atembereich. Wir lassen dabei gezielt Bewegungs- , und Positionsübungen miteinander abwechseln, andererseits innerhalb der Bewegungsübungen unwillkürliche, nur beobachtete („hecheln"; „f-f-f-f" und ähnliches, Crescendo und Diminuendo; ein- und ausatmen auf „ch" usw.) mit willkürlichen (z.B. mit dem unteren Bauchmuskel in einen „f"-, „sch"- oder „ch"-Strom hineinschlagen).

Ein bewußtes Wahrnehmen und Einsetzen der „*Hauptwerkzeuge*", also von Lippen, Zungenspitze und Zunge können wir leicht im Zusammenhang der ersten Resonanzübungen, auch gelegentlich im jeweiligen Werk, durch einfache Hinweise entwickeln.

Man hüte sich aber, diese Laute „üben" oder perfektionistisch verbessern zu wollen. Es wirkt unglaubwürdig, ja lächerlich, wenn wir dem Sänger suggerieren, er müsse erst lernen, ein „b" zu sprechen (Molière!). Das Neue liegt vielmehr darin, Laute nicht nur zu *hören*, sondern als körperliche Organbewegungen zu fühlen, daran Genuß zu finden, und vor allem, die *Auswirkung* der bewußter (nicht „besser") geleisteten Bewegung auf Stimme und Klang zu erfahren.
Übungen: einerseits „mo-bo-fo-wo", „di-si-ti-zi" „gü-chü-kü-jü . . .", also Reihungen von Verwandtem mit naheliegendem Vokal; dazu gelegentliches Intensivieren „momomomom", auch „mamemimomu" usw. Dann im deutlich wahrgenommenen Wechsel: „fassen", „sieben"; „Kummer-Kuppel-Kutter" usw. Fast jedes Wort läßt sich von daher interessant machen bei ganz geringem Aufwand.

Alle diese Übungen und Hinweise werden im Frühstadium unauffällig, unaufwendig in die Arbeit eingestreut, und sowohl während des Einsingens (das auf dieser Entwicklungsstufe nur für gelöste Einstimmung sorgt und noch nicht auf Können und Fortschritt zielt) wie in dem Erarbeiten des aktuellen Werkes (bei dem die sängerischen Ansprüche zunächst weitgehend auf Fließen im Klang wie in der Linie, Dauer in jedem einzelnen Laut und genaues Zusammensingen in der Vorstellung des gemeinsamen Sprechens beschränkt bleiben).

Wichtig ist nur, daß jede dieser Übungen und Hinweise in unmittelbarem Zusammenhang mit dem Singen bleibt und *niemals isoliert* angeboten oder abgefordert wird.
Der Sänger wird im günstigsten Fall plötzlich spüren, wie das Singen nach einer Atemübung leichter, nach einer Resonanzübung interessanter, nach einer Weitungsübung lockerer in der Höhe, klangvoller im Ganzen wird.
Spätestens wenn spontane Äußerungen dazu im Chor laut werden, ist der Augenblick gekommen, mit der eigentlichen stimmbildnerischen Arbeit zu beginnen.

Der neue Schritt besteht nun nicht einfach darin, Übungen zu häufen oder zu intensivieren. Vielmehr führen wir jetzt in Erklärung und im Ablauf der Übung die *Balance* ein, tun keinen technischen Schritt mehr ohne Gegengewicht und lassen, bei aller Genauigkeit in einzelnen, die Aktionen immer wieder in ein als Ziel angestrebtes, sängerisches *Gesamtgefühl* einmünden.

§ 78. 5 Überblick über den Ablauf der Arbeit

Im folgenden verschaffen wir uns zunächst einen knappen Überblick über den gesamten Ablauf der Stimmbildungsarbeit, erinnern dann kurz an einige bekannte Gesichtspunkte für den Aufbau von Übungen (Tonfolgen; Auswahl und Einsatz von Lauten) und gehen schließlich dasselbe Arbeitsmodell noch einmal etwas ausführlicher durch.

Arbeitsablauf:

Unser Ziel ist es, die Bereiche „hoch“ und „tief“ miteinander in Verbindung zu bringen.
Dazu müssen wir einmal die Gesamtbereiche in sich selbst ausbalancieren.
Gleichzeitig versuchen wir, auch schon Teilbereiche von „hoch“ mit Teilbereichen von „tief“ zu kombinieren.
Die Erfahrungen, die wir mit dem Ineinandergreifen von „hoch“ und „tief“ auch in Teilbereichen machen, helfen dazu, besser zu verstehen, was es mit „hoch“ und „tief“ selbst eigentlich auf sich hat und regen dazu an, auch innerhalb von „hoch“ und innerhalb von „tief“ nach weiteren Möglichkeiten und besserer Balance zu suchen.
Wir beginnen am besten an der Stelle, die in der Anregungsphase zuerst Wirkung gebracht hat, z.B. mit dem aus der Nasengegend gewonnenen Resonanzgefühl (Teilbereich „hoch“). Wir verbinden diesen Griff einmal mit der „rückwärtigen Weitung“ (weiterer Teilbereich „hoch“) und einmal mit den Übungen zur „Position“ (Teilbereich „tief“). Nach Balanceübungen zwischen „Position“ und „Bewegung“, also den Teilbereichen von „tief“ können wir den schon gewonnenen (wenngleich noch unvollständigen) Gesamtgriff „hoch“ mit bisher erreichter Atemsteuerung „tief“ in Beziehung bringen. „Hoch“ wird dann weiter ausgebaut durch Einsatz der Artikulation. Ihre beiden Bereiche, die „Werkzeuge“ (Lippen — Zungenspitze — Zunge) und der Unterkiefer werden einmal in sich balanciert, dann miteinander in aktive Verbindung gebracht. Die „Werkzeuge“ haben wir schon in der Anregungsphase bewußt gemacht und im Wechsel aktiviert.
Im Unterkieferfall seinerseits werden die beiden Aspekte „hängen“ und „öffnen“ erprobt und ausbalanciert. Die Artikulationsaktivität von Lippen — Zunge — Zungenspitze wird dann mit dem Unterkieferfall bewußt zur wechselseitigen Unterstützung kombiniert. Der Unterkieferfall wird dabei nach drei Richtungen auf seine Wirkungen hin erprobt: Er kann erstens das Gefühl für die „Maske“ verstärken (in der Zwischenzeit müßte der Maskengriff aus der reinen Nasenorientierung befreit und über Augenbrauen und Wangen erweitert worden sein). Zweitens läßt er sich auch für die „rückwärtige Weitung“, den anderen Teilbereich von „hoch“, hilfreich einsetzen. Drittens, als etwas ganz Neues, das erst in diesem Zusammenhang möglich, erfahrbar, leistbar wird, dient der Unterkieferfall als stützender Gegengriff zur „Kuppel“.
Mit diesem Bild ist das Schädeldach als (gedachter) Ansatzpunkt gemeint. Auch dieser neue Griff im „hoch“ wird zwischen „vorn“ und „rückwärts“ balanciert. Man geht im Ansatz des Singens von der (bisher vernachlässigten) Nasenwurzel aus und öffnet den Klang, indem man ihn über den Bogen des Schädeldaches bis zum Hinterkopf und Nacken führt.
Ist der Griff einmal beherrscht, so kann die Vorstellung auch umgekehrt verlaufen: Der Ton kommt aus dem Nacken (hohe Töne!) und läuft am Schädelbogen entlang bis zu Nasenwurzel und Augen.
Aus dem Anteil an „Kuppel“ gewinnt die Stimme erst ihre eigentliche Klangschönheit. Dem Anfänger läßt sich jedoch ihre Funktion nur schwer deutlich

machen. Im Bereich Gesicht — Nasen — Rachenraum kann man vieles bewegen und damit fühlbar machen, nicht so im Schädelraum. „Kuppel“ ist überwiegend Vorstellung und nicht Aktion.
Auch die an sich sehr fruchtbare Vorstellung „Ansatz im Scheitelpunkt des Schädels (in sich bereits balanciert) ist für den Anfänger nur schwer vollziehbar.
Wir verfügen jetzt also über zwei Balancegriffe im „hoch“: einen waagrechten („Maske“ ; „rückwärtige Weitung“) und einen senkrechten („Kuppel“ — Unterkieferfall).
Im Bereich „„tief“ haben wir den einen, allerdings komplizierten Balancegriff Position — Bewegung, dessen beide Teilbereiche ständiger balancierender Übung bedürfen.
Alle denkbaren Kombinationen von Teil- und Gesamtbereichen können nun fruchtbar gemacht werden. Teile von „hoch“ können durch den Gesamtgriff „tief“ gestützt werden, der Stützvorgang selbst kann einmal mehr von der Position und einmal mehr von der Bewegung ausgehen.
Für den Übenden kommt es darauf an, sowohl dem Angenehmen und Hilfreichen wie auch den noch balancebedürftigen Defiziten nachzuspüren und sich bei fortschreitender Auswahl der Übungen von diesen Erfahrungen leiten zu lassen. Das angestrebte Arbeitsziel liegt in der Balance zwischen den drei Räumen Kuppel/Unterkiefer — Position — unterer Bewegungsapparat. Aus diesem Zusammenspiel läßt sich dann ein sängerisches „Gesamtgefühl“ entwickeln.

In ähnlich balancierender Weise verbinden wir die Arbeit am sängerischen *Einsatz* (unverzüglicher, aber druckfreier Tonstart) einmal mit den Übungen zur Maske, dann mit denen zur Position und zum Atemgriff, schließlich besonders mit dem Unterkieferfall.
Tonübergang und Tonende (das Zurückführen des Stimmklangs in den Obertonbereich) werden in Verbindung mit „Maske“ interessant, die Balance im laufenden Ton (zwischen Ansatzsteuerung, frei schwingender Tonmitte, gesteuertem Übergang) in Verbindung mit Übungen zur „Position“ usw.
In einem Arbeitsstadium mit schon einigermaßen entwickelter Balance kann man versuchen, Wirkungen durch einseitige Ungleichmäßigkeiten in der Balance zu erzielen. Eine vorsichtige Reduktion des Maskenanteils im Kopfbereich und der Tiefenresonanz im Körperbereich zum Beispiel macht den Ton weicher und höhenfähiger.
Selbstverständlich kann der Arbeitsansatz auch vom Atemapparat ausgehen, auch ganz andere Abläufe als das gezeigte Beispiel sind denkbar. Wichtig ist, daß sich der Chorleiter in Ansatz und Fortschritt gänzlich von der aktuellen Situation in seinem Chor leiten läßt.
Mit dem Arbeitsmodell „Balance“ kann es zwar zu Umwegen und zeitlichen Verzögerungen kommen, wenn der Chorleiter sich in der Beurteilung der Lage geirrt hat oder wenn die Bedürfnisse innerhalb der Chorgruppe zu weit auseinanderklaffen. Zu schädigenden Mißgriffen wird es aber kaum kommen.
Der skizzierte Arbeitsgang soll nun noch einmal in größerer Ausführlichkeit verfolgt und durch einiges praktisches Detail verständlicher gemacht werden. Ganz bewußt werden aber keine fertigen Übungen, Einsingetüden und dergleichen angeboten, da sie dem anspruchsvollen Chorerzieher nicht genügen und dem unerfahrenen Anfänger nichts nützen.

Stattdessen wird hier kurz angedeutet, nach welchen Gesichtspunkten solche Übungen überhaupt gebildet werden können. Der Lernende soll damit angeregt werden, sich nicht zu sehr auf Vorgefertigtes zu verlassen. Es führt weiter, wenn er sich selbständig und produktiv in die Materie einarbeitet und im Suchen nach besseren Möglichkeiten des Übens auch immer bessere Möglichkeiten des Singens findet.

§ 78. 6–13 Gesichtspunkte für Übungen

Für die *eigene Formulierung* von technischen Übungen muß man sich Gedanken machen über die Rolle der *Tonfolge*, der *Konsonanten*, der *Vokale* und ihrer Verbindungen. Hier muß wieder der Gesangsunterricht das detaillierte Material bieten. Man hüte sich vor unkontrolliert Zufälligem und Improvisiertem! Zur Anregung hier einige Hinweise:

§ 78. 6–7 Rolle der Tonfolgen

In der *Tonfolge* dienen *Abwärtsbewegungen* aus mittlerer und halbhoher Lage der *Leichtigkeit*, *Aufwärtsbewegungen* der *Kraft* der Stimme.
Voraussetzung für diese Wirkung ist aber der Lagenausgleich. Er ist einer der wichtigsten Griffe in der elementaren chorischen Stimmbildung.

§ 78. 6 Abwärtsbewegung

Das „hoch" und „tief" der Stimme läuft nicht parallel zum Auf und Ab der musikalischen Linie, sondern entgegengesetzt. Während einer *Abwärtslinie* rutscht der Klang nicht in Brust und Bauch, sondern sucht immer höheren Sitz im vorderen Kopfbereich. Er wird nicht immer breiter, sondern schmaler, wird nicht dumpfer, sondern zunehmend obertöniger (Beispiel: Das Orgelregister „Mixtur"; je tiefer der Ton, desto länger die Klangsäule). Eine andere Vorstellung: Die Abwärtslinie wird auf dem Nasenrücken entlang geführt.

§ 78. 7 Aufwärtsbewegung

Gegenüber dieser leicht zu erlernenden Technik ist die der *Aufwärtsbewegung* etwas empfindlicher.
Sie muß immer begleitet sein von den Vorstellungen „abwärts", „unten" „tief". Tief gehalten wird der Atem, dann Schultern, Unterkiefer und Zunge. Resonanzen werden nicht weiter nach unten genommen (eine Verstärkung der Körperresonanzen, also das Aktivieren des Sprechtons im Singen, würde die Stimme zusätzlich schwerer anstatt leichter und offener machen!), sondern etwas zurückgenommen und dadurch gemildert; der Klang wird weicher, entwickelt sich eher in die Breite (oder besser Weite) als in die Länge. Vor allem muß der *Ausgangspunkt* einer Aufwärtsbewegung so *leicht* wie möglich gehalten werden, damit sich der Ton in der Bewegung entfaltet und nicht verengt.

Hier liegt die eigentliche Gegenbewegung der Vorstellungen: die Aufwärtsbewegung wird nicht von unten an auf breitem, festem Fundament getragen, sondern sie *gewinnt* ihr Fundament erst im Verlauf. Die Stimme muß nur darauf achten, daß sie das Fundament nicht zu früh erreicht, so daß die letzten Töne dann hochgehoben, gestemmt werden müssen. Selbst der höchste Ton muß noch Entfaltungsmöglichkeit behalten, um lebendig zu bleiben und nicht zu erstarren. Er muß gesungen werden wie ein „zweithöchster".

Je früher in der Aufwärtsbewegung die Stimme Fundament und Resonanz faßt, umso kraftvoller und strahlender wird, im günstigsten Fall, die Höhe (Heldentenor aus der Baritonlage, dramatischer Sopran aus der Altlage) entwickelt, desto gepreßter, bis zur Unausführbarkeit verengter wird sie im ungünstigsten Fall, also bei fehlenden physischen Voraussetzungen und, vor allem bei fehlendem Atemtraining, wie sie beim Laiensänger die zwangsläufige Regel ist.

Der Lagenausgleich („auf *einer* Ebene singen") wird technisch wie musikalisch wichtig zum Beispiel in den Baßlinien bei Bach oder auch Brahms mit ihren weiten Distanzen auf kleinem Raum. Wenn die klangliche Bindung fehlt, verschwinden diese Linien für den Hörer in der darüber liegenden Akkordbewegung, ohne ihre melodische Kraft zur Geltung bringen zu können.

§ 78. 8 Tonwiederholungen

Innerhalb der Stimmübungen fördern also Abwärtsfolgen mit „Hochhalten" die Leichtigkeit der Stimme, Aufwärtsfolgen, wenn kontrolliert gestartet und geführt, die Kraft der Fülle. Übungen auf *einem* Ton sind wie *Aufwärtsfolgen* zu behandeln.

Zu Beginn jeder Übungsphase sind Abwärtslinien (Dreiklänge) und Abwärts-Aufwärtsfolgen dienlich, Übungen auf einem Ton nur in einer fast absichtslosen Summhaltung (effektiv zur Anregung der Nasenresonanzen); Aufwärtsbewegungen, erst als zweiter Schritt, dann aber unbedingt (balancierend) erforderlich.

Beide Bewegungen bleiben zu Anfang im Bereich der oberen Mittellage (für alle Stimmgattungen erreichbar), um ein zu frühzeitiges Beschweren der Stimme zu vermeiden.

Sehr günstig für weite Resonanz in der „Kuppel" und leicht mit allen Vokalen zu verbinden, ist das richtig angesetzte l (nur die Zungenspitze geht an die obere Zahnreihe!) und zwar sowohl im Anlaut wie im Inlaut („Halleluja"). Nicht umsonst heißt die Chiffre für Singen „lalala"!

§ 78. 9—13 Rolle der Laute

§ 78. 9 Vokale und Konsonanten allgemein

Für das Studium der komplizierten Funktionen von Vokalen und Konsonanten ziehe man wieder die Fachliteratur und den eigenen Gesangsunterricht heran. Hier wird nur ganz grob zwischen dem ü-i-ä-a- und dem u-o-å-a-Bereich unterschieden (der Zielvokal „a" ist dabei gleich).

Insbesondere kümmere man sich um die unterschiedliche Höhenreaktion bei Sopranen und Tenören: i-e ist für den Tenor leichter, für den Sopran schwieriger, u-o umgekehrt).
Klinger und stimmhafte Reibelaute (s, w, gelegentlich auch das Zungen-r) werden in der Nähe der „Maske" gesehen, Verschlußlaute mit Ansatz in Verbindung gebracht, beides ist nicht ohne Problematik.
Es gibt weiter sehr *naheliegende*, quasi „natürliche" Konsonant-Vokal-Verbindungen (z.B. „sü", „zi", „te", „mo", „bo", „ju" und ähnliches) und andere Verbindungen, die *unterschiedliche* oder sogar gegensätzliche Bereiche ansprechen (z.B. „tu", auch „bi" und „fi", „kü" und andere). Je nach gesangstechnischem Ansatz wird der Sänger hier unterschiedlich empfinden und gruppieren.
Die erste Gruppe eignet sich für einleitende, hinführende Übungen, die zweite für die eigentlichen Balanceübungen.

Solche bereits balancierten Verbindungen gehen dem Übenden bei ständigem Gebrauch oft so in Fleisch und Blut über, daß er „tu" oder dergleichen als ideale Verbindung empfindet, sicher nicht zu Unrecht. Sobald man jedoch derartige Übungen in die Chorarbeit einführt, muß man die Einzelelemente immer mehr isolieren und bewußt neu zusammensetzen.

§ 78. 10—13 Lautübergänge

Fruchtbar für die sängerische Tastempfindung wie das klingende Ergebnis sind besonders die Laut-Übergänge.

§ 78. 10 Konsonant — Vokal

Durch ein energisches Zupacken mit dem Anlautkonsonanten („Paul"; „finden") wird, im Gegensatz zur Meinung engagierter Laiensänger und um Textdeutlichkeit bemühter Chorleiter, dem Singen keineswegs immer ein Gefallen getan.
Die beiden elementaren Einsatzfehler, Druck und Hauch, können gerade vom Anlautkonsonanten ausgelöst und in den Vokal hineingetragen werden. Ein angestauter Verschlußlaut (p, b; t, d; k, g) explodiert zwar plötzlich in den Vokal hinein („*P*-aul"), jedoch bleibt der Kehlkopf in der Hochstellung, in die er durch den vorherigen Staudruck gedrängt worden war, der Ton ist laut, aber eng und ohne Fluß. Der einleitende Druck auf den Konsonanten wird sogar zuweilen hörbar.
Aus dem gottesdienstlichen Altargesang kennt man das „Nnder Herr sei mit euch", oder aus den Fernsehnachrichten „Mmbonn". Ähnliches hört man immer wieder im Chor.
Dasselbe gilt auch für Klinger und stimmhafte Reibelaute („m", „s"), von deren wohltätiger Wirkung sich der Anfänger soviel erhofft. Kennzeichen der Fehlsteuerung sind der festgehaltene Unterkiefer und die zusammengebissenen Zähne.

Zur Abhilfe müssen Konsonant und Vokal funktional besser miteinander verbunden werden.

Erstens wird der *Konsonant* bereits in der *Stellung* des folgenden *Vokals* angesetzt: der Folgevokal muß in der Einstellung des Anlautkonsonanten schon voll enthalten sein.
Vorübung:
„abarmherzig — (a-)barmherzig — barmherzig".
Besonders die Klinger verdienen gesonderte Übung, um den verbreiteten und so schwer kontrollierbaren Zahnbiß auszuschalten.
Das „m" ist ein „o" mit losem Lippenvorhang, das „n" ein „a" mit lediglich hochgestellter Zunge (also mit geöffneten Zähnen! Übung: einen Finger in den Mund stecken, „n" bilden), das „ng" ähnlich wie das „n". Im Zusammenhang des Textes lassen sich die Einstellungen dann entsprechend modifizieren.

Zweitens wird die Aufmerksamkeit auf den *Übergang* selbst gelenkt. Der Konsonant *öffnet* sich und den Vokal ohne jede vorherige Unterbrechung des Atemstromes „wie eine Falltür". Nicht mehr „Verschluß" und „Explosion" sind die Leitbilder, sondern das „Öffnen", sogar „Aufreißen". Endgültig wirksam wird der Öffnungsgriff erst in Verbindung mit einer bewußteren Atemtechnik (gleichzeitiger leichter Stützgriff im Bauchbereich bei elastischer Position) und dem Unterkieferfall.

Ebenso abträglich für den Ansatz ist das *Verhauchen* des *Anlautkonsonanten*, das sich dann in den Vokal hinein fortsetzt.

Auslösend ist auch hier oft eine gute Absicht. War es im Fall des Anlautdruckes das Streben nach Deutlichkeit oder Präzision, so ist es jetzt der Wunsch nach Ausdruck und Charakteristik. In der Tat zieht ein geschärfter Anlaut die Aufmerksamkeit auf den Inhalt, den Sinn des Wortes und verleiht damit oft einer ganzen Phrase Ausdruck (oder auch „Atmosphäre").
„K-h-yrie. . .", F-h-ürchtet euch nicht", ..t-h-rübe", „Sch-hmerzen" sind geläufige Laienchorklänge.

Davon zu unterscheiden ist das sicher gestützte „H" des professionellen Sängers, das sehr wohl wie „K-hyrie" klingen kann. Der Sänger nutzt das „h" wie der geschulte Chorsänger ein „t" oder „p" zur Öffnung des Vokals. Für die Chorpraxis bleibt der Griff aber wohl schwer erreichbar.

Zur Abhilfe nutzen wir die Erfahrungen der Verschlußlautübungen. Auch ein „f" muß den Vokal öffnen, darf keine Luft und keine Zeit verbrauchen.
Zu üben ist also Ansatz als Vokalansatz, Verschlußlautansatz, Reibelautansatz und Klingeransatz unter immer demselben Leitbild und mit immer denselben Mitteln. Der Sänger muß das Gefühl gewinnen, es gäbe nur *einen* Ansatz, den *vokalischen*, der alle andern mitsteuert, und dieser Ansatz werde gleichzeitig von Maske, Artikulationswerkzeugen und Atem ausgeführt.

§ 77. 11 Vokal – Konsonant

Anders als im Italienischen wird im Deutschen ein Vokal durch den nachfolgenden Konsonanten klanglich beeinflußt. Es gehört geradezu zur Kunst des Liedgesangs, etwa in einem langausgehaltenen „a" durchhören zu lassen, ob es sich zu „Angst" oder zu „Adel" fortentwickeln will. In „amore" dagegen wird zwar das „m" ein wenig vorgezogen (oft sogar auf die vorangehende Note gesungen), das „a" jedoch bleibt unbeeinflußt frei und offen bis an den Einsatz des „m" heran, das seinerseits sehr energisch mit bewußtem eigenem Ansatz gegriffen wird.

Die „teutonische" Note, die Südländer zuweilen bei italienischem Gesang aus deutschen Kehlen erheitert konstatieren, beruht sicher zum Teil auf der Aspiration von p, t und k, wie sie in Norddeutschland zu hören ist („P-hisa" wie P-hinneberg").

Diese Aspiration ist aber beim Singen keineswegs so auffällig und so komisch penetrant wie beim Sprechen. Sie wird in der Oper auch von italienischen Sängern zur größeren Deutlichkeit durchaus eingesetzt. Den wirklichen Unterschied macht der Übergang von Lauten und Silben aus, wenn er auch dem Hörer wie dem Chorleiter viel weniger deutlich zum Bewußtsein kommt.

Singt man auf einem lang ausgehaltenen Ton Worte wie „Stamm" („Stand", Stange"; auch „stark", „Stall", selbst „Stahl"), so kann man beobachten, wie der Artikulationsapparat sich gegen Ende des Tons auf den kommenden Konsonanten vorbereitet, indem er die volle Weite des „a" ein wenig zurücknimmt. Bei „Stall" geschieht dies früher als bei „Stahl", auch die Geschwindigkeit des Übergangs läßt sich nuancenreich dosieren. Der Liedgesang zieht durch solche Techniken Ausdruck und Farbe aus dem Text. Umgekehrt rührt manche Unnatürlichkeit auf der Opernbühne daher, daß der Sänger, aus Sorge an Klang einzubüßen, den Vokal bis an seine äußerste Grenze offen hält, so daß sich die Silben für den Hörer isolieren und der Wortzusammenhang unerkennbar bleibt. In diesem künstlerisch so wichtigen Übergang vom Vokal zum Konsonanten liegt aber für den Anfänger eine Gefahr.

An die Stelle des kunstvollen Überführens tritt eine Verengung, und dies um so mehr, je wichtiger der Sänger seinen Text nimmt. Auch hier erwächst ein Fehler nicht nur aus Schwäche, sondern gerade aus guter Absicht.

In „Angst", aber auch in „Halleluja" wird im Gedanken an den bevorstehenden Klinger das „a" eingeklemmt und diese Verengung überträgt sich dann auch auf den Klinger selbst. So häufige Worte wie „in", „wenn", „und" können das gesamte Klangbild eines Chores beeinträchtigen, ohne daß die so unauffälligen Auslöser des Schadens dingfest gemacht werden.

In balancierender Weise läßt sich der Übergang einmal vom Vokal, einmal vom Konsonanten her üben.

Vom Vokal her: entweder vom Übergang bewußt ablenken („noch nicht an den Konsonanten denken!") oder den Klinger durch einen günstigeren Laut wie „t" oder „s" ersetzen („Adel"; dann „A-ngst", indem man zunächst an „Adel" denkt und erst im letzten Augenblick „umschaltet" und dergleichen).

Vom Konsonanten her: Freies Fließen und richtiger Sitz des Klingers werden vorweg geübt bis der Chorsänger ihn nicht nur beherrscht, sondern auch gelernt hat, seinen Reiz zu genießen, sich auf ihn zu freuen. Er soll sich mit Schwung aus dem Vokal in den Konsonanten stürzen, auf ihn zustürmen, als wäre er nicht der Abschluß des Klangs, sondern das eigentliche, erstrebte Klangziel selbst. Der „Silbenschluß" wird temperamentvoll gepackt (später genügt die Anweisung: „Silbenschluß!"; Übung „Si-*l*be-*n*schluß"). Er stärkt so die Energie des Klangs wie die des Rhythmus!

§ 78. 12 Konsonant – Konsonant

Sehr förderlich für Stimmsitz und Resonanzerleben sind *Konsonantverbindungen* wie „ms", „ns", auch „nd". „ng" im Inlaut („Amsel", „Simson", „Winsen", Memnon", „Windungen", „Brünnlein" u.ä.), „fr", „br", „tr", „bl", „pfl" etc. im Anlaut („froh", „früh", „brüllen", „traben", „blau", „Pflaumen", „brausen" und dergleichen).
Jedoch wirken auch sie sich nicht automatisch hilfreich aus. Vielmehr stoßen wir bei Anfängern wie beim Laienchor auf immer denselben Mißgriff, der die Wirkung solcher Übungen in Frage stellt, ja sie sogar ins Nachteilige verkehrt: der erste Konsonant wird zu stark angestaut (in „braun" das b), der Stimmfluß damit gebremst.
Das Festhalten setzt sich auch im Folgekonsonanten (r) und sogar noch im Vokal (au) als Versteifen und Verklemmen fort.
Erstaunlicherweise sind auch „ms" ähnliche Lautverbindungen von diesem Fehler betroffen. Man höre, wie in „Samson" das „m" zerquetscht und das folgende „s" gepreßt und geschoben wird.
Bei Konsonantenbündelungen kommt es immer auf einen und denselben Handgriff an: der *erste* Konsonant muß *fließen*.

Ist er kein Klinger oder Geräuschlaut, denen man ja leicht Fluß und Dauer verleihen kann, sondern ein Verschlußlaut, der zum Anhalten auffordert („Traum"), so hilft man sich, indem man zunächst einen Vokal einfügt („Tö-raum"). Schrittweise verkürzt man ihn dann bis zum Verschwinden, sucht aber das Gefühl von Dauer und Fließen im Anlaut beizubehalten.

§ 78. 13 Vokal – Vokal (Diphthong)

In der Fachliteratur wird besonders hingewiesen auf die hilfreiche Rolle, die der Klangwechsel im *Diphthong* für die Entwicklung von *Resonanz*, vor allem im Körperbereich, leisten kann. Er muß zu diesem Zweck nur sehr bewußt in allmählichem Übergang ausgeführt und dabei vom Sänger selbst sorgfältig beobachtet werden.
Das Interesse des Chores an sorgfältigen Diphthongübungen kann man anregen, indem man auf die möglichen *Unterschiede* in der Ausführung aufmerksam macht und diese dann langsam, quasi in Zeitlupe, übt!

Ein *ruhig* gesprochenes „au" („Welch schöner Baum!") wird von „a" nach „o" geführt, ein kurz gesprochenes („Das war schlau!") nur von „a" nach „$\overset{o}{a}$".

Entsprechend ei (ai): „Wieviel Leid!“ (lang gesprochen, von „a“ nach „e“ geführt) beziehungsweise „Nein“ (kurzgesprochen, von „a“ nach „ä“ geführt, „Schlafen — auch träumen?“ (lang, von „å“ nach „e“ geführt), beziehungsweise „Neustadt“ (kurzgesprochen, von „å“ nach „ö“ geführt).
Man kann diese Färbungen sehr gut in weltlicher Chormusik mit lebhaftem Text verwenden und dadurch eine reizvolle und plastische Textdarstellung gewinnen.

78. 14 Lockerungsübungen

Sobald wir aus der Anregungsphase in die aufbauende Arbeit übergehen, können auch einige der verbreiteten „*Lockerungsübungen*“ sinnvoll werden. Die im täglichen Leben zu wenig bewußt gefühlte und gesteuerte *Hals-* und *Nacken*muskulatur neigt bei fehlender Aktivbewegung zu Verfestigungen, die bei den Sängern, Dirigenten, Spielern mancherlei lästige, dabei in ihrer Herkunft unerkannte Beschwerden auslösen. Kopf- und Schulterrollen, fallende, hängende Arme und ähnliches kann hier angenehm und nützlich sein. Eigentliche Hilfe bietet allerdings nur die Übung der „Position“.
Es geht ja nicht nur darum, den Nackenmuskel (vorübergehend) zu *entkrampfen*, sondern ihn dauerhaft zu *entlasten*. Das geschieht besser durch Verlagerung der Trage- und Gleichgewichtsarbeit von der oberen Muskelregion (Nacken) in die *untere* (Rücken) wie sie in der „Diagonalspannung“ fühlbar wird.
Ganz besonders bedarf jede aktive Unterkieferübung einer begleitenden bewußten und damit lösenden Hals-Nackenbewegung.
Ohne Zusammenhang mit systematischen gesangstechnisch gezielten Haltungs- und Bewegungsübungen haben die„Lockerungen“ wenig Zweck. Die momentane Annehmlichkeit setzt sich nicht in unbeschwerteres Singen um, der Chorsänger sieht sich eher beschäftigt als gefördert.

§ 79. 1 Der Ablauf der Übungen

Nun zum Ablauf der Übungen selbst.
Wir gehen aus von der Balance zwischen „vorn“ und „rückwärtiger Weitung“. Wir beginnen damit, einseitige Übungen aus beiden Bereichen *abwechseln* zu lassen und gehen dann über zu Übungen mit bewußten und bewußt gemachten *Mischfunktionen*.
Für den vorderen „Masken“-bereich (Nasenrücken) etwa: „Winsen“; „Sensen“; „finden“; „singend“; „Sindelfingen“; „Wendungen“ . . . auch „Memnon“; „Mignon“; „Linden“ . . . legatissimo auf *einem* Ton in fast absichtslosem Klang, dann in Dreiklangsfolgen abwärts — aufwärts mit bewußter Gegensteuerung, Nasenraum nach innen offen gedacht, kein Druck.

Nachteile:

Reine Resonanzübungen können bei Anfängern entwicklungsgefährdende Nachteile mit sich bringen, z.B. Verengungen, Pressen (Klang in die Nase hineingeschoben anstatt vom Nasenrücken her nach innen gesogen); Atemschub

(„Triebresonanz“ bei jugendlichen Männerstimmen); Feststellen des Unterkiefers; Verwechseln der echten Resonanz mit harter, knarrender Vibration u.a.m.

Resonanzübungen müssen deshalb balanciert werden durch Übungen zur rückwärtigen Weitung, durch Atemübungen (zunächst Position = „Raum“, später Bewegung) und durch Artikulation.

Da Artikulationsübungen ihrerseits ohne sorgfältige Vorbereitung in die Irre führen können, setzen wir die Arbeit fort mit parallelen Übungen zur *Weitung* und zur *Position* des Atemapparates.

Rückwärtige Weitung:
Gähnen mit Gähnlaut, hoch und immer höher angesetzt nach unten ziehen; hoch im Kopf seufzen, Klang ebenso nach unten führen (dadurch schon im Frühstadium verhindern, daß die Weitung einseitig gaumig-kehlig wird; der Seufzklang bezieht den Vorderkopf mit ein); aus dem gewonnenen Klang bestimmter Vokale entwickeln („u-o-a“), dann feste Tonhöhen einführen. Tonfolgen: abwärts geführte Dreiklänge, auch Skalen, mit stark verschleifenden Abwärtsschritten, dann auch kurz aufwärts — lang abwärts (g-c’-g-e oder g-a-h-c’-g-e; auch Abwärtsfolgen mit immer erneutem Ausholen (c-g-c-e-g-c; c-h-c-a-c-g-c-f . . .), mit ständiger Mahnung vor zu engem Abwärtsbinden. Einatmen in Weitstellung.

Fehlsteuerungen bei Weitungsübungen: gaumiges, kehliges Singen, bei überspanntem Gähnen Feststellen von Kiefer und Zunge, Hochstellen des Kehlkopfes. Deshalb ständig balancierende Verbindung zu Resonanzübungen, aber auch zur Atemposition halten (Ziel: Entwicklung eines Weitungsgefühles Rachenraum + Nasenraum + Körper).

Aus der rückwärtigen Weitung nach vorn führen („u-ing-sin“; „u-o-i-ong-nem“ und dergleichen), dann auch den Maskenklang selbst ausweiten durch Einsatz entsprechender Vokale („Samson“; „Mignon“; „singen — sangen — sungen“) und durch zusätzliche Hinweise („in Gähnstellung einatmen“; „Verbindung zum Hinterkopf halten“ „durch den ganzen Kopf klingen lassen“). Weiterhin abwärtsgerichtete Tonfolgen bevorzugen, um schon vorhandene Weitungselemente in der Stimme zu aktivieren („Kopfklang“). Die Konsonantenverbindungen „ns“, „ms“ usw. aktivieren wir schon in den ersten Maskenresonanzübungen, die Vokalübergänge der Diphthonge am besten erst in den balancierten Übungen, die eine Weitung schon mit einschließen.

Sobald Masken- *und* Weitungsübungen in das Repertoire des Chores eingegangen sind (nicht früher), kann man die Übungen auch von der Weitung her aufbauen.

Parallel dazu die *Position des Atemapparates* in einzelnen Schritten allmählich aufbauen, zunächst als erholsame Unterbrechung des Singens, dann mit Hinweis: „Spüren Sie, wie das Singen leichter, der Klang runder wird?“

Bei Anfängern gegebenenfalls nur den *Flankengriff* einsetzen, bei etwas erfahreneren und motivierteren Sängern immer *alle drei* Schritte („Scharnier 1, Scharnier 2, Diagonalspannung“ (siehe § 77.5) gemeinsam üben. Der

isolierte Einzelschritt bleibt ohne Wirkung oder führt irre; „Scharnier 1" z.B. erzeugt ohne „Diagonalspannung" ein Hohlkreuz!
Die in diesem Stadium einseitig gebundene, gezogene Singweise, die leicht in Schieben und Drücken ausarten kann, lockern wir balancierend auf durch den Einsatz von *Rhythmus* und einen Vorgriff auf die *Artikulation*, am besten innerhalb desselben Übungsschrittes.
Übergangsübung z.B. „mamm-mama-mammm-mama-mamm", auch punktierter Rhythmus wie „mamm-bo-mamm-bo-mamm" und punktierte Dreiergruppen „mamm-ba-no-mamm-ba-no-mamm". Dasselbe mit t-, s- und k-Lauten, auch l- (das „l" soll uns später vor allem für die Verbindung von Artikulation und „Kuppel" dienen). Aufmerksam machen auf die Bewegung der Artikulationswerkzeuge und das begleitende Organgefühl.
Dann stärkere Beanspruchung durch die fruchtbaren und auch für Anfänger in ihrer Wirkung erlebbaren Doppelkonsonanten br, fr usw. Zunächst: „frommen", „Fransen", „fremden", „bremsen"; dann öffnen zu „frohnen", „brausen", schließlich: „froh", „früh".
Wir haben uns damit in organischen Schritten dem *langen* Ton genähert. Um dessen Problem — das Festgehaltenwerden — aufzufangen, braucht der Chor an dieser Stelle die Erläuterung der Übung der Balance. Der Ansatz war bisher noch kein bewußter Übergangsgegenstand. Er soll erst im Zusammenhang Artikulation — Atem behandelt werden.

Tonverlauf — Übergang

Aus „froh" läßt sich „frooooh", dann „boooh" usw. entwickeln mit Konzentration auf den freien Lauf des Tons, Unterstützen dieses Laufs durch gleichzeitige Weitung des Atemapparates, Ablenken von der Vorstellung „*ein* langer Ton" auf „ein *immer neuer* Ton", und „ein *bewegter* Klang" durch das Üben von weich gebundenen schnellen Tonwiederholungen.
Diese wiederum geben uns den Einstieg einerseits in den Tonübergang, andererseits in die Aktivierung des beweglichen Teils im Atemapparat.
Wir können also einmal „o-o-o-o-o" zu „oooh" entwickeln, dann aber auch zu einer Koloratur „am Faden", bei der jeder Ton ohne Unterbrechen des Klangstroms in die oberen Resonanzräume zurückgeführt wird (s.o.). Ablauf z.B. „o-o-o", „o-ing-o-ing" ong-ong-ong", schließlich wieder „o-o-o" mit „Hochnehmen", zunächst in mittlerem, dann in immer schnellerem Tempo.
Während dieser Übung wird bewußt auf „Position" geachtet und dabei die Reaktion des *Bauches* beobachtet. Über „Hecheln", „Bellen" im Legato (kein Abreißen der Stimme!) usw., also im Wechsel von „kommen lassen" und „machen", aktivieren wir dann den Bauch-Zwerchfellgriff, eingeleitet von reinen Atemübungen („f-f-f"; ß-f-t-p" usw. auch im Crescendo und Diminuendo).
Auch der Einsatz des Bauch-Zwerchfellgriffs kann, vor allem in noch frühen Entwicklungsstadien, *gefährdende Nachteile* auslösen wie Gewaltsamkeiten, Stoßen, Schieben, Drücken und dergleichen.
Es kommt darauf an, daß der Zwerchfellstoß immer in der zweifachen Verbindung zur Atemposition und zum Gesamtbereich „*hoch*" bleibt. Die elastische

Position des Brustkorbs fängt die Muskelbewegung auf, verteilt die körperlichen Energien auf einen weiteren Bereich und bewirkt, daß als Ziel der Aktivität nicht etwa die *K e h l e*, sondern der *R ü c k e n* empfunden und die Bewegung entsprechend gesteuert wird.

Vor allem aber darf der Sänger aktive Bewegungen im Atemapparat nicht als Selbstzweck, etwa mit der Absicht von muskulärem Training, ausführen, sondern immer nur als *H i l f e* für *d a s S i n g e n!*
Diese Hilfe muß vom Sänger unmittelbar erlebt und erfahren werden, damit automatisch das *r i c h t i g e M a ß* für die Aktion gefunden und jede schädigende, wenn auch gut gemeinte Übertreibung vermieden wird. Das Element „kommen lassen" liegt hier in der Verbindung zum gesungenen Ton.

Nachdem nun erste Erfahrungen mit der Balance „hoch" — „tief" dem Zusammenspiel von Stimme und Atem, Stimme und Körper, gemacht werden konnten, kann die Stimmbildungsarbeit noch zu zwei weiteren Schritten vordringen, die das primitive Aufbaustadium mit seinen Vereinfachungen und Vergröberungen abschließen und von denen aus der erfahrenere Ausbilder seine differenzierteren Arbeitsweisen entfalten kann: eine *a t e m g e s t ü t z t e A r t i k u l a t i o n* mit Einsatz des *U n t e r k i e f e r f a l l s* und die Gewinnung der „*K u p p e l*", einer runderen und weiteren Kopfresonanz über den „Maskenklang" hinaus, deren Verbindung mit dem Bereich „tief" ein erstes Ziel der elementaren chorischen Singtechnik darstellt.
Der *U n t e r k i e f e r* ist bisher gar nicht oder nur als mögliche Quelle von Behinderungen ins Blickfeld getreten. Es läßt sich aber keine Singtechnik ohne dieses wichtige Organ aufbauen.

Die *N a c h t e i l e* einer verfrühten und verkehrten Unterkieferaktivität sind bekannt: unkontrolliertes Mundaufreißen behindert Entfaltung wie Konzentration des Klangs, macht ihn flach und dürftig, verklemmt den nach vorn geschobenen Unterkiefer und mit ihm die Zungenwurzel.
Wie die Bauch-Zwerchfellbewegung, so kann auch die Unterkieferaktion erst dann gefahrlos und fruchtbar eingesetzt werden, wenn der Sänger bereits über ein gewisses Gefühl für die *i m* Körper und *v e r m i t t e l s* des Körpers klingende Stimme besitzt. Er wird dann nach immer weiteren und besseren Hilfen für Stimmorgan und Stimmklang suchen und die jeweils erfahrenen eben im richtig begrenzten und gesteuerten Maß einsetzen.
Wir müssen dem Sänger folgendes deutlich machen: Die Unterkieferbewegung ist *k e i n A u f m a c h e n*, sondern ein *F a l l e n* (lassen). Es fällt nicht das Kinn (!) in einer Drehbewegung (so wird der Unterkiefer vom Laien aufgefaßt; die faktische Übereinstimmung mit den anatomischen Gegebenheiten ist gesangstechnisch doch irreleitend), sondern es fällt der *g a n z e* Kiefer senkrecht, also auch im Bereich des Gelenkes. Statt von der Kinnspitze her wird die Bewegung etwa in der Mitte des Kiefers gesteuert.
Der Fall des Kiefers geht nicht ins Bodenlose (das „Tiefhängenlassen" des Unterkiefers dient nicht automatisch der Lockerung), sondern in die günstigste *V o k a l p o s i t i o n* bzw. diejenige Position, die der Sänger subjektiv als besonders günstig *e m p f i n d e t.* Der Vokal wird dann nicht vom Kiefer „getragen" oder gar „gehalten", sondern für das steuernde Gefühl „hängt" der Kiefer „im Vokal".

Dieser *Kieferfall* wird erstens verbunden mit der Übung *Ansatz — Tonverlauf.*

Die „Öffnung des Vokals durch den Anlautkonsonanten „Bahn": des „a" durch das „b" — wie durch eine Falltür (siehe oben) — wird aktiviert und in bewußte Bewegung umgesetzt. Die steigernde Wirkung auf die Maskenresonanz wird erprobt und genossen („brennen"; „Brahms"; „Brot", auch in ausgehaltenen Klängen).

Zweitens wird der Unterkieferfall verbunden mit einer *aktiven Bauch-Zwerchfellbewegung,* mit einem leichten Stoß, der in der Vorstellung des Sängers nicht nach oben, gegen die Kehle, sondern in *derselben* Richtung wie der Unterkieferfall, gegen die untere Rückenpartie oder in die Tiefe des Körpers gerichtet ist. Unterkiefer und Zwerchfell holen den Ton aus dem vorderen (oder oberen) Kopfbereich herunter auf den Atemboden, saugen ihn an, ohne ihn tragen oder stoßen zu wollen.

In dem Zusammenspiel Lippen/Zunge — Unterkiefer — Atemapparat hat der Sänger erste Erfahrungen mit einem bewußteren Stimm*ansatz* gemacht.

Sie lassen sich jetzt vertiefen und erweitern, vor allem auf den rein vokalen Ansatz übertragen. Ist dieser einmal beherrscht, so kann man ihn in den Ansatz mit einem Anlautkonsonanten hineinnehmen, ähnlich wie in den ersten Anfangsübungen (in „bahnen" etwa wird der Ansatz vom „a" her gebildet, der Vokal wird in das „b" hineingenommen, das „b" wird in „a"-Stellung geformt, die Lippen- und Unterkieferaktion, die das „b" öffnet, öffnet zugleich auch den Vokalklang).

Nachdem wir in frühen Stadien der Arbeit den konsonantischen Anlaut mit einer Vokalvorstellung angereichert haben, um ihn von jedem kehlverschließenden Druck zu befreien, bringen wir jetzt die Erkenntnis aus dem bewußter gewordenen *Konsonantengriff in den Vokal* ein.

Hieß früher die Übung z.B. „aah-bahnen, a-bahnen, (—)bahnen" in Einatemstellung „a", so arbeiten wir nun umgekehrt mit der Folge „baden-Adam". Der Ansatz mit Unterkieferfall und gleichzeitigem Atemgriff wird in „Adam" beibehalten, das Gefühl des „Hereinholens" oder „Nach-unten-holens" wird in den Vokal hineingenommen. Gewonnen wird damit einmal die Möglichkeit, den Vokal zu einem bestimmten Zeitpunkt aktiv, energisch und ganz frei zu starten, zum andern aber, und das ist das eigentlich Neue, gewinnen wir einen neuen Ansatz*punkt.* Konzentrierte sich bisher die Vorstellung vom „Sitz" (und damit vom Startort) des Klangs einseitig auf Orte in der Maskenregion, also im Bereich „hoch", so starten wir jetzt den Ton gleichzeitig mit dem Hochgriff *auch* im Bereich „tief".

Der Ansatzpunkt „tief" kann dem jeweiligen gesangstechnischen Stil folgend verschieden lokalisiert werden, u.a. in der unteren Rückenpartie, im Kreuzbereich oder auch in der Tiefe der Körpermitte, vielleicht auch an wechselnden Orten des Körpers.

Der Bauch-Zwerchfellgriff bewegt sich nun auf diesen *Ansatzpunkt hin,* also nicht nach oben gegen die Kehle.

Mit diesem doppelten Ansatzpunkt ist der Ansatz selbst jetzt balanciert, wir gewinnen den vollen Klang der Stimme, den „Mittelstimm"-klang. Kraft und Glanz der Stimme liegt in ihrem Mittelstimmanteil, Rundung, Weichheit,

Höhen- und Mischfähigkeit in ihrem Kopfanteil. Die wechselnde Mischung beider Elemente ergibt Möglichkeiten zu wechselnder Charakteristik des Klangs.

Dabei darf die Balance niemals aufgegeben werden, d.h. ein noch so geringer Anteil des jeweils andern Partners muß immer im Klang erhalten sein. Kopfklang ganz ohne Verbindung zum Ansatz „tief" ist genauso stimmschädigend wie das trocken-brustige Brüllen ohne „rückwärtige Weitung" im Raum „hoch".

Die *lockernde*, kehlkopfentspannende Wirkung des *Tiefgriffs*, der ja keineswegs brutal zu sein braucht, wird oft übersehen. Bei Überanstrengungen durch zu langes, zu lautes oder auch zu langes leises (!) Singen ist neben den Gähn- und Seufzübungen ein leichter Tiefgriff („Wannenraum") hilfreich.

Der Ansatzpunkt „tief" ist zugleich auch der Sitz der Sprechstimme. Man kann im Frühstadium der Arbeit den Tiefgriff auch ganz einfach auslösen durch eine unmittelbare Verbindung Sprechen — Singen, z.B. auf den Text „von dannen". Die Übung ist sehr wirkungsvoll, jedoch bei fehlender Balance mit rückwärtiger Weitung im „hoch" nicht ganz ungefährlich. Im Übermaß angewandt verringert sie die Höhenfähigkeit, auch die Abrundung und Geschmeidigkeit der Stimme.

Der Mittelstimmklang wird mit Übungen wie „Zielen, Zedern, Zeigen, Zaudern" und Ähnlichem trainiert. Neben den gewohnten, vorwiegend abwärts orientierten Tonfolgen tritt jetzt die bewußter eingesetzte *Aufwärts*führung, z.B. ein verschleifendes Aufwärtsportamento mit anschließender Abwärtsskala.

Bei Skalen oder Dreiklängen in der Folge aufwärts — abwärts achten wir besonders auf die *Gegensteuerung:* in der Aufwärtsbewegung Atem- und Stimmorientierung leicht nach unten führen (oder „tief halten"), dabei etwas weiter werden (in Position wie Stimmklang), in der folgenden Abwärtsbewegung Stimmsitz hochhalten, nicht „brustig" werden, Kopfklanganteil erhalten.

In diesem Zusammenhang kann auch die bisher mehr naiv geführte, gegebenenfalls vom Chorleiter unaufwendig korrigierte *Vokalfärbung*, damit auch der *Vokalausgleich*, gezielter und bewußter geformt werden. Das Detail entnehme man der Literatur und dem eigenen Gesangsunterricht.

Der Unterkieferfall und der Einsatz der „Hauptwerkzeuge" Lippen, Zungenspitze, Zunge, auch Gaumen, regen dazu an, Stellungen im Mundbereich genauer zu beobachten und formend einzusetzen. Vorsicht im Frühstadium der Arbeit!

In der Chorarbeit ist es zu empfehlen, den Vokalausgleich, also das Erarbeiten einer gemeinsamen Basis im Stimmklang für *alle* Klänge, weniger von der Vorstellung der Vokal*farbe*, als von der eines allen Klängen gemeinsamen *Resonanzanteils* zu entwickeln. Vokalfarbenvorstellungen führen leicht zu Verzerrungen, dagegen ist Resonanz in diesem Stadium auch für den Sänger selbst ein Begriff und ein gut kontrollierbares Gefühl.

„Kuppel": Mit der Erarbeitung des „Kuppelklangs" ersetzen wir die bisherige Vorn-Hinten-Balance im Bereich „hoch" durch eine Oben-Unten-Balance. Voraussetzung für ein Gelingen ist die gefühlsmäßige Beherrschung der einfachen Balance Maske — rückwärtige Weitung.

In Vorbereitung des neuen Arbeitsschrittes kann auch der Unterkieferfall einmal zur Unterstützung der rückwärtigen Weitung (nicht nur der Resonanzen) eingesetzt werden. Ein „Gähngriff" ist immer auch eine Unterkieferbewegung. Gelingt es, den Unterkiefer z.B. in den „juoa"-Übungen nicht nur tief zu stellen, sondern wirklich im Gelenk fallen zu lassen, so wird auch der spätere Schritt, die Balance zwischen Schädeldach und Unterkiefer, keine Schwierigkeiten mehr bereiten.
Manche Gesangslehrer ziehen es vor, mit der Arbeit gleich an diesem Punkt anzusetzen, um Fehlleitungen in der Zielprojektion des Lernenden zu vermeiden. In der Chorarbeit mit ihren so begrenzten Möglichkeiten zu individueller Kontrolle und Hilfestellung hat dieser gute Ansatz zu wenig Erfolgschancen. Dieser „Kuppelklang" wird entwickelt aus Lauten wie „u", „ju" „jo", auch „bo-ujo". Er sitzt höher im Kopf als der Maskenklang, von dem er sich nie ganz trennen darf („Bouillon").
(Die aus der Singbewegung stammende, durch Kurt Thomas weit verbreitete Übung „Ju-nge — Ju-nge" ist eine ideale Kuppelübung. Sie bleibt allerdings ohne eine ausgiebige Untermauerung, wie z.B. die hier angedeutete, fast wirkungslos und ist bei vielen Chören zum bloßen Erkennungssignal degeneriert.)

Eine gute Brücke zwischen Kuppel und Maske, damit überhaupt zwischen Vokal und Konsonant, bildet das „l", zumal in Wiederholungen wie „jullullulluh".
Balanceübungen: „tu", „tuo", aber auch: „Füllüllüllüllen".
Sehr effektiv, weil eine Fülle von Funktionen erfassend, die Öffnung von „die Rinder brüllen" zu „Die Rinininininder brüllüllüllüllüllen" in verschiedenen Rhythmen, auf einem Ton in Skalen- und Dreiklangsfolgen (R. Hüffer).
Als Ansatzpunkt für den Kuppelklang nehmen wir zunächst die Nasen *wurzel*, die damit aus dem bisherigen Bereich „hoch — vorn" herausgelöst wird.
(Während wir den „Maskenklang" in sich selbst schwingend empfinden, mit einer Tendenz entweder zu einem Verströmen nach *außen* oder einem Einsaugen nach *innen* (Hinterkopf, Körpertiefe), erleben wir einen Ton, der sich von der Nasenwurzel her entwickelt als nach oben, in die Höhe des Schädels gerichtet).
Diesen ersten *Ansatzpunkt* erweitern wir allmählich wie einen *Bügel* bis zum Hinterkopf. Aus diesem „Bügel" wiederum läßt sich der Scheitelpunkt als Ansatzort für einen sehr runden, im Innern von Kopf und Körper schwingenden Klang herauslösen. Bügel und Scheitelpunkt (Hilfsbilder: „aufgespannter Regenschirm" „Dusche") werden beantwortet durch den *Unterkiefer*, der jetzt in seiner Gesamtheit fallend gedacht wird, also mit deutlicher Richtung nach *unten* und *hinten* auch im Gelenkbereich.
Dieser (gleichsam überwölbte) Unterkiefergriff wird nun *verbunden* mit dem *Tiefgriff* des beweglichen Atemapparates unter der „Position". Schädeldach und Boden des Atemapparates („Wanne") werden in elastische Balance gebracht, die wie ein zwischen beiden gespannter Faden gedacht werden kann. Vor diesem in der Körpermitte gedachten Faden aus kann sich nun der Klang nach allen Seiten hin gleichmäßig entfalten. Aus diesem Erlebnis heraus läßt sich nun vielleicht so etwas wie ein sängerisches „Gesamtgefühl" entwickeln.

Einsingen und Stimmbildung am Werk:
Auch hier ist Balance gefordert. Innerhalb der Einsingphase geht es um ein ausgewogenes Verhältnis von Anwärmen und aufbauender, instruierender Arbeit. Es ist nichts dagegen einzuwenden, die ersten anregenden, sammelnden Übungen über lange Zeiträume beizubehalten. Die eigentliche stimmbildende Arbeit aber muß sich an der aktuellen Entwicklungslage bzw. dem jeweiligen Stand des Chores und seiner Aufgabenstellungen orientieren und wird daher ständig im Fluß sein (siehe oben). Dieser gezielte Wechsel erst macht dem Chorsänger ganz deutlich, worum es eigentlich geht. Immer gleichbleibende Übungen verlieren nicht nur zunehmend an Wirkung, sondern senken auch das Vertrauen des Chorsängers in die Möglichkeiten stimmlichen Fortschritts, damit aber auch, und das ist noch schwererwiegend, in die Möglichkeiten des eigenen Singens.

Stimmbildung muß also, aufgrund von erlerntem Wissen und eigener Erfahrung, immer erneut im Verlauf der Chorarbeit konzipiert und entwickelt werden. Nur der produktiv hörende und lernende Chorleiter hat hier eine Erfolgschance. Weiter muß jede Instruktions- und Übungsarbeit im vorbereitenden Teil der Probe ihre Fortsetzung in der Arbeit am Werk finden (siehe auch oben). Nur dann kann sie technisch und vor allem auch psychologisch beim Chorsänger „ankommen". Es ist also nicht möglich, Stimmbildung auf eine die Chorarbeit nur begleitende „Fachkraft" abzuwälzen. Wir kehren damit zum Ausgangspunkt zurück: Nur mit dem eigenen Singen kann man andere Menschen zum Singen bringen.

§ 79. 2 Einsingen

Zum „Einsingen":
Einsingübungen haben nur dann eine *Wirkung*, wenn der Chorleiter mit jeder Übung ein ganz *konkretes* stimmbildnerisches Einzelziel verfolgt.

Eine allgemeine stimmliche Anregung *ohne* Anspruch auf stimmliche Förderung gewinnt man besser aus einem leichten Chorsatz, in dem jede Stimme in ausschließlich bequemer Lage viel Text und viel rhythmische — melodische Bewegung findet.
Der völlige Verzicht auf jegliches Einsingen schließt zwar nicht unbedingt jede Klangformung aus, wird jedoch mit häufigen Überanstrengungen der Sänger und vor allem mit dem Verzicht auf fördernde Schulung bezahlt.
Ganz wichtig für den Erfolg des Einsingens ist die persönliche Verfassung des Chorleiters. Es kann den stimmlichen und klanglichen Zusammenbruch der Probe bedeuten, wenn ein Chorleiter uneingesungen und unentspannt aus der Tagesarbeit in die Chorstunde stürzt, da ein Chor noch schneller die Schwächen seines Leiters übernimmt als seine Stärken.
Der *Ablauf* der Einsingübungen folgt dem (langfristigen) Aufbau der Stimmbildungsarbeit. Das Einsingen wiederholt im kleinen die gesamte bis dahin geleistete Schulung und bereitet den jeweiligen neuen Arbeitsschritt vor. Nach dem hier beschriebenen Modell gehören dazu also die Unterscheidung von Anwärm- und Übungsphase (mit der Möglichkeit, bei Zeitdruck gelegentlich

nur „anzuwärmen"), der Beginn mit „Maske" und „rückwärtiger Weitung", der Gang über „Position" zum „Tiefgriff" usw.
Zu *B e g i n n* der Übungen spare man an Lautstärke, nicht aber an körperlicher Aktivität. Schon relativ früh müssen die Elemente „tief" und „leichter Stützgriff" am besten in Verbindung mit Artikulation, angeregt und eingesetzt werden.
Vorsicht: Zu langes „kopfiges" Singen wirkt auf die Stimme gerade beim Einsingen weniger schonend als einengend!

Zu den *T o n f o l g e n* der Übungen:
Am schonendsten wirken zu Beginn abwärts geführte kleine Sprünge, Dreiklangsbrechungen und Ähnliches, dann Schritte in kleiner Amplitude, weiter wiederholte Wendungen und Tonwiederholungen, schließlich auch schneller Lagenwechsel.
Modell: g - e - c; g - f - e - d - c; g - f - e - f - g - f . . .; g - g - g - f - f - f - e - e . . .; c - d - c - d - c - c' - h - a - g - . . .)
Für den Alt und den Baß liegt die „mittlere, bequeme Lage" um eine Terz bis eine Quint tiefer als für die hohen Stimmen. Man kann dies Problem auffangen durch gemischte ein- oder zweistimmige Übungen. Einstimmiger Typus etwa: c'-a-f-g-e-c; die Übung wird als Gesamtformulierung von allen erlernt, dann singen im Wechsel die hohen Stimmen die erste Hälfte und die tiefen Stimmen die zweite.
Wichtig ist ein gut tragender prägnanter Rhythmus, der die wechselnden Einsätze wie bei einem Kanon zum Vergnügen macht. Die Pausen sind dann erfüllt, während einzelne Ansagen („jetzt die tiefen Stimmen!") die Probenspannung unverzüglich zusammenbrechen lassen würden.
Zweistimmigkeit mit Gegenbewegung (Oberstimme Sopran + Tenor), Unterstimme Alt + Baß) ist angebracht bei *Ü b u n g e n* mit sehr weiter Amplitude.
Übungen zur Öffnung der *H ö h e* läßt man zunächst weder auf einem tiefen noch auch auf bereits hohen Ton beginnen. Günstiger sind Formulierungen nach dem Modell g-c'-g-e-c. Sequenzen werden immer halbtonweise aufwärts und, wenn die Grenze des ohne Anstrengung noch Leistbaren erreicht ist, in Ganzton- oder Terzschritten auch wieder *a b w ä r t s* geführt.
Die hilfreiche Rolle der *A b w ä r t s b e w e g u n g* wird oft unterschätzt. Wichtig ist hier eine bewußte Gegensteuerung (siehe oben): in der Abwärts*l i n i e* wird der Ansatz des höchsten Tones beibehalten beziehungsweise gedanklich noch weiter nach oben verlagert. Die tieferen Töne gewinnen dadurch an Kopfresonanz, der gesamte Stimmansatz wird leichter. Beim *Z u r ü c k f ü h r e n* der *S e q u e n z e n* in die Ausgangslage gewinnt die Stimme Weitung und Fülle.
Gleichzeitig wird so vermieden, daß jede Übung mit einem angestrengten Kampf um die eigene Leistungsgrenze endet („Schaffe ich den nächsten Ton noch?") und damit zusätzliche Höhenängste auslöst. In die Ausgangslage zurückgeführt, entläßt die Übung den Sänger in einem Zustand von Wohlbefinden und Selbstvertrauen.
Bei der Wahl der *S i l b e n* ist sehr sorgfältig auf balancierenden Kontrast der Funktionen zu achten: Klinger-Verschlußlaute; Kopf- bzw. Mittelstimmenvokale; Konsonantenverbindungen und Diphthonge etc. (siehe oben).

Klingerresonanzen sollten im Frühstadium des Einsingens immer sehr leicht und bewußt druckfrei genommen und häufig durch Artikulationsübungen unterbrochen werden (Gefahr der Verklemmung!). Dasselbe gilt für die nützlichen, aber im Laienchor nicht ungefährlichen Summübungen.

Belebend für das Körpergefühl und zugleich entlastend für die Stimme sind Übungen *ohne* Ton: Atemübungen (Position), Bewegungsübungen wie „Hecheln" und dergleichen), Gähnen — Schnarchen; Lippen- und Zungengymnastik; Nasenatmung usw. Eingestreut in klingende Übungen werden sie vom Sänger als Erholung ohne Widerstand aufgenommen, während sie zu Beginn der Probe Ungeduld auslösen können. Tonlose Konsonantenübungen (p-t-k; ß-ch-z und ähnliches) fördern Atem wie Artikulation. Das tonlose Flüstern von Vokalen gegen die eigene Handfläche bringt eine gute Kontrolle über die tatsächlich erzeugte Vokalfärbung, jenseits aller Selbsttäuschung durch die klingende Stimme. Allzu ausgiebige Flüsterübungen können allerdings im Einsingstadium leicht zu Heiserkeit führen.

Vielfach übersehen werden zwei für Stimmübungen ganz wichtige Faktoren: die *Unterbrechung* und die *Wiederholung.*

Im Wege steht vor allem die Sorge des Chorleiters, seinen Chor zu langweilen und damit selbst an Autorität einzubüßen. Diese Besorgnis ist es aber gerade, die eine nervöse Unterhaltungserwartung ohne Sachbezug beim Chorsänger erst auslöst.

Ideal ist, vor allem im Frühstadium des Einsingens, eine *Pause* nach jeder einzelnen Übung mit der Anweisung „wirken lassen!". Beim Wiedereinsetzen merkt der Sänger deutlich die Verbesserung in der Reaktion des Stimmorgans, er gewinnt Vertrauen nicht nur in den Sinn stimmtechnischer Arbeit, sondern auch in die wachsenden Möglichkeiten der eigenen Stimme.

Wie bei allem instrumentalen Üben, so ist auch beim Singen die *Wiederholung* von Übungen erst die eigentliche Voraussetzung für irgendeinen Fortschritt. Die Pausen zwischen den einzelnen Übungen liefern hier die problemlose psychologische Basis. Hast und Eile erbringen nicht Spannung, sondern Nervosität, die sich dann in der weiteren Probe störend fortsetzt. Der Chorsänger muß keineswegs, wie so oft angenommen wird, aufgeweckt und angeheizt werden. Gerade der von der Tagesarbeit ermüdete Laie braucht nicht so sehr einen erneuten Reizangriff, auf den er doch mit noch stärkerer Müdigkeit antworten muß, als vielmehr Entspannung, Ruhe, Konzentration auf etwas Neues. Belebung und Erfrischung bringen wir ihm nicht durch erneuten Aktivismus, sondern durch die Anregung, sich schrittweise auf zunächst rein körperliche sängerische Empfindungen ein- und umzustellen. Ein ruhig begonnenes Einsingen mit deutlicher Steigerung führt an seinem Ende oft zu einem Energiegewinn beim Sänger, der sich unmittelbar in plötzlicher starker Unruhe der ganzen Gruppe ausdrückt. Hier greifen wir nicht dämpfend ein, sondern warten ohne Sorge, die Initiative zu verlieren, darauf, wann die Lust zum Weitermachen spürbar wird (nicht: wann Ruhe eintritt!), und gehen dann an die eigentliche Singarbeit, diesmal nicht in ruhigem „kommen lassen", wie zu Beginn des Einsingens, sondern mit vollem aktiven Energieschwung.

Im folgenden sollen unter dem Gesichtspunkt „stimmliche Schwierigkeiten aussondern" eine Reihe von häufig auftretenden stimmlichen Belastungen erwähnt und die Richtung ihrer Bearbeitung angedeutet werden.

§ 80 Einige Hinweise für die stimmtechnische Arbeit am Werk

Dieses Kapitel enthält, besonders gegen Schluß, einige Hinweise, die in „Schwierigkeiten III. Ordnung" (§ 92) und im Kapitel „Linie — Hintergrund" (§ 134) unter rein gehörmäßigen Gesichtspunkten, methodisch aber fast gleich, wieder aufgenommen werden.

§ 80. 1 Allgemeine Stimmprobleme

Hauptschwächen	
Unsicherheit	= Unteraktivität
Robustheit	= Überaktivität
Verkrampfung	= Überaktivität
Starrheit	= Überaktivität

Ziele:

a) Ausgleich Spannung — Lockerheit (allgemeine Stimmbildung)

b) Volle körperliche Aktivität in *jedem* Ton (nicht = *maximale* Aktivität!)
Klare Stufen singen,
nicht „sich herantasten", nie „vorsichtig"; das „sich Herantasten" ist schädlich für die Stimme und unergiebig für die Probe: Undeutliches läßt sich weder vom Sänger selbst noch vom Leiter eindeutig korrigieren.
„neu greifen",
nicht den Ton aus dem vorigen herausziehen (bes.: Tonwiederholungen! s. N.B. 124a).

c) Gleiche sängerische Aktivität *in jeder* dynamischen Lage bei *jedem* musikalischen Ausdruck,
also: gerade auch im p, pp, dim.,
bei *verhaltenem* Ausdruck,
bei (aus Übungsgründen) *reduziertem* Ausdruck.

d) Den Einzelton *modulationsfähig* halten,
nicht den „richtigen" Ton festklemmen.

e) Aktionslegato:
nicht immer = Klanglegato,
sondern fortlaufende sängerische Aktivität über Konsonant — Vokal — Konsonant ohne Lücke; nicht „Töne" singen, sondern „Schritte".

§ 80. 2—4 Einzelfälle

§ 80. 2 Unterbeanspruchung der Stimme („nicht für voll genommene Töne)

a) Nebentöne, besonders Außentöne auf unbetontem Taktteil

Notenbeispiel Nr.34

Hugo Distler

b) Vorbereitungstöne (Auftakte, auch: )

c) Tonwiederholungen ohne inneren Zuwachs s.o.

d) Textschwache Töne (Durchgänge)

e) immer besonders kontrollieren:

den ersten Ton
den höchsten Ton } *mit Auftakt*
den tiefsten Ton

innerhalb der Gesamtlinie,
innerhalb eines Abschnitts

Notenbeispiel Nr. 35a   + = gefährdete Noten   Johann Hermann Schein

Notenbeispiel Nr. 35b   Johannes Brahms

§ 80. 3 Überbeanspruchung der Stimme

a) **Lage**

Notenbeispiel Nr. 36   Arnold Schönberg

Notenbeispiel Nr. 37

Michael Praetorius

transponieren (möglichst um Quarte oder Quinte; sobald der Text verstanden ist, in drei Stufen zurückführen).

b) Sprünge

Notenbeispiel Nr. 38

Johann Sebastian Bach

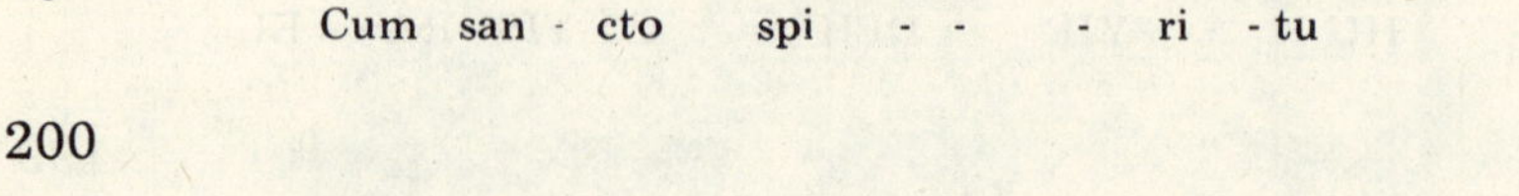

durch Stimmübung vorbereiten (z.B. Dreiklangsbrechungen
in Halbton-Sequenzen),
zunächst mit günstigstem Vokal (Silbe),
in günstigster Dynamik,
dann mit originalem Text in originaler Dynamik.

Vom Ziel her einstellen:

Notenbeispiel Nr. 39 Johann Sebastian Bach

Griff nach *unten*, nicht nach oben,
z.B. „unten schmal, oben weiter“,
abwärts umgekehrt,
z.B. „oben dunkel, unten heller“.

Notenbeispiel Nr. 40

Johann Sebastian Bach

Die Töne nicht *übereinander* vorstellen, sondern *hintereinander auf derselben Ebene;*
extremer Ton „weiter entfernt“; im mf üben.

Zunehmende Aktivität bei hohem (tiefem) Ton:
in der Vorstellung

nicht:	„nach außen“, „in den Raum“, (lauter)
sondern:	„nach innen“, „in die Resonanzräume“ (weiter, tiefer im Atemraum, höher im Kopf usw.),

den extremen Ton

nicht	hinausstoßen,
sondern	„einsaugen“.

Sprünge aufwärts:

Notenbeispiel Nr. 41a

Johann Sebastian Bach

Notenbeispiel Nr. 41b

Johann Sebastian Bach

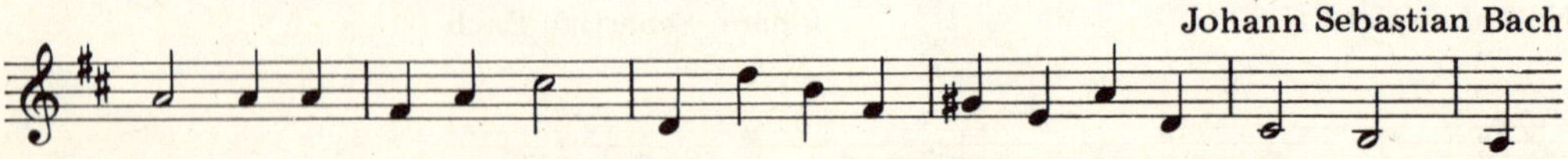

zunehmende Weitung, zunehmende Deckung, Ansatz im Kopf weiter hinten, Körperresonanz nicht verlieren.

Sprünge abwärts:

Notenbeispiel Nr. 42

Johann Sebastian Bach

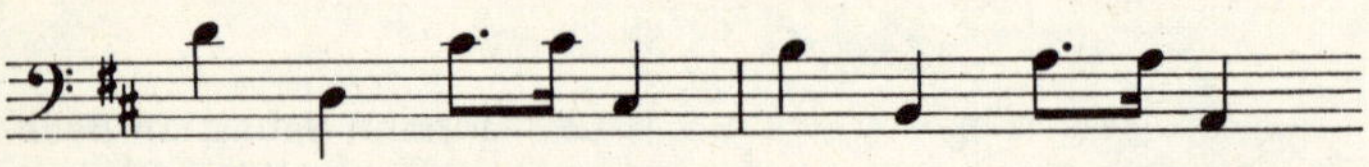

ohne Druck, fallen lassen, auf derselben Klangebene bleiben, Kopfresonanz nicht verlieren.

c) Läufe entsprechend

Notenbeispiel Nr.43

Als Vorübung für Läufe dienen Sprünge,
als Vorübung für Sprünge dienen Läufe.

Eine Laufübung für einen in hoher Lage beginnenden Lauf

Notenbeispiel Nr. 44a

könnte folgendermaßen aussehen:

Notenbeispiel Nr. 44b

Dieselbe Übergangsreihe wird dann stufenweise aufwärts geführt:

Notenbeispiel Nr. 44c

Dynamik

a) *forte*, *fortissimo*
nicht: als Fläche von Klang („gehalten"),
sondern: als Folge kräftiger Aktivitäten.
Vorstellung:
nicht vom *Ergebnis* her („laut", dann scheint der Chorklang immer leise zu sein)
sondern: von der Aktion her („energisch"),
Erarbeitung:
f-Aktivitäten orten: z.B. kräftiger *Konsonant* im Anlaut, auch im Ablaut, resonanzreicher *Vokal*, voller Klang auf klangschwachen Silben:

Notenbeispiel Nr. 45

Johann Sebastian Bach — Ernst Pepping

vorbereiten:
in mittlerer Lautstärke; das endgültige Forte bei sicherer Textbeherrschung; *n i e* einfach „laut“, sondern immer mit spezifischem Ausdruck.
f, ff, p, pp *s i n d* nicht Ausdruck, sondern werden *d u r c h* einen Ausdruck erzeugt!

Vorsicht bei hellen Vokalen:

Notenbeispiel Nr. 46

Johannes Brahms

zunächst umvokalisieren.

Notenbeispiel Nr. 47

Max Reger

Flächen aufbauen:

a) > > > > > Einzeltöne akzentuiert (mit Diminuendo)

b) > > > Tongruppen akzentuiert (mit Diminuendo)

c) < < Reihungen von Crescendo-Aktionen wie in N.B. 47

d) – – – – – – Gesamtcrescendo (nur vorgestellt);

(z.B. Händel, „Halleluja“; „Dettinger Te Deum“)
kontrollieren:
bewahrt die Stimme ihre Modulationsfähigkeit?
nie bis an die Grenze der möglichen Lautstärke gehen!)

b) *p i a n o*, *p i a n i s s i m o*, (entsprechend f): nicht Verringerung, sondern Zunahme von Aktivität

Notenbeispiel Nr. 48

Sängerische Vorbereitung wie für ein f,
pp auf Stütze,
aktiver Zugriff im Einzelton.

Notenbeispiel Nr. 49

Anton Bruckner

Vorbereitung:
mittlere Lautstärke (p, pp nur mit genauem Ausdruck).
Umvokalisieren (Vorsicht bei dunklen Vokalen),
Flächen (mit Intensitätszunahme) aufbauen siehe oben.

Ähnlich: helle Vokale in schwieriger Lage und Dynamik:

Notenbeispiel Nr. 50

Ernst Pepping

c) *f o r t e — p i a n o — f o r t e*

im Wechsel, im Crescendo, im Diminuendo.
gedacht: immer als Zunahme,
erarbeitet: zunächst in gleicher Lautstärke,
dann: forte ➛ piano mit zusätzlicher Weitung:

Notenbeispiel Nr. 51

Anton Bruckner

piano ➔ forte: „Stimmung" im Piano bewußt verlassen, nicht „mit der Musik gehen", das Forte vorausdenken.

Notenbeispiel Nr. 52

Michael Praetorius

crescendo: zunächst Zunahme von *Impulsen*

Notenbeispiel Nr. 53

Anton Bruckner

diminuendo: bei Beginn zusätzliche Weitung und Aktivität,
sonst klanglicher Bruch;
länger diminuendo als crescendo üben.

§ 80. 4 Der Widerspruch von Spannung und Entspannung im Notentext (siehe auch § 134)

Steigende Linien:	weiten, öffnen (gegen Verspannung s.o.).
Fallende Linien:	Zunahme an Bestimmtheit (s.o.)
Wiederholung von Noten oder Notengruppen (unproblematisch, wenn als Crescendo empfunden):	Umdenken in Crescendo durch Zunahme an Spannung, Aktivität, interessanter Farbe usw. (s.o.) oder: Trennung, jeden Ton neu fassen („Dachziegel": jeden Ton wieder neu ansetzen, nicht an den vorigen anschließen).
Spannungsausgleich unter den Stimmen:	Relativ höchste Stimme neigt zu Isolierung in Klang und Intonation. Z.B. ist der Tenor oft relativ höher als der Sopran:

Notenbeispiel Nr. 54

Johann Sebastian Bach

In der Höhe besonders locker halten, sonst Detonieren durch Überanstrengung oder durch falsche Registermischung.
Helligkeitsgrad des Vokals zwischen zu starker Deckung (Intonationsschwäche) und zu offener Helligkeit (grell, schwache Klangbindung zum Alt).
Alt: bei Hochführung (auch wenn durch Soprane scheinbar gut abgedeckt) Überspannung verhindern.

Spezialprobleme:
Anschluß unterschiedlicher Stimmen auf dem gleichen Ton (siehe auch N.B. 193).
Die notwendige Spannungszunahme der tieferen Stimme führt u.U. zu deutlichem Zu-hoch-Singen.
Der Anschluß auf der gleichen Tonhöhe oder im Oktavabstand ist zudem ein Hörproblem.
Ausdruck (siehe § 134, auch § 92)
a) Fallender Ausdruck (oft mit abwärts führender Linie verbunden):
Entspannung, Resignation, Trauer u.ä. (siehe auch N.B. 266)

Max Reger

Notenbeispiel Nr. 55

E n t g e g e n w i r k e n durch technisch interessiertes Singen; den Ausdruck „darstellen“, „machen“ (z.B. sprachlich, Farbe von Vokal und Konsonant), nicht im Ausdruck untergehen (nicht: „traurig sein“).

Fallenden Ausdruck *n u t z e n*
zu psychischer Entspannung,
zu stimmlichem Kontrast.

b) Steigender Ausdruck (crescendo, acc., kleinere Notenwerte, zunehmende Akzente usw.):

Notenbeispiel Nr. 56 Max Reger

Entgegenwirken wiederum durch technisches Interesse, Festsingen und Überspannung verhindern durch „Darstellen“ statt „sein“ (s.o.) Bewußte Behandlung von Auftakten besonders vor Höhepunkten. Im Ausdruck nicht bis an die Grenze gehen, nicht im Ausdruck physisch untergehen.

Steigenden Ausdruck *nutzen*
zur Steigerung der sängerischen Aktivität,
zum Auffangen von Labilität (siehe Schwierigkeiten III. Ordnung).

c) *Extremer Ausdruck*
Aufmerksamkeit auf die besondere Art der sängerischen Ausführung lenken (z.B. Sprache),
vormachen und sängerischen Griff erläutern.
Auf diese Weise wird Distanz gesichert und ein unliebsamer Einfluß des Ausdrucks auf die Intonation verhindert.

B. Schwierigkeiten I. Ordnung (eigentliche Schwierigkeiten) (§ 81–83) (siehe auch §§ 7, 75, Tabellen Seite 40)

(Stellen, die ohne zusätzliche Übungen nicht zu bewältigen sind).
Allgemeine Methoden:

1. *Schwierigkeiten zerlegen;*
2. *den günstigsten Angriffspunkt wählen;*
3. *die Schwierigkeiten auf den einfachsten Grundvorgang zurückführen.*

Beispiele:

§ 81. Schwierigkeiten zerlegen

Notenbeispiel Nr. 57

Johann Hermann Schein

(Rhythmische, harmonische und sprachliche Schwierigkeiten).

1. Alle Sänger singen die Oberstimme im Rhythmus; dirigiert werden ♩.

Notenbeispiel Nr. 58

2. Dasselbe mit Markierung der 𝅗𝅥 (stärkerer Schlag auf 𝅗𝅥, sehr kleiner auf ♩; Hauptschläge laut zählen)

Notenbeispiel Nr. 59

„Vier - eins - zwei - drei . . .“

3. Alle singen die Oberstimme, 𝅗𝅥 dirigieren, beschleunigt (einmal selbst vormachen, dann) singen lassen

Notenbeispiel Nr. 60

4. Akkorde 5-stimmig ohne Pausen, gebunden, von Akkord zu Akkord mit einzelnen Impulsen ohne Rhythmus führen. Die einzelnen Zeilenabschnitte ggf. sofort wiederholen.

Notenbeispiel Nr. 61

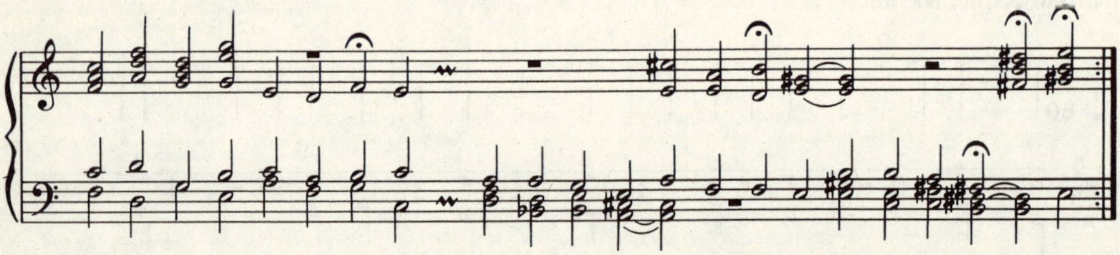

5. Einschub (zum Ablenken): Studium der Takte 38—40.

Notenbeispiel Nr. 62

a

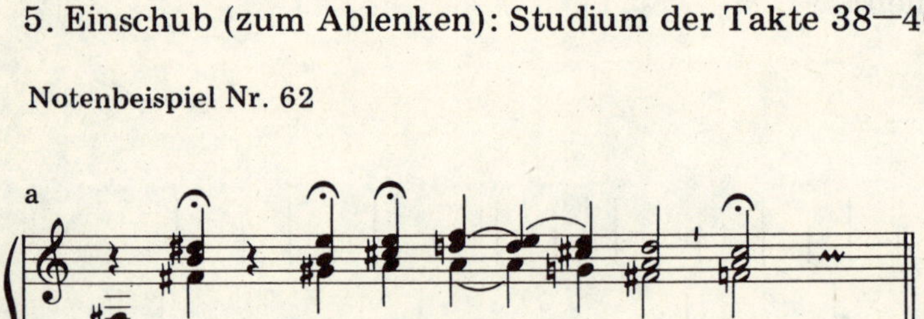

dann die originale Fassung
Frauenstimmen langsam, danach im Tempo
Männerstimmen langsam, danach alle im Tempo

6. Fortsetzung.

a: Akkorde im Rhythmus mit ♩ („nicht stemmen")

b: Akkorde im Rhythmus mit 𝅗𝅥

Notenbeispiel Nr. 63

Dazu Anweisungen für Sprache, z.B. „das Schluß - t vor der Pause";
„bricht": „i" nicht zu kurz, „mein - Herz" nicht absetzen usw.;
Anweisungen für Dynamik.

Nur *eine* Art von Schwierigkeiten darf jeweils Gegenstand der Aufmerksamkeit sein; zusätzliche Schwierigkeiten werden zunächst umgangen , z.B.:

a) statt einer Linie: auf einem Ton singen (eventuell mit Hintergrundakkord),

b) statt eines Rhythmus: gleichmäßiger ♩ – Rhythmus oder Führung durch einzelne Handzeichen,

c) statt Text: Tonsilbe (siehe § 28)

d) bei Übergängen, Modulationen: vorher anhalten, neu einstimmen. möglichst den zweiten Abschnitt vor dem ersten proben (siehe auch „Schwierigkeiten II. Ordnung", § 84–89)

§ 82 Angriffspunkt wählen

Finden sich in einer Stelle Schwierigkeiten aus verschiedenen Bereichen (z.B. sowohl rhythmische wie klangliche), so muß sich der Chorleiter zunächst für einen möglichst günstigen Angriffspunkt entscheiden.
Bei dem folgenden Beispiel bietet sich die Reihenfolge Rhythmus – Klang an:

Notenbeispiel Nr. 64

Willy Burkhard

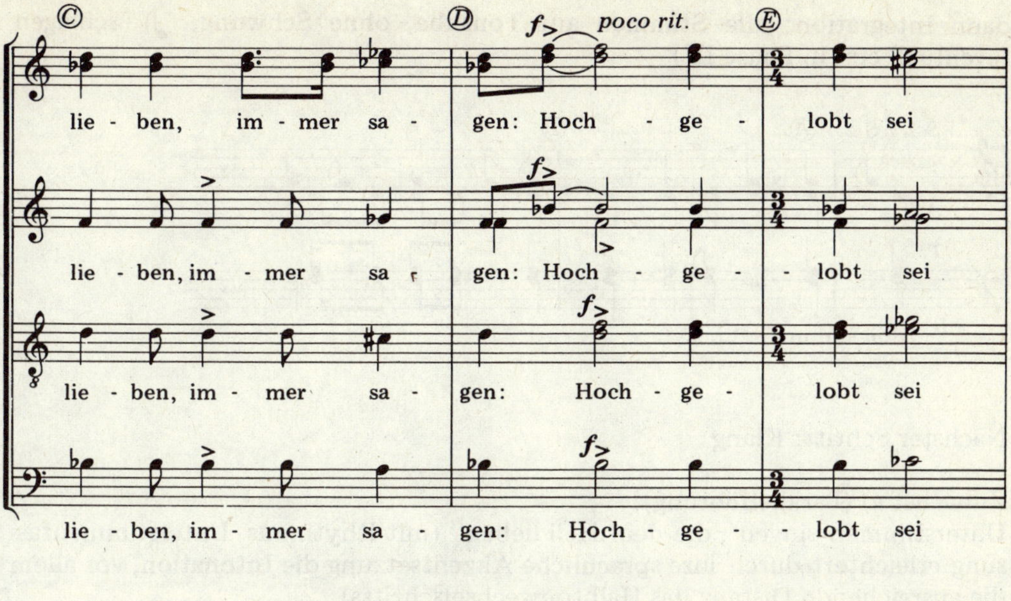

Doppelproblem: a) Einzelrhythmus (Synkope und Punktierung)
b) Komplementärrhythmus

Angriffspunkt Einzelrhythmus (mit Sprache und energischem Schwung leichter):

Notenbeispiel Nr. 65

dann Integration: alle Stimmen auf Tonsilbe, ohne Schwung, ♪ schlagen (eventuell erst in Phase III)

c

Nächster Schritt: Klang

Zunächst a) (Parallelführung):
Unterstimmen singen „die dein Heil lieben“ (mit Rhythmus, Unterstimmenfassung erleichtert durch ihre sprachliche Akzentsetzung die Intonation, vor allem die ausreichende Distanz des Halbtonwechselschritts).

Alle singen den Baß

Notenbeispiel Nr. 66

a

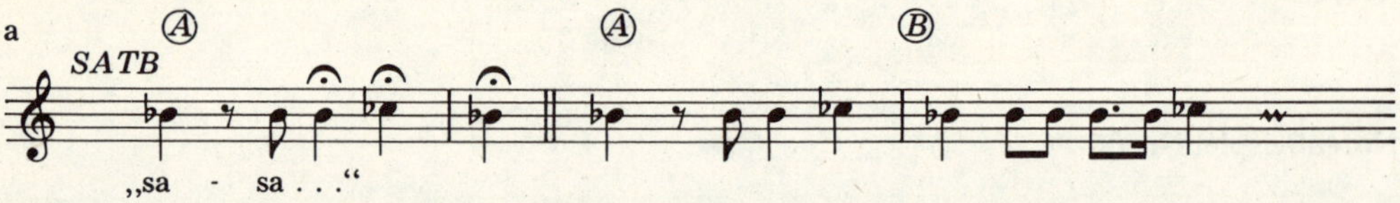

Alle singen den Baß und Tenor

b

dreistimmig bis „sagen“ (auf dem neuen Akkord stehenbleiben)

c

Oberstimmen entsprechend

Dann b) Akkorde:
(nach Unterbrechung)
Akkord von unten her aufbauen (auf Zeichen einsetzen, aushalten, nach jedem „Aufbau“ den Akkord ein oder mehrmal gemeinsam einsetzen lassen)

Notenbeispiel Nr. 67

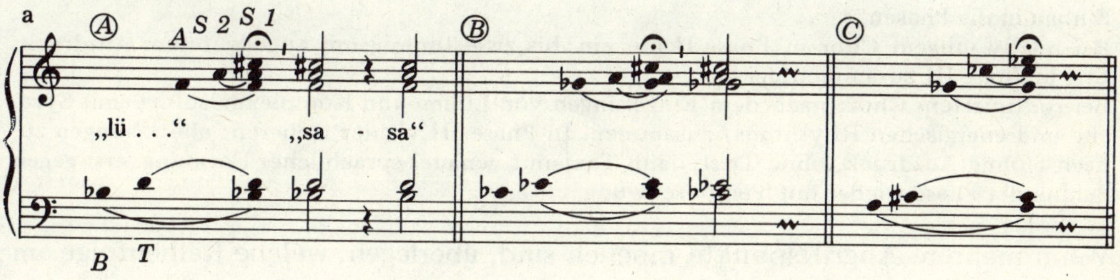

mit Vorausnahme „Konsonanzen“

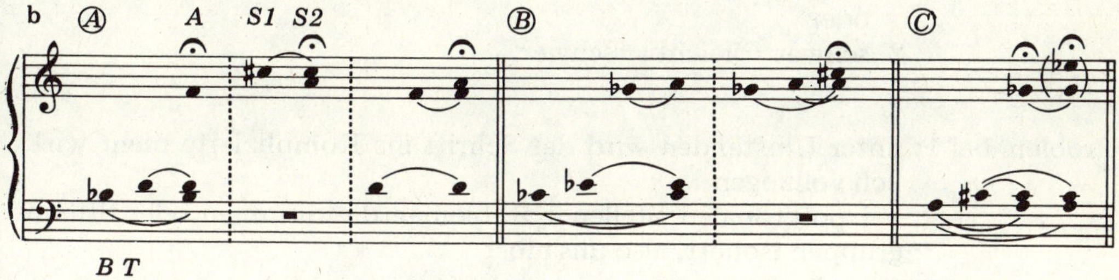

mit Vorausnahme der Sekundintervalle (Septimen, Nonen)
(siehe auch § 109. 6 und § 113)

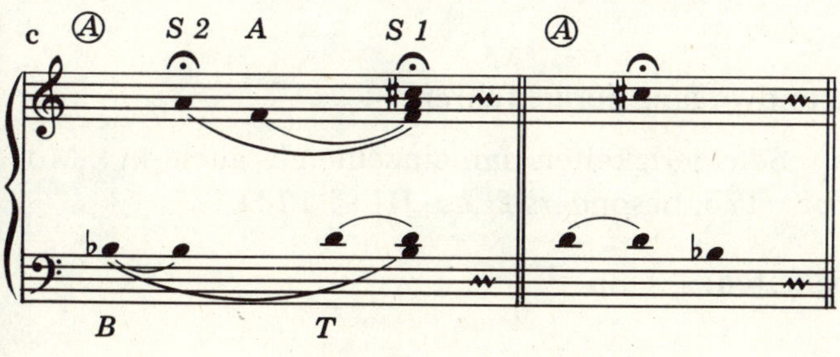

Im Zusammenhang, mit richtigem Rhythmus, aber langsam, ohne Schwung, sehr gleichmäßig; Eintritt der dissonierenden Akkorde mit besonderer Einsatzgeste (Auftakt etwas höher ziehen).

Mit energischem Rhythmus, crescendo, forte und poco ritardando bis zur Anschlußstelle.

Es ist selbstverständlich auch möglich, die *A k k o r d e* als „Angriffspunkt" zu wählen. Doch ist die beschriebene Möglichkeit die bessere. Auch bei Beginn mit dem Akkord muß ja die Wechseltonschwäche (b — ces — b usw.) irgendwann einmal bearbeitet werden („Trübung"); diese Übung wirkt dann leicht wie eine Korrektur. Umgekehrt ist die statische Akkordübung als Unterbrechung willkommener als zu Beginn der Arbeit, zudem enthält sie den stärksten Klangreiz, der so am Anfang noch nicht verbraucht ist (s. § 66).

Einbau in die Phasen.
Bei relativ jungem Chor in Phase II nur ein- bis zweistimmig mit angedeutetem Ausdruck. Erst in Phase III zusammenfügen.
Bei routiniertem Chor: nach dem Einzelsingen von Linien und Komplexen sofort (mit Sprache und energischen Rhythmus) zusammen. In Phase III wieder isolieren: alle Übungen zunächst ohne Ausdruck, ohne Text; dann Text mit genauer sprachlicher Formung, erst gegen Schluß der Phase wieder mit Temposchwung.

Wenn mehrere Angriffspunkte möglich sind, überlegen, welche Reihenfolge am günstigsten ist:

1. vom Leichten zum Schweren,
   oder
2. schwer — leicht — schwer

Problem bei 1: unter Umständen wird der Schritt ins Komplizierte nicht wirklich vollzogen
bei polytonalen Stellen z.B. bleiben die Stimmen oder Stimmgruppen isoliert, also unsauber.

Problem bei 2: Der Zusammenhang wird nicht eindeutig erfaßt, die Stelle bleibt damit labil.

§ 83 Auf den einfachsten Grundvorgang zurückführen;

Siehe die Einzelbeispiele in „Schwierigkeiten im einzelnen", auch in „Modell einer Einstudierung" § 168—175, besonders Phase III (§ 174).

Liste der häufigsten Schwierigkeiten: s. § 35.

C. Schwierigkeiten II. Ordnung („Hindernisse") (§ 84–89)

(siehe auch §§ 7, 75, Tabellen Seite 40)

Allgemeine Methoden:

Metrischen und harmonischen Rahmen herstellen;
vor der Stelle unterbrechen;
zweiten Teil (Folgestelle) vorausnehmen;
Übergang vorwegnehmen usw.

Mit eindeutigen, handfesten Problemstellen, die ohne Arbeit nicht zu bewältigen sind, rechnet jeder übende Musiker. Der Chorleiter aber erlebt darüber hinaus in der Probe ärgerliche Überraschungen, und zwar in frühen Arbeitsphasen Pannen und lästige Unterbrechungen an scheinbar leichten Stellen, in späteren Phasen hartnäckige Unvollkommenheiten in längst geübten Abschnitten.
Diese Vorgänge können den Erfolg der Chorarbeit schwer beeinträchtigen. Ein stockender Probenfluß in der ersten und zweiten Probenphase nimmt dem Chor Freude am Werk; die verbleibende Ungenauigkeit raubt der Aufführung die angestrebte Wirkung.

Der junge Chorleiter vermutet hinter solchen Pannen meistens eine augenblickliche Dispositionsschwäche beim Chorsänger und begegnet ihnen mit Aufmunterung oder mit Heftigkeit. Wirklich gebessert wird dadurch jedoch nichts.

Diese Erscheinungen haben *keine persönlichen*, sondern *sachliche*, *strukturelle* Gründe. Der Anfänger muß lernen, sie trotz ihrer Unscheinbarkeit, ja Banalität ernst zu nehmen. Er muß bereits beim Partiturstudium die wie Stolperdrähte wirkenden Probenbehinderungen („Schwierigkeiten II. Ordnung") und die anhaltend unstabilen Stellen („Schwierigkeiten III. Ordnung") ausmachen und verstehen lernen. Ihre probentechnische Behandlung ist dann meist sehr einfach.

§ 84–88. Einige Beispiele für „Hindernisse"

§ 84 Notenbild

Ein unübersichtliches Notenbild kann Verwirrung schaffen (siehe § 157).

§ 85 Wechsel

Jede Art von Wechsel kann Unsicherheit mit sich bringen.
Seitenwechsel und Akkoladensprung bei wechselnder Anordnung:

Notenbeispiel Nr. 68 Heinrich Schütz

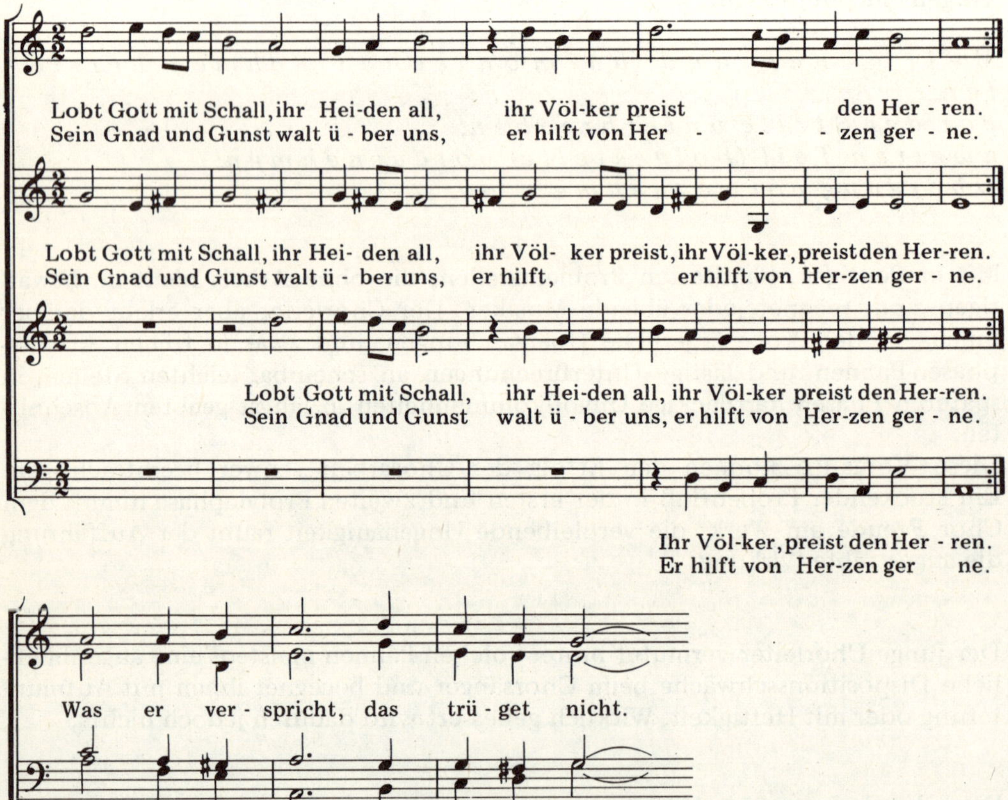

Behandlung: die neue Akkolade vorweg singen, ansingen; den Übergang mehrfach wiederholen.
Ein Wechsel der Notenwerte über das Verhältnis 1 : 2 hinaus (siehe auch § 33) Wechsel der Deklamationsebene:

Notenbeispiel Nr. 69 Michael Praetorius

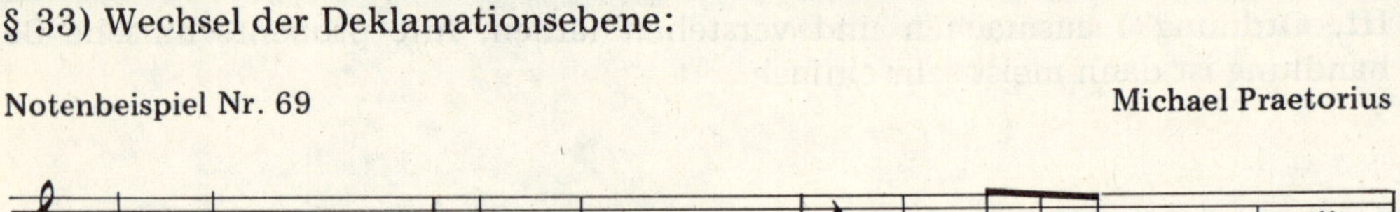

Ein Wechsel der harmonische Gruppierung in der Linie (siehe § 106.3)
Behandlung: unterbrechen, neu vorbereiten.
Ein plötzlicher Wechsel der Gesamtharmonie (Modulation, Rückung) siehe § 128ff.

§ 86 Irreführende Notation

Notenbeispiel Nr. 70 Johann Hermann Schein

In dieser Notation lassen sich die Pausen nur „zählen" (eine Veränderung der Pausen auf eine, zwei oder vier Schläge ergibt noch einen denkbaren Rhythmus!); eindeutig wird die Stelle erst in der Auffassung als rein hemiolischer Rhythmus:
Der scheinbar volltaktige Anfang ist in Wirklichkeit also ein nachschlagender Auftakt.
(s. auch § 157)

§ 87 Behalten

In anderen Fällen liegt das Problem weniger im anfänglichen *E r k e n n e n* als im *B e h a l t e n*.
Solche Stellen werden oft bei Wiederholungen zunehmend fehlerhafter. Sobald die Neuheitsspannung verbraucht ist, läßt die Konzentration der Chorsänger nach, ohne daß das Gedächtnis schon verläßlich arbeitet. Beispiele für lineare Unübersichtlichkeit sind lange Koloraturpartien, z.B. bei Bach (auch Lechner, Josquin, Reger). Unregelmäßiger Wechsel von Auf und Ab, variierte Sequenzfolgen u. ä. sind ständige Fehlerquellen.
Auffassung und Behalten werden verbessert, wenn solche Linien verstanden werden können als

zusammengesetzt oder
aus einem einfachen Kern entwickelt oder
als unregelmäßige Variation eines regelmäßigen Verlaufs oder ähnliches.

Behandlung:

Bei *z u s a m m e n g e s e t z t e n* Linien genügt meist schon ein *Unterbrechen*, Wiederholen und abschnittsweises Zusammensetzen, auch von rückwärts her:

Notenbeispiel Nr. 71 Johann Sebastian Bach

Die enge Verzahnung der Bach'schen Fortspinnungstechnik läßt verschiedene Aufgliederungen zu. Am einfachsten zu behalten ist die angegebene Einteilung. (Takt 39 ist die erweiterte Variation der erwarteten dritten Sequenz, ebenso Takt 43.)

Statt des manchmal zu kleinlichen Zerschneidens und Zusammensetzens lassen sich komplizierte Linienverläufe zuweilen *aus einem Melodiekern heraus entwickeln:*

Notenbeispiel Nr. 72 Johann Sebastian Bach

Ein ähnliches, etwas schwierigeres Beispiel:

Notenbeispiel Nr.: 73 Hugo Distler

a)

Diese Stelle, gefürchtet in der Probe, ist nicht eigentlich schwer; sie ist nur sehr unübersichtlich.

Aufgabe:

1. Melodieführung tonal und melodisch verständlich machen.
2. Rhythmus in den großen Takt einordnen.

Weg:

1. „diese Linie hat einen melodischen Kern" (vorsingen):

b)

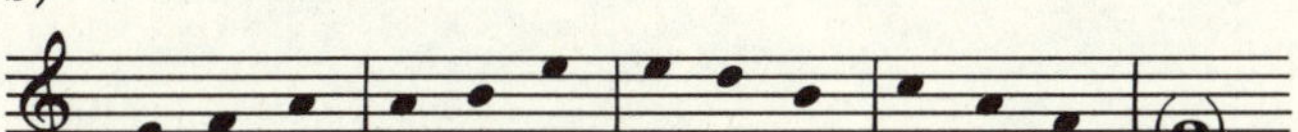

2. Ausführlicher, (vorsingen, mitlesen oder mitsingen lassen)

c)

(Die Ausführlichkeit ist hier vertretbar. Es wird der Eindruck einer modalen Tonart (III. Ton) gewonnen.)

3. Takthälften markieren (eventuell mit Bleistift).

4. Kürzere wiederholte Abschnitte in ruhigem Achtelrhythmus ohne Bindungen).

5. Takt 4 zusätzlich verlangsamen.

d)

6. ♪ etwas schneller mit der Betonung  , dazu den c.f. (eventuell schon Text?)

7. ♩ , dazu c.f. (eventuell schon Text?)

8. mit Text

   (Das genaue und doch geschmeidige Zusammensingen von Oberstimme und c.f. ist eine „Schwierigkeit III. Ordnung“. Es wird durch diese Einführung unterstützt, bedarf aber noch der Nacharbeit in einer späteren Probenphase).

§ 88 Auf mehreren Ebenen differenziert

Andere Stellen sind unübersichtlich, weil sie gleichzeitig auf mehreren Ebenen differenziert sind, z.B. rhythmisch und melodisch, ohne daß Melos oder Rhythmus in sich eigentlich schwierig wären.

Notenbeispiel Nr. 74 — Johann Hermann Schein

a)

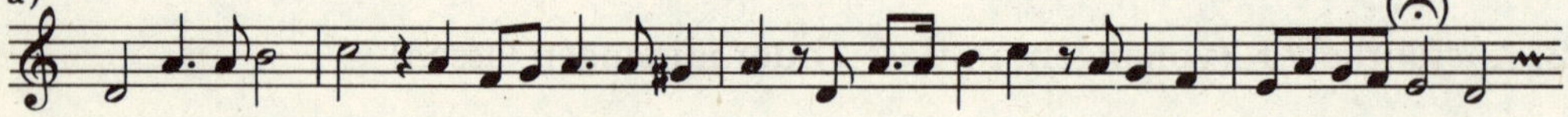

Tonangabe (einmal mitsingen lassen):

b)

Dann: Takt 1 und 2, etwas zu schnell, 𝅗𝅥 vorzählen, den ersten Ton durch Handzeichen festhalten;
dann: Takt 1—4, in Takt 3 mitsingen, in Takt 4 den Schlag 3 festhalten.

Zusammenfassung:

§ 89 Gründe für Schwierigkeiten II. Ordnung

a) Einordnung undeutlich
   1. metrisch — Taktart, Schlagzeit
   2. tonal — Grundtonart, Stufe

b) überraschender Wechsel
   1. im äußeren Notenbild
   2. im musikalischen Verlauf

c) zu komplex
   1. auf mehreren Ebenen differenziert
   2. Vorgang in sich komplex

I D. Schwierigkeiten III. Ordnung („Trübungen") (§ 90–97) (siehe §§ 7, 75, Tabellen Seite 40)

§ 90 Allgemeine Methoden

Verlauf: *Ton* *aktivieren*

Klang: *Ton* *stabilisieren*

Neben „Schwierigkeiten" und „Hindernissen" begegnen dem Chorleiter Fälle, die weder offenkundig schwierig sind (oder deren Schwierigkeiten schon ausgeräumt sind) noch unübersichtlich im Sinne der Schwierigkeiten II. Ordnung, die aber selbst nach häufiger Wiederholung hartnäckig zu Ungenauigkeit und Trübung neigen.
Diese „Trübungen" sind ebenso lästig wie ihre Beseitigung mühsam ist.

Lästig sind sie, weil sie sich erst in einem Probenstadium bemerkbar machen, in dem die Arbeit schon weitgehend abgeschlossen scheint. Je höher der Grad der Perfektion ist, desto deutlicher und störender treten sie in Erscheinung. Wiederholendes Training bringt keine Verbesserung; eher setzen sich Schwächen dieser Art fest und schleifen sich ein.

Mühsam ist die Arbeit an den Trübungen, weil sie

a) schwer zu orten sind (oft hält man für allgemeine Unsicherheit, was in Wirklichkeit punktuelle Labilität ist),

b) weil der Grund für die Trübungen oft verborgen ist (im Gegensatz zu den meist offen zutage liegenden Schwierigkeiten I. und II. Ordnung).

Die Besonderheit von „Trübungen" wird im folgenden nur anhand von Intonationsproblemen beschrieben. Rhythmische Probleme bestehen in der Chormusik ohnehin überwiegend aus „Trübungen", da eigentliche schwierige Rhythmen hier viel weniger häufig sind als in der Instrumentalmusik.

§ 91 Beispiel eines Intonationsproblems

Notenbeispiel Nr. 75 — Johann Hermann Schein

Diese Stelle wird ohne instrumentale Stütze im ganzen detonieren, mit instrumentaler Stütze (B.c.) Mattigkeiten und Ungenauigkeiten zeigen.

Ursachen:

I. Gesamtverlauf

a) *allgemeiner Charakter:* verhalten, zögernd, weich, Ausdruck des Leidens

b) *Phrasenspannung:* geringe Zielstrebigkeit, überwiegend fallend; die drei Abschnitte werden zunehmend stiller, zurückhaltender, impulsärmer

c) *rhythmisch* wirkt die Stelle wie ein ritardando (auch bei stetigem Tempo), Takt 41 in seiner metrischen Unbestimmtheit wie ein Unterbrechen des fließenden Tempos

d) *dynamisch* wie ein diminuendo (auch bei stetigem Klang)

e) der *melodische* Ausschlag ist gering, die Lage bleibt zunächst fast gleich und sinkt dann sehr langsam geringfügig.

f) *Harmonieverlauf:*

Notenbeispiel Nr. 76 (siehe N.B. 75)

Die Stufenfolge g - a - e - ist funktional schwach, die Stufen selbst treten in Form des Quartsextakkords auf, also quasi als Vorhalte zu den Dominantharmonien D - E - H, die erwarteten Tonikaakkorde entfallen.

Notenbeispiel Nr. 77

II. Einzelheiten

a) Melodisch besteht die Stelle fast ausschließlich aus Wechselnoten mit entspannender, nachgiebiger Tendenz:

Notenbeispiel Nr. 78

Bei a) Wechselnoten nach oben in den schwierigen Formen von wiederholten, umspielten, sogar durch Wechselnoten eingerahmten Wechselnoten; bei b) als Wechselnoten abwärts in absteigender Folge.

Notenbeispiel Nr. 79

(ob die ♮ - ♯ Wendung in Takt 43 beabsichtigt ist, bleibt offen, die Parallelstelle enthält sie nicht)

b) Die Spitzen- und Außentöne der Linien liegen auf sehr nebensächlichen Taktteilen.

Notenbeispiel Nr. 80

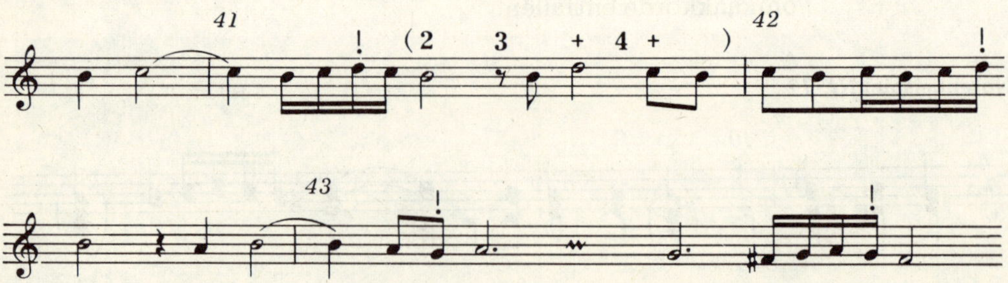

c) Akkorde:

1. Dreiklänge in Grundstellung sind in der Minderzahl, der zweite Teil wird von Sextakkordklängen in Abwärtsfolge beherrscht.

2. Auch der sonst meist stabile Quartsextakkord ist in dieser Stelle labil. Die Motette beruht auf der Variation eines Grundmodells:

Notenbeispiel Nr. 81

Der Schritt Quintklang — Quartsextakkord besitzt in den Motiven b), d) und g) große Energie und Leuchtkraft, bei c) einen energischen Impuls. Dagegen setzen sich die beiden Wendungen e) und f) für Hörer und Sänger deutlich ab: im Kontakt zu den verwandten Stellen wirken sie milde, zurückgenommen, viel weniger aktiv, eher fallend als steigend, eher fließend als zupackend.

3. Die in der alten Musik so beliebte Kadenz I - IV - I (hier V - I - V) in Quintlage — Terzlage — Quintlage
hat dort oft einen milden, besänftigenden Charakter:

Notenbeispiel Nr. 82

Heinrich Schütz

Dieser wird sicherlich u.a. hervorgerufen durch den „kleinen“, also weniger aktiven Ganztonschritt mit seiner Tendenz zu einer etwas matten Intonation, wohl auch durch die Verlegung des Leittonschritts in die schwerer kontrollierbaren Mittelstimme (siehe § 95.3.)
Der Eindruck von Ungewißheit wird hier noch zusätzlich erhöht durch die Quartsextstellung (= fehlender Grundton).

d) Deklamation:
Nur an dieser Stelle enthält die Motette melismatische Wendungen. Der Text selbst ist deklamatorisch weich (“b,”, “l”, “w”, “n”; fast durchgehend derselbe Grundvokal “a”).

Mit großer Kunst hat der Komponist innerhalb der sonst lebhaften zupackenden Motette einen kontrastierenden Raum des Zögerns und der Passivität geschaffen. *Seine kompositorischen Mittel sind zugleich die Probleme des Sängers.*
Als Grundproblem zeichnet sich eine Verführung zur Nachgiebigkeit nicht nur im *Ausdruck*, sondern auch in der *Intonation* ab. Der Sänger stellt Passivität nicht nur dar, sondern läßt sich selbst von ihr ergreifen.

Die probentechnische Konsequenz ist also:

1. ohne Rücksicht auf den Ausdruck wird musikalische und sängerische Aktivität geweckt, gegebenenfalls sogar übersteigert („aktivieren“).

2. Die genaue Lage einzelner wichtiger Töne und Klänge wird dem Ohr als Sicherungsrahmen bewußt gemacht und eingeprägt („stabilisieren“).
(siehe auch § 80)

Maßnahmen im einzelnen:

a) aktivieren

Notenbeispiel Nr. 83

b)

c)

d)

vorsingen — nachsingen lassen; zunächst gemeinsam, dann Stimmen einzeln.

b) stabilisieren

(nicht mit Stabilisierung beginnen, obwohl dies scheinbar naheliegt! Stabilisierungsübungen am Beginn können den Sänger beengen und sind dann wirkungslos. Nach den vorausgegangenen ersten Aktivierungsübungen aber gibt die Stabilisierung eine willkommene Information auf die während der Aktivierungsübung auftauchende Frage: wo liegt nun die genaue Tonhöhe?)

Stabilisiert wird zunächst der Dreiklang über
1. die Obertonquinte (s. auch § 104; § 109.4)
2. die an die Quinte gehängte Terz: (s. auch § 104.2; § 109.5)

Notenbeispiel Nr. 84

a)

dann die Harmoniefolgen D - G (I - IV), D - a und D - E:

b)

schließlich die „Rahmenharmonie“ D - Dur (der Klang zu Anfang und zu Ende der Phrase, hier zusätzlich auch in der Mitte). Gesungen werden die Takte 39, 40 und 42, der Takt 41 wird übersprungen:

c)

Diese Übungen waren verhältnismäßig ruhig. Die nächste wird (*gegen* den Ausdruck der Stelle) rasch und mit energischem Impuls genommen.
(Rasch: damit sich der Rahmen h-H einprägt, energisch: um die Wechselnoten zu aktivieren).

Notenbeispiel Nr. 85

a)

c)

Gleichzeitig mit dem Übergang in den richtigen Ausdruck (Zurücknehmen der crescendi und Akzente) zusätzlich Aktivierung der Spitzennoten durch Zuruf,

Mitsingen (behutsam!), unangekündigtes, nur durch Handzeichen gefordertes Verweilen, später nur durch Blick.

Notenbeispiel Nr. 86

Parallel, d.h. also abwechselnd mit den Intonationsübungen (N.B. 88–90) wird der Rhythmus stabilisiert. Der Wechsel von Intonations- und Rhythmusübungen entlastet Ohr und Aufmerksamkeit, führt dabei trotz scheinbarer Ablenkung auf dasselbe Ziel zu.

Notenbeispiel Nr. 87

a)

(Schlag)

(„1 + 2 + 3 . . . “; Schäge mit T ganz leicht verzögert)

c) *Allegro*

Beim Übergang in den endgültigen Charakter Sprache und Sprachklang aktivieren:

„*D a s W a* -“ usw.; Vokaleinstellungen, Diphtong-Kontrolle „*A b e n d*“ usw. Vom Musikalisch-Technischen fort auf das Sängerische führen, gegebenenfalls technische frühere Übungen wieder aufnehmen.

Die Übungen ganz oder besser in Auswahl an mehreren Probenabenden wiederholen.

Die Übung ist nur scheinbar zeitaufwendig. Jede Einzelübung braucht bei ruhiger, konzentrierter Ansage wenn überhaupt, höchstens einmal wiederholt zu werden. Die Gesamtdauer darf nicht mehr als 10-12 Minuten betragen.

Das angeführte Beispiel wird vielen Lernenden bereits ausreichende Hinweise für den Umgang mit Trübungen bieten. Wer sich aber, über die Aneignung eines gewissen methodischen Gefühls hinaus, selbständig eingehender mit dem Problem beschäftigen möchte, mag sich noch von einigen weiteren Überlegungen anregen lassen.

§ 92 –93 Zwei Ursachen für „Trübungen“: Konflikte — labiles Tonsystem

§ 92 Konflikte

Einen ersten Aufschluß gibt das Beispiel der Dominant-Tonika-Kadenz, eine jedem Chorleiter wie Chorsänger vertraute unerschöpfliche Quelle von Unsauberkeiten der Intonation

Notenbeispiel Nr. 88

Anton Bruckner

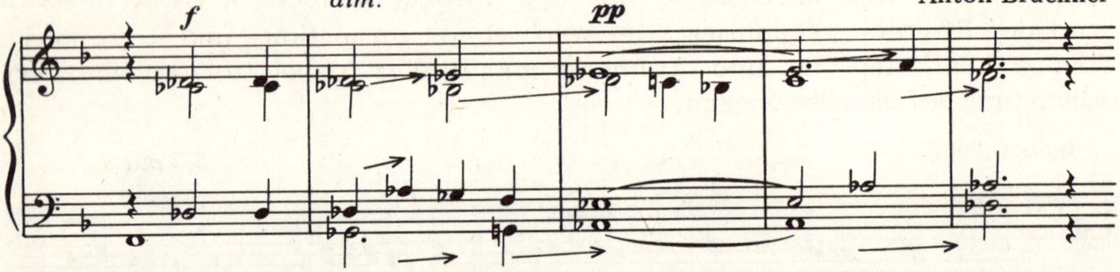

(„mortem autem crucis“)

Das diminuendo, das sich im pianissimo fortsetzt, wird vom Sänger als ein Zurücknehmen des Kraftaufwandes, als ein allmähliches Sich-Fallenlassen erlebt. Die melodische Linie steigt dagegen in allen Stimmen bis zum Schlußton an und fordert damit ein Zunehmen des körperlichen Einsatzes.
In dem Konflikt zwischen „weniger“ und „mehr“, zwischen „Zurücknehmen“ und „Steigern“ reagiert der Organismus mit Unsicherheit, die Intonation ist gefährdet.

Notenbeispiel Nr. 89 Heinrich Schütz

Im Notenbeispiel 89 steigen einige Stimmen, andere fallen. Daß es aber nicht allein um einen Konflikt Stimme — Musik geht, zeigen die klassischen Kadenzformeln in diesem Notenbeispiel.
Auch ohne ausdrücklich gefordertes diminuendo werden diese Fortschreitungen als vorwiegend entspannend verstanden, und zwar gleich zweimal:
a) der Dominantakkord entspannt sich durch die Auflösung des klangschärfenden Vorhaltes, b) der Schritt V - I wirkt fallend.
Hier muß sich Widerspruch regen:
Enthält die Gesamtkadenz mit ihrer so eindeutigen Folgeerwartung nicht eine starke Zielstrebigkeit? Nimmt nicht der so aktive Baßschritt der Folge Dominante — Tonika das Passiv-Fallende, verleiht ihr vielmehr Aktivität?

Beides ist wohl richtig. Die Kadenz entspannt, beruhigt, nimmt zurück, fällt, aber sie zielt auch, führt voran. Sie enthält in sich aktive *und* passive Züge. Diese überlagern sich und werden vom Komponisten durch satztechnische und andere Mittel nach der einen oder der andern Seite betont. Auch das Notenbeispiel 88 enthält neben seinem verschwimmenden, passiven Charakter eine spannende Zielstrebigkeit, die nur durch Gegenmittel (wie z.B. die scheinbare Ziellosigkeit der Kadenzen) gedämpft, gebremst, zurückgehalten wird. Unsere probentechnischen Maßnahmen der Aktivierung haben kein neues Element in die Musik eingeführt, sie haben nur die vorhandenen aktiven Teilelemente einseitig und etwas grob hervorgehoben, um sie noch in der zurückgehaltenen Form wirksam zu erhalten.

Trübungen entstehen also aus Konflikten. Diese Konflikte werden vom Sänger in erster Linie als Konflikte zwischen *Stimme und Musik* in entgegengesetzten Forderungen von Anspannung und Entspannung erlebt und können daher durch rein stimmliche Aktivierung auch weitgehend beseitigt werden (so im Einzelgesangsunterricht).
Doch sind sie in Wirklichkeit Konflikte *innerhalb der Musik.* Es *überlagern* sich in vielen Schichten gegenläufige Steige- und Falltendenzen, Anspannungen und Entspannungen, Aktivität und Passivität, die sich kaum je ganz herausschälen und einzeln bestimmen lassen.
Dabei überlagert sich z.B. ein Steigen im Melos mit einem Fallen der Harmonie oder ein Zunehmen von rhythmischer Aktivität mit einem Nachgeben der Phrasenspannung (siehe Notenbeispiel 88). Ein einzelner Vorgang (etwa ein Harmonieschritt) kann aber auch in sich selbst Züge sowohl des Fallens wie des Steigens tragen. Dieses Spiel von verschlungenen, einander widersprechenden Vorgängen macht das Spannungsgeflecht einer Musik aus.

Alle diese Vorgänge sind subjektiver Natur, sind erlernt und nur innerhalb eines Stils, einer musikalischer Sprache gültig. Weder sind sie sachlich objektivierbar, noch auch wird über ihre Deutung immer Einigkeit bestehen.
Für die Probentechnik aber ist die Frage nach ihrer eindeutigen Belegbarkeit belanglos. Hier zählt nur, was der Sänger und der Chorleiter im Augenblick zu erleben *meinen*, wie dies Erleben *wirkt* und woher jeweils die Gegenmaßnahmen der Aktivierung und der Stabilisierung gewonnen werden können.

§ 93 Labilität des Tonsystems (das Problem der „Stabilisierung")

Bewegung führt zu Ungenauigkeit: darin liegt das Problem der Stabilität.
Wir haben mit den Mitteln der „Aktivierung" schwache Seiten in der Bewegung künstlich verstärkt, um ihre nachteiligen Wirkungen auszugleichen. Offen blieb im Grunde, auf welche Tonhöhe genau der verstärkte, ursprünglich zu schwache Tonschritt zu führen sei. Gerade das aber läßt sich nicht mit völliger Sicherheit bestimmen. Der hörende Chorleiter glaubt in jedem einzelnen Augenblick den richtigen („reinen") Tonschritt und Zusammenklang zu kennen, er hat ihn bewußt oder unbewußt erlernt, er kann ihn zur Korrektur des Sängers richtig vorsingen („Gehör").

Doch für den Sänger selbst ist der „reine" Tonschritt viel weniger eindeutig, wie jeder Chorleiter merkt, sobald er einmal selbst seinen Platz in einer singenden Gruppe nimmt.
Besonders vertraut ist jedem Musiker die Unsicherheit in der Intonation der Durterz; doch weiß der Leiter eines Laienchores, welchen Schwankungen gerade auch das wichtigste melodische Intervall, die Sekunde, unterworfen ist.

Merkwürdig ist weiterhin die Ambivalenz des Gehörs in seiner Einstellung zu „rein" und „unrein": einerseits spricht es die geradzahligen Verhältnisse von Schwingungszahlen (die „reinen Intervalle") mit großer Genauigkeit an und qualifiziert sie als besonders befriedigend.
Andererseits begnügt es sich aber auch mit den gröbsten Annäherungswerten und vermag auch aus einem verstimmten Klang das Gemeinte ohne weiteres herauszuhören.
Diese Verquickung von Weitherzigkeit und Empfindlichkeit im Hören ist, ebenso wie der Widerspruch zwischen Sicherheit des Auffassens und Unsicherheit der Wiedergabe, Gegenstand vielfältiger Überlegungen in der Musikwissenschaft und wohl bis heute noch nicht einheitlich gedeutet.

Daß diese wichtigen Intervalle so schwankend intoniert werden, kann seinen Grund nicht darin haben, daß der Sänger unbewußt einen Beliebigkeitsspielraum annimmt oder daß er die genaue Intervallgröße gar nicht weiß. In diesem Fall gäbe es ja nicht den Eindruck von „Störung" beim *Hören* von Unsauberkeit, den auch der unsauber *Singende* durchaus kennt.
Der Grund liegt vermutlich in folgendem:
Auch bei intonatorisch befriedigender Musik werden dem Ohr die Hauptintervalle in leicht voneinander abweichenden Fassungen angeboten.
Die Unterschiede sind zu klein, als daß sie wie Intervalldifferenzen (Quart — Quint) wahrgenommen werden könnten, aber groß genug, um für die lernende Erinnerung die Umrisse der Intervalle leicht verschwimmen zu lassen.

Diese Abweichungen entstehen nun ebenfalls aus *Konflikten*, und zwar aus *Konflikten innerhalb des Tonsystems.*
Schreitet ein Klang, ein Akkord zum folgenden fort, so führt nicht immer und nicht in jeder Stimme ein „richtiger" Intervallschritt auch zu einem Ton, der innerhalb des neuen Akkordes „paßt", „sauber" ist. Sollen bei Harmoniefortschreitungen, besonders bei weiträumigen, die Akkorde (als der für das Ohr auffälligere Teil der Intonation) in sich stimmen, so müssen die melodischen Intervall*schritte* gelegentlich nachgeben, d.h. also, vom „reinen" intervall abweichend intoniert werden. Fortschreitung (Bewegung) und statischer Klang liegen miteinander im Konflikt.
Diese Konfliktlage ist einerseits höchst kompliziert und oft schwer durchschaubar, andererseits vollziehen sich die Verschiebungen in winzigen, nicht mehr willentlich steuerbaren Größenordnungen.
Die Vorgänge müssen daher vom Ohr unbewußt, „intuitiv" erkannt und gelenkt werden.

§ 94 Probentechnische Konsequenz

Die Probentechnische Konsequenz heißt nun aber keineswegs „laufen lassen", sondern:
Die beiden Partner des Konflikts werden getrennt im Bewußtsein des Chors profiliert, gewissermaßen in seine Vorstellung „eingefüttert", um dann den Ausgleich selbsttätig herbeiführen zu lassen. Praktisch verlangt das zweierlei: zum einen die „voraushörende" Kenntnis des jeweiligen harmonischen Zieles, des nahen wie des entfernten; zum andern aber ein sehr enges Vertrautsein mit den „reinen" Klängen, vor allem der reinen Quint, die als Hauptkorrektiv einer allzusehr aufgeweichten Intonation immer erneut geübt und in der Probe angesprochen werden muß.

Notenbeispiel Nr. 90

(Jede Stimme Grundton — Quinte s. § 95.3)

Der selbsttätige Ausgleich zwischen Klang und Tonschritt kann allerdings nur dann erfolgen, wenn der Chorsänger den jeweiligen Gesamtklang (also vor allem die Töne, die er *n i c h t* singt!) auch wirklich im Ohr hat. Eine Probentechnik, die ganz von der Arbeit an der Einzellinie ausgeht, kann eine überzeugende harmonische Abstimmung des Klanges nie erreichen (s. § 54. 1)!

§ 95 „Rein" — „temperiert"

Für denjenigen Leser, der sich eingehender mit der Materie beschäftigen möchte, sei nun noch einmal in etwas ausführlicherer Form auf das Problem, vor allem auf die Frage „*r e i n - t e m p e r i e r t*", eingegangen. Auch diese sehr vereinfachenden Hinweise wollen nicht mehr sein als eine Anregung zu einer persönlichen Beschäftigung mit der Spezialliteratur (zusammengestellt und kritisch kommentiert bei Jens Rohwer „Die harmonischen Grundlagen der Musik").

Zum leichteren Verständnis des Folgenden:

§ 95.1. Die Teiltonreihe

Notenbeispiel Nr. 91

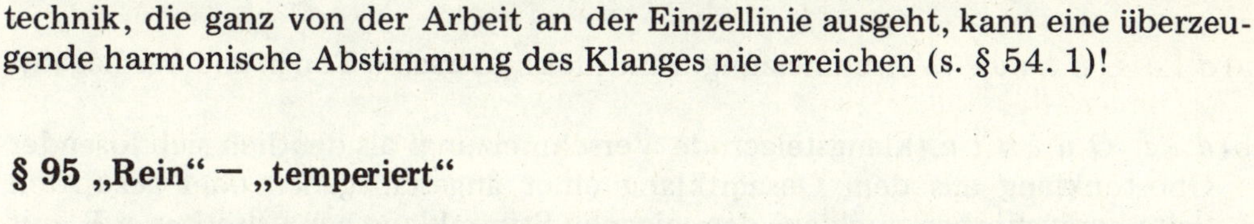

§ 95.2 Intervallbeschreibung

Intervalle lassen sich zahlenmäßig beschreiben, indem man das Verhältnis der Schwingungszahlen beider Töne in einem Bruch ausdrückt.

$\frac{3}{2}$ heißt z.B.: der obere Ton führt $1\frac{1}{2}$ mal so viele Schwingungen aus wie der untere. Eine Oktave führt immer doppelt soviele Schwingungen aus wie ihr Grundton. Die Zahlenverhältnisse der Oktaven sind also 1 : 2 : 4 : 8 usw. Wenn a^1 880 Schwingungen ausführt, so hat a^2 1760, a^3 3520, a^o 440 Schwingungen.

Die Zahlenprogression zeigt, daß man, will man Intervalle addieren, die Brüche, die ihr Schwingungsverhältnis darstellen, *m u l t i p l i z i e r e n* muß.

Setzt man z.B. auf eine Quart ($=\frac{4}{3}$) eine große Terz ($=\frac{5}{4}$) so erhält das neue Intervall, die große Sext, die Zahl $\frac{4}{3} \cdot \frac{5}{4} = \frac{5}{3}$. Das Notenbeispiel 91 zeigt weiter die Beziehung zwischen dem Platz eines Tons in der Teiltonreihe und dem Schwingungsverhältnis: die Großterz z.B. erscheint als 5. Ton in der Teiltonreihe, die darunter liegende 2. Oktave des Grundtons als 4., ihr Schwingungszahlverhältnis ist 5 : 4. Die große Sext ($\frac{5}{3}$) ist der Abstand zwischen dem 3. und 5. Teilton usw.

§ 95.3 Oktave und Quinte

Nur zwei Tonabstände lassen sich leicht zuverlässig identifizieren und reproduzieren:

a) *d i e O k t a v e* (Verschmelzung; Eindruck: „derselbe Ton in anderer Lage"),

b) *d i e Q u i n t e* (klangsteigernde Verschmelzung; als deutlich sich lösender Obertonklang aus dem Gesamtklang einer angeschlagenen oder gezupften Saite heraushörbar; auch aus dem eigenen Stimmklang heraushörbar, z.B. mit den Silben „bo", „bu" bei sehr geschlossenem Vokal und sehr gespitzten Lippen).

Stellt sich das Ohr auf die Obertonquinte ein (also auf den 3. Partialton), so erscheint ihm als weiterer sich isolierender Klang die Großterz, der 5. Partialton.

Notenbeispiel Nr. 92

Andere Klänge, die als engere Intervalle die Musik „melodiefähig" machen können, sind aus dem Klang ohne Hilfe nicht herauszufiltern. Will man sie trotzdem einführen, so müssen sie, um eindeutig zu sein, auf die nachkontrollierbaren Hauptintervalle bezogen sein, von ihnen abgeleitet werden. D.h.: durch wiederholtes Aufeinandertürmen z.B. von Quinten werden „neue" Töne entdeckt und, durch Verlegung in die Ausgangsoktave, als Zwischenstufen in den Quint-Oktav-Rahmen eingefügt.

Notenbeispiel Nr. 93

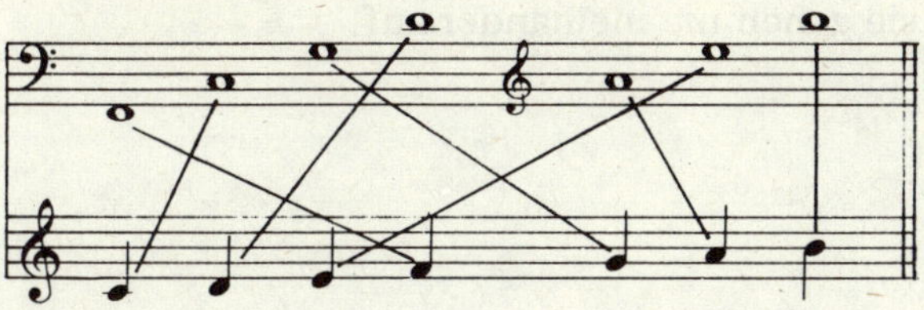

Diese „Ableitung" gelingt aber nicht ganz: Quinten und Oktaven gehen nicht ineinander auf, wie schon die Berechnung ihrer Schwingungszahlverhältnisse zeigt.

Eine Addition von Quinten (für die die Schwingungszahlverhältnisse multipliziert werden) ergibt: $\frac{3}{2}$, $\frac{9}{4}$, $\frac{27}{8}$, $\frac{81}{16}$, $\frac{243}{32}$ usw., d.h. nie eine ganze Zahl, die sich mit der Oktavreihe 1 - 2 - 4 - 8 - 16 irgendwo trifft.

§ 95.4. Großterz

Beziehe ich nun die *G r o ß t e r z* als dritten kontrollierbaren Fixpunkt in mein System ein, so treten weitere Probleme auf.

1. Der vierte Quintschritt c^1 - g^1 - d^2 - a^2 - e^3 trifft auf einen Punkt, der dicht *o b e r h a l b* der Naturterz c - e liegt.

   In Zahlen:
   das Schwingungszahlverhältnis der Quint ist $\frac{3}{2}$, das der Großterz $\frac{5}{4}$.

   der 4. Quintschritt erreicht die Zahl $(\frac{3}{2})^4 = (\frac{81}{16})$. Um zwei Oktaven verengt, also zweimal durch 2 geteilt, heißt das Intervall dann $\frac{81}{16} \cdot \frac{1}{4} = \frac{81}{64}$. Das Intervall ist also größer als die Naturterz $\frac{5}{4}$ $(= \frac{80}{64}!)$. Ziehen wir jetzt die Naturterz von der „Vier-Quinten-Terz" ab, um die Schwingungszahlverhältnisse des Differenz-Intervalls zu ermitteln, so erhalten wir:
   4-Quinten-Terz — Naturterz $= \frac{81}{64} : \frac{5}{4} = \frac{81}{80}$.

Dieses Intervall, das „syntonische Komma", gilt als die kleinste in unserem Tonsystem wirksame Einheit. Obwohl weder als melodischer Schritt noch als Klang verwendbar, ist es doch als das Einheitsmaß der meisten Intervallabweichungen allgegenwärtig.

2. Drei Terzschritte bleiben unterhalb der Oktave ($(\frac{5}{4})^3 = \frac{125}{64}$ statt z.B. $\frac{128}{64} = 2$).

Die drei Grundintervalle Oktave, Quinte und Großterz haben also kein gemeinschaftliches Vielfaches, sie gehen nie ineinander auf.

§ 95.5 Drei Lösungen

Zur Bewältigung dieses Problems werden *d r e i L ö s u n g e n* angeboten:

D i e e r s t e L ö s u n g: Es wird auf die Naturterz als systembildenden Anhaltspunkt verzichtet; die Quinte bleibt neben der Oktave einziges Bezugsintervall („pythagoreisches System").

D i e z w e i t e L ö s u n g: Die Einbeziehung der Naturterz wird durch die Einführung des „kleinen Ganztonschrittes" möglich gemacht.

Ganzton — Problem:
Der Ganzton wird gefunden, indem man zwei Quintschritte aufwärts und dann eine Oktave wieder abwärts schreitet: c^1 - g^1 - d^2 - d^1. Dieser Abstand entspricht dem des 9. Teiltons, so daß man ihn rein theoretisch auch als von dorther gewonnen verstehen könnte. In Zahlen: $\frac{3}{2} \cdot \frac{3}{2} \cdot \frac{1}{2} = \frac{9}{8}$.

Z w e i solcher Ganztonschritte = vier Quintschritte führen bekanntlich zu einer um 1 syntonisches Komma zu großen Terz (der sog. „pythagoreischen Terz").
Gelöst wird das Problem dadurch, daß *e i n e r* von zwei aufeinanderfolgenden Ganztonschritten um 1 syntonisches Komma *e r n i e d r i g t* wird. Der entstandene neue Schritt ist Ganzton — 1 syntonisches Komma = $\frac{9}{8} : \frac{81}{80} = \frac{10}{9}$.
Dieses Intervall entspricht dem Abstand zwischen dem 9. und dem 10. Teilton und enthält von daher eine zusätzliche Legitimation (aber doch wohl nicht seine direkte Ableitung!).

Der Wechsel von „großem" und „kleinem" Ganzton wird für das System konstitutiv. Die diatonische Durleiter erhält dadurch folgende Struktur:

Notenbeispiel Nr. 94

großer Ganzton: („GT")
kleiner Ganzton: („gt")
Halbton: („ht")

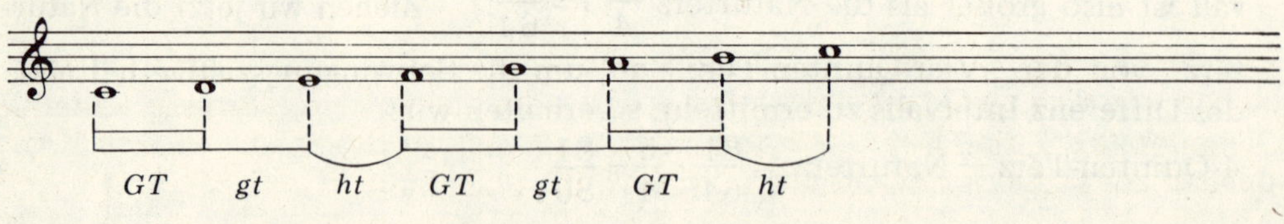

Ableitung:

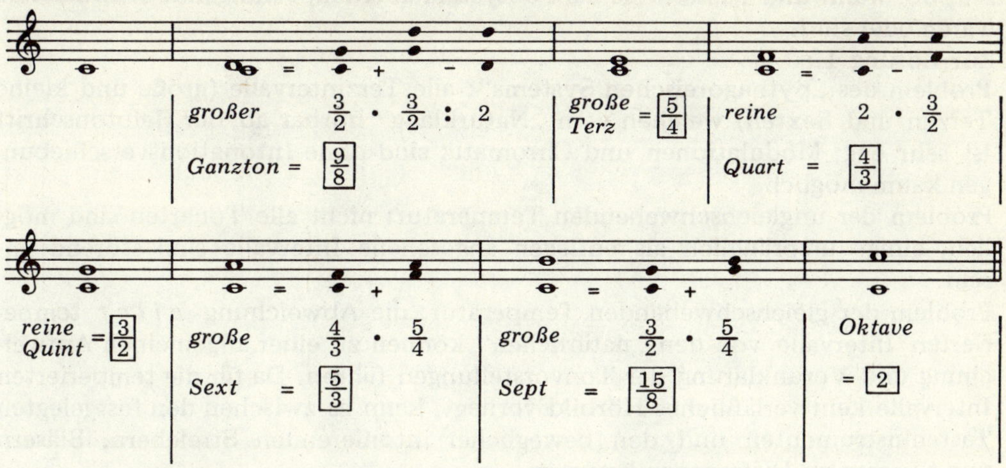

weitere Intervalle

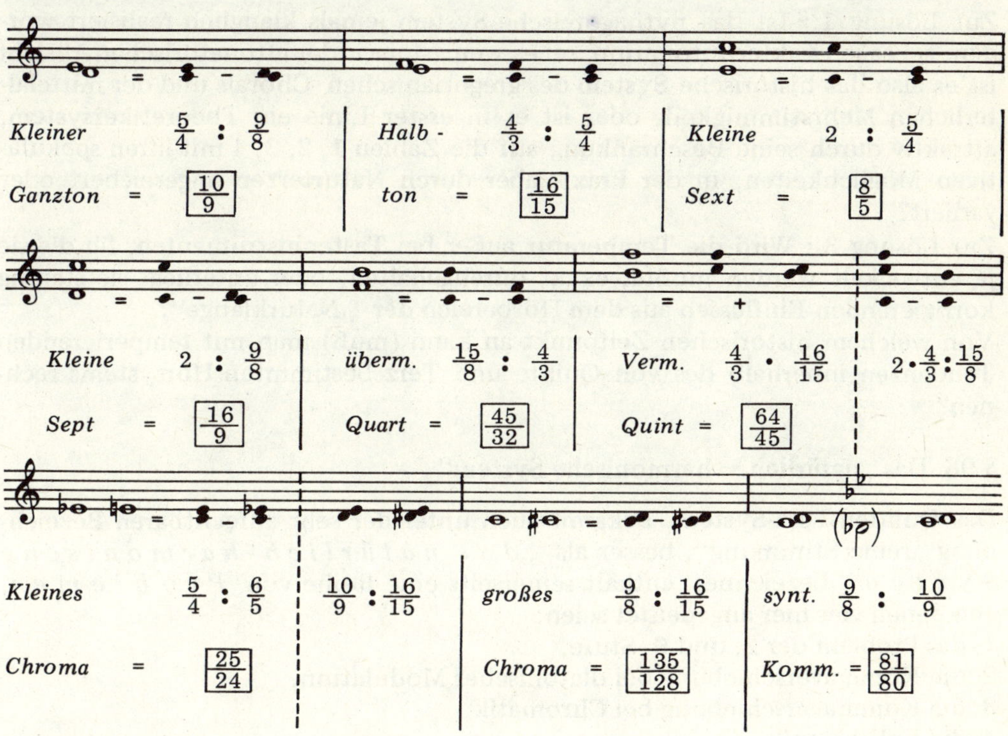

(„natürlich-harmonisches System")

Die dritte Lösung: Die Differenz zwischen den Naturintervallen und solchen, die sich zu Oktaven addieren lassen, wird auf weitere Intervalle verteilt („Temperatur"), und zwar entweder nur auf einige („ungleich-schwebende T.") oder auf alle („gleichschwebende T."). (s. § 97, N.B. 109)

Alle drei Wege enthalten Probleme. Alle drei Wege lassen zudem die Frage offen, ob, wann und wieweit sie als Tonsystem überhaupt klingende Wirklichkeit waren oder sind.

Zur Lösung 1.:

Problem des „pythagoreischen Systems": alle Terzintervalle (große und kleine Terzen und Sexten) weichen vom „Naturklang" hörbar ab, der Halbtonschritt ist sehr eng; Modulationen und Chromatik sind ohne Intonationsverschiebungen kaum möglich.

Problem der ungleichschwebenden Temperatur: nicht alle Tonarten sind möglich; einige ursprünglich als entlegen angesehene Intervalle sind störend unrein.

Problem der gleichschwebenden Temperatur: die Abweichung *aller* temperierten Intervalle von den „natürlichen" können zu einer allgemeinen Aufweichung und Verunklarung der Tonvorstellungen führen. Da für die temperierten Intervalle kein verläßliches Hörbild vorliegt, kann es zwischen den festgelegten Tasteninstrumenten und den beweglicher intonierenden Streichern, Bläsern und Sängern zu Differenzen kommen.

Offene Fragen:

Zur Lösung 1.: Ist das pythagoreische System jemals klanglich realisiert worden, sei es in exakter Intonation, sei es wenigstens in der intonatorischen Absicht, ist es also das historische System des gregorianischen Chorals und der mittelalterlichen Mehrstimmigkeit, oder ist es in erster Linie ein Theoretikersystem, attraktiv durch seine Beschränkung auf die Zahlen 1, 2, 3, 4 mit ihren spekulativen Möglichkeiten, in der Praxis aber durch Naturterzen angereichert oder variiert?

Zur Lösung 3.: Wird die Temperatur außer bei Tasteninstrumenten, für die sie ja entwickelt werden mußte, exakt durchgehalten, oder unterliegt sie ständig korrigierenden Einflüssen aus dem Hörbereich der „Naturklänge"?

Von welchem historischen Zeitpunkt an kann (muß) man mit temperierenden Tendenzen innerhalb des von Quinte und Terz bestimmten Hörsystems rechnen?

§ 96 Das „natürlich – harmonische System"

Das Quinten-Terz-System, bekannt auch unter der sehr anfechtbaren Bezeichnung „reine Stimmung", besser als „*das natürlich-harmonische System*" bezeichnet, enthält seinerseits eine Reihe von *Problemen*, von denen vier hier angedeutet seien:

1. das Problem der 2. und 6. Stufe,
2. die Kommaverschiebung bei diatonischer Modulation,
3. die Kommaverschiebung bei Chromatik,
4. die Enharmonik.

§ 96. 1 Das Problem der zweiten und sechsten Stufe
(vergleiche N.B. 98)

a) Das Intervall d - a (von c aus als zweite und sechste Stufe verstanden) ist keine reine Quint.

Die reine Quint setzt sich zusammen aus zwei großen Ganztönen, einem kleinen Ganzton und einem Halbton:

Zwischen den Tönen d und a hingegen liegen ein großer Ganzton, zwei kleine Ganztöne und ein Halbton:

Das Intervall ist also um die Differenz GT minus gt, d.h. um ein syntonisches Komma zu eng.

b) Das Intervall d - f ist keine „normale“ kleine Terz. Die kleine Terz setzt sich zusammen aus einem großen Ganzton und einem Halbton:

Zwischen den Tönen d und f hingegen liegen ein kleiner Ganzton und ein Halbton:

Auch dies Intervall ist also um ein syntonisches Komma zu eng. Man muß sich vor Augen halten, daß die Folge der Stufen 1 - 2 - 3 - 4 sich von der scheinbar gleichen Folge 5 - 6 - 7 - 8 in ihrer Ganztonstruktur unterscheidet.

Notenbeispiel Nr. 95

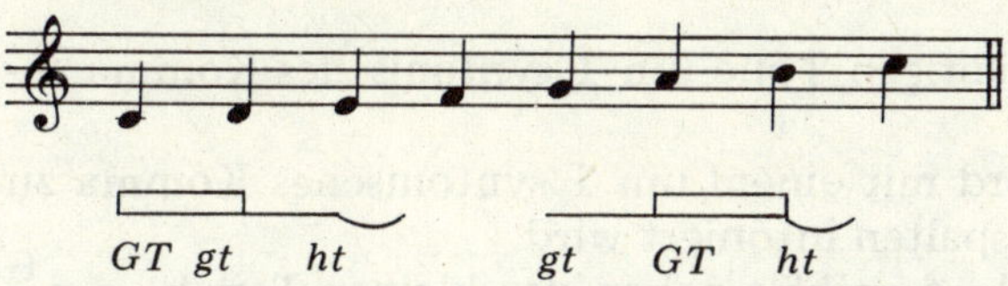

c) Da die Quinte d - a (und entsprechend die kleine Terz d - f) zu eng sind, ist der Akkord d - f - a unrein. Schreiten wir von dem Ton c aus über die (rein intonierte) sechste Stufe a in einem (rein intonierten) d - moll - Dreiklang a - f - d abwärts, so ist der Ton d um ein syntonisches Komma zu tief. Dieses d paßt dann auch nicht mehr zu dem Dominantdreiklang g - h - d. Der Klang f - a gehört dem subdominantischen Bereich an, der Klang g - h dagegen dem dominantischen. Bei einer unmittelbaren Verbindung von Subdominante und Dominante kommt es daher zu Differenzen, die korrigiert werden müssen. Entweder belassen wir die Töne a und f im subdominantischen Bereich und verengen die kleine Terz f - d (eigentlich) um ein syntonisches Komma zu , so daß der Sprung Subdominante — Dominante zwischen den Tönen f und d stattfindet:

Notenbeispiel Nr. 96
a)
Linear:

entweder
zu enge kleine Terz (— 1 syntonisches Komma) Sprung S—D zwischen f + d

Oder wir erweitern den Schritt g - a (eigentlich ein kleiner Ganzton) um ein syntonisches Komma zu einem großen Ganzton, so daß die Töne a und f zu hoch liegen. Der Dreiklang d - f - a, nun wieder rein, gehört dann nicht mehr dem subdominantischen, sondern (auch ohne das erhöhte fis!) dem dominantischen Bereich an, wird gewissermaßen vom Ziel her verstanden:

b)

oder

Akkordisch:

Die Akkordverbindungen

Notenbeispiel Nr. 97

akkordisch: *oder:*

sind nur möglich, wenn

entweder: das d des zweiten Akkordes um 1 syntonisches Komma angehoben wird

oder: im 1. Akkord alle übrigen Töne um 1 syntonisches Komma angehoben werden,

oder: wenn der 1. Akkord mit einem um 1 syntonisches Komma zu hohen d bewußt gespalten intoniert wird.

Der Dominantseptakkord g - h - d - f enthält neben der kleinen Terz h - d $= \frac{6}{5}$ eine zu enge Terz d - f, die nicht korrigiert werden kann.

§ 96. 2 Die Kommaverschiebung bei diatonischer Modulation.

Notenbeispiel Nr. 98

Bei einem Sprung aus dominantischem in subdominantische Bereiche müssen also theoretisch Korrekturen an nicht mehr identischen Tönen vorgenommen werden.

§ 96.3 Chromatik

Der Schritt c - d kann sowohl als großer Ganzton (dominantisch)

Notenbeispiel Nr. 99

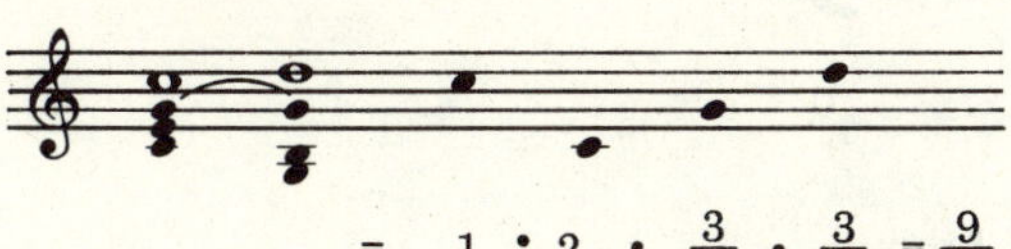

$$= 1 : 2 \cdot \frac{3}{2} \cdot \frac{3}{2} = \frac{9}{8}$$

wie auch als kleiner Ganzton (subdominantisch) verstanden werden:

Notenbeispiel Nr. 100

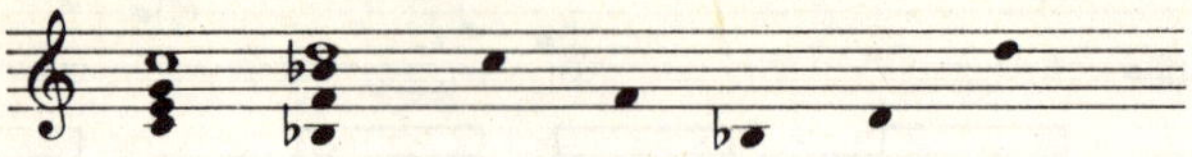

$$= 1 : \frac{3}{2} : \frac{3}{2} \cdot \frac{5}{4} \cdot 2 = \frac{10}{9}$$

Dasselbe gilt für die Folge c - cis - d

a) dominantisch:

Notenbeispiel Nr. 101

b) subdominantisch:

Notenbeispiel Nr. 102

Problem:

Notenbeispiel Nr. 103

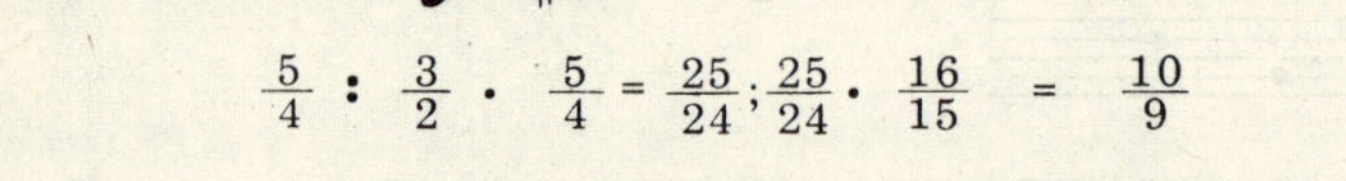

$$\frac{5}{4} : \frac{3}{2} \cdot \frac{5}{4} = \frac{25}{24} ; \frac{25}{24} \cdot \frac{16}{15} = \frac{10}{9}$$

gr. Terz — Quint + gr. Terz = kl. Chroma;
kl. Chroma + Halbton = kl. Ganzton (Leittonschritt)

d.h. der Schritt d - cis - d trifft auf ein d, das nicht mehr dem der 2. Stufe entspricht, sondern dem ein syntonisches Komma *tieferen* des subdominantischen Bereiches (s.o.). Da in N.B. 102 das g unter dem d ebenfalls zu tief ist und als liegenbleibender Ton den abschließenden C-dur-Klang bestimmt, ist dieser mit dem Ausgangsklang nicht mehr identisch. Korrektur: der A-dur-Dreiklang, aufgefaßt als Dominante der Doppeldominante D-dur, unterscheidet sich von der Ausgangstonart C-dur in den Tönen a und e (s. N.B. 98). In der Folge C-dur — A-dur (dom.) muß also theoretisch der liegenbleibende gemeinsame Ton e angehoben, der Schritt des Mollterz-Durterz-Wechsels ($\frac{25}{24}$) um 1 syntonisches Komma zum „Großen Chroma“ erweitert werden.

Dies ist der eine Fall der besonders unter Streichern viel besprochenen „Kommaverschiebungen auf einem liegenden Ton“ (der andere gehört in den Bereich der Enharmonik).

In N.B. 102 ist der Beginn unproblematisch, der Konflikt tritt auch hier in *dem* Augenblick ein, wo die Rückwendung zur *Dominante* erfolgt (das d des dritten Akkordes ist mit dem des vorletzten nicht identisch).

c) Chromatische Leitern

Notenbeispiel Nr. 104

beziehen sich meist auf eine diatonische Leiter, die durch chromatische Durchgänge (und entsprechende Harmonisierung) gewürzt, aber nicht verändert wird.

Theoretisch erfordern sie, entsprechend dem Wechsel von großem und kleinem Ganzton, einen umschichtigen Wechsel von großem und kleinem Chroma, so daß die Folge drei nur geringfügig voneinander unterschiedene Schritte enthielte:

Notenbeispiel Nr. 105

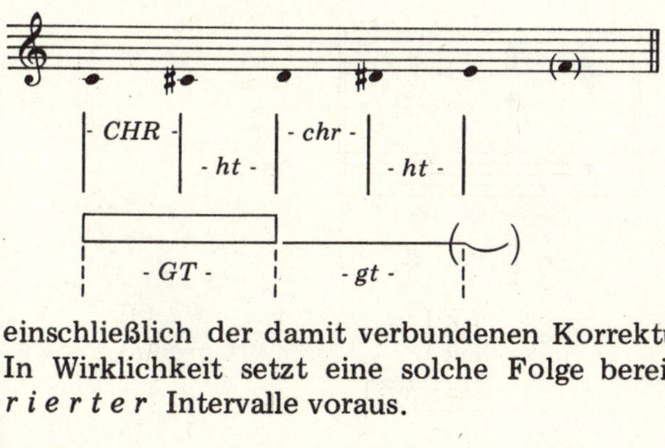

einschließlich der damit verbundenen Korrekturen der liegenbleibenden Töne. In Wirklichkeit setzt eine solche Folge bereits die Anwendung *temperierter* Intervalle voraus.

§ 96.4 Enharmonik

Die Töne cis und des sind im natürlich-harmonischen System deutlich unterschieden.

Notenbeispiel Nr. 106

$1 : \frac{3}{2} \cdot \frac{5}{4} \cdot \frac{5}{4}$ $\qquad$ $\frac{1}{2} \cdot \frac{3}{2} \cdot \frac{3}{2} \cdot \frac{3}{2} \cdot \frac{5}{4} : 2$

Kl. Chroma = $\frac{25}{24}$ $\qquad$ *gr. Chroma* = $\frac{135}{128}$

(in Cent): 70,7 C $\qquad$ 92,2 C

$1 : \frac{3}{2} : \frac{5}{4} \cdot 2$ $\qquad$ $\frac{1}{2} \cdot \frac{3}{2} \cdot \frac{3}{2} \cdot \frac{3}{2} : \frac{5}{4} : \frac{5}{4}$

diat. Halbton = $\frac{16}{15}$ $\qquad$ *großes Limma* = $\frac{27}{25}$

111,7 C $\qquad$ 133,2 C

$\frac{1}{2} \cdot \frac{3}{2} \cdot \frac{5}{4} \cdot \frac{5}{4}$ $\qquad$ $1 \cdot \frac{3}{2} : \frac{5}{4}$

übermäßige Sekunde = $\frac{75}{64}$ $\qquad$ *kl. Terz* = $\frac{6}{5}$

274,6 C $\qquad$ 315,6 C

Der Satz „des ist höher als cis“ hat dann eine gewisse Berechtigung, wenn die Töne als von einander g e t r e n n t angenommen werden,

Notenbeispiel Nr. 107

(Cent-Zahlen nach: MGG, „Intervall“)

in Cent: 111,7 92,2 *Diff.:* 19,5 (*„Diaschisma“*)
1 sy.K.: 21,5
− 19,5
2,0 1,95 (*„Schisma“*)

weniger jedoch, wenn cis - des als liegenbleibender Ton auftritt. Eine Verschiebung der Tonhöhe desavouiert nachträglich den Vorgang der Enharmonik, der ein überraschender Wechsel der *D e u t u n g* und nicht der *T o n h ö h e* sein will.

Dies ist der zweite Fall von angeblichen Kommaverschiebungen.
Die in der Praxis auftretenden Tonverwandlungen aber, das muß man erkennen, sind gar keine Kommaverschiebungen im Sinne von subtilen Wandlungen der tonal jeweils geforderten reinen Tonhöhen. Im Gegenteil: zur Streicherintonation gehören bestimmte Veränderungen, Anschärfungen des „Normal“-Klangs, insbesondere eine Tendenz zu sehr hoch genommenen Dur-Terzen. Bei der Rolle, die die Dur-Terz in der klassisch-romantischen Melodik nicht nur als Leitton, sondern ganz allgemein als wichtiger Augenblick spielt, drängt sie sich dem Spieler besonders ins Bewußtsein. Da ihr Ort offenbar nicht ganz genau bestimmbar ist, bleibt sie für emotionale Aktivierung offen, eine hohe Intonation vermittelt den Eindruck von Energie und Spannung.
Vielleicht wird die sehr hohe Streicherterz dem Spieler zusätzlich suggeriert durch die Stimmung im Streichquartett und Streichorchester, die in dem Intervall c^0 bis e^2 eine aus vier Quintschritten entstehende, also eine „pythagoreische Terz“ enthält (Hinweis von Dr. M. Tessmer).

Notenbeispiel Nr. 108

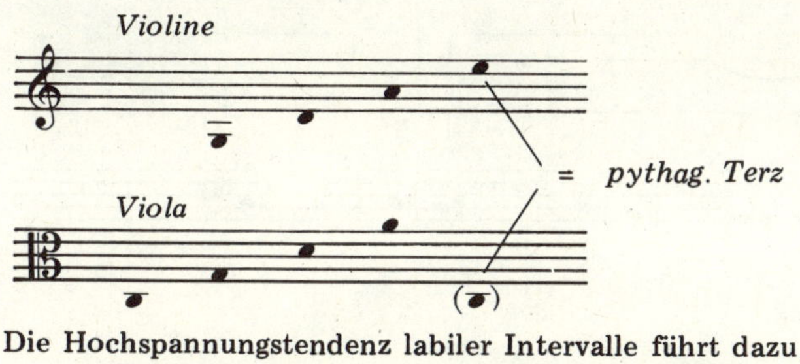

Die Hochspannungstendenz labiler Intervalle führt dazu, daß ein angespannter Ton in *s e i n e m* Klang zwar motiviert erscheint, zum folgenden aber, in dem er keinen „labilen“, sondern einen kontrollierbaren Ort einnimmt (z.B. eine Oktave oder eine Quinte), eben nicht mehr paßt und entsprechend bewußt verändert werden muß.

Die Intonation von chromatischen und enharmonischen Vorgängen erfolgt nicht durch besonders raffinierte bewußte Intervallverschiebungen und -differenzierungen, sondern durch ein möglichst weiträumiges *V o r a u s h ö r e n* des jeweiligen harmonischen Zieles auf der Basis der *g l e i c h s c h w e b e n d e n T e m p e r a t u r.*

§ 97 Gleichschwebende Temperatur und natürlich-harmonisches System

Es ist zweckmäßig, sich die Abweichungen der temperierten Intervalle bewußt zu machen, um jeweils Korrekturen durchführen zu können, sei es, daß die temperierte Intonation durch reine Quinten und Terzen an wichtigen Punkten nachkorrigiert wird, sei es, daß der Verstimmungsgrad vor allem von praktikablen Sekunden und Terzen gut getroffen wird. Tonhöhen und Abweichungen werden in „Cents" angegeben.
Die „Cents"-Zahlen (Logarithmen) ermöglichen einen direkten Größenvergleich der Intervalle. „Ein Cent ist der hundertste Teil des temperierten Halbtons. Der Halbton hat also die Größe 100 Cent, die Oktave 1.200 Cent. Will man Intervalle aneinanderfügen, so addiert man einfach die Cents-Zahlen, während man die Schwingungszahlen multiplizieren müßte" (MGG, H. Husmann).

Notenbeispiel Nr. 109

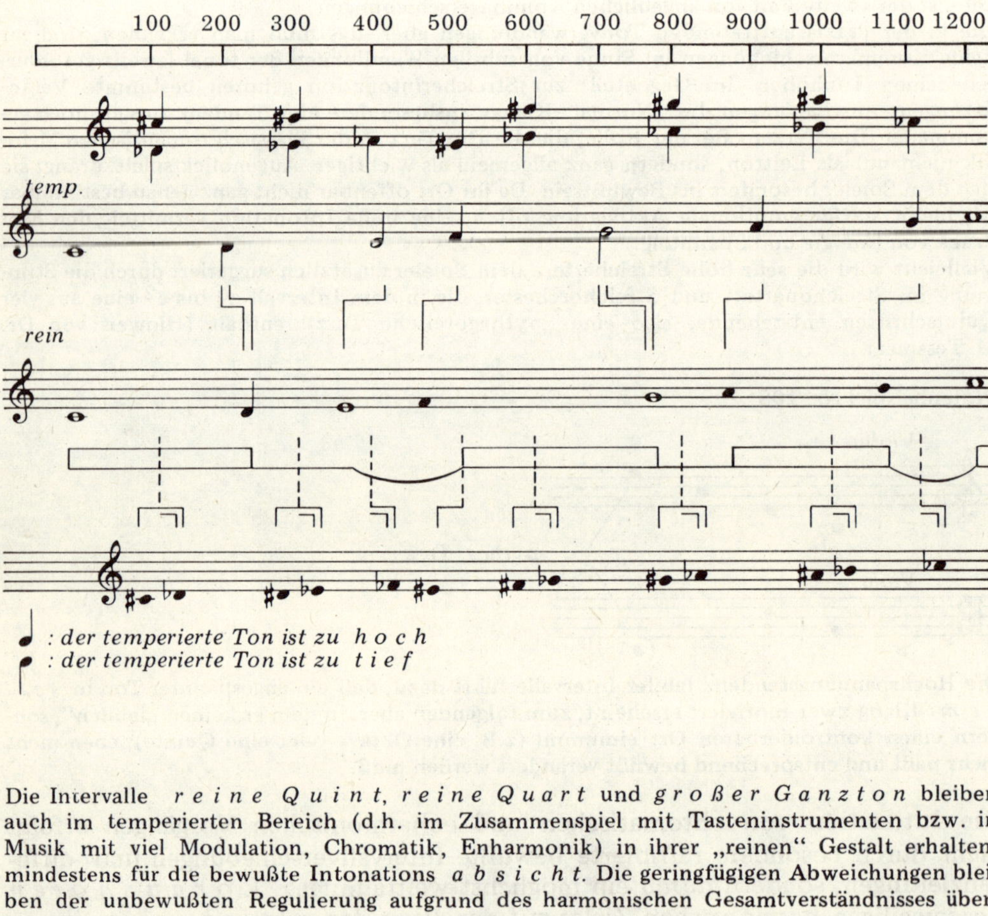

Die Intervalle *r e i n e Q u i n t*, *r e i n e Q u a r t* und *g r o ß e r G a n z t o n* bleiben auch im temperierten Bereich (d.h. im Zusammenspiel mit Tasteninstrumenten bzw. in Musik mit viel Modulation, Chromatik, Enharmonik) in ihrer „reinen" Gestalt erhalten, mindestens für die bewußte Intonations*a b s i c h t*. Die geringfügigen Abweichungen bleiben der unbewußten Regulierung aufgrund des harmonischen Gesamtverständnisses überlassen.
Diskutiert werden muß der Umgang mit dem *H a l b t o n* und den *T e r z e n*.

Zum Halbton-Bereich:

kl. Chroma	gr. Chroma	temp. Halbton	nat. diat. Halbt.	gr. Limma
(Differenz gr. — kl. Terz)	(Chrom. Modulation in die Dominante)		(3. — 4. oder 7. — 8. Stufe, „Leitton")	(z.B. Sprung in die Unterterz — Harmonie, etwa c — des in F-Dur — Des-Dur)
$\frac{25}{24}$	$\frac{135}{128}$		$\frac{16}{15}$	$\frac{27}{25}$
in Cent: 70,7*)	92,2	100	111,7	133,2

Im Bereich „Halbton" versammeln sich also mehrere unterschiedliche Vorstellungen, die nun nicht etwa zu einem verfeinerten Unterscheidungsvermögen führen, sondern lediglich eine — jedem Chorleiter vertraute — allgemeine Unsicherheit erzeugen. Ein verläßliches Hörbild „Halbton" muß erst erlernt werden.
Den zunächst naheliegenden Gedanken, den chromatischen Schritt und den Halbtonschritt als wenigstens zwei deutlich unterschiedene Intervall *g r ö ß e n* zu erlernen, wird man schnell aufgeben. Der Unterschied ist doch zu geringfügig, als daß er ähnlich plastisch wie etwa der Unterschied zwischen großer und kleiner Terz werden könnte. Eine solche Differenzierung wäre aber auch nicht einmal sinnvoll:

1. Das „kleine Chroma", als Dur-Moll-Wechsel gewissermaßen die Keimzelle von Chromatik, ist in der modulatorischen Praxis gar nicht recht brauchbar.
   Das N.B. 98 zeigt, daß bei einem Gang in dominantische Bereiche „Kommaverschiebungen" erforderlich werden. Da man nicht Töne erhöhen, sondern nur Schritte vergrößern kann, muß entweder das kleine Chroma zum großen $\left(\frac{135}{128}\right)$ oder der Leitton zum großen Limma $\left(\frac{27}{25}\right)$ erweitert werden.

2. In modulatorisch reicher Musik wird mit der stets vorhandenen Möglichkeit von Enharmonik gerechnet, also mit der Möglichkeit, einen chromatischen Schritt nachträglich zu einem Halbtonschritt umzudeuten (nicht: den erreichten Zielton nachträglich umstimmen zu müssen!).

3. In nicht eigentlich modulierenden chromatischen Folgen, z.B. den schon im Barock beliebten Folgen c - cis - d - dis - e - f oder umgekehrt mit es und des („Lamentobaß") ist die Folge chromatischer Schritt - Halbton nur einmal brauchbar, da er nur zum kleinen Ganzton führt (s.o.): $\frac{25}{24} \cdot \frac{16}{15} = \frac{10}{9}$. Der große Ganzton wird nur über das große Chroma + Leitton $\left(\frac{135}{128} \cdot \frac{16}{15} = \frac{9}{8}\right)$ oder über kleines Chroma + großes Limma $\left(\frac{25}{24} \cdot \frac{27}{25} = \frac{9}{8}\right)$ erreicht. Diese Differenzierungen sind als Tonhöhenunterschiede nicht realisierbar und wohl auch kaum als solche vom Komponisten beabsichtigt (s. N.B. 109 und 110).

*) *Zitiert nach: Riemann, Musiklexikon, Mainz 1959*

Kleines Chroma und großes Limma, die den Unterschied zwischen chromatischem Schritt und Halbton-Schritt am fühlbarsten darstellen, sind also tatsächlich kaum anwendbare Intervalle.

Der temperierte Halbton seinerseits erfüllt mit seiner vermittelnden Stellung zwischen Chromatik und Halbton bei doch sehr großer Nähe zum natürlichen diatonischen Halbton wie auch zum (modulatorisch brauchbaren) großen Chroma eine Fülle von Funktionen bei einem Minimum an Trübung der „natürlichen" Verhältnisse. Die führende Rolle, die er als fest definiertes, eindeutiges Mehrzweckintervall *ohne* Größenveränderung in Romantik und neuer Musik gewonnen hat, ist musikalisch völlig legitim. Seine Verketzerung als rein rechnerisch gewonnenes, „unnatürliches" Intervall, mit der zeitweilig die Dodekaphonik angegriffen werden sollte, ist ganz abwegig. Er ist keineswegs konstruiert worden, schon gar nicht von der modernen Musik, sondern er hat sich lebendig entwickelt aus der fruchtbaren Doppeldeutigkeit von Halbton und Chromatik, die allmählich aufeinander zu wuchsen.

Die gleichschwebende Temperatur muß nicht unbedingt als ein mechanischer Kompromiß verachtet werden. Sie beruht auf der echt musikalischen Entdeckung des neuen (temperierten) Halbtons, der, mittels einer winzigen Abweichung vom „natürlichen" (ohnehin nur indirekt erschließbaren) Halbton $\frac{16}{15}$, die verschiedensten Funktionen *abwechselnd* ohne Tonhöhenveränderung wahrnehmen kann.

Bestehen bleibt das Problem, daß der Chorsänger kein eindeutiges Hörbild eines Halbtons in seiner Vorstellung findet, so daß er ihn einerseits als Tonschritt immer etwas ängstlich, d.h. zu eng, intonieren wird und ihn andererseits als Zusammenklang nicht wie eine geschlossene klangliche Einheit wahrzunehmen vermag (s. § 109,6). Den Halbton kann man nicht „erfahren" wie Quinten und Oktaven; man muß ihn erlernen. Er bleibt dabei ein labiles Intervall und muß deshalb besonders sorgfältig über die Quint stabilisiert werden.

Die Nähe des temperierten Halbtons zum natürlichen Halbton („Leitton") $\frac{16}{15}$ erlaubt es, die Vorstellung von seiner Schrittgröße auf den „Leitton" mit seiner eindeutigen Quintbeziehung zu gründen. Seine endgültige Regulierung (d.h. hier Reduktion) kann dann dem harmonischen Bewußtsein ohne absichtliche Eingriffe überlassen werden.

Halbton- und *Terz*problem hängen zusammen in der Frage nach dem Größenunterschied von Dur- und Mollterz. Natürliche große und kleine Terz differieren um das „kleine Chroma": gr. Terz minus kl. Terz $= \frac{5}{4} : \frac{6}{5} = \frac{25}{24}$. Eine Erweiterung der Differenz auf etwa Halbtongröße zwingt zu der bekannten Erhöhung der großen Terz, die im Bewußtsein der Intonationspraxis eine so überragende Rolle spielt.

Die Hälfte der temperierten großen Terz, der temperierte Ganzton (200 Cent) ist dem natürlichen *großen* Ganzton (203,9 Cent) viel näher als dem kleinen (182,4). Durch die Einebnung der Ganztöne auf nur *eine* Größe wird die Melodik freier in der Deutung und nachträglicher Umdeutung der *Stufen*, die ja wesentlich durch die Unterscheidung von großem und kleinem Ganzton definiert sind (s.o.). Weniger bewußt ist den meisten Chorleitern, daß durch den temperierten Halbton auch die *kleine* Terz (und damit der Klang „Moll") eine Abwandlung, nämlich eine Verengung, erfährt. Dieses verengte Intervall ist nun der „pythagoreischen", nur durch drei abwärts führende Quintschritte c - f - b - es (und nicht aus dem Teiltonaufbau) gewonnenen kleinen Terz sehr nahe:

pythag. kl. Terz	temperierte kl. Terz	natürliche kl. Terz
$\frac{32}{27}$		$\frac{6}{5}$
294,1 Cent	300 Cent	315,6 Cent

Vielleicht findet eine chorleiterische praktische Erfahrung hier eine Begründung: in einem gesungenen Dreiklang c - e - g ist das e als „hohe" (temperierte) Terz leichter zu intonieren, wenn es „an die Quint gehängt" (und damit als kleine Terz g - e intoniert) wird, als wenn es auf dem Grundton steht (und damit in Konkurrenz zu der leicht identifizierbaren natürlichen großen Terz tritt).

Die temperierte große Terz ist inzwischen eine musikalische Hör-, mindestens Intonationsgewohnheit geworden. Die bleibende Terzunsicherheit in der sängerischen Praxis zeigt, daß die drei vorkommenden Großterzen einander im Bewußtsein ins Gehege kommen und einem eindeutigen, leicht abrufbaren Hörbild im Wege stehen (die pythagoreische Großterz tritt in der Stimmung des Streichquartetts auf, s.o.).
Der Vergleich der drei Großterzen (in Cent)

nat. gr. Terz	temp. gr. Terz	pythag. gr. Terz
$\frac{5}{4}$		$\frac{81}{64}$
386,3	400	407.8

zeigt die größere Nähe von temperierter und pythagoreischer großer Terz.
Wegen der Ganz- und Halbtonfolge ist in sehr bewegter Musik die temperierte Großterz erforderlich. Die *r e i n e* Terz behält eine mögliche Funktion in stehenden Klängen, in denen sie dem Gesamtklang außerordentliche Schönheit verleihen kann.

Zusammenfassung:
Es ist zu unterscheiden zwischen Funktion (Verständnis) und Intonation (genauer akustischer Festlegung) der Intervalle (Jens Rohwer).
Die Intonation selbst beruht auf einer Grundvorstellung und einer (unwillkürlichen) Korrektur durch das harmonische Verständnis.
Als Grundvorstellungen werden dem anfangenden Chorsänger eingeprägt:

die reine Quint und die reine Quart
der natürliche große Ganzton
der temperierte Halbton = chromatischer Schritt
die temperierte (= pythagoreische) kleine Terz
die natürliche große Terz (über dem Grundton)
die temperierte große Terz (unter der Quint als hängende kleine Terz).

Drei Aspekte bleiben auch für denjenigen Praktiker, der sich für tonsystematische Untersuchungen weniger interessiert, aus der Beschäftigung mit ihnen anregend:

a) Ein vertieftes Verständnis für den Umgang mit den Problemen von scheinbar so vertrauten Harmoniebewegungen wie S - D oder *c h r o m a t i s c h e m*, besonders *t e r z v e r w a n d t e m A k k o r d w e c h s e l.*
b) dann das Prinzip der „ *w e c h s e l n d e n S c h r i t t g r ö ß e*", und ganz allgemein
c) das Verhältnis von *h a r m o n i s c h e r u n d m e l o d i s c h e r I n t o n a t i o n.*

Zu b): Im natürlich-harmonischen System folgen im allgemeinen nur ungleiche Intervallschritte aufeinander (GT - gt - ht; chr - ht; CHR - ht - chr - ht; gr. Terz - kl. Terz; selbst der Klang h - d - f ist durch die zu enge kl. Terz d - f differenziert!) (s. auch N.B. 98).
Folgen gleicher Intervalle wie c - f - b oder c - e - gis müssen harmonisch durch Umschalten auf einen neuen Grundton motiviert werden.
Diese Beobachtung entspricht der Erfahrung aus der Gehörbildung, daß (reale, nicht tonale!) Reihenfolge gleicher Intervalle oder auch Intervallgruppen (Sequenzen) zu Unsicherheit führen; die Oktavabstände werden nicht mehr getroffen. Der verloren gegangene Intonationsrahmen muß für die Vorstellung in einem eigenen Arbeitsgang zusätzlich wieder hergestellt werden. (so z.B. auch Ganztonleiter s.u. § 197. 16).
Zwar wäre es, im Sinne der hier vertretenen Grundanschauung, absurd, ständig Mikrodifferenzen in Intervallfolgen verwirklichen zu wollen. Fruchtbar dagegen kann das Prinzip der „wechselnden Schritte" für Intonation und Lebendigkeit von Linie und Klang dann werden, wenn es als *Wechsel* von *Aktivierungsgraden* aufgefaßt und angewandt wird, z.B.

Notenbeispiel Nr. 110

Den *ersten* von zwei Schritten besonders aktiv nehmen: mit dem Ganztonschritt bereits auf die Terz zielen, ohne die Terz selbst zu überanstrengen, zu hoch zu nehmen. d ist *nicht die Mitte* zwischen c und e !Schritt 4-5 wieder mit zusätzlicher Energie (oder 3 - 4 - 5 als zunehmende Schrittgröße und - aktivität). Dasselbe bei Akkordschritten: *Terz an der Quinte orientieren.*
Schritte 5 - 6 - 7 - 8:

Notenbeispiel Nr. 111

Den *zweiten* Schritt aktiv nehmen (6. Stufe tief = subdominantisch halten), den Halbtonschritt nicht als entspannend gegenüber dem Ganztonschritt, sondern als eigenen, fremden Charakter mit eigener, neuer Aktivität.

Notenbeispiel Nr. 112

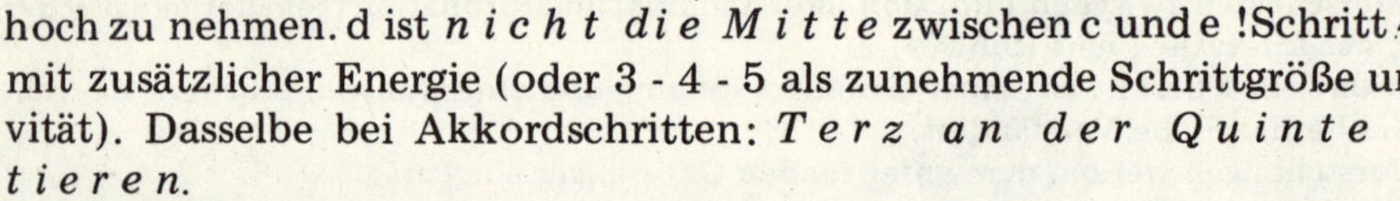

Nicht: gleichmäßige Folge oder crescendoartig steigende Aktivität, sondern Wechsel zweier Aktivitäten, von denen der *Halbtonschritt* die größere erfordert (bzw. eine von zwei Gruppen).

Auch bei unregelmäßigen Intervallfolgen kann eine bewußt wechselnde Intervallaktivität nützlich sein. Das Ablenken von der Intervallgröße auf die wechselnde Aktivität kann gelegentlich die Intervallgröße selbst beeinflussen: melodische Sekund - oder Terzschritte werden u.U. vergrößert. Solche Verschiebungen können in Kauf genommen oder sogar bewußt angestrebt werden.

Zu c): Das Verhältnis von melodischer und harmonischer Intonation
Zwar kennt auch das natürlich-harmonische System „unharmonische" Klänge, wie den Dreiklang auf der zweiten Stufe (d - f - a) mit seiner zu engen Terz und Quinte. Im ganzen jedoch rechnet es, stark vereinfacht ausgedrückt, damit, daß bei Harmoniewechsel *kompliziertere* (höher differenzierte) *melodische* Schritte verwandt werden, um im *Zusammenklang* jeweils wieder zu möglichst *einfachen* Klängen zu finden, also vor allem zu natürlichen Quinten und möglichst auch Terzen.

Der Begriff „reine Stimmung" ist also irreführend. „Reine" Klänge sind nur aufgrund „unreiner" Schritte möglich. Dieses Dilemma hat ja erst die komplizierte Theorie des natürlichharmonischen Systems hervorgebracht. Werden die kommatisch erweiterten oder verkürzten Intervalle, überhaupt die feineren Differenzierungen errrechenbarer Tonabstände ebenfalls als „rein" bezeichnet, so verliert dieser Begriff seine Beziehung zu den einfachen, kontrollierbaren Naturintervallen Oktave, Quinte und Großterz und raubt ihnen ihre Bedeutung zugunsten eines unendlich komplizierten Viel-Punkte-Feldes, das nur auf dem Papier, und auch dort nur bei einfachen Verhältnissen realisierbar ist. „Reine Stimmung" ist nur *eine* Komponente der Intonation, deren andere, die harmonische Bewegung, sie ständig einschränkt, abwandelt oder herausfordert.

Melodische Intervalle sind offenbar beweglicher als harmonische, mag man ihre Verwandlungen nun als Verstimmungen oder als Differenzierungen auffassen. Es ist der jeweilige *Zielklang*, der die Schrittgröße der einzelnen Stimmen endgültig festlegt. Auf ihn richtet sich die Aufmerksamkeit stärker als auf den einzelnen Intervallschritt. Keineswegs ist damit dem Klang gegenüber der Linie ein Vorrang an musikalischer Bedeutung eingeräumt. („Zielklang" kann auch der Rahmen, das Gerüst, das Feld einer Melodie sein, nicht nur der Generalbaßklang bzw. seine Entsprechungen in anderen Stilen.) Der Klang ist nicht das bedeutendere Element, aber das stabilere; besser gesagt, dasjenige Element,das, um zu gefallen, eine höhere Stabilität erfordert.
Dieses Prinzip, „stabiler Klang — bewegliche Melodik", ist die Grundlage der Intonationsarbeit, die auch im Umgang mit einer temperierten Klanglichkeit erhalten bleibt. Im stärker modulierenden, höher chromatisierten Bereich bleibt die *Tendenz* zu reinen Quinten und Naturterzen auf wichtigen, stehenden Klängen erhalten. In den Schritten jedoch werden die temperierten Abweichungen bewußt eingeführt, vor allem vergrößerte chromatische Schritte und vergrößerte Großterzen, die eine freiere Beweglichkeit und nachträgliche Umdeutbarkeit ohne Intonationsverschiebungen erlauben.
Umgekehrt bedeutet dieses Prinzip aber: melodische Vorgänge sind nicht nur weniger empfindlich, freier als klangliche, sie sind auch *labiler*. Die größe-

re Breite von Möglichkeiten, die man einem melodischen Schritt einräumt, führt zu geringerer Eindeutigkeit seiner wahren oder besser: zweckmäßigen Größe. Erst im Akkord des Zusammenklangs oder im linearen Gerüst, Rahmen, Feld, also in einem nachträglichen Zusammenziehen einer Linie zu einem Klang, findet der Tonschritt seine Sicherheit. Probentechnisch gesprochen: Melos ist labil und wird über dem Klang stabilisiert.
In der chorischen Hörerziehung wird

a) das melodische Intervall immer wieder auf sein harmonisches Urbild zurückgeführt und von ihm aus erarbeitet:

Notenbeispiel Nr. 113

b) Innerhalb des Werkstudiums wird der größte Wert auf die Erarbeitung eines „Zielklangbewußtseins" gelegt.

II. Schwierigkeiten im Bereich der Intonation (§ 98–134)

(siehe auch Tabelle Seite 39)

§ 98 Übersicht

Intonationsprobleme treten im Chor in zweierlei Gestalt auf:

a) ein Ton ist falsch oder unsauber;

b) ein ganzer Abschnitt gerät aus seiner Lage.

Möglich und üblich ist eine unmittelbare Kontrolle und Korrektur des *Einzeltones*. Selbst das Distonieren eines ganzen Abschnittes läßt sich durch eine Korrektur von ungenauen Einzeltönen auffangen.
Da nun aber der Sänger, im Gegensatz z.B. zum Geiger, Tonhöhen nicht willkürlich stufenlos verstellen kann, ist es zweckmäßiger, die Intonationsarbeit nicht auf dem *Ton*, sondern auf dem *Tonschritt* aufzubauen. Ein Tonschritt ist aber immer Teil eines musikalischen Zusammenhangs.

Statt also Abschnitte und Linien aus richtigen Einzeltönen zusammenzusetzen, faßt man besser den „richtigen" Einzelton vom größeren Zusammenhang her und sichert damit zugleich auch weiter ausgedehnte Verläufe.

Je nach Art und Umfang solcher Zusammenhänge ergeben sich für die Arbeit verschiedene Angriffspunkte:

im rein *linearen* Bereich außer dem

a) *Einzelton* also zunächst der

b) *Einzelschritt* (Intervallschritt), dann der

c) *Linienverlauf* mit „Rahmen", „Gerüst", „Feldern", Einklangs- und Sekundbeziehungen,

für die *vertikale* Einbettung des Tons werden wichtig

d) der *Akkord* (bzw. der Intervallklang),

e) der *Harmonieverlauf*,
schließlich auch die Spannung zwischen

f) *Linie* und *Hintergrund*, d.h. die Spannung zwischen einer Linie und dem gesamten übrigen Klangkomplex.

Je weiter ausgreifende Zusammenhänge herangezogen werden, je größere „Umwege" also gewählt werden, desto umständlicher wird die Arbeit, desto größer ist aber auch der Nutzen sowohl für die Dauerhaftigkeit einer Korrektur als auch, vor allem, für die allgemeine Hörerziehung des Chores.

Eine direkte Korrektur („gis höher", „Schritt a - b größer") hat nur auf dem Hintergrund einer weiter angelegten Hörerziehungsarbeit eine verläßliche Wirkung. Immer nützlich ist ein Abwechseln zwischen aufbauender Arbeit und einer, die nur Ergebnisse abruft. Erfahrenere Chöre werden durch gelegentliche Einzelkritik ohne Hilfestellung dazu angehalten, die früher erarbeiteten Methoden auch selbständig anzuwenden, und sei es rein „gefühlsmäßig."

II A. Schwierigkeiten innerhalb der Linie (§ 99—107)

§ 99 Der Einzelton

Gefährdet sind innerhalb einer Phrase vor allem der jeweils *erste, höchste und tiefste Ton*, weiter wichtige Auftakt- und Durchgangstöne. Außer mit stimmlichen Mitteln (s. auch § 80) können diese Töne auch vom Gehör her stabilisiert werden.

Notenbeispiel Nr. 114

a) Heinrich Schütz

b) Heinrich Schütz

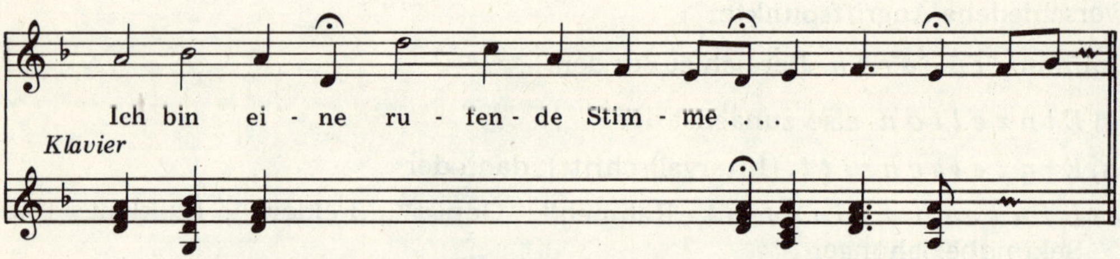

c) Johann Sebastian Bach

d) Johann Hermann Schein

e) Johann Sebastian Bach

§ 100 Stufen

Außer durch problematische Schritte (s.u.) kann die Intonationssicherheit, vor allem die Standfestigkeit einer Linie auch schon durch die Wirkung bestimmter Stufen beeinflußt werden.

Notenbeispiel Nr. 115

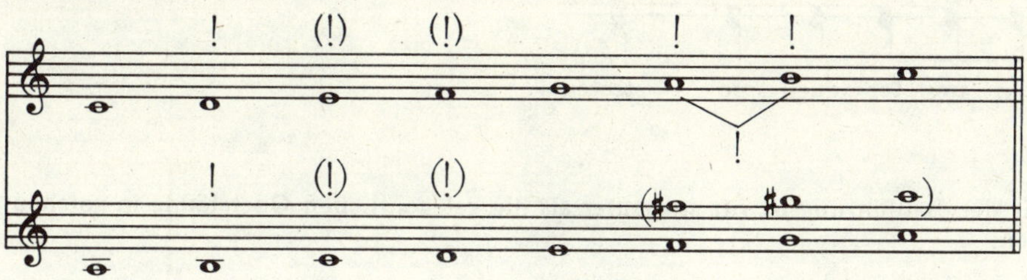

Sichernd wirken die Stufen 1 und 5. Tritt dagegen z.B. die 1. Stufe zu selten oder zu beiläufig auf, so fehlt der Linie trotz tonaler Eindeutigkeit die feste Grundlage, sie sinkt ab.

Notenbeispiel Nr. 116

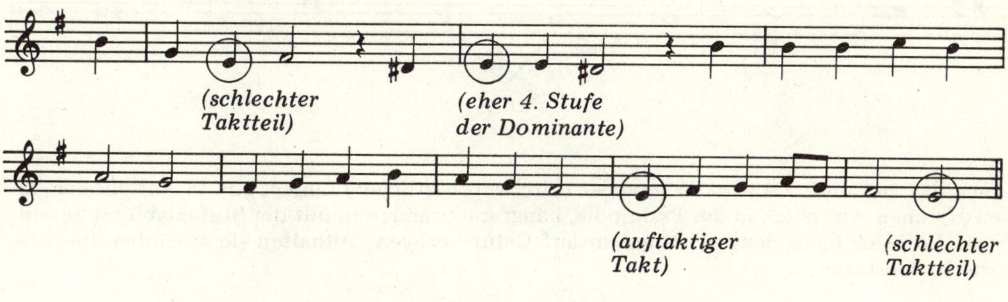

Dasselbe gilt für Linien, die durch die labilen *Stufen 2 und 6* geprägt sind (oder 3 in Moll).

Notenbeispiel Nr. 117

a) Heinrich Schütz

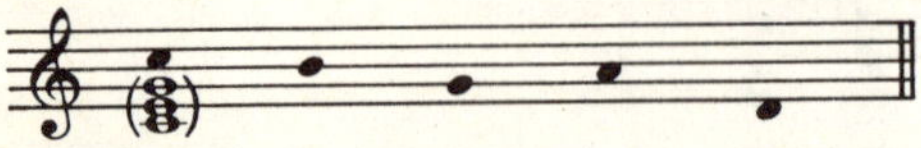

b)

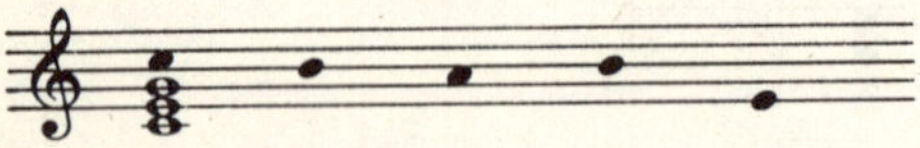

Einsprünge in 2, 6, auch 3 (vor allem in Moll) sind besonders beim Vomblattsingen gefährdet und bleiben später labil.

Oft unterschätzt werden Einsprünge in die 6. oder 3. Stufe im *Bass*, also in Sextakkorde oder in terzverwandte Harmonien.

Notenbeispiel Nr. 118

Die Labilität der Baßführung ist oft störender als die gelegentlichen Querstände in solchen Verbindungen.

Notenbeispiel Nr. 119 Heinrich Schütz

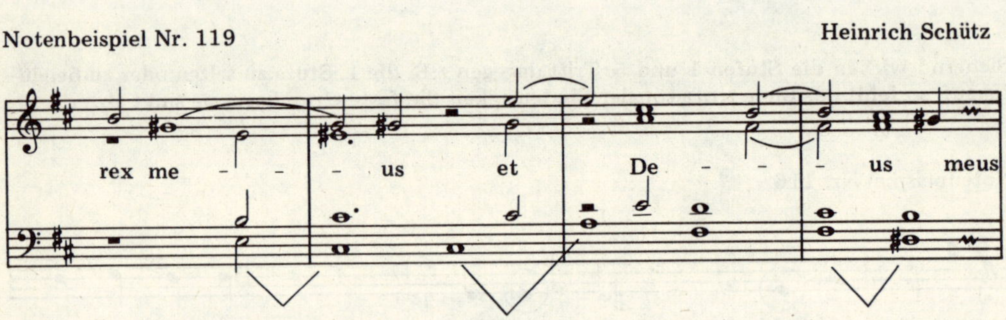

Auch das bekannte Absinken modaler (kirchentonartlicher) Linien, z.B. in Antiphonen, alten Hymnen, vor allem in der Psalmodie, hängt unter anderem mit der Stufenlabilität zusammen. Vom heutigen Sänger irrtümlich auf C-dur bezogen, enthalten sie scheinbar überwiegend Nebenstufen.

Notenbeispiel Nr. 120

a)

b)

(siehe auch § 106.2 „Modale Linien")
Die für den Instrumentalisten überraschende gelegentliche Labilität der 4. Stufe ist eigentlich ein Harmonie-Problem (s. § 129).

Folge 6. - 7. - 8. - Stufe

Notenbeispiel Nr. 121

a) Heinrich Schütz

b) Johann Sebastian Bach

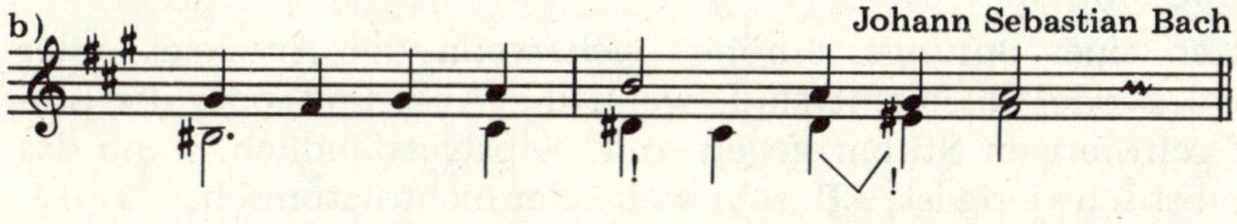

Die bekannte Leittonschwäche in solchen Wendungen hat ihren Grund oft mehr in der labilen 6. Stufe *u n d* dem zu schwachen Schritt 6—7 als in der Intonation der 7. Stufe selbst (anhalten, gesondert harmonisieren, Schritte „aktivieren", siehe § 91, 92, auch § 134).

Die labilen Stufen 2 und 6, auch 3 und 7, gelegentlich 4, sind weniger problematisch, wenn sie als *Durchgänge* mit klarer *Zielstrebigkeit* auftreten. Doch bleibt auch dann die Notwendigkeit bestehen, sie auf ihre Neigung zu Trübungen hin abzuhören.
Labile Stufen können abgesichert werden durch Stabilisieren von Klängen (Quinten!) und Aktivieren von Schritten (nichtdiatonische Stufen werden von der Harmonik her erfaßt und gestützt).

§ 101–105 Schritte und Sprünge

§ 101 Allgemeine Regeln

Ein Sprung ist so schwierig wie die ihn begleitende Harmoniebewegung, nicht wie sein Intervall.
Er ist also leicht als Teil eines Akkordes,
schwieriger als Sprung in einen anderen Akkord,
um so schwieriger, je fremder die Harmonie ist.

(Ausführlicher: § 133.2)

Kleinere Sprünge sind leichter als größere (Tonfolge umkehren).
Aufwärtssprünge sind leichter als Abwärtssprünge (Richtung umkehren).

Notenbeispiel Nr. 122

(siehe auch N.B. 228, 229, 230)
Die Schwierigkeiten eines Sprunges erhöhen sich, wenn die Ausgangs- oder Zielakkorde komplex oder dissonant sind, wenn die Absprung- oder die Einsprungstellen auf schwierigen Stufen liegen und, selbstverständlich, wenn das Sprungintervall selbst schwierig ist, z.B. sehr weit oder nichtdiatonisch.
Eine zusätzliche Erschwerung bedeutet das Springen über andere Stimmen hinweg (herausnehmen!). Alle Schwierigkeiten erhöhen sich für die Mittelstimmen (Außenstimmen zunächst fortlassen).

§ 102 Intervallübungen allgemein

a) Intervalle zu *unterscheiden* und Intervalle sauber zu *intonieren* sind *zwei* getrennte Arbeitsgänge.

b) Im traditionellen Bereich werden alle Intervalle immer auf einen deutlichen tonalen (harmonischen) Hintergrund bezogen. *Reine* Intervallübungen sind erst als *zweiter* Arbeitsgang sinnvoll.

c) Intervalle werden immer in *Fortschreitung* und Zusammenklang geübt.

Zu a): Die Trennung liegt nicht in der Art der Übung, sondern in der geforderten Aufmerksamkeit, z.B. einmal schneller Wechsel auf Zuruf, dann langsamer Wechsel mit Korrektur und Stabilisierungsübungen.

Zu b): Der erste Schritt ist das Sichbewegen in einem festen tonalen Rahmen (Akkord).

Notenbeispiel Nr. 123

Der Schritt  ist ein Springen von der Dreiklangsterz zum

Ganzton über der Quint  oder der Sprung von der Tonikaterz zur

Terz der Subdominante: . Die Schritte  und

 sind also für den Anfänger verschieden, erst der Fortgeschrittenere erkennt hinter dem harmonischen und damit vorstellungsmäßigen Unterschied den gemeinsamen Abstand „Quarte“ (siehe auch § 38).
In einem zweiten Schritt löst man das Intervall aus dem tonalen Zusammenhang durch Ganzton- bzw. Halbtonsequenzen, die immer den tonalen Rahmen sprengen:

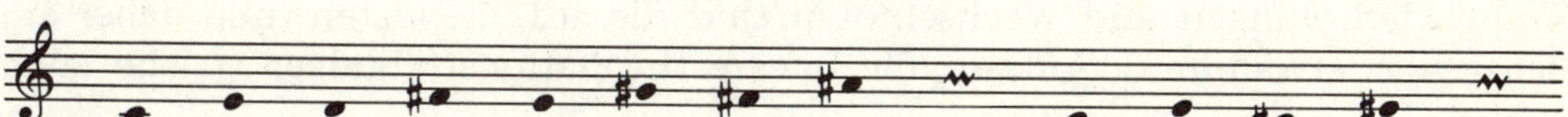

Zwischenbemerkung:
Dabei wird deutlich: die Intervalle sind für die Vorstellung (das „Gehör“) nicht das Elementare, von dem alles ausgeht, sondern es sind vereinfachende Abstraktionen eines komplizierteren Vorgangs. Diese Abstraktion „Intervall“ hat in der Musiktheorie einen alles überragenden Wert als Grundbaustein von Musik erhalten, der hier nicht bestritten werden soll. Für die allereinfachste Gehörbildung, wie sie im Chor stattfindet, muß jedoch die Denkan-

ordnung wiederhergestellt werden, die dem Anfänger mindestens durch seine bewußte oder unbewußte Vorbildung nahegelegt wird: Intervallik auf dem Hintergrund von Harmonik, nicht: Harmonik als Mosaik von Intervallbausteinen.

Gründe: Musik, auch als einzelner Schritt, wird „richtig" erst im verstandenen Sinnzusammenhang, d.h. im harmonischen Zusammenhang. Die Probentechnik versucht, den Chorsänger aus der Vereinzelung der Einzelstimme *und* des Einzelschrittes herauszulösen und ihm zu zeigen, wie das Mitklingende, das Vorhergehende und das Erwartete ihn musikalisch tragen. Eine vom Intervall *ausgehende* Arbeitsweise kann das Gegenteil bewirken (siehe die Demonstrationsübung N.B. 227). Musik, die sich von zu engen Zwängen in Harmonik und Tonalität löst, ist immer bewußt *nach*tonale (*nach*harmonische) Musik. Sie trennt sich in einem aktiven Prozeß von ihrer Vergangenheit, die noch in ihr nachklingt. Dieser schwierige Entwicklungs- und Willensprozeß darf nicht verschleiert werden.
Musik *ohne* eindeutige Intervalle, wie sie in der zeitgenössischen Komposition und in deren Gefolge auch in der musikalischen Früherziehung erscheint, ist ebenfalls nachtonale Musik, die sich von der tonalen Vergangenheit bewußt, in einer aktiven Anstrengung, absetzt, und nicht, wie gelegentlich angenommen wird, der stilneutrale Mutterboden, aus dem Musik ganz neu und bindungsfrei erwächst.
Eine Gehörsarbeit (= Vorstellungsarbeit) im Chor, die bewußt von der funktionalen Dur-Moll-Tonalität ausgeht, legt den Chorsänger noch nicht zwangsläufig auf die entsprechende Musik fest. Sie holt den Sänger lediglich dort ab, wo er sich zunächst befindet (ob durch Anlage oder Erziehung, ist in diesem Fragenbereich noch unerheblich). Nur wenn der Lehrer, Chorleiter usw. ihn durch ausgesprochene oder unausgesprochene Wertungen zu dem Glauben verleitet, funktionale Musik sei *die* Musik und nicht nur eine ihrer Möglichkeiten, kann der Zugang zu anderer Musik verstellt werden.

Zu c): In der Chorprobe läßt sich, auch ohne eingehendere gehörpsychologische und gehörphysiologische Kenntnisse, die unterschiedliche Plausiblität von Fortschreitung und Zusammenklang desselben Intervalls gut nutzen. Je nach dem, wie das gesungene Intervall dem Chorleiter gerade begegnet, wechselt er z.B. zwischen (vielleicht nur im Augenblick) plausibler Fortschreitung, etwa einer kleinen Sekund, und deren schwierigem Zusammenklang.
Fortschreitungen werden über Zusammenklänge stabilisiert, möglichst unter Einbeziehung des Quintklangs (s.u.), Klänge (Intervalle wie Akkorde) werden *vor* der Stabilisierung durch Auseinanderziehen zu Fortschreitungen verdeutlicht (siehe auch § 109.2).

§ 103 Tonwiederholungen und Wechselnoten

Tonwiederholungen und Wechselnoten sind die auffallendsten (und daher am häufigsten erwähnten) Anlässe für lineare Intonationstrübungen (siehe auch N.B. 237):
In erster Linie *stimmliches* Problem (s.o.), auch hier immer unproblematisch, wenn Impulse oder Crescendi vorliegen (der wiederholte Ton wird nicht „verbraucht" und daher „matter", sondern er „steigert sich" bzw. er „entwickelt sich", „findet sich"). Dynamisch fallende oder ebene Tonwiederholungen werden aktiviert durch vorübergehend eingesetzte Impulse bzw. crescendi.

Notenbeispiel Nr. 124 Johannes Brahms

a)

Wechselnotenproblem: 1. Tonwiederholung
2. Sekundschritt (s. u. § 104.1)
auch: „Spitzenton auf schlechtem Taktteil“ (s.o.)

Vorgehen:
aktivieren (Stimme, Tonschritt)
stabilisieren (Intervall, s.u.)

Achtung: Wechselnoten a *b w ä r t s* sind meist zu eng!
Gründe: 1. tiefere Note wird schlecht gehört,
2. stimmliche Resonanz wird nicht mit herabgeführt.

Johann Sebastian Bach

b)

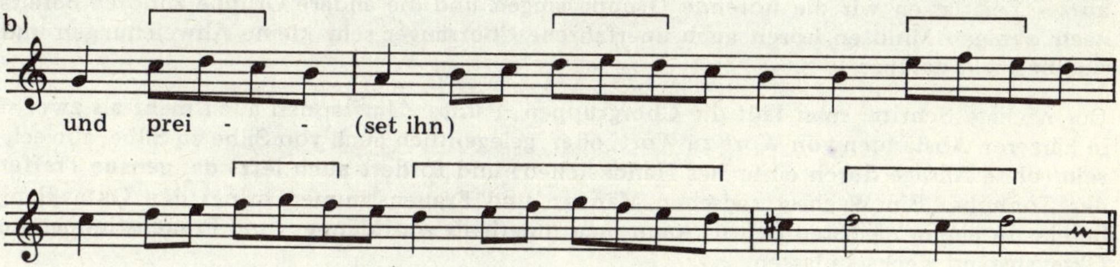

c)

(Wechselnotenbereich) Giovanni Pierluigi da Palestrina

d)

e) Johann Hermann Schein

Die Beobachtung gleicher Töne ist der erste Schritt in der Intonationsarbeit im Chor und bleibt einer der wirksamsten.

Daß die Stabilität der Tonhöhe in Gefahr ist, wenn Töne sich mehrfach wiederholen oder wenn derselbe Ton mehrfach nacheinander erreicht wird, weiß jeder Chorleiter.

Weniger beachtet wird, welche Hilfe Tonwiederholungen, seien sie nun mittelbar oder unmittelbar, für die Intonation bieten können, sobald dieses Problem erst einmal bewältigt ist. Noch viel weniger wird allgemein gesehen, daß der Schritt von einem Ton zu einem gleich hohen nächsten — auch für einen ungeübten Sänger oder Hörer — nach nur sehr kurzer Übung auf das allerfeinste kontrollierbar ist. Tatsächlich ist dieser Schritt der einzige in unserem Tonsystem, der sich mit völliger Eindeutigkeit ausführen und kontrollieren läßt. Selbst der nur wenig schwierigere Quintschritt bzw. Quintklang muß immer wieder neu in der akustisch wahrgenommenen Obertonquinte geübt werden. Alle weiteren Schritte müssen direkt oder indirekt in irgendeiner Weise in den Zusammenhang von Einklängen, Oktaven und Quinten gebracht werden.

Übung: man läßt die eine Hälfte des Chores in langsamem gleichmäßigem Rhythmus auf einem mittleren Ton singend *zählen*, etwa „ein- und-zwan-zig, zwei-und-zwan-zig . . ." etc., später dann auf den jeweiligen Text. Dazu die Anweisung: „mit jeder Silbe die vorangegangene Tonhöhe ganz genau wieder treffen".
Die andere Chorhälfte wird aufgefordert, das Ergebnis zu beobachten. Zunächst wird die singende Gruppe Mühe haben, sich überhaupt auf einen Ton zu einigen, ein Vorgang, auf den dann später in der Probe immer wieder zurückgegriffen werden kann. Weiter werden sowohl die zuhörenden als auch die singenden Chorsänger sehr schnell merken, wie betonte und unbetonte Silben in der Tonhöhe leicht von einander abweichen, wie die Silbe „und" z.B. etwas tiefer angesetzt wird als eine mit dem Buchstaben „z" beginnende Silbe usw. Nach kurzer Zeit lassen wir die hörende Gruppe singen und die andere Gruppe zuhören. Bereits nach wenigen Minuten hören auch unerfahrene Chorsänger sehr kleine Abweichungen und sind beglückt darüber.

Der nächste Schritt: man läßt die Chorgruppen — unter Umständen auch mehr als zwei — in kürzeren Abständen von Wort zu Wort, oder gelegentlich auch von Silbe zu Silbe, abwechseln (ohne Ansage durch einfaches Handzeichen) und fordert auch jetzt das genaue Treffen der Tonhöhe. Ein Wechsel zwischen Männer- und Frauenstimmen bringt den Oktavklang herein. In einem nächsten Schritt kann man innerhalb von Männer- und Frauenstimmen im Oktavabstand wechseln lassen.

In diesem Stadium kann man die gewonnene Hörerfahrung sogleich auf das jeweils gesungene Werk anwenden:

1) Alle Tonwiederholungen werden sorgfältig ausgehört.
2) Wiederholt erreichte Töne innerhalb einer Linie werden aufeinander bezogen und kontrolliert.
3) Gleiche Töne von Sopran und Alt bzw. Tenor und Baß werden aufeinander bezogen und kontrolliert (s. § 121).
4) Oktavabstände, insbesondere zwischen Sopran und Tenor und Alt und Baß, dann auch zwischen Sopran, Baß und den Innenstimmen, werden aufeinander bezogen und kontrolliert.

Schon diese wenigen Maßnahmen ergeben eine wesentliche Verbesserung des gesamten Intonationsbildes, obwohl nur ein einziges Intervall überhaupt in den Blick genommen wird. Für den Chorsänger sind diese Übungen angenehm, weil sie leicht hörbar, leicht ausführbar und in kürzester Zeit außerordentlich wirkungsvoll sind, vor allem aber, weil sie im Gegensatz zu manchen anderen Intonationsübungen keinerlei Zwang auf die Stimme ausüben („höher", „tiefer") und das Singen in völliger Lockerheit belassen.

Ist die Beobachtung gleicher Tonhöhen einmal zum Erfahrungsbesitz des Chores geworden, so lassen sich mit ihr weitere, noch erstaunlichere Ergebnisse erzielen.

Eine weitere Übung: Eine Chorgruppe singt einen Dreiklang wiederholt über einen längeren Zeitraum auf- und abwärts, etwa d - fis - a - fis - d - usw.

Erste Aufforderung: denselben Spitzenton immer wieder erreichen.
Zweite Aufforderung: denselben Grundton immer wieder erreichen.
Dritte Aufforderung; beide Außentöne immer wieder erreichen.
Vierte Aufforderung: die Terz immer wieder erreichen.
Fünfte Aufforderung: die beiden oberen Töne immer wieder erreichen usw.

Der Chor wird also nicht aufgefordert, diese Abstände „sauber“ zu singen, sondern nur, die einmal gesungenen möglichst exakt zu wiederholen. Tatsächlich vollzieht sich aber etwas anderes: von dem Moment an, wo wir die Wiederholung zweier Töne exakt verlangen, korrigiert der Chorsänger, offensichtlich unbewußt, die Tonhöhe. Das Intervall gewinnt an Sauberkeit, bis zum Schluß der Dreiklang in einer durchaus tragbaren Intonation dasteht.

Was ist geschehen? Die Konzentration auf die Wiederholung desselben Tons hat den Chorsänger abgelenkt von der Vorstellung eines Intervallschrittes und ihn, ohne daß wir dies erklärt hätten, dazu gebracht, das Intervall als stehend, schon vorhanden, anzunehmen und sich linear, gleichsam in ihm, zu bewegen. Damit hat der Chorsänger einen entscheidenden Schritt für die Intonation überhaupt geleistet. Intoniert wird nicht mit dem Schritt, nicht mit der Linie, sondern mit der vorher schon feststehenden Tonvorstellung. Sie wirkt wie ein feststehender Rahmen, auf dem sich die Linie frei bewegen kann. Es wird auch nicht mit der Stimme intoniert, sondern mit dem inneren Ohr, besser gesagt, mit der festen genauen Vorstellung einer Tonhöhe.

Jede Melodiefloskel kann auf diese Weise, nämlich einfach mit Wiederholungen unter bloßer Beobachtung der Tonhöhenstabilität mit einem sehr geringen Aufwand kontrolliert und korrigiert werden. Entsprechend kann man im Chor einen schwierigen Akkord in eine solche Melodie auflösen (wie den oben erwähnten Dur-Dreiklang) und ihn als Melodielinie wiederholt singen lassen, bis jeder Ton seinen Platz gefunden hat. Kommentar und Korrektur des Chorleiters können sich dabei in Grenzen halten. Man überläßt es am besten dem Chor selbst, die richtige Tonhöhe zu finden und wird sich erst in dem Moment einschalten, wo diese Tonhöhe genau getroffen wird. Anders gesagt: Der Chorleiter wird erst dann aktiv, wenn er zustimmen kann. Solange er korrigieren müßte, bleibt er zurückhaltend.

Die Tonwiederholungsübung stabilisiert also einerseits Stücke, die vom Stil her sehr viele Tonwiederholungen bieten (Barockwerke, aber auch z.B. Sätze von Brahms). Auf der anderen Seite kann die Fähigkeit, denselben Ton wieder zutreffen, auch bei solchen Stilen wirksam eingesetzt werden, die innerhalb der Linien auffallende Tonwiederholungen möglichst vermeiden (Reger, Schönberg).

Weiter wird der Chorsänger dadurch, daß er ständig nach Tonentsprechungen in anderen Stimmen sucht, veranlaßt, seinen Blick in der Gesamtpartitur zu haben und gehindert, sich einmal optisch nur an der eigenen Linie durch das Stück leiten zu lassen.
Die so gewonnene optische und akustische Aufmerksamkeit für anderes im Stück läßt sich hervorragend für die Chorerziehung im weitesten Sinne nutzen.

§ 104 Diatonische Schritte und Sprünge

Alle diatonischen Intervalle regelmäßig über Quinten stabilisieren, z.B.: Quarte

Notenbeispiel Nr. 125

§ 104.1 Sekunden

freier Sekundschritt (nicht als Durchgang); besonders im Anfängerchor zu stabilisieren (s. § 177a):

Notenbeispiel Nr. 126

Zwei Sekundschritte: häufig der erste zu klein (siehe § 97).
Statt Korrektur der Terz zunächst die hinführende 2. Stufe prüfen.

Notenbeispiel Nr. 127

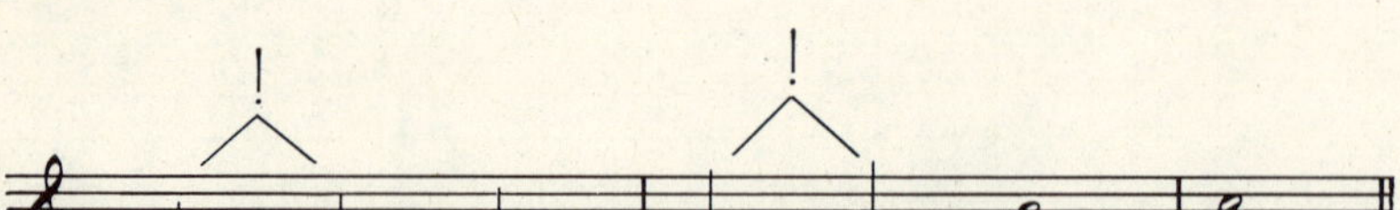

In Verbindung mit dem Wechselnotenproblem (Schwäche des wiederholten Tones):

Notenbeispiel Nr. 128

Sekundentest auch über den vergleichenden Wechsel von andern Intervallen:

Notenbeispiel Nr. 129

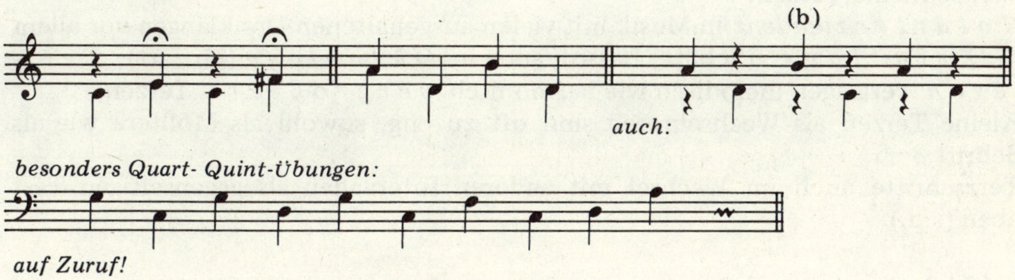

Halbton als Wechselnote häufig zu eng

Notenbeispiel Nr. 130

(mit möglichst fremder Harmonisierung bewußt trennen), auch: Unterschied Ganzton-Halbton verdeutlichen:

Notenbeispiel Nr. 131

mit und ohne Harmonien

vor allem aber: Sekundschritte immer wieder über die Sekund *k l a n g* – Übung stabilisieren, s. § 109.6.

§ 104.2 Terzen

Bei Terzen und Sexten (wie auch bei chromatischen Schritten s.u.) muß deutlich gemacht werden, ob der *N a t u r k l a n g* oder ein *v e r g r ö ß e r t e s* Intervall gewünscht wird. Normale Terzen *(N a t u r t e r z e n) a m G r u n d t o n*, vergrößerte (stark strebige, „*t e m p e r i e r t e*") *a n d e r Q u i n t e* orientieren (s. auch § 109.5.),

Notenbeispiel Nr. 132

ebenso kleine Terzen!
N a t u r t e r ztendenz in Musik mit vielen ausgehaltenen Dreiklängen vor allem in *Q u i n t l a g e* (Schütz, Lasso), auch in *O k t a v l a g e* (Mozart); *T e r z l a g e n* vertragen melodisch wie harmonisch *v e r g r ö ß e r t e* Terzen.
Kleine Terzen als Wechselnoten sind oft zu eng, sowohl als Mollterz wie als Schritt 3—5.
Terzschritte auch im Wechsel mit anderen Intervallen als gegenseitigen Test üben (s.o.)

§ 104.3 Quarten und Quinten

Quarten und Quinten, als Einzelschritte ohne Probleme, können schwierig werden
a) in Reihungen (Quartfolgen!)
b) in mehrfachem Wechsel

Notenbeispiel Nr. 133

Ernst Pepping

Leicht unterschätzt für das Vomblattsingen trotz großer Eindeutigkeit des Verlaufs (Schwierigkeiten II. Ordnung). Erfordert auch in späteren Probenphasen geduldiges Training.
Langsam, in kleinen, wechselnd zusammengesetzten Tongruppen üben.

Häufiger Quart-Quint-Wechsel ist ein Hindernis für das *Blattsingen* (Baßführung in alter Musik). Stellen wie

Notenbeispiel Nr. 134

Michael Praetorius

erfordern ein vorwegnehmendes Andeuten der ersten vier oder fünf Baßtöne beim Tonangeben.
Erleichtern und zugleich stabilisieren durch Verdeutlichen der *Sekundbeziehungen*, gleichzeitig die Sekundabstände ihrerseits durch den Quint-Quart-Abstand sichern (s. § 106.4).
Quintsprünge abwärts (Sprünge in die Subdominante) erzeugen immer Unsicherheit (harmonisches Problem s.u.)

Notenbeispiel Nr. 135

Johann Eccard

Besonders in der Baßführung auch *linear* sichern.

Die Unsicherheit der Abwärtssprünge drückt sich entweder in zu großen oder zu kleinen Schritten aus, je nachdem, ob der Chor intonatorisch allgemein nachlässiger oder strenger geführt wird.

§ 104.4 Sext-, Sept-, Nonen- und Dezimensprünge

Möglichst zuerst umlegen (zu Terzen und Sekunden), s.o. § 101.
Vor allem abwärts schwierig, ebenso Oktaven, besonders in den Mittelstimmen bei wechselnder Harmonie. *Intonatorische und stimmliche Probleme trennen.*

§ 104.5 Tritonussprünge

Verminderte Quinte über Großterz und Quarte,
übermäßige Quarte über kleine Sext und Quinte (= Vorausnehmen des Zieltones) stabilisieren.

Notenbeispiel Nr. 136

Dreiklangsbrechungen wie die entsprechenden Akkorde üben.
Sonderfall: der übermäßige Dreiklang im tonal freien Raum (s. § 112).

§ 105 Nichtdiatonische Schritte und Sprünge

werden im traditionellen Bereich grundsätzlich von der *Harmonik* her, nicht von der *Intervallgröße* her, erarbeitet. Sprünge in den Leitton (der häufigste Fall nichtdiatonischer Sprünge) werden durch Vorausnahme des Zieltons geübt wie stabilisiert:

Notenbeispiel Nr. 137

§ 105.1 Chromatik traditionell

Auf dem Hintergrund des Dur-Moll-Wechsels. Querständige, besonders terzverwandte Folgen aus dem Dur-Moll-Wechsel entwickeln:

Notenbeispiel Nr. 138

a)

b)

c)

Umgekehrt den chromatischen Schritt durch terzverwandte Harmonieschritte verdeutlichen:

Notenbeispiel Nr. 139

a)

b)

In allen Fällen wird der *chromatische Schritt* gegenüber dem reinen Dur-Moll-Schritt $\frac{25}{24}$ etwas *vergrößert* werden müssen, um melodisch plastisch und harmonisch verwendungsfähig zu bleiben (siehe § 96.3). Trotzdem bleibt die Vorstellung des Dur-Moll-Wechsels hilfreich. Unter allen Umständen ist eine *Verwechslung mit dem Halbtonschritt zu vermeiden*, weniger wegen des unterschiedlichen Abstandes (der bei harmonisch bewegter Musik weitgehend entfällt), als wegen der unterschiedlichen musikalischen Funktionen: es ist nicht möglich, zwei Halbtonschritte oder zwei chromatische Schritte nacheinander sich vorzustellen oder zu singen, wohl aber der Wechsel chromatischer Schritt — Halbton mit wechselnder Aktionsvorstellung.

c)

§ 105.2 Chromatische Leitern

werden vom diatonischen Hintergrund aus stabilisiert, z.B.:

Notenbeispiel Nr. 140 Johann Sebastian Bach

(von mehreren Stützvorstellungen her; die chromatische Folge selbst erst als Ergebnis).
Andere, nicht diatonische Sprünge können, statt durch Vorausnehmen des Zieltones, auch durch Einfügung von Zwischenstufen in einfachere Fortschreitungen verwandelt werden:

Notenbeispiel Nr. 141 Wolfgang Amadeus Mozart

Notenbeispiel Nr. 142

Ernst Pepping

stabilisieren über „Rahmen“ und zusätzliche Stützharmonien.

Notenbeispiel Nr. 143

Joachim Schweppe

Notenbeispiel Nr. 144

a)

Ernst Pepping

b)

Ernst Pepping

Ähnlich:

Notenbeispiel Nr. 145

a)

Willy Burkhard

Dann aber weiter: Linie *gegen* Hintergrund (siehe § 133–134).

b)

(originale Konstellation)

Willy Burkhard

(𝄐) : *nur beim 1. Mal*

§ 105.4 Falsche Enharmonik

Ganz abwegig ist es, aus „schwierigen“ Intervallen durch bloße Notationsveränderung „leichte“ machen zu wollen, etwa aus einer verminderten Terz eine große Sekunde:

Notenbeispiel Nr. 146

Johann Sebastian Bach

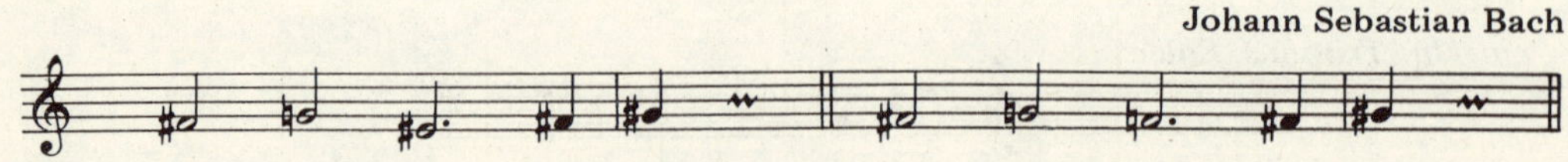

Hierzu eine Demonstrationsübung:

Notenbeispiel Nr. 147

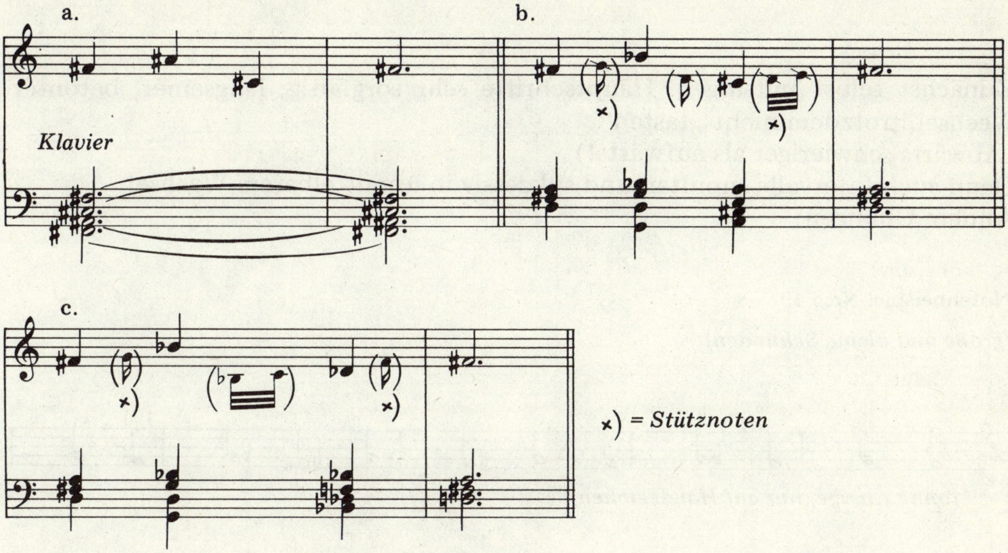

Die Vorstellung a) ist für die Ausführung von b) und c) eher hinderlich als hilfreich.
(s. auch § 133.2, N.B. 260, 261)
Zu „Ganztonleitern“ (s. § 107.10)

§ 105.5 Intervalle im tonal sehr freien Raum

erfordern zusätzlich stabilisierende Übungen.
Grundübung: a) weniger stabile Intervalle aus stabilen ableiten:
b) Intervalle in Ganztonschritten parallel verschieben
(dadurch tonale Bezüge ausschalten!)

Notenbeispiel Nr. 148

a)

Tritonus-Übungen (vorsingen, nachsingen lassen)

b)

Zunächst selbst mitsingen, Hauptschritte sehr sorgfältig; langsamer, betonter Wechsel, trotzdem nicht „tasten“.
(Abwärts schwieriger als aufwärts!)
Dann auch Intervalle simultan und sukzessiv in unmittelbarem Wechsel.
Andere Übungen:

Notenbeispiel Nr. 149

(große und kleine Sekunden)

a)

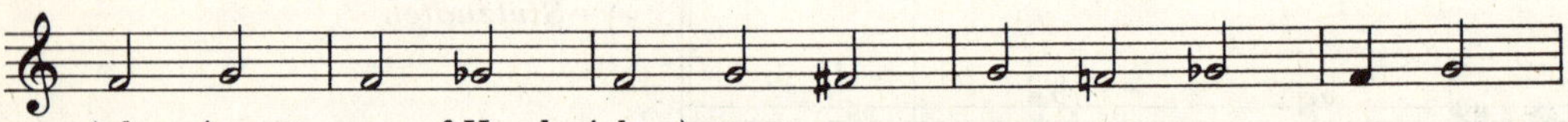

(ohne Ansage, nur auf Handzeichen)

(große und kleine Septimen)

b)

evtl.

ähnlich auch Nonen

(große und kleine Terzen)

c)

§ 106 Der Verlauf von Linien

Im Verlauf von Linien werden probentechnisch wirksam:

a) tonale Beziehungen (Grundtonbeziehungen)

b) Felder

c) Sekundbeziehungen

d) identische Töne

e) Gerüst

f) Außenrahmen

a) — f) können als *Schwierigkeiten oder als Stützmöglichkeit* auftreten.

Die Arbeit an a) — f) dient nicht allein der Sicherung der Intonation. Sie soll gleichzeitig die melodischen Strukturen verdeutlichen und dadurch die Erlebnisfähigkeit für das innere dynamische Leben der Linie steigern — vor allem b) und c).

Erläuterungen:

§ 106.1 Grundtonbeziehungen

*Eindeutiges Grundton*verständnis in jedem Augenblick ist die *wichtigste Voraussetzung* jeglicher Gehörserziehung. Die Grundtonverhältnisse sind nicht *durch* das Singen, sondern *vor* dem Singen zu klären.

Bei jedem Grundtonwechsel (Modulation, Ausweichung) ist also innezuhalten und die neue Harmonie vorzugeben (Grundton singen, hineinspielen; ggf. nur kurz anhalten) : wichtig für die Phase II.

Bei nicht oder falsch verstandenen Grundtonverhältnissen nützen Intervallkenntnisse wenig oder nichts. Also: werden scheinbar „leichte" Intervalle mißdeutet (Quarten statt Quinten, große statt kleine Terz), *nicht* das Intervall korrigieren, sondern Harmonievorstellung prüfen.

Modulation und Ausweichungen innerhalb der Linie sind auch in solchen zeitgenössischen Stilbereichen zu beachten, die nicht oder nicht ausschließlich auf der Funktionsharmonik beruhen (s. N.B. 169).

Die Grundtonbeziehung kann verschleiert sein (modale Leitern s.u.), fehlen oder so schnell wechseln, daß sie nicht mehr wirksam wird (Schönberg).

§ 106.2 Kirchentonarten

Reiz und Schwierigkeit von modalen (kirchentonartlichen) Linien liegt in ihrer geringen Grundtonbeziehung, Die Finalis ist ein *Zielklang*, nicht aber ein allgegenwärtig mitzudenkender harmonischer *Stützklang* (wie das c in C-dur). Der Ton wird nicht von der Finalis her gesichert wie eine Dominante von der Tonika her, sondern er *ist* die Sicherung der Intonation, seine Tonhöhe will unmittelbar vorgestellt und erinnert werden: für den modernen Sänger eine schwierige Umstellung, die insbesondere beim Psalmodieren zu unkontrollierbarem Absinken führt (s. auch § 103).
Eine gewisse Annäherung an die Kirchentonarten (ein volles Verständnis wird nach neun Jahrhunderten der Mehrstimmigkeit wohl nicht mehr zu erreichen sein) führt über zwei Wege:

1. von der Leiter her über eine Alteration von Dur- oder Molleitern,
2. von den strukturellen Eigenheiten der Melodien her: Tetrachord, Gerüst, „Stufen-Modulation".

Zu 1: Eine Tonleiter ist kein Strukturelement modaler Musik, sie gehört dem Dur-Moll-System an. Um aber dem Anfänger überhaupt einen Eindruck von den tonalen Eigentümlichkeiten der Modi zu vermitteln, um ihn vor allem von einer irrtümlichen C-dur-Beziehung loszureißen,

Notenbeispiel Nr. 150

a)

kann zur Einführung folgende Übung dienlich sein:
Authentisch z.B.:

b)

plagal z.B.:

c)

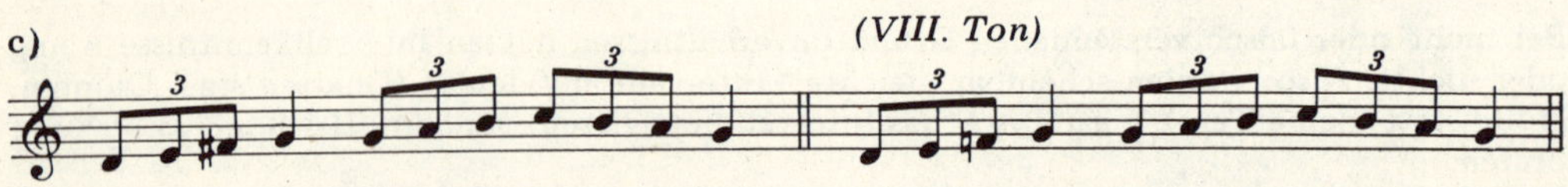

(damit ist übrigens zugleich schon die Art beschrieben, wie im mehrstimmigen Bereich modale Linien verstanden werden: als reizvoll „gestörte" Tongeschlechter.)

An solche, in gewissem Sinne irreführende Übungen lassen sich dann andere anschließen, die der Struktur der Modi näherkommen:

d)

die also aus der Leiter bei d' die Tetrachordgruppierung und bei d'' das Melodiegerüst herausschälen. Beides läßt sich dem Chor jetzt auch leicht verständlich mit Worten erklären.

Zu 2: Der nächste Schritt kann dann die Erläuterung der „Stufenmodulation" sein, d.h. der Art, wie der Gregorianiker eine Stufe durch Umspielen und mehrfaches Ansingen langsam wachsen und sich festigen läßt (s. § 107.1.).

Die Erläuterung kann zunächst im Vorsingen einer improvisierten Melodie bestehen, z.B.

Notenbeispiel Nr. 151

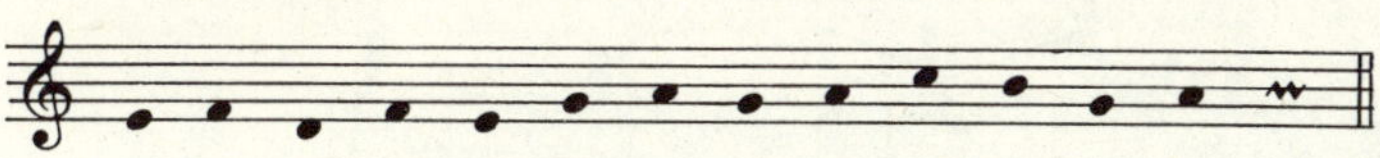

dann in einem gemeinsamen Singen etwa einer Introitus-Melodie.

Die vielen Sekunden werden jetzt verständlich, die Töne zeigen zwanglos eine Abstufung ihrer Wichtigkeit, die Melodik verliert den Anschein des reglosen Hin- und Herflatterns, den sie bei Uneingeweihten leicht erweckt.
Der Ganztonschritt unter der Finalis verliert seinen tonal irreführenden Charakter, die jeweiligen Spitzennoten werden zu Nebennoten.

Schließlich, in einem letzten Arbeitsgang, wird den Sängern die Modellstruktur des Chorals, d.h. die Bestimmung der Tonarten durch immer wiederkehrende typische Wendungen, verdeutlicht, indem man solche vorsingt, mit ihnen ad hoc improvisiert und die Gruppe anregt, selbst an der Improvisation teilzunehmen.
Die *Stabilität* modaler Linien wird gesichert durch ein sehr bewußtes Hören auf die *wiederkehrenden Töne* und ihre bleibende Tonhöhe (s.u.). Im mehrstimmigen Satz wird die jeweilige Harmoniestruktur herangezogen (s. auch § 103).

§ 106.3 Felder

Linien bestehen nicht aus Reihungen von Intervallschritten, sondern aus Tongruppen, die sich um Akkorde oder Intervalle, meist große und kleine Terzen, kristallisieren. Diese „Felder" sind nicht eindeutig abgegrenzt. Sie überlappen einander, d.h. nachträglich werden einige Töne dem neuen Bereich mit zugeordnet; Felder höherer Ordnung überlagern kleinere Zellen (N.B. 152a).

Notenbeispiel Nr. 152

a) Johann Hermann Schein

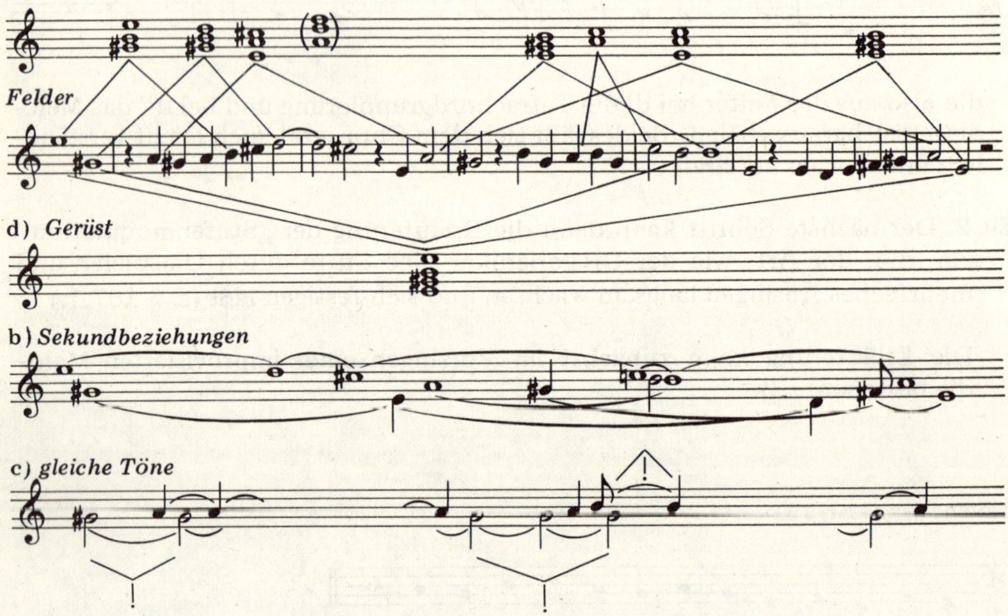

Sie sind also Harmonien in der Horizontalen, die sich nicht unbedingt mit der komponierten Vertikalharmonie decken.

Notenbeispiel Nr. 153

Willy Burkhard

Sie entwickeln eigene Wirkungen

1. beim Vomblattsingen und Behalten (bei Wechsel des Feldes innehalten),
2. gelegentlich für die Intonation.

Sie wirken dort stabilisierend oder verunsichernd wie entsprechende Akkorde oder Harmonien. Ist der Anteil an labilen Akkorden und Intervallen hoch, so ist auch die Linie labil (N.B. 152, s. auch N.B. 156, 157, 158).

Auch die Folge der Felder kann Auswirkungen haben. Steigende und wechselnde Felder wirken eher stabil, stehende oder fallende eher labil (so z.B. N.B. 152).

§ 106.4 Sekundbeziehungen

Siehe auch N.B. 152 b. Verstandene Sekundbeziehungen erleichtern das Behalten, sichern die Intonation, wenn die Sekundfolge selbst eine stabile Linie ist. Labile Sekundfolgen (abwärts, chromatisch, schwacher Grundtonbezug o.ä.) können die Gesamtintonation trüben. Gegenmittel: Herausarbeiten der identischen Töne, des Gerüstes, des Außenrahmens. Sekundbeziehungen kann man erläutern („Hören Sie die Tonleiter, die sich durch die Linie zieht!") durch Hineinsingen oder Hineinspielen. Felder und Sekundbeziehungen sind die wichtigsten Hilfsmittel für das lineare Vomblattsingen (siehe § 38).

Neben den mehr *dynamischen* Aspekten „tonale Beziehungen", „Felder" und „Sekundbeziehungen" lassen sich gelegentlich auch die *statischen* Aspekte der Linie, „identische Töne", „Gerüst", „Rahmen" probentechnisch ausnutzen.

§ 106.5 Gleiche Töne

Siehe N.B. 152 c.
Methode: wie Sekundbeziehung.

Positive Wirkung: sie schärfen das Ohr des Chorsängers für die Stabilität der *Gesamtintonation*. Abweichungen, besonders nach kurzem Abstand, sind leicht zu hören (eine der wichtigsten Intonationshilfen für den Anfängerchor!).
Negative Wirkung: allgemeine Tonwiederholungsprobleme wirken sich auch hier aus. Als Gegenmittel Impulse und Steigerungen hervorkehren.
Weiter: eine einseitige Aufmerksamkeit für die gleichen Töne lenkt von der Entwicklung der Linie ab. Empfindung und Ausführung verlieren an Spannung und Lebendigkeit.
Die „gleichen Töne" haben ja in Wirklichkeit ganz unterschiedliche melodische Funktionen: Zielton, Wechselton, Durchgang, Auftakt, Nachklang etc.
Daher Arbeit an gleichen Tönen erst aufnehmen, wenn die Linie musikalisch vom Chor erfaßt ist (siehe Phase III, Verhältnis von musikalischer und technischer Arbeit (s. auch § 103).

§ 106.6 Gerüst

Gleichsam der Kern eines Feldes oder einer Gesamtlinie,
(siehe N.B. 152 d).
Besteht das Gerüst aus einem stabilen Akkord (Grundton unten), so läßt es sich gut zur Intonationssicherung ausnutzen. Methoden z.B.: vorher spielen oder singen lassen; vorher und nachher spielen; singen lassen und Linie hineinspielen, dann: Linie singen lassen, wiederholt leise hineinspielen und ähnliches.
Anwendbar für Gesamtverläufe oder Ausschnitte.
Negative Wirkung wie bei § 106.5.

§ 106.7 Außenrahmen

Die Außentöne einer Linie fallen nicht immer mit dem „Gerüst" zusammen. Das entstehende Intervall kann störend *oder* hilfreich wirken. Bei sehr offen liegenden Linien muß der Außenrahmen immer *sorgfältig überprüft* werden.
Ein Beispiel für den Unterschied von Gerüst und Rahmen (Gerüst stabil, Rahmen labil)

Notenbeispiel Nr. 154

Siegfried Reda

Viele Linien der traditionellen Stilbereiche mit sehr stabilem Gerüst oder sehr stabilem Felderverlauf lockern durch hohe und tiefe Nebentöne den zu starren Gesamteindruck auf. Diese wirken dann der Stabilität *entgegen* und müssen ihrerseits für das Ohr gesichert *werden, indem einmal die Aufmerksamkeit auf das neue Intervall gelenkt wird (ein stabiler Rahmen ist meist mit dem Gerüst identisch).*

§ 107 Beispiele von Linienverläufen

§ 107.1 Introitus (gregorianisch)

Notenbeispiel Nr. 155

Introitus

Die innere Dynamik der Linie liegt im allmählich sich herantastenden Aufsuchen und Intensivieren immer neuer Stufen mit den Mitteln der Umspielung und Wiederholung (in gewissem Grade vergleichbar der harmonischen Modulation im funktionalen Bereich, nur daß hier an die Stelle der tonalen Räume bloße Stufen treten).
Die umspielenden Nebenstufen werden vom Sänger als noch unbestimmt empfunden und müssen daher *g e g e n* das musikalische Gefühl stabilisiert werden. Kernlinie: (d) — g — a — c.

a) Entwickeln und Verstärken des Tones g durch Umspielen mit d — f — a

Solche verstärkenden Umspielungen durch einen Dreiklang, den es in seiner heutigen Funktion im Choral ja noch gar nicht gibt, führen gelegentlich zu tonalen Fehlinterpretationen. Das Lied „Christum wir sollen loben schon" z.B. moduliert keineswegs, wie oft gesagt wird, vom I. zum III. Ton. Sein Beginn d — f — f — g — a ist ein echt phrygischer Anfang!

b) weitere Verstärkung g,
c) Verstärkung des a durch g und b,
d) Gewinnung des Spitzentones c durch Stützung von unten, (im VIII. Ton ist ein weiterer Ambitus, etwa bis zu einem das c umspielenden d, zwar möglich, aber nicht häufig) und durch
e) intensivierende Wiederholung (Tristopha),
f) Zurückführung zum Ton a durch abwärtsführende Umspielung
g) schrittweise abwärts führende Gewinnung und Verstärkung der Töne g — f — e.

§ 107.2 Josquin

Notenbeispiel Nr. 156 Josquin des Prez

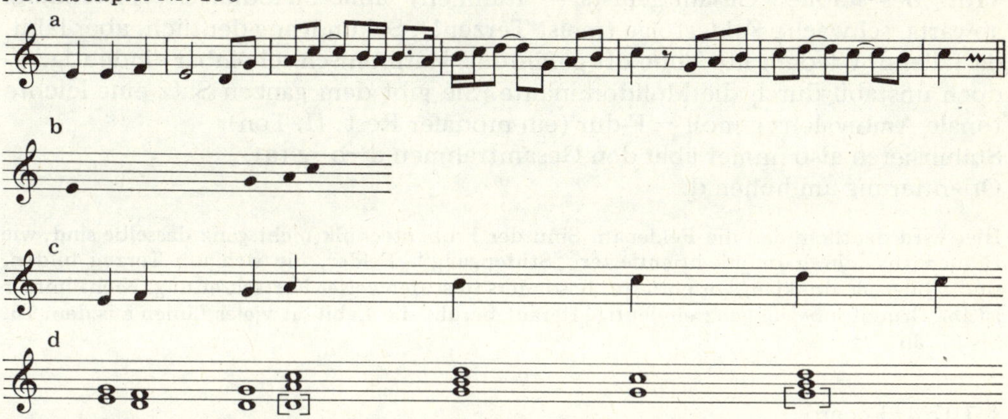

Zu Anfang schwache Grundtonbeziehung (III. Ton), ab Takt 5 stabiles C-dur.
Felder im Anfang labil, ab Takt 4 stabil (d).
Gesamtgerüst (b) für das heutige Ohr labil (fehlende Quint).
Sekundgang markant, energisch aufwärts führend, klar zielend: günstiger Ansatz für Stabilisierung (c).
Wiederholte Töne oft gefährdet, zusätzlicher Hinweis erforderlich (sechsmal h, fünfmal a!).
Wechselnoten stabilisieren.

§ 107.3 Kirchenlied

Notenbeispiel Nr. 157

Kirchenlied aus dem EKG

Trotz des stabilen Gesamtgerüsts (= Rahmen) labile Melodie: Gesamttendenz abwärts, schwache Felderfolge (meist Terzen!), Sekundgang deutlich, aber labil, da fallend. Wiederholte Töne oft gefährdet. Harmonisch scheinbar eindeutig, jedoch unstabil durch die Molldominante. Sie gibt dem ganzen Satz eine leichte tonale Ambivalenz g-moll — F-dur (ein modaler Rest: II. Ton).
Stabilisieren also immer über den Gesamtrahmen d—b—g (a).
Orientierung am hohen d.

Hier wird deutlich, daß die Felder im Sinn der Probentechnik nicht ganz dasselbe sind, wie Hindemiths rein harmonie-orientierter „Stufengang". Felder, die sich um Terzen bilden, sind labiler als dreiklangs-orientierte, besonders in stufenweiser Fortschreitung. Nicht immer ist ihr Grundtonbezug ganz eindeutig. Darauf beruht die Labilität vieler Linien aus dem 15. bis 17. Jh.

§ 107.4 Eccard

Johann Eccard

Notenbeispiel Nr. 158

Sprunghafter Baßverlauf, wie er häufig im 16. und 17. Jh. auftritt, mit schwacher Feldausprägung; Sekundbeziehungen nur auf kleinem Raum, keine deutlichen übergeordneten Zusammenhänge.
Harmonisch stark zur 4. und 6. Stufe hin orientiert, kaum Dominanten. In seiner Schwierigkeit oft unterschätzt, vor allem im Anfängerchor! Für einen erfahrenen Chor Schwierigkeit II. Ordnung.
Sekundbeziehungen und Hauptrahmen (b) herausarbeiten. Musikalisch überzeugend erst mit den Oberstimmen. Der Baß muß also den Sopran mitlernen.

§ 107.5 Schein

siehe Notenbeispiel 152

Stark labil: Felder unstabil, Sekundgang fallend, mit chromatischen Schritten. Stabilisieren: Grundtöne der Felder ergänzen (singen, spielen), aufsteigende Sekundbeziehungen betonen (gis—a—h), wiederholte Töne sorgfältig beachten, eventuell ein ausgehaltenes hohes e ergänzen.

§ 107.6 Bach

Notenbeispiel Nr. 159

a) Johann Sebastian Bach

Harmoniewechsel frühzeitig angehen. Der Generalbaß reicht als einführende Hilfe nicht aus, weil er die neuen Grundtöne erst zu spät erreicht. Um zu verhindern, daß etwa Takt 2 bis 4 in h, Takt 5 und 6 in fis, Takt 9 und 10 in e gedacht werden (und dann sehr schwer sind!), Grundtöne wie in a) vorgeben.

Ähnlich auch Magnificat „omnes“ Takt 15; „fecit“

b) Johann Sebastian Bach

Ähnlich auch „Johannespassion“: „Weg, weg“.
Baß im Anfang linear sehr schwer. In Felder gruppiert, mit deutlichem Grundtonwechsel einfach zu singen und zu behalten. Stellen wie

c) Johann Sebastian Bach

ohne ergänzende Hilfe gar nicht singbar.
In der Motette „Der Geist hilft“ werden am Ende des 1. Satzes die Außenstimmen durch die sehr prägnanten Sekundbeziehungen stabilisiert. Dadurch wird zugleich das Baßproblem (große Distanzen!) vom Gehör her erleichtert.

Die Chorliteratur zwischen Bach und der Moderne bietet an sich keine grundsätzlich neuen Intonationsprobleme. Doch verleitet die allgemeine Vertrautheit mit der klassisch- romantischen Musikliteratur dazu, in einer Art von gehörsmäßiger Betriebsblindheit die besondere klangliche Empfindlichkeit gerade dieser Musik zu unterschätzen und zu überhören.

Bei den Standardwerken des Oratorienbetriebes gehören leichte Intonationstrübungen bereits zur allgemeinen Hörerwartung. Umso stärker ist der Eindruck von Glanz und Frische des Klangs, wenn bei einer Aufführung diese doch so leicht zu behebenden Schwächen einmal beseitigt worden sind.

Besondere Aufmerksamkeit fordern scheinbar so einfache Wendungen wie die Tonwiederholung und die Dur-Tonleiter. Trübungen in diesem Bereich dürfen auch dann nicht überhört werden, wenn mit fortschreitender Entwicklung der romantischen Musik die Chromatik das Schwergewicht der Intonationsarbeit an sich zieht.

§ 107.7 Mozart

Mozarts Melodik gewinnt ihre einzigartige Überzeugungskraft zum Teil aus dem Reichtum an Tonbeziehungen, mit denen die oft weit ausgreifenden Linien zu einem dichten Gewebe verknüpft werden. Niemals zielt ein Ton nur auf den ihm unmittelbar folgenden; immer ist er auch Teil von Terz- oder Dreiklangsfeldern, von übergeordneten Tonwiederholungs- oder Sekundschrittfolgen.

Notenbeispiel Nr. 160

a) Wolfgang Amadeus Mozart

b)

Felder:

Takt 1—8 8—11

Kernlinie:

Takt 5, 7, 8—11, 12, 13, 14, 15—17, 18

Teilschlüsse:

Takt 7, 11, 18

Hauptmotiv (Quarte + Sekunde)

Takt 1, 2, 3, 4, 5, 6,

Takt 8, 12 (16), 14 (15), 15, 18

Kürzere oder auch längere Wendungen werden oft in sequenzähnlichen Wiederholungen schrittweise aufwärts oder abwärts geführt, bis hin zu skalenmäßiger Organisation. Der musikalische Ablauf wird dadurch besonders einprägsam, weite Phrasenbögen können sich überschaubar und wirkungsvoll entfalten.

Die Wirkung der unmittelbaren Wiederholung auf derselben oder der nächsten Stufe, eines in der Klassik besonders beliebten, später allmählich wieder aufgegebenen Kunstmittels, wird vom Interpreten oft verkannt.
Wiederholen heißt nicht, schon Gesagtes zum zweiten Mal sagen, sondern erst Angedeutetes zu mehr Leben und Wirkung bringen. Vor allem die Wiederholung auf derselben Stufe meint immer Steigerung, Zunahme an Bedeutung und Intensität.
Verfehlt eine Aufführung von klassischer Musik die inneren Crescendokurven der zahlreichen Wiederholungen, so sinkt sie leicht in eine routiniert-musikantische Geschäftigkeit ab, die nicht nur den Hörer schnell ermüdet, sondern gleichzeitig auch das Engagement von Sängern und Spielern dämpft. Dabei leiden nicht nur Schwung und Klangspannung der Musik, sondern auch Eindeutigkeit und Sauberkeit der Intonation.
Diese so auffallend eingesetzten wiederholten Töne (im N.B. 160a z.B. die Töne d — fis — g, später auch a — cis — d) oder Sekundfortschreitungen sind Anlaß für manche Intonationstrübung, die, ohne daß sie dem Sänger wie auch dem Chorleiter selbst immer bewußt würde, doch dem Klang Glanz und Frische nimmt.
Gefährdet sind vor allem Töne, die abwechselnd einmal von oben und einmal von unten angesteuert werden (siehe auch N.B. 160c).
Ein Beispiel für deutlich skalenartige Melodieorganisation mit zahlreichen Verklammerungen durch wiederholte Töne:

c) Wolfgang Amadeus Mozart

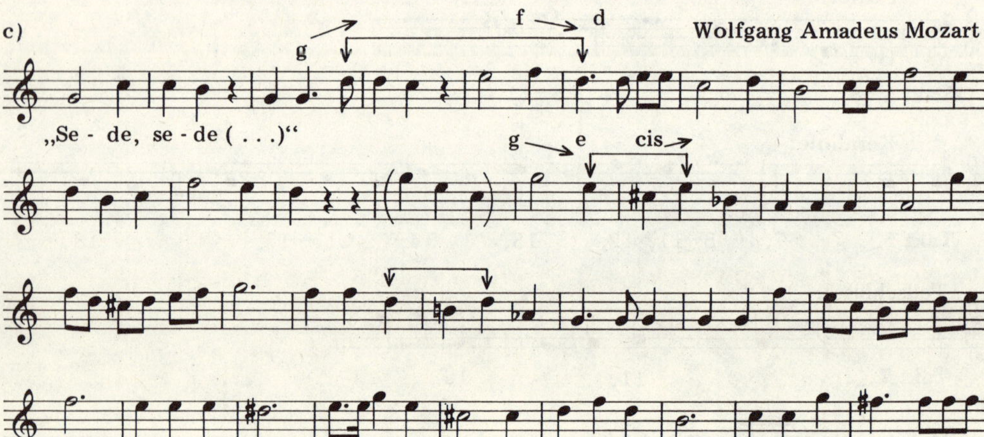

Fortsetzung an der späteren Parallelstelle:

Hilfreich sowohl für das gerade studierte Werk wie für die Chorerziehung im Ganzen ist es, die Kernlinien solcher Stellen, seien es Tonwiederholungen, Skalenausschnitte oder ganze Skalen, vom Chor singen zu lassen. Einmal werden so die übergreifenden Zusammenhänge ins Blickfeld gerückt und damit der Sinn für weiträumige Phrasenspannungen geweckt. Zum andern kann jeder Einzelschritt solcher Kernlinien sorgfältig kontrolliert und das verbesserte Ergebnis als stabilisierende Stütze im Bewußtsein des Chorsängers verankert werden.

Ein matter oder unverbindlicher Chorklang ist oft ein Anzeichen dafür, daß ein derartiger Arbeitsgang versäumt wurde.

Musikalisches Melodieerlebnis und Intonationssicherung haben dieselben Wurzeln. Statt daß musikalisches Erleben der Kritikfähigkeit im Wege steht, kann ein Verständnis für melodische Schönheit gleichzeitig Intonationsprobleme deutlich machen wie auch Wege zu ihrer Beseitigung weisen.

Eine so vertraute Wendung wie der Leittonschritt wird hier so exponiert eingesetzt, daß schon leichte Trübungen störend auffallen:

(Tenor)

d) Wolfgang Amadeus Mozart

e) Wolfgang Amadeus Mozart

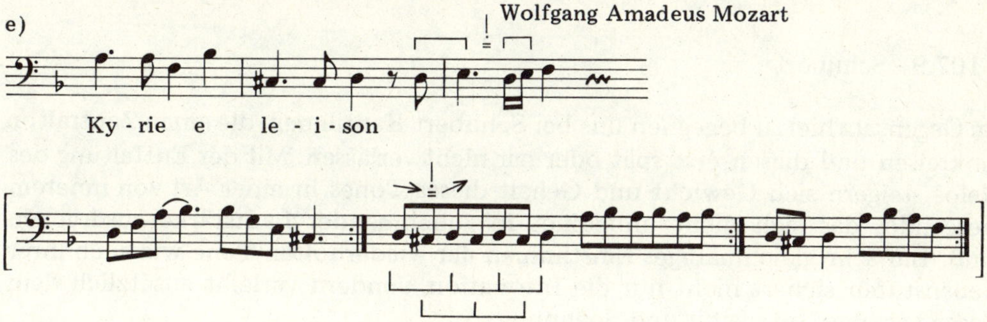

f) *labil:* Wolfgang Amadeus Mozart

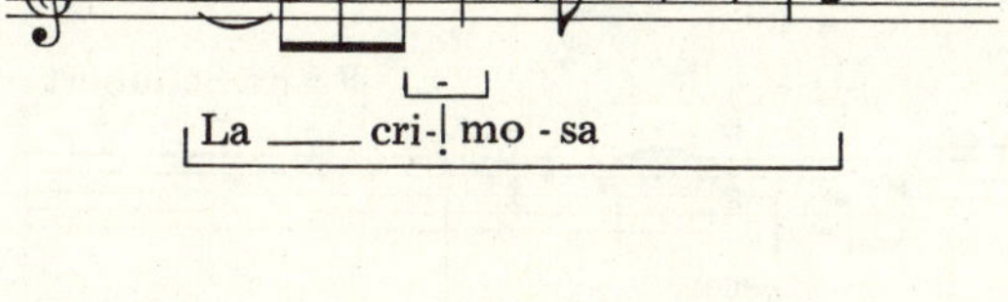

Gefährdet sind: der Leittonschritt, die Tonwiederholungen (unmittelbare wie mittelbare), der Wechseltonschritt, nicht zuletzt auch der labile Außenrahmen cis – f in N.B. 160d.

Ein Beispiel für leiterbezogenen Phrasenbau aus der Romantik:

§ 107.8 Mendelssohn

Notenbeispiel Nr. 161

Ganz ähnlich auch Brahms „Fest- und Gedenksprüche" 1. Satz bei dem Text „Zu dir schrien sie . . ." (s. N.B. 163c). Weniger ausschließlich auf die Oberstimme bezogen und mehr in den Satz eingewoben siehe N.B. 163b.

§ 107.9 Schubert

Im Gegensatz hierzu begegnen uns bei Schubert Kantilenen, die einen Zentralton umkreisen und diesen erst spät oder gar nicht verlassen. Mit der Entfaltung des Melos steigern sich Gewicht und Gehalt dieses Tones in einer Art von innerem crescendo, das sich nicht unbedingt in zunehmender Lautstärke ausdrücken muß. Ein sehr gleichmäßiges Einstimmen der wiederholten Töne wie auch ihrer Nebenstufen sichert nicht nur die Intonation, sondern verleiht zusätzlich dem Gesang größere Intensität und Spannung.

Notenbeispiel Nr. 162

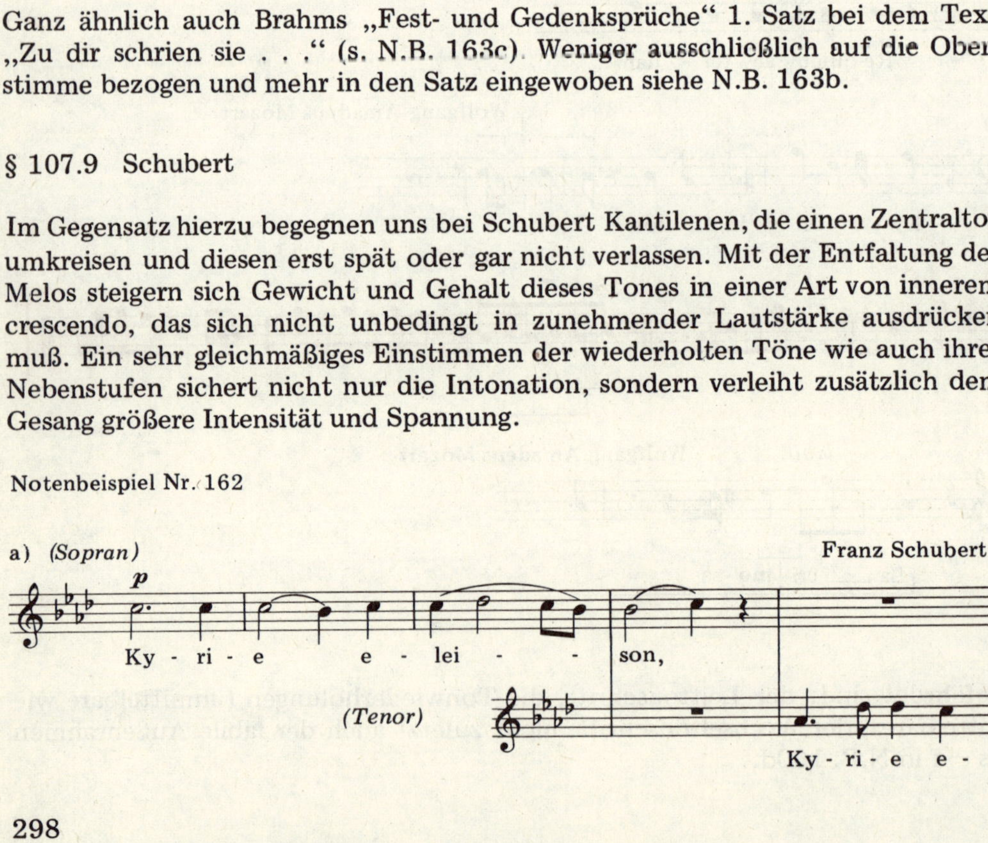

b) Franz Schubert

Wechselnde Zentraltöne, die sich im größeren Zusammenhang zu Sekundschrittfolgen ordnen. Ähnliches auch in Schuberts Instrumentalmusik.

Beispiele für Chromatik in Schuberts Chormusik:

c) Franz Schubert

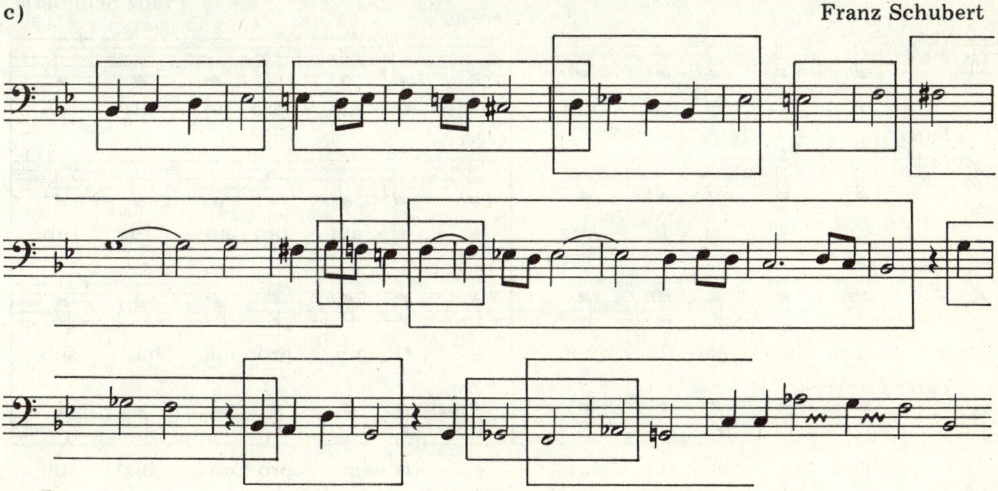

Wie bei Bach in kleine harmonische Felder auflösen, Gegenstimmen als harmonische Ergänzung auch auf dem Klavier spielen; der mehrstimmig gesungene Satz ist zwar für den Chorsänger harmonisch vollkommen plausibel, besonders im langsamen Tempo, garantiert jedoch keine saubere Intonation. Halbton-Distanzen deshalb auch immer wieder linear kontrollieren.

d) Franz Schubert

Linear ergänzen:

e)

Unter Umständen auch: oder:

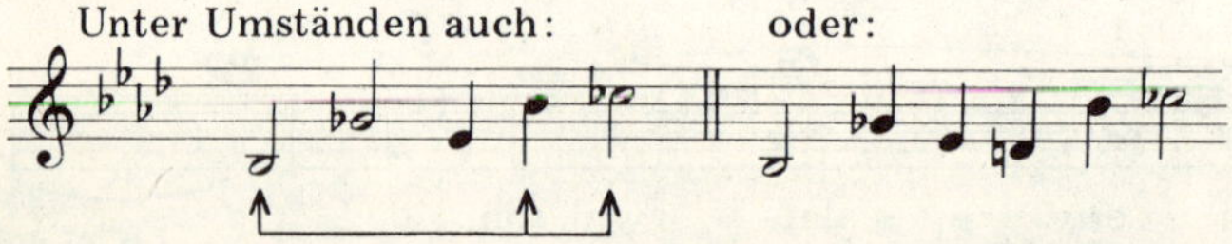

(auch mit generalbaßartiger Harmoniestütze es — as bzw. es — B — as ohne Erläuterungen vorsingen, nachsingen lassen; hören, ob der Harmonieschritt allgemein verstanden worden ist).

Das Problem der folgenden Stelle

f) Franz Schubert

liegt zwar in erster Linie in der ungewohnten (nicht-funktionalen) Harmonik. Neben dem Üben der Akkordfortschreitungen (moll-vermindert; vermindert-moll; Verschieben des Molldreiklangs um einen Halbton) ist es hier aber zweckmäßig, die rein linearen Schritte in einstimmigem Üben auf ihre genauen Distanzen zu prüfen.

§ 107.10 Brahms

Ein Beispiel für empfindliche Tonwiederholungen bei Brahms (die Trübungen sind hier für den Chorsänger nur schwer wahrzunehmen!):

Notenbeispiel Nr. 163

Johannes Brahms

a)

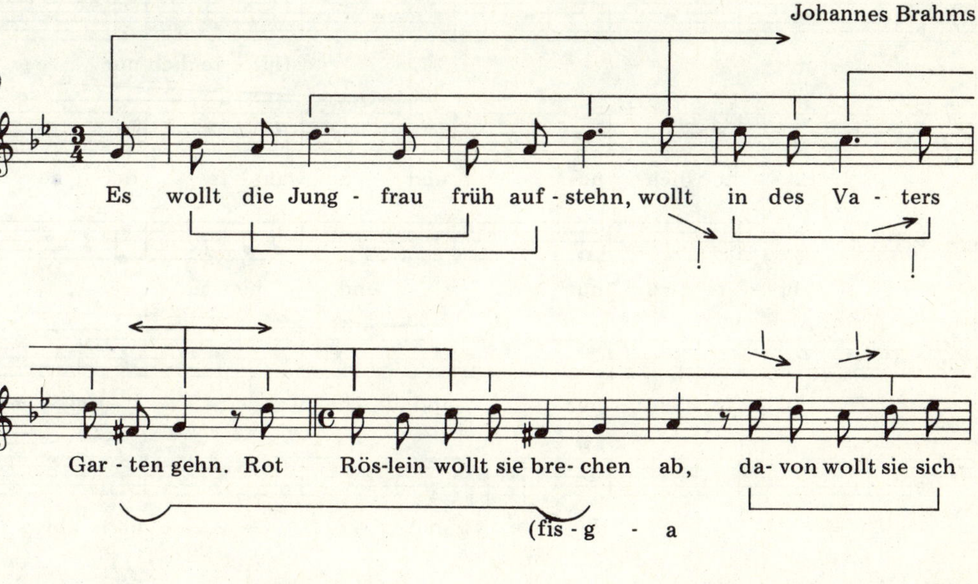

Ein Beispiel für eine sehr verborgene Art, eine Phrase auf Leiterfortschreitungen aufzubauen:

b) Johannes Brahms

Neben der beherrschenden Folge c — d — e — f in Sopran I und Baß I lassen sich eine ganze Reihe weiterer aufwärts wie abwärts führender Leiterfortschreitungen ausmachen, die alle auf einen Ton des anschließenden F-Dur-Dreiklangs zielen (das c dieses Akkords wird sowohl aufwärts über h als auch abwärts über d — cis vorbereitet!).
Sehr ausdrucksvoll ist die Fortsetzung der Eröffnungsreihe c — d — e — f durch die Töne fis — g — gis — a — h — cis in den Stimmen Tenor II, Alt II, Sopran II, Sopran I. Tenor I. Sie verzögert den schon im sechsten Takt erwarteten F-Dur-Klang um weitere sechs Takte. Empfindlich in der Intonation ist die enge Folge von C-Dur — D-Dur — E-Dur, auch von F-Dur — G-Dur — A-Dur in etwas weiteren Abständen.
Sopran I und Tenor II laufen fast parallel, ebenso die beiden Baßstimmen. Ein bloßer Hinweis bei vollstimmigem Singen genügt hier nicht, die Intonationsbeziehungen werden für den Sänger erst in der offenen zweistimmigen Kombination durchhörbar.

Ganz besonders dicht ist in romantischer Musik die Wechselbeziehung von Linie und Harmonie. Die harmonische Stufenfolge wird melodisch erlebt, Melodieformulierungen sind deutlich auf Akkorde bezogen, Klangträger wie z.B. Arpeggien, werden melodisch ausdrucksvoll geführt. Beim Hörer entsteht der Eindruck von einer wohltuend geschlossenen, in ihrer Ganzheit unmittelbar verständlichen Musiksprache. Doch darf der Ausführende darüber nicht vergessen, daß Klang und Linie sich nur dann gegenseitig tragen, wenn sie auch einzeln bewußt ausgehört und stabilisiert worden sind.

c) Johannes Brahms

f
Zu dir schrie-en, schrie-en sie, und
schrie-en sie, und wur - den er-ret-tet,
wur - den er-ret - tet, er - ret-tet, sie hoff -
und wur - den er - ret-tet, er - ret - tet,
ten auf dich, und wur - den nicht zu Schanden,
sie hoff - ten auf dich, auf dich, und

Zwar wird der Chor nicht so leicht und so hörbar detonieren wie bei Werken von Reger oder Hugo Wolf. Die hier von beiden Chören immer wiederholten Grundharmonien und Spitzentöne werden den Gesamtklang in etwa derselben Ebene halten. Dennoch erlebt der Hörer, der einem romantischen Werk doch besondere Erwartungen im Hinblick auf den Klang entgegenbringt, hier immer wieder Enttäuschungen. Große Stimmentfaltung und leidenschaftliches Engagement der Chorsänger reichen allein nicht aus, um den Eindruck von unerwünschter Weichlichkeit oder Mattigkeit zu vermeiden. Die Kraft des Klanges beruht hier nicht zuletzt auf einer sorgfältigen Intonation.

Am Beispiel Brahms lassen sich einige der für romantische Chormusik typischen Erscheinungen im Bereich der Intonation besonders leicht deutlich machen:

1. Hoch intonierte Subdominante.
   Brahms Harmonik lebt bekanntlich von den intensiv ausgenutzen Nebenstufen, vor allem von den immer wieder exponiert eingesetzten Stufen 2 und 6. Beide erscheinen sowohl als wichtige Melodietöne wie auch als Harmoniestufen (so auch bei Schumann).

Die zweite Stufe kann sowohl dem subdominantischen Bereich (als Subdominantparallele) wie auch dem dominantischen (als Doppeldominante) zugehören. Im Notenbeispiel 163c macht die Harmoniefolge F — d — D — g — G — C — F deutlich, daß der als Ziel angestrebte dominantische Bereich G-Dur — C-Dur die Intonation der Gesamtphrase bestimmen muß. Die subdominantischen Klänge d-moll und B-Dur sind auf der dominantischen Höhe zu singen, d.h. mit der normalen (aber für die Subdominante zu hohen) 2. Stufe g und einer dominantischen, also hoch genommenen 6. Stufe d.
(Die Distanz zwischen der 2. und der 6. Stufe ist ja in der diatonischen Leiter zu eng. Eine reine Quinte und damit ein reiner Dreiklang läßt sich also nur intonieren, wenn entweder die 2. Stufe ein wenig erniedrigt oder aber die 6. ein wenig erhöht wird. Der erste Fall führt in den Bereich Subdominante, der Dreiklang wird zur Subdominantparallele. Im zweiten Fall, bei dem der Grundton seinen angestammten Platz in der diatonischen Leiter beibehält, wird der Dreiklang zur Doppeldominante).

Einen unmittelbaren Sprung von der Subdominantparallele zur Doppeldominante durch einfachen Wechsel von Moll zu Dur kann man nur dann durchführen, wenn von Anfang an die Intonationsvorstellung auf die Dominante hin angelegt wird, d.h. eben, wenn alle Akkorde des subdominantischen Bereiches und ebenso auch die Tonika — Parallele, die ja auf der normalen und daher zur Dominante nicht passenden 6. Stufe liegt, ein wenig hochgenommen werden. (Siehe auch § 96.1)

Der Intonationskonflikt zwischen Subdominante und Dominante ist selbstverständlich im Bereich der gleichschwebenden Temperatur grundsätzlich aufgehoben. Die Diatonik bei Brahms muß gehört werden auf dem Hintergrund der in seiner Zeit vorherrschenden Chromatik, als ein bewußter kompositorischer Akt und nicht als bloßes Verwenden von Material.

Für den Sänger bleibt der Konflikt dennoch erhalten, wenn auch mehr im Sinne eines Spannungs- als eines Tonhöhenunterschieds.
Brahms selbst hat diesen Konflikt als Spannungs- oder Farbkonflikt offenbar deutlich empfunden und kompositorisch genutzt. In der Wendung „Und da sie hofften . . .“ reckt sich der Molldreiklang wie in einer melodischen Kraftanstrengung in den Durklang hinein. Das Überschreiten einer Grenze wird deutlich fühlbar. Sicherlich ist nicht an ein intonationsmäßiges Ausdehnen des Moll-Arpeggios zu denken. Der die Gesamtlinie durchziehende immer wieder im Sopran auftretende Ton d muß unter allen Umständen auf derselben Tonhöhe bleiben.

Es ist also in dieser Musik der Schritt von der ersten zur zweiten und der von der fünften zur sechsten Stufe immer bewußt als großer Ganztonschritt (2-Quintenschritt) zu wählen. Der Subdominantklang wird in Vorausschau ebenfalls bereits hoch angesetzt. Der auf diese Weise sehr betonte Stufengang f — g lenkt die Auferksamkeit auf das später eintretende a, das zu Ende des Mittelteils über den mehrfach sehr exponiert eingesetzten Baßton d zu einem dann außerordentlich strahlenden C-dur — F-dur führt (auffälligerweise wird in diesem Satz der Ton e nur beiläufig eingesetzt, um die Wirkung der Sexte d nicht zu schmälern). Eine intensive lineare Intonation in großen Ganztonschritten an den entscheidenden Punkten verleiht nicht nur der Intonation genügend Glanz, sondern hält auch zugleich den Gesamtverlauf des Stücks durch die angeregte Klangerwartung zusammen.

2. Gleiche Töne
Der Brahms'sche Satz gewinnt wie im Klavier-, Orchester und Kammermusiksatz so auch im Chorsatz seine Klangfülle durch ein ungewöhnlich dichtes Netz von Gleichklangs- und Oktavbeziehungen, sowohl innerhalb der Linie wie im gesamten Satz. Hier liegt aber auch seine Empfindlichkeit. Werden im Chor diese netzartig verteilten gleichen Töne nicht ganz genau wieder getroffen, so entsteht statt der Klangsteigerung ein leicht verschmutztes, wenig durchsichtiges Akkordbild.

3. Kadenzen mit Ausdrucksfunktion
Die romantische Melodik nutzt in viel stärkerem Maße als die klassische oder barocke die Abwärtsbewegung in der Melodie zu unterschiedlichstem Ausdruck (siehe auch § 80.3, § 92, § 134). Diese Bewegungen sind im

Chor immer empfindlich, nicht nur bei entspannendem, sondern auch bei aktiv vorwärtsdrängendem Ausdruck. In Takt 1 des Notenbeispiels 163 c reicht die Vorstellung „vorwärts" oder „crescendo" nicht aus, um den 2. und 3. Ton auf der richtigen Tonhöhe zu halten. Eine zusätzliche Erschwerung bieten hier die Nebensilben „un-se-re." Auch die scheinbar vollkommen unproblematische Oktave f — f ist praktisch doch gefährdet.

Dieses relativ komplizierte Problembild kann, wenn es vom Chorleiter erkannt und verstanden ist, in der Probenpraxis mit wenigen einfachen Methoden fast vollständig bewältigt werden.

1. Gleiche Töne innerhalb der Linie und innerhalb des Gesamtsatzes besonders dort beachten, wo sie unauffällig sind.
2. Den Schritt von der ersten zur zweiten Stufe und den von der fünften zur sechsten Stufe immer bewußt als „großen Ganztonschritt", also als Zwei-Quintenschritt, nehmen; damit im Zusammenhang: Subdominant-Klänge mit zusätzlicher Aktivität, insbesondere wenn sie unmittelbar dominantische hineinführen.

Erschwert wird dieser Vorgang bei Wendungen in moll.

d) Johannes Brahms

Die Mollsexte nimmt einerseits dem Dreiklang auf der zweiten Stufe e seine Selbständigkeit (verminderter Dreiklang).
Der atmosphärische Reichtum eines Dreiklangs auf der zweiten Stufe im Dur-Bereich findet sich in moll nicht wieder.
Die sechste Stufe (b) selbst bezieht sich ganz stark als Nebenton auf die fünfte Stufe a. So ist sie auch zu intonieren, d.h. als genau über die fünfte Stufe a gesetzter Halbtonschritt b. (Hinter dem Schritt e — b verbirgt sich eine Akkordvorstellung cis — e — g — b oder sogar a — cis — e — g — b, die über einen A-Dur-Klang nach d-moll zielt. Der Subdominantklang erscheint in dieser Linie erst auf „gegeben dem Mühseligen". Die in diesem Stilbereich häufig vorkommende abwärtsführende chromatische Folge, hier b — a — gis assoziiert die Neapolitaner-Wendung, d.h. den Schritt IV — I — V, also eine stark aufbauende, nach vorwärts

gehende harmonische Entwicklung. Hier verbindet sie sich dagegen mit dem Text „Mühseligen“ zu einer ausdrucksmäßig entspannenden, zurücknehmenden Wendung, die gleichwohl in die Doppeldominante (E-Dur) und damit nun zu einer echten (dominantisch hohen) zweiten Stufe führt: ein typisches Beispiel für die reizvolle Doppeldeutigkeit von Spannung und Entspannung innerhalb derselben Wendung (§ 92; § 134).

Weg: Stabilisieren der Töne d — a — e, den 3. Ton des Themas (e) in Beziehung setzen zu dem Einsatzton des Kontrapunkts (großer Ganzton!). Dann die Töne b und gis auf den Ton a beziehen, ablenken von der Chromatik. Den Kontrapunkt in harmonischen Feldern arbeiten, besondere Aufmerksamkeit auf die Tonwiederholungen lenken.

Die in der Romantik immer wichtiger werdende Chromatik tritt bei Brahms zurück. Im Chorbereich wird sie wirksam vor allem bei Schubert (siehe oben), Bruckner, Wolf, Reger (siehe unten).

§ 107.11 Bruckner

Bruckners Chorsatz muß als harmonisch-melodisches Gesamtereignis erfaßt und erarbeitet werden. Erscheinungen, die zu Schwierigkeiten innerhalb der Linie führen oder auch von der Linie her unterstützt werden können, sind:
weite Lage, terzverwandte Fortschreitungen, plötzliche Modulation im Halb- oder im Ganztonabstand.

Bei weitem Satz ist es oft schwierig, die Lautstärkenverhältnisse der Stimmen untereinander organisch abzustimmen. Gleiche Töne sind für den Sänger nur noch schwer aufeinander zu beziehen. Insbesondere ist der große Abstand zwischen Sopran und Baß für beide Stimmen hinderlich. Erst wenn in dem scheinbar so harmoniebezogenen Baß jede Stufe linear sorgfältig intoniert wird, kann sich auch das harmonische Geschehen überzeugend entfalten (typisch für einen sehr zahlenstarken Chor sind die zu matten Baßschritte und die getrübten Spitzennoten).
Die Neigung Bruckners zu terzverwandten Harmonieverbindungen fordert temperierte, also hohe Terzen. In der linearen Intonation ist die Terz sehr abhängig von einem sauberen, ausreichend weiten Schritt von der ersten zur zweiten Stufe, auf den dann, gegen das unmittelbare Gefühl, ein gleich großer in die Terz zu folgen hat. Ist der Schritt in die zweite Stufe mißlungen, so nützt alles „Hochnehmen“ der Terz nichts mehr. (Siehe auch § 95.4. und § 104.2)

Die Harmonieverschiebungen in Sekundschritten, besonders die im Halbtonabstand, müssen durch immer wiederholtes Nebeneinanderstellen in der Probe bewußt als Fremdklang erlebt und geübt werden. Im Hörbewußtsein können sich der lineare Halbtonabstand und der harmonische Kontrast gegenseitig stützen.

Weniger häufig als in der Instrumentalmusik begegnet uns in Bruckners Chorwerken seine Technik, einzelnen Intervallen ein besonders prägnantes Profil durch sehr auffallende Kontrastierung zu verleihen (vor allem im Nebeneinander von Sekunden, Quinten und Oktaven).

Innerhalb des Gesamtsatzes z.B. im Kyrie der Messe e-moll:

Notenbeispiel Nr. 164

Stichnoten mitsingen lassen, ggf. summen; auch in der Aufführung möglich.

a) Anton Bruckner

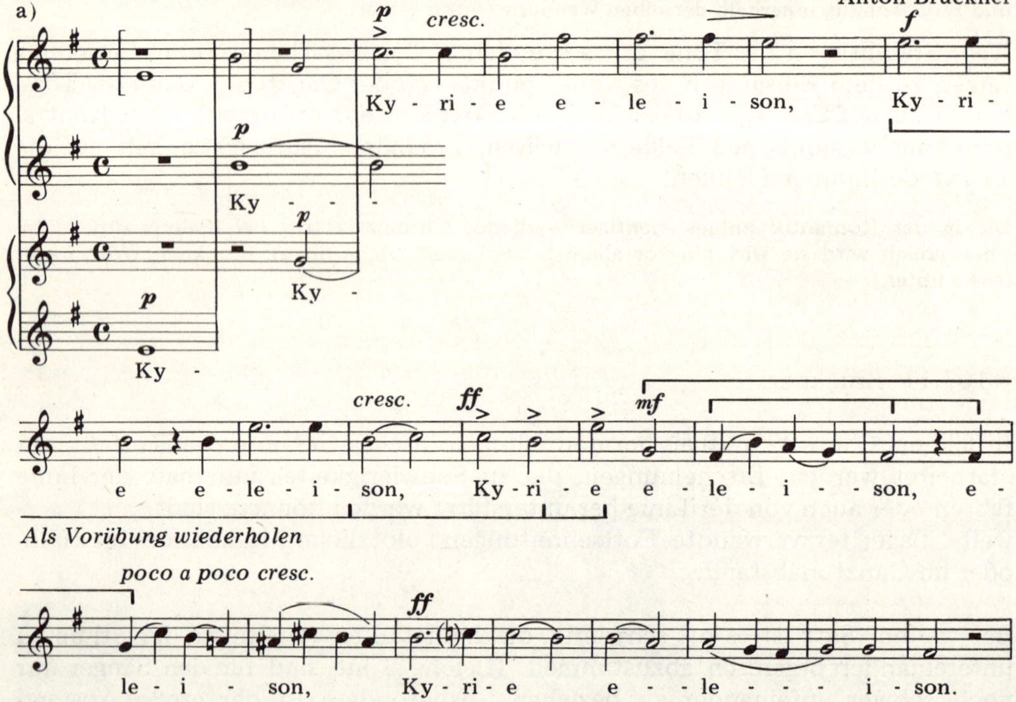

b) Vorübungen

Als Intonationsproblem vergleichbar mit N.B. 163 c:

c) Anton Bruckner

Weite Lage; gleiche Töne, großer Ganztonschritt zur zweiten Stufe, labile sechste Stufe a als Durchgang.
Ein Beispiel für Bruckners äußerst gewichtigen Einsatz des Halbtonschrittes:

Zu üben: einmal die gleichen Töne h — h, der Schritt c — h, der Schritt h — c, der Schritt h — c — h; jeweils einmal rein linear mit sorgfältiger Halbtonabstimmung und einmal mit harmonischer Ergänzung durch den Chor oder das Klavier. Ähnlich im Ganztonabstand:

Gleiche Töne bei wechselnder Oktavlage, wechselnder Dynamik und wechselndem Ausdruck (verhaltener Schluß!).

Terzverwandte Fortschreitungen, ein weiteres für Bruckner wichtiges Stilmittel, sind probentechnisch im wesentlichen von der Harmonie aus zu erarbeiten; lineare Übungen können hier höchstens ergänzen und kontrollieren.

In dem Maß, wie die Chormusik im 19. Jhd. sich dem harmonischen Reichtum der zeitgenössischen Instrumentalmusik öffnet, erhöht sich in der Chorprobe der Anteil an harmonischer Arbeit (vor allem „Lupe", „Raffen"; siehe § 127).

Wo auch die Einzellinie am schnellen harmonischen Wechsel teilnimmt, wo jeder chromatische Schritt in einen bewußt zu hörenden neuen Akkord führt, wird sich alle Einstudierungs- und auch alle Intonationsarbeit auf ein klares harmonisches Verstehen richten.
Dennoch wird eine sorgfältige lineare Arbeit nicht überflüssig. Die genauen Distanzen chromatischer und anderer nicht diatonischer Schritte müssen immer erneut ins Bewußtsein gerufen und kontrolliert werden.

Chromatik erscheint im kleinen als Durchgang (oft Moll-Dur-Wechsel mit Leittonbeziehung), im großen als chromatischer Stufengang (plötzliche harmonische Verschiebungen).
Interessant und zugleich schwierig sind Linien, in denen kleine Tongruppen („Felder") häufig und schnell den harmonischen Bereich wechseln, so besonders bei Reger. Bevor solche Wendungen ihre Wirkung als vorübergehenden, kaleidoskopähnlichen Farbwechsel leisten können, müssen sie auch rein linear einmal als Modulationen verstanden, d.h. langsam und ausführlich in kleinen Gruppierungen geprobt worden sein.

§ 107.12 Wolf

Notenbeispiel Nr. 165

Die Grundharmonien F-Dur und Ges-Dur auch in der Einstimmigkeit wiederholt nebeneinander setzen; die chromatischen Linien in immer wieder anderen Gruppen üben. Einstimmigkeit gelegentlich auch mit generalbaßartiger Klavierstütze, möglichst ohne die gesungene Linie mitzuspielen.

§ 107.13 Reger

In den bedeutenden, nicht zu Unrecht gefürchteten Motetten op. 110 von Max Reger treten, dem Reichtum der musikalischen Mittel entsprechend, Intonationsprobleme in besonders dichter Fülle auf.

Schwierig sind diese Stücke vor allem für den probenden Chorleiter. Sein Arbeitserfolg hängt davon ab, wie weit er die anfallenden Schwierigkeiten zu trennen und zu durchschauen vermag. Die lineare Chromatik ist hier weder das einzige noch auch das ausschlaggebende Problem.

Die Sauberkeit des Gesamtklangs verlangt

a) ausgewogene Lautstärkenverhältnisse der Stimmen untereinander (keine zu starken Bässe im Gesamtchor bzw. Unterstimmen im Teilchor, kein Überwiegen oder Verkümmern von Mittelstimmen);

b) Unabhängigkeit des intonierenden Sängers von Ausdruck, Lage und Dynamik;

c) Sorgfältiges Ansetzen jedes einzelnen Tones besonders im Achtel- und Sechzehntel-Bereich. Intonationstrübungen sind nicht zuerst innerhalb der (sehr auffälligen!) Oberstimmen, sondern vor allem von den Baß - und Unterstimmenlinien her zu korrigieren; auch Trübungen in den Mittelstimmen können den Klang belasten, ohne daß sie dem Sänger selbst bewußt werden.

Gut vertraut sein muß der Chorsänger mit den bei Reger häufigen Formen von Sept- und Nonenakkorden, die nicht nur im Klang, sondern auch in der Linienführung ihre Rolle spielen. (Klavier; auch linear aufwärts wie abwärts singen lassen).

Notenbeispiel Nr. 166

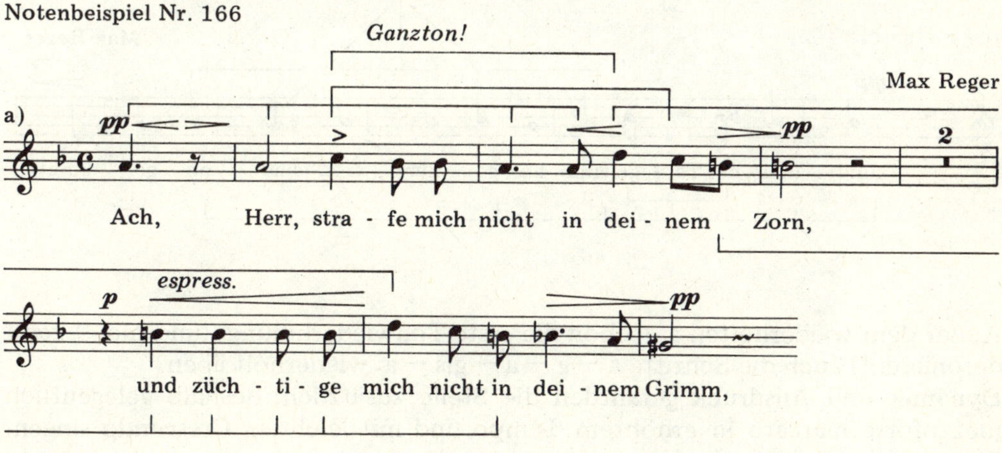

Zur Stabilisierung richtet man die Aufmerksamkeit abwechselnd auf

1) gleiche Töne (a; c; d; h),
2) die Ganztonbeziehungen a — h und c — d,
3) den chromatischen Wechsel b — h und h — b,
4) die Halbtonbeziehung a — gis (auch a — d — h — gis),
5) den Außenrahmen a — d mit dem Nebenton gis.

Weitere Übungen:

b) c)

anschließend die Originalfassung.
Ergänzen durch harmonische Übungen: anhalten vor und auf wichtigen Akkorden, wichtige Schritte mehrfach vor und zurück mit Fermaten („Lupe").
Ähnlich

d) Max Reger

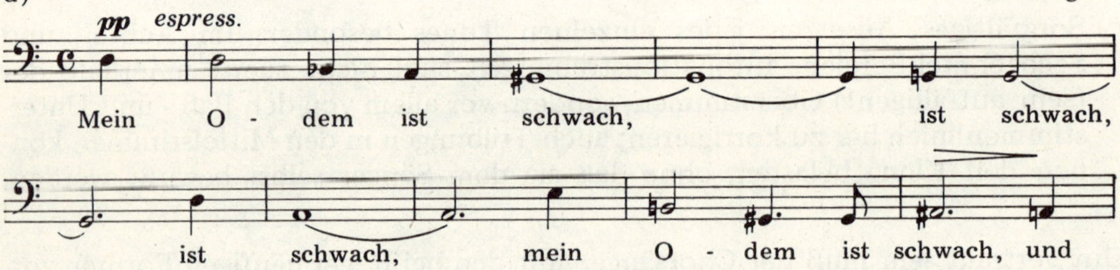

Außenrahmen d — A; chromatischer Schritt a — gis — g (d —) a; Ganztonschritt (e) (d —) A — (e —) H; gis — ais; Tonwiederholung d (auch „ist"!)

Äußerst empfindlich ist die folgende Stelle:

e) Max Reger

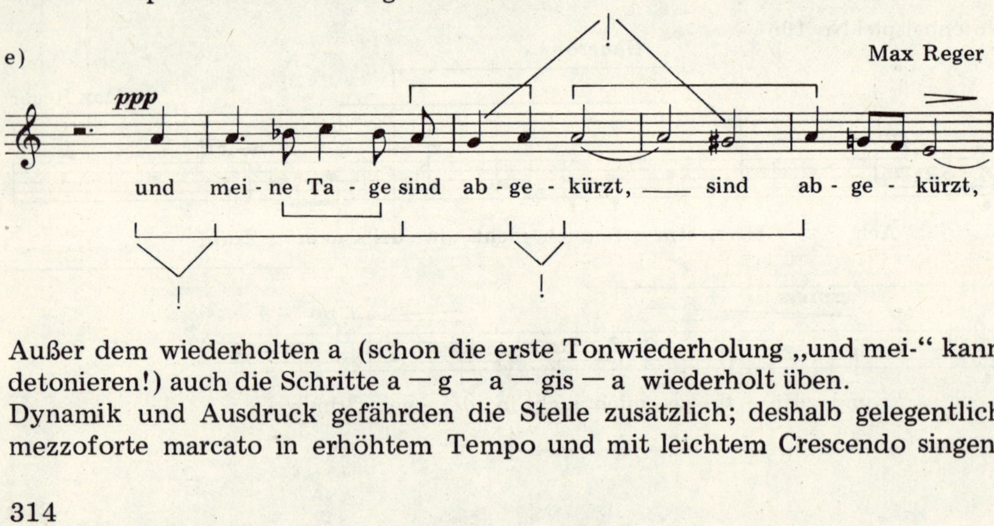

Außer dem wiederholten a (schon die erste Tonwiederholung „und mei-" kann detonieren!) auch die Schritte a — g — a — gis — a wiederholt üben.
Dynamik und Ausdruck gefährden die Stelle zusätzlich; deshalb gelegentlich mezzoforte marcato in erhöhtem Tempo und mit leichtem Crescendo singen.

f) Max Reger

Der energische Anstieg des Themas erleichtert die Intonationsstabilität ohne sie verläßlich zu sichern. Außer durch die Ganztonschritte a — h und c — d sowie einige (unauffällige!) Tonwiederholungen (h; d) läßt sich die Stelle vom Rahmen

g)

und einigen Kernlinien her zusätzlich stabilisieren:

Über den reizvollen übermäßigen Dreiklängen der folgenden Stelle

h) Max Reger

wird leicht die Rolle der Ganztondurchgänge auf sehr kleinen Notenwerten übersehen, die bei matter Intonation das Ganze erheblich zu trüben vermögen.

Wichtig sind die Halbtonschritte in Terzparallelen; gelegentliche lineare Akkordschrittübungen des — f — a und c — e — as (auch abwärts oder vom mittleren Ton ausgehend) erleichtern das Hören des übermäßigen Dreiklangs (siehe hierzu auch § 112).

Die labile kleine Sexte über der Quinte (Bruckner, Brahms; siehe N.B. 164a, 163d) findet sich auch bei Reger:

i) Max Reger

Zu üben unter wechselnden Gesichtspunkten:
Tonwiederholungen (d; es),
Halbtonschritt (d — es),
Wechselnote (d — es — d) (letzten Ton besonders kontrollieren).
Den fallenden Ausdruck übungsweise durch aktiven ersetzen.

Chromatische Leiter:

k) Max Reger

Im Stadium des Kennenlernens: die aus der chromatischen Linie herausfallenden Ganztonschritte gis — ais („aus der") und cis — dis („-de auf-") unterstreichen (Fehlerquelle! Schwierigkeit II. Ordnung! Siehe auch § 84ff). Zur Sicherung der Intonation:

1) die leicht irreführende Vorstellung „chromatische Leiter" ersetzen durch die Vorstellung „Folge von Leitton — Grundtonschritten" beziehungsweise

„Folge von (Zwischen-)Dominant-Tonikaschritten“. Dazu die leiterfremden Töne eis, fisis und his zunächst durch die leitereigenen ersetzen, Ganztondistanzen auskorrigieren, dann die erhöhten Leittöne bewußt als Alterationen wieder einsetzen. Auch die Schritte dis — e („wird mich“) und eis — fis (Wiederholung!) einbeziehen,

l)
Vorübung

2) Da die Folge von lauter engen Schritten die Kontrolle über die Gesamtintonation erschwert, stabilisierende Oktaven und Quinten als „Gerüst“ herauspräparieren (durch Fermaten, Festhalten des unteren bzw. des oberen Intervalltones u.ä.); den Themenschluß bis fis aufwärts denken (dazu bei „-nach“ oder „Erde“ Oktavabsprung abwärts); die Melodiespitze cis — dis — cis („-de aufwek-“) gesondert üben.

3) Stimmtechnisches Problem: sehr großer Umfang im pianissimo, auf dem Höhepunkt diminuendo! Gesondert arbeiten (siehe § 79.2)

Gefürchtet sind Regers große a-cappella-Werke jedoch weniger wegen solcher trübungsgefährdeter Stellen, die in ihrem Schwierigkeitsgrad gelegentlich eher unterschätzt werden. Vielmehr sind es die Partien, bei denen es lange Zeit hindurch um nichts anderes als um das bloße Treffen und Behalten der Töne geht, die Chorleitern wie Chorsängern Sorge bereiten (etwa der Abschnitt „Fürwahr“ aus „Mein Odem ist schwach“; die Fuge aus „Ach Herr“; einige Mittelstimmpartien der Fuge aus „Mein Odem“). Ohr und Stimme brauchen hier geduldiges Training ohne Zeitdruck. Erleichterung schaffen Intervallübungen (Halbton, Tritonus, kleine Septime), vor allem aber das Singen (und Denken!) in „Feldern“ (ähnlich der Arbeit an Chorwerken J.S. Bachs), die sich auch ohne besonderen probentechnischen Aufwand durch Unterbrechen an den Scharnierstellen und mehrmaliges Wiederholen der zusammengehörigen Partien deutlich machen lassen.
Ein Beispiel für Intervallübungen:
Für die Stelle

m) Max Reger

sind z.B. folgende Vorübungen denkbar:

n) Vorübungen:

Einige Beispiele für die probentechnische Nutzung von „Feldern“:

o)

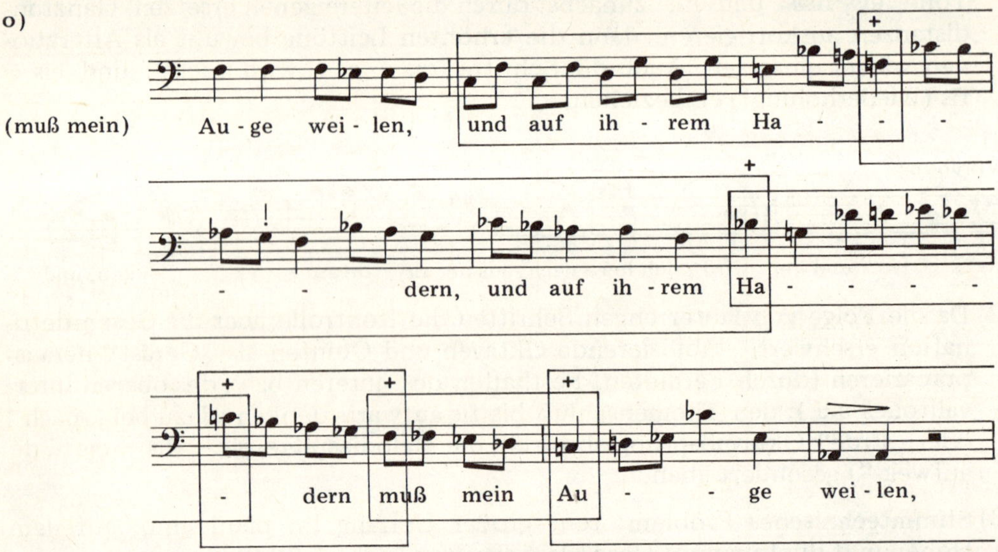

Eine vor allem im vollen Tempo schwierige Baßlinie.
„Felder“ trennen, einzeln langsam üben mit Fermaten bei +, dann schrittweise zusammensetzen.
Keine Sorge vor Zeitverlust durch probentechnische Umwege! Derartige Stellen erfordern in jedem Fall zahlreiche Wiederholungen. Produktive, die Aufmerksamkeit durch Wechsel anregende Schritte sind dann aber bloßen Repetitionen weit vorzuziehen.
Ähnlich, mit noch kleineren Gliedern (im Tempo sehr schwer!):

p) Max Reger

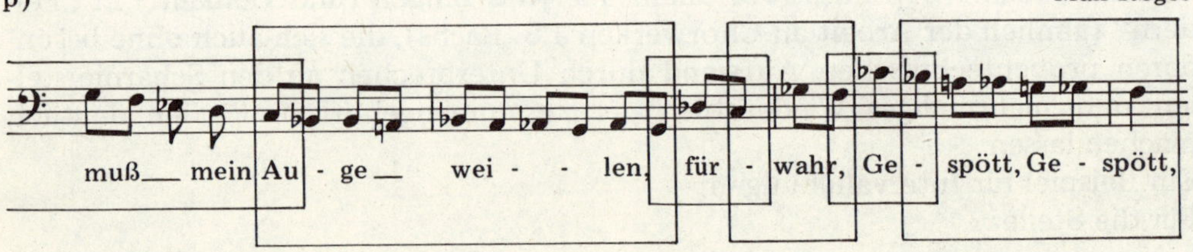

Tritonusreihen zu üben ist hier weniger wirksam, als es zunächst scheint. Bei lebhafter Bewegung versagt die Orientierung. Stattdessen lenkt man die Aufmerksamkeit besser auf die (kadenzierende) Quartenfolge.
Vorübungen z.B.

q)

Im folgenden Beispiel

r) Max Reger

wechseln die Bezugsharmonien besonders schnell. Kleinstfelder jeweils mehrfach wiederholen, langsames Tempo. Eine solche Stelle ohne erleichternde Varianten üben, da sie sonst nicht im Gedächtnis haftet.
Lassen sich in den Baßlinien die Harmoniewechsel meist an den kadenzierenden Wendungen noch unmittelbar erkennen, so verlangt Reger dagegen von den Mittelstimmen gelegentlich Außerordentliches an harmonischem Mitdenken. Linien wie

s) Max Reger

leisten dem Gedächtnis einigen Widerstand. Eine gewisse Hilfe bietet es auch hier, Felder herauszuarbeiten und zusätzlich, in ruhigem Tempo, den Chorsänger für den Wechsel von Ganzton- und Halbtonschritten zu interessieren.

Der hohe musikalische Reiz, den derartige Linien im mehrstimmigen Singen, auch schon bei geringstimmigem Satz, dem Sänger dennoch bieten, ist gelegentlich unterschätzt und ihre lineare Qualität zu Unrecht angezweifelt worden. Ein Vergleich der Regerschen Satzweise mit derjenigen J.S. Bachs tut beiden Komponisten Unrecht. Reger, der eine große Zahl Bachscher Werke bearbeitet hat, wußte seinen eigenen Stil sehr sorgfältig von dem seines offenkundigen Vorbildes abzusetzen und verfiel niemals in unbeabsichtigte Stilkopien, die den Vorwurf mißlungener Nachahmung hätten herausfordern und rechtfertigen können. Das Verhältnis der Linie zum Akkord wie auch zur bewußt wahrgenommenen Akkordfortschreitung wird von Reger durchaus neu durchdacht. Harmonischer Wechsel auf kleinem Raum dient nicht wie bei Bach in erster Linie tonalen, modulatorischen Zwecken, sondern will als unmittelbar wirkender klanglicher Reiz erlebt werden. Die Aufmerksamkeit soll sich nicht so sehr in gespannter Erwartung auf ein in Aussicht gestelltes harmonisches Ziel richten, sondern sie soll ihr Vergnügen im akkordlichen Wechsel selbst finden. Ohne einen Blick auf Wagner und Richard Strauß kann Regers Begriff von Polyphonie und damit auch seine Bachrezeption nur mißverstanden werden.

§ 107.14 Ravel

Auch in der so deutlich klangbezogenen Welt von Debussy und Ravel lohnt sich probentechnisch, nach entsprechender harmonischer Einführung in der „Phase I" des Arbeitsablaufs (§ 44 ff), ein Blick auf die Linie, ihre Struktur und die Probleme ihrer Intonation.

Notenbeispiel Nr. 167

Maurice Ravel

a)

Eine modale Struktur (e-Modus, also phrygisch, nicht dorisch! Der erste Takt ist Auftakt zum zweiten) ist hier verbunden mit der für den französischen Impressionismus typischen Parallelverschiebung von Akkorden oder Quinten (in diesem Fall linear aufgelöst). Beide Elemente lassen sich probentechnisch nutzen: die Kirchentonart durch ihr Kerngerüst mit Nebentönen:

b)

(die erste melodische Spitzennote c" auf das folgende e" und nicht so sehr auf den Schritt h — c beziehen), die Parallelführungen als vorbereitende Klangübung:

c

Der Takt 7 des N.B. 167a stellt in sich eine gut verwertbare Wechseltonübung dar (Tonwiederholungen, Ganzton aufwärts und abwärts).
Schließlich läßt sich eine Kernlinie aus den Takten 1—8 zur zusätzlichen Stabilisierung nutzen (labil durch den Umfang einer kleinen Terz):

d)

(aus 1 2 5 6 7 8
Takt 3 4)

§ 107.15 Burkhard (siehe auch N.B. 145)

Notenbeispiel Nr. 168

a)

Willy Burkhard

Tonale Beziehungen gestört durch nicht-diatonische Leiter (c, transponiert d). Deren Eigentümlichkeit: „konjunkte“ Bindung der dreimaligen Folge Ganzton — Halbton; dadurch: keine reinen Quinten, zwei Quarten, doppelt erniedrigte 7. Stufe, keine Oktavorientierung; Leiter ist nach innen gewandt.
Diese Leiter wird in der „Sintflut“ an verschiedenen Stellen verwandt, ihr Studium ist also für Verständnis wie Intonation des Werkes fruchtbar.
Rahmen: verminderte 7 über kleine 6
Gerüst: Dur-Sextakkord + verminderte 7 (f)
Felder: Terzfelder oder drei transponierte Quartenfelder wie in e.
Wichtige Intervalle: kleine Terz, Tritonus.
Die Linien selbst bilden kleine tonale Felder, die sich zuweilen sogar funktional deuten lassen (siehe auch 165a). Sie enthalten oft deutliche Sekundbeziehungen in den Spitzentönen, die sich nutzen lassen. Stabilisieren der „festen Töne“ im Quartabstand (b).
(Das Ganztonverhältnis cis-dis dürfte kaum nutzbar sein).

b)

Willy Burkhard

Felder und Feldfolgen labil; Sekundgang unwirksam (praktisch h — h). Die stabile Rahmenquart h — e in den Vordergrund stellen (Quint e — a nur optisch wirksam).

c) Willy Burkhard

Beim Singen spürt man mehr als beim Lesen die große Rolle der labilen Kleinterz in dieser scheinbar quarten-bestimmten Linie. Die stabilisierenden Quarten müssen eigens hervorgehoben werden. Die Abwärtsrichtung der Felder kann aufgefangen werden durch den gut wahrnehmbaren Rahmen a — e — A. Der Schluß ist äußerst labil. Das diminuendo bei a) ist zunächst durch crescendo zu ersetzen, g ist der Zielton (A — e — g ist stabil), crescendo bis b) weiterführen (Tonwiederholung e und f hier verbrauchen d = labil), dann Schlußwendung als Quarte g — d, es nur als Nebenton, besonders aufmerksam f — g bei b). Der Zusammenklang mit den übrigen Stimmen (hier nur der Tenor zitiert) erleichtert zwar Auffassung und Behaltbarkeit, sichert aber nicht die Stabilität! Vielmehr ist es umgekehrt: die lineare Labilität der Baßlinie beeinträchtigt den ganzen Satz.

§ 107.16 Pepping

Ganztonleitern müssen für das Verständnis erst *gegliedert* werden. Möglichkeiten der Komposition nutzen entsprechend den Intervall- und Rhythmusgruppen.

Zwei Beispiele bei Pepping:

Notenbeispiel Nr. 169

a) b) Ernst Pepping

Gegenstimmen sorgen für Gruppierung (Großterzen) und Bezugston. Nur dreistimmig studieren! Einstimmigkeit ist sinnlose Erschwerung. In N.B. 169 b sichert die rhythmische Gruppierung die Intonation. In ähnlichen Fällen ggf. entsprechende Hilfen zusätzlich einbauen.

c)

Nicht mehr harmonisch faßbar, Kleinstfelder von zwei bis drei Tönen ohne Beziehungen, der Sekundgang c — g — e nicht nutzbar. Arbeitsweg etwa wie a).

d) Ernst Pepping

Tonale Beziehungen klar, zielstrebig.
Felder anfangs deutlich, bei c) stark verschränkt, bei a) — b) eine sehr harte Verbindung: nach dem Neapolitaner bei a) erwartet man bei b) e — gis — (h). Der überraschende Sprung über ais (funktional nicht gleich b) nach e anstatt nach E gibt dem ganzen Thema Farbe, droht aber den Sänger zu verunsichern.
Maßnahmen: nicht vom Tritonussprung ausgehen, sondern: im Wechsel über Felder (d) und Sekundgang (e) mit Enharmonik b = ais. Gesamtstabilität sichern durch Nutzung 1. des stark zielenden Verlaufs, 2. des Rahmens e'' — e' (Zielton vom Anfang her im Ohr behalten).
Trübungsgefahr bei f), g), h) auffangen durch leichte Betonung des jeweils letzten Achtels.

e) Ernst Pepping

Die schwierige Altstimme nicht als Intervallfolge oder vom Feld her singen, sondern als Umspielung des (in den andern Stimmen klingenden) Gerüstes d — g — d — g mit den Nebentönen des, as, es und f und der Durterz h. Zusätzlich den hilfreichen Sekundgang d — es — f verdeutlichen.

Ähnlich: Distler „Führwahr, er trug unsere Krankheit", Fugenthema (Felder + Sekundgang + Stabilisierung durch Rahmen).

§ 107.17 Schweppe

Notenbeispiel Nr. 170

Joachim Schweppe

Von großen Sprüngen ablenken durch Umlegen der Oktavlagen, Herausarbeiten des Sekundganges, Betonen der Felder durch langsamen Wechsel (funktionsharmonisch: eventuell das Neapolitanerverhältnis h — f einmal andeuten; wegen der Fortschreitung nach cis aber nicht sehr ergiebig).
Verwandtes Problem: Hindemith, „Messe" (Quartenfolgen durch Sekundbeziehungen sichern, Feldergruppierung durch Zäsuren verdeutlichen).

§ 107.18 Schönberg

Notenbeispiel Nr. 171

a)

Arnold Schönberg

Wird die Melodik eines Zwölftonwerkes so stark von der Reihe bestimmt wie hier, so empfiehlt sich ihr Studium als Vorbereitung: (siehe auch § 107.21):
1. Intervalle.
Ganzton und Halbton im Wechsel stabilisieren (wie bei d),
Quarte und Tritonus im Wechsel stabilisieren (wie bei c).
2. Rahmen.
Quintraum betonen, Takt 13 als Übung nutzen, das trübende f durch fis ersetzen.
3. Felder.
Je nach Lage der Reihe (mit U, K, KU) ergeben sich unterschiedliche Eindrücke von Feldern, z.B. der e-moll-Dreiklang (wie bei a) oder der Quartraum e — (fis — g —) a. Die Felder können schon beim ersten Durchsingen durch Akzentuierungen oder durch kleine Zäsuren verdeutlicht werden.

b) Arnold Schönberg

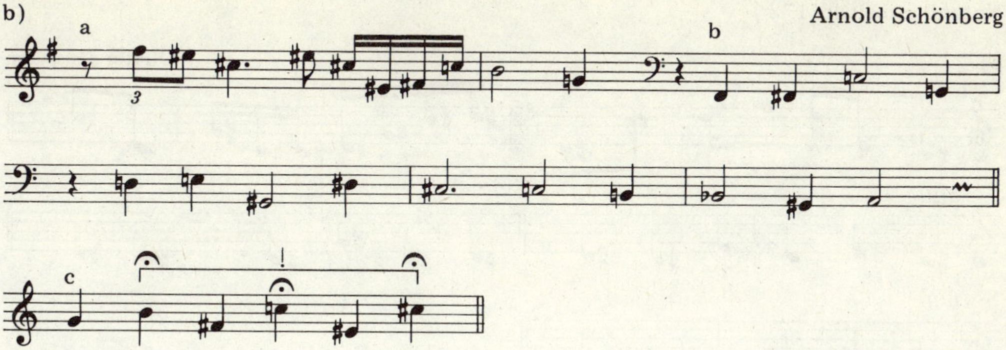

Enthält bei geringer tonaler Orientierung einige zusätzliche Schwierigkeiten (hier nur linear betrachtet, Problem des Zusammenklangs siehe § 133, 134): die bei Schönberg häufigen spiralartigen Führungen vom Typ N.B. 171 b. Sie sind zwar in langsamem Tempo nicht schwer, im flüssigen Zusammenhang aber verwirren sie sehr leicht die Orientierung. Solche Stellen sind schwerer als manche offene Folge schwieriger Sprünge.

Felder: nur geringe Hilfe, weil der Anschluß der Felder bewußt „unharmonisch“ konzipiert ist.

Sekundgang: die zahlreichen Sekundbeziehungen machen den Zusammenhang der Linie aus. Problem: 1. die Stimmen Sopran und Baß laufen zumeist chromatisch, für das Ohr also schwer zu orten; 2. zwei gegenläufige Sekundgänge stören einander tonal.

Diese probentechnischen „Probleme“ machen aber gerade den schwebenden, nur sehr lose tonalen Charakter dieser Linien aus, sie sind ihr Reiz.

Weg: stabilisieren von Tritonus und Ganzton-Halbton; Spirallinie von innen nach außen entwickeln (wie in c), ähnlich für b)., dann erst umgekehrt. Quint-Ganzton-Großterz-Beziehung betonen durch Festhalten; von der Chromatik des Sekundgangs möglichst ablenken.

§ 107. 19—20 Dallapiccola, Messiaen

Notenbeispiel Nr. 172

Luigi Dallapiccola

Notenbeispiel Nr. 173

a) Olivier Messiaen

b) Olivier Messiaen

Die bekannte Methode des Zusammenziehens von Intervallen durch Umlegen des Herausschneidens von Kernintervallen und Kernlinien kann in Stilbereichen wie diesen, vor allem zu Beginn des Studiums, hilfreich sein. Sie ersetzt nicht eine vorausgehende Beschäftigung mit den jeweiligen strukturellen Eigenschaften der Tonsprache (Messiaen!) noch eine Übung in absoluten Intervallen.

§ 107.21 Webern

Notenbeispiel Nr. 174

a) Anton Webern

Das lineare Problem ist hier nur eines unter mehreren, und man kann sich durchaus fragen, ob sich eine Arbeit an der sehr labilen Intervallfolge überhaupt lohnt. Wenn einmal das stimmtechnische Problem der großen Distanzen (siehe § 79.1.) und das klangliche der Sekundparallelen (siehe § 133.3) bewältigt sind, hat man meist quasi nebenbei die Linienprobleme ebenfalls überwunden, vor allem den hier so wichtigen Kontrast Ganzton — Halbton.
Doch kann es andererseits gelegentlich nützlich sein, die Linie in ihrer zusammengelegten Form

b)

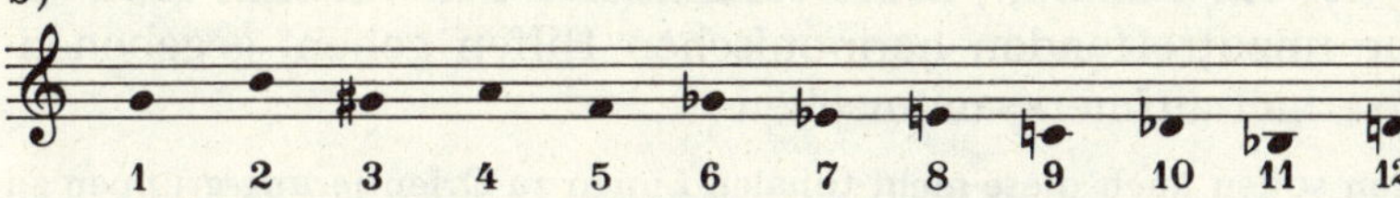

(zitiert nach MGG, Band 14, Tabelle Spalte 1524—1525) für sich zu üben, und zwar einmal zu Beginn der Einstudierung mit dem Zweck, die zunächst schwer eingängige, weil unübersichtliche Linie („Melodie") besser zu erfassen und zu behalten, in einer späteren Probenphase dann mit dem ausdrücklichen Ziel, die Distanzen sorgfältiger zu kontrollieren und einzustimmen.

Übungen zum Ganzton — Halbton — Wechsel (Einüben der Distanz „temperierter Halbton" als Mitte der Ganztondistanz):

c)

d)

In der Aufwärts- wie in der Abwärtsbewegung muß dieselbe Tonhöhe erreicht werden! Noch nicht versuchen, in Intervalldistanzen zu denken!

e)

In dieser Wechseltonübung ist es sehr schwer, die verschiedenen „fis“ aufeinander zu beziehen.
Schließlich kann die auf enge Intervalle geraffte Fassung dieser an Sprüngen so reichen Linie dem Sänger helfen, die stimmtechnische Vorstellung „fast wie auf einer Ebene“ immer erneut zu aktivieren.
Einübung in die stiltypischen linearen Spiralformen (auch bei Schönberg!):

f) *Den großen Ganzton durch Quintenaufbau erreichen*

Der Schritt ges — e ist ein Ganzton, keine verminderte Terz im Sinn etwa des Neapolitaners! Keine unzutreffenden harmonischen Hilfen geben; gegebenenfalls auf diesen Sachverhalt aufmerksam machen.

Durch derartige Übungen sollen auch diese nicht-tonalen Linien zu Orientierungsgruppen zusammengefaßt werden (wie „Felder“ im tonalen Bereich). Ein Singen nur von Ton zu Ton fördert weder die Intonation noch auch eine organische Auffassung der Linie.

Vorübung zum Wechsel von
großer und kleiner Terz in Abwärtsrichtung:
1) Die fallende, kleine Terz wird im Quintraum hängend intoniert
2) Kleinterzsequenzen abwärts üben
3) Wechsel Großterz—Kleinterz vom selben Ton aus
Zweck: Schärfung des Gehörs in einem Bereich, den der Sänger bereits zu beherrschen vermeint.
Übungen zur Gesamtstabilisierung der Linie:

g)

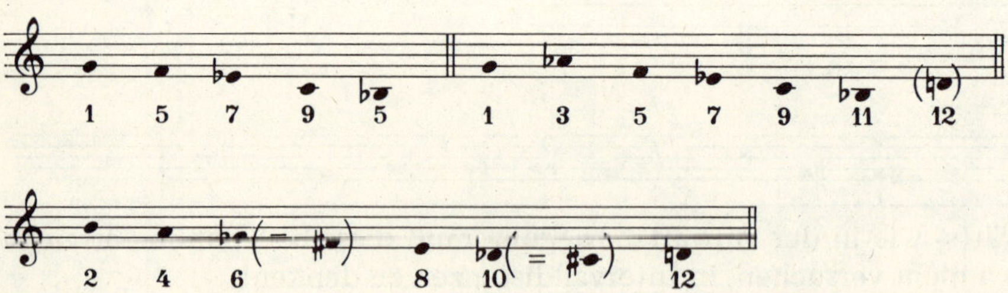

Weiter: Vor- und Rücklauf von Teilen der Reihe (z.B. 1 2 3 4 5 — 5 4 3 2 1, auch 1 2 3 4 5 — 8 9 10 11 12 und ähnliches) zur weiteren Schärfung des Intervallbewußtseins, zugleich als Übung zur besseren Einsicht (zum besseren Einhören) in die linearen Reihentechniken.
Alle Übungen immer nur kurz in die eigentliche Erarbeitung des Werkes einschalten; auch in späteren Probenphasen zur Anregung des Gehörs nutzen.

§ 107.22 Fortner

Notenbeispiel Nr. 175

Wolfgang Fortner

Die spannungsreichen Linien der „Pfingstgeschichte" lassen sich mit den beschriebenen Mitteln dem Notentext nach wohl erarbeiten. Das größere Problem für Probe wie Aufführung stellen die Pausen und die stimmtechnischen Anforderungen dar, einmal abgesehen von den Schwierigkeiten des Rhythmus und des Zusammenklangs. Die Pausen wären wie in 201 durch Mitsingen der Gegenstimmen zu überbrücken. Da aber vor einer vollständigen Beherrschung des Textes keinerlei fließender Zusammenhang herzustellen ist, also nur einzelne Partikel geprobt werden können, dürfte das Studium eines solchen Werkes nur für gewiegteste Probentechniker und nervlich äußerst strapazierfähige Chöre in Frage kommen.

II B. Schwierigkeiten in Akkorden (§ 108—120)

§ 108 Die Bedeutung der Arbeit am Akkord

Der Akkord ist in der Chorarbeit lange Zeit durch ein zu einseitiges Herausstellen des Linearen zu kurz gekommen. Seit sich die Chorkomposition bewußt von einem vorwiegend akkordisch angelegten Satz zu lösen begann, seit „Polyphonie" aus einem Stilbegriff zu einem Wertmaßstab wurde, haben die Chorleiter in ihrer Arbeit oft den Akkord auch als allgemeines musikalisches Ereignis aus den Augen verloren oder ihn sogar im Zeichen des Fortschritts bewußt über Bord geworfen.
Man glaubte sogar, durch Umgehung des Akkords dem Chor einen leichteren Zugang zur zeitgenössischen Chormusik öffnen zu können. Die Werke Distlers, Davids, Peppings, Redas usw. bilden Linien, die mit einem traditionellen Musikdenken ohne weiteres erfaßbar sind. Originelle Besonderheiten sind immer in den Melodiestufengang auf das sorgfältigste eingebaut. Das Ungewöhnliche und Überraschende liegt dann im Zusammenklang der Stimmen. An den Chorleiter tritt die Versuchung heran, diese Linien zunächst einzeln fertig einzustudieren und sie dann gleichzeitig singen zu lassen.
Wenn das Ergebnis nicht einfach unsauber ist, so bleibt auf jeden Fall der Harmonieklang stumpf und spröde. Zudem wird der Chorsänger betrogen. Ihm wird suggeriert, der Komponist habe vom Klang abgesehen, die Zusammenklänge seien zufällig, was diesen ganzen Stil verachtenswert machen kann. Selbstverständlich herrscht in all diesen Kompositionen eine sorgfältig geformte Klanglichkeit und eine Beschränkung auf ganz wenige, bewußt eingesetzte Klanggruppierungen.
Gerade seine Vernachlässigung hat die große *Bedeutung* des *Akkords* für die Chorarbeit wieder neu erwiesen:

§ 108. 1 Akkord und Sängergruppe

Neben der gemeinsamen Aktion in Impuls und Linie ist das *Sich-Sammeln* im bewußt mitgehörten Akkord eine der Grundlagen des legitimen, auch heute nicht überholten chorisch-musikalischen Gemeinschaftserlebens.

§ 108.2 Akkordik und Klang

Die *besondere Klanglichkeit* eines Werkes wird neben seiner Besetzung, Stimmenzahl, - lage und -dichte und seiner Harmonik (der Bewegung der Klänge) von seiner Akkordik bestimmt: bei Bach z.B. einerseits durch zahlreiche Vierklänge auch der Nebenstufen, bei Schütz dagegen durch Dreiklänge in Quintlage; die Bachsche *Harmonik* andererseits durch weitgespannte dominantische Kadenzierungen mit zahlreichen ausweitenden Zwischendominanten, die Schützsche u.a. durch das Nebeneinander von Quint- und Sekundfortschreitungen im Generalbaß; Distler bevorzugt Klänge aus Quinten, Sekunden und Quarten; Schönberg und Berg lassen sich u.a. unterscheiden durch die unterschiedliche Terzhaltigkeit ihrer Akkorde usw.
Noch allgemeiner ist der Akkord Teil des *elementaren Klangempfindens.* Auf Störungen dieses Klangerlebens reagiert der Chorsänger empfindlich. Unklarheiten im Klang - *Verständnis* sind das psychologische Haupthindernis beim Übergang zu einem ungewohnten Stil, besonders einem zeitgenössischen.
Der Chorleiter muß sich vor Augen halten, daß die Ablehnung nicht durch besondere Eigenschaften des „neuen" Stils, sondern nur durch das Nicht-Verstehen-Können ausgelöst wird, wenngleich die Äußerungen der Sänger selbst immer nur auf die Musik und nicht auf sich selbst zielen. Verteidigungen der Musik, Bitten um Geduld usw. sind fehl am Platze. Hier hilft nur Gehörarbeit.

§ 108.3 Akkord und Harmonie

Ohne bewußt gehörten Akkord gibt es kein Harmonieverständnis, ohne Harmonieverständnis kein weiträumiges Hören.

§ 108.4 Akkord und Linie

stehen keinesfalls im Widerspruch. Ohne die Fähigkeit zum Akkordhören ist das raffende Denken in Rahmen, Gerüst, Feldern usw. unmöglich, ebenso auch das musikalisch so subtile Verhältnis von Linie und Akkord in allen traditionellen Stilen.

§ 108.5 Akkord und Rhythmus

Die Grundpfeiler rhythmischen Zusammensingens, der bewußte gemeinsame Einsatz und der „beschwerte Tonschritt", sind ebenfalls vom Akkordbewußtsein abhängig. Im Akkord treffen sich intonatorische und rhythmische Arbeit und lassen sich entsprechend, zu gegenseitiger Entlastung, miteinander auswechseln.

§ 109 Probleme des Akkords

Grundproblem: die Akkordwirkung entsteht nicht durch das bloße gleichzeitige Singen. Sie muß im Bewußtsein und im Klang erst profiliert werden.

Verschwommene Akkordik ist vor allem Gefahr von Anfängerchören und sehr jugendlichen Chören, und zwar ganz unabhängig vom Schwierigkeitsgrad der Werke.

Im einzelnen bewußt machen:
- Klangintegration
- der Akkord verschwindet in der Bewegung
- Grundtonbeziehung
- Quintanteil
- Terzanteil
- Sekundanteil

§ 109.1 Klangintegration

Akkordarbeit ist nur möglich bei hoher klanglicher Integration der Stimmen (Einheitlichkeit in Tonsilbe, Vokalfarbe, relativer Lautstärke; äußerst genaue Gleichzeitigkeit).

§ 109.2 Zwei Wege zum Akkord

1. aus der Bewegung heraus: *v o r* dem schwierigen Akkord stehen bleiben (nicht erst auf ihm!), dann aufmerksam weiter („Lupe"; sehr zeitsparend, allerdings nur wirksam, wenn auch andere Methoden im Chor geübt werden).
2. Den Akkord zusammensetzen (Ziel : bewußtes Aufeinander-Hören):
   a) Außenstimmen
   Für den Anfängerchor schwierig; tiefe Stimmen hören von den höheren zunächst fast nichts (häufige Baßunsauberkeit bei Laienchören).
   b) Einzelstimmen mit dem jeweils untersten Ton (jede Stimme und Baßton).
   c) Intervalle zwischen den Stimmen
   Bei weiter Lage oft undeutlich, vor allem Tenor/Baß; Alt/Tenor auch in enger Lage.

d) Wechsel zwischen konsonanten (Terz-Quint) und dissonanten (Sekund-) Beziehungen.

Notenbeispiel Nr. 176

Heinz Werner Zimmermann

Aus dem Akkord (a) werden zunächst die leichter hörbaren Teilklänge (b) und (c) herausgelöst und für sich gesungen, dann erst folgen die wichtigsten dissonierenden Bestandteile (d) und der Teilakkord (e). Im nächsten Arbeitsgang kann der Gesamtakkord zusammengesetzt werden (ohne besondere Ansage, nur durch Einsatzzeichen), und zwar einmal von den mehr konsonanten Bestandteilen (f) und einmal von dem dissonierenden es ausgehend (g). Schließlich kann man über einem ausgehaltenen Zentralton die beiden Akkordteile gegeneinander ausspielen, zunächst alternierend, dann einen Akkordteil in den andern hineinsingend (h).

§ 109.3 Grundtonbeziehungen

Grundton singen lassen, dann Akkord dazu spielen,
Grundton spielen, dann Akkord dazu singen lassen,
Grundton selbst singen, dann Akkord dazu singen lassen.

Im Anfängerchor schon bei labilen Dreiklangs- und Septakkordumkehrungen sinnvoll.

§ 109.4 Quinten

Sauberkeit und Stabilität eines Akkords hängen weitgehend von sicher gehörten und intonierten Quinten ab (s.o.)

§ 109.5 Terzen

Terzen stabilisieren durch

a) Abhören der Obertonterz (aus tiefem Klavierton oder Männerstimmenklang, „bo“ in tiefer Lage)

b) Wechsel zwischen Dur- und Mollterz (s. § 104.2).

c) Statt Terzen *bewußt* „hoch“ zu nehmen (Gefahr der Verkrampfung; kein Gewinn für das Hören), ist es besser, sie an die *Quinte* „*anzuhängen*“.

Die Vorstellung des „Hängens“ entspricht dem labilen Charakter der dritten Stufe besser als das „Stehen“, statt „hoch“ wird die Terz als „dicht unter der Quint“ empfunden (zugleich Sicherung der Sextakkordlage).
Mollterz: ebenfalls an die Quinte hängen.
Ein „Hochnehmen“ der Großterz (in stark modulierenden Bereichen) linear motivieren (s. auch § 97).

§ 109.6 Sekunden

Das Problem der Sekund liegt nicht in ihrem funktionsharmonischen Dissonanzcharakter (Vorstellung eines harmoniefremden Tones), sondern in ihrer *Klanglichkeit.* Während eine Terz, Sext oder auch Quint vom Hörer als geschlossene Einheit und weniger als Abstand zwischen zwei Tönen gehört wird, fehlt ein solches klares *Einheitserlebnis* beim ungeschulten Hörer für die Sekund, und zwar für die kleine noch weit mehr als für die große. Sie wird als „*Nichtklingen*“ erlebt. Da alle Akkorde mit Ausnahme der Dreiklänge Sekunden bzw. Septimen oder Nonen enthalten, sind sie alle von einem Schleier des Nichtverstehens verhüllt.

Ein solches Nichtverstehen sekundhaltiger Klänge kann man auch bei geübteren Chören hören, deren Sänger ihren Part gegen die übrigen Stimmen nur durchhalten. Trotz richtiger Töne entsteht doch kein harmonisches Gesamtbild.

Die Sekundübung gehört daher, neben der Tonwiederholungs- und der Quintübung, zu den Grundlagen der Chorerziehung.

Zum kritischen Einhören ohne Korrektur von allen Stimmen singen lassen:

Notenbeispiel Nr. 177

Quinte ins Bewußtsein holen: ein tiefer Baßton, im piano auf die Silbe „bo“ gesungen, läßt die Obertonquinte deutlich hören, in die die Stimmen Sopran, Alt und Tenor dann einstimmen können. Der Baß übernimmt den Ton c, von dem aus die reine Quint g von den übrigen Stimmen erreicht wird:

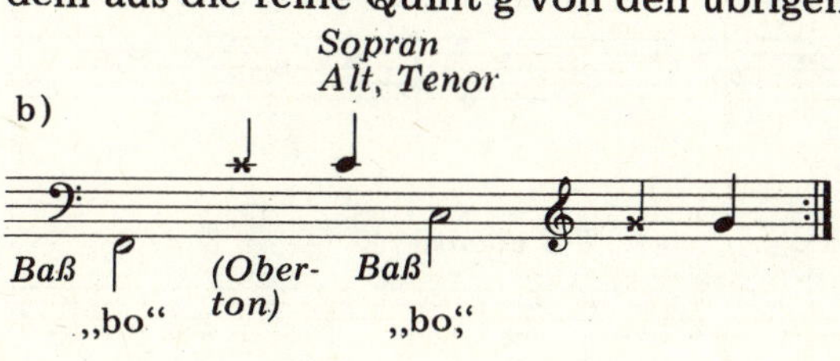

Zweistimmiger Satz. Kontrolliert wird
a) der Quartschritt f - c,
b) der Quintklang c - g und der Sekundschritt f - g:

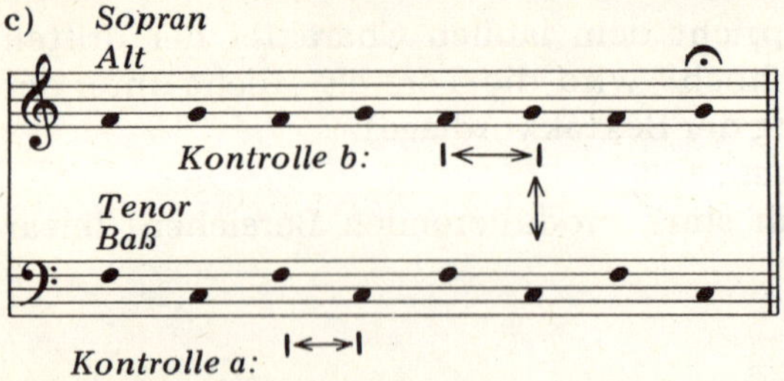

Ganztonschritt abwärts:

Beziehungen zwischen gleichen Tönen:

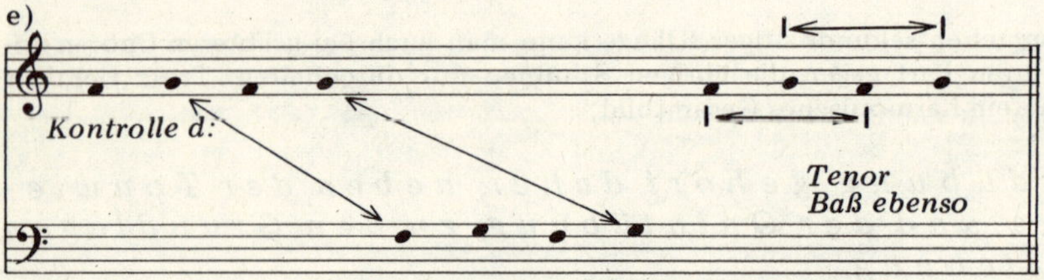

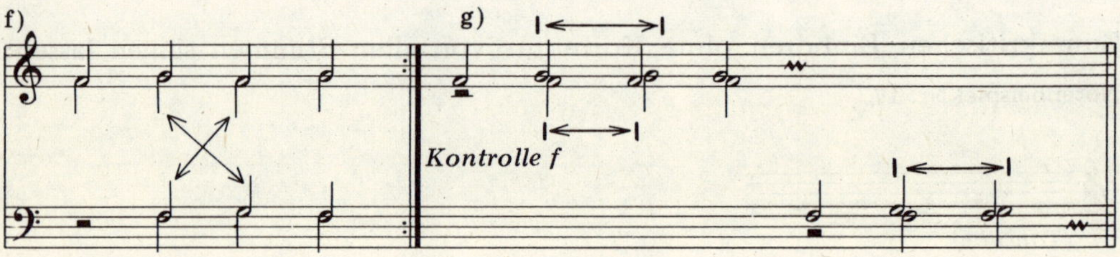

Sekundklänge aus Sekundschritten entwickeln und stabilisieren:

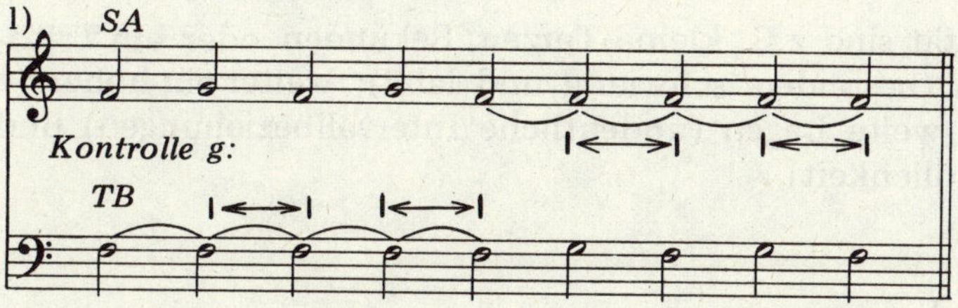

Kontrolle von g: Liegender Ton darf im Schritt zum Einklang („Auflösung") nicht nachgeben (s. § 122).

Ähnlich die Arbeit an der kleinen Sekund:

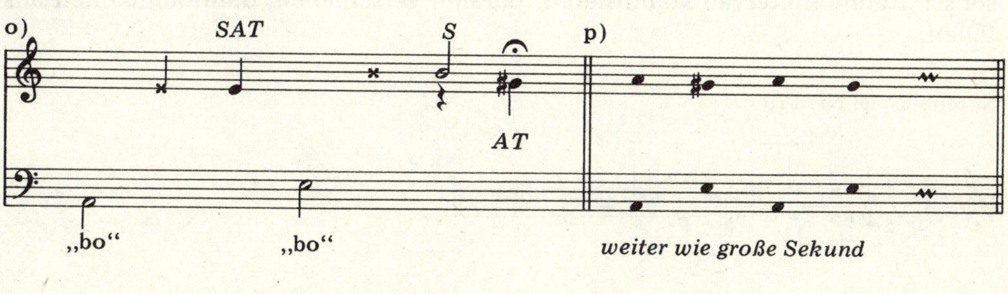

Ständig wechseln zwischen
a) Sekundabstand und Sept- bzw. Nonabstand;
b) den Kombinationen Frauenstimmen — Männerstimmen, Sopran — Alt, Tenor — Baß;
c) Übungen aus Sekund- (Sept-, Non-) Klängen und Übungen aus Sekund- (Sept-, Non-) Schritten.

Stabilität und Labilität

Ein Klang ist um so stabiler, je sauberer er ist und je deutlicher sein *Quintanteil* ist.
Nachteilig für die Stabilität sind z.B. kleine Terzen, Sekunden oder ein Tritonus über dem Grundton (besonders schwierig und labil); weiter ein hoher Sekundanteil (Unklarheit), weite Lagen (undeutliche Intervallbeziehungen) und Alterationen (Mißverständlichkeit).

§ 110—119 Einige Akkordtypen

§ 110 Sextakkorde

in Dur und Moll sind labil

a) Grundton ergänzen.
b) Nicht zuerst von den Oberstimmen her korrigieren, sondern von der Unterstimme (an die Quinte anhängen, siehe auch N.B. 177).

§ 111 Verminderte Dreiklänge, verminderte Septakkorde als alterierte Klänge

Aus dem Ursprungsakkord entwickeln, eventuell den Ursprungsakkord verschieben wie z.B.

Notenbeispiel Nr. 178

sonst: Rahmenintervall stabilisieren, parallel verschieben, dann allmählich ausfüllen.

Notenbeispiel Nr. 179

§ 112 Übermäßiger Dreiklang

a) Als Alteration wie in § 111.

b) Sonst auf Ursprung zurückführen:

Notenbeispiel Nr. 180

Heinrich Schütz

Der übermäßige Dreiklang ist hier entstanden durch leichte Verschiebung des harmonischen Grundvorgangs A - d - B. Anweisung: ,,Unterstimmen auf 1 die Note ‚barm'; anhalten; weiter zur Note ‚her'."

Die Oberstimme muß führen, die Unterstimmen sind als Vorhalt von unten zu hören, und zwar mit der Auflösung d, nicht B!
Die im Gesamteindruck der Stelle vorherrschende, nur geringfügig umspielte Rückung A - B - A ist für die Intonation ungünstig (siehe auch § 125)

Stabilisieren der Gesamtstelle über den Ton a.

Der übermäßige Dreiklang ist historisch weniger einengend vorgeprägt als der verminderte. Er tritt daher auch im tonal freieren Raum auf. Dann: als *T e r z e n s c h i c h t u n g* (also gegen das natürlich-harmonische Hörprinzip) von der Mitte aus entwickeln.

Notenbeispiel Nr. 181 a—e

§ 113 Sept- und Nonenakkorde

Für den Anfängerchor als Schwierigkeiten zu behandeln. Nicht linear hineinrollen, sondern zunächst aufbauen.
Probleme für den erfahreneren Chor: die Sept- und Nonintervalle scheinen im Akkordverband oft erleichtert, verharmlost, der *Sekundanteil* in seiner Härte *gemildert*. Für die Intonation liegt darin kein Vorteil.

Notenbeispiel Nr. 182

Unsauberkeiten – Sopran in a) zu hoch, in b), c), d) zu tief; Baß eventuell in c) und d) zu tief – und Mangel an Spannung und Leuchtkraft sind die Folge. Deshalb:

a) Septen und Nonen isolieren, durch Oktavversetzungen oder Verdoppelungen auf Sekunden zurückführen,

b) Akkord zum Oktavklang abwandeln und wieder zurückführen. Abstand bewußt machen (a1 bis d1).

§ 114 Alterierte Akkorde

Aus normalen entwickeln

Notenbeispiel Nr. 183

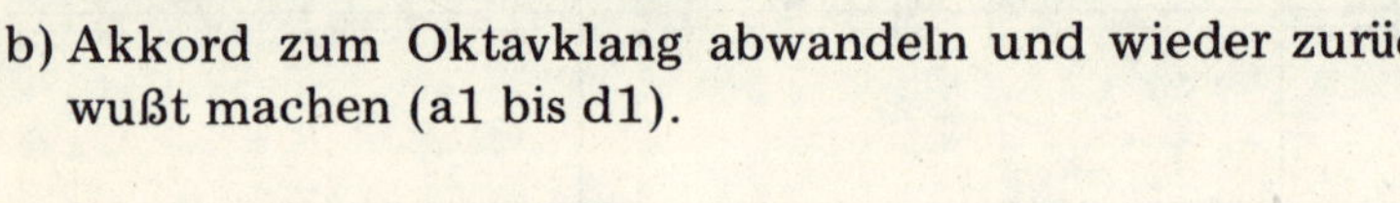

§ 115 Akkorde mit „verstellten" Tönen

Das heißt Akkorde, bei denen ein Dreiklangs-Ton durch einen anderen diatonischen ersetzt ist.

Notenbeispiel Nr. 184

Sie sehen vielfach aus wie klassische Vorhaltsakkorde, sind aber tatsächlich etwas anderes, nämlich gewissermaßen diatonisch-alterierte Akkorde. Sie haben mit den echten alterierten Akkorden die Mehrdeutigkeit gemeinsam. Die Distlersche Klanglichkeit ist stark von ihnen bestimmt.
Mit diesen Akkorden werden vor allem allzu deutliche Kadenzwirkungen vermieden, scheinbare Parallelkadenzen treten auf.

Zusammensetzen und paralleles Verschieben wie in 184 b) und c); ggf. auch, sowohl zur Demonstration wie zur Intonationssicherung, aus einem denkbaren Ursprungsakkord entwickeln, wie in 184 a).
Im Zusammenhang:

Notenbeispiel Nr. 185

Hugo Distler

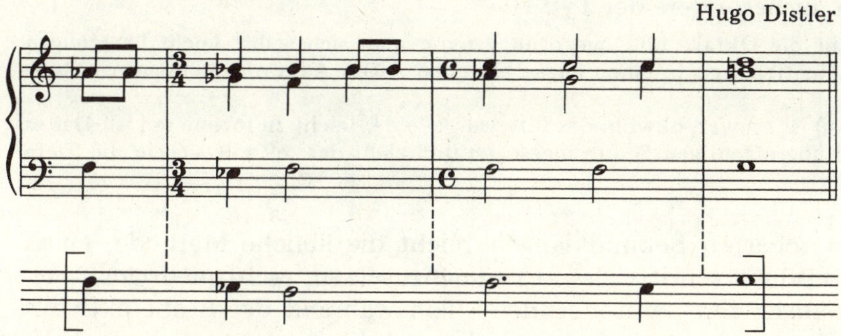

Zitat aus dem Notenbeispiel 380

§ 116 Akkorde mit Zusatztönen

Notenbeispiel Nr. 186 Willy Burkhard

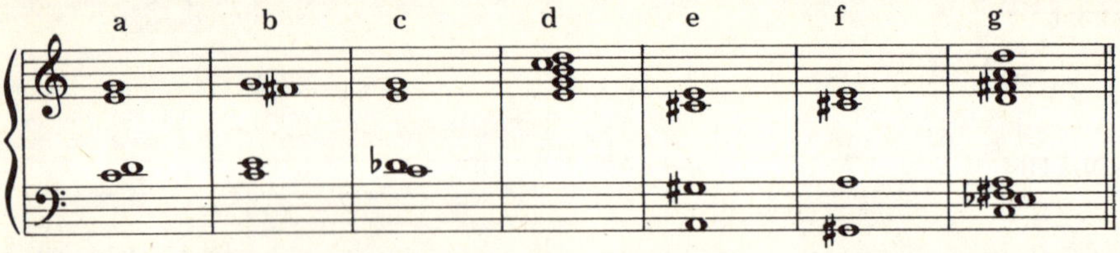

Zusammensetzen aus beiden Richtungen (N.B. 186 a1, a2)

Die *konsonierenden* Stimmen haben es hier oft *schwerer* als die dissonierenden.
Akkorde mit Zusatztönen sind tonal immer mehrdeutig, oft lassen sie sich nur aus dem Zusammenhang heraus identifizieren (186 d): e oder c-Harmonie?).
Eine Abgrenzung der Akkorde mit Zusatztönen gegenüber den in 4., 5. und 6. beschriebenen ist nicht möglich (186d, e, f, g).
Strawinsky verwendet z.B. in seiner „Messe" Zusatztöne bei gleichzeitigem Auslassen oder Umstellen von wichtigen Akkordtönen. Für einen intellektuell ansprechbaren Chor können einige Hinweise des Chorleiters den Reiz dieser Harmonien noch erhöhen.

In diesem Bereich treten Akkorde auf vom Typ N.B. 186 c), e), f), also mit großer Sept oder kleiner Sekund über dem Grundton. Sie sind außerordentlich schwer zu singen, insbesondere der Typ f).

Der Baßton wird in die Oktave hineingezogen, wovon man sich selbst leicht überzeugen kann, indem man ein tiefes gis in einen angeschlagenen A-Dur-Akkord hineinzusingen versucht.
Auch der Akkord g) ist schwer, obwohl das Intervall c^0 - d^1 leicht zu intonieren ist. Das es aber wird von dem übermächtigen D-dur angesogen und zieht das c^0 mit sich in die Tiefe von d^1 - H.

Bei tiefliegenden scharfen Sekundklängen reicht die übliche Methode, einen Akkord aus Einzeltönen schrittweise zusammenzusetzen, nicht mehr aus. Vielmehr muß der Sänger den „aufsaugenden" Ton während der Probe aktiv als wiederholte Wechselnote mitsingen und diesen „Wechselnotentriller" auch während der Aufführung in der Vorstellung beibehalten (s. N.B. 186 e1—g1)

In e ist nicht etwa der Tenor gefährdet! Der Gesichtspunkt des harmonischen Grundtons spielt hier kaum eine Rolle.
Man kann diese Form des „Zweistimmigsingens" solange beibehalten, bis die Sänger sie von selbst aufgeben, ggf. bis zur letzten Probe.
Auf jeden Fall muß der Sänger gehindert werden, dem Abdrängungseffekt durch physische Stimmanstrengungen zu begegnen. Sie führt unweigerlich zum Abrutschen. Gelegentlich hilft bereits ein ganz kurzes unhörbares Antippen des Nebentones (s. N.B. 186 f2).

§ 117 Zusammengesetzte Akkorde

Notenbeispiel Nr. 187

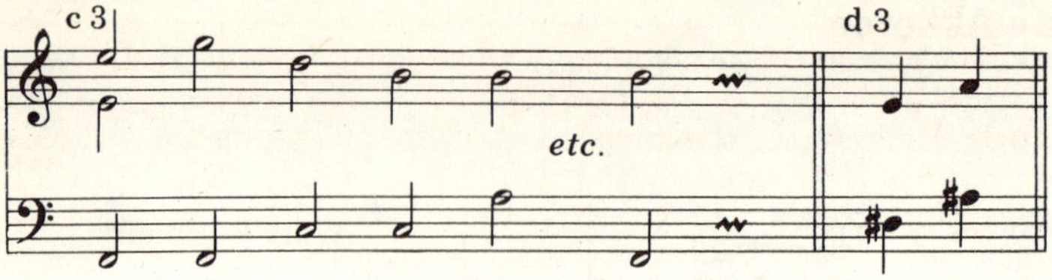

Akkorde, die aus isolierbaren Klanggruppen aufgebaut sind.

Die Teilgruppen selbst haben oft die Gestalt traditioneller Harmonien, und zwar vollständiger (187 b) oder unvollständiger (187 a). Die Gruppen können geschichtet (187 b), ineinander verschränkt (187 c) sein oder ein bis mehrere Töne gemeinsam haben (187 e , d). Nicht immer lassen sie sich eindeutig abgrenzen; oft sind sie eher Gravitationsfelder als Tongruppen. Der Gesamtakkord bindet sich im Ganzen z.B. durch seine äußerliche Übereinstimmung mit traditionellen Harmonien wie Sept- und Nonakkorden, Vorhaltsakkorden, Umkehrungen, auch unüblichen, von traditionellen Harmonien oder seinen prägnanten Intervallrahmen (Quinte, große Terz, auch große Sekunde) oder schließlich durch das tonale Übergewicht einer Teilgruppe, die sich allmählich durchsetzt. Im Normalfall ist es die untere, gelegentlich, mit interessantem schwebendem Effekt, auch die obere (187 d).

Das sehr komplexe Hörerlebnis läßt sich vereinfacht so beschreiben:
der Akkord bei und in N.B. 187b hat drei Elemente:

1. A-dur-Dreiklang
2. Ces-dur- (H-dur) Dreiklang
3. H-dur 7-9-11

Der A-dur-Eindruck verschwindet nicht einfach, sondern erzeugt eine Trübung im Ces-dur-Bild. Der Gesamtklang 3. saugt die Bestandteile nicht völlig auf; er bleibt trotz seines einfachen Äußeren gespalten, mehrdeutig.
Jede der drei Komponenten drängt sich dem Ohr als möglicher Hauptklang auf. Die Aufmerksamkeit schweift zwischen den Gruppen hin und her; der Akkord scheint sich zu bewegen.

Es genügt nicht, den Akkord einfach zusammenlaufen zu lassen.
Zweckmäßiges Vorgehen etwa:

1. Teilharmonien verdeutlichen, sowohl stehend wie aus der Bewegung heraus, mit „Lupe“;
2. Sekund- und Tritonusteile herauslösen (187 b1 und b2) (Die Sekundspannungen verschwinden leicht hinter der auffälligen Terzstruktur).
3. Gesamtakkord aufbauen, stehend und aus der Bewegung, mit „Lupe“.

§ 118 Akkorde mit geringem tonalem Leben

In der Musik, die aus dem Fortschreiten der Zusammenklänge keine den Ablauf bestimmenden Wirkungen zieht, hat die Behandlung der Akkorde nach § 110—117 weniger Sinn.

Es geht hier nicht um „tonal“ und „atonal“.
Werke wie Hindemiths a-cappella-Messe und Schönbergs „Dreimal tausend Jahre“ sind Werke mit deutlich tonalen Zügen, jedes in seiner Art. Dennoch spielt die Bewegung der Akkorde selbst eine ganz untergeordnete Rolle im Kräftespiel des Ganzen. Das durchaus spürbare harmonische Leben liegt vor allem in den Linien selbst. Andere Werke, wie z.B. Fortners „Pfingstgeschichte“ und Schönbergs „Psalm 130“, verringern streckenweise die tonale Bedeutung des Einzelakkords noch weiter, ohne daß die Klänge deswegen an Prägnanz verlören.

Notenbeispiel Nr. 188

60
er-schie - - - nen ih-nen Zun - - gen, ß er-
es er-schie - - -
Und und -gen und
es es er- es
-nen ih-nen Zun - - - - gen
und er-schie - -nen ih-nen Zun - - und
pizz.
arco
pizz. arco

63
-schie - - - nen ih-nen Zun - - gen Feu - er, Feu - er
es er-schie - - - - - - zer und
und -gen wie von
es er- zer-teilt, zer-teilt wie von
-nen ih-nen Zun - - - gen von -teilt und er
er-schie - - nen ih-nen Zun - - wie Feu-er und
pizz.
arco
pizz. arco
pizz. arco
arco

Für Musik dieser Art wird folgender Weg empfohlen:
1. Vorbereiten der schwierigen Hauptintervalle Sekunde und Tritonus
2. den Gesamtsatz lange Zeit in wechselnden, wenigstimmigen Kombinationen üben (2stg., höchstens 3stg.).
3. einen oder zwei typische Akkorde herausgreifen und
   a) als Linie ersingen (190 a1, a2)
   b) aus Sekundbeziehungen aufbauen (190 a3)

Notenbeispiel Nr. 190

Danach schrittweise in die Vollstimmigkeit übergehen.
Diese Methode kann auch in anderem Zusammenhang verwandt werden: im *Anfängerchor* bei der Arbeit an ungewohnten polyphonen Stilen, besonders zeitgenössischen;
im *fortgeschrittenen* Chor beim Übergang zur älteren Vokalpolyphonie (Ockeghem, Josquin, Senfl usw.) zur Ablenkung von dem zunächst als schwach empfundenen akkordischen Geschehen auf das vorherrschende kontrapunktische.
Es wird also in den besprochenen Fällen nicht am *Akkord*, sondern an der *Akkordik* eines Werkes gearbeitet. Der Weg geht nicht über die einfache Linearität, sondern über die *Kontrapunktik*, verstanden als Klangerlebnis.

§ 119 Cluster

Notenbeispiel Nr. 191 a

Norbert Linke

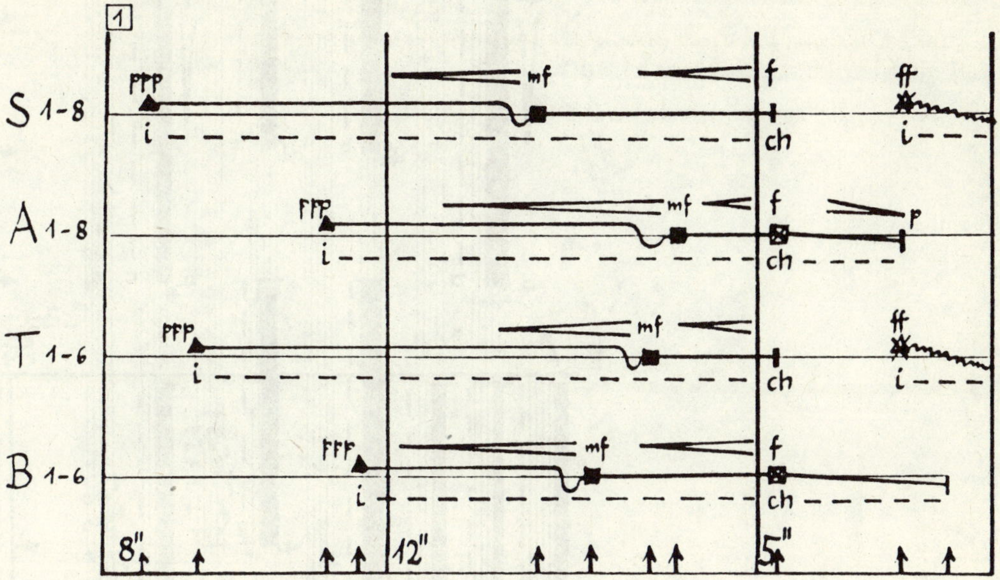

Notenbeispiel 191 b

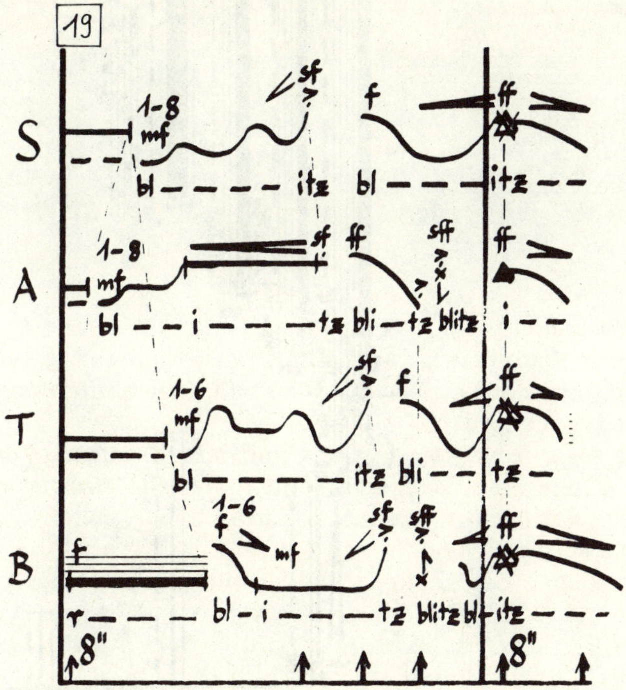

Notenbeispiel Nr. 191 c

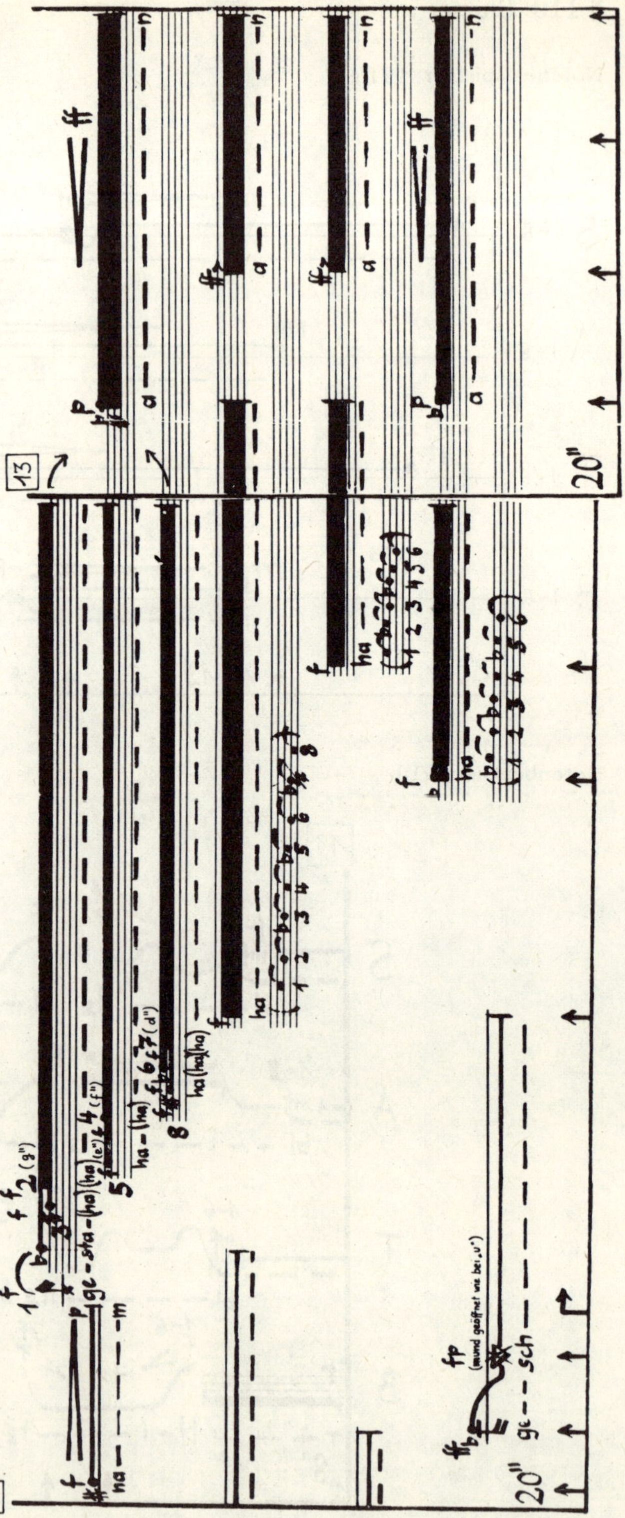

Die erste Einführung von Clustern im Chor geht nicht von Zufallsbildungen aus, sondern von der Sekundenfläche wie in 191 c. Die Takte stellen selbst eine perfekte Cluster-Übung dar:
zunächst den Ausgangston (oder Rahmen) singen,
dann größere Intervalle anfügen,
mit kleinen Sekunden auffüllen,
den entstandenen Klang mehrfach einsetzen und absetzen.
Man kann solche Flächen beginnen mit chromatischen Leitern (zunächst langsam, dann schneller bis zum „Jaulen") und „Pedal-Effekt" (jeder Sänger bleibt auf einem selbst gewählten Ton stehen).
Der Anfänger muß zuerst lernen, auf jeden Fall einen *anderen* Ton zu singen als sein Nachbar, dabei aber Terzen und Quinten vermeiden.
Als zweite Stufe kann die *schwankende Tonhöhe* eingeführt werden (keine Stufen oder Linien!).

Je größer die Gruppe ist, desto gefahrenloser kann bei stehendem Cluster die schwankende Tonhöhe eingesetzt werden. Sie erzeugt eine zusätzliche lebendige Vibration des Klanges.

Bei kleineren Gruppen hört man leicht Linienbruchstücke heraus. Dieser Effekt wird, wenn gewünscht, vom Komponisten durch grafische Zeichen oder Notenangaben dargestellt und darf mit dem *stehenden* Cluster-Klang nicht verwechselt werden.

Je kleiner die Gruppe ist, desto enger müssen die Töne beieinander liegen. Andernfalls entsteht ein „strähniger" Klang, der seinerseits besonders gefordert sein müßte.
Klangfarbe und relative Lautstärke müssen ausgeglichen sein. Verdickungen im Klangfeld sind ebenfalls spezielle Effekte, die nicht zufällig entstehen dürfen.

Beruhen Cluster auf Bewegungen, so ist darauf zu hören, daß sich nach Möglichkeit keine Wiederholungen einstellen. Sie sind sogleich aus dem Klang herauszuhören und wirken wie banale melodische Formeln.
Bei bewegten Clustern (Linien mit uneinheitlicher oder unbestimmter Tonhöhe) muß besonders sorgfältig ein Zusammenfallen zweier Sänger auf einen Ton oder einer Tonbewegung vermieden werden.

Nur sehr gut im polyphonen Singen ausgebildete Chöre sind diesen Anforderungen gewachsen. Man glaube nicht, daß Cluster-Bildungen ohne Mühe von selbst entstehen. Ungesteuertes Durcheinander ist künstlerisch nicht brauchbar. Gerade wenn der Komponist Freiheit im Detail anbietet, muß der Interpret größte Sorgfalt anwenden, damit diese Freiheit sich geformt verteilt und sich nicht etwa auf einige wenige Primitivreaktionen reduziert.

Der Cluster-Klang ist innerhalb des Chores vom Sänger selbst zunächst schlecht wahrnehmbar. Es ist sicher nicht falsch, dem unerfahrenen Chor zunächst instrumentale Cluster vorzuführen (Klavier, Orgel, Tonband), bis er statt Komik einen differenzierbaren Klangreiz erlebt.

§ 120 Zeitlicher Aufwand der Arbeit am Akkord

„Arbeit am Akkord" bedeutet Arbeit am *typischen* Akkord oder am *einzelnen*, herausfallenden Akkord, nicht etwa an *jedem* Akkord. Sie ist ein sparsam, aber gezielt einzusetzendes Mittel der Absicherung von Gehör und Intonation, in schwierigen Fällen als frühe Vorübung (Phase I und II) in leichteren als Zusatzsicherung (Phase II).
Aufwendig ist u.U. die eigene Vorbereitung der Arbeit am Akkord. Ihre Durchführung in der Probe aber ist jeweils eine Sache nur weniger Minuten.

II C. Schwierigkeiten in Harmonieverbindungen (§ 121–132)

Zunächst einige Beispiele für Probleme in Akkordverbindungen (§ 121–125)

§ 121 Akkordfolgen mit identischen Tönen

Eines der wichtigsten Mittel zur Intonationssicherung ist das Bewußtmachen gleicher Töne in der Folge verschiedener Stimmen.

Notenbeispiel Nr. 192 — Heinrich Schütz

Notenbeispiel Nr. 193 — Johannes Brahms

Probleme:

a) gleiche Töne werden vom Sänger nicht ohne weiteres wahrgenommen:

Notenbeispiel Nr. 194

Johann Sebastian Bach

b) Die gleichen Töne erfordern von den verschiedenen Stimmen unterschiedlichen Aufwand (siehe „stimmtechnische Probleme aussondern“).
Folge: Alt höher als Sopran, Sopran 2 höher als Sopran 1, Tenor tiefer als Sopran.

c) Die gehörten und stimmlich bewältigten Töne unterliegen der Gefahr jeder Tonwiederholung: Detonieren durch Abnutzung.
Mittel: crescendo (oder crescendo-Tendenz), Verstärkung der Auftakte, Verstärkung der Anlautkonsonanten (s. auch § 103).

§ 122 Akkordfolgen mit durchgehaltenen Tönen (z.B. Orgelpunkten)

Eine oft unterschätzte Schwierigkeit ist das Durchhalten eines Tones bei wechselnden Harmonien, besonders bei wechselndem Dissonanzgrad; *g e - f ä h r d e t* sind in solchen Fällen weniger die dissonierenden Stimmen als vielmehr gerade die *d u r c h g e h a l t e n e n.*
(Auch in anderen Zusammenhängen läßt sich beobachten, daß dissonierende Stimmen es in der Intonation oft leichter haben als die konsonierenden Partner.)

Notenbeispiel Nr. 195

Man singe den unteren Ton und spiele dazu die Akkorde 1 bis 4 auf dem Klavier. Dabei läßt sich beobachten:

a) Schritt vom 1. zum 2. Akkord: f wünscht zu sinken

b) Schritt vom 2. zum 3. Akkord: f wünscht zu steigen

c) Schritt vom 3. zum 4. Akkord: f wünscht zu sinken

Bemerkenswert ist: während a) und b) noch kontrollierbar sind, ist es fast unmöglich, in c) einer unwillkürlichen Tonveränderung zu widerstehen.
Sinkende Spannung ist also gefährlicher als steigende.

Notenbeispiel Nr. 196

Norbert Linke

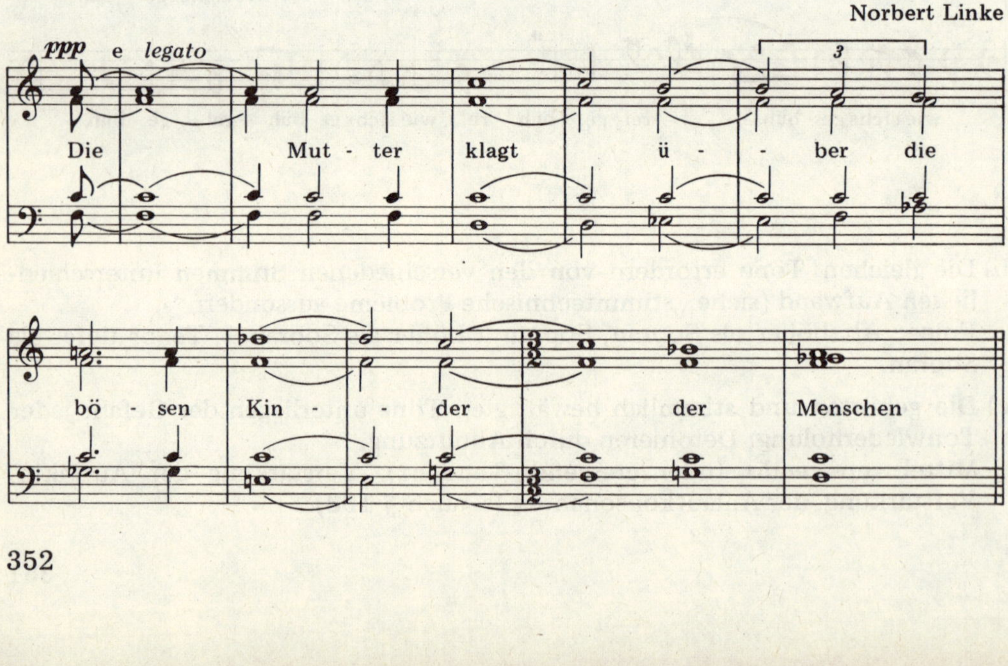

N.B. 196 ist ein Beispiel für *liegende Innenstimmen*.
Diesen selben Vorgang treffen wir, wenngleich optisch viel weniger auffällig, in den Plagalkadenzen I-IV-I, mit denen so viele Werke alter Meister schließen.

Notenbeispiel Nr. 197

Während Chor und Leiter sich um die Reinheit der Schlußterz mühen, trübt sich ganz unbemerkt des a im zweiten Sopran und im zweiten Tenor, vor allem dann, wenn die Wirkung der harmonischen Entspannung durch eine ausdrucksmäßige zusätzlich noch gesteigert wird.

Gegenmittel:

Absetzen und Neuansetzen des Tons gemeinsam mit dem übrigen Harmoniewechsel, den entspannenden Schritt besonders bestimmt. Im Fall N.B. 195 kann wie in N.B. 186 eine zusätzliche Sicherung eingebaut werden:

Notenbeispiel Nr. 198

Zweite Gefahr: die *klangliche Isolierung*. Aus Unverständnis oder um der Intonationsstörung zu entgehen, verschließt der Sänger sein Ohr gegen das übrige Geschehen:

Der Klangbruch ist unüberhörbar. Gegenmittel: Hauptstimmen mehrfach mitsingen lassen, in N.B. 195 f - es - ges - f (oder Alt). Bekanntes kann man nicht mehr überhören.

§ 123 Querständige Akkordfolgen

(Die besonderen Intonationsprobleme querständiger (=terzverwandter) Harmonien siehe § 130.)
Grundbehandlung: Herausarbeiten der Chromatik. Stücke mit lebhafter Querständigkeit sind oft schwer einzustudieren.

Notenbeispiel Nr. 199

Johann Hermann Schein

Phase II: „Lupe“ (vor dem Querstand verzögern oder kurz anhalten), eventuell wenigstimmig mit Generalbaß.

Phase III (Sicherung):
zwei Arbeitsgänge

a) Stabilisieren der Gesamtphrase vom Schluß her;
Sopranrahmen, Baßrahmen usw.

b) Sichern der fraglichen Wendung durch mehrfachen Wechsel in der Reihenfolge: 2. Akkord — 1. Akkord (!)
2. — 1. — 2.
1. — 2. usw.
Ggf. Rückführung auf Dur-Moll (siehe oben)

Unmittelbare Querstände sind oft sehr labil (Lasso), Querstände mit Zwischentönen wie N.B. 199 dagegen meist stabil, sobald einmal verstanden.

Notenbeispiel Nr. 200

Norbert Linke

Linear sehr leicht zu singen, aber gefährdet durch den Abdrängungseffekt und mögliche Isolierung.
Sicherung der Phrase vom Ziel her (h-moll), Sicherung der beiden ersten Akkorde durch Zusammensetzen der Teilharmonien und Herausarbeiten der Sekundspannungen, Sicherung der Querständigkeit wie N.B. 200b.
In terzverwandten Akkordschritten besonders auf den Baß achten.
Siehe N.B. 219 b - c; l - m; auch d - e.
Im Baß ist die Stufenfolge 8-6 labil!

§ 124 Durchgangs- und Wechselharmonien

Probleme: sie bleiben als Akkorde unverstanden (isolieren; ggf. nur anhalten); Teilgruppen isolieren sich, die Intonation führt auseinander (vom Ziel her erarbeiten, siehe N.B. 200)

Notenbeispiel Nr. 201

Ernst Pepping

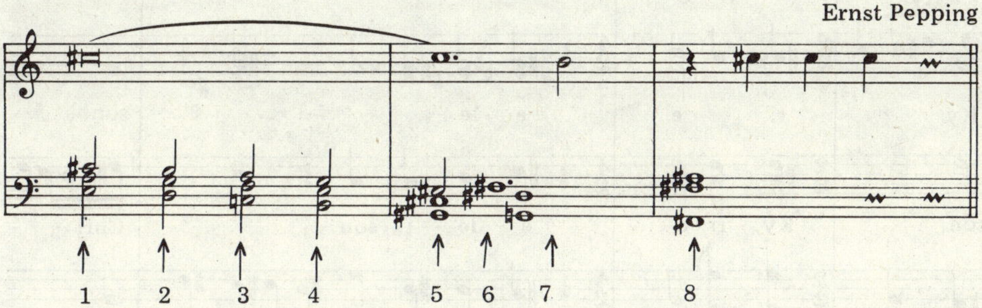

1. Gesamtphrase sichern durch
   a) schnelle Folge 1, 2, 3, 4, 5 (mit Wiederholung)
   b) unmittelbare Folge 5 — 8
   c) schnelle Folge 1, 2 ,3, 4, 5, 6, 7, 8 (mit Wiederholungen)
2. Einzelakkorde sichern:
   1; 3; 1-2. 3-4; 5, 6, 7.
3. a) Wiederholen 1 c,
   b) langsam ganz

Notenbeispiel Nr. 202

Ernst Pepping

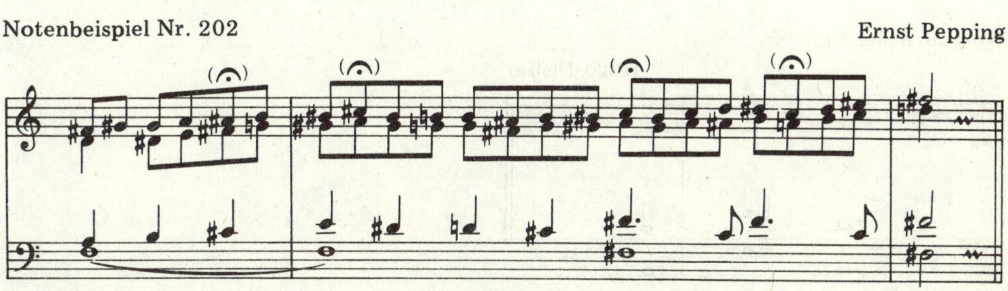

„Verkehrsinseln" auf den fis-Klängen

Notenbeispiel Nr. 203

Ernst Pepping

„Verkehrsinseln" harmonisch nicht möglich. Statt dessen rhythmische Gruppen

Notenbeispiel Nr. 204

Ernst Pepping

(s. auch N.B. 223)

Bei Durchgangsharmonien von starkem harmonischem Gewicht sind Raffungen (siehe § 127), wie in den vorigen Beispielen nicht nur keine Hilfe, sondern geradezu schädlich. Die Vorstellung von chromatischem Rutschen muß ersetzt werden durch bewußtes harmonisches Springen: jeder Akkord mit Fermate, auf Zeichen weitersingen, jeden Schritt mehrfach hin und zurück (eventuell auch in Gruppen zu drei Akkorden).

Sehr schwer ist die Baßfolge: dis (= es) g - d - e - eis - fis (keine Linien, sondern Sprünge).

Notenbeispiel Nr. 205

Hugo Distler

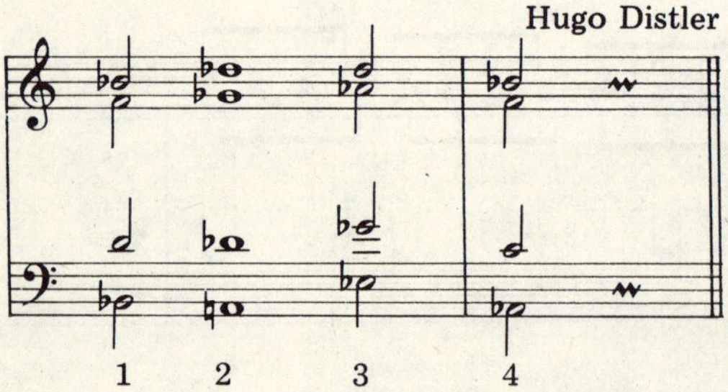

a) vierstimmig 1 - 2 - 4

b) S, A, T 1 - 2 - 3 - 4

c) S, A, B 1 - 2 - 3 - 4

d) vierstimmig im Zusammenhang

§ 125 Parallelgeführte Akkorde

gehören ebenfalls zu den leicht unterschätzten Schwierigkeiten.

Probleme:

a) labile Gesamtintonation aufgrund der erschwerten harmonischen Orientierung

b) sehr schwierige Orientierung für die Mittelstimmen. Sie führt, außer zu Irrtümern und Intonationsunsicherheit, leicht auch zu klanglichem Herausfallen, gegen das gerade Parallelakkorde sehr empfindlich sind.

Mittel:

zu a) Sicherung durch Melodierahmen (Zielton) der Außenstimmen, besonders der Oberstimme;

zu b) Angliedern der Mittelstimmen an jeweils *e i n e* Außenstimme in zweistimmiger Führung.

Relativ am leichtesten und stabilsten sind rein diatonische Parallelführungen, wie sie im Madrigalbereich häufig sind:

Notenbeispiel Nr. 206

Carlo Gesualdo

Notenbeispiel Nr. 207

Johann Hermann Schein

(N.B. 207 und verwandte Stellen erfordern einige Aufmerksamkeit für die Mittelstimmen). Etwas schwieriger sind Dreiklangsparallelen (Mittelstimmen!)

Notenbeispiel Nr. 208

Carl Orff

Beträchtlich schwieriger: absolute Parallelführung mit schwacher Zieltendenz:

Notenbeispiel Nr. 209

Paul Hindemith

Jede Stimme singt hier in einer andern Tonart (in einem andern „Melodie-Stufengang" nach Hindemith): zusätzliches einleitendes Einzelstimmenproben ist unerläßlich.

Notenbeispiel Nr. 210

Maurice Ravel

Notenbeispiel Nr. 211

Maurice Ravel

Nur die Außenstimmen laufen absolut parallel, die Innenstimmen weichen heterophon ab, eine weitere Erschwerung.
N.B. 211 Takt 1 und 2: zusätzlich erschwert durch weite Sprünge.

Ausführlicher Arbeitsgang etwa:
a) Sopran und Baß (eventuell Klavier Innenstimmen p)

b) Alt

c) Tenor (eventuell Klavier Außenstimmen p)

d) Tenor - Baß (Sopran)

e) Sopran - Alt - Tenor usw.

§ 126—132 Eigentliche Harmonieverbindungen

§ 126 Grundprobleme

Das *Hauptproblem* harmonischer Arbeit liegt darin, daß der Sänger über seinen eigenen Part hinaus umfangreiche Zusatzvorstellungen entwickeln muß in noch weitergehendem Maße als bei der akkordischen Arbeit.

Einzelprobleme:

1. die *Akkordik verschwindet* leicht im Zusammenhang des harmonischen Flusses aus dem Bewußtsein (s.o.)
2. Weg und Ziel des harmonischen Verlaufs sind der *Einzelstimme nicht* immer *ersichtlich*.
3. Während des Singens müssen vergangene Vorgänge ins Gedächtnis zurückgerufen, zukünftige vorgestellt werden.

§ 127 Allgemeine Methoden

1. Akkordik sichern durch Vorübungen (s.o.)
2. ,,Lupe" (s.o.)
3. die ,,*Harmonieträgerstimme*" verdeutlichen (in funktionaler Musik die Baß- bzw. die jeweilige Unterstimme). Bei einer Stelle wie

Notenbeispiel Nr. 212 Johann Sebastian Bach

a)

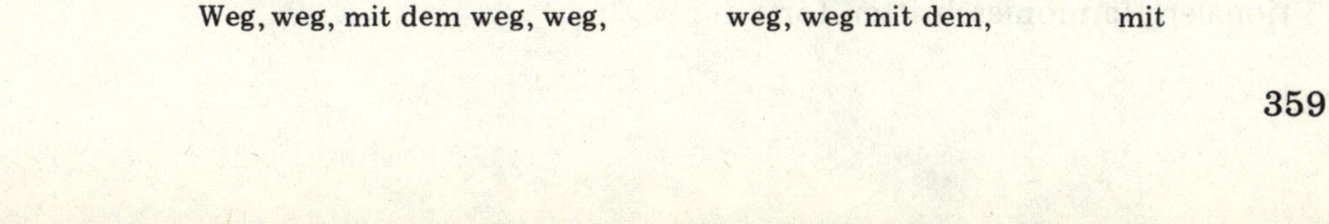

den Baß von allen Stimmen singen lassen, generalbaßmäßig am Klavier begleiten:

b)

Zunächst geht dann der Tenor, später auch der Alt zu seiner eigenen Stimme über; dann folgt der Block der drei Oberstimmen *ohne* die Harmonieträgerstimme und ohne Instrument, schließlich alle vier Stimmen ohne Instrument.

4. „Vorausnehmen": Stützen eines längeren Ablaufs durch Vorausnehmen des Ziels

Notenbeispiel Nr. 213 — Anton Bruckner

(Ansage: Akkorde „qui" und „di"; dann erst die vorausgehenden einfacheren Stellen proben).

5. „Raffen": harmonische Stützpunkte aus dem Zusammenhang herauslösen und in unmittelbarer Folge singen lassen. Der folgende Motettenausschnitt (Willy Burkhard: „Singet dem Herrn" aus der Sammlung „Kleiner Psalter") enthält im Baß vorwiegend Sekundschritte, schreitet also in schwach funktionalen Harmonieschritten fort:

Notenbeispiel Nr. 214

Willy Burkhardt

a)

Wird der Satz von Ton zu Ton bzw. von Akkord zu Akkord intoniert, so gerät die Gesamtintonation leicht außer Kontrolle, der Satz droht abzusinken. Um dies zu verhindern, werden zunächst die übergreifenden Quintschritte wie auch die für die Komposition so kennzeichnenden Großsekundschritte herausgeschnitten, stabilisiert (die große Sekund über die Quint) und mit dem Dazwischenliegenden aufgefüllt:

b)

Besonders stabilisiert werden der Schritt a - h:

c)

und die Folge a - h - c - d - e (für die Takte 6-12):

d)

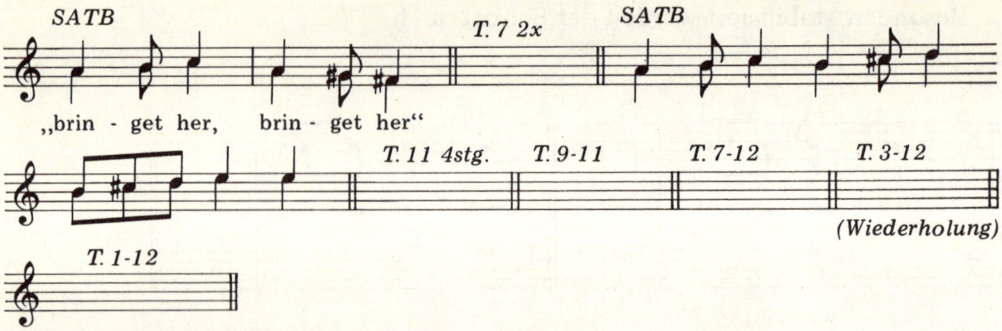

Weitere Zusammenhänge werden schrittweise erarbeitet.
Dabei werden stabilisierende Schritte oder Töne wiederholt verdeutlicht:

e)

f)

g)

Chorleiter

auch:

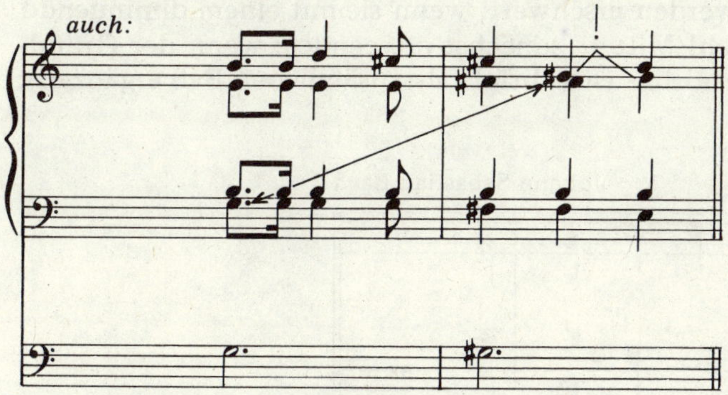

§ 128–132 Einige Typen von Harmonieverbindungen

§ 128 Dominantische Verbindungen

Dominantische, vor allem modulierende Verbindungen sind trotz ihrer leichten Verständlichkeit labil (Anfängerchor!). Obwohl die Intonationstrübungen sich in den neu gewonnenen erhöhten Stufen besonders bemerkbar machen, sollte man nicht in den Fehler verfallen, allein von ihnen her eine Intonationskorrektur vorzunehmen. Viel wichtiger ist die Umgebung der alterierten Töne. In einer dominantischen Modulation sind besonders abzuhorchen:

a) der Schritt zum Grundton des Dominantakkordes

b) der Schritt in die Quinte des Dominantakkordes

c) der Schritt aus der neu gewonnenen Terz heraus

d) der Schritt in die neu gewonnene Terz hinein

Notenbeispiel Nr. 215 — Johann Hermann Schein

Methoden 2 bis 5 (Lupe, Harmonieträgerstimme, Vorausnehmen des Zieles, Raffen); bei schnellen Veränderungen besonders 2 und 4 (Lupe, Vorausnehmen des Zieles).
Dominantische Wendungen werden erschwert, wenn sie mit einem diminuendo verbunden sind (Widerspruch! Mittel: zunächst crescendo); wenn der Grundtonschritt nicht ausreichend hörbar ist (Mittel: als zusätzlichen Baß ergänzen);

Notenbeispiel Nr. 216

Johann Sebastian Bach

wenn die erreichte Dominante schnell wieder verlassen wird (siehe auch N.B. 215; Mittel: Fermate); wenn die Dominante getrübt ist (siehe auch N.B. 217)

In Moll sind dominantische Wendungen empfindlicher als in Dur (nicht-diatonische Intervalle!). Der Schritt in die Dominante ist labil, wenn er harmonisch entspannend wirkt wie gelegentlich in IV-V-I-Kadenzen (der Schritt IV-V bedarf immer *erhöhter Aktivität*, siehe § 96.2. und § 97).

Notenbeispiel Nr 217

Heinrich Schütz

Stimmen einzeln harmonisieren wie z.B.

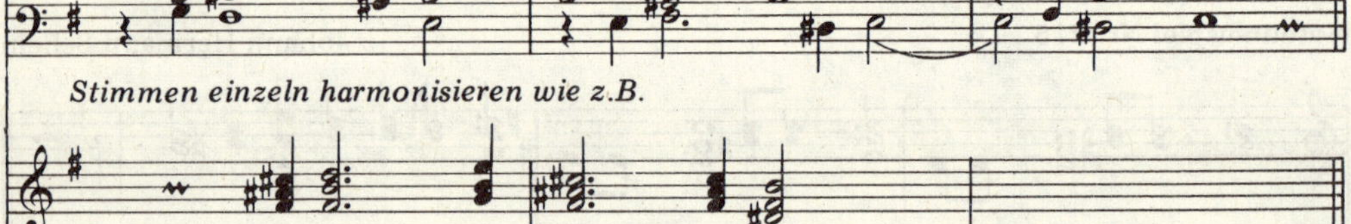

§ 129 Subdominantische Verbindungen

Subdominantische Verbindungen auch in einfachster Form, bilden ein überraschendes *Hindernis beim Vomblattsingen*, also vor allem in Phase II. Später sind sie im allgemeinen stabil.

In der Harmonik von kirchentonartlich bestimmten Werken spielen Subdominantwendungen eine große Rolle; hier liegt einer der Gründe für die Schwierigkeit beim Vomblattsingen älterer Literatur, deren Linienverlauf meist wenig Probleme bietet. Baßlinien mit häufigen Quint-abwärts-Sprüngen s. § 107.4.

Einfachstes, aber unumgängliches Mittel: ,,Lupe".
Ein kurzes Anhalten, auch ohne besondere Vorankündigung, unterbricht den Probenfluß viel weniger als ständiges Mißlingen.
Einfache Subdominantwendungen sind im allgemeinen zwar nicht labil. Schnelle Quint-abwärts-Modulationen hingegen sind empfindlich, nicht zuletzt wegen des häufig mit ihnen verbundenen diminuendo- oder Fall-Charakters. Siehe N.B. 217 a.

§ 130 Sprunghafte Verbindungen

Methoden: Vorausnehmen, u.U. Einfügen einer Hilfsharmonie.
Die ,,Chromatik"(terzverwandte Querständigkeit) bei Lasso, Marenzio, Gesualdo usw. bewirkt eine Fülle von plötzlichen harmonischen Verschiebungen. Sie sind nur durch ein allmähliches Entwickeln vom Ziel her zu bewältigen.

Notenbeispiel Nr. 218

Carlo Gesualdo

3. Etwa g-h-i; f-g; d-e-f; d-e-f-g-h-i; a-b-c; a-b-c-d-e (alle chromatischen Schritte mit Absetzen und leichtem Akzent);
ähnlich:

Notenbeispiel Nr. 219

Orlando di Lasso

In diese Rubrik gehört auch der funktional nicht unmittelbar verbundene Anschluß eines neuen Abschnitts. Häufen sich derartige Anschlüsse, so empfiehlt sich in Phase II ein Aufbau von *hinten* nach *vorn*, in Phase III ein Herausgreifen des *Übergangs* mit genauer Einstellung der Grundtonschritte.

§ 131 Schwach-funktionale Verbindungen

§ 131.1 Bevorzugung von Nebenstufen

häufig in Stilen, die den *Kirchentonarten* nahe stehen. Stark labil, Unsicherheiten beim Blattsingen. Absicherungen wie im folgenden Abschnitt über die lineare Absicherung der Außenstimmen.

§ 131.2 Lineare Stufenfolge (bzw. Bevorzugung linearer Stufen)

Oft sehr labil. Methode: lineare Sicherung der Baß- und Sopranlinie über „*Rahmen*"-Sicherung (siehe Schwierigkeiten linear), d.h. also Vorhersingen oder Hineinspielen der Rahmentöne, eventuell Aushalten des Zieltons als eines hohen oder tiefen Orgelpunktes. Ggf. *Hauptintervallschritt* herausarbeiten (214: a- h; a - e; fis - H; usw.). Die harmonischen Einzelschritte werden erst in zweiter Linie beachtet.

Notenbeispiel Nr. 220

Josquin des Prez

Hier liegt zwar keine echte lineare Stufenfolge vor. Doch drängt sich dem Ohr ein in Quintparallelen geführter, durch die Verzahnung nur verschleierter Kernvorgang (b) auf. Absicherung: Sopran wie in c); Alt entsprechend, dann a) mit Fermaten; besondere Aufmerksamkeit auf den Schritt a - h bzw. d - e lenken.

§ 131.3 Chromatische Stufenfolge

(auch: chromatische Außenstimmen)
Äußerst labil, vor allem in *A b w ä r t s r i c h t u n g*. Sicherung wie oben über Rahmen der Außenstimmen.
Beim Proben immer *Z i e l a k k o r d* vorausnehmen, damit er später bei Beginn der Stelle assoziiert wird.

Notenbeispiel Nr. 221

Ernst Pepping

„Verkehrsinsel" bei a
Auch hier möglichst weitgehende Zurückhaltung gegenüber dem einzelnen Harmonieschritt. Soweit notwendig, möglichst *D o m i n a n t*-Funktionen herausarbeiten.

Notenbeispiel Nr. 222

Carlo Gesualdo

Chromatik hier nicht in der Stufenfolge, aber in der Ober- und Unterstimme: gleiche Schwierigkeit.

Notenbeispiel Nr. 223

Hugo Wolf

Echte chromatische Stufenfolge. Das Stück wechselt mehrfach zwischen der Tonika F und Ges. Ein „*R ü c k u n g s*"-Charakter bleibt einerseits für das Ohr auch in den Modulationen erhalten; andererseits ruft jeder chromatische

Schritt eine neue harmonische Konstellation hervor. Die Erarbeitung geht daher zwei voneinander fast unabhängige Wege:

1. Schritt F - Ges; F-Dur - Ges-Dur (=Akkorde b - l) unmittelbar (linearer Abstand der Grundtöne und der vollen Akkorde), dann Verbindung der Akkorde b - k - l (wichtigster Modulationspunkt).

2. Erarbeitung der Zwischenfolge
   im Groben: etwa: b - c - f; b - c - e - f; c - f - h - l;
   im Einzelnen: c - d - e - f; b - c - d - e - f; f - h; f - h - k; f - g - k; f - g - h - i - k; c bis k; dann zusammenfassen: wiederholen b - l; b - k - l; b - f - k - l; dann a bis l.
   Weg also: Verbindung der Methoden 2 bis 4 und 5 (s. o. § 127). Chromatik wird erst allmählich in Terz- und Sekundschritte eingeführt.
   Unter Umständen kann das Aufbauen einzelner Akkorde nützlich sein, vor allem in der Gegend f - h, deren Einzelakkorde für den Sänger leicht hinter der chromatischen Linienführung verschwinden.

3. Chromatische Stufenfolge liegt auch bei dem neapolitanischen Sextakkord vor. Im einfachen Fall kann man ihn absichern durch Wiedererhöhen der erniedrigten Stufe.

In Fällen wie

Notenbeispiel Nr. 224 Ernst Pepping

(unklassische Verwendung) hilft nur die lineare Absicherung durch vorher eingestellten Sekundabstand. Sopran 1 u. 2 singen den Alt, Sopran 3 singt den Tenor eine Oktave höher mit.

§ 131.4. Andere schwach-funktionale Verbindungen

Notenbeispiel Nr. 225 Willy Burkhard

Unter der polytonalen Oberfläche schimmert der funktionale Zusammenhang e - (fis) - a - h - (d) - e noch hindurch. Man kann ihn probentechnisch zur Absicherung der Stelle nutzen, indem man die Folgen vorhersingt und die Einsatztöne herauspräpariert.
Die interessanten Zwischenharmonien in Takt 3 - 5, die den funktionalen Hintergrund verschleiern und die „modale“ Stufenfolge große Sekund — kleine Terz betonen, werden durch Fermaten herausgehoben.

§ 132 Nicht-funktionale Verbindungen

sind solche, bei denen auch die leiseste Assoziation eines funktionalen Gefälles fehlt. Hier muß man untersuchen, mit welchen kompositorischen Mitteln die Akkorde überzeugend verbunden werden. Notwendigerweise handelt es sich dabei um Mittel der Stimmführung, also lineare Mittel. Die harmonische Arbeit wird daher bei *Akkordik* und *Linearität* im engeren Rahmen ansetzen und darüberhinaus versuchen, den Verlauf von Spannungs- und Gefällevorgängen zu erfassen. Da solche Vorgänge aber außerhalb des funktionalen Bereichs noch keine Deutung erfahren haben, die Allgemeingut geworden wäre, wird hier auf entsprechende Beispiele verzichtet. Probentechnisch wird man sich an den früher beschriebenen Modellen orientieren können. Meist werden die Methoden „Vorausnehmen“ und „Raffen“ ausreichen. Sie können auch ohne musiktheoretische Klärung wirksam eingesetzt werden.
Auch bei Harmonieverbindungen, die keinerlei „Gefälle“ empfinden lassen, kann die Arbeitsweise der „Verkehrsinseln“ helfen, die Intonation zu sichern und das Gedächtnis zu stützen.

II D. Schwierigkeiten aus dem Zusammenspiel einer Linie mit ihrem Hintergrund (§ 133–134)

§ 133 Störung der linearen Intervalle

§ 133.1 Einbettung

Notenbeispiel Nr. 226 Johann Nepomuk David

Oberstimme in E (dur-moll-phrygisch), Unterstimmen in Es-As. Im Zusammensingen klingt der Oberstimmengrundton e wie eine kleine None; die Schritte in Takt 6 erscheinen äußerst fremd. Die Oberstimme geht aber nicht ganz im Gesamtgefüge auf; sie wäre dann auch kaum singbar und verständlich.
Vielmehr bleibt ihr tonales Eigenleben schattenhaft erhalten. Im Hörbewußtsein tritt eine Spannung auf zwischen dem Bemühen, die Einzeltöne senkrecht zu lokalisieren (dann fehlt die lineare Bindung), und dem, die Töne linear zu lokalisieren (dann fehlt die Einbettung). Diese Spannung ist ein hoher musikalischer Reiz, aber auch eine probentechnische Schwierigkeit.

Man muß sehen: zwar formuliert David diese Spannung zwischen Linie und Einbettung hier äußerst plastisch. Die entstehende „Polytonalität" ist aber eigentlich nur der Extremfall eines Vorgangs, der in der früheren Musik schon lange üblich war: der Spannung zwischen dem „Stufengang" der Einzellinie und dem „Gesamtstufengang". Bei Bach z.B. ist der Generalbaß oft viel reicher als die Harmonisierung, die sich aus der Einzelstimme ergeben würde (auch umgekehrt). Für kurze Strecken scheinen die Stimmen sogar in verschiedenen Tonarten zu singen. Diese Erscheinung der Mehrdeutigkeit findet sich stärker oder schwächer ausgeprägt in allen Stilen. Sie ist ein notwendiger Bestandteil polyphoner Musik.

Methode für N.B. 226

1. Oberstimme vom ganzen Chor ohne Begleitung gesungen (der Melodiestufengang wird von selbst deutlich).

2. Dasselbe mit dem Unterstimmenklang auf dem Klavier. Der Akkord wird an besonders wichtigen Punkten neu angeschlagen. An Stellen wie Takt 5 Fermate auf jeder Note, so daß der spezielle Akkord ins Bewußtsein gelangt.

3. Unterstimmenkomplex vom ganzen Chor gesummt, Sopran mit Alt. Dazu auf dem Klavier Oberstimme gespielt.

4. Das Ganze gesungen, mit Fermaten. Klavier ggf. zur gelegentlichen Stützung einzelner Akkorde.

5. Ohne Fermaten.

Der Arbeitsgang läßt sich auch ohne Klavier ausführen. Der Vorteil des Instruments liegt in der ganz anderen Klangfarbe, vor allem aber in der exakten Intonation. Unklarheiten mindern die Wirkung der Übung erheblich. (Siehe auch N.B. 145b.) Ähnlich wie ein solcher Orgelpunktklang wirkt auch ein einfacher dissonanter Orgelpunkt (s. N.B. 229).

Die Spannung zwischen Linie und Einbettung kann auch in einfacheren Fällen zu Störungen in frühen Probenphasen oder zu leichten Trübungen führen. Methoden wie oben sind das Isolieren und Wiederzusammenfügen, am besten mit Generalbaßhilfe.
Das Isolieren muß mit großer Vorsicht geschehen, sowohl in schwierigen wie in leichteren Fällen. Die Einbettung in den Untergrund muß in einem ganz *frühen Stadium* des Kennenlernens erfolgen, d.h. also möglichst als zweiter Arbeitsschritt. Hat sich der isolierte Melodiestufengang erst im Bewußtsein festgesetzt, so ist er kaum noch auszubauen. Ergebnis: statt Integration findet im günstigsten Fall ein unharmonisches Nebeneinanderhersingen statt, im ungünstigeren ein Zusammenrutschen der Tonalitäten auf einen gemeinsamen Grundton. Ist die Einbettung aber einmal deutlich geworden, so kann der Einzelkomplex gefahrlos zur Absicherung erneut isoliert werden. Wichtig für den Erfolg des Zusammenfügens ist eine Vorbereitung der jeweiligen *Akkordik* durch kurze einleitende Aufbau-Übungen. Die Arbeit an polytonalen Vorgängen ist nicht nur wegen der starken Verbreitung derartiger Stilmittel in der Chorliteratur von Bedeutung. Sie ist ganz allgemein ein sehr wirkungsvolles, dabei leicht zu handhabendes Mittel für die Verbesserung des gegenseitigen Hörens im Chor.

§ 133.2 Einspringen in eine neue Harmonie

Ein Sprung ist so *schwierig* wie die ihn begleitende *Harmoniebewegung* (s. § 101)
Dazu eine Demonstrationsübung:

Notenbeispiel Nr. 227

Man singe die Oberstimme zu der wechselnden Harmonisierung und beobachte, wie das Tonbild „Quinte" von b) an immer schwächer wird:

b) Sprung aus einer Terz in eine Terz

c) Sprung aus einer Terz in eine Terz (in Moll)

d) funktional-schwache Harmonieverbindung

e)
f) ganz fremde Harmonieverbindungen

Allgemeine Hilfsmittel: Zielharmonie und Zielton vorausnehmen.

Eine zusätzliche Erschwerung bedeutet das Springen über andere Stimmen hinweg (herausnehmen). Alle Schwierigkeiten erhöhen sich für die Mittelstimmen.

Notenbeispiel Nr. 228

Johann Hermann Schein

Zuerst Baß und Alt.

Notenbeispiel Nr. 229

Joachim Schweppe

Alt springt von Terz zu Terz: schwieriger Sprung trotz linear leichter Verständlichkeit.

Notenbeispiel Nr. 230

Hugo Distler

Mit dem schwierigen Tritonussprung verbindet sich ein überraschender Harmoniewechsel.

Notenbeispiel Nr. 231

Heinrich Schütz

Weiter Absprung aus der Septime.
In jedem Fall muß die Zielharmonie vorbereitet werden, sei es durch Vorherspielen auf dem Klavier, sei es ohne Instrument durch Herausnehmen der betreffenden Stimmen und nachträglichen Einsatz wie in N.B. 230. Man hüte sich in ähnlichen Fällen vor *f a l s c h e n   V e r e i n f a c h u n g e n* des einspringenden Intervall-Schrittes (s. auch § 105.4.)

Ein anderes Beispiel:

Notenbeispiel Nr. 232

a) Hugo Distler

Keine Quinte und große Terz, sondern verminderte Sexte und verminderte Quarte. Umweg:

b)

(Beide Fassungen auch mit den übrigen Stimmen.)

Notenbeispiel Nr. 233

Ernst Pepping

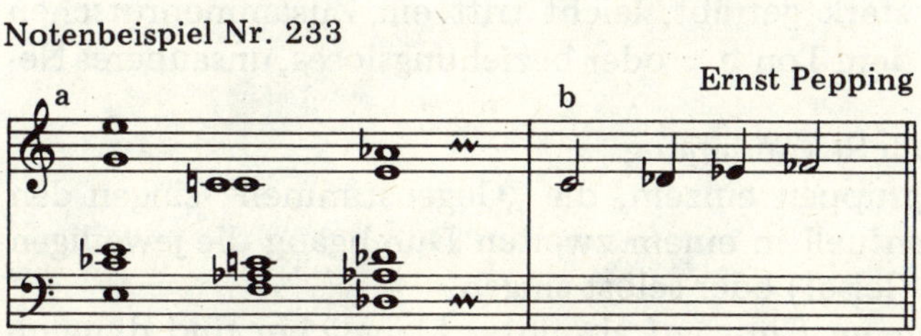

Hier ist der Schritt c - e als große Terz fast unausführbar, als c - fes wie in b) hingegen, trotz der komplizierten Intervallverhältnisse, durchaus singbar.

In der neuen Literatur gibt es eine Fülle von derartigen Beispielen. Die Komponisten gehen in der Notation häufig von der Voraussetzung aus, daß eine Linie in sich selbst mit möglichst geringen Intervallschwierigkeiten belastet sein soll, um die Ausführenden nicht von vornherein abzuschrecken. In einer Reihe von Fällen muß dann die erleichterte Lesart wieder erschwert werden, um die Stelle überhaupt ausführbar zu machen.

§ 133.3 Sekundparallelen

Einfache Form

Notenbeispiel Nr. 234

Johann Nepomuk David

Eine kompliziertere Form von Sekundklangfolgen

Notenbeispiel Nr. 235

Joachim Schweppe

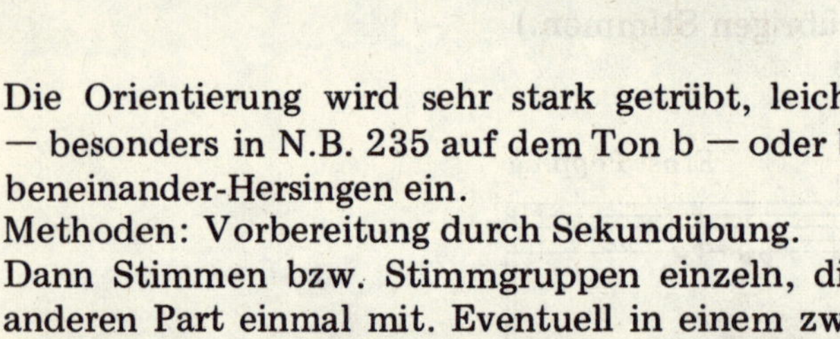

Die Orientierung wird sehr stark getrübt, leicht tritt ein Zusammenrutschen — besonders in N.B. 235 auf dem Ton b — oder beziehungsloses, unsauberes Nebeneinander-Hersingen ein.
Methoden: Vorbereitung durch Sekundübung.
Dann Stimmen bzw. Stimmgruppen einzeln, die „Gegenstimmen“ singen den anderen Part einmal mit. Eventuell in einem zweiten Durchgang die jeweiligen Gegenkomplexe dazu spielen (leise!) oder selbst singen.
Beim ersten Zusammensingen im Chor auf absoluter klanglicher und dynamischer Ausgeglichenheit der Komplexe bestehen (legato, Tonsilbe, ruhiges Tempo, höchstens mf; nicht p oder pp, auch nicht summen, die exakte Intonation und Durchhörbarkeit leiden darunter!).

§ 134 Widerspruch Spannung — Entspannung

Dieses wichtige Problem, schon mehrfach in den verschiedensten Zusammenhängen erwähnt, soll nun am Schluß der Beispiele von Intonationsproblemen noch einmal aufgegriffen werden.

Das wichtigste und zugleich einfachste Beispiel ist das *Leittonproblem*. In der Folge V — I wirkt der Harmonieschritt fallend, entspannend, der Melodieschritt Leitton — Grundton hingegen steigt an. Kann sich die Entspannungstendenz durchsetzen, so trübt sich der Leitton *schritt*. Wird der Leitton selbst, um der Trübung entgegenzuwirken, besonders hoch genommen, also zusätzlich angespannt, so verstärkt sich die Entspannungstendenz. Die Ausführung wirkt krampfhaft aber keineswegs sauberer. Das Problem der Kadenz liegt nicht im Leitton, sondern im Schritt Leitton — Grundton. (Zum Problem der Durterz siehe auch bei § 97.)

Gelingt es, dem Leittonschritt *melodische Aktivität* zu verleihen, so ist die Intonation meistens gerettet.

Methode: vor dem Zielton absetzen, auf den Zielton hin crescendieren. Die wirklichen Probleme beginnen erst da, wo vom Ausdruck her ein *diminuendo* in der Kadenz verlangt wird. Hier muß eine *imaginäre Aktivierung* durch vorübergehende crescendo-Ausführung helfen, vielleicht auch kann ein Akzent hinzu gedacht werden, ohne zu erklingen.

Zur *Tonwiederholung* siehe auch § 103, N.B. 124a, 126a. Sie ist ungefährlich, wenn sie einen — und sei es noch so geringen — Impuls enthält. Im Zusammenhang mit Entspannungsverläufen ist sie allerdings höchst gefährdet, da die Trübungen für den Sänger selbst sehr schwer wahrnehmbar sind. (Siehe auch § 80.)

Notenbeispiel Nr. 236

Absetzen nach 3 und 4, neu orientieren am liegenden d.

Für *Wechselnoten* gilt dasselbe wie für einfache Tonwiederholungen. Außerordentlich schwierig ist eine Wendung wie die folgende mit Tonwiederholungen, Wechselnoten und einer wiederholten leittonartigen Wendung:

Notenbeispiel Nr. 237

Willy Burkhard

Hier hilft nur ein bewußtes Akzentuieren des e in der Probe, das auch in der Aufführung noch wirksam bleiben muß. Eine absichernde Orientierung an der gleichzeitig laufenden Tenormelodie ist kaum möglich, eher wird diese selbst von der Detonierungstendenz der Außenstimmen miterfaßt.

Notenbeispiel Nr. 238

a) Johann Hermann Schein

Fallende Phrase, schwache Gesamtstabilität. Intonation sichern durch „Raffen" mit oder ohne Instrument (u.U. genügt auch ein ausgehaltener gesungener Grundton):

b)

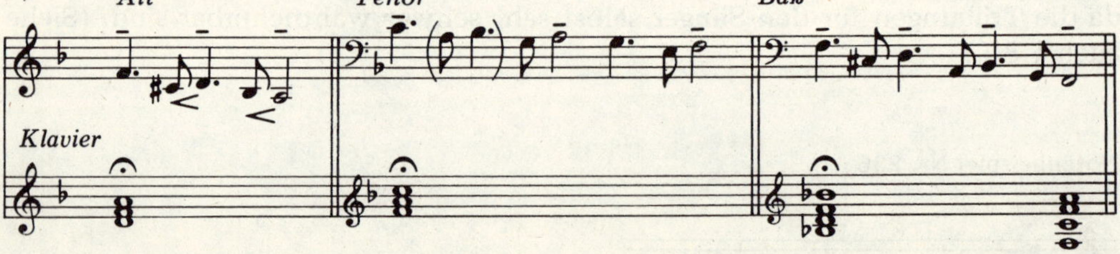

Die auch in dieser Phrase deutlichen *Zielspannungen* lassen sich unterstreichen, indem man gelegentlich die Kadenzen mit Crescendi auflädt.
Ähnlich lassen sich die häufigen lang abfallenden Kadenzen oder Abbauformulierungen nach Höhepunkten behandeln.

Notenbeispiel Nr. 239

Kurt Thomas

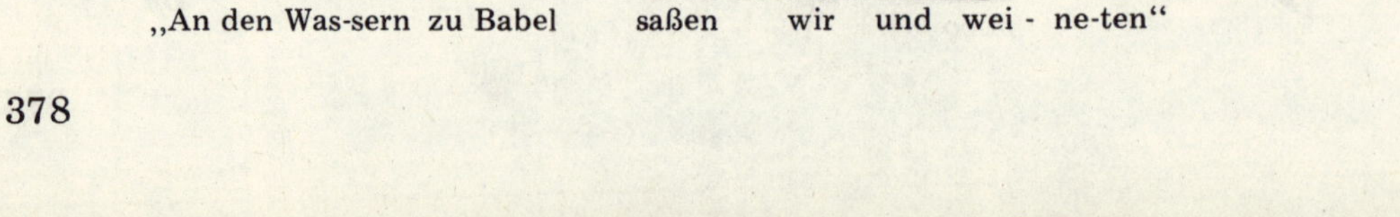

Die „Falltendenz“ liegt hier weniger in der Richtung der Melodie als in ihrem *Ausdruck.* Solche Wendungen sind, da für den Chorsänger selbst nur schwer kontrollierbar, besonders empfindlich. Beim Studium deshalb *Zieltendenzen* hervorheben durch Veränderung der Dynamik (viele Beispiele bei Reger!).

In diesen und ähnlichen Fällen wird der Gefahr für die Intonation also sowohl vom Singen wie vom Hören her begegnet:

1. durch *stimmtechnische Aktivierung* (s. auch § 80.3.)
2. durch Herausarbeiten kurzfristiger und langfristiger *Zieltendenzen*, unter Umständen auch *gegen den Ausdruck* der Stelle;
3. durch *Stabilisieren* des „Rahmens“ der Einzelstimme und des Gesamtkomplexes.

III. Schwierigkeiten im Bereich des Rhythmus (§ 135—167)

A. Einübung in den Rhythmus (für Anfänger) (§ 135—142)

§ 135 Reiz und Mühsal in der Rhythmusarbeit

Im Umgang mit Rhythmus stößt der Musiker auf einen seltsamen Widerspruch: Auf der einen Seite steht das erregende Erlebnis „Rhythmus", auf der anderen die Erfahrung von lähmender Mühe in der *Arbeit* am Rhythmus.
Löst man sich einmal um der Genauigkeit willen vom schwingenden Fluß des Tempos und richtet die Aufmerksamkeit allein auf die Länge oder Kürze von Notenwerten, so breitet sich bald ein Gefühl von Enttäuschung und Ernüchterung aus.
Rhythmische Irrtümer oder Ungenauigkeiten halten sich oft hartnäckig gegen noch so häufige Korrekturen.
Nicht immer erweist sich ein durch angestrengte Arbeit erzielter „richtiger" Rhythmus auch schon als musikalisch befriedigend.
Rhythmuskorrekturen und -übungen verleiten den Dirigenten leicht zu rüden Mißfallensäußerungen und autoritärem Befehlston, den Übenden zu selbstverleugnender, lusttötender Paukerei.

Solche jedem Lernenden vertrauten Erscheinungen können nicht in der Natur der Sache liegen.
Rhythmus ist diejenige Dimension der Musik, die den Hörer *zuerst erreicht*. Noch der komplizierteste und fremdeste Rhythmus, etwa ein außereuropäischer, erregt Interesse und Wohlgefallen, während z.B. eine nur wenig gewandelte Harmonik oder Tonalität langwieriges Einhören verlangt, bevor sie etwas anderes als Abneigung hervorruft. Es ist einfach undenkbar, daß die Arbeit in einem so elementar ansprechenden Bereich nicht nur auf Schwierigkeiten stößt, wie sie im Bereich der Kunst allenthalben zu erwarten sind, sondern auf regelrechte *Widerstände*, deren angestrengte Überwindung dann auch noch keineswegs mit Sicherheit zu einem befriedigenden Ergebnis führt. Warum ist nur der hervorragend ausgebildete Musiker in der Lage, 8 Schläge nacheinander wirklich gleichmäßig auf den Tisch zu klopfen? Eine spezielle technische Fertigkeit des Organismus ist dafür doch gar nicht erforderlich. Warum diese ständigen Verschiebungen eines so harmlosen und eingefahrenen Rhythmus wie des der Punktierung in jedem Orchester und Chor, bei jedem durchschnittlichen Sänger und Spieler? Warum vor allem diese gefühlsmäßige Aufgebrachtheit bei Kritik und Korrektur?
Eine denkbare Erklärung wäre diese:
Rhythmus wird in der Vorstellung gar nicht auf *dem* Wege erzeugt, auf dem die üblichen Arbeits- und Korrekturmethoden liegen. Der Mensch verfügt offenbar über kein Organ zur Messung von Zeitabständen. Er kann zwar innerhalb bestimmter Grenzen vergleichen (länger — kürzer), ein exaktes Maß aber weder selbst festlegen noch auch sich an einen festgelegten einzelnen Wert mit Sicherheit erinnern und diesen reproduzieren.
Wird er nun dringend aufgefordert, exakte Werte herzustellen, ohne daß man

ihm den Weg bzw. den Umweg dazu zeigt, so reagiert er notwendigerweise mit Abwehr, Mutlosigkeit und vollständigem oder teilweisem Versagen.
Will man nun den Rhythmus nicht vom Unmöglichen, sondern vom Möglichen her angehen, um sich damit sowohl schnelleren Erfolg zu sichern wie auch, bei aller aufzuwendenden Mühe, den gefühlsmäßigen Reiz zu erhalten, so muß man dem Denkakt „Rhythmus" *ohne* Zeitabschnittsvorstellungen nachspüren.

Daß musikalischer Rhythmus „Zeitgestaltung" sei, stimmt in einem ästhetischen Sinne, d.h. es ist für den Betrachter eines fertigen Werkes wenigstens teilweise richtig: Rhythmus unterteilt Zeit. Vom Ausführenden her gesehen formuliert man besser: Rhythmus *ersetzt* Zeitgestaltung. Doch muß dieses für die Ästhetik so interessante Thema wie auch die Frage von subjektiver und objektiver Zeit her außer Betracht bleiben, ebenso die für die Gehörpsychologie wichtige Frage nach dem Ursprung und dem Kern rhythmischen Empfindens, nach Natur, Ererben und Erlernen, schließlich die systematische nach der Bedeutung, dem Verhältnis, dem Rang der verschiedenen historischen wie ethnischen Rhythmussysteme. Gegenstand der Beobachtung bleibt, mit bewußter Unschärfe, der traditionelle vertraute Rhythmus auf der Grundlage von 1:2 — Beziehungen. Die Differenzierung der rhythmischen Stile, damit auch der rhythmischen Denkakte, steht nicht am Anfang, sondern am Ende der Arbeit und gehört teilweise schon in das Gebiet der Interpretation.

Das folgende Beispiel einer Beobachtung von rhythmischen Vorstellungen bringt keinerlei unbekannte Fakten zutage. Es will lediglich anregen, das eigentlich schon Bekannte noch einmal zu überdenken und in der Pädagogik, vor allem in einer erzieherischen Chorarbeit, methodisch zu nutzen.

§ 136 Beispiel einer Rhythmusarbeit

Notenbeispiel Nr. 240

Willy Burkhard

Der Rhythmus enthält:

1. eine ruhig schwingende ♩ - Bewegung,

2. unterhalb der ♩ wechselnde Gruppen von ♫, ³♩♩♩ und ♬♬

Das Problem scheint zunächst nur in dem Wechsel der ♫, ³♩♩♩ und ♬

zu liegen. Die Triole wird wahrscheinlich beim ersten Singen zu schnell oder zu langsam, wohl auch in sich ungleichmäßig gesungen (siehe auch § 165).

In einer Vorübung trennen wir nun beide Ebenen:

Notenbeispiel Nr. 241 a

„da da da da dan da dan da dan da da dan da da"

oder „1 1 1 1 1 2 1 2 1 2 3 1 2 3"

in der Reihenfolge

a) einfach singen lassen (ohne besondere Kontrolle)

b) die Aufmerksamkeit auf die ♩ -Abstände lenken; Anweisung:

„die ♩ gleichmäßig". Die kleinen Werte bleiben zunächst noch unkorrigiert.

c) die *kleinen* Notenwerte in sich ganz gleichmäßig ausführen lassen. Schwankungen in den ♩ -Abständen bleiben unkorrigiert.

d) ♩ *und* kleine Werte auf Gleichmäßigkeit kontrollieren.

Dazu eine Kontrollübung:

Notenbeispiel Nr. 241 b

Sopran und Tenor

Alt und Baß

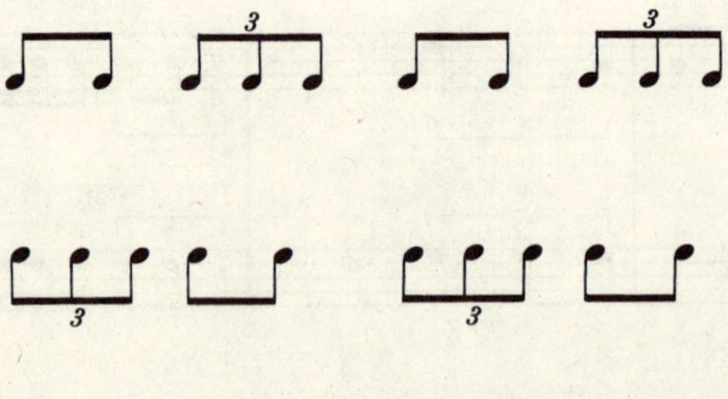

oder besser (als Kanon auf 3 Tönen)

Diese Übung ist aber unvollständig. Offen bleibt die Frage: Woraus erwächst die Gleichmäßigkeit der ♩? Wie kommen sie ins Schwingen?
Beobachten wir einmal genau den Augenblick, in dem die 2. Stimme (der Alt) einsetzt: aus dem harten, trockenen Stampfen wird unvermittelt eine schwingende, atmende Bewegung, hervorgerufen nur durch das Ineinandergreifen von ♩ und ♫ („Durchpulsung")

Wie bringen wir nun auch den 1. Takt in eine gleichmäßige und zugleich schwingende Bewegung? Zwei Möglichkeiten bieten sich an:

entweder: wir *d e n k e n* die zukünftigen ♫ schon in die ♩ hinein.

oder: wir denken 𝅗𝅥 zu den vorhandenen ♩ hinzu („Klammer"), so daß unsere ♩ dieselbe Funktion gewinnen wie die ♫ des 2. Taktes gegenüber den ♩. Gegebenenfalls lassen sich die ♩ leicht (unhörbar) mit den Fingern klopfen.

Das Ergebnis: die ♩ werden gleichmäßig und zugleich belebt.

Wir erweitern daher nun die vorige Übung:

Notenbeispiel Nr. 241 c

In der *Überlagerung* von 2 bis 4 Stimmen entwickelt unser Rhythmus bereits Lebendigkeit und Gleichmaß, in der *Einstimmigkeit* dagegen nur dann, wenn wenigstens ein kleinerer Wert (oder, bei kleinen Werten, ein übergeordneter Wert) mitempfunden wird.
Um dieses „Mitdenken" von „durchpulsenden" und „verklammernden" Werten auch in der einstimmigen Linie erleben zu können, verwandeln wir die Übung wiederum:

Notenbeispiel Nr. 241 d

daraus „herausgeschnitten" (auf Zuruf; Ansage: „dan di" usw.; im Takt bleiben):

Sehr anregend ist folgende Übung am Klavier:

(selbst spielen; andere spielen lassen, auch zu mehreren Spielern; größere Gruppen mit leichtem Klopfen beteiligen)

Aufgabe: eine einfache Tonleiter absolut gleichmäßig spielen.

Notenbeispiel Nr. 242

a)

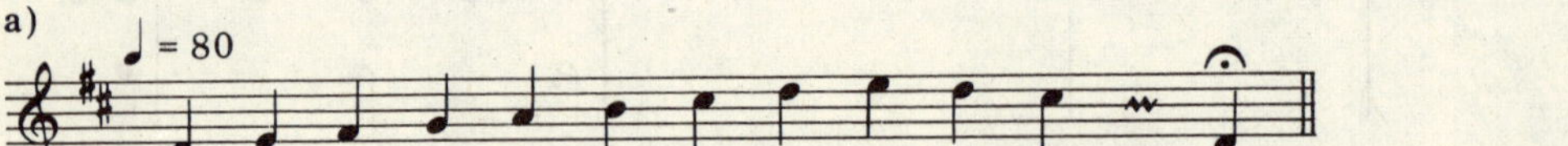

Ungenauigkeiten und Schwierigkeiten kontrollieren.
(Da der erfahrene Musiker bereits einige Mühe auf die Bewältigung des Problems verwendet hat, bedarf es genauester Beobachtung)

b)

(„Durchpulsung"),  gut hören!

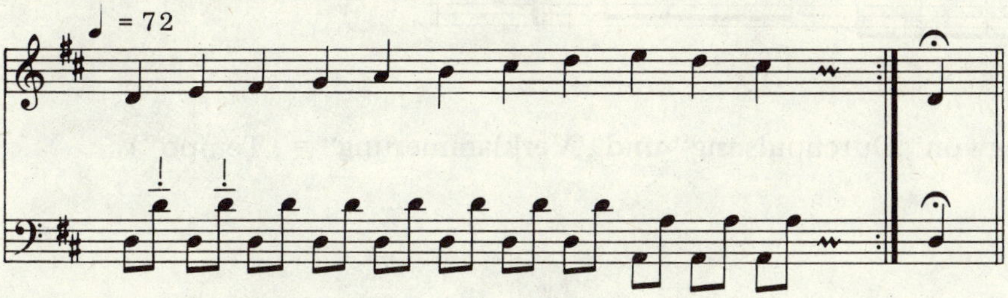

c)

(„Verklammerung")

d)

(„Verklammerung")

die N.B. b—d sind leichter ausführbar als N.B. a. Wenn a bereits vollkommen geglückt ist, sind wahrscheinlich in Gedanken Werte wie in b-d ergänzt worden. Es genügt unter Umständen schon ein ganz schwacher, rhythmisch aber gut sitzender Zwischenimpuls ohne Ton- oder Anschlagsvorstellung (Fuß-, Arm-, Kopfbewegungen).

e)

(Verbindung von „Durchpulsung“ und „Verklammerung“ = „Tempo“)

Diese Form ist zwar weniger leicht ausführbar als die vorigen Beispiele; doch macht die Gleichmäßigkeit nun keine Mühe mehr, vor allem aber verliert die Bewegung in 273 das Starre, Maschinelle, Gemachte von 270, sie wird zunehmend beschwingt und fließend, die Einzelnote beginnt zu singen, die Tonleiter wird „Melodie“!
Deutlich geworden ist: Die Folge der ♩ ist nicht einfach durch eine von ♫ oder ♬ ersetzt worden. Sondern: mehrere Notenwertebenen wirken aufeinander ein (in 273 werden durch Lagen- und Harmoniewechsel drei, in 274 sogar vier Werte wirksam!). Sie umfassen die jeweils mittleren Werte als „Durchpulsung“ und „Verklammerung“. Nähere Beobachtungen zeigen, daß sie, bremsend oder beschleunigend, auch *gegeneinander* wirken, also „Spannung“ erzeugen (s.u.).
Der berühmt-berüchtigte „Albertibaß“ ist also, weit entfernt von mechanischem Geklapper, in Wirklichkeit die genial-einfache Realisierung eines schwingend-durchpulsten Tempos mit vielen sich überlagernden Werten innerhalb *einer* Linie!

Die belebende Wirkung einer nachträglich eingeführten Durchpulsung machen sich die Klassiker häufig zunutze, z.B. Mozart im 3. Satz von K.V. 333:

Notenbeispiel Nr. 243

Wolfgang Amadeus Mozart

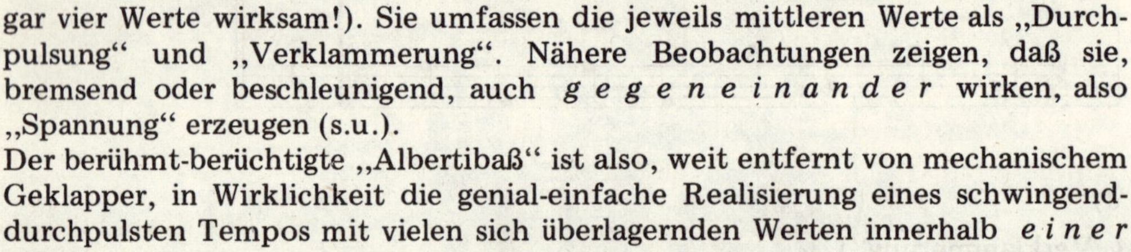

Unbedingt erforderlich ist ein völlig organischer Anschluß der ♫ an die ♩.

Zusammenfassung der gewonnenen Eindrücke:

1. Rhythmus wird von uns nicht in erster Linie als Einteilung von Zeit in gleichmäßige Abstände, also als *Folge* erlebt und ausgeführt, sondern als das *Ineinandergreifen* von mehreren Notenwerten. Rhythmus ist immer *mehrstimmig.* Meist liegen unter einem mittleren Wert („Schlagwert", mittlerer Deklamationswert, Wert der melodischen Hauptschritte usw.) 1—2 „Durchpulsungswerte", über ihm 1—2 „verklammernde" Werte, die sich in der Musik des 18. und 19. Jahrhunderts unmittelbar in die Periodik, in den Phrasen- und Formaufbau hinein öffnen.

2. Bewußte Durchpulsung und Verklammerung verändern die Qualität des *Tempos*: es wird gleichmäßig (leicht ausführbar) und es wird belebt.

3. Durchpulsung und Klammer verändern die Qualität des *Einzeltones:* er gewinnt Gewicht, Fülle, Raum, sein Einsatz erhält einen leichten „Stau", sein Ende schwingt aus.

Weitere Aufschlüsse lassen sich aus der Beobachtung von Auftakt, Schwerpunkt und Nachklang gewinnen. Siehe dazu Bd. II.
Zu den Grundfehlern musikalischer Erziehung, nicht nur im Chor, gehört die Forderung nach Gleichmäßigkeit *ohne* ein Bewußtmachen der Durchpulsung. Zur Kontrolle wird gelegentlich immer noch das hier völlig zweckentfremdete Metronom empfohlen, das ein produktives Rhythmusdenken schon im Keim zu ersticken vermag. Rhythmische Unsicherheiten bei lernenden Musikern beruhen sehr häufig auf einer „eindimensionalen" Rhythmusbildung, die den Impulskräften der Musik hilflos ausgeliefert ist (Beschleunigungen!).

Das erste bewußte Erleben dieses Rhythmusvorgangs ist eine beglückende Erfahrung. Doch ist dieser Rhythmus damit noch nicht zum verfügbaren Besitz geworden. Vielmehr verlangt er vom Chorleiter selbst wie vom Chor immer wieder erneute Aneignung.

Durchpulsung, Klammer und „gewichtiger Ton“ (Ton mit „Hall“) können schon frühzeitig im Chor geübt und bewußt gemacht werden.
Hierzu zwei Beispiele:

§ 137 Durchpulsung und Klammer (Kanon und Fundamentstimme)

Notenbeispiel Nr. 244

Georg Philipp Telemann

mei-nem Mun-de sein, in mei-nem Mun - de sein,
sein Lob, sein Lob soll im-mer - dar in mei-nem Mun - de
sein, in mei-nem Mun-de sein, in mei-nem Mun - de

Der Kanon ist offensichtlich vom Komponisten nur für ein einmaliges Durchsingen gedacht. Bei Wiederholungen treten Oktav-Parallelen auf, die ein fortlaufendes Singen (aus Übungsgründen) aber nicht hindern sollten. Die hier hinzugefügte Fundamentstimme ist keine selbständige 4., sondern lediglich eine Auszugsstimme.

Zur Einstudierung: Der Kanon wird wegen seiner Länge und seiner verhältnismäßig komplizierten Struktur nicht in einem einzigen Anlauf auswendig einzustudieren sein. Notenblätter oder eine Notierung an einer Wandtafel werden hilfreich sein, auch für solche Sänger, die nur über sehr geringe Notenkenntnisse verfügen. Die Fundamentstimme müßte, wenn Tafel oder Notenvorlage fehlen, mit einfachen optischen Hilfen, die die wechselnden Kadenzformen kennzeichnen (etwa wechselnde Handhaltungen des Singleiters) gestützt werden.

Der Kanon und die Fundamentstimme werden in buntem Wechsel miteinander kombiniert:

	Chor	*Chorleiter*
1.	Fundamentstimme (pp!)	Fundamentstimme
2.	Fundamentstimme (pp!)	Kanon gesungen (gespielt)
3.	Kanon einstimmig	Fundamentstimme gespielt (gesungen)
4.	Kanon zweistimmig	Fundamentstimme gespielt (gesungen)
5.	eine Chorhälfte Kanon einstimmig, die andere Hälfte die Fundamentstimme	Kanon 2. Einsatz
6.	eine Chorhälfte Fundamentstimme, die andere Hälfte Kanon (einstimmig oder zweistimmig auf Zuruf beim zweiten Durchgang)	—
7.	Chor schweigt (wahrscheinlich wird er irgendetwas mitsummen)	Kanon gespielt, dazu die Fundamentstimme gesungen (evtl. nur einige Takte)
8.	Kanon ein- bis dreistimmig ohne Fundamentstimme	—
9.	Kanon ein- bis dreistimmig, dazu: während des Singens den Rhythmus der Fundamentstimme leicht auf das eigene Knie klopfen	gelegentlich durch Zeichen unterbrechen, im fließenden Takt zwei oder vier Takte der Fundamentstimme singen oder spielen, dann ohne Unterbrechung wieder Einsatz zum Kanon.
10.	Kanon einstimmig (die Fundamentstimme nur empfinden!)	den Rhythmus der Fundamentstimme zeitweilig durch Dirigieren andeuten.

usw.

Verhalten des Chorleiters:
Die Einzelübungen ohne Unterbrechung im fließenden Takt aneinanderreihen; Anweisungen durch Zuruf, Handzeichen oder Mitsingen des jeweiligen Anfangs.

Die Gesamtaktion von Zeit zu Zeit unterbrechen (die entstehende Spannung nicht bis zur ausbrechenden Unruhe treiben lassen!), dann

Zwischen*anweisungen:* *Leise* bleiben! Silben (Text bzw. „dong" oder ähnliches) nicht spitz, klingen lassen, „nachhallen" lassen, 30% singen, 70% hören.

Zwischen*hinweise:* Mit der begleitenden F-Stimme zusammen werden alle Noten etwas ruhiger, „gemütlicher", weniger „laufend", nicht mehr „eilend",
besonders: „ich will den Herrn" „sein Lob, sein Lob soll immerdar"
Die Aufmerksamkeit einmal auf das Zusammenspiel der K-  und der F-  lenken, ein andermal auf die Folge 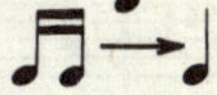

(„al - le Zeit".)

Wenn der erwünschte Effekt eines *schwingenden* und zugleich *hallenden* Rhythmus sich einstellt, entweder den ganzen Vorgang mit leichter Hand fallen lassen oder, wenn die Stimmung nicht zu überreizt ist, das Ergebnis sofort auf das gerade geprobte Werk anwenden.

Diese Übung verlangt vom Chorleiter größte Lockerheit der Bewegungen und des Sprechens (leise!), einen heiteren, aber vollkommen sachlichen Ton (keine Witzchen!), absolute Konzentration ohne doktrinäres Gehabe. Der Grundtenor ist: (Neues) „erleben" durch „Machen". Das Ergebnis ist „Erfahrung", nicht „Leistung".

§ 138 Gewichtiger Ton (Tanzlied)

Notenbeispiel Nr. 245

Thomas Morley

la la la la la la la. Fa la la la la la la.
la la la la la la la la. Fa la la la la la la.
la la la la la. Fa la la la la la la.
la la la la la. Fa la la la la la la la.
la la la la la. Fa la la la la la la la.

Auf lu -stig grü - nem Platz tanzt je - der mit dem Schatz. Fa la
Auf lu - stig grü - nem Platz tanzt je - der mit dem Schatz. Fa la la
Auf lu - stig grü-nem Platz tanzt je -der mit dem Schatz . Fa la la la.
Auf lu - stig grü-nem Platz tanzt je -der mit dem Schatz.
Auf lu - stig grü-nem Platz tanzt je -der mit dem Schatz.Fa la la la.

Derartige Tanzlieder entwickeln ihren prickelnden Reiz erst bei absoluter Präzision des Zusammensingens (vgl. Gesangsensembles der U-Musik!). Gerade beim Tanz aber darf die Präzision nichts „Gemachtes" haben, sie muß sich vielmehr für den Hörer scheinbar von selbst aus dem zwingenden Zusammenspiel von Melos und lockerer Akzentrhythmik ergeben.
Der Chorsänger empfindet schon beim ersten Singen eines Tanzliedes die Notwendigkeit eines perlenden, getupften Rhythmus, merkt aber bald (ggf. mit Hilfe des Chorleiters), daß naive Fröhlichkeit allein den erhofften Effekt noch nicht zuwege bringt. Wir *nutzen* diese Situation, um dem Chorsänger Erlebnis und Ausführung des „*gewichtigen Tons*" nahezubringen (bewußt an einer „leichten" Musik).

Notation und Schwerpunkte.

Zunächst muß die irreführende Suggestion des *Notenbildes* ausgeschaltet werden. Der Chorsänger vermutet nach der Notation einen $\frac{4}{4}$- Takt des Typs

„Nun | strahlt der Mai den | Herzen",

den aber die Musik dieser Zeit noch kaum kennt. Eine Musik in ♩ müßte in jedem Fall viel mehr Leben auf unterteilenden Notenwerten aufweisen. In unserem Tanzlied sind aber die ♩ selbst schon die Unterteilung, der notierte „Takt" ist in Wirklichkeit *ein Schlag* und nicht eine Gruppe von 4 Schlägen. Im Wechsel von Ausholen und Niederschlagen gruppieren sich zwei solcher höheren Schläge zu einer Einheit, diese mit der folgenden zusammen zu einem dem heutigen Takt vergleichbaren Gebilde:

Notenbeispiel Nr. 246

Das Stück steht wohl einem frühen Allemanden- oder Pavanentyp nahe. Deutlich wird in dieser Notation die Akzentverschiebung im 2. Teil: der Hauptschwerpunkt (1. Teil: „scherzen") liegt jetzt schon auf der „3" („Platz" ist gewichtiger als „Schatz"); im letzten Takt ist die „3" vollends entlastet (die Silbe „fa" ist auftaktig verstanden); dafür erscheinen auf „2", auf „4" und auf „4+" leichte, aber deutliche Nebenakzente.

Übungsanordnung:
Den „gewichtigen", „räumlichen", „hallenden" Ton entwickeln wir jetzt spielerisch von drei Seiten her: dem Gruppengefühl, dem Rhythmus und dem Klang.

1. Melodie gesungen von nur wenigen Sopranstimmen, u.U. von einer Einzelstimme (eventuell Chorleiter selbst, nur wenige Takte),

2. Melodie gesungen vom ganzen Chor

3. Akkordischer Satz.

4. Feststellen: die Musik wird zunehmend schwerer, vielleicht auch schwerfälliger.
   Wiederholen.

5. 1st. Linien (Sopran, auch andere Stimmen) so singen, „als ob der ganze Chor (bzw. die vollen Akkorde) daran hinge(n)".
   Wieder mehrstimmig: Flüchtigkeiten und Eiligkeiten bei Einzelnen oder Gruppen sofort feststellen und kritisieren.
   (Kinder- oder Jugendchor: Einzelstimmen singen lassen „wie ganzer Chor").

6. Neue Erfahrung:
   Die bewußte „Gruppenschwere" ist zwar natürlich, aber allein noch nicht musikalisch.
   2. und 3. Liedzeile („fallala"): den Einsatz „fall" jeweils leicht anstauen:

Notenbeispiel Nr. 247

1st.; 5st.; wieder 1st.

ebenso die Schlußzeilen:

Notenbeispiel Nr. 248

auch mehrstimmig,
Einsatzstau
dann nicht mehr konform!
Mithören, auffangen!

7. Anfang 5st. mit Einsatzstau:
„Nun strahlt . . .“

8. Neue Übung (evtl. schon in 6.):
nicht mehr dirigieren, sondern nur selbst wie ein Chorsänger atmen und singen. Aufforderung: „Singt genau mit mir!“
Dann dasselbe unter Führung eines Chorsängers: „ansehen, mit ihm atmen und einsetzen.“

Diese Aktion in Atmung und Bewegung, die der Chorsänger jetzt ausführt, ist bereits die perfekte Gruppenaktion, wie sie vom einzelnen Sänger und vom Gesamtchor erwartet wird: Kontaktnehmen, Atemvorbereitung als demonstrativer Impuls, Warten auf den günstigsten Moment für den Einsatz, Beginn als Entladung eines Staus.

Dabei zwangloser Übergang zu:

9. Akzentstau.
Nicht mehr in den Akzent hineinrollen („Mai den Herzen“)! Den Akzent genau so wie vorher den Einsatz als gestaute Gruppenaktion („Mai den Herzen“) explodieren lassen.

10. Nicht nur die Hauptakzente, sondern alle 1. und 3. ♩ mit (leichtem, mehr gespürtem als ausgeführtem) Akzentstau.
Die Bewegung hat sich jetzt aufgelöst in eine fortlaufende Auftakt-Schwerpunkt-Folge. Die Auftaktnoten (-silben) selbst sind dabei wahrscheinlich klanglich vertrocknet. Im Rückgriff auf 6.:

a) vorausgehende schnelle Weitung des Atemapparates und vor allem des Mund- und Rachenraumes,

b) durch bewußtes „Klingenlassen“ (anstelle von kurzem, trockenem „Sprechen“) der *Vokale*,

11. zunächst in den Hauptauftakten: „Nun strahlt“, „falla“, „auf lustig“, „falla“,

12. dann in allen Nebensilben. Auftaktiges Empfinden beibehalten!

Sehr genau kontrollieren und korrigieren, auch einzelne Stimmengruppen allein singen lassen, den Restchor auf die klanglichen Ergebnisse aufmerksam machen.

13. Akzentsilben gut klingen lassen,
alle Hauptsilben gut klingen lassen.

Wir haben jetzt durch die Verbindung von Gruppenschwere, Einsatz- und Akzentstau und Klangausbau einen Rhythmus mit „räumlicher" Einzelnote gewonnen. Wir haben die Einzelnote korrigiert, ohne sie je aus dem Zusammenhang zu reißen. Wir erleben den Stau nicht als Unterbrechung, überhaupt nicht als Minderung des musikalischen Flusses, sondern als Steigerung der Tempointensität.
Das Wechselspiel von Drängen und Zurückhalten, das alle Spannung ausmacht, wird zwanglos ohne Erklärung deutlich.

14. Kontrollübung:
5st. im p auf kurzer, sehr klangschwacher Silbe wie „dim" (quasi pizzicato); auch 1st. (sehr schwer!) mit dem vollen „hallenden" Rhythmus.
Gelingt die Übung, so hat sie ein faszinierendes, das Rhythmusgefühl zusätzlich stärkendes Ergebnis.

15. Gelingt sie nicht voll, so kann der zu trockene Klang oder der zu eilige Fluß durch „dong", „dang" o.ä. (Nachhall!) wieder aufgeladen werden.

16. Ablenkung vom zu kleinen Detail durch neuen Gesichtspunkt:
Schwerpunkte.

a) alle ♩ leicht betonen;

b) ♩ abwechselnd auf- und volltaktig nehmen;

c) nur 𝅗𝅥 betonen;

d) 𝅗𝅥 vom Text her unterscheiden („Herzen" leichter als „scherzen" usw.) Wiederholter Hinweis auf den Großtakt.

Die Reihenfolge der Übungen kann selbstverständlich auch anders aussehen. Wesentlich ist, daß sich eines aus dem andern ergibt, daß eine jeweils auftretende Schwäche zum Anlaß aufbauender Weiterführung genommen wird.

§ 139 Schwerpunkte (Kanon)

Im letzten Teil der Tanzliedübung ist deutlich geworden, welche Rolle die *Schwerpunkte* spielen, und zwar sowohl für die Perfektion wie für die Musikalität. Je weiter die Hauptgewichte *auseinanderrücken*, desto *leichter* ist es, das Tempo einzuhalten und die Stimmen zusammen zu binden, und desto reizvoller und schwingender wird die Musik selbst.
Musikalität und Perfektion stehen sich also nicht als Reiz und trockene Mühe gegenüber, sondern eins entsteht aus dem andern.
Im Musizieren des Kanons und seiner Fundamentstimme hatten wir die Wirkung der Durchpulsung erlebt als das schwingende Zusammenspiel von ♪ und ♬, von ♩ und ♫. von 𝅗𝅥 und ♩ ♩. Die nur gedachten 𝅗𝅥 („Klammer") beobachten wir jetzt genauer:

1. Der Oberrhythmus 𝅗𝅥 ♩ ♩ (Fundamentstimme) kann verschieden ausgeführt und ausgefüllt werden.
Eine Möglichkeit ist z.B.:

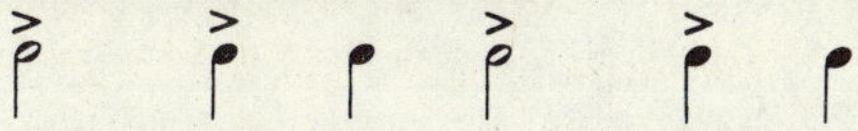

dong dong (e) dong dong (e)
Wie bei Schlägen mit einem Hammer, so fordert auch hier jeder Niederschlag (Akzent, Schwerpunkt) (> , ⟩) ein Ausholen (⟨).

Unser Rhythmus wird also erlebt als:

Notenbeispiel Nr. 249

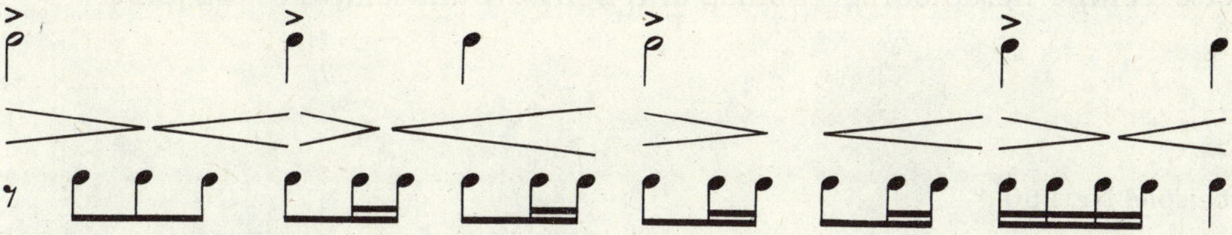

Ich will den Herrn ...

D.h. *zwischen* den Halben gebe ich mir einen Impuls, der mich zur nächsten Halben führt. Dieser Impuls liegt selbstverständlich auf den Vierteln.

Hier sieht man, wie leicht man sich beim „Zählen" *selbst täuschen* kann. Kontrollübung: man zähle „1 2 3 4 " in sehr langsamem Tempo und beobachte dabei, wie überall unwillkürlich Zwischenimpulse eingefügt werden, sei es nur in der Vorstellung, sei es durch Atmen, Öffnen und Schließen des Mundes, Hand- oder Fußbewegungen. Diese Zwischenimpulse drücken in Wirklichkeit die Zählebene auf die halben Werte herab. Die Lehreranweisung „zähle Halbe", nimm das Tempo in Halben" löst keineswegs automatisch den ♩-Zwang auf!

Diese Viertel nun, einmal als Zähl- oder Schlagzeit akzeptiert, unterscheiden sich deutlich: das erste fällt, das zweite steigt. Eine begleitende Handbewegung könnte so aussehen:

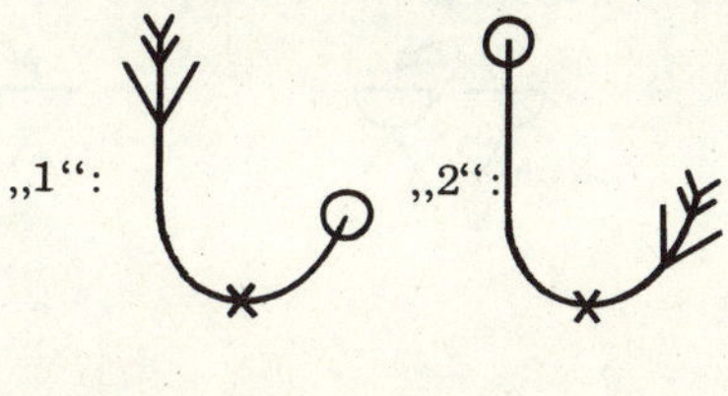

(wie die Spitze eines hängenden Pendels) oder auch

(vorgestellte Pauken, Gongs usw.). Im Auf und Ab oder im Hin und Her bilden jeweils zwei ♩ eine geschlossene Bewegungseinheit.

Kontrollübung:

Kanon mit ♩ -Schlägen 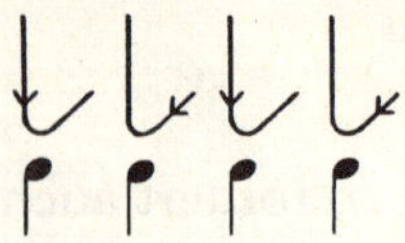 singen: die ♪ auf „1+“, „2 +“ usw. machen sich als abspringende Impulse und damit als deutliche Zählzeiten bemerkbar; der Gesamtrhythmus gerät trommelnder, trockner, die Melodiephrase verschwindet aus der Aufmerksamkeit.

Neue Übung: Die Geschwindigkeit des Kanons wird auf etwas weniger als das doppelte Tempo beschleunigt. Schlag und Schwerpunktempfindung jetzt:

Notenbeispiel Nr. 250

Diese Übung ist gelungen, wenn weder der Dirigent noch dic Sänger die ♩ zu Zwischenimpulsen nutzen, sondern wenn der abspringende 𝅗𝅥 -Impuls bis zum folgenden 𝅗𝅥 -Niederschlag trägt.

Intensivierung des sich allmählich entwickelnden großräumigen Rhythmusempfindens:

b)

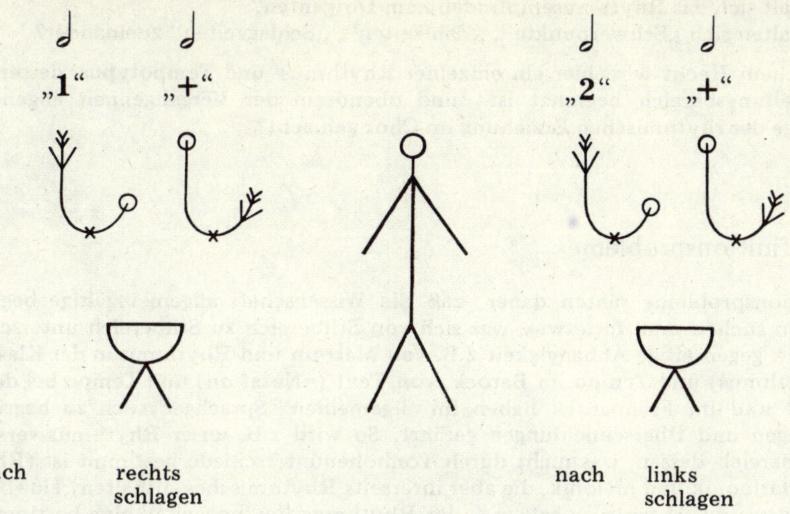

Erfahrung: die Übungen 3—6 suggerieren keineswegs ein Tempo in Ganzen, die ja als real empfundene Schwerpunkte nicht mehr in Betracht kommen könnten. Vielmehr verdeutlichen die Übungen, daß „Schwerpunkte“ oder „Zählzeiten“ immer zu *z w e i t* erscheinen. „*I n* 𝅗𝅥 *m u s i z i e r e n*“ *h e i ß t:* „*i n z w e i* 𝅗𝅥“ *(n i c h t = 𝅝 !) m u s i z i e r e n*“.

Entgegen einer rein theoretischen Wahrscheinlichkeit neigen die kleinen Werte bei *g r ö ß e r e n* Schwerpunkten zu mehr Ruhe als bei kleineren. Ein großräumig schwingendes Tempo wird eher gelassener als eines mit eng pochenden Zähl- und Schlagzeiten.

Ein $\frac{4}{4}$-Takt, der nicht als „Adagio“, „Largo“ „Presto“ oder ähnlich gekennzeichnet ist, bewegt sich normalerweise in zwei 𝅗𝅥 der beschriebenen Art, also nicht in ♩. (Hierzu mehr in den folgenden Abschnitten).

§ 140—142 Anmerkungen zum Begriff „Rhythmus“

Jeder bewußte Umgang mit dem Rhythmus führt unweigerlich zu Fragen der Interpretation (Rhythmusausführung läßt sich nicht unabhängig von der musikalischen Wirklichkeit erfassen), damit auch zu Fragen der Historie (Stile unterscheiden sich nicht nur in ihrem Rhythmusformen sondern auch in ihrem Rhythmusverständnis), schließlich auch zu dem leidigen, nie einheitlich gelösten Definitionsproblem.
Innerhalb eines Lehrbuchs der Chorleitung, das diese Fragen ohnehin nur erwähnen kann und ihre eingehende Erörterung der kompetenteren Spezialuntersuchung überlassen muß, haben sie ihren Platz eher im Rahmen des Themas „Interpretation“ als dem der „Probentechnik“. Dem Lernenden stellen sich aber an dieser Stelle einige unabweisbare Fragen, auf die, im unvermeidlichen Vorgriff auf den folgenden Band, wenigstens andeutend eingegangen werden soll.

a) Wie verhalten sich die Begriffe Rhythmus, Metrum, Takt, Tempo zueinander?

b) Wie verhält sich das Rhythmusempfinden zum Dirigenten?
Wie verhalten sich „Schwerpunkte", „Zählzeiten", „Schlagzeiten" zueinander?

c) Mit welchem Recht wird hier ein einzelner Rhythmus- und Tempotypus, dessen stilistischer Geltungsbereich begrenzt ist und obendrein der Vergangenheit angehört, zur Grundlage der rhythmischen Erziehung im Chor gemacht?

§ 140 Definitionsprobleme

Die Definitionsprobleme rühren daher, daß die Wissenschaft allgemeingültige begriffliche Festlegungen suchen muß für etwas, was sich von Stilbereich zu Stilbereich unterschiedlich versteht. Die gegenseitige Abhängigkeit z.B. von Metrum und Rhythmus in der Klassik, von Takt (=Rhythmus) und Tempo im Barock, von Text (=Notation) und Tempo bei den „Niederländern" und im Frühbarock haben im allgemeinen Sprachgebrauch zu begrifflichen Verwischungen und Überschneidungen geführt. So wird z.B. unser Rhythmus verstanden: der ganze Bereich dessen, was nicht durch Tonhöhenunterschiede bestimmt ist (Rhythmik gegenüber Harmonik und Melodik, die aber ihrerseits Rhythmisches enthalten);eine bestimmte Art, Längen und Akzente zu setzen („der Rhythmus Beethovens"); eine bestimmte Art, impulshaft energisch zu akzentuieren („spielen Sie diese Stelle sehr rhythmisch"); eine besondere zum zusammenhängenden Auffassen und Behalten bestimmte Formulierung von Dauer und Gewichten — und vieles andere mehr.

Das Wort „Rhythmus " wird also als Oberbegriff auf verschiedenen Ebenen, als Einzelbegriff und als Qualifikationsbezeichnung gebraucht. Der „Parameter"-Begriff der seriellen Musik ist außerhalb ihres Bereichs auch nicht hilfreich, da in allen vorseriellen Stilen Werte wie Dauer, Höhe, Farbe usw. nicht frei verfügbar sind, sondern nur mit ganz unterschiedlichem, von Stil zu Stil wechselndem Gewicht und immer eingebunden in ein strenges hierarchisches System auftreten. Der „Parameter-Begriff" ist nicht wertfrei, sondern selbst Beschreibung eines Stils. Seine Anwendung auf andere Stilrichtungen in Analyse und Interpretation führen zu ähnlichen Verzerrungen wie etwa eine Anwendung der Riemannschen Rhythmuslehre auf Perotin.

Ohne den begrifflichen Vieldeutigkeiten ganz entgehen zu können, werden die betreffenden Begriffe in diesem Lehrbuch etwa folgendermaßen verstanden:

„Rhythmus": behält seine dreifache Funktion

1) als Gesamtbereich des Rhythmus einschließlich Metrum, Takt, Tempo

2) als „Teilbereich" (der Rhythmus Beethovens)

3) als „geprägte Gestalt"

„Metrum": = „Maß" bezeichnet den Rahmen, auf dem Rhythmus komponiert wird, oder das System der Notenwerte, durch das sich die verwendeten rhythmischen Elemente einander zuordnen. Man komponiert nicht ein Metrum, sondern man entscheidet sich für ein Metrum.

„Takt": ist die schriftliche Notation des Metrums. Das Problem von „Takt" und „Metrum" liegt in den *Schwerpunkten*. Schon die „Einübung in den Rhythmus" (die bewußt zwischen Rhythmik und Metrik, zwischen Allgemeinem und komponiertem Besonderem *nicht* unterschied) hat gezeigt, daß es nicht einfach „schwere" und „leichte" Werte gibt, sondern daß die verschiedenen Notenwertebenen jeweils ihr eigenes Schwerpunktleben haben. Höhere und untergeordnete Schwerpunkte bedeuten für das rhythmische Leben Unterschiedliches. Die höheren Schwerpunkte sind die wichtigeren, werden aber nach oben zu immer schwerer greifbar;

sie können nur noch im pendelnden Wechsel von Hin und Her, aber nicht mehr als exakter Wert realisiert werden; irgendwo geht das Schwingen der Schwerpunkte beispielsweise in die Periodik oder in die Phrasierung und schließlich in die Großformgliederung über.

Die Taktnotation kann nun ihre optischen Schwerpunkte, also ihre „1", auf *verschiedenen Ebenen* ansiedeln. Nicht immer wird der für die Ausführung wichtigste - nämlich der höchste noch bewußt greifbare Wert — der Taktnotation zugrunde gelegt. Im Ganzen zeichnet sich, zumal in der Instrumentalmusik, eine Neigung ab, stärker akzentuierte Musik in *kürzeren* Takten mit wenigen unterteilenden Werten zu notieren, *weniger* akzentuierte dagegen *in längeren.*

Die zahlreichen *Ausnahmen,* wie etwa im Barock das kantable italienische Alla Breve oder der langsame Teil französischer Ouvertüren mit seinen scharfen Akzenten, lassen einen sicheren Schluß von der Notation auf den Charakter allerdings nicht zu. In der Notation fließt vielerlei an *tradierten Typen* (so bei Bach, Mozart) aus den verschiedensten Bereichen zusammen; umgekehrt findet sich so viel individuelles Eigengut, daß der Interpret die Frage nach dem Ort der Hauptschwerpunkte und der Rolle der notierten „1" bei jeder Notation neu beantworten muß. (Hierzu mehr im folgenden Kapitel.)

Das Metrum ist also ein komplexes musikalisches Denkschema, das durch die Taktnotation nur unvollkommen umschrieben wird; denn die Taknotation kann einerseits nur *eine* Schwerpunktebene zweifelsfrei kennzeichnen (durch die „1"), sie dient andererseits aber zusätzlich der typenmäßigen Charakterisierung.
Das Wort *Tempo* ist in der Theorie nicht umstritten. Gemeint ist die Geschwindigkeit bei stetiger Bewegung.
Die Tempoprobleme der Praxis sind die Fragen„ auf welchen Notenwert (und damit auf welche Schwerpunkte) sich ein „Allegro" oder „Adagio" bezieht, welchen Einfluß andere Elemente als die bloße Geschwindigkeit auf den Eindruck „schnell" oder „langsam" haben (wichtig für die Beurteilung von absoluten Geschwindigkeitsangaben!), wie sich Wechsel und Wandel im Tempo vollziehen, und schließlich, wie sich nicht-stetige Bewegungstypen tempomäßig verstehen und beurteilen lassen. Noch weniger als das „Metrum" läßt sich das „Tempo" durch Verallgemeinerungen fassen. „Tempo" hat immer eine bestimmte, oft individuelle, mindestens aber typenmäßige Charakteristik.
Der sehr vage Begriff „*Schwerpunkt*" ist kein terminus technicus; doch läßt sich nicht auf ihn verzichten. Wir unterscheiden den „metrischen" Schwerpunkt — ein regelmäßig wiederkehrendes, vom Komponisten *vorausgesetztes* Ereignis — vom rhythmischen oder melodischen, den der Komponist erst *schafft.* Je nach Stil und individueller Entscheidung können beide bekanntlich zusammen- oder auseinanderfallen, wobei das Metrum mehr oder weniger ins Bewußtsein gerückt werden kann; rhythmische wie metrische Schwerpunkte können mit und ohne Akzent wirksam werden usw.

So wenig die Beschäftigung mit den Begriffsdefinitionen für die unmittelbare Praxis der Probenarbeit abwirft, so notwendig ist für den Chorleiter eine eindeutige Stellungnahme, um in den zahlreichen Diskussionen mit Laien, denen er ja ausgesetzt ist, festen Boden unter den Füßen behalten zu können.

§ 141 Rhythmus und Dirigieren

Schlagzeit, Zählzeit und Hauptschwerpunkte sind *nicht* identisch. Der geübte Dirigent muß auf den verschiedenen Ebenen der Schwerpunkte schlagen können, ohne das Gesamtbild zu verändern oder zu zerstören. Er kann z.B. einen $\frac{3}{4}$ Takt in ♩ ausschlagen, obwohl die Hauptschwerpunkte auf jeder zweiten „1" liegen.

Er muß vor allem selbst wissen, ob und wieweit er unterhalb der Hauptschwerpunkte schlägt; er muß wissen und deutlich machen, daß er „Unterteilungen" schlägt, auch wo er der Taktvorzeichnung folgt, also z.B. $\frac{4}{4}$ in ♩.

Hierzu weiteres in Band III.

§ 142 Historischer Typus

Selbstverständlich beschreibt das aus Durchpulsung und Klammer entwickelte Rhythmusbild nicht Rhythmus schlechthin, sondern nur einige historische Typen, die allerdings für die historische Entwicklung wie für den lernenden Umgang eine Schlüsselfunktion besitzen.

Ähnlich der *funktionalen Harmonik* hat auch der *durchpulste Rhythmus* eine Vorgeschichte mit anderen Voraussetzungen (Notre-Dame-Epoche, Ars Nova), eine eigentliche Frühzeit (etwa 15. und 16. Jahrhundert), einen zentralen Geltungsbereich (etwa 17. und 18. Jahrhundert), eine Spätgeschichte (etwa 1800 bis 1914) und eine Auflösungsgeschichte.
Steht im 15. und 16. Jahrhundert noch allein das Spiel der Schwerpunkte im Vordergrund, so entdeckt das 17. Jahrhundert Schritt für Schritt die Rolle der Pulsation, die im 18. Jahrhundert dann zunehmend durch Impuls und Akzent profiliert wird. Im 19. Jahrhundert verwandelt sich die Pulsation aus einem allgemeinen Typus in einen speziellen Charakter (damit neue Rolle auch des Tempos), bis im 20. Jahrhundert in mehreren Schritten die Auflösung der hierarchischen, jetzt als zwanghaft empfundenen Schwerpunktordnung gelingt und der freie Wechsel an seine Stelle tritt.
Zu keiner Zeit, nicht einmal in seinem zentralen Geltungsbereich, hat der pulsierende Rhythmus allein geherrscht. Schon die im Barock und der Frühklassik so beliebten Tempowechsel stellen ein Durchbrechen der totalen Herrschaft stetiger Dauerpulsation dar: in der Form des Takt- und Tempowechsels (eine höhere Schwerpunktebene bleibt erhalten, bei einem Wechsel von $\frac{4}{4}$ zu $\frac{3}{4}$ etwa sind 𝅗𝅥⁀𝅗𝅥 oder ♩♩ = ♩♩♩) oder in der Form des Tempowechsels bei gleichbleibendem Takt („Allegro", „Presto", „Adagio": alle Ebenen verändern sich). Weiter kennt das Früh- und Vorbarock die Tempomodifikation entsprechend dem Wechsel der Affekte (Madrigal), schließlich den kaum noch gebundenen Rhythmus des Rezitativs. Innerhalb des stetigen Rhythmus kennt die Zeit zudem eine Unzahl von Unregelmäßigkeitspraktiken, vor allem auf den kleinsten Werten (französisch inegalite, italienischer lombardischer Rhythmus usw.), die die Pulsation verschleiern oder einseitig belasten.

Als dann im 19. Jahrhundert Gemütsbewegungen musikalisch nicht mehr als klar abgegrenzte, kontrastierende „Affekte", sondern als „Stimmungen" in fließenden, feinnuancierten Übergängen dargestellt werden, als die *Zwischentöne* gegenüber dem *Grundcharakter* an Bedeutung zunehmen, tritt ein *agogischer* Rhythmus immer mehr in den Vordergrund. In der Verbindung von regelmäßiger Struktur mit unregelmäßiger Ausführung sind „gebundene" und „freie". unmittelbar sprechende Rede eine Einheit geworden. Die Durchpulsungsebene selbst, in Barock und früher Klassik Ursprung eines allgemeinen vitalen Drängens, wird vor allem in der Klaviermusik zum Ort hochdifferenzierter Stimmungscharakterisierung. (Siehe auch Band II).

Das in der „Einübung" beschriebene Rhythmusempfinden besitzt also keine Allgemeingültigkeit; es war dem Werden und der Auflösung unterworfen, es hatte immer andere Formen neben sich. Es bildet aber für die gesamte Literatur zwischen Ars Nova und Neuer Musik *den* einen Bezugspunkt, ohne den keine rhythmische Erscheinung zu verstehen ist. Alle freieren Rhythmusformen leben aus der Spannung oder sogar aus dem Gegensatz zu ihm.

Tempowechsel sind nur wirksam, wo stetiges (d.h. pulsierendes) Tempo vorliegt; alle Agogik bedarf der *Orientierungsmitte*, um die herum sie schwingt, sei es im klaren Wechsel der Charaktere und Affekte wie im Barock, sei es im ständigen leichten Nachgeben wie in der Romantik.
Daß in der Praxis das stetige Tempo als das größere Problem für den Ausführenden gilt und damit einen höheren Platz in der Rangordnung des Lernens einnimmt, liegt nicht in der Natur der Sache, sondern in der des Lernens. Das meiste, was uns an „rhythmischer Freiheit" von Lernenden oder Interpreten minderen Ranges angeboten wird, ist unfreiwilliger Art oder soll nur das Fehlen einer bewußten Pulsation verbergen. Beherrschte Agogik kommt nur aus den Händen exzellenter Rhythmiker. (siehe auch Bd. II).

Der pulsierende Rhythmus hat die Funktion eines Bezugspunktes, weit über die Grenzen seines unmittelbaren Geltungsbereichs hinaus. Er ist die zweckmäßige Ausgangsbasis für das Erlernen von Rhythmus.
Er ist selbstverständlich *nicht* der Urquell von Rhythmus überhaupt. Er ist nicht elementar, er ist so wenig „Natur" wie die funktionale Harmonik, mag auch in beide manches aus der „Natur" eingegangen sein. Mit der funktionalen Harmonik verbindet ihn einiges: seine historische Rolle, seine Begründung auf Polyphonie, annähernd die Zeit seines engeren Geltungsbereichs, der Zeitraum seiner Frühentwicklung, ebenso derjenige seiner bewußten Ablösung.
Der Grund für die Betonung des pulsierenden Rhythmus ist ein pädagogischer. Die Arbeit mit „elementaren" oder exotischen Rhythmusformen ohne den Hintergrund des pulsierenden Rhythmus wird hier nicht diskutiert, da sie nur wenig Bezug zur vorliegenden Literatur und damit zur Probentechnik hat.

(Einen Einstieg in die Spezialliteratur findet der Leser bei
Ernst Apfel und Carl Dahlhaus, Studie zur Theorie und Geschichte der musikalischen Rhythmik und Metrik (München 1974)
und
Gudrun Henneberg, Theorien zur Rhythmik und Metrik (Tutzing 1974).
Der bei Dahlhaus verwendete Begriff „Großtakt" meint einen Takt mit mehreren Schwerpunkten. Im folgenden Kapitel dieses Lehrbuches dagegen wird derselbe Begriff im Sinne einer Gruppe von Takten gebraucht.)

B. Aufbau und Kontrolle des Grundrhythmus (für Erfahrene) § 143 – 147

§ 143 Arbeitswege

Ergebnis der „Einübung“: rhythmische Arbeit im Chor beginnt nicht erst mit der Korrektur von rhythmischen Irrtümern oder Ungenauigkeiten (der „gute“, „richtige“ Rhythmus entsteht nicht durch die Beseitigung von Fehlern).
Rhythmische Arbeit schafft zunächst einen Unterbau von allgemeiner rhythmischer Integration, von bewußtem, aktivem Zusammensingen. Dabei verwandelt sich das Rhythmusgefühl des einzelnen Sängers.
Das neu gewonnene polyphone Bewußtsein wird zur Grundlage auch der Arbeit an rhythmischen Problemen gemacht; der „schwierige“ Rhythmus wird nur als Spezialfall des normalen, „leichten“ verstanden, der „leichte“ selbst als komplex und damit in gewissem Sinne als „schwierig“ erkannt.

Zwei Arbeitswege laufen parallel:

1. *Beschwerung des Einzeltons*

2. *Durchpulsung und Klammer*

Beide zielen auf *ein* Ergebnis, unterstützen sich auch gegenseitig; doch sind sie wirksamer, wenn sie *probentechnisch* zunächst bewußt *getrennt* werden. Die allgemeine Arbeitsweise ist in der „Einübung“ schon andeutend beschrieben worden. Die Korrektur von rhythmischen Schwächen oder Fehlern unterscheidet sich methodisch auch bei erfahreneren Chören nicht von der aufbauenden Arbeit mit dem Anfängerchor.
Ein Fehler wird durch Herstellen eines *besseren Hintergrundes* beseitigt, eine rhythmische Aktivität wird gewonnen aus einem bewußt gemachten Hörerlebnis.
Ein *Dauererfolg* wird sich mit Sicherheit einstellen, wenn die Arbeit ohne Einseitigkeit die verschiedenen Ansatzpunkte abwechselnd aufgreift und verfolgt. Der *unmittelbare* Erfolg hängt davon ab, ob der Chorleiter im Einzelfall den Grund und den Ort einer rhythmischen Schwäche wirklich zu erkennen und die günstigste Maßnahme zu treffen vermag. Hierzu bedarf es einer Kenntnis gängiger Fehlerquellen (Liste der häufigsten Schwierigkeiten in § 35) und einer systematischen Übersicht über die wichtigsten Arbeitsmethoden. Eine solche Übersicht kann zugleich als ein Kontrollraster für das Abhören benutzt werden.

§ 144 Schema

(Erläuterung in § 145–147)

Die Einteilung in Dreiergruppen dient ausschließlich dem Zweck der griffigen Verfügbarkeit und Behaltbarkeit und erhebt keinen Anspruch auf eine tiefergehende Systematisierung rhythmischer Phänomene. Der Erfahrene wird sie für sich selbst in individueller Weise abwandeln.

Rhythmus — Kontrolle

(Übersicht)

I. gewichtiger Ton	*II. gewichtiger Schritt*	*III. Durchpulsung und Klammer*
a) unterstützt das G r u p p e n b e w u ß t s e i n integriert den Einzelsänger in die Stimmgruppe die Stimmgruppe in den Gesamtchor	a) kontrolliert und sichert (in Rhythmus und Klang) den E i n s a t z (Pausen nicht zu flüchtig) 	a) sichern das T e m p o durch die Kontrolle der Grundverhältnisse 1:2 und 1:3 
b) sichert im R h y t h m u s die Tondauer 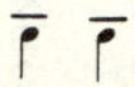 die Zeitdauer 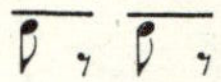	b) kontrolliert und sichert die Folge l e i c h t — s c h w e r (Auftakt nicht zu flüchtig) 	b) verbessern die T e m p o q u a l i t ä t durch das Erleben von Durchpulsung und Klammer in mehreren Ebenen 
c) kontrolliert im K l a n g den kurzen Ton (Stimmklang) besonders: schlechter Taktteil, Nebenton  die kurze Silbe (Sprachklang, Vokalfärbung) besonders: Nebensilbe, kurze Hauptsilbe „Ne - *ben* - *sil* - *be*“	c) kontrolliert und sichert die Folge s c h w e r — l e i c h t (Abtakt, Abzug, Auflösung nicht zu flüchtig) 	c) stärken das Gefühl für F o r m (lebendigen Ablauf) durch das Schwingen der Hauptschwerpunkte (ggf. Takte) in Gruppen zu 2, 3, 4, 6 etc. 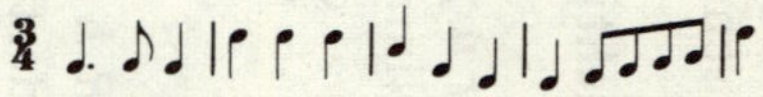 „1“ „2“ „3“ „4“

§ 145—147 Arbeitswege im einzelnen

„Die Beschwerung" wird geübt und kontrolliert als

gewichtiger Ton (I)
gewichtiger Schritt (II)

§ 145 Gewichtiger Ton (I)

I a) vom *G r u p p e n g e f ü h l* her (mehrere Sänger singen anders als einer).
Kontrolle: Nimmt der Einzelsänger das Gewicht der Stimmgruppe auf,
oder isoliert er sich?
Nimmt die Stimmgruppe das Gewicht des Gesamtchores auf,
oder isoliert sie sich?

I b) vom *R h y t h m u s* her (ein „schwingender" Ton braucht Platz, Einengung mindert die Spannung)

Kontrolle:	tenuto: Tondauer	überall lang genug?
	staccato: Zeit	schwer genug?

(Auch: portato, leggiero, relativ sehr kurze Werte).

I c) vom *K l a n g* her (trockener Klang macht den Rhythmus stumpf)

Kontrolle:	wird auf der Einzelnote wird vor allem auf der kurzen Note	gesungen oder nur gesprochen?
	hat jede Silbe (Hauptsilbe, Nebensilbe) hat jeder Laut (Vokal, Konsonant) haben vor allem kurze Silben (Laute, Noten)	Dauer und Fluß?

§ 146 Gewichtiger Schritt (II)
(Gruppengefühl in der Bewegung)

II a) *E i n s a t z   s t a u e n*

vor dem Einsatz: von der Gruppe Notiz nehmen (ansehen, hören), auf *g e m e i n s a m e   B e r e i t s c h a f t* warten.

Nicht: auf den *E i n s a t z* des Nachbarn *w a r t e n!*
Dagegen die entstehende winzige Verzögerung als „stauend" (oder als „Vakuum")empfinden, in den Einsatz hinein „explodieren" lassen.

Kontrolle: Setzt ein Sänger zu früh ein („führend")? Sänger, die immer leicht hinterher singen, tun dies nicht aus einem Mangel an Rhythmusgefühl, sondern aus allgemeiner Unsicherheit. Sie versuchen, sich ganz an ihrem Nachbarn zu orientieren.

Setzt der Chor eine Stimme	unbestimmt oder grob lahm oder eilig	ein?

II b) *Folge leicht — schwer* (auftaktige Wendungen)
Vor dem Schwerpunkt leicht stauen:

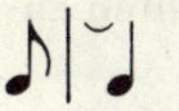 vor allem bei Kadenzformeln, Schlüssen, Teilschlüssen.

„Stauen" ist nicht zu verwechseln mit Absetzen. Rhythmischer Stau (= Warten) ist auch im legato möglich. Ein Absetzen von Auftakt-Schwerpunkt-Bewegungen sollte nur aus Gründen des Ausdrucks erfolgen.

Kontrolle: Sind die Schwerpunktnoten / Auftaktnoten } { zusammen?

Nimmt im Kadenzschritt (Schwerpunktschritt) die Aktivität } { zu? / ab?

Ist der Kadenzschritt (Schwerpunktschritt) im Gesamtverlauf } { unauffällig? / profiliert? / überpointiert?

II c) Folge schwer — leicht: rhythmisch trennen

Notenbeispiel Nr. 251

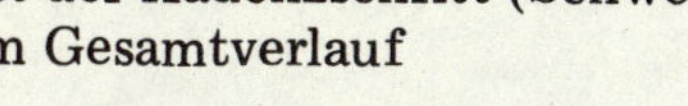 nicht: 

(„daß ich mich sein er-bar-men muß")

 nicht: 

(„Herr, unser Herr - - - - - scher")

Die schlechten Taktteile nicht aus den „guten" herausrollen lassen (dann leicht zu früh!); bewußt greifen.
Die syllabische Deklamation („daß ich") *auch* vom Sprachklang her üben (siehe oben), bei Koloraturen mit Silbenunterstützung.

Notenbeispiel Nr. 252

dann <u>da</u> dann <u>da</u> dann <u>da</u> etc.) gelegentlich auf einmal als Auftaktfolge profilieren:

1) mit bewußt verkürztem schlechten Taktteil:

Notenbeispiel Nr. 253

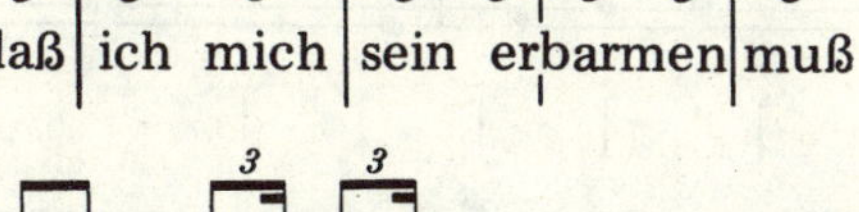

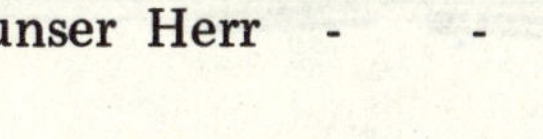

unser Herr - - - scher

2) im normalen Zweiermaß (jetzt schlechten Taktteil als „schwer“ empfinden).

Derartige „Lupen“-Übungen, die eine Schwäche sehr scharf beleuchten wollen, selten anwenden! Nach Möglichkeit im Zusammenhang mit aufbauenden Übungen.

Kontrolle: Bei gleichförmig laufenden Notenwerten (♩ ♩ ♩ ♩, ♫ ♫ usw.): rollt der „schlechte“ Taktteil passiv aus dem „guten“ heraus?

Ist er klanglich unprofiliert?
undeutlich intoniert?
zu früh?

II c) wird häufig überhört, die Rolle des Rhythmus für das Klangbild unterschätzt!

§ 147 Durchpulsung und Klammer (III)

Die eigentliche Rhythmusarbeit im engeren Sinn. Sicherung und Musikalisierung (nicht = Agogisierung!) des Rhythmus zugleich. Strengste Kontrolle des rhythmischen Einzelwertes durch III a), Erfassen des endgültigen, lebendigen Tempos durch III c), III b) ist Grundlage sowohl des linearen Rhythmusempfindens als auch des rhythmischen Zusammensingens. Die „Beschwerung“ des Einzelwertes und des Einzelschrittes ist zugleich Voraussetzung und Folge der Durchpulsung.

III a) Notenverhältnis 1:2

Kontrollübung für genaue Notenwerte. Genauigkeit der Notenwerte wird nicht erreicht durch (führendes oder begleitendes) *Mit*schlagen, Mitzählen, Mitklopfen durch den *Chorleiter* (Wirkung: besserwisserlich, penetrant) oder Mitklopfen, Mitklatschen usw. durch den *Chor* (keine wirkliche Hilfe; zudem haben Handbewegungen ganz andere Voraussetzungen als das Singen, siehe auch § 30).

sondern durch Realisieren eines *Gegenwertes* (den nächsthöheren bei kleinen, den nächstniedrigeren bei großen Werten mitschlagen oder klopfen).

Bei Wechsel der Notenwertebene unter Umständen auch den Schlag wechseln. (beim Üben, nicht in der Aufführung!)

Notenbeispiel Nr. 254 Johann Sebastian Bach

Notenbeispiel Nr. 255 **Ernst Pepping**

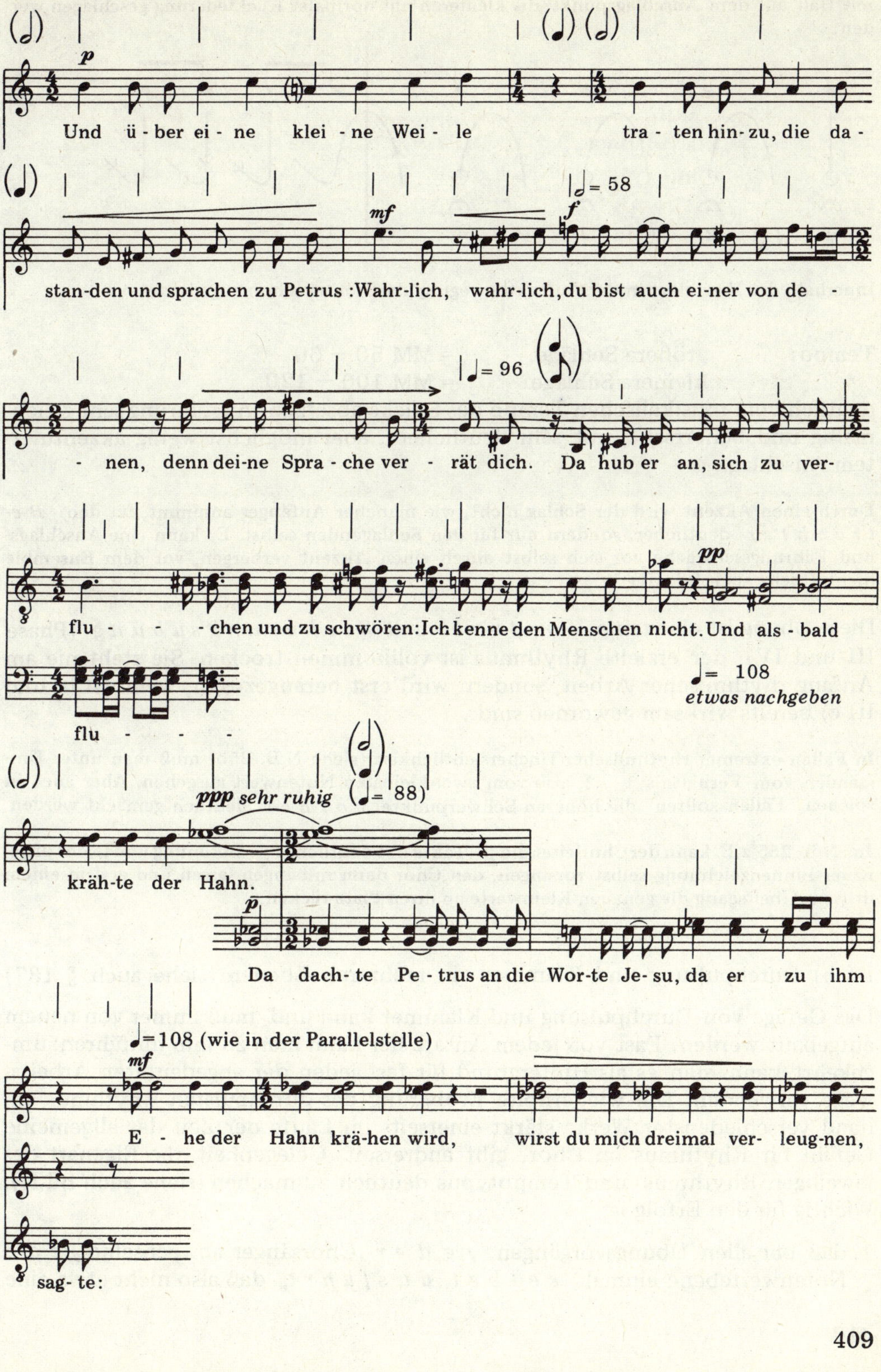

Der Schlagwechsel ist, bei gleicher Wirksamkeit, weniger auffällig, wenn die größeren Schläge mit Halt auf dem Anschlagspunkt, die kleineren mit normaler Rückfederung geschlagen werden:

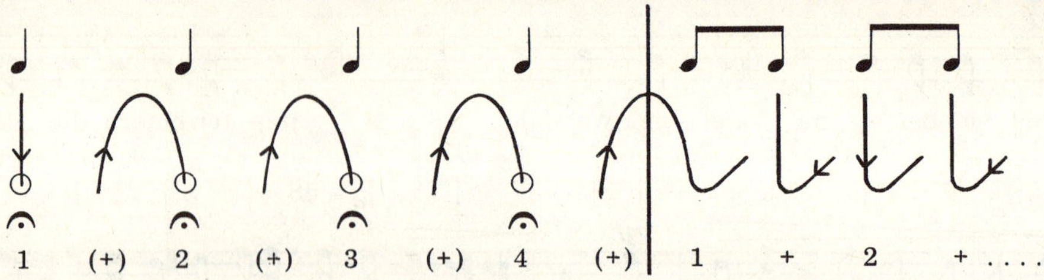

Innerhalb der Viertel ist in der Auftaktbewegung das Achtel schon angedeutet.

Tempo: größere Schläge = MM 50 — 60
kleinere Schläge = MM 100 — 120,
deutlich vom musikalischen Tempo des Stücks absetzen. Ausführung sehr gleichmäßig und beherrscht, mit sehr deutlichem, aber möglichst wenig akzentuiertem Anschlag.

Durch einen Akzent wird der Schlag nicht, wie mancher Anfänger annimmt, für den *Betrachter* deutlicher, sondern nur für den Schlagenden selbst. Er kann eine Anschlags- und Führungsschwäche vor sich selbst durch einen Akzent verbergen, vor dem Ensemble nicht. (Siehe auch Bd. III)

Diese Übung ist eine reine *Kontroll-* und *Sicherungsübung* (Phase III und IV), der erzielte Rhythmus ist vollkommen trocken. Sie steht nie am Anfang rhythmischer Arbeit, sondern wird erst herangezogen, wenn III b) und III c) bereits wirksam geworden sind.

In Fällen extremer rhythmischer Unübersichtlichkeit (siehe N.B. 255) muß man unter Umständen vom Verhältnis 1 : 2, also vom zweitkleinsten Notenwert ausgehen. Aber auch in solchen Fällen sollten die höheren Schwerpunkte *vorher* deutlich gemacht werden.

Im N.B. 255 z.B. kann der Chorleiter die 𝅗𝅥 - Takte mit deutlicher 𝅗𝅥 - Betonung und leicht ungenauer Binnenzeichnung selbst vorsingen, den Chor dann mitsingen lassen und erst in einem dritten Arbeitsgang die genauen Kleinwerte an ihren Platz rücken.

III b) Durchpulsung und Klammer in mehreren Ebenen (siehe auch § 137)

Das Gefüge von Durchpulsung und Klammer kann und muß immer von neuem aufgebaut werden. Fast von jedem Ansatz her kann man zu ihm hinführen; umgekehrt kann man es als Hintergrund für fast jeden der angedeuteten Arbeitswege verwenden. Die wiederholte Eroberung des durchpulsten Rhythmus anhand verschiedenster Werke stärkt einerseits im Laufe der Zeit das allgemeine Gefühl für Rhythmus im Chor, gibt andrerseits Gelegenheit, die Eigenart des jeweiligen Rhythmus- und Tempotypus deutlich zu machen (siehe auch Bd.II). Wichtig für den Erfolg ist

1. daß bei allen Übungsvorgängen *jeder* Chorsänger abwechselnd *jede* Notenwertebene einmal *selbst ausführt*, daß also nicht etwa eine

Gruppe ständig im ♪ - ♫ -Bereich, eine andere im 𝅗𝅥 - ♩ -Bereich bleibt, wie es der Tonsatz gelegentlich nahelegt (Faustregel: der Chorsänger hört nur, was er selbst gesungen hat);

2. daß die „Gegenwerte“ abwechselnd *e r k l i n g e n* und auch *n i c h t e r k l i n g e n,* so daß sie in der Vorstellung ergänzt werden müssen.

Der Chorsänger soll sich nicht nur an erklingender Durchpulsung (kleinere Werte) und Klammer (größere Werte) orientieren, sondern die eigene Notenwertfolge als durchpulst und verklammert hören. Die hinzukommenden Nebenwerte der anderen Stimmen oder auch eines instrumentalen Apparates werden dann als Erfüllung von etwas schon Erwartetem gehört und damit in den eigenen Rhythmus sicher integriert.

Notenbeispiel Nr. 256

a) Johann Sebastian Bach

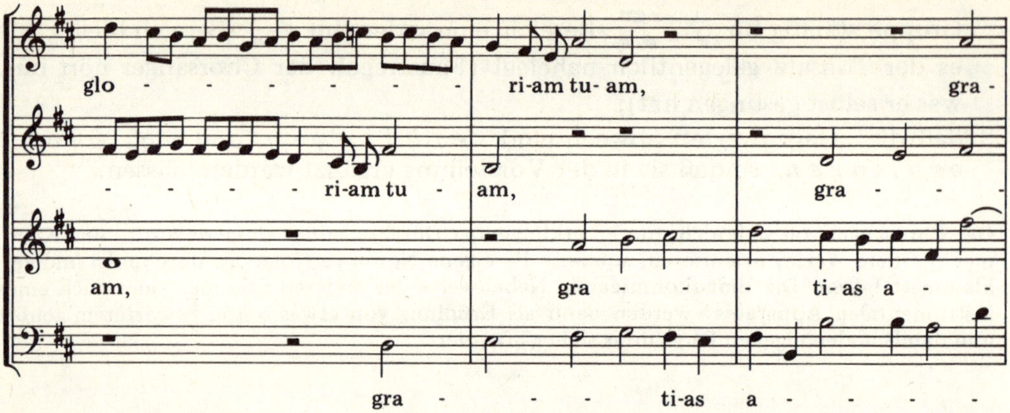

Dieser rhythmisch scheinbar einfache Satz leidet in vielen Aufführungen, ja selbst Einspielungen, unter schwammigem, schwankendem Tempo und mangelhafter Koordination. Das zweite Motiv wird, vor allem in den ♫, gegenüber dem ersten verschleppt, der Neueinsatz des ersten Themas dann wieder beschleunigt. Der zweite und vierte Themeneinsatz, die Engführungen, kommen etwas zu spät; die späteren Takte ohne ♫ -Figuration wirken lahm und spannungslos.
Die Gründe dafür sind mangelnde oder falsche Schwerpunktvorstellung und mangelndes Durchpulsungsbewußtsein.

Der Sänger beginnt mit stampfenden, gleich schweren 𝅗𝅥 ohne Auftakt- oder Volltaktbewußtsein, gewissermaßen in lauter 𝅗𝅥 -Takten. Bei Einsetzen der 𝅗𝅥 𝅗𝅥 -Kette verlagert er dann die Gewichte auf die ♩, ohne das doppelte Tempo ganz zu erreichen.

A r b e i t s w e g:

1. Schwerpunktvorstellung (siehe auch den folgenden Abschnitt):
   Die ersten drei Töne des Themas sind Auftakt; die „eins“ des 4. Taktes ist *k e i n* Hauptschwerpunkt; der Einsatz des 2. Themas ist eine Synkope, die ♩ sind — trotz der Deklamation — keine Unterteilungen, keinen Akzent- oder Gewichtsträger; die ♫ gruppieren sich nicht zu 2 oder zu 4, sondern zu 8.
   Das Rhythmusbild ist etwa folgendermaßen zu verstehen:

b) Johann Sebastian Bach

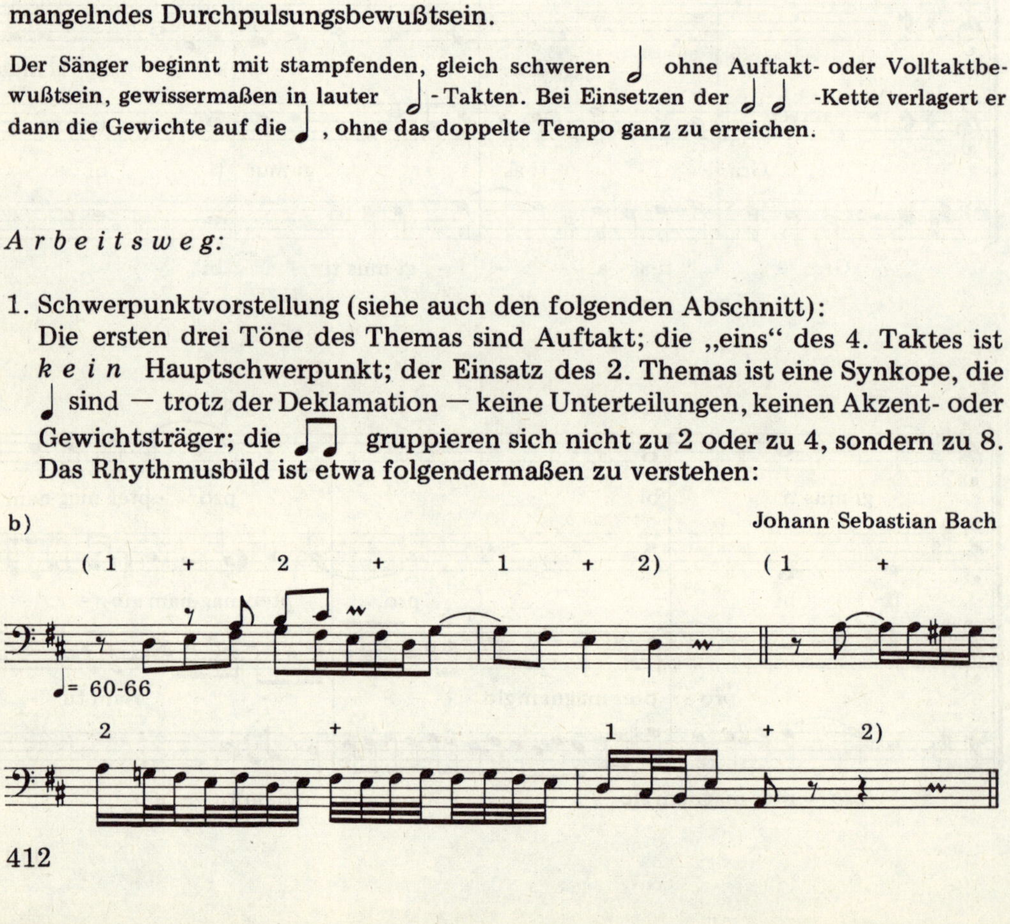

Übung a: erstes Thema in stark erhöhter Geschwindigkeit mit Ganztaktschlägen vorsingen, dann Chor mitsingen lassen, erläutern: 𝅗𝅥 sind 𝅘𝅥𝅮 ! usw.
dann: 2stimmig, wenig dirigieren, dann 4stimmig

Übung b:

c)

nicht mehrstimmig!

2. Durchpulsung und Klammer

Der Rhythmus der ♩ und ♫ (2. Thema) muß im Rhythmus der 𝅗𝅥 und ♩ (1. Thema) schon enthalten sein.
Übung:

d)

(ohne Erläuterungen).

Als zweiter Schritt: sobald die rhythmisierte Fassung des Chorleiters verstanden ist, vom Chor übernehmen lassen, dazu selbst die Originalgestalt des Themas singen; die Takte 4 und 5 mehrfach wiederholen, dabei auf den Reiz des Wechsels aufmerksam machen.

Mehrstimmig: Rhythmusstimme durch Chorleiter oder Teilchor gesungen.
Ohne Rhythmus-Stimme einstimmig, mehrstimmig.
Aufforderung: Rhythmus-Stimme in Gedanken ergänzen.
Den ganzen Satz, im Wechsel Silbe und Text (Zuruf). Stellen mit rhythmischem Wechsel wiederholen.

Ähnliche Vorgänge in anderen Teilen des Werkes (J.S. Bach, Messe h-moll) zum Vergleich singen: 2. Kyrie, Credo, Patrem. Bei späterem, wiederholendem Singen Nebennoten profilieren:

e)

f)

Die Notenbeispiele e und f sind nur scheinbar identisch. Notenbeispiel e dehnt die Nebennote, Notenbeispiel f verhindert ein Zufrühkommen.

In der Abfolge der Übungen ist die Geschwindigkeit allmählich zurückgegangen, das Tempo ist ruhiger, Klang und Rhythmus sind fülliger geworden. Jedes Zurückfallen in den früheren 1 𝅗𝅥 -Rhythmus muß durch sofortiges Zurückgreifen auf Notenbeispiel b und c aufgefangen werden.
Erläuterungen des Vorgangs sind angebracht, *nachdem* man die Übung zum ersten Mal gebracht hat.

Ein ähnlicher Fall liegt vor in den Motetten vom Typus der „Geistlichen Chormusik" von Heinrich Schütz. Eine Wiedergabe in einem — sei es hölzernen, sei es schwammigen — Rhythmus ohne ein bewußtes, spannungsvolles Ineinandergreifen aller komponierten Rhythmuselemente nimmt solchen Werken ihre Größe und Kraft.

Notenbeispiel Nr. 257 Heinrich Schütz

(Zusammenstellung der Themen von „Herr, auf dich traue ich")

Die zunehmend kleineren Notenwerte beschreiben weder eine schrittweise Beschleunigung des Tempos (auch nicht eine scheinbare) noch auch eine Verlangsamung. In ihnen liegt das auskomponierte Erlebnis der zunehmenden Durchpulsung, das seine Faszination allerdings erst dann entfalten kann, wenn das Grundtempo erhalten bleibt und wenn die kommenden kleinen Werte in den vorangegangenen größeren schon mitgehört werden (im Notenbeispiel sind die zu ergänzenden Durchpulsungs- oder Verklammerungswerte durch kleine Striche bezeichnet).

Der verbreitete Brauch, das Tempo wie in einem Madrigal von Abschnitt zu Abschnitt zu wechseln, geht am Sinn dieses Typus vorbei und ebnet die Kontraste ein, statt sie, wie beabsichtigt, zu profilieren.

Notenbeispiel Nr. 258

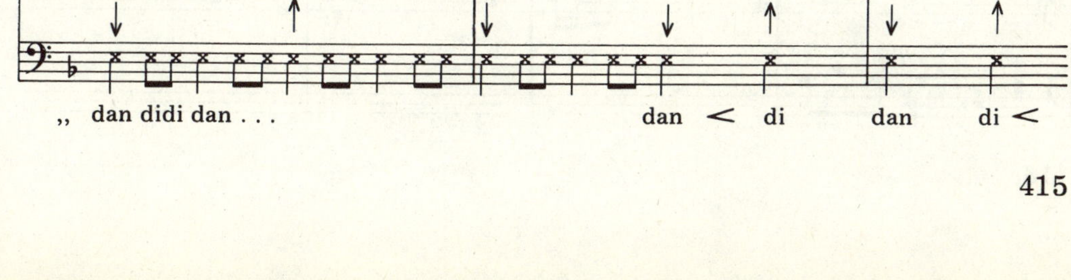

N.B. 258 ist ein besonders packendes Beispiel für das erlösende Herausfließen von längst erwarteten ♫♫ aus den größeren Werten. Wie überall, so zeigt sich auch bei den angeführten Beispielen von Schütz und Bach, daß ruhigere Tempi leichter, ja oft überhaupt erst möglich sind bei weitgegriffenen Schwerpunkten (siehe folgenden Abschnitt; siehe auch § 160).

III c) Hauptschwerpunkte in Zweiergruppen

Dieser Punkt scheint nicht mehr dem Bereich der Schwierigkeiten, sondern dem der musikalischen Darstellung anzugehören. Das Bewußtsein vom Hin- und Herschwingen der Hauptschwerpunkte ist *die eine Grundlage der Tempogestaltung vom Rhythmus her.*

Die andere Grundlage ist die *fortschreitende Durchpulsung* in immer kleineren Notenwertebenen. Für das Tempo selbst werden außer dem Rhythmus noch *weitere* eingrenzende oder modifizierte *Kriterien* herangezogen wie Phrasenlänge, Deklamationsgeschwindigkeit, instrumentale Deutlichkeitsgrenze, individueller oder Typencharakter, Verhältnis in einer Folge wechselnder Tempi und anderes mehr.

Doch haben die Hauptschwerpunkte auch für das „richtig" und „falsch" des Rhythmischen ihre Bedeutung:

1. (Rhythmus linear). Falsch gewählte Hauptschwerpunkte lassen das Tempo verschleppen und erzeugen damit Schlampigkeiten auch im Kleinen.

2. (rhythmische Integration). Sehr schwungvolle Imitationen (Stimmeneinsätze) oder Gruppenwechsel sind nur durch ein gemeinsames Schwerpunktbewußtsein zu koordinieren (siehe unter „zwei Ebenen").

Zu 1. Falsch gewählte Hauptschwerpunkte sind immer *zu eng* gewählte.
Häufige Fälle:
Notation in kleinen Takten (wenige Noten) in sehr großen Werten.

Einige Beispiele in Dreiertakten:

Notenbeispiel Nr. 259 Wolfgang Amadeus Mozart

Die *P e r i o d i k* bei Mozart ist nicht ein abstraktes Formschema, das nur Analytiker interessiert, sondern sie ist *d e r R h y t h m u s.* Man musiziere übungshalber etwas mit Chor und Klavier, in gleichmäßigen 3 ♩ und im Großtakt von 4 𝅗𝅥. . Die im 3-♩ -Musizieren immer unsicher, zu spät oder zu plötzlich kommenden 𝅗𝅥 -Einsätze fließen im Großtakt, ohne besondere Einsatzhilfe, von selbst (vorausgesetzt, es gelingt, den rhythmischen Schwung wirklich über vier Takte zu führen und nicht in einer mißverstandenen Ganztaktigkeit von 1 zu 1 stecken zu bleiben).

Bekanntlich beginnen die klassischen 4-Takt-Perioden nicht immer auf 1, sondern ebenso häufig auf 2, 3, oder 4. Man lasse sich durch einen energischen akzentuierten Beginn nicht täuschen: NB. 260 beginnt mit 4!

Notenbeispiel Nr. 260 Wolfgang Amadeus Mozart

Aber auch in Fällen, wo eine nicht periodische Melodik mit der periodischen Grundanlage im Streit liegt, führt erst das Großtakt-Musizieren sowohl zum musikalischen Verständnis wie zur technischen Genauigkeit des Zusammensingens. Dazu zwei verwandte Beispiele von J.S. Bach:

Notenbeispiel Nr. 261 a Rhythmus des Kontrapunkts: Johann Sebastian Bach

Die Fuge ist vollständig in 4-Takt-Gruppen periodisiert. An zwei formal charakteristischen Stellen wird dieses Schema durchbrochen: zu Beginn der Durchführung (T. 287: 5 Takte statt 4) und zu Beginn des Schlußteils (T. 343: 11 Takte statt 12).

Das Thema selbst gibt sich durch die Mehrdeutigkeit seiner Betonungsverhältnisse aperiodisch. b) zeigt die innerste Kernlinie, c) die zweite Schicht mit den (hochliegenden) Auftakten. d) zeigt, wie aus diesen Auftakten durch die vorangehende Wendung scheinbar Akzente werden, deren höchstliegender (Takt 4), zugleich Höhepunkt der Gesamtlinie und, als Schlag „4“ des ersten Großtakts, Auftakt zum zweiten Großtakt ist.

Notenbeispiel Nr. 261 b

N.B. 261 f zeigt, wie das Thema rein rhythmisch als aus einer textbezogenen Dreiergruppierung entwickelt verstanden werden kann. Interpret und Hörer erleben: 1. eine unregelmäßige Dreiergruppierung mit immer kürzeren Auftaktbildungen (3 Takte, 2 Takte, 1 Takt), 2. auf jedem Takt eine mögliche Betonung (wobei jeder einzelne die vorangehende nachträglich bestreitet!).
Der im Gegensatz zum Thema klar periodische Kontrapunkt ist um einen halben Großtakt versetzt (s. N.B. 261e)
Dieses komplizierte Spiel wird für Hörer wie Ausführende überhaupt erst auf dem Hintergrund der Großtaktgliederung deutlich. Nur im Gegensatz zur deutlich *w a h r g e n o m m e n e n R e g e l m ä ß i g k e i t* kann die *U n r e g e l m ä ß i g k e i t* wirksam werden.

Die bewußte Großtaktgliederung, also das Musizieren in 4 ♩. , macht aber nicht nur aus dem oft gehörten Stampfen eine atmende, schwingende Linie, die keiner übertriebenen Geschwindigkeiten oder Lautstärken mehr bedarf, sondern sie macht vor allem die genaue Integration des Kontrapunktrhythmus  mit den übrigen Stimmen leicht, ja überhaupt erst möglich. ähnliches ist zu beobachten am folgenden Notenbeispiel:

Notenbeispiel Nr. 262 Johann Sebastian Bach

11
- - - ben und sind wir, in ihm le - ben, we - ben und
- - - - - ben und sind wir, und sind wir, und
In ihm le - ben, we - - - - -
In ihm le - ben, we - - - -
f
17
sind wir, in ihm le - ben, we - - - - - -
sind wir, und sind wir, in ihm le - ben, we - - -
- ben und sind wir, we - - ben und sind wir, in ihm le - ben,
- - - ben und sind wir, und sind wir,

23
23
- - - ben und sind wir, und sind wir, in ihm le - ben,
- - - ben und sind wir, und sind wir, in ihm le - ben,
le - ben, we - - ben und sind wir, in ihm le - ben,
in ihm le - ben, we - - - -
23
29
Fl.I,II
29
we - ben und sind wir, so - lan - - - - ge, so -
we - ben und sind wir, so -
we - ben und sind wir, so
- ben und sind wir, so -
29

14

Das scheinbar einfache, in Wirklichkeit überaus kompliziert gebaute Thema (Auftakt-Volltakt-Wechsel; Auftakte: 2 ♩, 3 ♩, 5 ♩, 1 ♩; „*s i n d wir*“, überraschend vorgezogener vierter Akzent) wird durch die Engführung und die verschobenen Einsätze der jeweils folgenden Stimmengruppe (S/A „1–2“, T/B „2–3“) noch zusätzlich verschleiert. Die Allgegenwart von denkbaren Schwerpunkten verschleppt alle Einsätze, ein Stampfen auf einer „1“ tötet den Fluß, ohne die Integration zu verbessern. Die „Hintergrunds“-Periodik erfüllt hier denselben Zweck wie im vorliegenden Beispiel.

Beispiele für eindeutiger periodisierte $\frac{3}{8}$-Takte bei Bach sind: die Arie „Ich folge dir gleichfalls“ (Joh. P.) in durchgehenden Vierergruppen mit einigen Unregelmäßigkeiten im zweiten Teil und im Schluß, oder der 1. Satz des Brandenburgischen Konzertes No. 4 mit seinem Wechsel von 4-und 6-Taktgruppen, auch das „Osanna“ aus der „Messe h-moll“.

Das Musizieren in Großtakten führt keineswegs zu erhöhten Geschwindigkeiten (siehe oben). Es erlaubt vielmehr ruhigere Tempi, die Gesanglichkeit mit Leidenschaft vereinen. Das Kurz-Takt-Musizieren verleitet viele Dirigenten, gerade bei Mozart, aus dem Gefühl mangelnder Spannung heraus, zu forscher Hast, die aber nichts an „Feuer“ einbringt und schon von Mozart selbst gerügt wurde.

Notenbeispiel Nr. 263 Wolfgang Amadeus Mozart

a)

Das „Credo“ der „Krönungsmesse“ z.B. verführt, in ♩ musiziert, zu einem heftigen und hastigen, eher gehetzten als feurigen Tempo. Nimmt man die „3“ nicht als Nebenakzent und damit als zweiten Schwerpunkt des Taktes, sondern akzentlos, also die erste Takthälfte „fallend“ und die zweite „steigend“ (leicht zur 1 crescendierend), so bleiben die „1“-Schläge als Schwerpunkte übrig. Zwei Takte im Hin- und Herschwingen zusammengefaßt ergeben die Grundbewegung.

b)

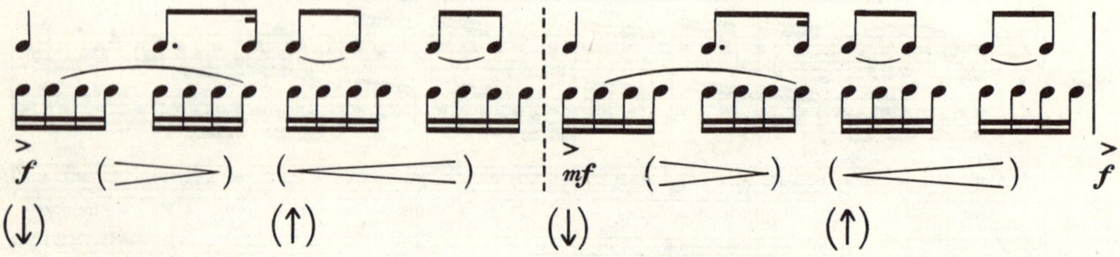

Dirigiert wird selbstverständlich in ♩, aber mit der entsprechenden Nuancierung: „2“ und „4“ sehr klein, mehr abspringend als anschlagend, die „3“ kurz nach außen, nur wenig abwärts, die „1“ in größere und kleinere Schläge unterschieden.

Das Tempo kann ruhiger werden als bei voll akzentuierten vier Vierteln, die dichte Einsatzfolge „factorem“ fließt zwanglos und daher viel sicherer in der Koordination

Für den Anfänger werden diese Erscheinungen überraschend, vielleicht sogar unglaubwürdig sein. Größere Sicherheit durch weiter auseinanderliegende Schwerpunkte? Gefühlsmäßig würde man eher das Gegenteil erwarten. Die musikalische Praxis wird ihn aber bald eines anderen belehren. Der Erfolg hängt allerdings davon ab, daß der Dirigent selbst die Großtaktgliederung völlig sicher im Gefühl hat, wozu ein Üben in erhöhter Geschwindigkeit hinführend dienlich sein mag.
Bei Mißerfolgen mit Rhythmusintegration sollte zuerst die Sicherheit der eigenen Tempo-*Vorstellung* überprüft werden, ebenso die Fähigkeit, zwischen 𝅝-, 𝅗𝅥-und ♩-Schlägen ohne Veränderung der Geschwindigkeit und der Schwerpunktverhältnisse zu wechseln.

Es gibt selbstverständlich genügend *schwach-periodische*, auch aperiodische Musik, vor allem im Frühbarock und in jüngerer Zeit. Durchbrechung des Periodenschemas ist ein kompositorischer Programmpunkt mindestens seit der Spätromantik. Doch müssen in jedem Fall übergeordnete Schwerpunkte, auch wo sie in *unregelmäßiger* Folge auftreten, zur Grundlage des rhythmischen Verständnisses gemacht werden. Der Anfänger kann davon ausgehen, daß „kleine“ Takte, z.B. alla-breve-Takte und alle Dreiertakte, also auch ruhige und weitergehend unterteilte, zu wenigstens zwei *Takten* in einer Bewegung des Hin- und Herpendelns zusammengehören.

Notenbeispiel Nr.264

Johann Sebastian Bach

(Ähnlich: J.S. Bach, Kantate „Du Hirte Israels";, das „Kyrie" aus der „Messe A-Dur).

Aber auch

Notenbeispiel Nr. 265

Josquin des Prez

Notenbeispiel Nr. 266

Heinrich Schütz

Der Rhythmus muß keineswegs ins „Wiegende" abgleiten, kann vielmehr streng und schreitend bleiben, gewinnt aber Bewegung und polyphone Sicherheit.

Beispiele für gerade Takte:

Notenbeispiel Nr. 267 Wolfgang Amadeus Mozart

In 2 𝅗𝅥 dirigiert und musiziert hat das Stück eine Tendenz zum Schleppen und zu verspäteten Einsätzen. In 𝅝 , d.h. je nach Lage 1 𝅝 , 2 𝅝 oder 4 𝅝 fließt es zwanglos und sicher.

Notenbeispiel Nr. 268 Johann Sebastian Bach

Wechsel von Sechser- und Vierergruppen. Ähnlich: „Confiteor" (häufige Vierertaktgruppen), „et expecto" in regelmäßigen Vierergruppen (Bourrée-Typus).

Auch in den *Bachschen alla - breve* - Typen hat der Takt nur *einen* Schwerpunkt, d.h mindestens zwei Takte bilden die Grundeinheit. Zwar lassen sich diese Stücke nicht, wie das Notenbeispiel 397, in 𝅝 schlagen. Doch müssen die 𝅗𝅥 in Vorstellung und Ausführung Unterteilungen bleiben.

Verwandt, aus einem ganz anderen Stilbereich: Dreiergruppen.

Notenbeispiel Nr. 269 Josquin des Prez

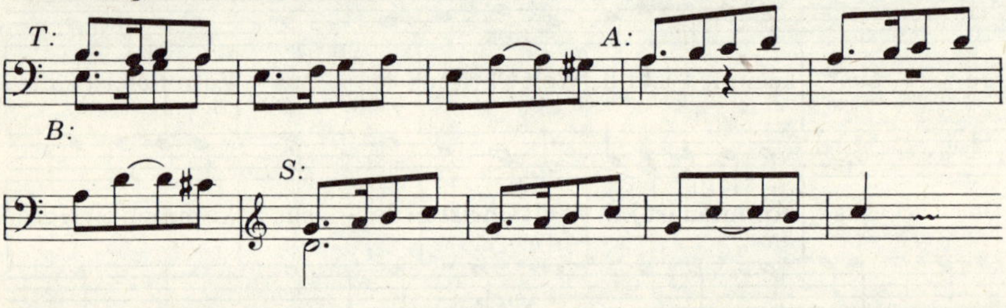

Ähnlich Bruckner, Messe e-moll „Kyrie"; auch das „Gloria" ist, trotz der Vorzeichnung „C" alla breve (s. 314). Entsprechend in der Messe f-moll nicht nur das „Credo", sondern auch „Kyrie" und „Gloria". Zum Problem des langsamen alla breve (= „schwerer Unterteilung", etwa am Beginn der „Schöpfung" von Joseph Haydn) siehe Band II.

Zu 2.: Die Notation in sehr großen Werten.

Die Notation in sehr großen Werten, die in den praktischen Ausgaben von Werken alter Meister üblich geworden ist, also die Notation in 2, 4 u.ä., hat seit Generationen zu einer verheerenden Verzerrung des Charakters vor allem der vorbarocken Musik geführt. Die häufigen Empfehlungen zeitgenössischer Theoretiker, kirchliche Musik ruhig, gemessen, jedenfalls langsamer als weltliche zu nehmen, tat ein übriges. Die an sich allen Interpreten selbstverständliche Frage „Welcher *Notenwert* gilt als ruhig?" wird bei alter Musik oft kritiklos übergangen.
Als Bezugswert wählt der naive Interpret den mittleren Deklamationswert, bei einem Werk mit Deklamation auf 𝅝, 𝅗𝅥 und 𝅘𝅥 also die 𝅗𝅥, und schlägt diesen dann „ruhig". Das Ergebnis ist eine feierliche, pathetische Musik mit entnervend geringer Ereignisdichte und Binnenzeichnung und mit Phrasen, die entweder zerhackt werden oder sich ungreifbar ins Unendliche verlieren. Das für den Hörer erscheinende Ungleichgewicht zwischen großen und kleinen Notenwerten, das in der jüngeren Musik keine Parallele findet (in den langsamsten Sätzen erscheinen doch kleine bis kleinste Notenwerte!) wird für ein Kennzeichnen „alter" kirchlicher Musik genommen.

Das Gegenteil ist aber richtig. Die Einheit, die in unseren Ausgaben als Takt erscheint, ist nicht eine Gruppe von Schlägen, sondern *ein* Schlag.
Ein Schlag im alten Sinne, ein „Tactus", ist etwas anderes als unser heutiger. Er enthält außer dem *Niederschlag* ein *rhythmisch profiliertes Ausholen*, das ein Orientierungspunkt, aber kein Schwerpunkt ist, ähnlich einem ruhigen alla breve in später Musik. Dieser zweite, ausholende Schlag im Takt ist etwas ähnliches wie eine Unterteilung. Rhythmisch atmender Wechsel erfolgt nicht zwischen dem Haupt- und dem Nebenschlag, sondern zwischen *einem* Niederschlag und dem folgenden, also von *„1" zu „1"*. Dieser Abstand ist in der Tat oft groß, das Tempo also ruhig. Dabei werden die 𝅗𝅥 und vor allem die 𝅘𝅥, auch wenn sie Deklamation enthalten, recht lebhaft. Dieser Gegensatz von großräumigem, ruhigem Schwerpunktschwingen und lebhafter Kleinbewegung ist der wahre Charakter vorbarocker Musik, fern von breitem Pathos, fern von unbestimmtem Verdämmern. (Ein besonderes Opfer dieser Behandlungsweise ist Palestrina!). Das gegenüber der geistlichen Musik lebhaftere Tempo des Madrigals besteht nicht nur in einer schnelleren Bewegung der Schwerpunkte, sondern auch in einer im ganzen geringeren oder weniger differenzierten Unterteilung.

Notenbeispiel Nr. 270

Melchior Franck

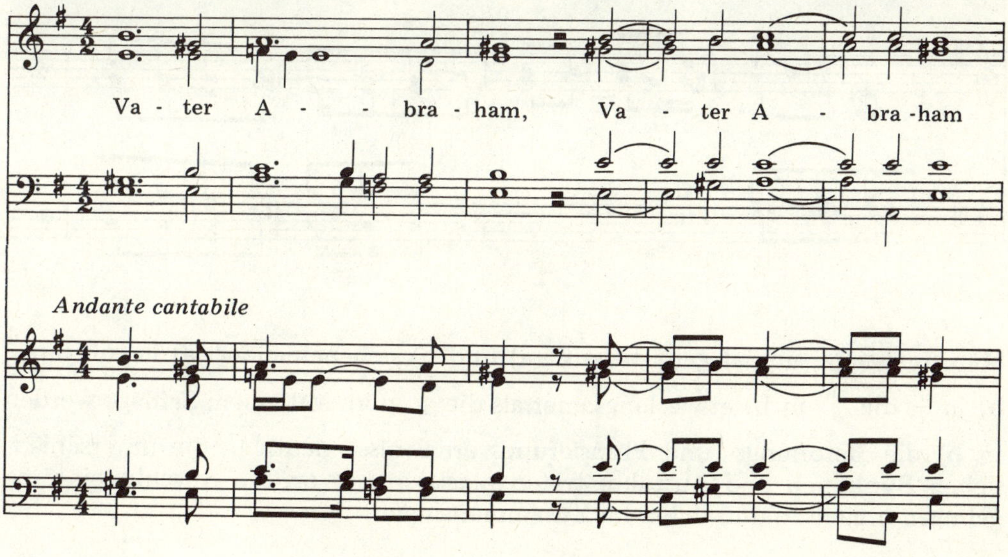

Man musiziere einmal ganz bewußt a) und b) nebeneinander: a) in ruhigen $\frac{4}{2}$ b) in $\frac{4}{4}$, die ♩ in b) etwas langsamer als die 𝅗𝅥 in a). Mit einem Schlage werden in b) die Betonungs- und Phrasierungsverhältnisse deutlich, die unterschiedlichen Synkopen und Auftakte treten plastisch hervor, die Anschlußeinsätze gelingen organisch und sicher im Zusammensingen.

Notenbeispiel Nr. 271

Melchior Franck

Die kleinen Notenwerte verändern ebenfalls ihren Charakter. Die Synkopen auf den Nebenwerten machen den Distlerisch-leidenschaftlichen Ton des Werkes deutlich.

Solche Stellen sind dann in der Tat schwerer als vorher. Hier wird jetzt die Zwischenübung IIIa erforderlich.

Notenbeispiel Nr. 272

Melchior Franck

Anfang: „durcheinanderschmetternde Trompeten“. Die zweite Stelle klingt in 𝅗𝅥 kraftlos, leiernd.

Wer den ersten Schock überwunden hat und die Evangeliensprüche von Melchior Franck einmal unter diesem veränderten Metrum durchsieht, wird eine Fülle von melodisch-rhythmischen Reichtümern entdecken. Diese Werke führen ein unverdientes Schattendasein als anspruchslose Gebrauchsmusik für Kirchenchöre. In Wirklichkeit sind sie eine bezaubernde Sammlung musikalischer Aphorismen mit eigenem künsterischem Anspruch.

Wer sich in den ruhigen Zweier- (oder Vierer-) Schlag eingearbeitet hat wird keine Mühe mehr haben, die Geschwindigkeiten weiter zu modifizieren, also durchaus

auch 𝅗𝅥 (= 𝅘𝅥𝅮) gelegentlich in den musikalischen Fluß hinein zu dirigieren, ohne das Metrum zu unterbrechen.

Zur weiteren Anregung:

Notenbeispiel Nr. 273

Heinrich Schütz

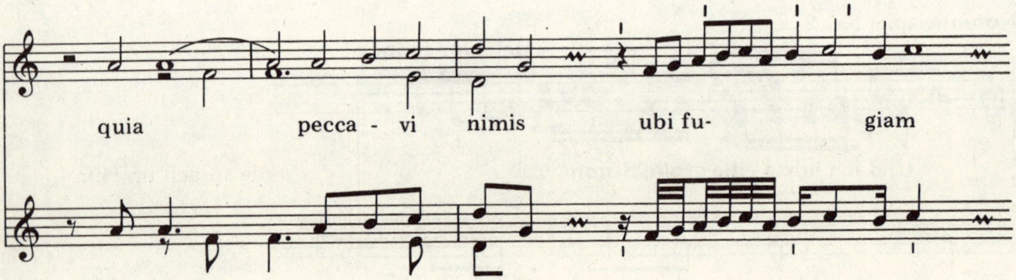

Notenbeispiel Nr. 274

Anton Bruckner

D („Andante“)

Zwischenbemerkung:
Entsprechend der in diesem Lehrbuch vertretenen Auffassung, Rhythmus in erster Linie als ein Ineinandergreifen und weniger als Reihung zu verstehen, erscheint es sinnvoll, daß auch die *praktischen* rhythmischen Einzelprobleme vom Lernenden zunächst im Bereich des Zusammensingens aufgesucht werden, damit er sich daran gewöhnt, rhythmische Korrekturen und rhythmische Erziehung von der Koordination her anzugehen und selbst in der rein linearen Arbeit mit überlagernden Ergänzungen zu arbeiten.
Die Schwierigkeiten im linearen Bereich stehen also, anders als im Kapitel „Intonation“, nicht am Anfang, sondern am Ende des Rhythmusabschnittes.

III C. Schwierigkeiten im rhythmischen Zusammensingen (§ 148–156)
(Rhythmische Integration)

Dieses Kapitel bringt gegenüber den beiden vorigen nur wenige grundsätzliche neue Arbeitsmethoden. Sein Zweck ist es vor allem, anhand weniger Beispiele den Blick zu schärfen für solche Stellen, an denen der rhythmische Zusammenhang gefährdet ist.

Allgemein: Selbstverständlich sind alle *polyphonen* Strukturen rhythmisch empfindlich, zumal in akzentschwacher Musik oder in einem akzentschwachen Ensemble wie im Chor.
Je deutlicher dem Sänger der lineare Eigenwert einer Stimme bewußt wird, desto größer ist die Gefahr der Isolierung.
Verknüpft werden polyphone Stimmen durch ein gemeinsames Schwerpunktbewußtsein und durch ein wechselseitiges Auffangen der Bewegungsimpulse.

§ 148 Gewichtiger Ton – gewichtiger Schritt

Die erste Kontrolle bei ungenauem rhythmischem Zusammensingen gilt immer der Frage: haben Einzelton und -schritt genügend Gewicht?
Flüchtige Töne sind

a) nicht integrierbar,

b) ein Zeichen für mangelndes Gruppen-(Volumen-)gefühl.

Arbeitsweise siehe „Herstellen des Grundrhythmus“.

§ 149 Reihung

§ 149.1 Reihung gleicher Werte

Der scheinbar besonders leichte Rhythmus der laufenden Werte bietet in Wirklichkeit beträchtliche, immer wieder unterschätzte Schwierigkeiten. Dem Chorsänger fehlen bei laufenden Werten eindeutige Anhaltspunkte für Gruppierungen und Schwerpunkte. Er versucht, sich an den kleinsten Werten (bei  -Ketten den  oder sogar den ) festzuhalten. Die Aufforderung „ganz gleichmäßig!“ hilft nicht, sondern löst zusätzlich Verkrampfung aus.

§ 149.2. Parallele Reihung

Notenbeispiel Nr. 275

Johann Sebastian Bach

Parallele Koloraturen einstimmig nur in langsamem ♪-Tempo (als III a), sonst mindestens zweistimmig (Gewichtsbewußtsein). Schrittweiser Aufbau zu 𝅗𝅥-Schwerpunkten, dann Koordination ohne Probleme.

Notenbeispiel Nr. 276

(siehe auch: „Rhythmus linear“, „Reihung gleicher Werte“)

Ein verwandtes Problem, jetzt in langsameren Werten;

Notenbeispiel Nr. 277

Heinrich Schütz

Das plötzliche Ausbleiben von unterteilenden Werten führt zu merkwürdigem Schleppen und zu Unsicherheit in der Koordination.

a) Durch erhöhte Geschwindigkeit den 2 𝅝 -Rhythmus verdeutlichen,

b) falls ein ruhiges, hier expressives Tempo angestrebt wird, zusätzliche 𝅘𝅥 -Durchpulsung realisieren.

Die polyphone Struktur hilft dem Sänger nicht über den Eindruck von nur schwach gegliedertem Parallellaufen der Stimmen hinweg.

§ 150 — 154 Komplementäre Rhythmen

Auf dem Hintergrund von Schwerpunktbewußtsein und Durchpulsung wird in der Einzelstimme nach Möglichkeit der Gesamtrhythmus realisiert nach folgendem Modell:

Notenbeispiel Nr. 278

Johann Hermann Schein

b) wird vom Chorleiter leise in den Chor hineingesungen (eventuell Klavier), da für den Chor in diesem Fall nicht gut ausführbar.

c) und d) können nach Gehör oder nach der Anweisung „die ♫ der Gegenstimme mitsingen" nachgesungen werden. Originalfassung sofort folgen lassen, ggf. Wiederholung der Übung.

K o n t r o l l e: Laufen im 2. Takt die gegeneinander verschobenen Figuren ♩. ♪ gleichmäßig, ohne Hast, ohne Neigung zum Verschmelzen, aber auch ohne wechselseitiges Abwarten ab?
Den Rhythmus immer sehr leise, sehr locker, ohne Nachdruck, aber mit musikalischem Schwingen vormachen und dirigieren; wenig führen, möglichst viel selbst finden und ausführen lassen.
Wenn die lockere Methode keinen Erfolg hat, nicht Wiederholung mit stärkeren „Pauken", sondern mit klarem Charakter und Tempowechsel die Übung 1:2 (III a) in ruhigen ♩, unter Verzicht auf Schwingen, dann zurück zum Original ohne Ergänzungen.
(Überwiegend Phase III)

§ 150 — 152 Zwei Ebenen in geringem Abstand

§ 150 Rhythmus konform

Häufiger Spezialfall eines Komplementärrhythmus, in der Praxis ständig unterschätzt. Zwei Ebenen *isolieren* sich leicht voneinander, die größeren Notenwerte beschleunigen sich oder verschleppen, je nach dem Grad des Drängens. Die ungenaue Ausführung von Stellen wie Notenbeispiel 279 (eilende Bässe) gehört zum gewohnten Bild von Oratorienaufführungen. Erarbeitung auch hier auf der Grundlage von weiten Schwerpunkten und Durchpulsung, mit zusätzlicher 1:2-Übung (III a). Ein Hinweis an die Chorsänger ist auch in routinierten Chören immer erforderlich.

Notenbeispiel Nr. 279

Johann Sebastian Bach

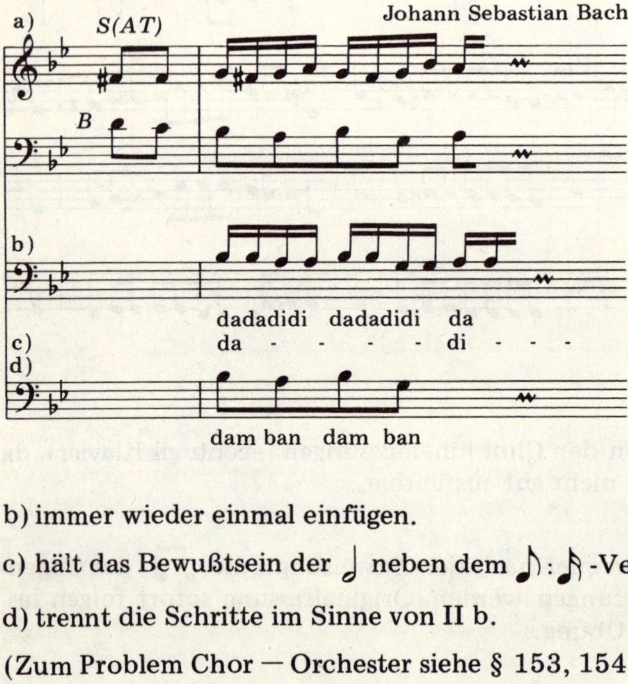

b) immer wieder einmal einfügen.

c) hält das Bewußtsein der 𝅗𝅥 neben dem 𝅘𝅥𝅮 : 𝅘𝅥𝅯 -Verhältnis wach.

d) trennt die Schritte im Sinne von II b.

(Zum Problem Chor — Orchester siehe § 153, 154)

Ein Beispiel für komplementären Rhythmus im neueren Bereich:

Notenbeispiel Nr. 280

Ernst Pepping

Die Notation in $\frac{4}{2}$ erschwert die Übersicht über die Lage der guten und der schlechten Taktteile. Durch optische Hilfen (senkrechte Striche über den 𝅗𝅥 ; siehe auch § 157) und durch vorläufiges starkes Akzentuieren der 𝅗𝅥 ohne Rücksicht auf die Musik wird zunächst die Struktur geklärt („He - err, bin ichs"; „bi - in i - ichs" etc.), dann auf die *n i c h t* erklingenden 𝅘𝅥𝅮 aufmerksam gemacht, schließlich die natürliche Akzentuierung und Bewegung versucht. Die pausierenden Stimmen sprechen jeweils den Text der singenden Stimme mit.

§ 151 Rhythmus nicht konform

das heißt Rhythmuskombinationen, die nicht im Verhältnis 1 : 2 stehen wie etwa Achtel und Viertel, sondern ungerade Unterteilungen verwenden, oder Kombinationen von Stimmen mit stark unterschiedlichem Akzentgefüge.

151.1 Koordination von ungeraden Unterteilungen

Die ungerade Unterteilung zeigt ihre Schwierigkeit erst dort, wo sie als *G e g e n - r h y t h m u s* in einen anders gruppierten *l a u f e n d e n* Rhythmus *e i n - g e p a ß t* werden muß.
Das genaue Verhältnis gewinnt man, indem man jeden Schlag des *l a u f e n - d e n* Rhythmus in der Anzahl der Schläge des *G e g e n*-rhythmus unterteilt und aus dieser kleinsten, zu beiden Gruppierungen passenden Notenwertebene beide Rhythmen herausschneidet (siehe unten). Es entsteht dabei ein Gesamtrhythmus, aus dem sich dann der Gegenrhythmus in einem quasi-synkopischen Charakter herauslösen läßt. Dieser kann so in jedes laufende Tempo eingepaßt werden. Nach weiterer, einschleifender Übung verliert er dann diesen synkopischen, untergeordneten Charakter und gewinnt Selbständigkeit und Gleichmäßigkeit des Akzentes zurück.

Diese Gesamtrhythmen und die aus ihnen herausgelösten synkopischen Gegenrhythmen muß der Chorleiter auswendig beherrschen. Die einfacheren Kombinationen sollten auch im Chor soweit bekannt sein, daß sie ohne zu langen Anlauf immer wieder einmal genutzt werden können.
Die höheren Unterteilungen sind im reinen Chorsatz selten, treten aber in den instrumentalen Partien zeitgenössischer Chorwerke durchaus auf. Nur bei perfekter eigener Beherrschung ist der Chorleiter in der Lage, solche Stellen zu proben und zu dirigieren.

Eine *Ü b u n g s r e i h e f ü r d e n C h o r* könnte z.B. folgendermaßen aussehen:
(siehe auch Notenbeispiel 284)

Notenbeispiel Nr. 281

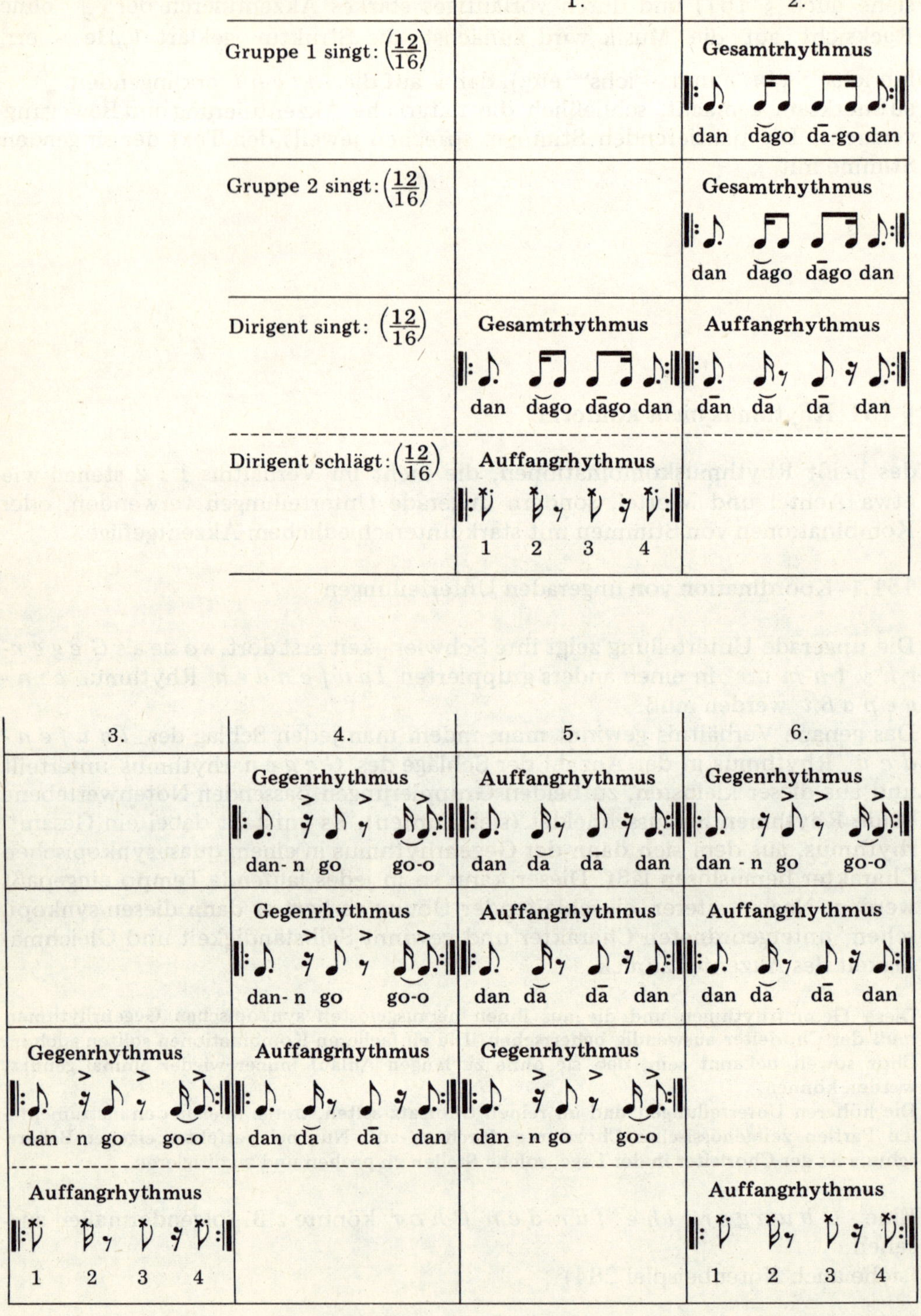

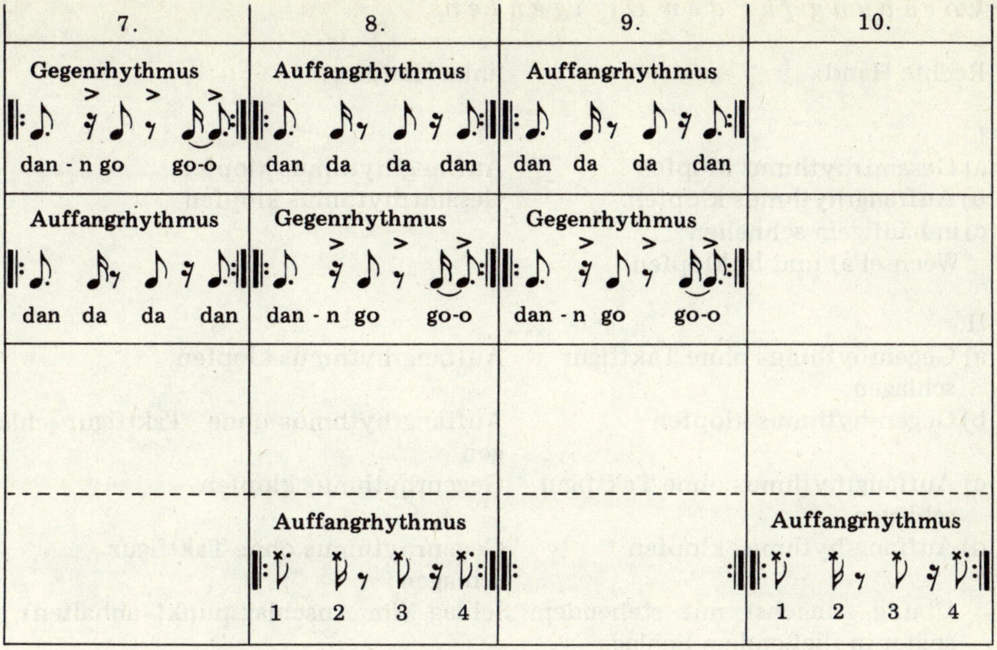

11.

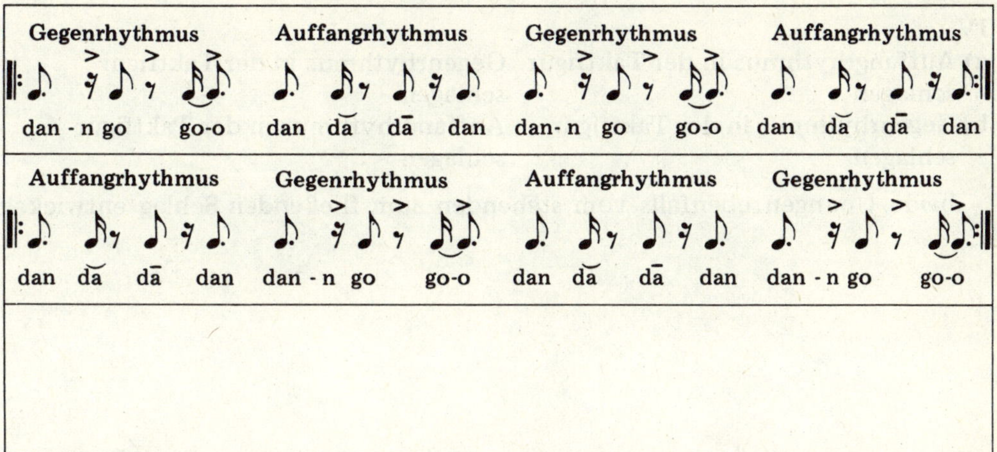

Möglichst genau im Takt bleiben, keine Unterbrechung, Anweisung durch vorher vereinbarte Handzeichen.

Vorübung für den Dirigenten:

Rechte Hand	linke Hand
I.	
a) Gesamtrhythmus klopfen	Auffangrhythmus klopfen
b) Auffangrhythmus klopfen	Gesamtrhythmus klopfen
c) in häufigem schnellen Wechsel a) und b) klopfen	
II.	
a) Gegenrhythmus ohne Taktfigur schlagen	Auffangrhythmus klopfen
b) Gegenrhythmus klopfen	Auffangrhythmus ohne Taktfigur schlagen
c) Auffangrhythmus ohne Taktfigur schlagen	Gegenrhythmus klopfen
d) Auffangrhythmus klopfen	Gegenrhythmus ohne Taktfigur schlagen

Übung zunächst mit stehendem Schlag (im Anschlagspunkt anhalten), später in fließendem Schlag

III. wie II., aber *mit* Taktfigur; auch diese Übung zunächst mit stehendem, später in fließendem Schlag

Rechte Hand	linke Hand
IV.	
a) Auffangrhythmus in der Taktfigur schlagen	Gegenrhythmus in der Taktfigur schlagen
b) Gegenrhythmus in der Taktfigur schlagen	Auffangrhythmus in der Taktfigur schlagen

beide Übungen ebenfalls vom stehenden zum fließenden Schlag entwickeln

Übungsbeispiele für die Koordination ungerader Unterteilungen

§ 151.2 Rhythmen im Verhältnis 2:3 und 3:2

Notenbeispiel Nr. 282

2 : 3

zählen:
„1 2 (>) + 3“

Gesamtrhythmus:

dan da di da

Gegenrhythmus:

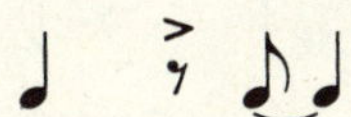

dan di - i

Auffangrhythmus:

dan dă da

(**Gegenrhythmus: auch:**

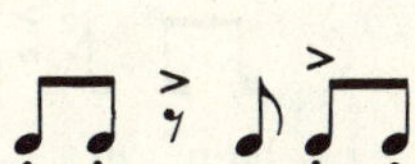

da na di - i - ni)

Notenbeispiel Nr. 283

3 : 2

Gesamtrhythmus: ban di ba di

zählen

(> >)

„1 – 3 1 2—"

„eins - ĕ zwei - i"

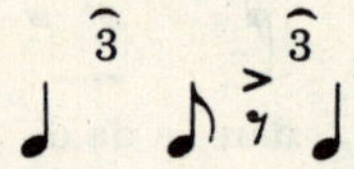

Gegenrhythmus: ban di di

Auffangrhythmus: ban bă

(Gegenrhythmus: auch:

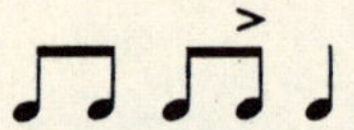

ba-n di hi di

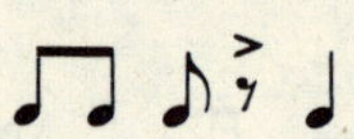

ba-n di di)

§ 151.3 Rhythmen im Verhältnis 3 : 4

Die Überlagerung von und ist viel weniger schwierig, als sie aussieht. Sie wächst aus der spielerisch eingeführten Unterteilungsübung (siehe § 136. oder § 165) zwanglos heraus.
Hauptgefahren dieser Stelle:

1. die Triolen werden mit den zusammengebracht

2. die werden zu schnell genommen.

Meist genügt schon die Aufforderung „ und Triolen verschieden singen!"
Langsamere und genauere 3 : 4 Koordination;

Notenbeispiel Nr. 284

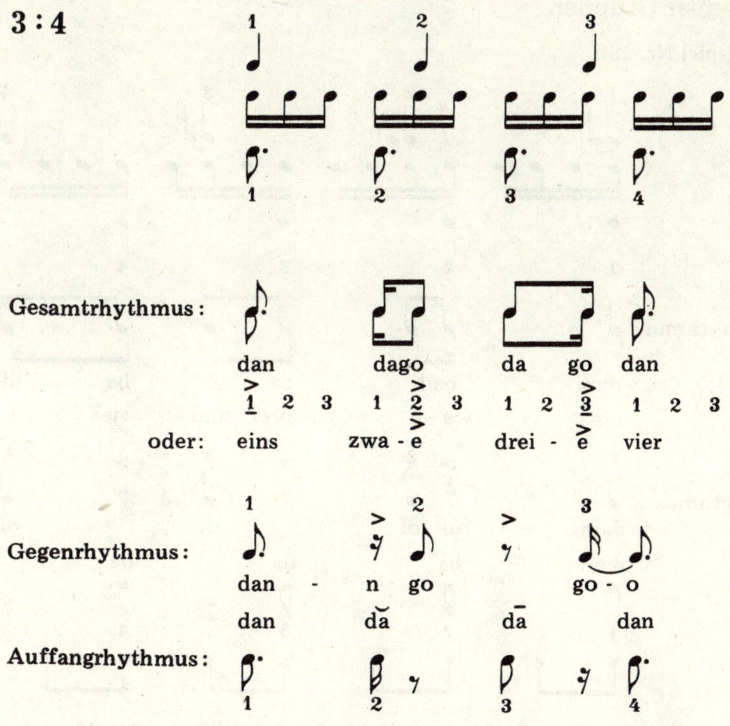

Notenbeispiel Nr. 285

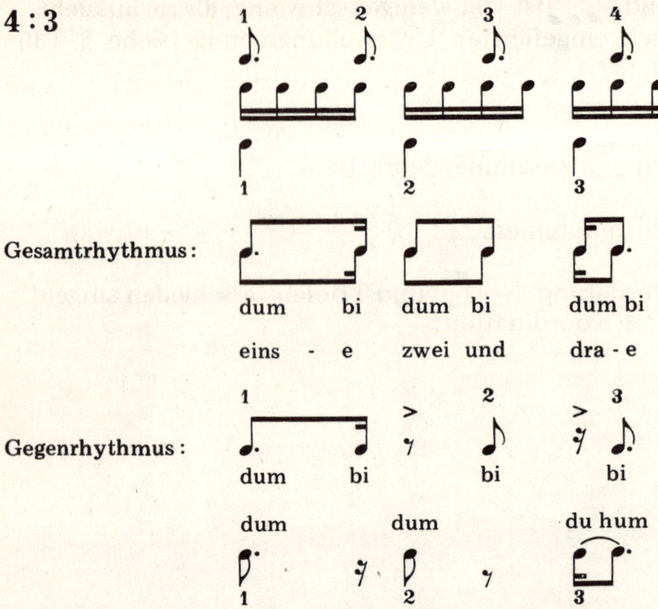

§ 151.4 5-er Gruppen

Notenbeispiel Nr. 286

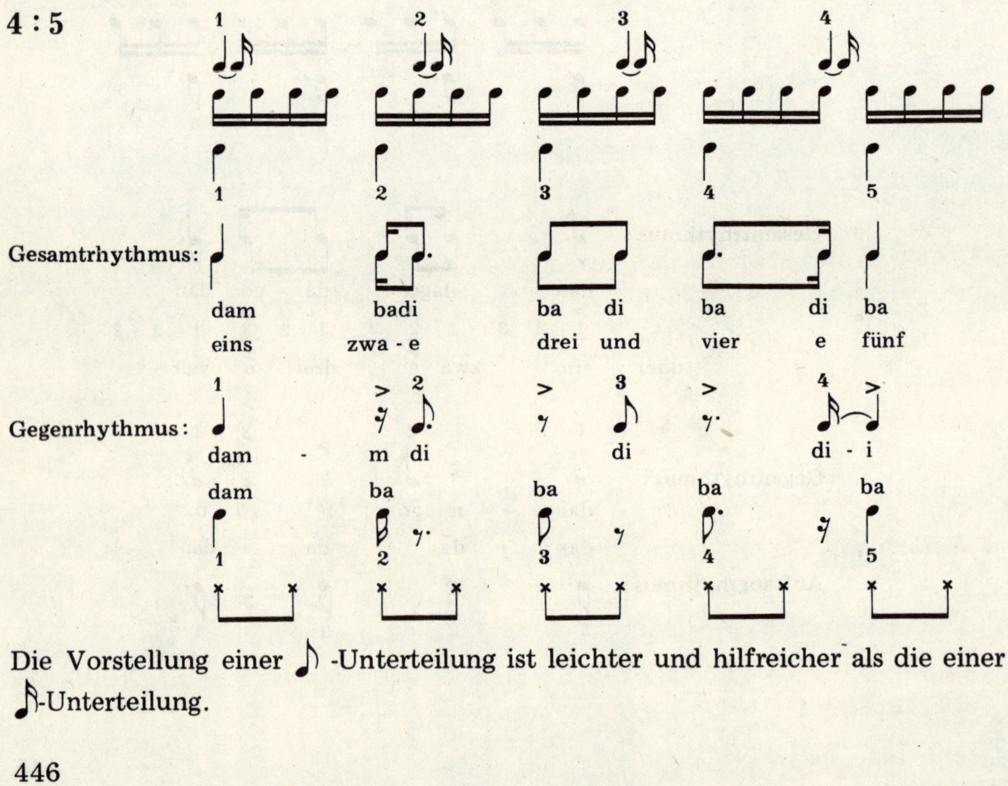

Die Vorstellung einer ♪ -Unterteilung ist leichter und hilfreicher als die einer 𝅘𝅥𝅯-Unterteilung.

Notenbeispiel Nr. 287

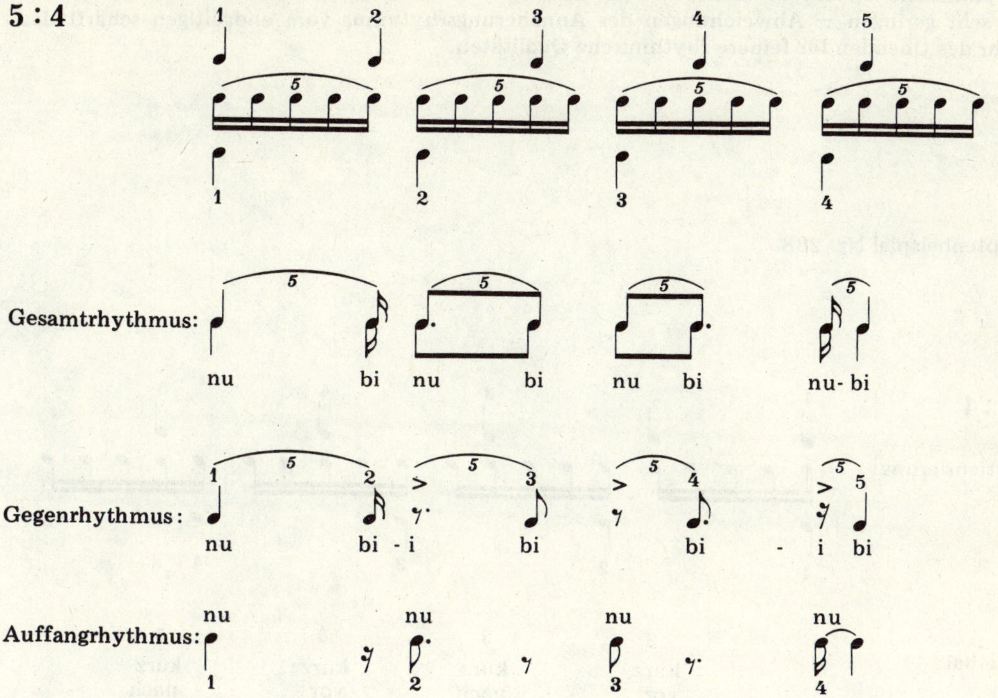

Diese Übung ist zur *E i n f ü h r u n g* in einen 5-er-Rhythmus *n i c h t* geeignet, da die Unterteilung in $\frac{5}{16}$ selbst schon eine Schwierigkeit darstellt. Sie dient lediglich als Kontroll-Perfektionsübung für Geübte. Für *A n f ä n - g e r* wählt man einen andern Weg:

Man geht grundsätzlich von einer  - oder  - Unterteilung aus, da nur diese in der Vorstellung ohne Mühe produziert werden können.

a) Die Notenwerte des Gegenrhythmus werden zunächst einfach *o h n e* Rhythmus in die entsprechenden Zwischenräume des laufenden Rhythmus gesetzt;

b) dann auf der Basis von  in einen ersten, sehr groben *A n n ä h e r u n g s - r h y t h m u s* gebracht.

c) Der richtige Ort des Wertes wird *o p t i s c h* und *v e r b a l* verdeutlicht.

d) Entweder entwickelt man den endgültigen Rhythmus nun direkt aus b) und c) durch ein Bemühen immer größerer *G l e i c h m ä ß i g k e i t*,

e) oder man wählt zunächst noch einen verbesserten Annäherungsrhythmus aufgrund *f e i n e r e r U n t e r t e i l u n g e n*; dann weiter wie d).

Die Annäherungsrhythmen, auch die sehr groben, sind trotz ihrer Verzerrungen eine unersetzbare Hilfe zu Beginn des Studiums an einem sehr schweren Werk. Sie schwächen das rhythmische Gefühl in keiner Weise. Im Gegenteil: das Hören auf die — in Wirklichkeit ja sehr geringen — Abweichungen des Annäherungsrhythmus vom endgültigen schärft das Ohr des Übenden für feinere rhythmische Qualitäten.

Notenbeispiel Nr. 288

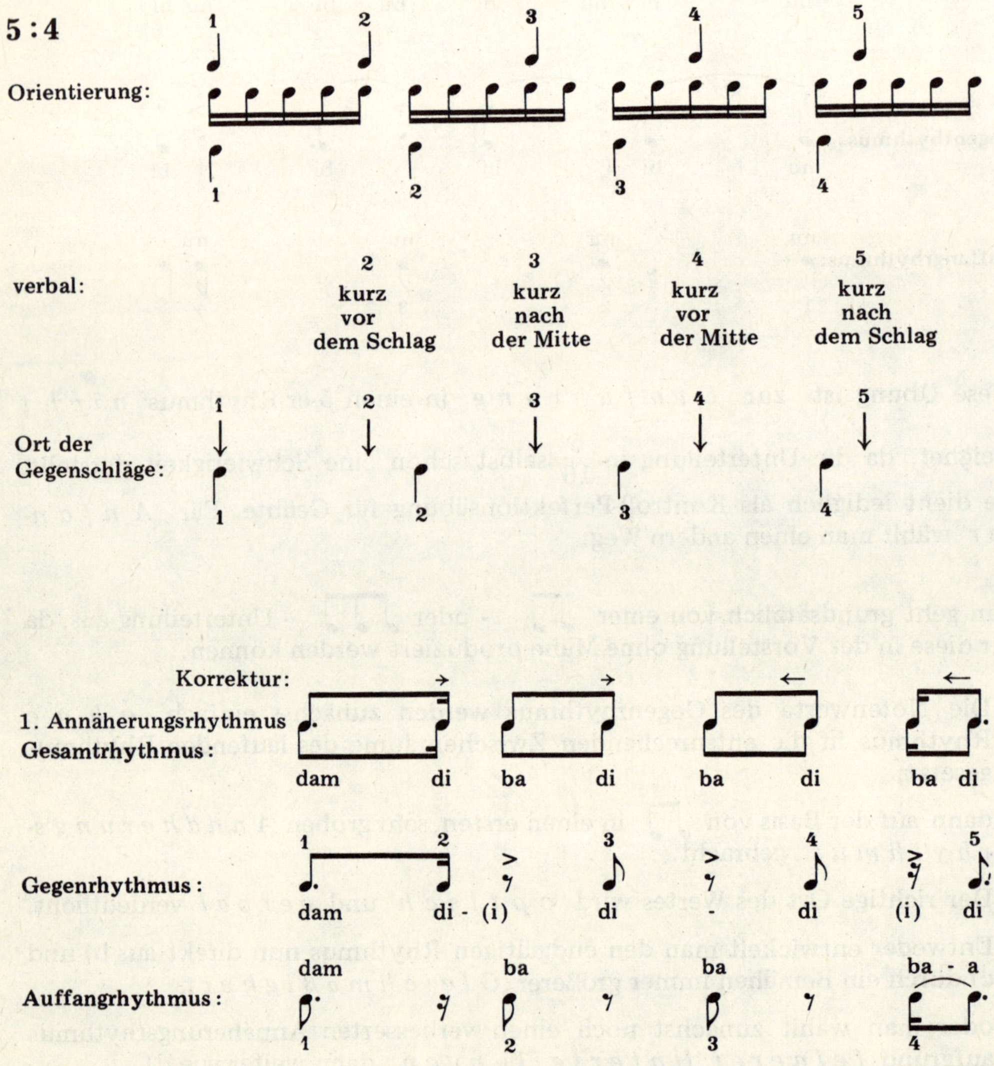

Korrektur:

2. Annäherungsrhythmus:
Gesamtrhythmus:

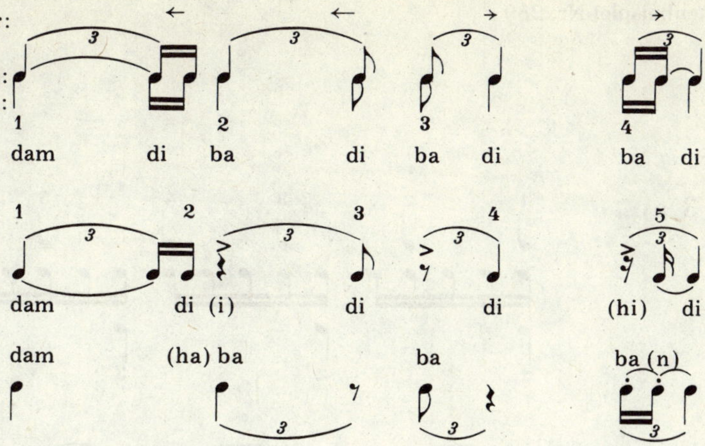

Korrektur:

3. Annäherungsrhythmus:
(5:8), langsame Tempi)
Gesamtrhythmus:

Gegenrhythmus:

Auffangrhythmus:

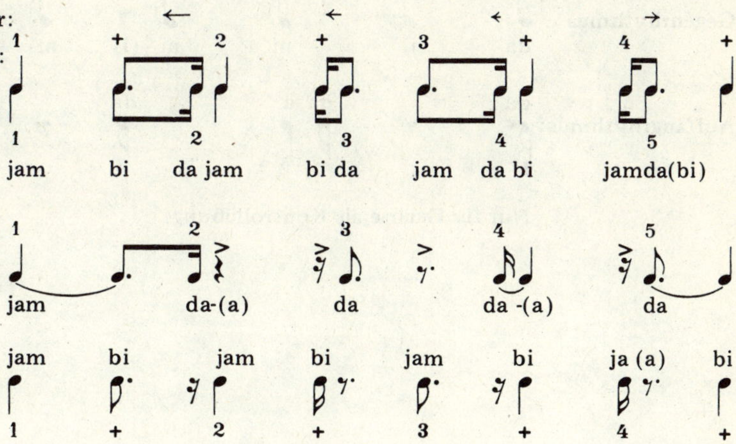

Notenbeispiel Nr. 289

5 : 3 a)

Gesamtrhythmus:
Gegenrhythmus:
Auffangrhythmus:

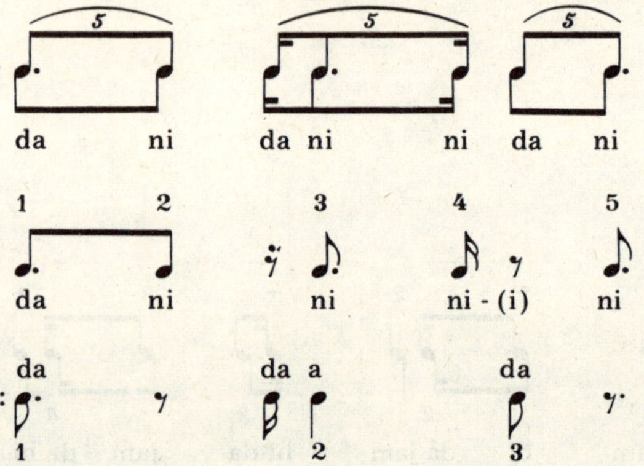

Nur für Geübte als Kontrollübung.

Vorbereitung: (jeden Takt einzeln üben)

a)

b)

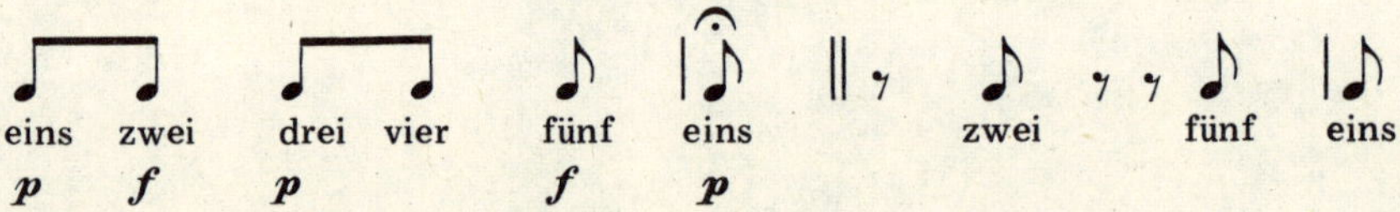

c)

Notenbeispiel Nr. 290

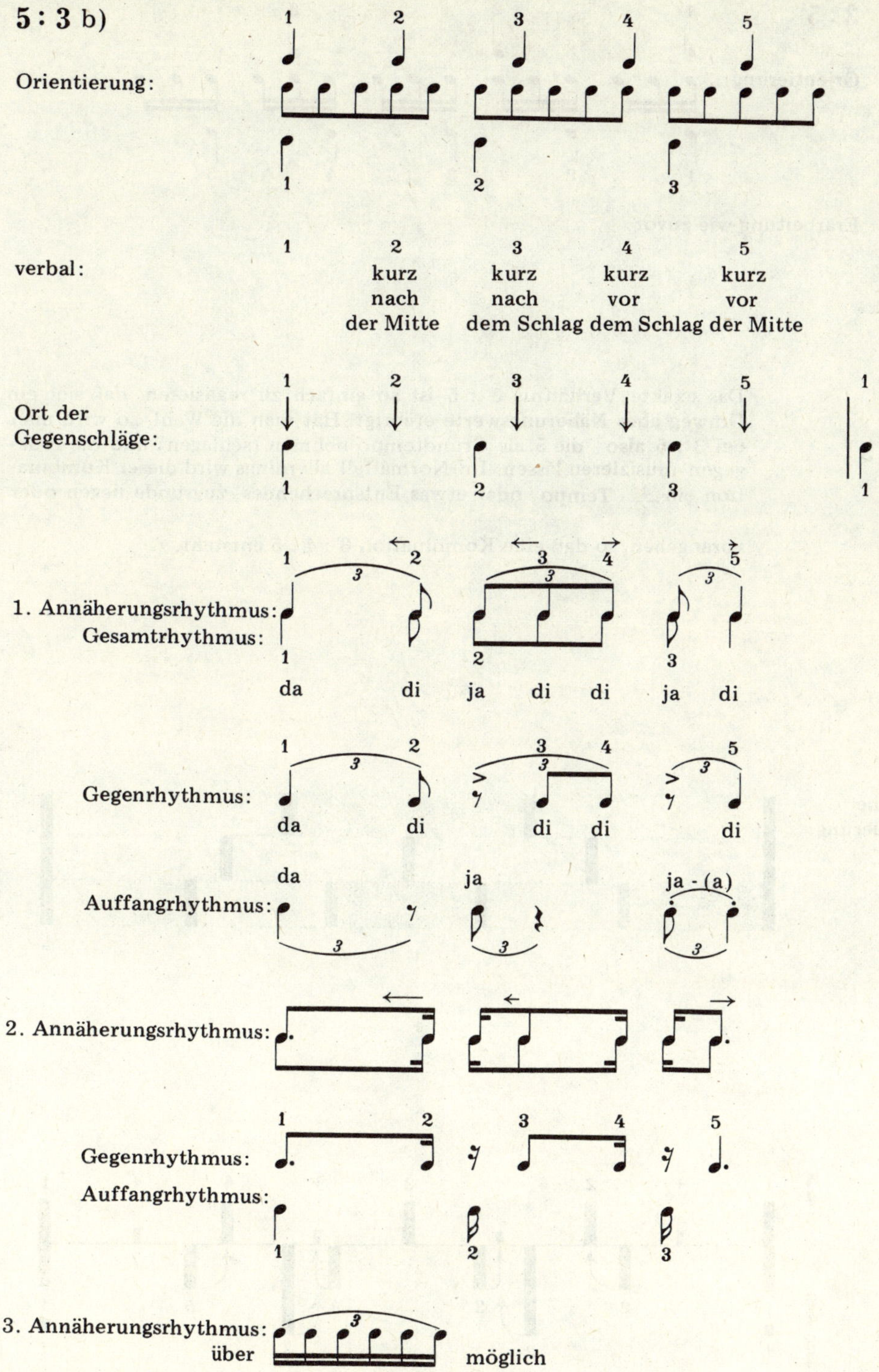

Notenbeispiel Nr. 291

3 : 5

Orientierung:

Erarbeitung wie zuvor

3 : 4 : 5

Das exakte Verhältnis 3 : 5 ist so einfach zu realisieren, daß sich ein Umweg über Näherungswerte erübrigt. Hat man die Wahl, so wird man bei 3 : 5 also die 5 als Grundtempo nehmen (schlagen) und die 3 dagegen musizieren lassen. Im Normalfall allerdings wird dieser Kombination ein $\frac{4}{4}$ - Tempo, oder etwas Entsprechendes, zugrunde liegen oder vorangehen, so daß eine Kombination 3 : 4 : 5 entsteht.

Optische Orientierung:

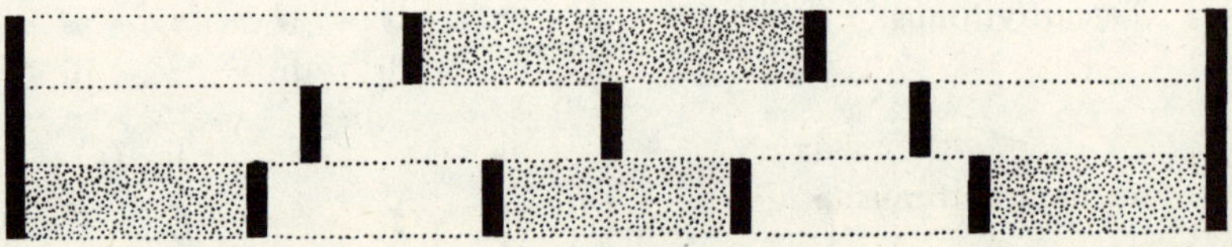

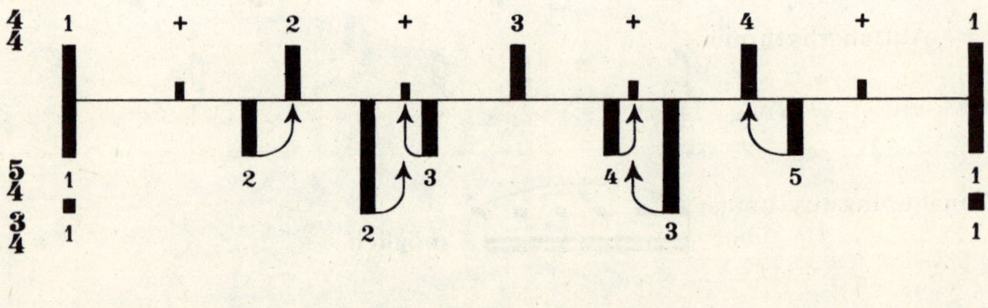

Notenbeispiel Nr. 292

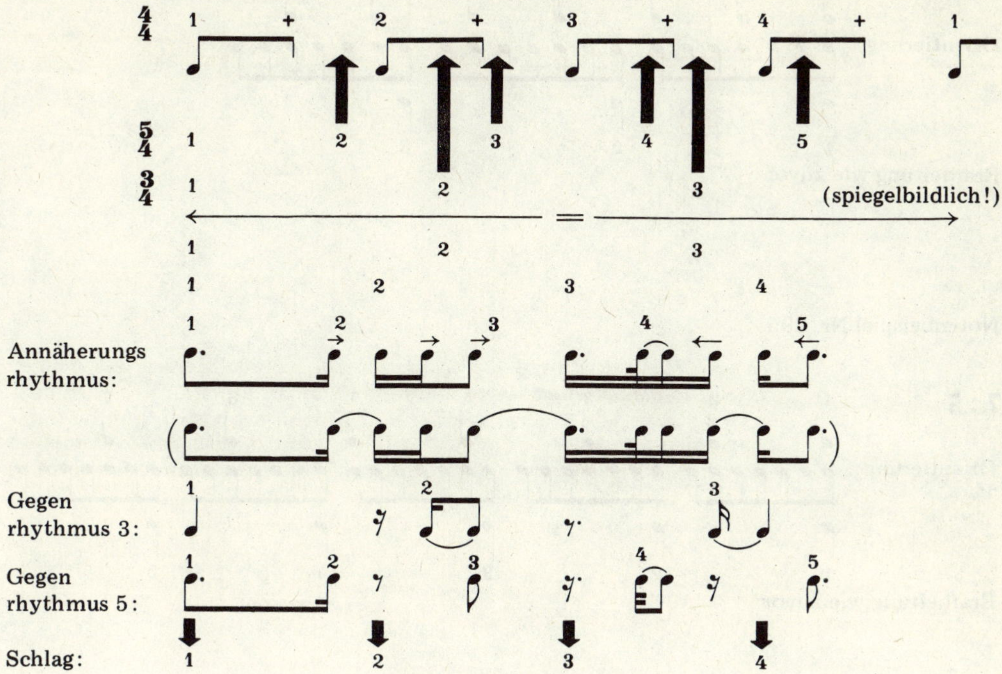

§ 151.5 7er-Gruppen

Notenbeispiel Nr. 293

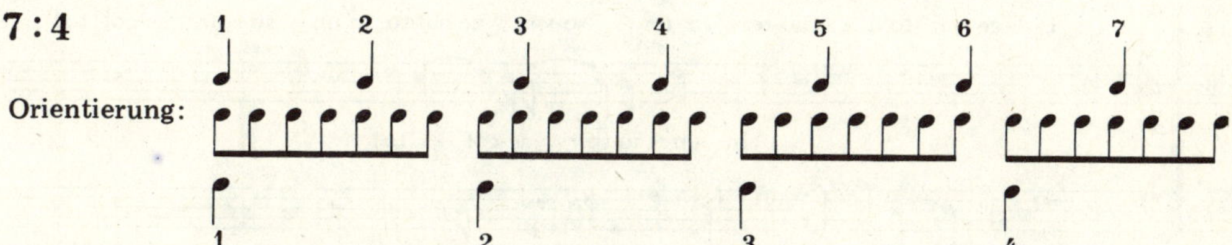

Erarbeitung wie zuvor

Notenbeispiel Nr. 294

7 : 3

Orientierung:

Erarbeitung wie zuvor

Notenbeispiel Nr. 295

7 : 5

Orientierung:

Erarbeitung wie zuvor

§ 152 Rhythmen mit nicht-konformen Akzenten

Notenbeispiel Nr. 296

Carlo Gesualdo

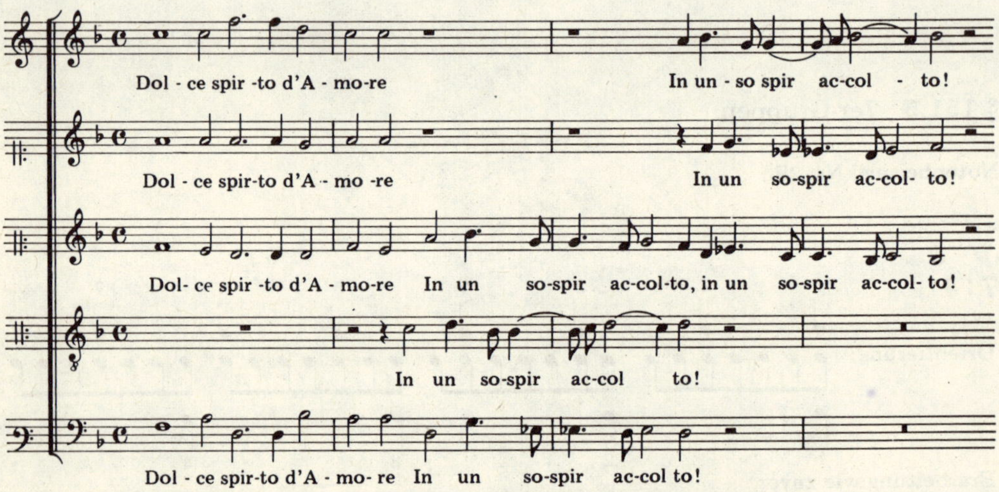

Notenbeispiel Nr. 297

Claudio Monteverdi

Synkopenketten:
(s. auch § 163)
Die Synkopenstimmen können bis kurz vor Schluß als volltaktig mißverstanden werden. Bei lebhaftem Tempo neigen sie dazu, auf die Akzente der Hauptstimme einzuschwenken.
Daher müssen

1. in der Synkopenstimme selbst die metrischen Gegenakzente bewußt gemacht werden (siehe „Rhythmus linear", „Synkopen")

2. in den Normalstimmen die synkopischen Gegenakzente in der Vorstellung mit realisiert werden.

Modell:

Notenbeispiel Nr. 298

Carlo Gesualdo

in ruhigen ♩, die durchlaufende ♫ -Bewegung soll deutlich werden.
Ein weiteres Modell:

Notenbeispiel Nr. 299

Claudio Monteverdi

In der scharf akzentuierten Form wäre es nicht gut, den komplementären ♫-Rhythmus zu ergänzen; die ♩ geben hier mehr Sicherheit.

Beide Formen zunächst in ruhigen ♩, dann in demselben Tempo ohne Ergänzung; sobald der Gegenrhythmus vom Sänger in der Vorstellung ergänzt wird (für den Chorleiter leicht erkennbar), Tempo allmählich steigern.
Das Modell selbst sollte *nicht* in das volle Tempo gesteigert werden (lächerliches Plappern!).

Notenbeispiel Nr. 300

Heinz Werner Zimmermann

Die Akzente zeigen, daß der Komponist das Motiv nicht als primär synkopisch, sondern als verschobenen Rhythmus aufgefaßt wissen möchte, der erst im Nachhinein synkopische Züge annimmt. Für den Ausführenden ist die Stelle dadurch doppelt schwer. Das Motiv in sich heißt:

Notenbeispiel Nr. 301

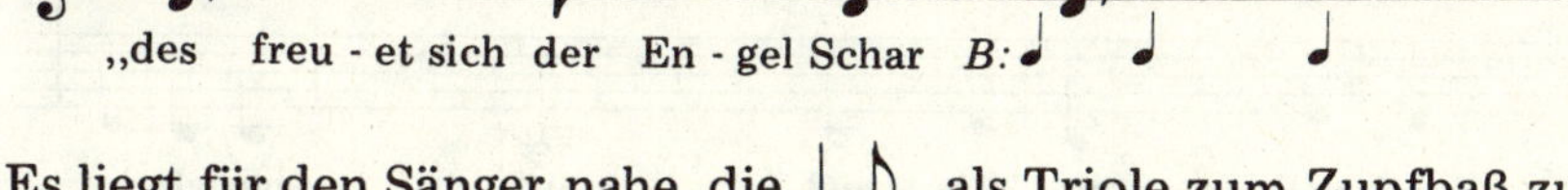

Es liegt für den Sänger nahe, die ♩♪ als Triole zum Zupfbaß zu singen (b).

Verhindert werden kann das nur durch Übungen wie die folgenden, die die metrische Struktur wieder im Gehör verankern:

Die aus der barbarischen Entstellung 341c) hervorgegangene Form 341d) (der falsche Akzent wird beibehalten, aber als subito piano!) hat sogar einen besonderen kapriziösen Reiz, der dem Charakter der Stelle viel mehr gerecht wird, als eine Normalausführung.

Notenbeispiel Nr. 302 Hugo Distler

Der hymnische Charakter dieser Stelle geht oft in einem chaotischen Eindruck unter, selbst wenn der Rhythmus einigermaßen stimmt. Hier zeigt sich wieder, daß polyrhythmische Vorgänge sich in der Ausführung streng und bewußt zu einer völligen *Einheit koordinieren* müssen, damit sie im Eindruck des Hörens auch *individuell plastisch* werden können.

Ähnlich wird in der alten Vokalpolyphonie von Dufay bis Bach die Einzellinie nicht durch Leichtsinn gegenüber dem Zusammenklang deutlicher, sondern sie vermag erst im vollkommen ausgeglichenen und integrierten Gesamtsatz durchzudringen.

Notationsweisen wie

Notenbeispiel Nr. 303 Hugo Distler

hatten einen pädagogischen Zweck: wechselnde rhythmische Gruppierungen und Kombinationen mußten den in solchen Dingen unerfahrenen Chorleitern und Sängern erst nahe gebracht werden. Heute wirkt das Bild für den Sänger eher verunsichernd; ein nachträgliches Ergänzen einer allen Stimmen gemeinsame Takteinteilung wird dagegen keinerlei Nachteile für eine plastische Ausführung mehr mit sich bringen.

Da es im Notenbeispiel 302 keine gemeinsamen Schwerpunkte mehr gibt (die Einsätze nach den Zäsuren sind allen Stimmen auftaktig), wird als rhythmische Basis die ♩-Ebene in allen Stimmen realisiert:

Notenbeispiel Nr. 304 Hugo Distler

Die ♩ („E - ehre") werden *n i c h t a b g e s e t z t*, sondern im klingenden Ton ohne „Nachschieben" noch einmal angeschlagen. Für den Hörer bleiben sie *e i n* Ton, der aber an Straffheit und Prägnanz unerhört gewonnen hat. Ein geübter Chor kann diese Singweise selbst in der Aufführung beibehalten. Die Stelle gewinnt einen drängenden Tonfall, die Koordination wird mühelos.

Die Motivschwerpunkte *E*hre und *E*wigkeit könnte man theoretisch durch zusätzliche Akzente herausheben, doch bleiben die Phrasen ohne solche Betonungen plastischer.

Notenbeispiel Nr. 305 Johann Hermann Schein

Der Rhythmus hat ein Doppelgesicht:

Notenbeispiel Nr 306

a)

b)

Der Eindruck a) entsteht durch den melodischen Akzent (Einsatz auf der höchsten Note), der Eindruck b) durch die metrische Zuordnung. (Dieser Rhythmus ist häufig bei Schütz, z.B. in den „Cantiones Sacrae"). Die gefährdete Koordination kann gesichert werden:

1. durch eine 1 : 2 -Übung (III a), d.h. durch Singen in ruhigen ♩, ohne komplementäre Ergänzung;
2. durch eine hinzugefügte Silbe, z.B. „ja", die den Synkopencharakter des Einsatzes profiliert.

Notenbeispiel Nr. 307

Nach dem Weglassen der Zusatzsilbe bleibt nicht nur die Schwerpunktvorstellung erhalten, sondern auch der leichte Stau vor „alle Zeit", der dem Rhythmus mehr Spritzigkeit verleiht, als es ein Akzent auf der ersten Note leisten würde.

Die beabsichtigte Wortbetonung „allezeit" bleibt für den Hörer durch den melodischen Akzent in jedem Fall wirksam.

§ 153 – 154 Zwei Ebenen in größerem Abstand

§ 153 Den größeren Wert an kleinere Werte anpassen

Notenbeispiel Nr. 308

Josquin des Prez

Notenbeispiel Nr. 309 Johann Sebastian Bach

Notenbeispiel Nr. 310

Sehr ruhig, wie zu Anfang Hugo Distler

Ob.
Cor.
Cl.
Timp.
I
Viol.
II
C.
in ex - cel - - sis De - o, et in ter - ra
A.
in ex - cel - - - sis, et in ter - ra
T.
in ex - cel - - - sis, et in ter - ra
B.
in ex - cel - sis De - o et in ter - ra
Org. e Bassi
11
Ob.
Cor.
Cl.
Timp.
I
Viol.
II
C.
pax, pax, pax ho - mi - - - ni - bus
A.
pax, pax, pax ho - mi - - - ni - bus
T.
pax, pax, pax ho - mi - - - ni - bus
B.
pax, pax, pax ho - mi - - - ni - bus
Org. e Bassi
15

Ob.
Cor.
I Viol. II
C.
A.
T.
B.
Org. e Bassi
bo - nae vo - - - - - lun ta - - - - - - -
tasto solo
20
Cl.
Timp.
tis.
Lau - - - da - - - mus
Solo
tasto solo
Tutti
28

In allen derartigen Fällen scheinen die großen Werte gegenüber den kleineren leicht zu schleppen, in Notenbeispiel 308 also der c.f. gegenüber den Figuralstimmen, in 311 der Chor gegenüber dem Orchester. Der Grund dieser ebenso unangenehmen wie hartnäckigen Erscheinung (Oratorienaufführungen!) ist aber kaum in einer falschen Temponahme der betreffenden Sänger (bzw. bei der alten Messe des entsprechenden Instrumentalisten) zu suchen. Anweisungen wie „Tempo halten", „nicht schleppen" führen zwar zu vermehrter Anstrengung, kaum aber zu einer Verbesserung. Die Ursache liegt vielmehr in der Art des *Tonwechsels*: man schreitet anders von 𝅗𝅥. zu 𝅗𝅥. als von 𝅘𝅥𝅯 zu 𝅘𝅥𝅯; der Übergang der langen Noten erfolgt ruhiger, weicher, aufwendiger, zwischen den klingenden Tönen bleibt Niemandsland von ablautenden und anlautenden Konsonanten, von ein- und ausschwingendem Klang.

Im legato, besonders im legatissimo des Gesangsolisten oder des Streichers wird das „Niemandsland" aktiv ausgefüllt; es entsteht kein Loch. Doch bleibt das weiche Ausholen, das im espressivo sogar zu einer bewußten *Verzögerung* des *Übergangs* führt.

Diese Art des Übergangs ist nicht eine Schwäche, die es auszutreiben gilt, sondern eine wichtige Ausdrucksform, die der Anfängerchor erst erlernen muß („gewichtiger Ton", „gewichtiger Schritt").

Ein Chor, der die beschriebenen Schwierigkeiten nicht hat, ist nicht ein besser, sondern ein schlechter erzogener Chor. Ein Hineinplatzen in den Ton erleichtert zwar das Zusammenmusizieren mit Instrumenten, ist aber keine musikalische Tugend.

An der Koordination müssen nun beide Partner mitwirken.

Zunächst muß jeder mindestens das Rhythmus-*Bild* des andern im Ohr haben, der Chor also müßte es nach Möglichkeit gesungen haben. Von einem Orchesterpart müssen so wichtige Wendungen wie in N.B. 312 der Baß zu Beginn, später im Werk die Violinen in T. 24 oder das Tutti in T. 28, 29) dem Chor vertraut sein.

Was sich nicht singen läßt, kann man trällernd andeuten. Voraussetzung ist ein Klavierauszug in der Hand des Chorsängers, aus dem auch der Laie wenigstens den Orchester-*Rhythmus* entnehmen kann.

Vor allem N.B. 310 ist ohne wechselseitige Kenntnis der Partien gar nicht ausführbar. Doch führt ein partnerschaftliches Begleitbewußtsein erfahrungsgemäß allein noch nicht zum Ziel, vor allem nicht bei Werken mit sehr schwungvoller, energischer Bewegung. Vielmehr muß der *Gesamtrhythmus jeder* der beiden Ebenen voll realisiert werden, auch ohne Blick zum anderen.

In die *langen* Werte wird der knappe Auftaktschwung der kurzen mit hineingenommen, übungsweise mit einem kleinen Anschwungakzent am Ende des Tones:

Notenbeispiel Nr. 312

Johann Sebastian Bach — Wolfgang Amadeus Mozart

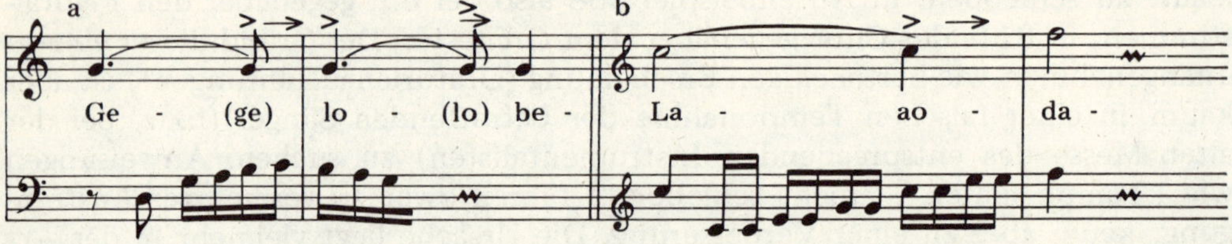

Wenn der Zusatzakzent nachträglich wieder herausgenommen wird, bleibt der Schwung des nun als kurz erlebten Übergangs erhalten. Eine ähnliche Wirkung:

Notenbeispiel Nr. 313

Josquin Desprez

(Auflösung der langen Note in kleine Werte, die auch später bewußt bleiben) Für das Notenbeispiel 310 sind beide Wege möglich:

Notenbeispiel Nr. 314

Hugo Distler

a) zeigt etwa das Bild des bewußten Begleitens von Schritt zu Schritt. Einfacher ist b), Verkrampftheit der Ausführung und des Eindrucks werden vermieden, die probentechnische Anweisung kann sich zeitsparend beschränken auf „jede Note zweimal anschlagen". Voraussetzung bleibt aber die genaue Kenntnis der Gegenstimme durch gelegentliches Mitsingen.

§ 154 Kleinere Werte in größere einpassen

Die Last der Koordination darf aber nicht einseitig den Stimmen mit längeren Notenwerten zugeschoben werden, also etwa der c.f-Stimme, auch nicht allein dem Chor gegenüber dem Orchester.

Die Wendung

Notenbeispiel Nr. 315

a)

erfordert *v o r* dem Schwerpunkt einen leichten Nachdruck,
a u f dem Schwerpunkt eine leichte Verzögerung,

b)

ohne daß es zu einer merkbaren Verschleppung kommt. Dieses Auffangen der schwereren Schritte des Partners macht die Musik nicht schwerfälliger, sondern leiht ihr zusätzliche Energie!

Der Beitrag des *Orchestermusikers* (siehe N.B. 311) besteht in einem etwas nachdrücklicheren Bogenwechsel und einem etwas über-aufwendigen Tonwechsel oder Atem der Bläser. Der Hinweis auf den Konsonantenvorgang im Tonwechsel wird vom qualifizierten Musiker durchaus verstanden.

Bei aller Koordination muß dem Sänger immer wieder deutlich gemacht werden: aufeinander zu hören ist wichtig, aber noch nicht alles. Der Sänger soll nicht auf das reagieren, was der Partner gerade getan *hat*, sondern darauf, was er tun *wird*.

§ 155 Einsätze, Pausen, Gruppen

Die Koordination von *Einsätzen mit den laufenden Stimmen* ist die wichtigste, schwierigste, aber zugleich auch reizvollste rhythmischer Gruppenarbeit. Sie fordert einerseits äußerste Konzentration, stimuliert andrerseits das Ensemble-Bewußtsein. Im aktiven Aufnehmen der Impulse des Partners zeigt sich erst die Kunst des Ensemblemusizierens, und nur diese Art von Zusammenstimmen erreicht und fasziniert den Hörer dauerhaft.

Notenbeispiel Nr. 316 Heinrich Schütz

Diese Art von Einsatzfolgen wird fast immer verschleppt, oder, was ebenso nachteilig ist, *wirkt* verschleppt. Ein absolut tempo-perfekter Ablauf wirkt hastig oder flüchtig, ein gegenüber dem vorangehenden gemäßigtes Tempo hölzern.
Ebenso wie bei der Integration von großen und kleinen Werten müssen auch hier beide Partner die Bewegung des andern kennen, auffangen und mitmachen. Der vorangehende Ablauf muß dem Gedächtnis ebenso vertraut sein wie die eigene Stimme Der Sopran I z.B. heißt nicht

Notenbeispiel Nr. 317

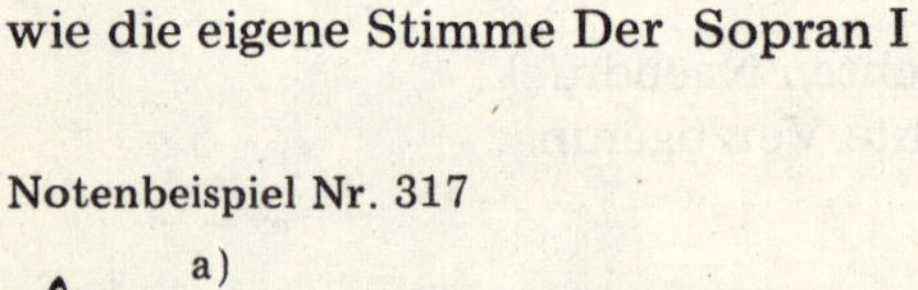

sondern:

b)

Die Stichnoten selbst werden als stimulierender Impuls empfunden

c)

Die laufende Stimme wirft der einsetzenden den Ball zu, indem sie die Stichnoten andeutungsweise so ausführt, wie sie von dieser erlebt wird; die einsetzende selbst fängt ihn auf durch einen kleinen Akzent auf der ersten Note.

d)

Beide Akzente, der gedachte Impuls-Akzent auf „1" und der gesungene auf dem Einsatzton, werden von der laufenden Stimme ihrerseits aufgefangen, nicht etwa durch Trennung, sondern durch leichte Beschwerung in der Bindung.

e)

f)

Man muß die steigernde Wirkung der winzigen Stauvorgänge und ihre beglückende Erlösung im Fließen des 3. Taktes wie im Zusammenraffen des vierten erlebt haben, um der Dynamik einer solchen Phrase gerecht zu werden.

Notenbeispiel Nr. 318

Heinrich Schütz

Sehr lebhaftes Tempo; genaugenommen keine Einsatzfolge, sondern eine Verknüpfung von zweimal zwei durchbrochenen Linien, entsprechend dem Monteverdischen Typus:

Notenbeispiel Nr. 319

Claudio Monteverdi

Die Pausen sind Ausdruckselemente, keine Motivtrennungen; in ihnen wird nicht geatmet. Koordiniert werden sie mit denselben Mitteln wie N.B. 316. Impulse geben und nehmen durch die Gegenstimme, Impulsakzente auf der Pause, leichte Einsatzakzente auf jedem Motiv. Die Außen- und die Innenstimmen werden zunächst getrennt koordiniert.

Notenbeispiel Nr. 320

Josquin des Prez

Auch in diesem Beispiel sind die Motive nur Teil eines Verlaufs, hier nicht einer Linie wie bei Schütz und Monteverdi, sondern eines Geflechts. Die Behandlung ist, bei ähnlich lebhaftem Tempo, dieselbe wie die der vorigen Beispiele.

Möglich aber und zugleich erst *l e b e n d i g* werden diese Vorgänge auf dem Hintergrund der schwingenden 2 𝅝, bei dirigierten 𝅗𝅥. Die Rolle der *S c h w e r - p u n k t e* für die Integration von Einsätzen wird noch deutlicher in Fällen, wo nicht nur Stimmen, sondern Stimmengruppen einander antworten.

Notenbeispiel Nr. 321

Heinrich Schütz

Akzentverschiebung im dritten Großtakt, in der 𝄽 -Pause „2 + “ des 4. Großtaktes wieder rückgängig gemacht.

Notenbeispiel Nr. 322

Johann Sebastian Bach

Die Auftakt-Volltakt-Verschiebungen werden von schweren ♩ aus nicht plastisch; die dichtere Folge von Takt 20 an wird schwerfällig, die Einsätze schleppend.

Notenbeispiel Nr. 323

Heinrich Schütz

Stellen wie diese werden dadurch gesichert, daß die einzelnen Stimmen sich ihre Einsätze bewußt zuspielen und den Einsatzimpuls der anderen Stimme in ihre eigene Kadenz mit aufnehmen. Das Schwingen der Schwerpunkte tritt dagegen zurück.

Notenbeispiel Nr. 324

a)

Johann Sebastian Bach

An diesem Beispiel lassen sich für Chor und Leiter besonders gut einige typische Fehlreaktionen beim *D o p p e l c h o r - S i n g e n* beobachten und korrigieren.

Läßt man probeweise einmal aus dem Motiv „der Geist hilft" die Note „hilft" fort, so werden Tempo und Anschluß gleichmäßig fließen. Die wiedereingeführte Note bringt dagegen Verzögerung. Der zweite Chor nimmt nicht die „1" des andern auf, sondern wartet den Abschwung „hilft" ab, nimmt dann erst Schwung und Atem und setzt entsprechend schwerfällig ein. Die Verzögerung verführt die Sänger wie den Leiter, den neuen Auftakt mit übertrieben nachdrücklicher Aktivität zu nehmen.

Die durchlaufende Linie des Soprans leistet keine Hilfe; sie isoliert sich leicht und macht das Stolpern der Alternativgruppen nur sinnfälliger.
Das ständige, nachdrückliche Neuansetzen läßt in Takt 32 ff. das schwingende Motiv als endlose, penetrante Wiederholung, die Takte 41 ff. als aufdringliches, Einander-ins-Wort-Fallen wirken.

Das Zusammentreffen von Abtakt  und Auftakt  bewirkt nicht automatisch ein flüssiges, drängendes Ineinandergreifen, sondern zunächst das Gegenteil.

Arbeitsweg in zwei Schritten:

Johann Sebastian Bach

b)

Die Initialzündung wird also nicht, wie in den früheren Beispielen, von der Anschlußnote, sondern von der vorhergehenden „1“ gewonnen. Die bei Bach häufige Periodisierung 2 + 2 + 4 muß vom Chor als dynamischer Akt, als eine Kette von Auftakten erfaßt werden.

Die durchlaufende Stimme (S, später A und B) wird an dem Vorgang beteiligt.

c)

2. Das im Laufe dieser Arbeit gegangene Profil der ♪ und ♫, besonders das der schlechten Taktteile, wird auf dem Hintergrund von 1. neu gewonnen (nicht umgekehrt!).

d)

Um in den Takten 2, 4 usw. die Anschlußpräzision wie auch den Schwung noch zu erhöhen, kann man jetzt die Silbe „hilft“ mit einem leichten Impulsakzent den folgenden Chorgruppen wie einen Ball zuwerfen.

e)

Ohne das Ineinandergreifen von Großtakt und gleichgewichtiger kleiner Note, den für Bach charakteristischen Rhythmus, gefährdete dieser Schritt den Zusammenhalt, jetzt bringt er gleichzeitig Genauigkeit und Brillanz.

Notenbeispiel Nr. 325

Johannes Brahms

Die bei Brahms erforderliche *Wucht des Voranschreitens* und Wechselns ist etwas anderes als die natürliche Schwerfälligkeit eines zahlenstarken Apparates. Man sollte nicht versuchen, eine Schwäche in eine künstlerische Absicht umzumünzen. Das häufig zu hörende passive, viel zu späte Sichhinein-Wälzen in die „1", ohne Rücksicht auf das rhythmische Zusammenspiel, drückt nicht Kraft aus, sondern Weichlichkeit, wie sie gerade Brahms wenig ansteht. In einem mit „feierlich bewegt" (= „Andante" bis „poco Allegro") bezeichneten Tempo liegt Gewicht überhaupt nicht in Verzögerung oder Dehnungen, etwa der „3", wie sie im espressivo denkbar sind. Es liegt vielmehr in einem sehr *nachdrücklichen*, gleichsam sehr tief ausholenden *Impulsakzent* auf der „3" bei *genau eingehaltenem* Tempo. Die Periodisierung ist unregelmäßig. Das Bachsche Schema „kurz-kurz-lang" ist hier abgewandelt zu 3-4-3-4. Auch hier dient das Bewußtsein der wechselnden Großtakte dem dynamischen Verständnis der Sicherung des Tempos und, durch frühzeitige Impulse, der Präzision der Einsätze.

§ 156 Freie Koordination

Die zeitgenössische Musik liefert, neben vielen Varianten der traditionellen, auch zwei neuartige Koordinationsprobleme:

1. die Koordination *nicht-metrischer* oder *nicht-rhythmischer* Verläufe,

2. die beabsichtigte *Nicht-Koordination* von parallelen Vorgängen.

Notenbeispiel Nr. 326 a

Norbert Linke

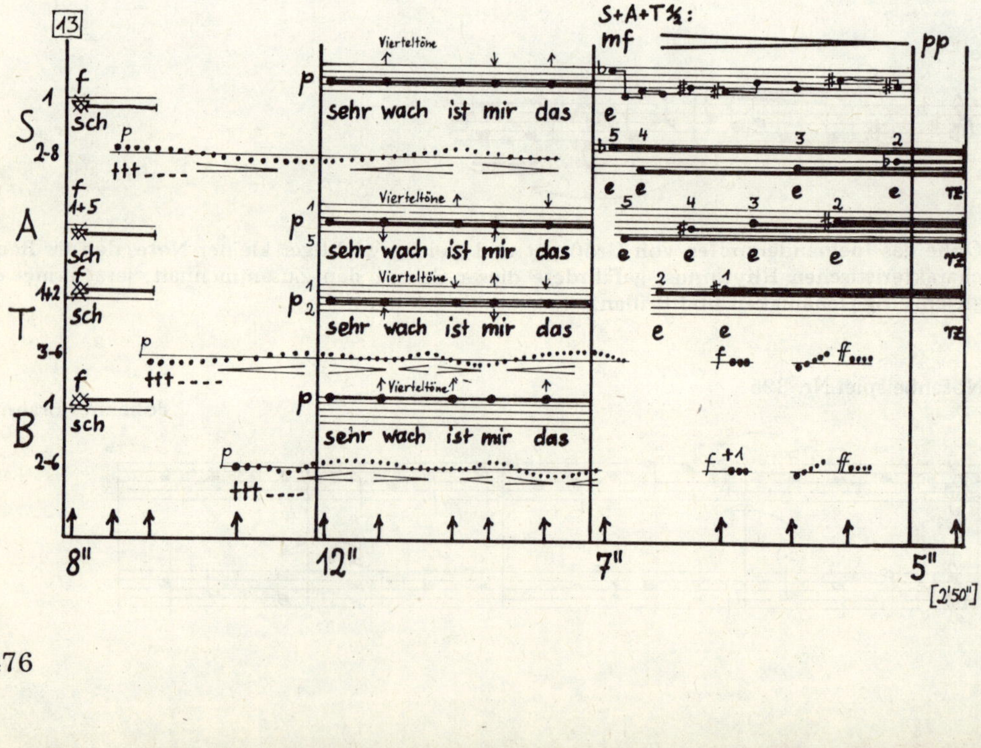

Notenbeispiel 326 b Norbert Linke

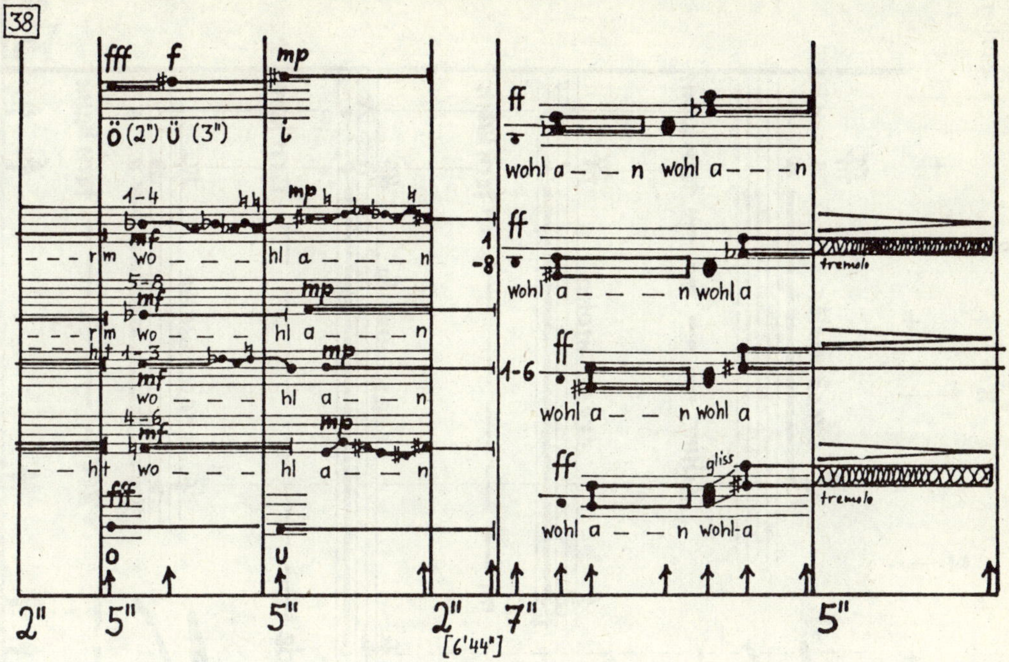

Notationen wie diese sind für speziell ausgebildete *Gesangssolisten* gedacht, für die das kammermusikalische Aufeinanderhören und -reagieren einen hohen Reiz bedeutet. Für den Chorsänger aber ist es ein schweres Hemmnis, Ereignisse nicht eindeutig vorhersehen zu können. Wie schnell soll der Ton in N.B. 326c steigen und fallen? Die nur angedeutete Geschwindigkeitsfestlegung führt nicht, wie bei den Solisten, zu einer vom Komponisten vorgesehenen unscharfen Bandbreite des Klangs, sondern einfach zu Unsicherheit, zu ängstlicher oder chaotischer Ausführung, die die Struktur der Komposition nur verwischt. Das Einüben solcher Stellen wie 326a und 326b übersteigt das Durchhaltevermögen eines normalen Chores. Will man nun verhindern, daß der Chor durch Mißerfolge im Anfangsstadium in eine Abwehrhaltung gegen eine ganze musikalische Richtung gedrängt wird, will man seine Offenheit für grundsätzlich Neues wecken und fördern, so beschreitet man besser chorgemäß, erleichternde Umwege durch *zusätzliche Bezeichnungen* oder *Neuschreiben* im Sinne einer Taktgliederung.

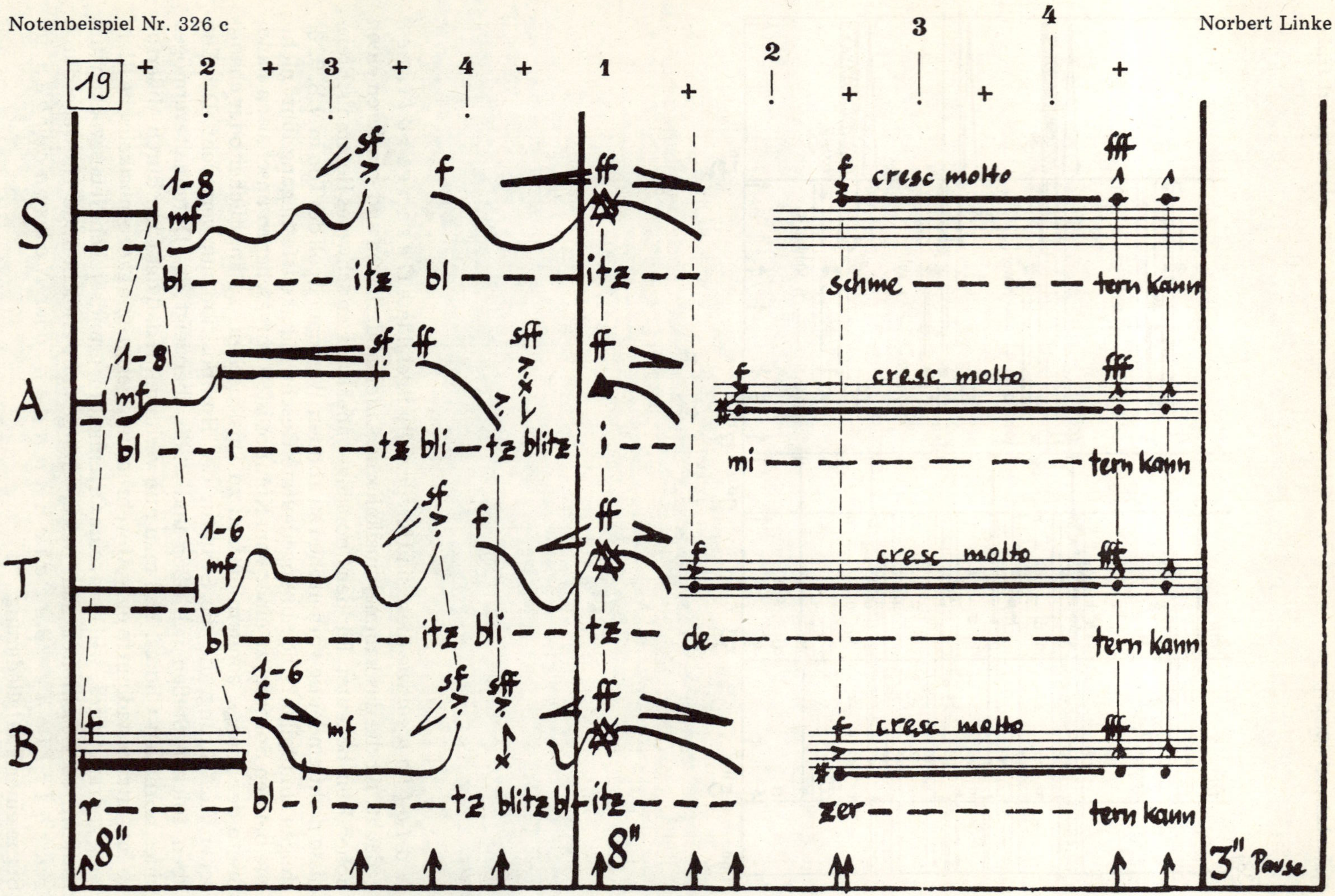
19
S
A
T
B
1-8
mf
sf
f
ff
bl itz bl itz
schme tern kann
cresc molto
fff
1-8
mf
sff
bl i tz bli tz blitz i
mi tern kann
1-6
bl itz bli tz de
tern kann
1-6
bl i tz blitz bl itz
zer tern kann
8"
8"
3" Pause

Notenbeispiel Nr. 327 a (Übertragung von N.B. 326 a)

Notenbeispiel Nr. 327 b (Übertragung von N.B. 326 b)

Diese Sorge, die Musik könnte nun, statt ganz frei zu fließen, wieder in Schemata eingezwängt werden, ist ganz unbegründet. Der Chorsänger muß nicht sehr plötzlich, stoßhaft reagieren, sondern kann, da der Fortgang vorhersehbar geworden ist, unverkrampft und frei singen. Jetzt kann er eine Unschärfe im Rhythmischen wie im Zusammensingen bewußt, aktiv herstellen; und diese Unschärfe erzeugt viel sicherer und überzeugender die gewünschte „Bandbreite", als es der Zufall vermöchte.

Ähnlich liegen die Dinge bei *aleatorischen Schichtungen*. Der reine Zufall erzeugt im Chor noch keine Flächen oder Schraffuren, andererseits können schon einfache Überlagerungen zu einem konturenlosen Brei führen.

Uneinheitlichkeit muß vorgeplant, Überlagerungen müssen durchhörbar, also kontrastierend strukturiert werden. Zwei gleichzeitige Texte z.B. ergeben erst dann zwei Schichten und nicht *ein* Geräusch, wenn sie in unterschiedlichen Tempi und Lautstärken erscheinen.

III. D. Rhythmische Schwierigkeiten innerhalb der Einzellinie (§ 157–167)

Aus Gründen der Übersichtlichkeit und der praktischen Benutzbarkeit wird hier auch auf Schwierigkeiten hingewiesen, deren Kern schon im vorigen Kapitel behandelt wurde.

§ 157 Leseschwierigkeiten

Vom Anfänger leicht unterschätzte, bewirken sie doch vor allem in der Phase II eine erhebliche *S t ö r u n g* des *P r o b e n f l u s s e s.* Viel Zeit und Kraft läßt sich sparen, wenn man sie vorher beseitigt.

S e h r g r o ß e Notenwerte lassen sich schwer gruppieren.

Mittel: metrische Punkte durch senkrechte Striche markieren.

Notenbeispiel Nr. 328

Josquin des Prez

Notenbeispiel Nr. 329

Ernst Pepping

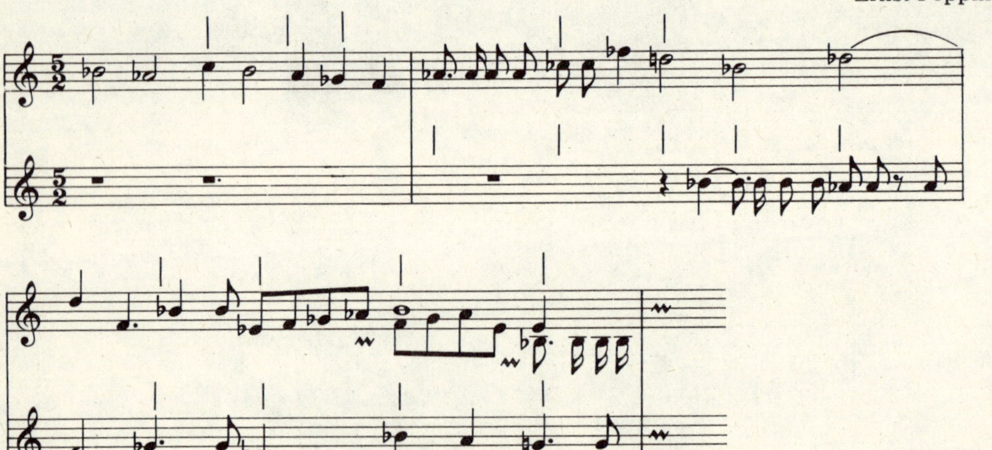

Den schwer erkennbaren Unterschied zwischen ganzer und halber *Pause* kann man (nach Adolf *Detel*) verdeutlichen durch Verlängerung des Strichs für die $\frac{1}{1}$ -Pause auf das Doppelte.

Achtel-, Sechzehntelnoten usw. mit *Fähnchen* sind schwer gruppierbar und schwer unterscheidbar.
Hilfsmittel: Balken einfügen.

Notenbeispiel Nr. 330 — Ernst Pepping

Sehr unübersichtlich sind auch die Notationen ohne Taktstriche oder solche mit sogenannten „Mensur“-Strichen (an der Oberkante des Systems oder nur innerhalb des Textes). Überbindungen und *Synkopierungen* bleiben dem Auge dabei oft *verborgen*, vor allem, wenn sie mit einem Zeilen- oder gar Seitenwechsel verbunden sind.

Notenbeispiel Nr. 331

Josquin des Prez

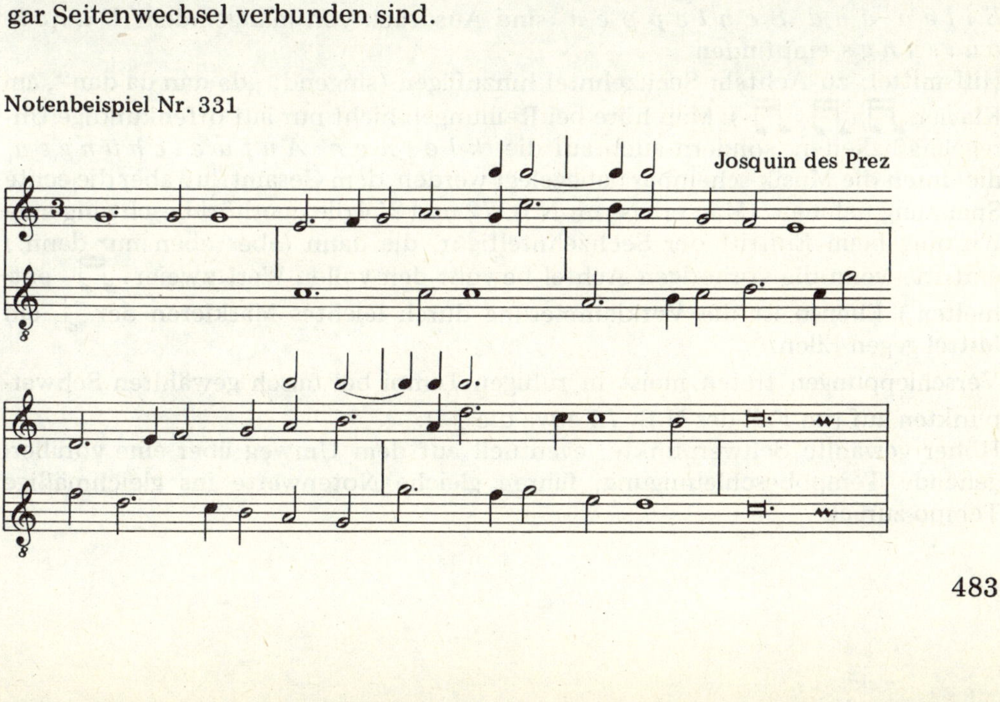

Komponisten und Herausgeber befürchteten früher, daß Taktstriche und taktgebundene Notationen unerwünschte Akzente, Synkopierungen usw. hervorrufen würden, die den Charakter der freien Rhythmusgruppierungen verfälschen könnten. Nach jahrzehntelanger Übung in unregelmäßigen Rhythmen dürfte diese Sorge hinfällig sein. (Häufig müssen Chöre die Akzentuierung in klassischer Musik erst mühsam erlernen.)

Notationen wie die oben als Beispiel gegebene sind erst dann sinnvoll, wenn wirklich kein Rest von gleichmäßiger Metrik mehr vorliegt. Dort, wo eine solche wenigstens als Bezugsmuster noch vorausgesetzt wird, erschweren sie die Integration in unnötiger Weise.

Hilfsmittel: Rhythmusbild ergänzend über die Linie schreiben.

Ähnliches gilt auch für die rhythmische Integration der Stimmen. Notationen wie die erwähnten erschweren die optische Zuordnung der eigenen Stimme zu anderen (besonders bei fehlenden Schwerpunkten!). Ebenso können Notationen nicht nur verunklaren, sondern auch irreführen (siehe auch § 86).

§ 158 Reihung gleicher Werte

(Siehe auch § 149)

Ebenfalls eine vom Anfänger unterschätzte Schwierigkeit (viel bewitzelter Standardausruf aller Dirigenten: „nicht eilen").
Eilen und Schleppen sind Ausdruck von mangelndem *Durchpulsungs*-empfinden.
Hilfsmittel: zu Achteln Sechzehntel hinzufügen (singend: „da dan da dan", am Klavier ♬ ♬ ♬). Man höre bei Reihungen nicht nur auf offenkundige Unregelmäßigkeiten, sondern auch auf die *kleinen Aufweichungen*, die durch die Musik scheinbar nahegelegt werden, dem Gesamtfluß aber die echte Spannung nehmen. (Man erlebe im N.B. 72 und 254 die unerhört beschwingende Wirkung beim Eintritt der Sechzehntelfigur, die dann (aber eben nur dann!) eintritt, wenn die vorherigen Achtel bewußt den vollen Wert zweier ♬ enthielten.) Ebenso ist die Verklammerung durch leichtes Markieren der 𝅗𝅥 ein Mittel gegen Eilen.
Verschleppungen treten meist in ruhigen Tempi bei falsch gewählten Schwerpunkten auf (im Fall des N.B. 72 etwa die ♩).
Höher gewählte Schwerpunkte, eventuell auf dem Umweg über eine vorübergehende Tempobeschleunigung, führen gleiche Notenwerte ins gleichmäßige Tempo zurück.

§ 159 Staccato
(Siehe auch „Pause“, § 155)

Der „staccato-Effekt“; die Unterbrechung des Klangflusses erzeugt einen Stau, der sich möglichst schnell im folgenden Wiedereinsatz lösen möchte. Bei staccato-Folgen entsteht so eine allgemeine Tendenz zur Beschleunigung. Die „Ungenauigkeit“ ist also musikalisch begründet. Sie muß dennoch aufgefangen werden, weil sich eine staccato-Spannung erst dann entwickelt, wenn sich die Beschleunigungstendenz nur *a n d e u t e t*, nicht aber wesentlich *a u s w i r k t*.

Methode:

Notenbeispiel Nr. 332

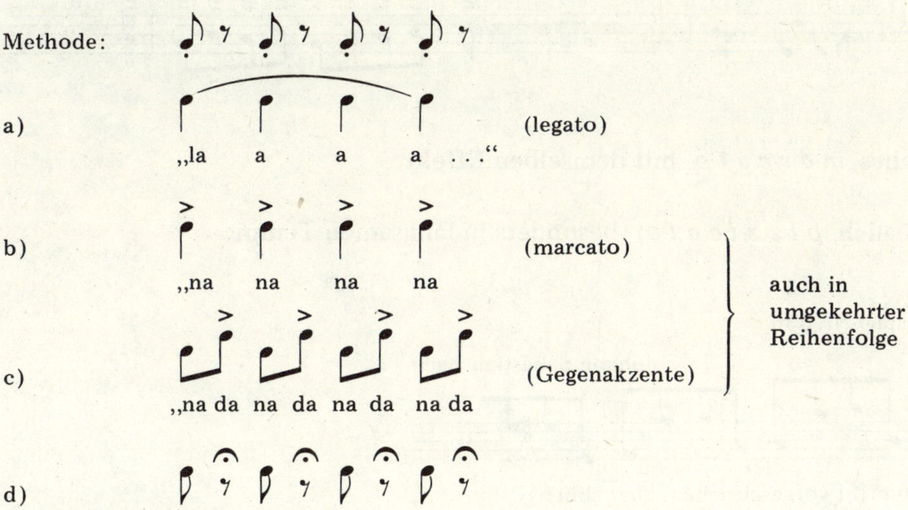

Es wird also die Aufmerksamkeit von der staccato-Kürzung fort und auf den Gesamtnotenwert hingelegt.

Die in c) eingefügten Werte kann man singen *l a s s e n*, selbst singen, hineinspielen oder nur schlagen.
In den Pausen nicht atmen!

Auch auskomponiertes staccato wird ähnlich behandelt (hier mit Synkope verbunden).

Notenbeispiel Nr. 333

Johann Hermann Schein

Auch im *instrumentalen* Bereich erlebt man unliebsame staccato-Beschleunigungen.

Notenbeispiel Nr. 334

Johann Sebastian Bach

Die für den Chor hilfreiche Bremse des *Textes* fehlt den Instrumenten!

Notenbeispiel Nr. 335

Johann Sebastian Bach

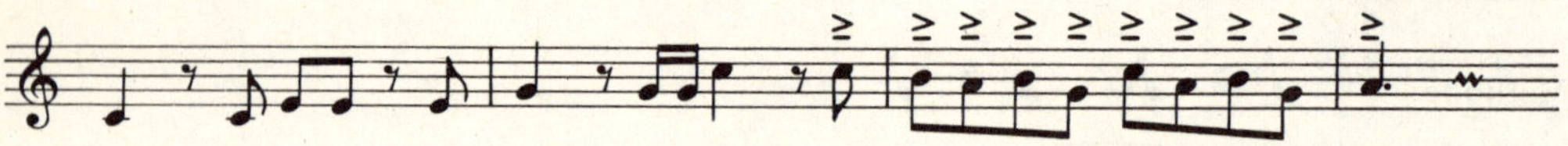

Energisches *marcato* mit demselben Effekt.

Ähnlich auch *pizzicato*, besonders in langsamen Tempi:

Notenbeispiel Nr. 336

Johann Sebastian Bach

(pizzicato nicht vorgeschrieben, aber üblich)

Ebenso auch langsames *portato* im „basso sequente" (langsame Instrumental-Einleitungen in Bach-Kantaten, z.B. Nr. 21 „Ich hatte viel Bekümmernis").

Von Spielern und Dirigenten häufig unterschätzt werden die Wendungen

Notenbeispiel Nr. 337

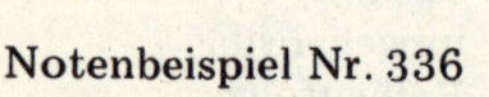 und

auszuführen:

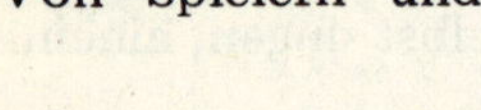

Sehr empfindlich sind Staccatobegleitfiguren des klassischen Typus:

Notenbeispiel Nr. 338

Wolfgang Amadeus Mozart

Notenbeispiel Nr. 339

Joseph Haydn

§ 160 Wechsel der Ebenen (Größenordnungen)
(siehe auch § 150–152).

Wechsel der Ebenen in Notenwerten und/oder Deklamation sind ein *Hindernis* beim *Vomblattsingen*, also in der Phase II.

Methode:

a) zunächst den Abschnitt der kleineren Werte singen, dann

b) den Abschnitt der größeren Werte singen in leicht beschleunigtem Tempo;

c) Übergang,

d) Gesamtablauf im endgültigen Tempo.

Keinesfalls beim ersten Durchsingen von dem einen in den andern Abschnitt *unvorbereitet hineinspringen*. Beim weiteren Studium der Einzelabschnitte die *Anschlußtakte* jeweils *mitnehmen*. In Fällen von ausgeprägt kontrastierend gegenübergestellten Ebenen bei gleichem Grundtempo kann in einem Abschnitt der Rhythmus des andern mitrealisiert werden, so daß die spannungsvolle Überlagerung, die sich im Hörer vollziehen soll, dem Sänger bewußt wird.

Notenbeispiel Nr.: 340

Heinrich Schütz

(ganz ähnlich N.B. 256 d, dort weniger mit technischer als hörerzieherischer Absicht)
Zugleich wird damit der Labilität der Übergänge entgegengewirkt.

Notenbeispiel Nr. 341

Heinrich Schütz

Umgekehrte Folge: Hier ist besonders das volle Aushalten der langen Werte zu fordern: „in vier 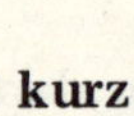, das jeweils letzte besonders wichtig nehmen“, weiter ein Tonwechsel zwischen den großen Werten in der gleichen Geschwindigkeit wie zwischen den kleinen (siehe oben). Ohne eine solche Profilierung wirken die plötzlich eintretenden langen Werte weich und spannungsarm.

Faustregel:

Bei einem Wechsel kurz — lang die l a n g e Note auch nicht um den kleinsten Betrag kürzen!

Auch die Probleme des Ebenenwechsels können also von der Durchpulsung her wirksam angegangen werden. Besonders dort, wo größere Notenwerte eine spannungsvolle Erwartung nach kleineren erzeugen sollen wie häufig bei Bach (Motette „Jesu meine Freude“, N.B. 72, auch „So aber . . .“, „et in terra pax“ aus der Messe h-moll u.ä.), ist die Herstellung einer gemeinsamen Durchpulsungsebene unerläßlich.

Im Bereich des *Madrigals* erscheint Ebenenwechsel oft auf kleinstem Raum, ohne ausgeprägte gegenseitige Durchdringung.

Notenbeispiel Nr. 342

Carlo Gesualdo

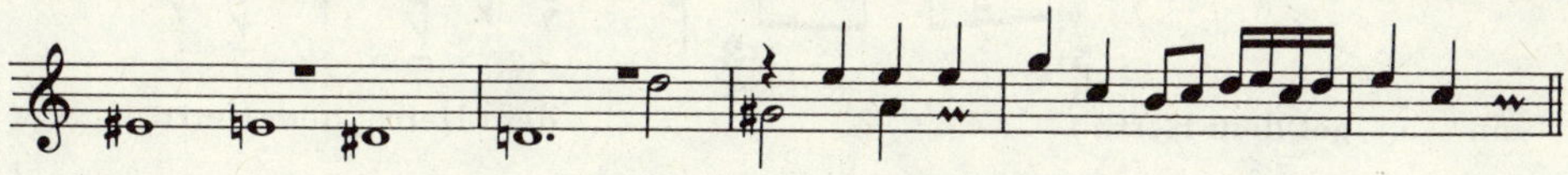

Behandlung wie oben, endgültige Ausführung mit wechselndem Schlagwert (N.B. 340 unbedingt mit gleichbleibendem Schlagwert!).

§ 161 Wechsel der Gruppierung

bei gleichbleibender Notation.

Die bekannteste Erscheinung eines Gruppierungswechsels ohne Änderung der Notation ist die *Hemiole*. Sie faßt z.B. zwei Dreivierteltakte zu einem Dreihalbetakt zusammen, während die Viertelnotation ohne Rücksicht auf die veränderte metrische Situation weiterläuft und auch im Bewußtsein des Hörers nicht völlig verloren geht (siehe N.B. 343 a).
Einige für das Auge nicht sofort deutliche Bildungen aus dem zeitgenössischen Bereich:

Notenbeispiel Nr. 343

Ernst Pepping

a)

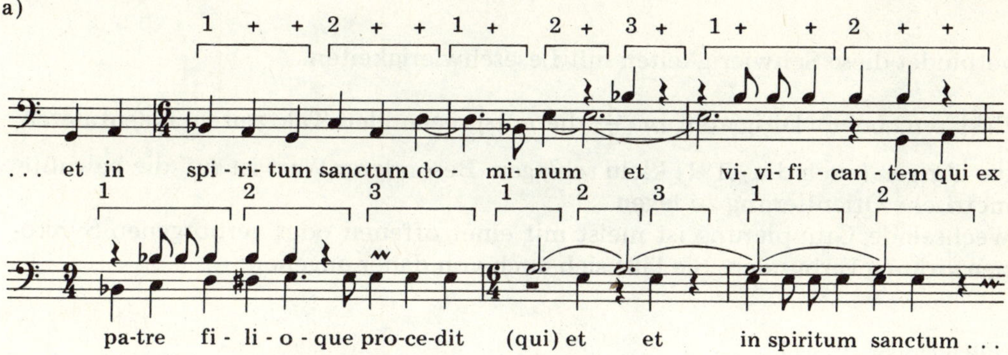

Hugo Distler

b)

c) Hugo Distler

Häufig sind wechselnde Gruppierungen (eingeschobene Dreiergruppen) im niederländischen und im Distlerischen Stilbereich. Solche aperiodischen Bildungen beleben den Rhythmus, rufen jedoch beim ersten Durchsingen oft Unklarheit hervor.
Methode: erklären, verdeutlichen durch Mitschlagen, der Dreiergruppierungen in einer Dreierfigur, dann in das notierte Metrum zurückführen.

Ähnlich: H. Distler, aus „Das ist je gewißlich wahr“: „Aber darum . . .“

Notenbeispiel Nr. 344

Hugo Distler

verbindet diese Schwierigkeiten mit Leseschwierigkeiten.

Erklären, beim Dirigieren in $\frac{3}{4}$ die entsprechenden Taktzeiten akzentuieren, die übrigen (auch die „1“!) klein schlagen. Besonderer Wert ist auf die bewußte metrische Orientierung zu legen.
Wechselnde Gruppierung ist meist mit einer offenen oder verborgenen Synkopenwirkung verbunden. Sie läßt sich auch von daher angehen:

Notenbeispiel Nr. 345

Hugo Distler

Diese Stelle ist sowohl als Wechsel von Zweier- und Dreiergruppen wie auch als Synkopenstelle auffaßbar. Man kann beide Formen für sich durch einen entsprechenden Schlag verdeutlichen, dabei die Doppeldeutigkeit, besser Doppelwertigkeit erläutern.

§ 162 Punktierung

Das Problem von Punktierungen, Synkopen und Anbindungen liegt darin, daß eine nicht erklingende Schlagzeit vom Ausführenden *zusätzlich vorgestellt* werden muß.
In der Probe werden diese Werte als *klingende* Noten solange ergänzt, bis sie auch im Originalrhythmus automatisch mit vorgestellt werden.

Im einzelnen:

Punktierungen (auf dem Schlagwert oder unterhalb des Schlagwertes, etwa ♩. ♪) erfordern sehr sorgfältige Ausführung. Art und Grad der Punktierung (exakt ausgezählt, Überpunktierung mit kurzer Folgenote, Überpunktierung mit schwerer Folgenote, Unterpunktierung) bilden ein wichtiges Element des jeweiligen Bewegungsstils.
Grundübung:

Notenbeispiel Nr.: 346

a)

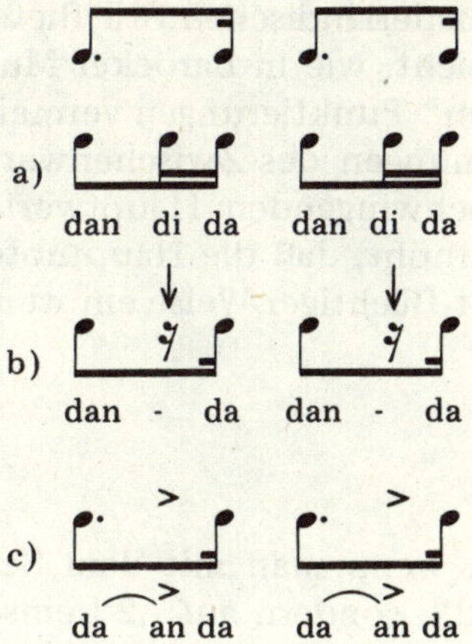

Die Beziehung   wird also vor der meist suggestiveren  hervorgehoben, durch Unterstreichung der Zwischenschlagzeit wird der ♩-Abstand verdeutlicht. *Nicht förderlich* sind solche Übungsanordnungen:

b)

a

b

Keineswegs sollen die  zur Schlagzeit werden; der Rhythmus verliert seinen Überlagerungscharakter (die Durchpulsung) und wird hektisch.
Der spezifische Charakter der Punktierung wird zunächst durch eine bewußte Verformung angesteuert:
z.B.

c)

z.B.

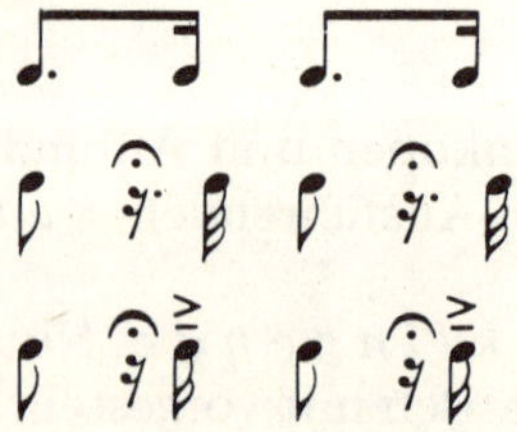

Überpunktierung

oder:

Überpunktierung mit schwerer Folgenote

etc.

Notenbeispiel Nr. 347

Josquin des Prez

Punktierte Rhythmen im niederländischen Stil fließen aus der vorangehenden Note heraus und springen nicht, wie in barocker Musik, impulshaft zur folgenden. Bei derartigen „weichen" Punktierungen vermeidet man besser Pausen vor der kurzen Note und Betonungen des Zwischenwertes. Stattdessen bleibt das Rhythmusgefühl bei den schwingenden Hauptwerten. Der leichte Fluß der Musik wird noch dadurch erhöht, daß die Hauptnoten geringfügig gekürzt und die kleinen Werte in bewußt flüchtiger Weise ein wenig zu früh genommen werden.

§ 163 Synkope

Die Synkope verschwindet, wenn man mit dem Schlagwert soweit heruntergeht, daß sie nicht auf „und", sondern auf „2" einsetzt. Das hat musikalische wie probentechnische Konsequenzen.
Musikalisch: die Verschiebung eines ₵ in einen $\frac{4}{4}$-Takt bei gleichem Tempo verändert das Rhythmusbild vollkommen (siehe § 147).
Probentechnisch: alle Synkopen können durch Tempo- und Schlagwechsel mit stufenweisem Rückweg leicht (auch für Anfänger!) erarbeitet werden:

Notenbeispiel Nr. 348

Text z.B.:

a:

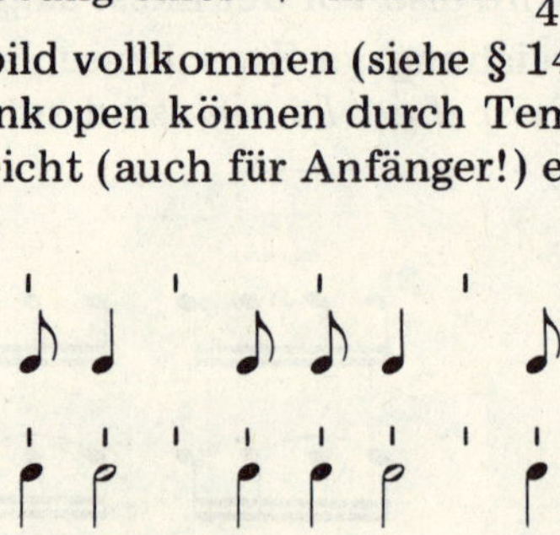

♩ = 70

♩ = 90

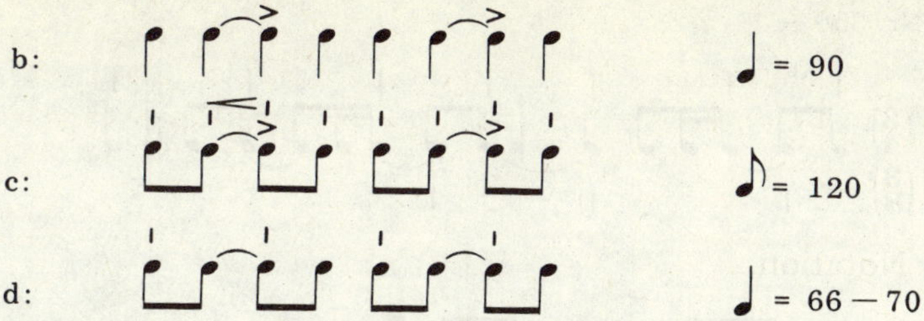

Bei einer „weichen" Synkope (ohne Akzent, mit leichtem melodischem crescendo) wird das übungsweise eingefügte crescendo reduziert und der Akzent abgebaut.
Bei einer akzentuierten Synkope heißt die Übung:

Notenbeispiel Nr. 349

(nicht ganz das doppelte Tempo!)

(allmählich im vollen Tempo)

Die Pause wird also durch einen Akzent ersetzt. Das crescendo wird nicht bewußt beseitigt, da es im Tempo ohnehin nicht ausführbar ist. Eine geringfügige Schwerfälligkeit, die als Rest zurückbleiben könnte, ist nicht unerwünscht („after — beat — accent").
Auf keinen Fall sollte beim *ersten Durchsingen* in eine Synkope *unvorbereitet* hineingesungen werden (eine falsche Schwerpunktorientierung kann später unvermutet wieder auftauchen!). Das Mindeste an Hilfestellung bei leichten Stellen ist: leichtes *Bremsen* des Tempos kurz *vor* der Synkope, dann kurz *akzentuierte* oder fixierte Schläge.
Die Textunterlegung ist nur dann eine Hilfe, wenn der Wortakzent *nicht* auf der Synkope, sondern auf dem *Taktschwerpunkt* liegt (Schlager der zwanziger Jahre, auch im „Neuen Geistlichen Lied"). Im anderen Fall wird die Synkope leicht als verschobenes Metrum mißverstanden. Solche Stellen sind oft sehr schwer ausführbar.
(Siehe N.B. 300)
Musikalisch: eine leichte Verzögerung oder Verschleppung der textbetonten Synkope erleichtert Ausführung wie Auffassung. Die leichte Note auf dem Hauptschlag (freu - *e t*) muß dafür lässig und ohne Nachdruck leicht gedehnt werden.
Äußerst unangenehm sind punktierte Synkopen, zumal auf sehr kleinen Notenwerten (häufig bei den „Niederländern", im italienischen Madrigal, auch bei Distler und seiner Schule). Sie verführen den unerfahrenen Sänger leicht zu einem Verschieben des Metrums:

Notenbeispiel Nr. 350

zumal in der Notation

Besonders gefährdet ist hier die kurze Note *n a c h* der Synkope. Bearbeitung also nach den Gesichtspunkten der Synkope *u n d* der Punktierung. (Siehe hierzu auch „nicht konforme Akzente" § 152.) Unbegleitete Synkopenketten: (für den Anfängerchor sehr schwer)

Notenbeispiel Nr. 351

Text z.B.:

Vorübung: a)

b)

c)

d)

In besonders schwierigen Fällen kann man die Synkopen-crescendo-Übung (b) noch intensivieren:

Notenbeispiel Nr. 352

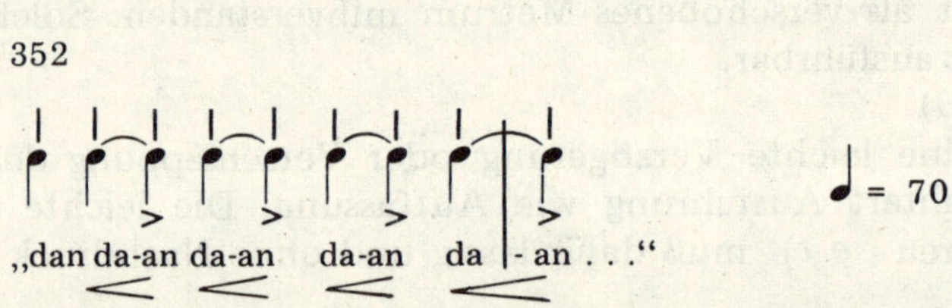

Diese Übung ist sehr wirkungsvoll, auch für ein späteres wiederholendes Absichern. Andererseits ist sie in ihrem einseitigen Festhalten der Hauptschlagzeit ein musikalischer Umweg, der sich nicht immer ganz leicht in die Form d überführen läßt. Wichtig ist es, diese Übungen häufig zu wiederholen.

§ 164 Anbindung einer kurzen Note an eine längere

Die Schwierigkeit dieser Rhythmen hat eine *r e i n t e c h n i s c h e* und eine *k l a n g l i c h - m u s i k a l i s c h e* Seite. N.B. 353 zeigt eine Reihe von Beispielen.

Notenbeispiel Nr. 353

Ernst Pepping

1. a) Vorübung: alle Bindungsbögen fortlassen. Zunächst auf Textsilbe singen, bis der rhythmische Gesamtverlauf verstanden ist (nicht nur die Einzelstelle) : verschiedene Ebenen bei ③, ④, ⑤
Wechsel zwischen Triolen und Duolen ① und ⑫.

   b) Dann auf Text mit bewußt unnatürlichem Neu-Ansingen der längeren Note „und da-a" usw.

   c) Das Wiederansingen durch crescendo ersetzen.

   d) Abbau des crescendo zugunsten einer echten Akzentvorausnahme.

Die Hauptschwierigkeit liegt aber weniger in dem angebundenen Rhythmus selbst als seiner *F o r t f ü h r u n g.* Die Anschlußnote ist probentechnisch besonders dann zu beachten, wenn sie „schwer" ist wie in ⑨, auch in ⑤. Fälle wie ⑧ sind dagegen leichter.

2. Das musikalisch-klangliche Problem liegt in dem abwartenden *Fallenlassen* des *Klanges* auf der langen Note, während der Sänger *zählt*. Dadurch, und nicht durch seine technische Schwierigkeit, nimmt dieser instrumentale Rhythmus im Vokalen leicht etwas krampfhaft Stoßendes an. Jede Stelle ist daher sorgfältig durch crescendo und diminuendo zu profilieren, geradlinige Klänge sind zu vermeiden.
Crescendo-Formen liegen nahe z.B. bei ①, ③ usw. (Weiterführung „eventuell" mit bewußt akzentlosem, leisem Einsatz; diminuendo-Formen, also schwere Akzente mit Nachklang, etwa ⑨, trotz der unteren Stimme; bei ④ vielleicht ein die Halbphrase schließendes diminuendo ohne ausgeprägte Akzente.

Ist ein crescendo wünschenswert, aber wegen zu hoher Lage, zu großer vorheriger Lautstärke o.ä. nicht hörbar zu machen, so ist ein bewußt geführtes diminuendo als Akzentausdruck besser als der gehaltene Klang.

Eine Sonderform der Anbindung, der Synkope nahestehend, ist die Form ⑬, die wie eine Hemiole aussieht, keinesfalls aber so aufgefaßt werden darf.
Methode wie oben.
Der Wechsel der Unterteilung bei ③ und ⑬ wird erschwert durch die Punktierung. Übung bei ① *nicht:*

Notenbeispiel Nr.: 354

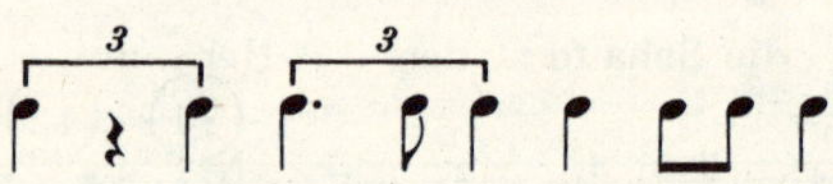

(der sehr kleine Wert ist für die Vorstellung unergiebig), sondern Verdeutlichen der gleichmäßigen Hauptabstände:

und da sie den Lobgesang

entsprechend ⑬

alle sich an dir ärgerten

§ 165 Ungerade Unterteilungen (3-, 5-, 7-Gruppen)

Ungerade Unterteilungen können unterschiedliche Innenstrukturen haben. Ihre Beurteilung ist an sich Sache der Interpretation. In vielen Fällen ist aber eine Entscheidung über den jeweiligen Typus schon für die erste Einübung unerläßlich. Es gibt im Grunde keine „neutralen" 3-, 5-, 7-Gruppen.

T y p e n d e r 3-G r u p p e n:

a) Gewicht auf der 1. Note 

b) Gewicht auf der 2. und 3. Note 

c) Gewicht auf der 1. und 2. Note 

d) Gewicht auf der 1. und 2. und 3. Note 

Notenbeispiel Nr.: 355

Typ a) („Triole“) kommt *m i t* Akzent:
(Gigue aus der 4. Orchestersuite von Bach) 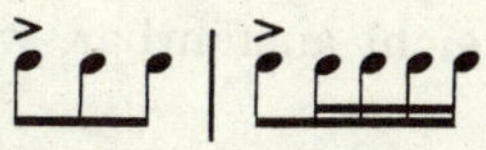

oder *o h n e* Akzent vor  („Du Hirte Israels“);

Typ b) ist stark auftaktig, z.B. der Gigue-Rhythmus 

Typ c) ist bekannt aus der Sarabande oder der Passacaglia 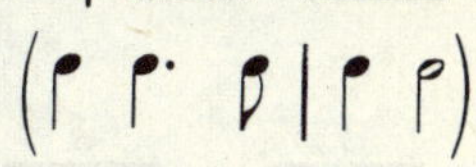
auch aus manchen Menuett-Typen. Er wird im Gegensatz zu a) und b) im melodischen Verlauf meist nicht beibehalten, sondern wechselt mit anderen Typen (besonders Menuett!).

Typ d) erscheint besonders deutlich bei Brahms („unsere Väter“); Violinkonzert; 2. Sinfonie; Beginn der 1. Sinfonie, aber auch bei Bach, ebenfalls meist im Wechsel mit anderen Typen.

Verhängnisvoll sind Verwechslungen der Typen. Sie wirken sich nicht nur verzerrend auf den Charakter aus, sondern behindern auch die rhythmische Perfektion. Die *e n t s c h e i d e n d e d r i t t e* Note wird in jedem der Typen *a n d e r s* ausgeführt.

T y p e n d e r 5- u n d 7-G r u p p e n:

es sind zu unterscheiden:

a) „reine“ 5- und 7-Gruppen ohne einen Nebenschwerpunkt, ähnlich der Triole. Sie sind häufig als Einzelfigur (z.B. Doppelschlag; auch Strawinsky „Geschichte vom Soldaten“, Bruckner 8. Symphonie, Adagio;) oder mit nur geringem Nebenschwerpunkt (Tschaikowsky), ähnlich den 3-Typen b) bis d).

b) 5- und 7-Gruppen mit profiliertem Nebenschwerpunkt. Sie haben die Wirkung von erregenden Akzentverschiebungen (osteuropäische Tanzrhythmen; auch z.B. Driessler; Ravel). Der Takt ist eigentlich die kleinste Periode, die den unterschiedlichen, auch wechselnden Gruppen ein gleichmäßiges Element entgegenstellt.

Die *Ungenauigkeiten* ungerader Unterteilungen liegen meist am *Schluß*. Die letzten Noten werden flüchtig, vor allem der Übergang zur folgenden „1" zu schnell genommen.

Gegenmaßnahmen:

1. *Typenstruktur* verdeutlichen, nutzen (Auftakt-Note bei 3, Auftaktgruppe bei 5 und 7);
2. Vor allem aber schwerpunktbewußt musizieren! *Alle* ungeraden Gruppierungen zu wenigstens *zwei* Gruppen (Takten) hin und her schwingen lassen; der sichere Rahmen mit seinem eindeutigen Abstand der „1" gibt den zu eiligen Schlußnoten wieder Raum.

Schwierigkeiten

Triolen, Quintolen, Septolen im geraden Takt, auch Duolen im Tripeltakt, sind relativ leicht ausführbar, wenn sie unter *einem* Schlag liegen, also „schnell" sind:

Notenbeispiel Nr. 356

Erarbeitung von zwei Seiten: (Beispiel siehe „Einübung")

a) Unterbringen der richtigen Anzahl von Schlägen auf dem Hauptschlag;

b) rhythmisch exakte Verteilung.

Vorläufig vernachlässigt wird bei

a) die Gleichmäßigkeit (Triolen meist am Anfang, Quintolen und Septolen am Ende zu schnell),

b) das genaue Einhalten des Schlagwertes (Triolen oft etwas zu kurz, Quintolen und Septolen meist etwas zu lang).

Durchführung von a):
Zwingende Textierung. Bei Triolen etwa: „di da da, di da da" oder ähnliches. Bei Quintolen und Septolen am einfachsten: „eins-zwei-drei-vier-fünf" bzw. „eins . . . .sieben".
Unter Umständen kann auch der aktuelle Text gewählt werden.
Nachteil: er legt meist eine Untergliederung nahe (siehe unten).
Ausführung:

Notenbeispiel Nr. 357

Ohne Unterbrechung, durch Handzeichen einfache Viertel oder Triolen fordern (ein Finger, drei Finger).

Notenbeispiel Nr. 358

2.—4. im Kanon

Ohne Unterbrechung, durch Zuruf einführen.

Aus dieser Übung kann man unmittelbar in die mehrstimmigen Übungen mit unterschiedlichen Unterteilungen übergehen. (2 + 3, 3 + 4, 3 + 5 usw.)

Dieselben Übungen melodisch: z.B. auf *einem* Ton oder in einer Melodie der Stelle. Im Anfängerchor auch:

Notenbeispiel Nr. 359

Septolen dürften in Anfängerliteratur kaum vorkommen. Als Vorübung bietet sich die Tonleiter an; besser aber geht man gleich von b) aus.

Durchführung von b)
Die Ungleichmäßigkeiten werden hervorgerufen durch den Versuch des Sängers, den Rhythmus zu halbieren:

Notenbeispiel Nr. 360

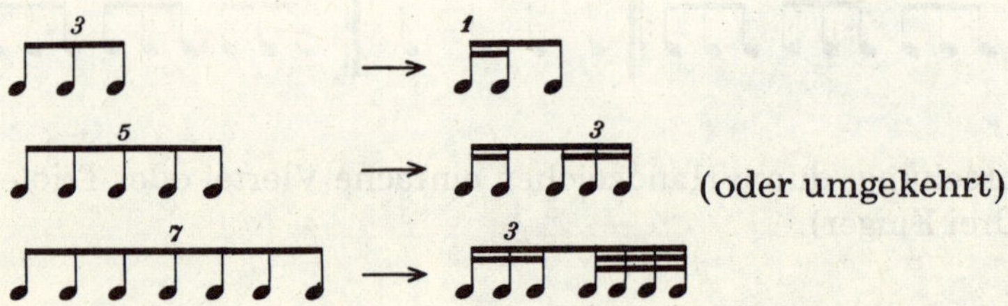

Man kann nun entweder:
einfach einen ganz gleichmäßigen Ablauf fordern, zunächst ohne Rücksicht auf die genaue Länge der ♩ (𝅗𝅥). Rückführung in den Tempoablauf durch die Übung 2—3 (N.B. 282) kanonisch. Für das Ohr muß sich dann ein vollkommen gleichmäßiger Gesamtablauf der kleinen Notenwerte ergeben;
oder
man geht bewußt von der fehlerhaften Unterteilung in zwei Hälften aus (besonders bei Septolen, gelegentlich auch bei Quintolen), also als Wechsel von Duolen und Triolen (siehe unten) mit abwechselnder Anordnung:

Notenbeispiel Nr. 361

Zu 4: Kontrollübungen (sehr schwer; mehr als Spiel denn als exakte Übung einführen.)

Ähnlich Septolen.
Zwischen Übung 2 und 3 muß das Verschwinden des Wertes „+“ fühlbar werden. In reizvoller Weise gerät der Ablauf ins Schweben, ohne zu „schwimmen“. Bei diesem Übergang wird der exakte Wert des Grundschlages wahrscheinlich leicht verlängert. Rückführung ins Tempo mit den kanonischen Übungen.
Langsame Triolen, Quintolen und Septolen werden aus schnellen entwickelt. Fehlt ein Gegenrhythmus, so kann man sie unter Umständen einfach ausschlagen.

Die Entscheidung, ob eine Triole usw. mitgeschlagen wird oder nicht, ist nicht eine technische, sondern eine musikalische: eine gegen den beibehaltenen $\frac{4}{4}$ -Schlag gesungene Triole oder Quintole klingt entweder synkopisch akzentuiert oder auch flüssiger, schwingender; eine mitgeschlagene dagegen schwerfälliger, kantiger. Stellen wie

Notenbeispiel Nr. 362

Hugo Distler

müssen in Triolen ausgeschlagen werden, da sie sonst wie einfache Synkopen klingen:

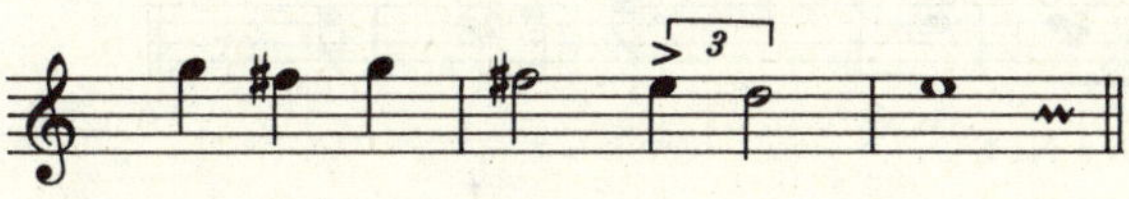

Wechselnde Unterteilungen

(Beispiel siehe „Einübung“ § 136)
Auf dem Hintergrund der vorigen Übungen. Einführung etwa:

Notenbeispiel Nr. 363

(ohne Erläuterungen; das jeweils 1. Mal selbst singen, dann Einsatz für den Chor; gleichmäßig ohne Unterbrechung im Takt bleiben.)

Aus dieser Übung durch Kanonbildungen in die Kombinationsübung. Diese ist zugleich eine *Sicherungsübung* für lineare wechselnde Unterteilungen.

Notenbeispiel Nr. 364

Diether de la Motte

Sehr starker Wechsel der Unterteilungen.

Erster Durchgang:
A n n ä h e r n d richtige Verteilung der kleinen Werte innerhalb der ♩ bzw. 𝅗𝅥 (Takt 1, 2, 7) oder ♪ (Takt 7)

Kontraste zwischen  herausarbeiten. Auf exakte Gleichmäßigkeit der ♩ verzichten.

Zweiter Durchgang:
G e n a u e Verteilung der kleinen Werte ohne ♩ -Längen.
Dritter Durchgang:
Genaue ♩ -Längen.

§ 166 Wechselnde Metren (Taktwechsel)

a) im traditionellen Bereich kein technisches Problem, sondern eines der Darstellung und des Dirigierens.

b) im zeitgenössischen Stilbereich
I. übergeordneter Grundschlag bleibt erhalten.

Notenbeispiel Nr. 365

Siegfried Reda

II. Unterteilungswert bleibt erhalten (Reduktion und Addition).

Einige herausgegriffene Beispiele:

Notenbeispiel Nr. 366

Siegfried Strohbach

In diesem Zusammenhang wirken die $\frac{5}{8}$ -Takte wie *v e r k ü r z t e* $\frac{3}{4}$-Takte.

Der Rhythmus ist nicht:

Notenbeispiel Nr. 367

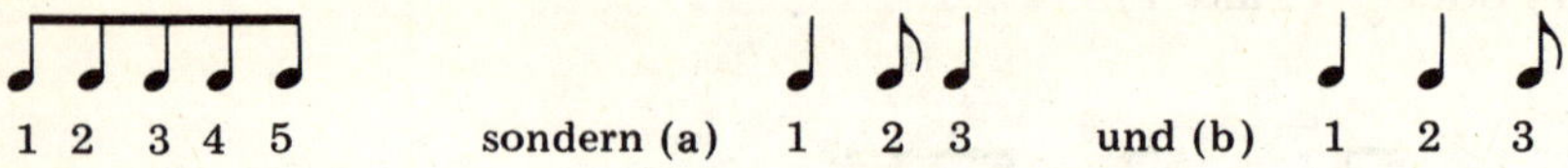

eine erste Einübung in einen Rhythmus aus Schlägen von wechselnder Länge.

Bei Anfängern aus echtem $\frac{3}{4}$ -Takt entwickeln.

Notenbeispiel Nr. 368

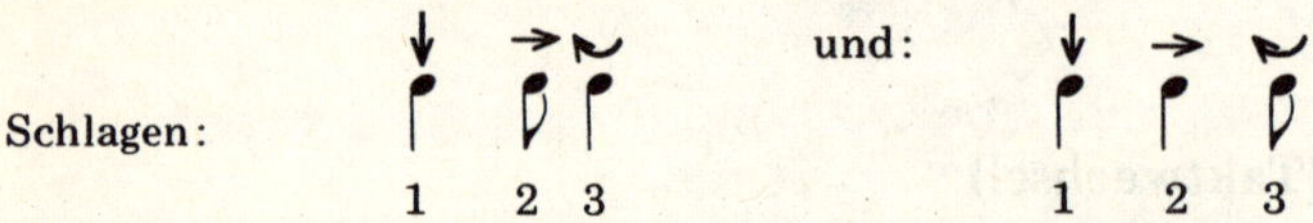

Notenbeispiel Nr. 369

kann verstanden werden als verkürzter 9/8-Takt

unter Umständen aus echtem $\frac{9}{8}$ -Takt (dann „fer“ = 3 ♪ !) entwickeln.

Schlagen:

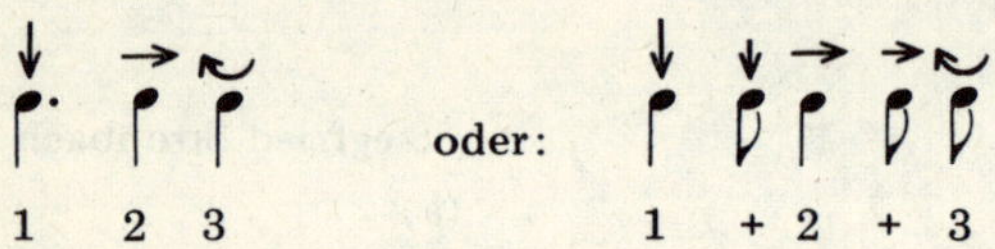

(oder: (günstigste Lösung)

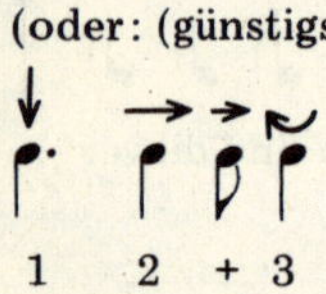

Achtung: den Schlag ♩. gegenüber den vorangehenden ♩ genau aushalten, keine

!

Entsprechend:

Notenbeispiel Nr. 370

Siegfried Reda

Notenbeispiel Nr. 371

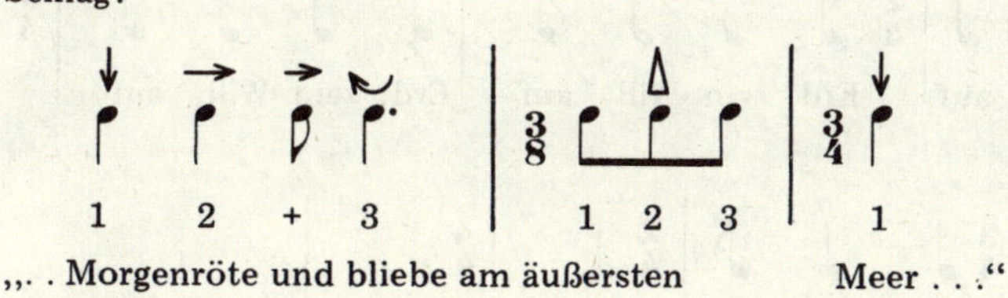

In $\frac{4}{4}$ gedacht und geschlagen, erzeugt die Textunterlegung einen quasi synkopischen Gegenrhythmus, der zum fließenden Stil der Gesamtmotette nicht paßt. An der folgenden Stelle dagegen

Notenbeispiel Nr. 372

Siegfried Reda

muß der $\frac{4}{4}$ -Schlag wegen der abweichenden Gegenstimmen beibehalten werden.
Interessant ist die Metrik *H. Distlers* in seiner Motette „Es ist das Heil", Vers 3.

Notenbeispiel Nr. 373

Hier kommt es darauf an, die innere Dynamik der wechselnden Gruppen zu empfinden: das Zusammenrücken der Schwerpunkte (kleiner werdende „Takte") wirkt wie ein rhythmisches crescendo bis zum zweimaligen Aufeinandertreffen zweier Schwerpunkte ohne Zwischenwert (hier als $\frac{4}{4}$ -Takt notiert nach einem Modell im „Jahrkreis"). Die erste Doppelschwerpunktstelle a) ist noch doppeldeutig: der Rhythmus der Oberstimmen enthält auch den darüber geschriebenen unregelmäßigen $\frac{8}{8}$ -Rhythmus (wie im vorigen Beispiel), nur die Bezeichnung mf auf dem Einsatz und die Betonung der Unterstimmen gibt der unten notierten Deutung ein Übergewicht.
Auch die Textbetonung ist doppeldeutig: sein *Will*, *sein* Will (Distler nutzt hier den Melodiehöhepunkt auf einem Nebenwert aus). Im zweiten Doppelschwerpunkt b) vereinigen sich dann alle Stimmen in Metrum, Harmonie und Textschwerpunkt zu nachdrücklicher Wirkung. Dem Schwerpunkt entspricht ein ruhiges Ausschwingen (der erste $\frac{3}{4}$ Takt) mit kleinem Zwischenimpuls ($\frac{3}{4}$ + Synkope) zur Beschwerung der Schlußkadenz.
Dem unerfahrenen Chor bereiten solche Gruppenwechsel Schwierigkeiten (besonders bei a) und b).
Arbeitsweg: vom *Reiz* der *wechselnden Schwerpunkte* her anfassen, ohne viele Worte zu machen, Zusammenprall der Schwerpunkte herausarbeiten.

Zum Dirigieren: statt der oben beschriebenen Einteilung kann auch ein gleichmäßiger $\frac{4}{4}$ -Schlag mit einem überzähligen ♩ (etwa „Himmelsthrone“ in $\frac{5}{4}$) geschlagen werden. Das Stück gehört dann in die oben beschriebene Gruppe 5. Die Schwerpunkte müßten dann entsprechend akzentuiert werden. In der hier vorgeschlagenen Einteilung kann dagegen auf Akzente verzichtet werden. Da die Schwerpunkte wohl empfunden, nicht aber dynamisch stark profiliert sein wollen, wäre dieser zweite Weg hier vorzuziehen.

Notenbeispiel Nr. 374

Helmut Barbe

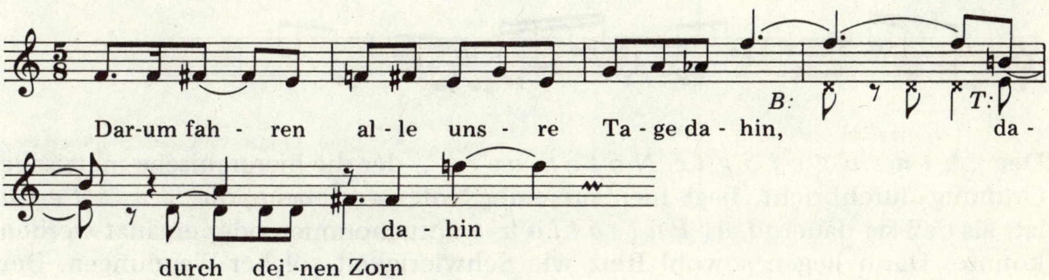

Ebenso wie Distlers wechselnde Gruppen ihre Dynamik aus der kontrastierenden Erinnerung an gleichmäßige $\frac{4}{4}$ -Metren ziehen, lebt zuweilen der moderne 5er-Takt aus der Erinnerung an den schwingenden 6er, dem durch ständig „zu früh“ kommende Klein-Schwerpunkte zusätzliche Energie verliehen wird (also auch eine Art Reduktion).
(Alle diese Hinweise lassen sich in der Probe zur technischen Erfassung und Sicherung nutzen).

Notenbeispiel Nr. 375

Hugo Distler

Kein $\frac{9}{8}$, sondern ein $\frac{4}{4} + \frac{1}{8}$: einfaches Beispiel für den „hinzugefügten Wert“. Klassische Beispiele für Rhythmen, die auf Hinzufügen oder Fortnehmen eines neuen Wertes beruhen und hohe energetische Wirkungen daraus ziehen, gibt z.B. bei Strawinsky (Schlußsatz des „Sacre“), in seiner Nachfolge bei Orff („Carmina Burana“).
Bartoks slawische Rhythmen gehören einem verwandten Typ an.

Der eigentliche Großmeister der Rhythmen aus der Hinzufügung kleiner Werte ist Olivier Messiaen. Neben stark energetischen Formen gibt es bei ihm akzentarme oder akzentfreie, deren Wirkung eher „schwebend" ist, nicht vergleichbar denen Strawinskys.

Notenbeispiel Nr.: 376

Der „*hinzugefügte Notenwert*", der die hierarchische metrische Ordnung durchbricht, liegt hier auf einer Notenwertebene, die *zu klein* ist, als daß sie dauernd als *Pulsation* wahrgenommen oder ergänzt werden könnte. Darin liegen sowohl Reiz wie Schwierigkeit solcher Wendungen. Der praktische Weg geht 1. über *wechselnde Pulsation*, 2. über *nachträgliche Isolierung* des „hinzugefügten Notenwertes".

1. Der Rhythmus verläuft im Wechsel von ♩ und ♪, nicht in ♫ ; diese sind hier schon Unterteilung. Unmittelbar vor dem „hinzugefügten Notenwert" ergänzt man in der Vorstellung die ♬, bzw. man profiliert sie:

Notenbeispiel Nr. 377

Bei sich verlangsamenden Rhythmen umgekehrt:

Notenbeispiel Nr. 378

Der „hinzugefügte Notenwert“ bildet mit dem vorangehenden Wert bzw. mit den vorangehenden Werten eine Dreiergruppe, die sich leicht in nicht erwünschter Weise *verselbständigt*. Selbst wenn man durch genau gezähltes Üben der Versuchung zu einer wirklichen Triolisierung () zu widerstehen vermag, behält er das leichte Gewicht, wie es der Schlußnote einer Triole entspricht.

Um eine solche nicht nur unprägnante, sondern selbst bei metronomischer Richtigkeit einfach falsche Rhythmik zu vermeiden, muß man den „hinzugefügten Notenwert“ nachträglich wieder *isolieren*. Es bedarf dazu keines tonlichen Akzentes, der dem Rhythmus das Fließende nehmen und ihm einen hier nicht angebrachten Bartokschen Akzentstoß verleihen würde. Vielmehr muß der „hinzugefügte Notenwert“ in der *Vorstellung* zu einem eigenen $\frac{1}{16}$ - Takt werden:

Notenbeispiel Nr. 379

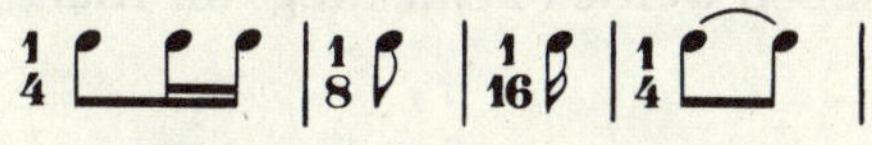

(rhythmische Reihe!), eine Schwierigkeit, die nur auf dem Umweg über 1) zu bewältigen ist.

Man glaube nicht, daß der Vorstellungsweg des Interpreten zum Rhythmus für den Hörer ohne Belang ist. Als selbständiger Wert klingt der „hinzugefügte Notenwert“ ganz anders denn als nur angehängter.

Mit den „Cinq Rèchants“ von O. Messiaen ist das Gebiet der Chormusik im engeren Sinn bereits verlassen. Die Arbeit mit dem Berufssolisten-Ensemble wächst sicherlich aus der Chorprobentechnik hervor. Ihre eigenen Arbeitswege aber, die sie bei der Bewältigung der heutzutage verlangten Aufgaben geht, liegen nicht mehr innerhalb des Rahmens dieses Lehrbuches.

§ 167 Freier Sprechrhythmus

Textverständlichkeit und Zusammenhalt der Gruppe wird bei freiem Sprechrhythmus *nicht*, wie oft irrtümlich versucht wird, durch ein besonders *gleichmäßiges* Skandieren aller Silben, also durch eine möglichst rationale Rhythmik erreicht. Die entstehende steife, plärrende Unnatürlichkeit ist weder sehr feierlich noch auch hilfreich. Entgegen aller theoretischen Vermutung ist ein irrationaler, von Auftakt, Akzent und Abtakt bestimmter Rhythmus für den Hörer deutlicher und für die Sprechergruppe leichter.

Und es waren Hirten in derselben Gegend auf dem Felde bei den Hür-

den, die hüteten des Nachts ihre Herde.

Am Anfang schuf Gott Himmel und Erde.

Betonte Silben erhalten mehr Raum als unbetonte, die unbetonten werden entweder beschleunigt(auftaktig) oder verlangsamt (abtaktig). Die betonte Silbe wird ausführlicher gesprochen, aber nicht auffällig im Vokal gedehnt (Dialekt-Eigentümlichkeit!). Die Betonungen werden, ihrer Bedeutung entsprechend, nach Zeitraum, Tonstärke und Höhenlage abgestuft, so daß in jedem Satzteil *eine* Betonung alle andern überragt. (Einzelheiten sind aus Lehrbüchern der Rezitation zu ersehen). Die Nebensilben werden keineswegs im Klang besonders aufgewertet.

Der Halbklang der Nebensilbe ist ein wichtiges rhythmisches wie klangliches Mittel der deutschen Sprache, das ihre Deutlichkeit nicht vermindert. Nicht die lautstarke Nebensilbe, sondern der gleichmäßige Sitz aller Laute auf dem Atem und in der Resonanz macht die Sprache klangvoll.

Die Beschleunigung der Nebensilbe darf und soll erheblich sein. Auf schwere Silben ohne einen Nachklang („nachts", aber auch „die") folgt ein kurzer Zeitraum des Nachklingens (also nicht: „des nachts ihre Herde", sondern: „des nachts ‿ ihre Herde"), vor allem dann, wenn zwei Betonungen aufeinander folgen („Gott ‿ Himmel und Erde").

Der Sprachrhythmus wird also nicht verstanden als eine Folge von *Silben*, sondern als eine Folge von *Gruppen* oder Einheiten, deren jede Vorbereitung, Schwerpunkt und Ausklang umfaßt.

Das Prinzip dieser Deklamationsweise kann mit leicht verringertem Tempo auch in die *Psalmodie* übernommen werden, vor allem in die Psalmodie in deutscher Sprache. Man befindet sich damit zwar im Widerspruch zur heutigen benediktinischen Praxis eines schwerfälligen Äqualismus, wahrscheinlich aber nicht zur Meinung der benediktinischen Väter, die im 19. Jh. sich von neuem dem Choral zuwandten.

Auch das Problem der Halbvers- und Ganzversanschlüsse löst sich von selbst, wenn sie aus einer dynamischen Anschwung- und Abschwungbewegung heraus genommen werden.

Kapitel 6: Modell einer Einstudierung (§ 168–175)

Hugo Distler „Wie der Hirsch schreiet“
(aus dem „Jahrkreis“, Nr. 39)

Dieses Modell ist in einigen Punkten untypisch:

1. Das Werk bietet eine große Fülle von musikalischen Ereignissen bei nur geringer Ausdehnung. Die Phase II schrumpft dadurch zeitlich gegenüber der Phase III erheblich zusammen.
2. In der Phase III werden hier alle anfallenden Arbeitsmöglichkeiten etwa gleich intensiv behandelt. In der Praxis wird ein Chor nicht an einem *einzigen* Werk *alles* erlernen können. Vielmehr wird der Chorleiter von Werk zu Werk jeweils andere Gesichtspunkte in den Vordergrund ziehen.
3. Stimmbildnerische Maßnahmen – wie Atem- und Stimmsitzübungen – werden nicht mit einbezogen.

Das Beispiel beschreibt selbstverständlich nur eine kleine Auswahl probentechnischer Arbeitsweisen. Doch wird es die *Art* des Vorgehens soweit deutlich machen, daß der Studierende in die Lage versetzt wird, auch ohne unmittelbare Nachahmung selbständig verwandte Probenabläufe zu entwickeln und durchzuführen.
Zur Frage „Ablauf des einzelnen Probenabends“ siehe § 36.

Notenbeispiel Nr. 380

wie der Hirsch schrei - et nach frischem Was - ser, so schrei - et,
wie der Hirsch schrei - et nach frischem Was - ser, so schrei - et,
et, wie der Hirsch schrei - - - - et, so schrei-et Gott
Gott, mei-ne See - le, mei-ne See - le zu dir!
Gott, mei-ne See - le, mei-ne See - le zu dir!
mei - - ne See - - - le zu dir!
II a
(Ruhig)
(p)
Mei - ne See - - le dür-
Mei - ne See - - le dür- - stet nach Gott,
Mei - ne See - le dür - stet nach Gott,
- stet nach Gott, nach dem le - ben - di - gen
nach dem le - ben - - - - - di - gen
nach dem le - ben - - - di - gen

II b

II c

Vom Anfang zu wiederholen bis

I. Vorbereitung der Einstudierung (§ 168—171)

I A. Stoffsammlung (§ 168—169)

§ 168 Auffallende Schwierigkeiten

§ 168.1 Intonation

Ungewohnt ist die modale *L i n i e n f ü h r u n g* der Teile I und II c.

Notenbeispiel Nr. 381

Die *I n t e r v a l l e* Sekunde, Quint (Quart) und Oktave (Einklang) beherrschen sowohl die Linie wie auch die Akkorde und Akkordfortschreitungen. Dadurch entstehen verschiedene empfindliche *K l ä n g e*.

Notenbeispiel Nr. 382

usw.

Die *H a r m o n i k* bevorzugt zwar funktionsschwache Folgen (wie z.B. g - f - es - f - G), schließt aber das Werk mit einem auffallenden funktionalen Rahmen zusammen (I — V — IV — I).

§ 168.2. Rhythmus

An Besonderheiten der *R h y t h m i k* finden sich:

punktierte *S y n k o p e n* sowohl in lebhaftem	Takt 1—5
wie in ruhigem Tempo,	Takt 13—17
unregelmäßige, nicht periodische *G r u p p i e r u n g e n*,	Takt 5—11; 13—18
starke *K o n t r a s t e* von großen und kleinen Werten sowohl in der	Takt 1—6
Folge wie im Zusammenspiel.	Takt 5, 6
In Teil IIa tritt ein empfindlicher *K o m p l e m e n t ä r r h y t h m u s* auf.	Takt 14—17

In Teil IIa und IIc entspricht die *Taktnotierung* nicht dem rhythmischen Geschehen. Die Gruppierungen sind verschieden deutbar: entweder als $\frac{1}{2}$-Rhythmus mit Synkopen und gelegentlichen $\frac{3}{4}$-Gruppen oder $\frac{3}{4}$-Rhythmus mit gelegentlichen $\frac{1}{2}$-Gruppen. Bei letzterer Deutung entsteht ein verborgener *Polyrhythmus*.

Notenbeispiel Nr. 383

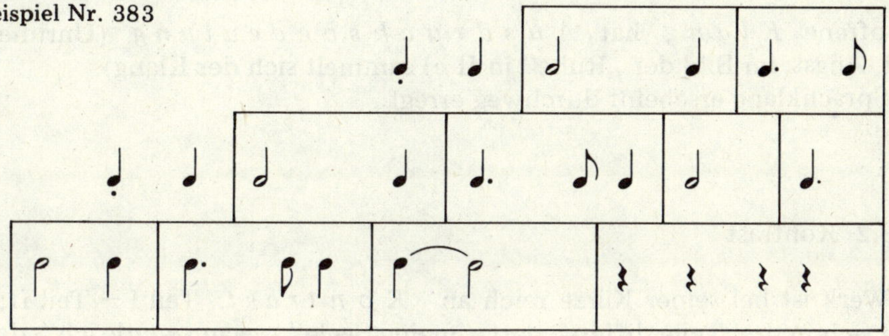

(Zur Doppeldeutigkeit solcher Rhythmen in alter Musik siehe auch § 152)

Ein weiteres rhythmisches Problem bilden die zahlreichen *Zäsurzeichen*, die großenteils erst musikalisch gedeutet werden müssen. Takt 4–9; 15–19

§ 168.3. Klangqualität

Hochempfindlich ist das Werk auf der Seite der *Klangqualität* (Klangbindung). Der dreistimmige gemischte Chorsatz steht der *vertikalen* Klangbindung („homogener Chorklang"), die vorwiegend syllabische Deklamation der *horizontalen* Klangbindung („Klangfluß") im Wege.
An Sprachklangproblemen finden sich:

Vokalausgleich,	z.B. „daß ich Gottes Angesicht schaue"
lange Diphthonge,	z.B. „schr e i - et"; „sch a u - e"
Nebensilbenfarbe,	z.B. „schrei e t", „frisch e m Wass e r", mein e Seel e", „komm e n", „Gott e s", schau e"
Bindungen	z.B. „Hirsch schreiet", „dürstet nach".

Die lagenbedingte klangliche Benachteiligung der Altstimme wird zum Teil ausgeglichen durch die vergleichsweise tiefe Lage des *Soprans.* Diese wiederum kann zu einem Mangel an Glanz im *Gesamtklang* und zu einem unerwünschten klanglichen Übergewicht der *Männerstimme* führen.

§ 169 Interpretation

§169.1 Klang

Der offene *Klang* hat *Ausdrucksbedeutung* (Unruhe, Erregung, Angst; im Bild der „Ruhe" in II c) sammelt sich der Klang).
Der Sprachklang erscheint durchweg erregt.

§169.2 Kontrast

Das Werk ist bei seiner Kürze reich an *Kontrast:* Teil I — Teil II; Teil II ist in sich in drei Teile differenziert: „meine Seele", „wann werde ich", daß ich". Scharfe *Kontrastschnitte* finden sich zwischen Teil I und IIa sowie zwischen Teil II c und I; zwischen IIa und IIb liegt ein geringerer, aber noch deutlicher Kontrastsprung, zwischen II b und II c ein entwickelnder Übergang.

Der polyphone Satz in IIa betont gegenüber I die ausdrucksvolle *Melodie.* Die *Homogenität* des Teils II unterstreicht den *Kontrast* zwischen Frauen- und Männerstimmen in Teil I.

Die sehr knappe Komposition rechnet mit einer unverzüglich eintretenden Wirkung jedes neuen Charakters.

§ 169.3 Bewegung

Die *Bewegung* ist grundsätzlich *stetig* und verlangt nicht Agogik im Kleinen. Die Beruhigung in Teil II c macht eine geringfügige Belebung in Teil II b möglich, aber nicht erforderlich. Über den Gegensatz von motorisch-drängender (Teil I) und ruhig atmender Bewegung (Teil II) hinweg ziehen sich die ganztaktig schwingenden 𝅗𝅥, die auch den zweiten Teil beherrschen (Synkopen!). Teil I differenziert sein Tempo ohne wesentliche Geschwindigkeitsänderung durch die Verschiebung der Schwerpunkte von 𝅝 über 𝅗𝅥 zu ♩, Teil II durch den Wechsel von 𝅗𝅥 𝅗𝅥 𝅗𝅥, 𝅗𝅥 𝅗𝅥 und 𝅗𝅥. ♩ bei leicht veränderten Geschwindigkeiten. Die Tempi verbinden sich durch ein fortlaufendes ritardando, das durch den Wechsel der Ebenen von 𝅝 , 𝅗𝅥 und 𝅘𝅥 immer wieder zu etwa derselben Geschwindigkeit bei wechselndem Charakter führt. (Wichtig ist dabei die Fortsetzung der Ritardandobewegung durch Schlußakkorde und Zäsuren hindurch):

§ 169.4 Spannungsverlauf

Ein großer Reichtum an verschiedenartigen *Impulsen* (Auftaktarten) schließt sich zusammen zu einem übersichtlichen *Phrasenverlauf*. Dieser wird seinerseits ständig unterbrochen durch spannungssteigende *Zäsuren* und *Pausen*. Teil I bildet eine Phrase, die in ihren Höhepunkt hineinzielt mit einem kaum merklichen Neuansatz in Takt 5.
In Teil II a führt eine ruhigere Entwicklung zu einem kleinen Höhepunkt in Takt 17 und wieder zurück zu einem Ziel in Takt 18; die Teile II b und II c bilden in kurzem Anschwung und langem Abschwung (Takt 23—28) einen weiten Bogen mit Höhepunkt in Takt 23,1 und Ziel in Takt 27,2 oder Takt 28,1. Die Phrasen *kontrastieren* in *Energie* und *Richtung*. Dem energischen Anstieg der ersten Phrase (bei schon erregtem Beginn!) stehen die sanfte Bogenform der zweiten und das überwiegende Sich-Senken der dritten gegenüber. Durch die Wiederholung des Anfangs ergibt sich für den Gesamteindruck ein auf-, ab- und wieder aufsteigender Gesamtbogen.

§ 169.5 Wort-Ton-Beziehungen

Die sehr stark ins Auge fallende *Wort- Ton-beziehung* liegt einerseits in der Verbindung von *Wort-Auftakten* mit *musikalischen Impulsen* (z.B. „Meine Seele“) in einer Fülle von Differenzierungen. Weiter werden das Auf und Ab der Linien und das Steigen und Fallen ihrer Spannungskurven zum *Bild* wie auch zum *unmittelbaren Ausdruck* des Gefühls. Schließlich dient die Art der *Bindung* von Tönen und Motiven innerhalb der Phrasen dem Ausdruck:

Teil I	Vielfache Unterbrechung („Atemlosigkeit“ als Bild und Emotion)
Teil II a	Gliederung in zwei Halbphrasen, weich-spannungsvoll verbunden
Teil II b	intensivierende Wiederholung mit trennend-spannender Pause („erwartend“)
Teil II c	zusammenhängender Klangfluß (hier zuerst auftretend)

Die *Kleingliederung* hat also unmittelbare *Ausdrucksfunktion* und darf weder zum rein technischen Hilfmittel verkümmern (Luftholen) noch auch — im Bemühen, den Linienzusammenhang zu wahren — einfach verschwinden.

Deutung der Zäsurzeichen

Teil I	jeweils kurzes Zurücknehmen
Teil IIa	Atemholen ohne Spannungsverlust
Teil II b	klingende Pause. Luftholen erst unmittelbar vor dem Einsatz.

§ 169.6 Hauptcharaktere

Es zeichnen sich als *Hauptcharaktere* ab:

Teil I	etwa: Erregung, Beklemmung, Angst
Teil II a	etwa: Mattigkeit, Sehnen
Teil II b	etwa: Hoffen
Teil II c	etwa: Stille, Frieden

Das „wichtige Wort“ („Seele“, „dürstet“, „wann“, „schaue“) wird im Phrasenverlauf wohl leicht unterstrichen, nicht aber eigentlich hervorgehoben; es bleibt dem Hauptcharakter untergeordnet.

§ 169.7 Ganzheit

Die Vielfalt des Werkes schließt sich zur *Ganzheit* zusammen: durch die Verwandtschaftsbeziehungen im melodischen Material (siehe Tabelle in § 37), durch die geschlossene Kurve in Tempo und Phrasenverlauf

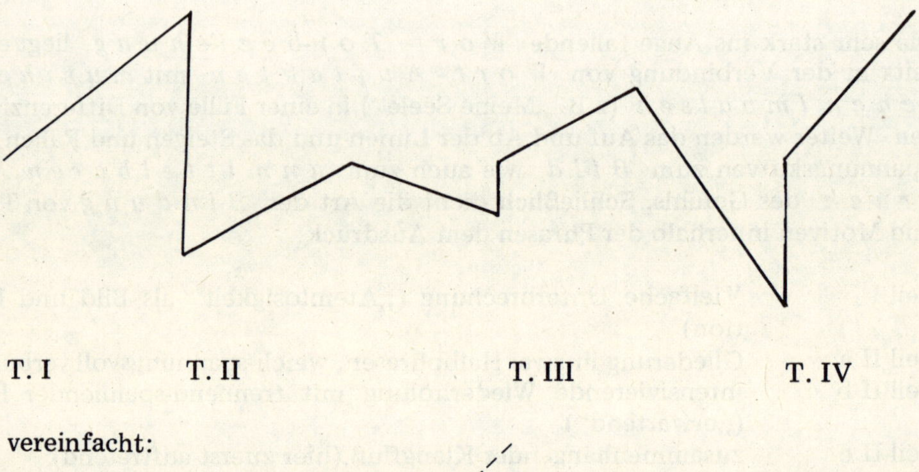

vereinfacht:

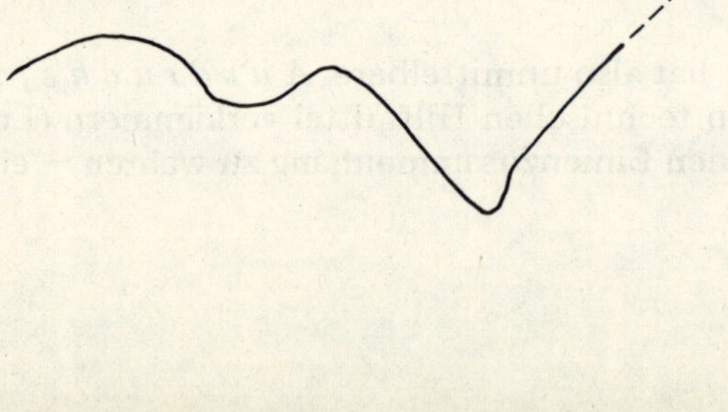

im Wort-Ton-Bereich durch Gemeinsamkeiten, die sich durch die kontrastierenden Charaktere hindurchziehen: Teil I behält ein Element der Ruhe (Bestimmtheit, Zuversicht), in den ruhigen Teilen bleiben Elemente der Unruhe, des Drängens erhalten.

Die *Darstellung* des Werkes muß also zwei Aufgaben erfüllen:

1. die Profilierung von gegensätzlichen Charakteren,
2. das Entwickeln eines gemeinsamen Grund-Tonfalls, der durch das ganze Stück wirkt, ohne die Gegensätze zu verwischen.

Dieser Grundton in Klang, Kontrast, Bewegung, Energie-Verlauf und im Wort-Ton-Bereich deutet die „*Haltung*" von Werk und Darstellung an. Er könnte seine „Aussage" genannt werden.

B. Verteilung des Stoffes auf die Phasen (§ 170–171)

§ 170. Verteilung	**§ 171. Reihenfolge der Maßnahmen innerhalb der Phasen**	**(Nr. im folgenden Plan)**
I. a) Typische Stellen	*I.* a) Teil II b – c – I Anfang Baß	1
Teil I Sopran (Variation	Teil Ia Sopran	2 – 3
Teil II b–c Baß moll-phry-	Ib Sopran	
Teil II a Baß gisch)	Ia – b – B IIa	4
b) Typische Schwierigkeiten	b) Quintrahmen S/A Ia	5 – 7
Sekunde	Quinte aus Oberton ent-	8
Quinte	wickeln	
Quinte + Sekunde	c) Sekunde melodisch B I	9 – 11
	Sekundübung aus T. 1–3	
	d) Quint + Sekunde + Oktav	12
	T. 1–3	
II. a) Stimmen zusammensetzen	*II.* a) AB, SA I b – II Anfang	1 – 2
b) Phrasenverlauf verdeutlichen	S, SB II a	3 – 4
Dynamik verdeutlichen	AB(S), SA, B I Ende II a Anfang	5 – 6
Zäsuren verdeutlichen	BA(S)	
(a und b verschränkt oder getrennt	gemeinsame Töne	
möglich. Hier besser getrennt:	Sekunden	
1.: das Stimmenzusammensetzen	AB(S) II c – I Anfang	7
erfordert mehrfach Hilfestel-	b) 3. Phrase	8 – 12
lungen; weitere gleichzeitige	Verlauf – Zäsuren	
Hinweise brächten zuviel Un-	2. Phrase	13 – 16
terbrechung des Probenflusses.	Verlauf – Zäsuren	
2.: so können die Phrasen einan-	1. Phrase	17 – 19
der plastisch gegenübergestellt	Verlauf – Zäsuren	
werden.)	im Anschluß:	20
	+ 2. und 3. Phrase	
III. Intonation	*III.* (1. Teil: sehr statische Detail-	
Sekundschritte aufwärts	arbeit; grundsätzliche Dinge.	
Ganzton – Halbton	2. Teil: Entdeckung der musikali-	
Sekundklang (Wiederholung)	schen Energien.	
Sekundklang (Parallelen)	3. Teil: Vorbereitung auf Phase	
Quintrahmen	IV.)	
Quint-Sekund-Fortschreitung	1. Teil	
Tonwiederholung	Quintrahmen	1 – 9
	Kontraste im Sprachcharakter	10 – 12
Rhythmus	Rhythmische Integration	13 – 17
(Synkopen schon in Phrase II	Nebensilben schwer	
beim ersten Auftreten; Wieder-	Nebensilbenfarbe	
holung in III im Zusammenhang	Vokalfarbe allgemein	18 – 21
„wichtiges Wort", in IV im Tempo)	Vokalausgleich (IIa)	
Rhythmische Integration	Nebensilben in kleinen Noten-	
	werten	
	Bindung der Konsonanten	
	Diphthonge	
	kurze – lange Noten	22 – 25

B. Verteilung des Stoffes auf die Phasen (§ 170–171)

§ 170. Verteilung	§ 171. Reihenfolge der Maßnahmen innerhalb der Phasen	(Nr. im folgenden Plan)
zu *III.*	zu *III.*	
Klangqualität Vokalausgleich Vokalfarben Diphthonge Nebensilbenfarbe Nebensilben schwer Konsonantenbindung kurze Töne – lange Töne Stimmenausgleich	2. Teil kurze – lange Noten als Impuls daraus Motiv- u. Phrasenspannung Sekund-Aufwärts-Schritte (Ganzton – Halbton) Sekund-Klang-Wiederholung Stimmenausgleich Tonwiederholungen	 26 - 30 31 - 34 35
Musikalische Darstellung Kontraste im Sprachcharakter „Wichtiges Wort“ Impulse – Motivspannung – Phrasenspannung Einzelcharakter der Phrasen im Kontrast	3. Teil Tonwiederholung, Rhythmus, Sprache Phrasenspannung zu energischem Phrasenverlauf zusammenwirken lassen	 36
IV. Tempi, Energiestrom, Gesamtbogen, Nachkorrektur, Detailwiederholung („Training“: Wiederholung größerer Abschnitte unter wechselndem Gesichtspunkt; hier weniger erforderlich. Wird vor allem bei langen, physisch anstrengenden Werken notwendig.)	*IV.* Tempo – Tempi Schwerpunkte steigerndes ritardando in Ib Tempo u. Phrasenspannung Gesamtbogen Erfüllen des Gesamtbogens, gleichzeitige Nachkorrektur Die Phase IV ist im Modell weniger schematisierbar als die übrigen Phasen, da individuelle Unterschiede im Musizieren wie im besonderen Verständnis des hier behandelten Werkes an dieser Stelle besonders wirksam werden.	1 - 17 18 19 - 20
	Sekundklänge; gleiche Töne; Sprache (Wiederholung), „Wichtiges Wort“ Einzelcharaktere der Phrasen im Kontrast	37 — 39 40 — 41 42 — 43

II. Durchführung der Einstudierung (§ 172–175)

§ 172. Phase I

Nr.	Anweisung	Vorbereitung	Schlag und Tempo
1	„Alle singen den Baß ab T. 20 «Wann werde ich» auf Text. Der Charakter ist:“	*evtl. mit Klavier:*   **„Wann wer - de ich da — mm“**	♩ im Original-Tempo ab T. 1: 𝅗𝅥 Orig.-Tempo
2	„statt: 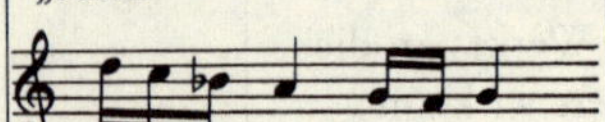 heißt es am Anfang:  Alle den Sopran auf «na» von Anfang. ruhige 𝅗𝅥“	Vorausschlag (ohne Impuls), dabei laut zählen: „4 und 1“	♩ = 72

<table>
<tr><th>Chor</th><th>zusätzliche Hilfe</th><th>zusätzliche Hinweise</th><th>Anmerkungen</th></tr>
<tr><td>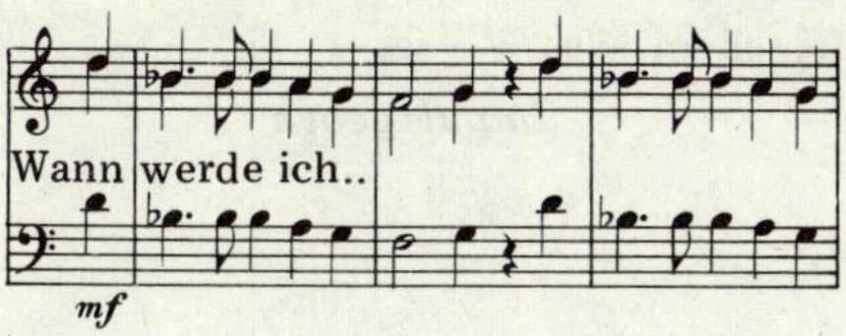

</td><td>Klavier eben hörbar. Charakter durch Dirigieren andeuten; u. U. die ersten 2 Takte mitsingen.
T. 26 (ohne Taktfigur) auf den Rhythmus schlagen (3 – 2 – Gruppierung andeuten)

Beim Übergang in T. 1 mitsingen</td><td></td><td>Wenn sehr „buchstabiert“ oder wenn Charakter nicht erfaßt, ohne neue Anweisung wiederholen</td></tr>
<tr><td>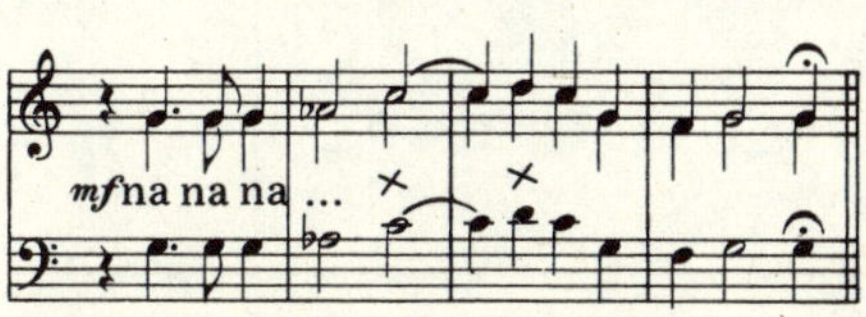
</td><td>ab T. 2 mit der linken Hand den Rhythmus schlagen (rechts kleine 4/4)
bei × evtl. Wink (links besonders hoch)
evtl. mitsingen</td><td></td><td></td></tr>
</table>

Nr.	Anweisung	Vorbereitung	Schlag und Tempo
3	(in die 𝄐 hinein:) „genauso ab T. 7 mit Text“	 *singen:* nach fri-schem Was - ser ***Impuls geben***	♩ = 65
4	„von vorn in 𝅗𝅥 , Tempo bleibt noch langsam. Text energisch“ (T. 11 Zwischenruf) „Alle den Baß weiter“	***zählen und trällern***  „2 + 1 wie der Hirsch schreiet (m) noch einmal zählen „2 und 1“ – Einsatz	𝅗𝅥 etwas langsamer als Original-tempo Original-tempo
5			
6	„Ⓢ und Ⓐ von Anfang auf «sa»“	 **„Sopran - Alt“**	langsam (♩ = 70) vor großem Schritt leicht zögern
7			

Chor	zusätzliche Hilfe	zusätzliche Hinweise	Anmerkungen
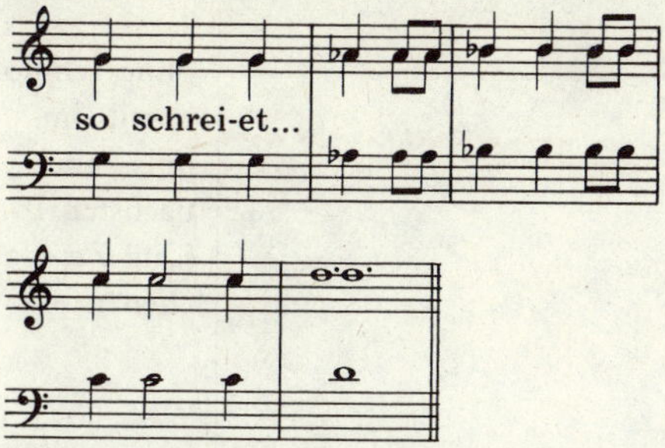			Die Aufmerksamkeit wird auf die modale Folge *und* auf die variierte Wiederholung gelenkt (Vorbereitung auf die spätere Rahmenstabilisierung g – d), dagegen vom Charakter abgelenkt.
	bei 12: Charakter durch Dirigieren (ruhig, klein, legato) andeuten		bewußt abbrechen, Charakter nicht verbessern, offenlassen.
		„Das Stück hat also zwei Hauptcharaktere. Ebenso hat es 2 Haupt-*Klang*elemente. Einhören!“	Je nach Niveau des Chores ausführlicher oder knapper formulieren
			offene Klangsilbe (ja, na, sa; no; sö etc.) s bringt eine leichte Unterbrechung des Klangflusses (hier nützlich)
		„Der trockene, herbe Klang wird schön, wenn die Quinte stimmt“	

Nr.	Anweisung	Vorbereitung	Schlag und Tempo
8	„Baß hält diesen Ton (c^o) aus auf «so», mp." „Oberton hören – mitsingen auf «so» Alle 1 Ganzton aufwärts; zurück." (Alt mit Baß) („Alle 1 Ganzton abwärts; zurück.") („dasselbe ohne Baß") („ohne Alt")	 ***Klavier***	ohne Tempo, jeweils Impuls zum nächsten Ton („auf Zeichen")
9			
10	„Alle den Baß von vorne bis T. 13,1" auf Text (u. U. wiederholen)	***(trällern)*** 	Originaltempo
11	„Baß und Sopran singen diesen Ton (g) auf mein Zeichen geht der Ⓑ 1 Ganzton abwärts der Ⓢ 1 Halbton aufwärts dann beides zusammen"	***(singen)*** 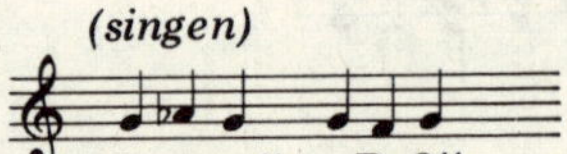 **„Sopran" „Baß"** ***(oder*** **„no" „no")**	auf Zeichen

Chor	zusätzliche Hilfe	zusätzliche Hinweise	Anmerkungen
 			„mp“: Der Klang muß „Kern“ haben und gleichmäßig fließen. (Der Oberton ist sonst nicht zu hören). Sehr ausführlich nur bei günstiger Stimmung (gutem Probenfluß)
		„Der Sekundschritt ist also gar nicht so einfach. In diesem Stück besitzt er große Kraft“	
 	bei × Wink	„Auf das *as* in 13,1 zielt der Baß während der ganzen Phrase“	Diese Maßnahme dient vor allem dazu, den bei Klangübungen zwangsläufig stockenden Probenfluß wieder zu beleben. Weiter soll sie die beiden Klangübungen zugleich trennen und sinnvoll miteinander verbinden
 	Eine Hand führt den S, die andere den B.	„Wie die Quinte, so auch die Sekunde hier als Melodieschritt *und* als Klang! Unterschied Ganzton – Halbton genau hören!“	Diese Sätze nur, wenn der Chor auf solche Erläuterungen schon eingestellt ist. Sonst Übungen ohne Erklärungen, nur unterstreichende Winke an den betreffenden Stellen

Nr.	Anweisung	Vorbereitung	Schlag und Tempo
12	„Alle 3stimmig von Anfang langsam auf «sa»“	Klavier  oder: Baß singt g^{o} Oberton hören dann: Alt d^1 S $g^1 - d^2 - g^1$	langsame ♩ (= 66)
13			

Chor	zusätzliche Hilfe	zusätzliche Hinweise	Anmerkungen
		„Quint- und Sekundklänge zusammen!“	Der scharfe Sekundklang in Takt 20, den man hier anschließen könnte, wird aufgespart, um später noch einmal einen Weg zur Sekundstabilisierung offen stehen zu haben. Die Quintlage soll als Klang im Gedächtnis bleiben, deshalb nicht weiter!
			Der stockende Probenfluß (Klangübungen!) wird wieder in Bewegung gebracht durch die flüssige Arbeit in Phase II. Sie ist das Stimulans in diesem Augenblick. Eine leichte Ungeduld der Sänger ist hier kein Nachteil.

Nr.	Anweisung	Vorbereitung	Schlag und Tempo
1	„Alt und Baß ab T. 5 mf auf «dan», ohne Ausdruck, Zäsurzeichen nicht beachten“	*Klavier* 	♩ langsamer als Originaltempo
2	„Sopran und Alt ab T. 5 ebenso, ohne Baß.“ (in T.12) „mit Baß (bis zum S–Einsatz)“	s.o.	s.o.

Chor	zusätzliche Hilfe	zusätzliche Hinweise	Anmerkungen
	in T. 3 das zusätzliche g hineinspielen, -singen oder vom Sopran singen lassen.		Die den Rhythmus betonende Silbe „dan" bringt für das Ohr etwas Neues, lenkt scheinbar vom reinen (anstrengenden) Klanghören ab; die Forderung nach genauem Zusammensingen richtet aber die Aufmerksamkeit unvermerkt doch auf die Intonation.
	Akkorde leise, Baß deutlich (evtl. den Baß selbst allein hineinsingen)		Nicht unterbrechen, in die 𝄐 hineinsprechen, mit „Meine" wieder beginnen.

Nr.	Anweisung	Vorbereitung	Schlag und Tempo
3	„nur Sopran weiter auf Text“		♩ Original
4	„Ⓢ+Ⓑ T. 12 Ⓢ T. 13 Alt singen, dann in die eigene Stimme springen“; „Text“	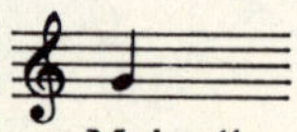 „Meine“	♩ Original
5	„Ⓐ+Ⓑ T. 10 auf «na», mf, Sopran mit dem Alt“	(Klav.)  (singen)  „Alt“ „Baß“	s.o.

Chor	zusätzliche Hilfe	zusätzliche Hinweise	Anmerkungen
 	T. 19 das „t“ nach der Fermate von oben abschlagen, dazu selbst „t“ sprechen; keine Erklärung (ebenso im folgenden)		Neues Motiv, neue Harmonie! Nichts erklären!
 	Am Schluß die Aufmerksamkeit auf das gemeinsame *d* lenken (nur hören)	„Achtung: Baß singt beim Umblättern (singen) 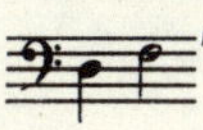“	Erwähnt wird das gemeinsame *d* erst in Phase III.
 	T. 20 auf „4“ „Baß: *d* weiter aushalten“. Auf 3 durch verlängerte Aufwärtsbewegung, u. U. Zuruf, den Chor auf die vorbereiten.	„Achtung: Alt teilt sich in T. 19“	Der Alt hat hier die Führungsstimme, die auch der Sopran kennen muß. Deshalb: Ⓢ mit Ⓐ

Nr.	Anweisung	Vorbereitung	Schlag und Tempo
6	„Ⓢ+Ⓐ, ohne Ⓑ, T. 13 auf «no»" (später Text)	 „da da da" „Alt Sopran"	♩ etwas schneller
7	„Alle ab T. 24, p, Text"	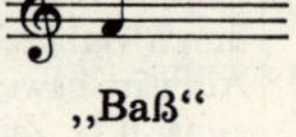 „Baß"	♩ Original

Chor	zusätzliche Hilfe	zusätzliche Hinweise	Anmerkungen
  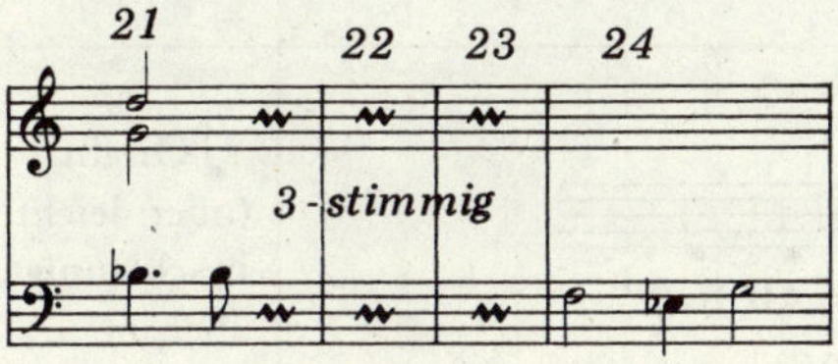  	T. 19 Zuruf an den B: „Achtung Einsatz!“ T. 25: „ohne Ⓢ weiter“ T. 26: mit der linken und der rechten Hand jeweils den Rhythmus angeben		Den Ⓑ-Einsatz nicht zu Beginn ankündigen! Ständige Bereitschaft der Sänger fordern (Mitlesen der Chorpartitur, auch wenn die eigene Stimme pausiert)
 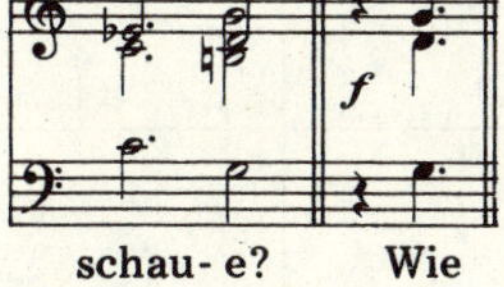	Charakter durch Dirigieren verdeutlichen		Übergang zur Erarbeitung der Dynamik. Zugleich weiträumigeres Arbeiten.

Nr.	Anweisung	Vorbereitung	Schlag und Tempo
8			
9	„Alle ab T. 19 auf 1. Beginn nicht leise, mf, mit ausdrucksvollem Text“	*(singen;)*  **„Sopran Alt Alt Baß“** *dann:*  ***Einsatz***	♩ Original (oder: leicht beschleunigt, aber im Charakter)
10			
11	„Alle den Ⓑ T. 20. «men» gut aussingen, erst *nach* der Pause atmen, also *zum* Einsatz, nicht unmittelbar nach «kommen»“	 **„Wann“**	Original

Chor	zusätzliche Hilfe	zusätzliche Hinweise	Anmerkungen
		„Dies war der Schluß einer längeren Phrase, und zwar der 3. des Werkes! Sie beginnt in T. 19,4, steigt bis T. 21 und senkt sich ab T. 22 allmählich wieder.“	Dynamische Bezeichnung selbst vorher einzeichnen oder an dieser Stelle vom Chor einzeichnen lassen (nach der Probe kontrollieren!), dann sofort singen. Mehr dirigieren als erklären. Wichtiger als die Ausführung der Dynamik ist an dieser Stelle die Einsicht in den Phrasenverlauf.
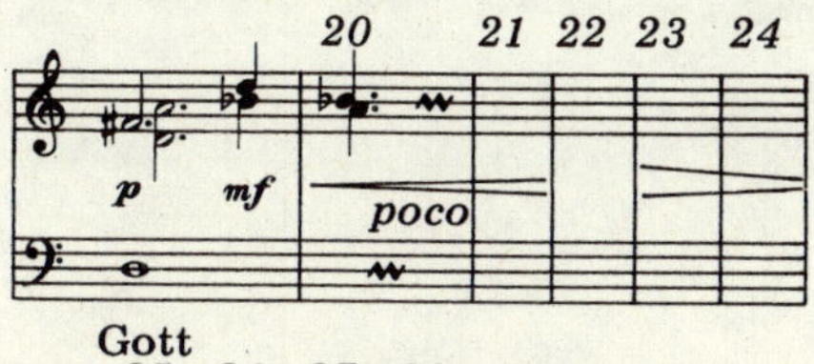 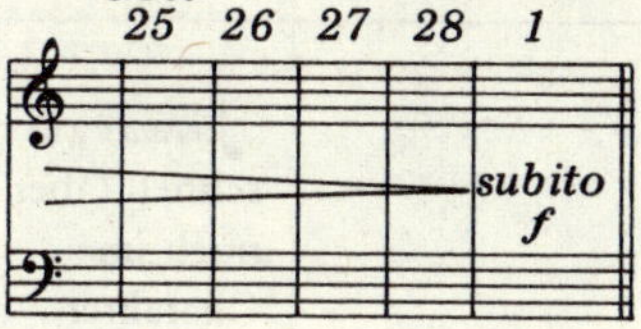	Sehr deutliche dynamische Zeichen (Größe des Schlags!), im diminuendo links dämpfen, in 25 und 27 Zwischenimpulse geben, in 19 das „t“ durch Schlag und Mitsprechen verdeutlichen (Wiederholung!)		Keine Detailhinweise oder -anweisungen. Unvollkommenheiten sind eher erwünscht. Die dynamische Amplitude etwas übertreiben.
		„Die Pause nach «kommen» ist keine trennende Zäsur, sondern steigert die Spannung der Wiederholung. Der Höhepunkt liegt erst *nach* der Pause!“	
	in der Pause den Schlag kurz aushalten.	„Pause hören lassen, nicht verwischen!“	Der Ⓑ wird als Beispiel gewählt, weil der Sprung gesanglich schwieriger zu überbrücken ist als die Tonwiederholung im S.

Nr.	Anweisung	Vorbereitung	Schlag und Tempo
12	„Wieder ab T. 19,1“ (wie Nr. 9)	(wie Nr. 9)	(wie Nr. 9)
13			
14	„Alle ab T. 12, Text. p beginnen, bis zum Höhepunkt steigern Höhepkt. Ⓢ: 18,1 Höhepkt. Ⓐ: 17,3 (!) Höhepkt. Ⓑ. 17,4“	 „Baß“	♩ *etwas* zu schnell (aber noch im Charakter bleibend)
15			

Chor	zusätzliche Hilfe	zusätzliche Hinweise	Anmerkungen
	hier die Zwischenimpulse deutlicher dirigieren (sie sind noch nicht geübt!)		Nr. 9 müßte in jedem Fall wiederholt werden. Der nachträgliche Pausenhinweis schafft zusätzliche Motivation (Deshalb noch nicht in Nr. 9!)
		„Diese *dritte* Phrase steigt also kurz und fällt lang. Die *zweite* Phrase (T. 12–19) steigt länger und fällt kürzer" („Bogen")	
	Entwicklungen dirigentisch unterstreichen	„T. 17,4 im Baß ist genaugenommen nicht der Höhepunkt, sondern das *Ziel* der Linie. Hier wird bis zu diesem Punkt gesteigert."	Der Anschluß T. 11–12 ist hier unnötig.
		„Zäsuren wie in T. 20 u. 21: steigernd, nicht trennend. „nach Gott!" nicht als Ende, sondern als „Ausholen" zum Baß-Einsatz."	

Nr.	Anweisung	Vorbereitung	Schlag und Tempo
16	„Wieder ab T. 12. (SA): „Gott“: das „t“ als „th“ auf das letzte ♪ , dort nicht atmen! Trotzdem in der ruhigen Verbindung th–n die kleine Zäsur wirken lassen. (B): th auf 2, ruhig absprechen.“ „Gesamtbogen hervorheben.“	 „Baß“	s.o.
17			
18	„Alle von Anfang auf Text“	Ton ohne Angabe summen lassen, ggf. korrigieren	Original

Chor	zusätzliche Hilfe	zusätzliche Hinweise	Anmerkungen
	Auf das dem „tt" vorangehende ♩ einen leichten Akzent geben		Die „t"-Anweisungen sind zwar Detail, gehören aber trotzdem in die Phase II, da sie Nahtstellen klären, ohne die der Phrasenverlauf (Arbeitsgegenstand!) unklar bleibt. Phase III bringt dann, in der Wiederholung, die Ausdrucksseite dieser Übergänge.
		„Im Gegensatz zu der zweiten und der dritten Phrase steigt die erste (T. 1–11) bis zum Schluß. Höhepunkt und Ziel liegen im Schlußakkord."	Das rhythmische crescendo und decrescendo (Verkürzung und Verlängerung der Werte) verleiht der Phrase dennoch Abrundung zur Bogenform. Evtl. hier auch dieser Hinweis an den Chor.
	energisch dirigieren, T. 7–11 stark fordern		Jetzt wieder wenig reden

Nr.	Anweisung	Vorbereitung		Schlag und Tempo
19	„Noch einmal. An den ’-Stellen *nicht* atmen. Atmen immer unter Auslassen einer Note (vormachen). „t“ mit dem folgenden Konsonanten gut verbinden: t-wie; t-Gott, t-meine.“		s.o.	s.o.
20	(Ohne Unterbrechung und ohne neue Anweisung weiter bis Ende [einschl. Wiederholung])			s.o.
21				
22				

Chor	zusätzliche Hilfe	zusätzliche Hinweise	Anmerkungen
	In T. 7 dynamisch neu ansetzen		Bindungen erst später profilieren; hier einfach anweisen, ohne das Ergebnis zu kommentieren
	sehr deutlich Charaktere und Phrasenverlauf dirigieren, betonter als in der Aufführung.		Längeres zusammenhängendes Singen vor Phase III!
		Kommentar lobend, dabei deutlich machen, daß die eigentliche Ausarbeitung erst folgt („Soweit zum Kennenlernen“)	Problem an dieser Stelle: Anfänger unter den Chorsängern vermuten hier das Ende der gesamten Arbeit. Unter Umständen muß schon vorher auf Schwächen hingewiesen werden (Intonation, Sprache), deren Bearbeitung aufgeschoben wird.
			Nach dem *Ende der Ph. II* kann jede Probe mit einem anspruchslosen Durchsingen (ohne Kommentar) begonnen werden. (Wichtig bei längeren Werken! Bei dem vorliegenden eher ermüdend)

Nr.	Anweisung	Vorbereitung	Schlag und Tempo
1			
2	„Ⓑ: g aushalten Chor: Oberton hören Ⓐ: d' aushalten Ⓢ:T. 1–3, mf, «sa»“	 **„Baß“**	♩ = 70
3	„Ⓑ+Ⓐ wie vorher Ⓢ:T. 1–4“		♩ = 80
4	„Ⓑ:g aushalten Ⓢ:(Oberton) d" aush. Ⓐ:T. 1–3“		♩ = 70
5	„Ⓑ+Ⓢ wie vorher Ⓐ:T. 1–4“		♩ = 80
6	(Klavier: g) „Oberton hören Ⓐ: g Ⓢ: d" aushalten Ⓑ: 1–15, wieder 1, mf, »na«“	 ***Klavier***	♩ Original ohne Charakter

Chor	zusätzliche Hilfe	zusätzliche Hinweise	Anmerkungen
		„Der reizvolle, herbe Quint-Quart-Klang dient uns zur Stabilisierung der Intonation.“	In Phase III kurz, aber genau das Arbeitsziel angeben.
	Selbst sehr aufmerksam zuhören, Intonationsschwäche sofort beanstanden, wiederholen.		
	An den „!“-Stellen selbst betont hinhören		Sofort anschließen.
	s.o.		Keine Unterbrechung zwischen den Übungen; die Übergänge selber ruhig. Klavier: möglich, aber nur 1 Ton (Oktave), zur absoluten Kontrolle. Oberton ist hörbar; nicht mitspielen!
	s.o.		

Nr.	Anweisung	Vorbereitung	Schlag und Tempo
7	„Alle T. 19, 4 auf «na» mf, auf die Quinte g–d hören“.	Klavier g Einsatzton finden lassen summen lassen	♩ ruhig, ohne Ausdruck
8	„Alle T. 25, 2, auch hier auf die Quinte g–d hören“ (bis T. 28)	–	s.o.
9	(ohne Unterbrechung anschließen mit Zuruf vor T. 1:) „Text“		Original ohne Ausdruck
10	a) „Alle ab T. 13 den Ⓐ auf Text“ (unterbrechen, erläutern, wiederholen usw.) b) dann: „Alle ab T. 5 3stimmig“ (Charakter erläutern, wiederholen, Wechsel des Charakters bei T. 12; bis etwa T. 17, 1)	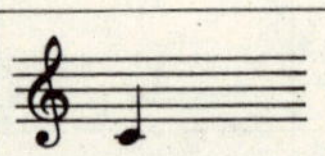 mm ***(Ton summen lassen)***	Original

Chor	zusätzliche Hilfe	zusätzliche Hinweise	Anmerkungen
			Nur singen, nicht üben; schnell anschließen. Übung selbst: ruhig
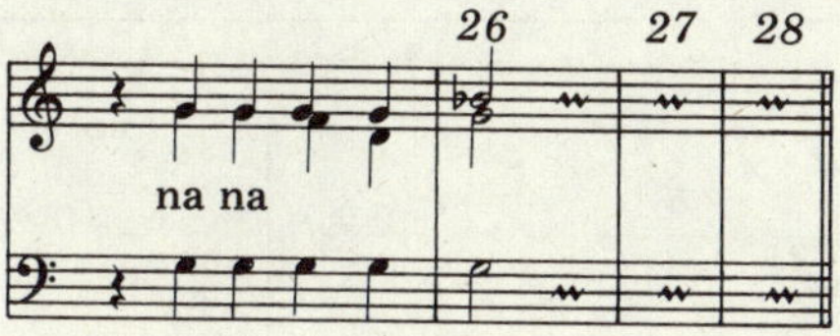			s.o.
			Der Einsatz des Textes bietet zugleich eine Überleitung zur nächsten Übungsgruppe (Sprachklang)
	mehrfach vorsingen, Charaktere auch übertreiben. Unterbrechen, korrigieren. Einzelne Worte oder Silben wiederholen. Jede, auch kleine, Verbesserung loben.	Sprachklang erläutern, vormachen: Allgemein: „aktiv", plastisch sprechen. Alle Konsonanten mit „Dauer", nicht kurz „spukken", etwas „rauschen" Kontrast 1.–2. Teil: 2. Teil gebundener, mehr Vokallinie, weniger zupackend als Teil 1	„Sprachklang" hier wesentlich auf die Konsonanten bezogen. Vom Ausdruck und seinem Kontrast ausgehend, keine „phonetische" Arbeit

Nr.	Anweisung	Vorbereitung	Schlag und Tempo
11	a) „Alle den Ⓢ T. 17" (–19 [Wechsel!] –21) b) „Alle den Ⓑ T. 22, 4" (–24 [Wechsel!] –28–1 [Wechsel!])	 ***(Klavier)***	s.o.

Chor	zusätzliche Hilfe	zusätzliche Hinweise	Anmerkungen

	Wo der Charakter wechselt („Kontrast") deutliche Ausdruckszeichen. Die ersten Töne evtl. mitsingen.	„Der gebundenere, stillere Teil ist in sich differenziert: T. 19 ff. wird etwas aktiver, weniger reines Vokallegato, längere Konsonanten bei guter Bindung, ohne die Erregtheit des 1. Teils. Der letzte Abschnitt ganz still, dicht im Klangfluß."	Wichtig in diesem Übungsabschnitt: Charaktere vor allem in ihrer Gegensätzlichkeit darstellen! (s. auch Nr. 10!)

Nr.	Anweisung	Vorbereitung	Schlag und Tempo
12			
13	„Alle T. 12 auf «dandan» mp, sehr gleichmäßig, nicht stoßen! Die Anbindungen auflösen, den Punkt neu ansingen. 3stimmig.“	(Den Anfang des NB selbst singen, mit der Kl.-Begleitung, [1 1/2 Takte], dann zählen) 1–2 (Einsatz mit der rechten Hand, links spielen)	♩ etwa Orig.

Chor	zusätzliche Hilfe	zusätzliche Hinweise	Anmerkungen
		„Bevor wir die Stelle mehrstimmig singen, Aufmerksamkeit auf den Rhythmus!“	Neuer Gesichtspunkt! Wenn Nr. 1–10 sehr schnell gingen, jetzt doch gleich mehrstimmig; die Rhythmusübung dann als nachträgliche Korrektur. Problem: Nicht zu häufig durchsingen, nicht zu früh Ergebnisse „pflücken“, sonst ist die Fortführung der Arbeit nicht ausreichend motiviert.
	Nicht dirigieren, Tempo und Rhythmus vom Sänger selbst bilden lassen.	Rhythmus-Genauigkeit bedeutet nicht starres Festnageln, sondern im Gegenteil: Fluß! Wer nagelt, bremst. Die kleinen Werte erzeugen Spannung.“	Der Klavier-Hintergrund aktiviert die „Durchpulsung“, die hier a) die Integration und b) den Tempofluß fördert. Für eine erstmalige Einführung in Erleben und Ausführen von „Durchpulsung“ und „Klammer“ eignet sich diese Stelle aber nicht. Man kann die Übung ggf. ohne jede Erläuterung als einfaches Hörerlebnis bringen.

Nr.	Anweisung	Vorbereitung	Schlag und Tempo
14	„Jetzt wie es dasteht, mit Text. Auf die ♪-Folge hören, die ♪ selbst ruhig aussingen, nicht zu früh bringen.“	(zählen:) „1 + 2 +“ (♪!) Einsatz	♩
15			
16	(Die am wenigsten gelungene Stelle herausgreifen, vormachen (auch falsch!), einstimmig nachsingen lassen, mehrfach korrigieren) (z. B.: „Dürstet ist zu flach, zu trocken, der Klang fließt nicht mehr, die Silbe unterbricht die Musik. Singen Sie mir nach: »...«“) Noch einmal (voller, länger, runder, heller, dunkler, mehr nach å, nach a, nach e...)		ohne Tempo
17	„Alle T. 7, alle Nebensilben sorgfältig singen.“ (ggf. unterbrechen, korrigieren, einen Takt vorher wieder einsetzen, weiter.) Wenn Klang gelingt, aufhören (auch vor 19).	**„Sopran — Alt — Baß“**	7–11 ♩ langsamer, ab 12 Original

Chor	zusätzliche Hilfe	zusätzliche Hinweise	Anmerkungen
	Die ♪-Stellen mit Blick und Schlag unterstützen (*leichter* Akzent auf dem ♩). Gelegentlich die Durchpulsung selbst hineinsingen	„Schluß gut zusammen!" („bendi-gen Gott")	In Nr. 13 erscheint zum erstenmal ein bewußtes Bewegungserlebnis („Tempo"). Später durch Impulse und Phrasenspannung profiliert.
		„Auf den so wichtigen kleinen Notenwerten sitzen Nebensilben (Kurze Silben) auf „e". Singt man sie gut aus, so hört man ihre besondere *Farbe.* Sie kann nicht einfach vom Sprechen übernommen werden."	Rhythmus und Klang, zwei scheinbar entgegengesetzte Bereiche, werden in ihrer wechselseitigen Abhängigkeit erlebt. (Wichtiger Augenblick). Rhythmus: nie „trocken" (sonst ohne Wirkung) Klang: nie ohne Rhythmus-Profil (sonst verschwommen)
			Sind die Nebensilben nicht auffallend schlecht, statt Kritik hier Lob. Auch so wird die Aufmerksamkeit auf den problematischen Punkt gelenkt.
	Nebensilben leicht mitschlagen		Nicht die ganze Stelle wiederholen; punktuelle Arbeit ist hier am Platz. Das Ganze *kurz!*

Nr.	Anweisung	Vorbereitung	Schlag und Tempo
18	(Vokalausgleichsübung; a und b erst schnell, dann langsamer; c mit ritardando d Wiederholung: a – Farbe! e ␣ wiederholen: a – Farbe! f wenn „Angesicht“ gut, loben (auch wenn nur besser als vorher. Dann betonen, daß die „Richtung erfaßt“ wurde)	jeweils: vormachen	freie Zeichen
19	(T. 28) „alle ab Takt 5 auf einem Ton. Aufmerksamkeit wie vorher.“		langsamer (♩ = 76)
20	„Zusätzlich bei der Wiederholung beachten: die Konsonantenbindung Hirsch schreiet wie/schreiet Gott meine/-stet nach Gott“	jeweils: vorsingen	freier Schlag
21	(Wiederholung von Nr. 19. Eventuell bei T. 12 nicht weiter, sondern gleich in T. 20 springen)		

Chor	zusätzliche Hilfe	zusätzliche Hinweise	Anmerkungen
 dann dreistimmig T. 25-28		„Woher gewinnen wir überhaupt eine angemessene Vokalfarbe?" (Erläuterung Vokalausgleich; Glanz und Fülle etc.)	Übungen für den Vokalausgleich können hier ausführlicher entwikkelt werden, wenn der Komplex noch neu (oder vergessen) ist. Sonst nur mit den Hauptvokalen dieses Stückes arbeiten.
		„einfach auf die Vokale hören. Haben sie etwas Gemeinsames im Klang, oder springen sie hin und her?"	
			Kurze Ablenkung durch „kleine Einschübe", die in Wirklichkeit äußerst wichtige Maßnahmen sind. Die Konsonantenbindung soll die sich anbahnende Entfaltung der Linie unterstützen, deshalb hier!

Nr.	Anweisung	Vorbereitung	Schlag und Tempo
22			
23	„Ⓢ und Ⓐ T. 5 und 6“ (wiederholen, korrigieren)	Kl. 	Original
24	„Ⓑ T. 1–4“ (Wdh., korrigieren, Fehler vormachen)		Original
25	„ⓈⒶⒷ ab T. 12“ (bis „Gott“; [ne Seele dürstet nach Gott]; nicht wiederholen)	(ohne Unterbrechung durch Zuruf an Nr. 24 anschließen)	s.o.

Chor	zusätzliche Hilfe	zusätzliche Hinweise	Anmerkungen
	Vormachen in verschiedenen Graden der Deutlichkeit. Auch schlecht; auch übertrieben.	„Klangliches Problem: der Wechsel von kurzen und langen Noten, besonders im 1. Teil, aber auch sonst im Stück. Er ist sehr ausdrucksvoll, wenn einerseits der Klang in den langen Noten fließt, nicht starr wird, und wenn andererseits die kurzen Noten nicht stumpf werden (trokken), sondern Bewegung im Klang behalten. Der Klangfluß muß die Linie ohne Unterbrechungen tragen“	(Lange) Klänge „beleben“: Leichte crescendo-Tendenz, ohne Druck, nicht als aufdringlicher Schweller (hier nicht angebracht). Gegebenenfalls Zwischenübung mit wirklichem Schwellton.
		„Jeder Sänger muß hierfür ein empfindliches Ohr gewinnen!“	Äußerst genau hören, lange und kurze Noten abwechselnd „unter die Lupe nehmen“

	An den wichtigen Stellen dirigent. Zeichen!		„Sauerteig-Technik“ (W. Kraft): Kommentarlos eine Stelle auf eine andere, noch ungeübte einwirken lassen.

Nr.	Anweisung	Vorbereitung	Schlag und Tempo
26	(Aus Nr. 25 eine der Stellen auswählen, die schon gut gelungen waren, z. B.) T. 12 Alle den Baß; nochmals 3st.“ (oder: ab T. 5Ⓑ-ⓈⒶ; Wechsel der Impulse)	Ton selbst summen oder 3–4 Töne ausdrucksvoll vorwegsingen	Original
27			
28	„Alle denⓈT. 14–16“	 *Klavier*	Original
29			
30	„Alle denⓈT. 14–19“	s.o.	s.o.
31			

Chor	zusätzliche Hilfe	zusätzliche Hinweise	Anmerkungen
z.B.: 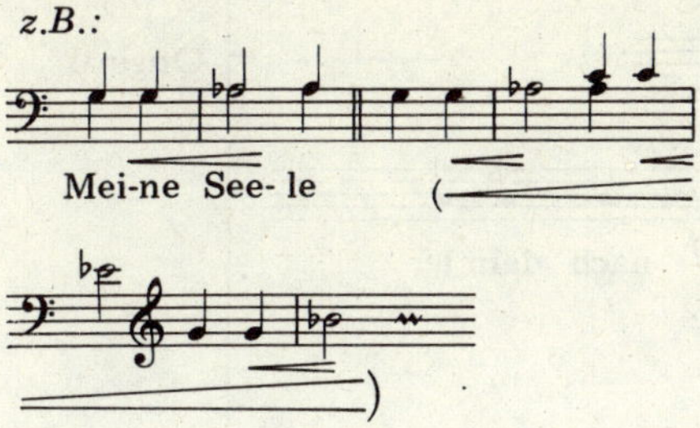	an wichtigen Stellen mitsingen, wenn das Ergebnis zu matt ist	„Erleben, wie an den „kurz-lang"-Stellen die Musik in Bewegung kommt, drängt. In der Folge Ⓑ-Ⓐ-Ⓢ ergänzen und steigern sich die Impulse gegenseitig!"	Hier beginnt der *2. Teil der Phase III* Die gewinnt bewußte, geformte Bewegung. (Phase I und II: bewegt, aber noch unprofiliert; Phase III, 1. Teil: der Augenblick steht im Vordergrund.)
	die Melodie führender Schlag	„Diese Bewegung wird erst Musik, wenn sie ein *Ziel* hat (z.B. „Gott" in T. 16)"	Dem Sänger wird hier der Wechsel von rhythmischen (auftaktigen), vorwiegend *melodischen* (aufwärts führenden) und klanglichen (Klangfluß im Ton) Impulsen zum Erlebnis, ohne daß derartige Begriffe erwähnt werden sollten. Die „Spannung" wird aufgebaut: 1. als: aus Impulsen stammend 2. als: von einem Ziel angezogen. Beides soll sich im Sänger (dem Anfänger weitgehend unerklärt) vereinen zum Erleben von energiereich bewegtem musikalischem Fluß.
	u.U. freier, nur die Melodie führender Schlag		
		„Auch so noch unbefriedigend: das war erst ein Phrasenteil. Die ganze „Phrase" (entsprechend einem „Satz" in der Sprache: sinnvoller, sprechender Zusammenhang) führt bis T. 19"	
	s.o.		
		„Auch in T. 19 bleibt noch etwas „offen" („Frage"), die Spannung zieht weiter in die folgende Phrase hinein."	

Nr.	Anweisung	Vorbereitung	Schlag und Tempo
32	„Alle jeweils von «nach dem lebendigen» an (bis „kommen")"	(Kl.) 	Original
33	„Alle T. 19–28 3stimmig. Ständige crescendo-Tendenz. Jetzt einmal eine Klangsteigerung riskieren."		etwas beschleunigt
34	„Alle ab T. 25. Aufmerksamkeit auf die steigenden Ganz- und Halbtonschritte! Energisch! Gut unterscheiden!"	*Kl.* 	Original

Chor	zusätzliche Hilfe	zusätzliche Hinweise	Anmerkungen

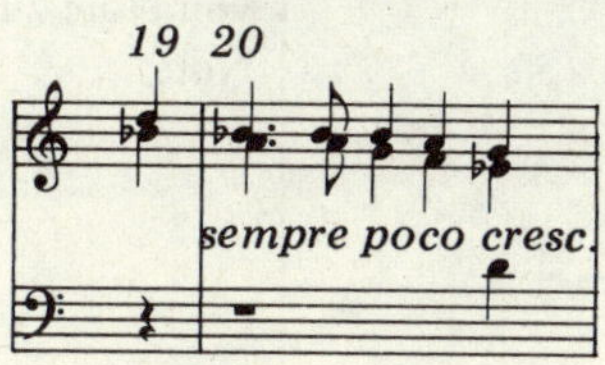 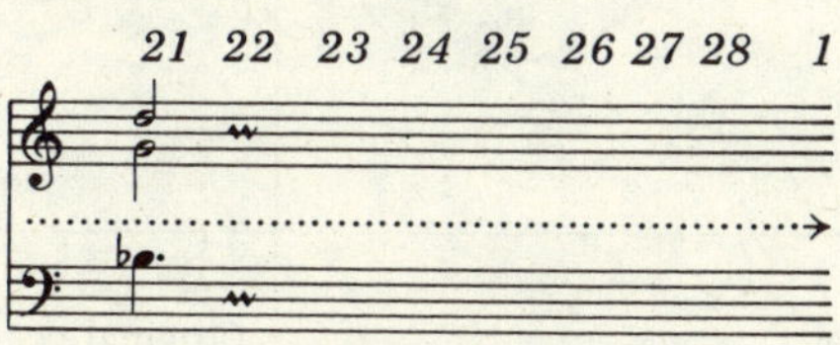		„Auch in der diminuendo-Bewegung behält die Phrasenspannung zielende Kraft (besonders in der langen diminuendo-Bewegung T. 22 ff!)“	Noch im Unvollkommenen belassen, nur die Phrasenspannung selbst bewußt herausarbeiten. Nur einmal singen.
 			Wiederholen unter Ablenkung. Intonation noch einmal stabilisieren, Phase I-Maßnahmen wieder aufgreifen (s. Nr. 5–12). Auch hier darf die Probe noch nicht zu einem (Schein-) Ende führen!

Nr.	Anweisung	Vorbereitung	Schlag und Tempo
35	(ohne Unterbrechung) „Weiter von T. 1. Achtung: Sekundschritte!“		Original
36	„Alle T. 10 a) langsam b) Baß auf „zu“ statt f: e c) a) wiederholen d) ab T. 9“	*(Kl.)*  *(Kl.)* 	von Note zu Note
37	„Alle T. 18, Text «bendigen» Alt und Sopran gleich stark. Baß nicht lauter als die Frauenstimmen.“		Original

Chor	zusätzliche Hilfe	zusätzliche Hinweise	Anmerkungen
 	Vor den Sekundschritten gelegentlich anhalten, langsam weiter, horchen, wiederholen.		
a) *b)* 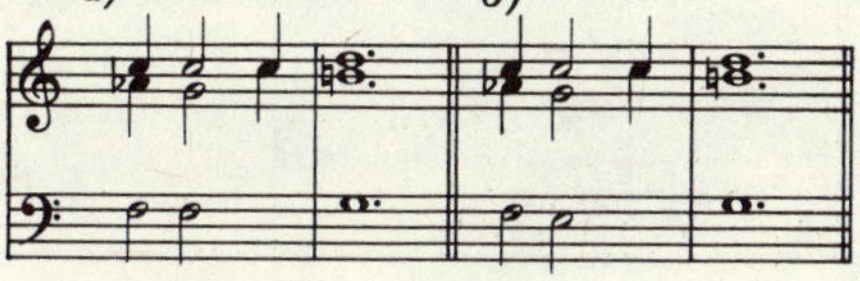 *c)* *d)* 		„Ausdrucksvolle Quintkadenz in T. 10–11. Hören auf die Quint-Sekund-Klänge und die Sekundschritte!“	Das eingefügte „e“ im Baß erleichtert die Kadenz (Funktionsharmonik!). Zugleich weist diese Maßnahme, ohne Erklärungen, das Gefühl des Sängers auf die verborgenen Spannungen (f eigentlich dissonant!) in dieser Kadenz hin.
	Lautstärken der Stimmen durch Wink regulieren.	„Ähnlich wie 10–11!“	Ohne weitere Bemerkung die Sekundklänge nachprüfen. Ausgleich der Stimmen!

Nr.	Anweisung	Vorbereitung	Schlag und Tempo
38	(Wiederholung) „auf gleiche Noten in den anderen Stimmen hören (d, g!), Tonhöhe identisch!“ Tonwiederholungen innerhalb der eigenen Stimme ebenso! Alle *Tonwiederholungen* (unmittelbare und unterbrochene) als *Steigerung* hören und singen“	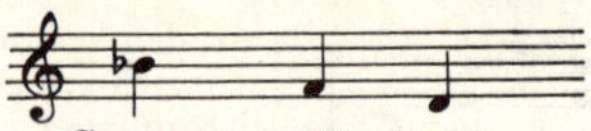 **„Sopran Alt Baß“**	Original
39	„Tonwiederholung, Sekundschritte, Sprache, Phrasenzielstrebigkeit fassen wir zu energischer Spannung zusammen. T. 1–11“	 **„Takt 1 bis 11“**	Original
40	(Sprachklang korrigieren, gegebenenfalls wiederholen)		s.o.
41			

Chor	zusätzliche Hilfe	zusätzliche Hinweise	Anmerkungen
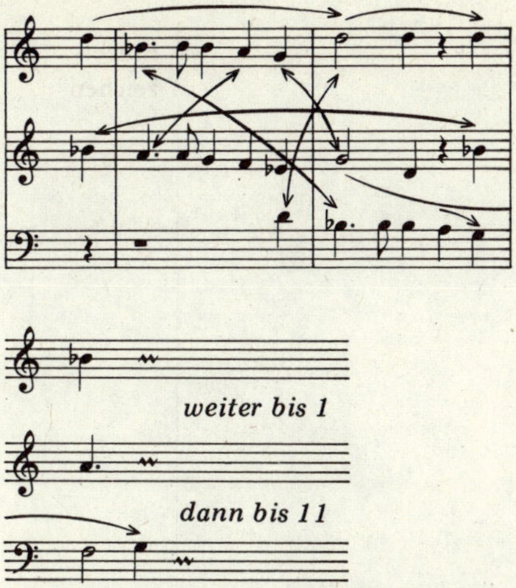	Hinweise durch: Zeichen, mitsingen, auch Klavier.	„Nach dem Erleben von Klangfluß, Impulsen und Phrasenspannung finden wir in der Tonwiederholung eine weitere Energiequelle. Zugleich ist sie, neben Quinte und Sekunde, die dritte wichtige Intonationshilfe."	Die Intonation wird hier durch den Ausdruck gestützt. Die Intonationsübung soll umgekehrt eine neue Seite des Ausdrucks erschließen. Die problematischen Seiten der Intonation werden nicht als Schwierigkeiten, sondern als „Hilfen" eingeführt. Einmal bewußt gehört, wirken sie später, auch dann, wenn die Aufmerksamkeit von anderem in Anspruch genommen ist.
			*Phase III 3. Teil* von jetzt an hinzielen: 1. auf die genauere Ausdrucksprofilierung (Sprache, Hervorhebung, Färbung, Charaktere) 2. auf die Zusammenbindung zum organischen Gesamtablauf (beides in Phase IV)
		„In der zweiten und dritten Phrase treten, außer der allgemeinen intensiven Sprechweise, einige besonders wichtige Worte hervor, die der ganzen Phrase Gesicht und Ausdruck verleihen: „dürstet"; „kommen"; „schaue" („Seele")."	Nicht: „schreiet"! Dies Wort ist in der allgemein erregten musikalischen Sprache hinreichend profiliert, zusätzliches Hervorheben wäre aufdringlich, vielleicht sogar lächerlich.

Nr.	Anweisung	Vorbereitung	Schlag und Tempo
42	(Die „wichtigen Worte“ vorsingen, nachsingen lassen [auf einen Ton], korrigieren, in den Zusammenhang einfügen)		Einzelzeichen
43			
44	(Phrasen im Gesamtausdruck; einzeln, beliebige Reihenfolge. Gleichzeitig: wiederholende Korrekturen am Sprachklang überhaupt)		

Chor	zusätzliche Hilfe	zusätzliche Hinweise	Anmerkungen
	Die Artikulation auch gestisch unterstreichen (Anlaut- und Ablautverstärkung, Einsetzen eines Mittellautes [kommen] etc.)		
		„Damit gewinnt also jede Phrase ihren eigenen inneren Ausdruck, etwa: Phrase 1: Erregung, Angst Phrase 2a: Mattigkeit, Erschöpfung Phrase 2b: Sehnen Phrase 2c: Ruhe, Frieden“	
			Ende der Phase III

§ 175 Phase IV

Nr.	Anweisung	Vorbereitung	Schlag und Tempo
1	„Alle den Baß T. 1. Ganze Takte, nicht an Ausdruck denken. Auf «na»“	 „ 1 na na na na *dann:* *„1 — 1 —“ Einsatz*	viel schneller ♩ = 60
2			
3	„Wiederholen in 2-Takt-Gruppen“	„1 - 2 - 1 - 2“ Einsatz	♩ = 55
4	„Jetzt 3-stimmig“ (in T. 7 abbrechen)	„2 - 1 - 2“ Einsatz	♩ = 50
5	„Wiederholen, die wechselnden Schwerpunkte leicht akzentuieren.“		Tempo noch ruhiger

Chor	zusätzliche Hilfe	zusätzliche Hinweise	Anmerkungen
		„Wir stellen uns vor: 1 Takt ist eine ♩-Note, der Anfang steht also in 1/16teln“	Die Arbeit an den Charakteren, auch die an ihrer Abstimmung, bringt eine leichte Verschleppung mit sich. Phase IV beginnt hier deshalb mit einem Bewußtmachen und Profilieren des endgültigen Tempos, bringt die Bewegung ins „Schwingen“.
		„Nicht „Einsen“ stampfen! Wie ein (Uhr-)Pendel hin- und herschwingen lassen!“	
	Hauptschlag → Nebenschlag deutlich!		
		„In T. 5 und 6: Gegenbetonungen. Sie bremsen das Tempo: Es verlagert seine Schwerpunkte von ganzen auf halbe Takte (Original-Notation!), in T. 9 auf ♩, in T. 10 auf 𝅗𝅥, in T. 11 wieder auf 𝅝 “	

Schlag:

Nr.	Anweisung	Vorbereitung	Schlag und Tempo
6			
7	„Gegen die bremsende Kraft der Akzente jetzt bewußt Phrasenspannung und drängenden Textausdruck einsetzen“	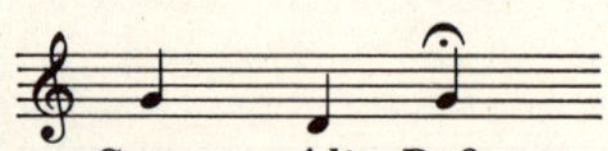 ***Sopran - Alt - Baß***	Original
8	(ohne Unterbrechung weiter bis T. 13, dort abbrechen)		Original
9			
10	T. 12 in 𝅗𝅥 (so lange, bis der negative stockende Effekt deutlich wird)	 ***Baß***	etwas schwerer
11			

Chor	zusätzliche Hilfe	zusätzliche Hinweise	Anmerkungen
		„Während Melodie und Text dem Ziel zudrängen, stemmt sich der Rhythmus dagegen: zusätzliche Spannung durch die immer dichter fallenden Akzente!“	Das Wesen musikalischer Spannung (treibende Kraft ± Gegenkraft) wird hier am einfachen Beispiel leicht erlebbar und darstellbar. Theoretische Erläuterung nicht notwendig, wohl auch nur in Ausnahmefällen überhaupt möglich.
	Akzente unterstreichen, dabei leicht treiben	„Dieses „Bremsen“ ist eigentlich mehr ein „Stauen“: die Bewegung, das Strömen, wird scheinbar aufgehalten, die Spannung aber erhöht sich.“	Das reine Tempo-Erlebnis (Gefühl für schwingende Bewegung) entsteht sogleich mit der wichtigsten Energie-Strom-Vorstellung
			verbunden: „Stau“ und „Verströmen“. Die Nuancen, die ihre Darstellung erfordert, lassen sich kaum beschreiben oder erüben. Das sichere Empfinden für den Energieverlauf (und ein entsprechendes Dirigieren) befähigen allmählich den Sänger, den Ausdruck selbst zu finden. Eine sogleich hörbare Wirkung wird sich bei dieser Arbeit kaum einstellen. Für die Musikalisierung des Chores ist sie, ohne viele Worte zu brauchen, wichtiger als viele Details.
		„Auch der folgende Teil bewegt sich in 𝅗𝅥. Das bedeutet aber nicht: 𝅗𝅥 betonen. Das Ergebnis wäre dies:“	

		„In 𝅗𝅥“ bedeutet: Schwerpunkte nur auf jedem 2. 𝅗𝅥! (Also: eigentlich in wie T. 1.ff, nur ruhiger) „Schwerpunkte“ ohne Betonungen. Jetzt werden auch die Synkopen („dürstet“) deutlich und ausdrucksvoll.“	

Nr.	Anweisung	Vorbereitung	Schlag und Tempo
12	„Wiederholen in hin- und herschwingenden 𝅗𝅥. Vorstellung: nicht wie ein Hammer ▼▼, sondern wie z. B. eine Glocke ▶◀. Die Synkopen der Gegenstimmen mithören!“	s.o.	etwas schneller
13	Ebenso den Schluß ab T. 25 in 𝅗𝅥	 „*Eins - zwei*“ ↑ ***Einsatz***	s.o.
14			
15	„Alle T. 19, etwas schneller, ganztaktig musizieren. Achtung: Intonation der gleichen Noten d!“	 **„Wann wer - de ich“** ***(im Tempo!)*** ***dann Einsatz***	

Chor	zusätzliche Hilfe	zusätzliche Hinweise	Anmerkungen
	Haupt- und Nebenschwerpunkte deutlich im Schlag unterscheiden.		
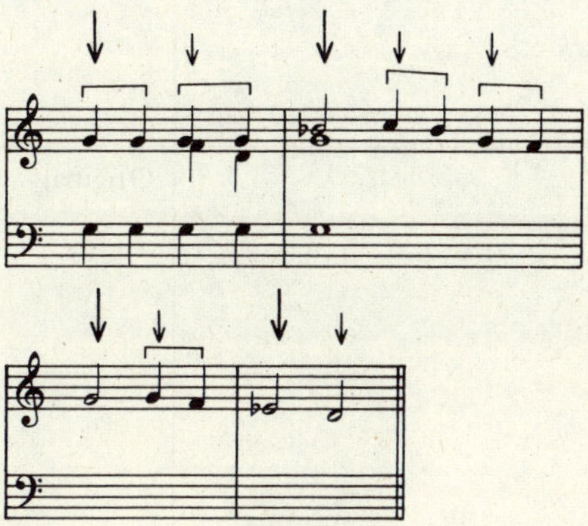		„Eigentlich ist der Rhythmus hier anders als notiert, nämlich: 2 𝅗𝅥, 3 𝅗𝅥, 2 𝅗𝅥, 𝅗𝅥, 1 𝅗𝅥".	
		„Der Rhythmus des Taktes 28, ein sehnsuchtsvoll gedehnter 2/2 Takt, erscheint auch in T. 19 ff. Also nicht 5 ♩ zählen!"	
		„Das Wort «kommen» schwingt nun leicht zurück"	Halbphrasenbindung (s.o.) „kommen – wann" trotzdem erhalten!

Nr.	Anweisung	Vorbereitung	Schlag und Tempo
16	„Die Phrase ab T. 19 bis zu ihrem Ende. Ausdruckswechsel in den Gesamtverlauf organisch einbetten!"	s.o.	Original
17	(T. 12–19 wie in Nr. 16; – T. 28, –T. 3, –T. 12 in Abschnitten. Ggf. unterbrechen und korrigieren (bzw. loben) zwischendurch: Sprachklang korrigieren (loben, auf jeden Fall erwähnen)	(Ton ansingen)	Original
18			
19	„von Anfang. Nur an den übergeordneten Bogen denken!"	s.o.	etwas schneller
20	„Diese „Form" jetzt voll „erfüllen" (1. voll gültige Darstellungs-Hauptprobe. Nicht unmittelbar wiederholen!)"	s.o.	Original

Chor	zusätzliche Hilfe	zusätzliche Hinweise	Anmerkungen
	Je nach Entwicklung der Probe noch einmal vormachen, erläutern etc. oder gleich singen und evtl. korrigieren bzw. loben.	„Ich schlage wieder ♩. Trotzdem die schwingenden 𝅗𝅥 im Bewußtsein behalten!“	Um hier nicht „ins Schwimmen“ zu geraten und mit steigender Musikalität nicht an Perfektion zu verlieren, jetzt ständig Kontrolle über die Hauptpunkte der Phase III, je nach Anlaß. Diese „Mischung“ ist nicht im Detailverlauf planbar.
			Phrasierung und Sprache müssen auch in der Aufführung selbst noch bewußt gehandhabt werden. Alles übrige sollte jetzt „unterbewußt“ einprogrammiert sein. Die Spannungs- und Sprachführung in Nr. 18–20 dient mehr dem Verstehen als dem Training.
	auch optisch verdeutlichen	„Der Gesamtbogen verläuft also so.“ (s. Probenvorbereitung): „Der vereinfachte Gesamteindruck ist…“ (s. Probenvorb.) (Rückgriff auf die ersten Probenphasen!)	Ein echtes Wiederholungstraining schon fertig verstandener Partien oder des Gesamtwerkes erübrigt sich hier, da das Werk kurz ist, und, unter wechselnden Gesichtspunkten, ausreichend Wiederholung erfahren hat.

Nr.	Anweisung	Vorbereitung	Schlag und Tempo
21	Ggf. Nachkorrekturen. Proben des Gesamtwerkes, wenn nötig, als „Voraufführung“ vor irgend einem, sei es auch noch so kleinen, Publikum.		
22	Aufführung (über Vorproben unmittelbar vor der Auff. s. § 74)		

Nachwort

Freundliche Förderung und tatkräftige Hilfe sind mir bei der Arbeit an diesem Lehrbuch in reichem Maße zuteil geworden.
Otto Brodde beauftrage mich als noch jungen Kirchenmusiker mit der Wahrnehmung des Chorleitungsunterrichts an der Abteilung für Kirchenmusik der Staatlichen Hochschule für Musik und darstellende Kunst in Hamburg. Die Ermutigung, die er mir zukommen ließ, die Bestätigung und Übernahme in einen endgültigen Lehrauftrag durch Rudolf v. Oertzen und Wilhelm Maler, schließlich das großzügige Entgegenkommen meiner beiden Chefs Brodde und v. Oertzen bei dem Ausbau meiner Unterrichtsorganisation waren die Auslöser für das Unternehmen, neue didaktische Wege zu versuchen und ihre Ziele schriftlich zu erfassen.
Daß der Plan nicht bald an den Grenzen meiner persönlichen Arbeitskraft scheiterte, ist wesentlich das Verdienst meiner Frau Almuth Behrmann, die schreibend wie diskutierend einen ganz großen Teil ihrer Zeit und ihrer Initiative an die Fortentwicklung des Lehrbuches wandte.
Norbert Linke gab den Anstoß, an eine Veröffentlichung über den ursprünglich allein vorgesehenen internen Bereich hinaus zu denken. Die damit gegebene Ausweitung des Stoffs legte eine Verteilung der Sachgebiete Probentechnik, Dirigieren und Interpretation auf drei Bände nahe.
Heinz-Werner Zimmermann eröffnete mir mit einer Berufung an die Berliner Kirchenmusikschule und dem Angebot weitgehender Freiheit in Umfang und Anlage des Unterrichts neue, erweiterte Möglichkeiten in der Arbeit. Die vertrauensvolle Stützung durch meinen neuen Chef machte mir Mut, den Stoff von neuem kritisch zu durchdenken und durchzuarbeiten.
Als erste Verlagskontakte zeigten, wie schwierig und wie kostspielig die Produktion des immer komplizierter gewordenen Textes werden würde, schien das Vorhaben im Aussichtslosen zu enden. Die Annahme des Manuskriptes durch den Hänssler-Verlag trotz der auch hier sogleich erkannten Probleme war ein überraschender, geradezu erlösender Glücksfall.
Mit Bewunderung und Dankbarkeit habe ich erlebt, wie die großen Mühen des Textdrucks, des Notendrucks, der Herstellung der Tabellen und Skizzen von den ebenso sachkundigen wie engagierten Mitarbeitern dieses Hauses gemeistert wurden.
Vor allem aber gilt mein Dank Dieter Kurz.
Persönliche Freundschaft und fachliches Interesse haben ihn, einen der führenden Chorleiter und Chorleitungslehrer seiner Generation, bewogen, trotz stärkster Inanspruchnahme durch die eigene künstlerische und pädagogische Tätigkeit die undankbaren und in diesem Fall besonders zeitraubenden Aufgaben eines Lektors und Überwachers der Drucklegung zu übernehmen.
In selbstloser Weise hat Dieter Kurz seine große fachliche Einsicht und sein weitreichendes allgemeines Wissen in den Dienst an diesem Lehrbuch gestellt und auf Inhalt wie Darstellung kritisch und förderlich Einfluß genommen. Der Band verdankt ihm in seiner heutigen Gestalt Wesentliches.

Berlin-Spandau, den 15. April 1984

Quellennachweis der Notenbeispiele

Bärenreiter-Verlag, Kassel und Basel
Notenbeispiel Nr. 2, 3, 8, 9, 10, 15,33,34,35,38, 39, 41, 42, 45a, b, 50,54, 57, 64, 70, 74, 75, 83, 84, 85, 86, 87, 89, 114a, d, e, 119, 121a, 122a, c, 124e, 133, 142, 144a, 144b, 145a, 145b, 152, 153, 154, 160a, 160c, 160d—f, 168a—c, 169a—e, 176, 185, 187b, 187c—e, 199, 201, 202, 203, 204, 205, 207, 214, 215, 217, 221, 224, 225, 228, 230, 231, 232, 233, 237, 238a, 240, 245, 254, 255, 266, 268, 270, 271, 272, 273, 277, 278, 280, 302, 303, 304, 309, 310, 316, 318, 321, 322, 323, 328, 329, 330, 333, 336, 341, 343a—c, 344, 345, 353, 362, 364, 365, 370, 372, 374, 375, 380

Boosey & Hawkes, Bonn:
Notenbeispiel Nr. 187

Bote & Bock, Berlin:
Notenbeispiel Nr. 5, 47, 55, 56, 166a, d, e, f, h, i, k, m, o, p, r, s

Breitkopf & Härtel, Wiesbaden:
Notenbeispiel Nr. 40, 114b, 118, 122b, 124d, 140, 141, 159a, 162a, f, 163b, c, 180d, 197, 212a, 226, 234, 239, 257, 264, 275, 279, 325, 334, 335, 340

Edition Carish, Milano:
Notenbeispiel Nr. 172

Carus-Verlag, Stuttgart:
Notenbeispiel Nr. 164c—e, 193

Deutscher Verlag für Musik, Leipzig (früher Ugrino-Verlag):
Notenbeispiel Nr. 6, 7, 206, 218, 222, 296, 342

Edition Durand, Paris:
Notenbeispiel Nr. 167a, 210, 211

Ernst Eulenburg, London:
Notenbeispiel Nr. 54, 71, 121b, 146, 159b, 216, 256a, 263a

Musik-Verlage Hans Gerig, Köln:
Notenbeispiel Nr. 191a—c, 196, 200, 326a—e

Hänssler-Verlag, Neuhausen-Stuttgart:
Notenbeispiel Nr. 72, 192, 262

G. Henle Musikverlag, München:
Notenbeispiel Nr. 243, 339

Israeli Music Publications, Tel Aviv
Notenbeispiel Nr. 36, 188

E. Kaufmann, Lahr:
Notenbeispiel Nr. 16

Alphonse Leduc, Paris:
Notenbeispiel Nr. 173a, b, 376

Verlag Merseburger, Kassel
Notenbeispiel Nr. 68, 135, 158, 165, 223, 300

Möseler Verlag, Wolfenbüttel:
Notenbeispiel Nr. 11, 12, 13, 37, 52, 114c, 124b, c, 134, 156, 159e, 219, 220, 244, 250, 261a, b, 265, 269, 297, 299, 308, 320, 324, 331, 347

Willy Müller, Heidelberg:
Notenbeispiel Nr. 49, 51, 53, 88

C.F. Peters Musikverlag, Frankfurt:
Notenbeispiel Nr. 46, 48, 124a, 161, 162b—e, 163a, 213, 274

Schott's, B., Söhne, Musikverlag
Notenbeispiel Nr. 69, 171, 175, 189, 208, 209

Universal Edition, Wien:
Notenbeispiel Nr. 174, 174a, 298, 319, 338